WBC 성경주석

골로새서 · 빌레몬서

솔로몬

WORD BIBLICAL COMMENTARY

Volume 44

Colossians, Philemon

PETER T. O'BRIEN

NELSON REFERENCE & ELECTRONIC

목 차

골로새서

빌레몬서

편집자 서문

본 성경 주석 전집(WBC: Word Biblical Commentary)이 세상에 나오기까지는 수 년 간의 기획 과정이 필요했다. 1977년에 본 전집의 편집위원회 위원들은 발행인들과 회합한 자리에서 몇 가지 뚜렷한 특징을 지닌 새로운 성경 주석의 발간 가능성을 면밀하게 검토했다. 그러한 특징이 무엇인지는 독자들이 이 주석서들을 진지한 자세로 읽어 내려가는 과정에서 금방 알게 될 것이다. 하지만 본 성경 주석이 당초에 목표로 삼은 것이 과연 얼마나 완벽하게 성취되었는지는 오로지 시간만이 말해 줄 수 있을 것이다.

우선, 우리는 우리와 뜻을 같이하면서 세계 도처의 대학교, 신학교 등에서 가르침의 사역에 종사하고 있는 학자들을 되도록 폭 넓게 선발하여 본 성경 주석의 기고자로 삼기 위해 많은 노력을 기울여 왔다. 매우 다양한 교단적 배경을 지닌 본서 기고자들의 폭 넓은 시야는 가히 "복음주의적" – 성경을 하나님의 계시로 받아들이고 기독교 복음의 진리와 능력을 자신의 생명처럼 여긴다는 적극적이고 역사적인 의미에서 – 이라 불려지는 것이 마땅하다.

다음으로, 본 전집에 포함된 주석서들은 처음부터 『WBC 성경주석』의 일환으로 쓰여진 책들이다. 오늘날 성경 주석 분야에서 상당한 호평을 받고 있는 몇몇 전집들이 영어 이외의 언어로 쓰여진 저작들을 영어로 번역한 것에 비하여, 본 성경 주석은 오로지 처음부터 영어로 쓰여진 책들만이 포함되어 있다. 또한 본 전집의 주석가들은 성경 원문을 각자 나름대로 영어로 번역한 다음, 그 번역된 성경 본문을 자신들의 주해와 주석의 바탕으로 삼는 것을 원칙으로 삼았다. 나아가서 본 전집의 대표적인 특징으로는, 그 내용이 어디까지나 성경적인 언어를 바탕으로 하면서도 각계 각층의 독자들 – 공부하는 학생들, 현재 목회 사역에 종사하고 있는 교역자들 그리고 이 분야를 전공하는 학자들이나 교수들 – 이 성경에 대한 신학적 이해를 학문적이면서도 실제적으로 쌓아 나갈 수 있고, 또 그들에게 현실적인 도움이 될 수 있도록 구성되어 있다는 점을 들 수 있다.

마지막으로, 본 성경 주석의 구성 양식에 관하여 몇 마디 말을 덧붙이고자 한다. 우리는 여러 계층의 – 그리고 상이한 수준의 – 독자들을 의식하여 확실하게 구분되는 몇 개의 단락으로 나누어 책의 내용을 구성했다. 예를 들어, 번역된 성경 본문의 바탕을 이루는 히브리어와 헬라어 원문에 관하여 좀더 깊이 있게 공부하려는 독자들은 본 성경 본문의 "원문주해"를 살펴보고, 현대 신학자들이 어떠한 해석을 내리고 있는지에 관심이 있다면 "참고문헌" 및 "양식/구조/배경"을 참조하면 될 것이다. 또한 어떤 성경 본문의 의미 및 그 본문에 포함된 성경적 계시를 좀더 폭 넓은 관점에서 이해하려면 "주석"과 "해설"을 보면 된다. 그러므로 본 성경 주석을 펼쳐 든 사람이라면 누구나 자신에게 유익한 자료들을 얻을 수 있으리라 믿어 의심치 않는다.

이상과 같은 우리의 목표가 상당히 만족스러운 수준까지 달성될 때, 우리 편집자들이 당초에 의도했던 것들이 구체적으로 실현됨과 아울러 본 전집의 기고자들이 흘린 땀방울도 충분한 보상을 받을 수 있게 될 것이다.

책임 편집자 : 데이비드 허바드(David A. Hubbard)
글렌 바커(Glenn Barker)
구약 편집자 : 존 와츠(John D. W. Watts)
신약 편집자 : 랠프 마틴(Ralph P. Martin)

저자 서문

필자가 처음으로 WBC 주석 시리즈 편집장으로부터 새로 계획한 주석 시리즈 가운데 골로새서와 빌레몬서에 대한 한 권의 주석을 써 달라는 요청을 받고 이전에 한 권의 주석도 써 보지 않은 상태에서 위험 부담을 안고 기꺼이 그 일을 받아들인 것은 1977년도 말경이었다. 필자는 지난 4년 이상 동안 이 두 권의 바울 서신들로 말미암아 일어난 현안 문제들을 깊이 생각해 왔으며, 하나님께서 어떻게 이러한 말씀의 각 부분들을 통하여 오늘날 목회적 · 신학적 현안 문제들에 대해서 말씀하셨는지에 대해서 거듭 놀라게 되었다.

필자는 특별히 이 시리즈 중 한 권을 기고하도록 처음으로 요청해 준 랠프 마틴 교수님에게 감사를 드리는데, 이는 지난 수 년 간 그분의 끊임없는 도움과 격려 그리고 이 두 권의 신약 서신들에 대한 그분의 글을 통하여 자극을 받았기 때문이다. 특히 1981년 6-8월 그분이 무어 칼리지에 친히 방문하셨을 때 큰 힘을 얻었다.

바울 서신 분야에서 한 권의 주석을 쓰려는 사람은 누구나 앞서간 선배들에게 얼마나 많은 빚을 졌는지를 곧 깨닫게 된다. 나는 헤르메니아 시리즈에 있는 에드와드 로세(Eduard Lohse) 감독의 권위 있는 저술을 계속 내 곁에 두고 참고하는 한편, EKKNT 시리즈에 들어 있는 주석을 포함한 에드와드 슈바이저의 많은 작품들을 통하여 자극과 도움을 받았다. 필자가 해석에 관한 특별한 관점에 대하여 이 두 저자와 의견을 달리할 때까지도 명쾌하고 생동감 있게 현안 문제들을 제공해 준 그 책들의 저자들에게 고마운 마음을 표하고 싶다. 독자들이 곧 발견하겠지만, 필자는 다른 수많은 저술가들에게도 빚을 졌다.

연구하는 시간이 방해 받았다면 편집자가 정해 준 원고 마감 시간 내에 이 책을 완성하기는 불가능했을 것이다. 그러므로 필자로 하여금 틴델 하우스가 있는 잉글랜드 케임브리지에서 시간을 보낼 수 있도록 1978-79년 사이의 6개월 간 연구할 수 있는 시간을 허락해 준 데 대하여 무어 칼리지 위원회, 특히 위원장인 시드니 대감독 마커스 로운(Marcus Loane) 경과 캐논 브로톤 녹스(Canon Broughton Knox) 학장님에게 감사를 드린다. 또한 틴델 하우스에서 작업을 하는 동안 도움과 격려를 준 케임브리지 대학교의 동료 연구원들과 틴델 도서관 직원들에게 감사를 드린다.

친절하게도 레이덴의 E. J. Brill 직원들은 1977년 출판된 *Introductory Thanksgivings in the Letters of Paul*, NovSup 49를 필자의 책에 인용하도록 허락해 주셨다.

필기체로 쓴 이 길다란 내용을 인내하면서 타이핑을 하고 재타이핑을 해준 쟈넷 로건(Jeanette Logan)과 웬디 달(Wendy Dahl) 양, 그리고 제니 가드너(Jenny Gardner)와 조안 스킬리콘(Joan Skillicorn) 부인에게 감사드린다.

필자가 본 저서를 헌정하는 나의 아내 매리(Mary)와 또한 네 명의 아이들인 데이빗, 스테픈, 립비, 사라는 때때로 자기들이 골로새서와 빌레몬서의 문제들과 함께 동거동락했다고 느꼈을 것이다. 이들은 하나님 말씀의 이 부분에 대해서, 특히 골로새서 3장의 가족법에 대해서 보다 깊은 이해를 하도록 아주 다양한 방법으로 필자에게 도움을 주었다.

오스트레일리아 시드니
1982년 1월
피터 T. 오브라이언

약어표

A. 일반 약어

A	Codex Alexandrinus
Akkad.	Akkadian
a	Codex Sinaiticus
Ap. Lit.	Apocalyptic Literature
Apoc.	Apocrypha
Aq.	Aquila's Greek Translation of the Old Testament
Arab.	Arabic
Aram.	Aramaic
B	Codex Vaticanus
C	Codex Ephraemi Syri
c.	*circa*, about
cf.	*confer*, compare
ch., chs.	chapter, chapters
cod., codd.	codex, codices
contra	in contrast to
D	Codex Bezae
DSS	Dead Sea Scrolls(see **F.**)
ed., edd.	edited, edition, editor; editions
e.g.	*exempli gratia*, for example
Egyp.	Egyptian
et al.	*et alii*, and others
EV	English Versions of the Bible
f., ff.	following(verse or verses, pages, etc.)
fem.	feminine
ft.	foot, feet
gen.	genitive
Gr.	Greek
Heb.	Hebrew
Hitt.	Hittite
ibid.	*ibidem*, in the same place
id.	*idem*, the same
i.e.	*id est*, that is
impf.	imperfect
infra.	below
in loc.	*in loco*, in the place cited
Lat.	Latin
LL.	Late Latin
LXX	Septuagint
M	Mishna
masc.	masculine
mg.	margin
MS(S)	Manuscript(s)
MT	Masoretic text
n.	note
n.d.	no date
Nestle	Nestle(ed.) *Novum Testamentum Graece*
no.	number
NS	New Series
NT	New Testament
obs.	obsolete
OL	Old Latin
OS	Old Syriac
OT	Old Testament
p., pp.	page, pages
par.	paragraph
Pers.	Persian
Pesh.	Peshitta
Phoen.	Phoenician
pl.	plural

Pseudep.	Pseudepigrapha
Q	Quelle("Sayings" source in the Gospels)
qt.	quoted by
q.v.	*quod vide*, which see
rev.	revised, reviser, revision
Rom.	Roman
RVm	Revised Version margin
Samar.	Samaritan recension
Sem.	Semitic
sing.	singular
Sumer.	Sumerian
s.v.	*sub verbo*, under the word
Syr.	Syriac
Symm.	Symmachus
Targ.	Targum
Theod.	Theodotion
TR	Textus Receptus
tr.	translation, translator, translated
UBS	The United Bible Societies' Greek Text
Ugar.	Ugaritic
u.s.	*ut supra*, as above
viz.	*videlicet*, namely
vol.	volume
v., vv.	verse, verses
vs.	versus
Vul.	Vulgate
WH	Westcott and Hort, *The New Testament in Greek*

B. 번역 성경 및 단행본 약어

AmT	Smith and Goodspeed, *The Complete Bible, An American Translation*
ASV	American Standard Version, American Revised Version (1901)
Beck	Beck, *The New Testament in the Language of Today*
BV	Berkeley Version(The Modern Language Bible)
JB	The Jerusalem Bible
JPS	*Jewish Publication Society Version of the Old Testament*
KJV	King James Version
Knox	R. A. Knox, *The Holy Bible: A Translation from the Latin Vulgate in the Light of the Hebrew and Greek Original*
LB	The Living Bible
Mof	J. Moffatt, *A New Translation of the Bible*
NAB	The New American Bible
NASB	New American Standard Bible
NEB	The New English Bible
NIV	The New International Version
Ph	J. B. Phillips, *The New Testament in Modern English*
RSV	Revised Standard Version
RV	Revised Version - 1881-1885
TEV	Today's English Version
Wey	R. F. Weymouth, *The New Testament in Modern Speech*
Wms	C. B. Williams, *The New Testament: A Translation in the Language of the People*

C. 정기 간행물, 연속 간행물 및 참고 자료

AAS	*Acta apostolicae sedis*
AASOR	Annual of the American Schools of Oriental Research
AB	Anchor Bible
AbrN	*Abr-Nahrain*
AcOr	*Acta orientalia*
ACW	Ancient Christian Writers
ADAJ	Annual of the Department of Antiquities of Jordan
AER	*American Ecclesiastical Review*
AfO	*Archiv für Orientforschung*
AGJU	Arbeiten zur Geschichte des antiken Judentums und des Urchristentums
AH	F. Rosenthal, *An Aramaic Handbook*
AHR	*American Historical Review*
AHW	W. von Soden, *Akkadisches Handwörterbuch*
AION	*Annali dell'istituto orientali di Napoli*
AJA	*American Journal of Archaeology*
AJAS	*American Journal of Arabic Studies*
AJBA	*Australian Journal of Biblical Archaeology*
AJSL	*American Journal of Semitic Languages and Literature*
AJT	*American Journal of Theology*
ALBO	Analecta lovaniensia biblica et orientalia
ALGHJ	Arbeiten zur Literatur und Geschichte des hellenistischen Judentums
ALUOS	Annual of Leeds University Oriental Society
AnBib	Analecta biblica
AnBoll	Analecta Bollandiana
ANEP	J. B. Pritchard(ed.), *Ancient Near East in Pictures*
ANESTP	J. B. Pritchard(ed.), *Ancient Near East Supplementary Texts and Pictures*
ANET	J. B. Pritchard(ed.), *Ancient Near Eastern Texts*
ANF	The Ante-Nicene Fathers
Ang	*Angelicum*
AnOr	Analecta orientalia
ANQ	*Andover Newton Quarterly*
Anton	*Antonianum*
AOAT	Alter Orient und Altes Testament
AOS	American Oriental Series
AP	J. Marouzeau(ed.), *L'année philologique*
APOT	*R. H. Charles(ed.), Apocrypha and Pseudepigrapha of the Old Testament*
ARG	*Archiv für Reformationsgeschichte*
ARM	Archives royales de Mari
ArOr	*Archiv orientální*
ARW	*Archiv für Religionswissenschaft*
ASNU	Acta seminarii neotestamentici upsaliensis
ASS	*Acta sanctae sedis*

AsSeign	*Assemblées du Seigneur*
ASSR	*Archives des sciences sociales des religions*
ASTI	*Annual of the Swedish Theological Institute*
ATAbh	Alttestamentliche Abhandlungen
ATANT	Abhandlungen zur Theologie des Alten und Neuen Testaments(AThANT)
ATD	Das Alte Testament Deutsch
ATR	*Anglican Theological Review*
AusBR	*Australian Biblical Review*
AUSS	*Andrews University Seminary Studies*
BA	*Biblical Archaeologist*
BAC	Biblioteca de autores cristianos
BAG	W. Bauer, W. F. Arndt, and F. W. Gingrich, *Greek-English Lexicon of the NT*
BAR	*Biblical Archaeologist Reader*
BASOR	*Bulletin of the American Schools of Oriental Research*
BASP	*Bulletin of the American Society of Papyrologists*
BBB	Bonner biblische Beiträge
BCSR	*Bulletin of the Council on the Study of Religion*
BDB	F. Brown, S. R. Driver, and C. A. Briggs, *Hebrew and English Lexicon of the Old Testament*
BDF	F. Blass, A. Debrunner, and R. W. Funk, *A Greek Grammar of the NT*
BeO	*Bibbia e oriente*
BETL	Bibliotheca ephemeridum theologicarum lovaniensium
BEvT	Beiträge zur evangelischen Theologie(BEvTh)
BFCT	Beiträge zur Förderung christlicher Theologie(BFCTh)
BGBE	Beiträge zur Geschichte der biblischen Exegese
BHH	B. Reicke and L. Rost(eds.), *Biblisch-Historisches Handwörterbuch*
BHK	R. Kittel, *Biblia hebraica*
BHS	*Biblia hebraica stuttgartensia*
BHT	Beiträge zur historischen Theologie(BHTh)
Bib	*Biblica*
BibB	Biblische Beiträge
BibLeb	*Bibel und Leben*
BibOr	Biblica et orientalia
BibS(F)	Biblische Studien(Freiburg, 1895-)(BSt)
BibS(N)	Biblische Studien(Neukirchen, 1951-)(BibSt)
BIES	*Bulletin of the Israel Exploration Society(=Yediot)*
BIFAO	*Bulletin de l'institut français d'archéologie orientale*
BJRL	*Bulletin of the John Rylands University Library of Manchester*
BK	*Bibel und Kirche*
BKAT	Biblischer Kommentar: Altes Testament
BL	*Book List*
BLE	*Bulletin de littérature ecclésiastique*

BLit	*Bibel und Liturgie*
BO	*Bibliotheca orientalis*
BR	*Biblical Research*
BSac	*Bibliotheca Sacra*
BSO(A)S	*Bulletin of the School of Oriental(and African) Studies*
BT	*The Bible Translator*
BTB	*Biblical Theology Bulletin*
BTS	*Bible et terre sainte*
BU	Biblische Untersuchungen
BVC	*Bible et vie chrétienne*
BWANT	Beiträge zur Wissenschaft vom Alten und Neuen Testament
BZ	*Biblische Zeitschrift*
BZAW	Beihefte zur *ZAW*
BZNW	Beihefte zur *ZNW*
BZRGG	Beihefte zur *ZRGG*
CAD	*The Assyrian Dictionary of the Oriental Institute of the University of Chicago*
CAH	*Cambridge Ancient History*
CAT	Commentaire de l'Ancien Testament
CB	*Cultura bíblica*
CBQ	*Catholic Biblical Quarterly*
CBQMS	Catholic Biblical Quarterly - Monograph Series
CCath	Corpus Catholicorum
CChr	Corpus Christianorum
CH	*Church History*
CHR	*Catholic Historical Review*
CIG	*Corpus inscriptionum graecarum*
CII	*Corpus inscriptionum iudaicarum*
CIL	*Corpus inscriptionum latinarum*
CIS	*Corpus inscriptionum semiticarum*
CJT	*Canadian Journal of Theology*
CNT	Commentaire du Nouveau Testament
ConB	Coniectanea biblica
ConNT	*Coniectanea neotestamentica*
CQ	*Church Quarterly*
CQR	*Church Quarterly Review*
CRAIBL	*Comptes rendus de l'Académie des inscriptions et belles-lettres*
CSCO	Corpus scriptorum christianorum orientalium
CSEL	Corpus scriptorum ecclesiasticorum latinorum
CTA	A. Herdner, *Corpus des tablettes en cunéiformes alphabétiques*
CTM	*Concordia Theological Monthly*(or *CTM*)
CurTM	*Currents in Theology and Mission*
DACL	*Dictionnaire d'archéologie chrétienne et de liturgie*
DBSup	*Dictionnaire de la Bible, Supplément*
DISO	C.-F. Jean and J. Hoftijzer, *Dictionnaire des inscriptions sémitiques de l'ouest*
DJD	Discoveries in the Judean Desert

DOTT	D. W. Thomas(ed.), *Documents from Old Testament Times*
DS	Denzinger-Schönmetzer, *Enchiridion symbolorum*
DTC	*Dictionnaire de théologie catholique*(*DTHC*)
DTT	*Dansk teologisk tidsskrift*
DunRev	Dunwoodie Review
EBib	Etudes bibliques(EtBib)
EDB	L. F. Hartman(ed.), *Encyclopedic Dictionary of the Bible*
EHAT	Exegetisches Handbuch zum Alten Testament
EKKNT	Evangelisch-katholischer Kommentar zum Neuen Testament
EKL	*Evangelisches Kirchenlexikon*
EncJud	*Encyclopaedia judaica*(1971)
EnchBib	*Enchiridion biblicum*
ErJb	*Eranos Jahrbuch*
EstBib	*Estudios biblicos*
ETL	*Ephemerides theologicae lovanienses*(*EThL*)
ETR	*Etudes théologiques et religieuses*(*EThR*)
EvK	*Evangelische Kommentare*
EvQ	*The Evangelical Quarterly*
EvT	*Evangelische Theologie* (*EvTh*)
ExpTim	*The Expository Times*
FBBS	Facet Books, Biblical Series
FC	Fathers of the Church
FRLANT	Forschungen zur Religion und Literatur des Alten und Neuen Testaments
FTS	Frankfurter Theologischen Studien
GCS	Griechische christliche Schriftsteller
GAG	W. von Soden, *Grundriss der akkadischen Grammatik*
GKB	Gesenius-Kautzsch-Bergsträsser, *Hebräische Grammatik*
GKC	*Gesenius' Hebrew Grammar*, ed. E. Kautzsch, tr. A. E. Cowley
GNT	Grundrisse zum Neuen Testament
GOTR	*Greek Orthodox Theological Review*
GRBS	*Greek, Roman, and Byzantine Studies*
Greg	*Gregorianum*
GuL	*Geist und Leben*
HALAT	W. Baumgartner et al., *Hebräisches und aramäisches Lexikon zum Alten Testament*
HAT	Handbuch zum Alten Testament
HDR	Harvard Dissertations in Religion
HeyJ	*Heythrop Journal*
HibJ	*Hibbert Journal*
HKAT	Handkommentar zum Alten Testament
HKNT	Handkommentar zum Neuen Testament

HNT Handbuch zum Neuen Testament
HNTC Harper's NT Commentaries
HR *History of Religions*
HSM Harvard Semitic Monographs
HTKNT Herders theologischer Kommentar zum Neuen Testament(HThKNT)
HTR *Harvard Theological Review*
HTS Harvard Theological Studies
HUCA *Hebrew Union College Annual*

IB *Interpreter's Bible*
ICC International Critical Commentary
IDB G. A. Buttrick(ed.), *Interpreter's Dictionary of the Bible*
IDBSup Supplementary volume to *IDB*
IEJ *Israel Exploration Journal*
Int *Interpretation*
ITQ *Irish Theological Quarterly*
JA *Journal Asiatique*
JAAR *Journal of the American Academy of Religion*
JAC Jahrbuch für Antike und Christentum
JANESCU *Journal of the Ancient Near Eastern Society of Columbia University*
JAOS *Journal of the American Oriental Society*
JAS *Journal of Asian Studies*
JB A. Jones(ed.), *Jerusalem Bible*
JBC R. E. Brown et al.(eds.), *The Jerome Biblical Commentary*
JBL *Journal of Biblical Literature*
JBR *Journal of Bible and Religion*
JCS *Journal of Cuneiform Studies*
JDS Judean Desert Studies
JEA *Journal of Egyptian Archaeology*
JEH *Journal of Ecclesiastical History*
JEOL *Jaarbericht...ex oriente lux*
JES *Journal of Ecumenical Studies*
JHS *Journal of Hellenic Studies*
JIBS *Journal of Indian and Buddhist Studies*
JIPh *Journal of Indian Philosophy*
JJS *Journal of Jewish Studies*
JMES *Journal of Middle Eastern Studies*
JMS *Journal of Mithraic Studies*
JNES *Journal of Near Eastern Studies*
JPOS *Journal of the Palestine Oriental Society*
JPSV *Jewish Publication Society Version*
JQR *Jewish Quarterly Review*
JQRMS Jewish Quarterly Review Monograph Series
JR *Journal of Religion*
JRAS *Journal of the Royal Asiatic Society*
JRE *Journal of Religious Ethics*

JRelS	*Journal of Religious Studies*
JRH	*Journal of Religious History*
JRS	*Journal of Roman Studies*
JRT	*Journal of Religious Thought*
JSJ	*Journal for the Study of Judaism in the Persian, Hellenistic and Roman Period*
JSS	*Journal of Semitic Studies*
JSSR	*Journal for the Scientific Study of Religion*
JTC	*Journal for Theology and the Church*
JTS	*Journal of Theological Studies*
Judaica	*Judaica: Beiträge zum Verständnis...*
KAI	H. Donner and W. Röllig, *Kanaanäische und aramäische Inschriften*
KAT	E. Sellin(ed.), Kommentar zum A.T.
KB	L. Koehler and W. Baumgartner, *Lexicon in Veteris Testamenti libros*
KD	*Kerygma und Dogma*
KJV	*King James Version*
KIT	Kleine Texte
LCC	Library of Christian Classics
LCL	Loeb Classical Library
LD	Lectio divina
Leš	*Lešonénu*
LLAVT	E. Vogt, *Lexicon linguae aramaicae Veteris Testamenti*
LPGL	G. W. H. Lampe, *Patristic Greek Lexicon*
LQ	*Lutheran Quarterly*
LR	*Lutherische Rundschau*
LSJ	Liddell-Scott-Jones, *Greek-English Lexicon*
LTK	*Lexikon für Theologie und Kirche*(*LThK*)
LUÅ	Lunds universitets årsskrift
LW	*Lutheran World*
McCQ	*McCormick Quarterly*
MDOG	Mitteilungen der deutschen Orient-Gesellschaft
MeyerK	H. A. W. Meyer, Kritische-exegetischer Kommentar über das Neue Testament
MGWJ	*Monatsschrift für Geschichte und Wissenschaft des Judentums*
MM	J. H. Moulton and G. Milligan, *The Vocabulary of the Greek Testament*
MNTC	Moffatt NT Commentary
MPAIBL	*Mémoires présentés à l'Académie des inscriptions et belles-lettres*
MScRel	*Mélanges de science religieuse*
MTZ	*Münchener theologische Zeitschrift*(*MThZ*)
MUSJ	*Mélanges de l'université Saint-Joseph*
MVAG	Mitteilungen der vorder-asiatisch-ägyptischen Gesellschaft
NAB	*New American Bible*
NCB	New Century Bible

NCCHS	R. C. Fuller et al.(eds.), *New Catholic Commentary on Holy Scripture*
NCE	M. R. P. McGuire et al. (eds.), *New Catholic Encyclopedia*
NEB	*New English Bible*
NedTTs	*Nederlands theologisch tijdschrift*(NedThTs)
Neot	*Neotestamentica*
NFT	New Frontiers in Theology
NHS	Nag Hammadi Studies
NICNT	New International Commentary on the New Testament
NIDNTT	C. Brown(ed.), *The New International Dictionary of New Testament Theology*
NKZ	*Neue kirchliche Zeitschrift*
NorTT	*Norsk Teologisk Tidsskrift* (*NTT*)
NovT	*Novum Testamentum*
NovTSup	Novum Testamentum, Supplements
NRT	*La Nouvelle revue théologique*(*NRTh*)
NPNF	Nicene and Post-Nicene Fathers
NTA	*New Testament Abstracts*
NTAbh	Neutestamentliche Abhandlungen
NTD	Das Neue Testament Deutsch
NTF	Neutestamentliche Forschungen
NTS	*New Testament Studies*
NTTS	New Testament Tools and Studies
Numen	*Numen: International Review for the History of Religions*
OIP	Oriental Institute Publications
OLP	Orientalia lovaniensia periodica
OLZ	*Orientalische Literaturzeitung*
Or	*Orientalia*(Rome)
OrAnt	*Oriens antiquus*
OrChr	*Oriens christianus*
OrSyr	*L'orient syrien*
OTM	Oxford Theological Monographs
OTS	*Oudtestamentische Studiën*
PAAJR	*Proceedings of the American Academy of Jewish Research*
PCB	M. Black and H. H. Rowley (eds.), *Peake's Commentary on the Bible*
PEFQS	*Palestine Exploration Fund,* Quarterly Statement
PEQ	*Palestine Exploration Quarterly*
PG	J. Migne, *Patrologia graeca*
PGM	K. Preisendanz(ed.), *Papyri graecae magicae*
PhEW	*Philosophy East and West*
PhRev	*Philosophical Review*
PJ	*Palästina-Jahrbuch*
PL	J. Migne, *Patrologia latina*
PO	Patrologia orientalis
PRU	*Le Palais royal d'Ugarit*
PSTJ	*Perkins*(*School of Theology*) Journal
PVTG	Pseudepigrapha Veteris

	Testamenti graece
PW	Pauly-Wissowa, *Real-Encyclopädie der klassischen Altertumswissenschaft*
PWSup	Supplement to PW
QDAP	*Quarterly of the Department of Antiquities in Palestine*
RA	*Revue d'assyriologie et d'archéologie orientale*
RAC	*Reallexikon für Antike und Christentum*
RArch	*Revue archéologique*
RB	*Revue biblique*
RBén	*Revue bénédictine*
RCB	*Revista de cultura biblica*
RE	*Realencyklopädie für protestantische Theologie und Kirche*
RechBib	Recherches bibliques
REg	*Revue d'égyptologie*
REJ	*Revue des études juives*
RelArts	Religion and the Arts
RelS	*Religious Studies*
RelSoc	*Religion and Society*
RelSRev	*Religious Studies Review*
RES	*Répertoire d'épigraphie sémitique*
RevExp	*Review and Expositor*
RevistB	*Revista biblica*
RevQ	*Revue de Qumran*
RevScRel	*Revue des sciences religieuses*
RevSém	*Revue sémitique*
RevThom	*Revue thomiste*
RGG	*Religion in Geschichte und Gegenwart*
RHE	*Revue d'histoire ecclésiastique*
RHPR	*Revue d'histoire et de philosophie religieuses*(*RHPhR*)
RHR	Revue de l'histoire des religions
RivB	*Rivista biblica*
RNT	Regensburger Neues Testament
RQ	*Römische Quartalschrift für christliche Altertumskunde und Kirchengeschichte*
RR	*Review of Religion*
RSO	*Rivista degli studi orientali*
RSPT	*Revue des sciences philosophiques et théologiques*(*RSPhTh*)
RSR	*Recherches de science religieuse*(*RechSR*)
RSV	*Revised Standard Version*
RTL	*Revue théologique de Louvain*(*RThL*)
RTP	*Revue de théologie et de philosophie*(*RThPh*)
RTR	*The Reformed Theological Review*
RUO	*Revue de l'université d'Ottawa*
RV	*Revised Version*
SANT	Studien zum Alten und Neuen Testament
SAQ	Sammlung ausgewählter kirchen- und dogmengeschichtlicher Quellenschriften
SB	Sources bibliques

SBFLA	*Studii biblici franciscani liber annuus*
SBJ	*La sainte bible de Jérusalem*
SBLASP	Society of Biblical Literature Abstracts and Seminar Papers
SBLDS	SBL Dissertation Series
SBLMasS	SBL Masoretic Studies
SBLMS	SBL Monograph Series
SBLSBS	SBL Sources for Biblical Study
SBLSCS	SBL Septuagint and Cognate Studies
SBLTT	SBL Texts and Translations
SBM	Stuttgarter biblische Monographien
SBS	Stuttgarter Bibelstudien
SBT	Studies in Biblical Theology
SC	Sources chrétiennes
SCR	*Studies in Comparative Religion*
ScEs	*Science et esprit*
Scr	*Scripture*
ScrB	*Scripture Bulletin*
SD	Studies and Documents
SE	Studia Evangelica I, II, III (=TU 73[1959], 87[1964], 88[1964], etc.)(*StEv*)
SEÅ	*Svensk exegetisk årsbok*
Sef	*Sefarad*
Sem	*Semitica*
SHAW	Sitzungsberichte heidelbergen Akademie der Wissenschaften
SHT	Studies in Historical Theology
SHVL	Skrifter Utgivna Av Kungl. Humanistika Vetenskapssamfundet i Lund.
SJLA	Studies in Judaism in Late Antiquity
SJT	*Scottish Journal of Theology*
SMSR	*Studi e materiali di storia delle religioni*
SNT	Studien zum Neuen Testament(StNT)
SNTSMS	Society for New Testament Studies Monograph Series
SO	Symbolae osloenses
SOTSMS	Society for Old Testament Study Monograph Series
SPap	*Studia papyrologica*
SPAW	Sitzungsberichte der preussischen Akademie der Wissenschaften
SPB	Studia postbiblica
SR	*Studies in Religion/Sciences religieuses*
SSS	Semitic Study Series
ST	*Studia theologica*(*StTh*)
STÅ	*Svensk teologisk årsskrift*
StBibT	*Studia Biblical et Theologica*
STDJ	Studies on the Texts of the Desert of Judah
STK	*Svensk teologisk kvartalskrift*
Str-B	[H. Strack and] P. Billerbeck, *Kommentar zum Neuen Testament*
StudNeot	Studia neotestamentica, Studia
StudOr	Studia orientalia
SUNT	Studien zur Umwelt des Neuen Testaments

SVTP	Studia in Veteris Testamenti pseudepigrapha
SWJT	*Southwestern Journal of Theology*
SymBU	Symbolae biblicae upsalienses(SyBU)
TAPA	*Transactions of the American Philological Association*
TB	*Tyndale Bulletin*
TBl	*Theologische Blätter*(*ThBl*)
TBü	Theologische Bücherei(ThBü)
TBT	*The Bible Today*
TD	*Theology Digest*
TDNT	G. Kittel and G. Friedrich (eds.), *Theological Dictionary of the New Testament*
TextsS	Texts and Studies
TF	*Theologische Forschung*(*ThF*)
TGl	*Theologie und Glaube*(*ThGl*)
ThA	*Theologische Arbeiten*
ThBer	*Theologische Berichte*
THKNT	Theologischer Handkommentar zum Neuen Testament (ThHKNT)
TLZ	*Theologische Literaturzeitung* (*ThLZ*)
TNTC	Tyndale New Testament Commentary
TP	*Theologie und Philosophie* (*ThPh*)
TPQ	*Theologisch-Praktische Quartalschrift*
TQ	*Theologische Quartalschrift* (*ThQ*)
TRev	*Theologische Revue*
TRu	*Theologische Rundschau* (*ThR*)
TS	*Theological Studies*
TSK	*Theologische Studien und Kritiken*(*ThStK*)
TT	*Teologisk Tidsskrift*
TToday	*Theology Today*
TTki	*Tidsskrift for Teologi og Kirke*
TTS	Trierer Theologische Studien
TTZ	*Trierer theologische Zeitschrift*(*TThZ*)
TU	Texte und Untersuchungen
TWAT	G. J. Botterweck and H. Ringgren(eds.), *Theologisches Wörterbuch zum Alten Testament*(*ThWAT*)
TWNT	G. Kittel and G. Friedrich (eds.), *Theologisches Wörterbuch zum Neuen Testament*(*ThWNT*)
TZ	*Theologische Zeitschrift*(*ThZ*)
UBSGNT	United Bible Societies *Greek New Testament*
UF	*Ugaritische Forschungen*
UNT	Untersuchungen zum Neuen Testament
US	*Una Sancta*
USQR	*Union Seminary Quarterly Review*
UT	C. H. Gordon, *Ugaritic Textbook*
UUÅ	Uppsala universitetsårsskrift
VC	*Vigiliae christianae*
VCaro	*Verbum caro*
VD	*Verbum domini*

VF	*Verkündigung und Forschung*
VKGNT	K. Aland(ed.), *Vollständige Konkordanz zum griechischen Neuen Testament*
VS	Verbum salutis
VSpir	*Vie spirituelle*
VT	*Vetus Testamentum*
VTSup	Vetus Testamentum, Supplements
WA	M. Luther, Kritische Gesamtausgabe(="Weimar" edition)
WC	Westminster Commentary
WDB	*Westminister Dictionary of the Bible*
WHAB	*Westminster Historical Atlas of the Bible*
WMANT	Wissenschaftliche Monographien zum Alten und Neuen Testament
WO	*Die Welt des Orients*
WTJ	*Westminster Theological Journal*
WUNT	Wissenschaftliche Untersuchungen zum Neuen Testament
WZKM	*Wiener Zeitschrift für die Kunde des Morgenlandes*
WZKSO	*Wiener Zeitschrift für die Kunde Süd- und Ostasiens*
ZA	*Zeitschrift für Assyriologie*
ZAW	*Zeitschrift für die alttestamentliche Wissenschaft*
ZDMG	*Zeitschrift der deutschen morgenländischen Gesellschaft*
ZDPV	*Zeitschrift des deutschen Palästina-Vereins*
ZEE	*Zeitschrift für evangelische* Ethik
ZHT	*Zeitschrift für historische Theologie(ZHTh)*
ZKG	*Zeitschrift für Kirchengeschichte*
ZKT	*Zeitschrift für katholische Theologie(ZKTh)*
ZMR	*Zeitschrift für Missionskunde und Religionswissenschaft*
ZNW	*Zeitschrift für die neutestamentliche Wissenschaft*
ZRGG	*Zeitschrift für Religions- und Geistesgeschichte*
ZST	*Zeitschrift für systematische Theologie(ZSTh)*
ZTK	*Zeitschrift für Theologie und Kirche(ZThK)*
ZWT	*Zeitschrift für wissenschaftliche THeologie(ZWTh)*

D. 성경, 외경 그리고 위경

구약			신약	
Gen	Lev	Deut	Matt	Luke
Exod	Num	Josh	Mark	John

Judg	Job	Joel	Acts	Titus
Ruth	Ps(Pss)	Amos	Rom	Philem
1 Sam	Prov	Obad	1 Cor	Heb
2 Sam	Eccl	Jonah	2 Cor	James
1 Kings	S of Sol	Mic	Gal	1 Peter
2 Kings	Isa	Nah	Eph	2 Peter
1 Chron	Jer	Hab	Phil	1 John
2 Chron	Lam	Zeph	Col	2 John
Ezra	Ezek	Hag	1 Thess	3 John
Neh	Dan	Zech	2 Thess	Jude
Esth	Hos	Mal	1 Tim	Rev
			2 Tim	

외경

1 Esd	1 Esdras	Ep Jer	Epistle of Jeremy
2 Esd	2 Esdras	S Th Ch	Song of the Three Children (or Young Men)
Tobit	Tobit	Sus	Susanna
Jud	Judith	Bel	Bel and the Dragon
Add Esth	Additions to Esther	Pr Man	Prayer of Manasseh
Wisd Sol	Wisdom of Solomon	1 Macc	1 Maccabees
Ecclus	Ecclesiasticus(Wisdom of Jesus the Son of Sirach)	2 Macc	2 Maccabees
Baruch	Baruch		

E. 위경과 초기 교부 시대의 작품들

Adam and Eve	Books of Adam and Eve	*Jub.*	Jubilees
2-3 Apoc. Bar.	Syriac, Greek Apocalypse of Baruch	*Mart. Isa.*	Martyrdom of Isaiah
		Odes Sol.	Odes of Solomon
Apoc. Abr.	Apocalypse of Abraham	*Pss. Sol.*	Psalms of Solomon
Apoc. Mos.	Apocalypse of Moses	*Sib. Or.*	Sibylline Oracles
As. Mos.	Assumption of Moses	*T. 12 Patr.*	Testaments of the Twelve Patriarchs
Bib. Ant.	Ps.-Philo, Biblical Antiquities	T. Levi	Testament of Levi
1-2-3 Enoch	Ethiopic, Slavonic, Hebrew Enoch	*T. Benj.*	Testament of Benjamin, etc.
Ep. Arist.	Epistle of Aristeas	*Acts Pil.*	Acts of Pilate

Apoc. Pet.	Apocalypse of Peter
Gos. Eb.	Gospel of the Ebionites
Gos. Eg.	Gospel of the Egyptians
Gos. Heb.	Gospel of the Hebrews
Gos. Naass.	Gospel of the Naassenes
Gos. Pet.	Gospel of Peter
Gos. Thom.	Gospel of Thomas
Prot. Jas.	Protevangelium of James
Barn.	Barnabas
1-2 Clem.	1-2 Clement
Did.	Didache
Diogn.	Diognetus
Herm. Man.	Hermas, Mandate
Sim.	Similitude
Vis.	Vision
Ign. *Eph.*	Ignatius, Letter to the Ephesians
Magn.	Ignatius, Letter to the Magnesians
Phld.	Ignatius, Letter to the Philadelphians
Pol.	Ignatius, Letter to Polycarp
Rom.	Ignatius, Letter to the Romans
Smyrn.	Ignatius, Letter to the Smyrnaeans
Trall.	Ignatius, Letter to the Trallians
Mart Pol.	Martyrdom of Polycarp
Pol. *Phil.*	Polycarp to the Philippians
Adv. Haer.	Irenaeus, Against All Heresies
De praesc. haer.	Tertullian, On the Proscribing of Heretics

F. 사해 두루마리와 관련 사본들

CD	Cairo(Genizah text of the) Damascus(Document)
Hev	Naḥal Ḥever texts
Mas	Masada texts
Mird	Khirbet Mird texts
Mur	Wadi Murabba ʿat texts
P	Pesher(commentary)
Q	Qumran
1Q, 2Q, 3Q, etc.	Numbered caves of Qumran, yielding written material; followed by abbreviation of biblical or apocryphal book
QL	Qumran literature
1QapGen	*Genesis Apocryphon* of Qumran Cave 1
1QH	*Hôdāyôt*(*Thanksgiving Hymns*) from Qumran Cave 1
1QIsa^{a,b}	First or second copy of Isaiah from Qumran Cave 1
1QpHab	*Pesher on Habakkuk* from Qumran Cave 1
1QM	*Milḥāmāh*(*War Scroll*)
1QS	*Serek hayyaḥad*(*Rule of the Community, Manual of* Discipline)
1QSa	Appendix A(Rule of the *Congregation*) to 1QS
1QSb	Appendix B(*Blessings*) to

	1QS	4QTestim	*Testimonia text* from Qumran Cave 4
3Q*15*	Copper Scroll from Qumran Cave 3	4QTLevi	*Testament of Levi* from Qumran Cave 4
4QFlor	*Florilegium*(or *Eschatological Midrashim*) from Qumran Cave 4	4QPhyl	Phylacteries from Qumran Cave 4
4QMess ar	Aramaic "Messianic" text from Qumran Cave 4	11QMelch	*Melchizedek* text from Qumran Cave 11
4QPrNab	Prayer of Nabonidus from Qumran Cave 4	11QtgJob	*Targum of Job* from Qumran Cave 11

G. 탈굼 자료

Tg. Onq.	*Targum Onqelos*	*Tg. Neof.*	*Targum Neofiti 1*
Tg. Neb.	*Targum of the Prophets*	*Tg. Ps.-J.*	*Targum Pseudo-Jonathan*
Tg. Ket.	*Targum of the Writings*	*Tg. Yer. 1*	*Targum Yeruŝalmi 1**
Frg. Tg.	*Fragmentary Targum*	*Tg. Yer. 11*	*Targum Yeruŝalmi 11**
Sam. Tg.	*Samaritan Targum*	*Yem. Tg.*	*Yemenite Targum*
Tg. Isa	*Targum of Isaiah*	*Tg. Esth 1, 11*	*First or Second Targum of Esther*
Pal. Tgs.	*Palestinian Targums*		

*optional title

H. 기타 랍비 서적

'Abot	*'Abot de Rabbi Nathan*		
'Ag. Ber.	*'Aggadat Berešit*	*Pal.*	*Palestinian*
Bab.	*Babylonian*	*Pesiq. R.*	*Pesiqta Rabbati*
Bar.	*Baraita*	*Pesiq. Rab Kah.*	*Pesiqta de Rab Kahana*
Der. Er. Rab.	*Derek Ereṣ Rabba*	*Pirqe R. El.*	*Pirqe Rabbi Eliezer*
Der. Er. Zuṭ.	*Derek Ereṣ Zuṭa*	*Rab.*	*Rabbah*(following abbreviation for biblical book: *Gen. Rab.*[with periods] =*Genesis Rabbah*)
Gem.	*Gemara*		
Kalla	*Kalla*		
Mek.	*Mekilta*		
Midr.	*Midraš*; cited with usual abbreviation for biblical book; but *Midr. Qoh.*=*Midraš Qohelet*	*Sem.*	*Semaḥot*
		Sipra	*Sipra*
		Sipre	*Sipre*

Sop.	*Soperim*	*Talm.*	*Talmud*
S.ʿOlam Rab.	*Seder ʿOlam Rabbah*	*Yal.*	*Yalquṭ*

I. 미쉬나와 관련 서적

ʾAbot	*ʾAbot*	*Maʿas. Š.*	*Maʿaśer Šeni*
ʿArak.	*ʿArakin*	*Našim*	*Našim*
ʿAbod. Zar.	*ʿAboda Zara*	*Nazir*	*Nazir*
B. Bat.	*Baba Batra*	*Ned.*	*Nedarim*
Bek.	*Bekorot*	*Neg.*	*Negaʿim*
Ber.	*Berakot*	*Nez.*	*Neziqin*
Beṣa	*Beṣa(=Yom Tob)*	*Nid.*	*Niddah*
Bik.	*Bikkurim*	*Ohol*	*Oholot*
B. Meṣ.	*Baba Meṣiʿa*	*ʿOr.*	*ʿOrla*
B. Qam.	*Baba Qamma*	*Para*	*Para*
Dem.	*Demai*	*Peʾa*	*Peʾa*
ʿEd.	*ʿEduyyot*	*Pesaḥ.*	*Pesaḥim*
ʿErub.	*ʿErubin*	*Qinnim*	*Qinnim*
Giṭ.	*Giṭṭin*	*Qidd.*	*Qiddušin*
Ḥag.	*Ḥagiga*	*Qod.*	*Qodašin*
Ḥal.	*Ḥalla*	*Roš. Haš.*	*Roš Haššana*
Hor.	*Horayot*	*Sanh.*	*Sanhedrin*
Ḥul.	*Ḥullin*	*Šabb.*	*Šabbat*
Kelim	*Kelim*	*Šeb.*	*Šebiʿit*
Ker.	*Keritot*	*Šebu.*	*Šebuʿot*
Ketub.	*Ketubot*	*Šeqal.*	*Šeqalim*
Kil.	*Kilʾayim*	*Soṭa*	*Soṭa*
Maʿaś.	*Maʿaśerot*	*Sukk.*	*Sukka*
Mak.	*Makkot*	*Taʿan.*	*Taʿanit*
Makš.	*Makširin(=Mašqin)*	*Tamid*	*Tamid*
Meg.	*Megilla*	*Tem.*	*Temura*
Meʿil.	*Meʿila*	*Ter.*	*Terumot*
Menaḥ.	*Menaḥot*	*Ṭohar.*	*Ṭoharot*
Mid.	*Middot*	*T. Yom*	*Tebul Yom*
Miqw.	*Miqwaʾot*	*ʿUq.*	*ʿUqṣin*
Moʿed	*Moʿed*	*Yad.*	*Yadayim*
Moʿed Qat.	*Moʿed Qatan*	*Yebam.*	*Yebamot*

Yoma	*Yoma(=Kippurim)*
Zabim	*Zabim*
Zebaḥ	*Zebaḥim*
Zer.	*Zera'im*

J. 나그 함마디 논문

Acts Pet. 12 Apost.	*Acts of Peter and the Twelve Apostles*
Allogenes	*Allogenes*
Ap. Jas.	*Apocryphon of James*
Ap. John	*Apocryphon of John*
Apoc. Adam	*Apocalypse of Adam*
1 Apoc. Jas.	*First Apocalypse of James*
2 Apoc. Jas.	*Second Apocalypse of James*
Apoc. Paul	*Apocalypse of Paul*
Apoc. Pet.	*Apocalypse of Peter*
Asclepius	*Asclepius 21-29*
Auth. Teach.	*Authoritative Teaching*
Dial. Sav.	*Dialogue of the Savior*
Disc. 8-9	*Discourse on the Eighth and Ninth*
Ep. Pet. Phil.	*Letter of Peter to Philip*
Eugnostos	*Eugnostos the Blessed*
Exeg. Soul	*Exegesis on the Soul*
Gos. Eg.	*Gospel of the Egyptians*
Gos. Phil.	*Gospel of Philip*
Gos. Thom.	*Gospel of Thomas*
Gos. Truth	*Gospel of Truth*
Great Pow.	*Concept of our Great Power*
Hyp. Arch.	*Hypostasis of the Archons*
Hypsiph.	*Hypsiphrone*
Interp. Know.	*Interpretation of Knowledge*
Marsanes	*Marsanes*
Melch.	*Melchizedek*
Norea	*Thought of Norea*
On Bap. A	*On Baptism A*
On Bap. B	*On Baptism B*
On Bap. C	*On Baptism C*
On Euch. A	*On the Eucharist A*
On Euch. B	*On the Eucharist B*
Orig. World	*On the Origin of the World*
Paraph. Shem	*Paraphrase of Shem*
Pr. Paul	*Prayer of the Apostle Paul*
Pr. Thanks.	*Prayer of Thanksgiving*
Sent. Sextus	*Sentences of Sextus*
Soph. Jes. Chr.	*Sophia of Jesus Christ*
Steles Seth	*Three Steles of Seth*
Teach. Silv.	*Teachings of Silvanus*
Testim. Truth	*Testimony of Truth*
Thom. Cont.	*Book of Thomas the Contender*
Thund.	*Thunder, Perfect Mind*
Treat. Res.	*Treatise on Resurrection*
Treat. Seth	*Second Treatise of the Great Seth*
Tri. Trac.	*Triparite Tractate*
Trim. Prot.	*Trimorphic Protennoia*
Val. Exp.	*A Valentinian Exposition*
Zost.	*Zostrianos*

골로새서

골로새서 서론

참고문헌

Bandstra, A. J. "Did the Colossian Errorists Need a Mediator?" *New Dimensions in New Testament Study*, ed. R. N. Longenecker and M. C. Tenney. Grand Rapids: Zondervan, 1974, 329-43. **Bornkamm, G.** "The Heresy of Colossians." *Conflict at Colossae*, ed. F. O. Francis and W. A. Meeks. 2nd ed. SBLSBS 4. Missoula, MT: Scholar's Press, 1975, 123-45. Originally published as "Die Häresie des Kolosserbriefs." *TLZ* 73 (1948) 11-20. **Bruce, F. F.** *Paul. Apostle of the Free Spirit.* Exeter: Paternoster, 1977, 407-23. American edition, *Paul. Apostle of the Heart Set Free.* Grand Rapids: Eerdmans, 1977. **Bujard, W.** *Stilanalytische Untersuchungen zum Kolosserbrief als Beitrag zur Methodik von Sprachvergleichen.* SUNT 11. Göttingen: Vandenhoeck und Ruprecht, 1973. **Dibelius, M.** "The Isis Initiation in Apuleius and Related Initiatory Rites." *Conflict at Colossae*, ed. F. O. Francis and W. A. Meeks. 2nd ed. SBLSBS 4. Missoula, MT: Scholar's Press, 1975, 61-121. Originally published as *Die Isisweihe bei Apuleius und verwandte Initiations-Riten.* SHAW.Ph. 8/4. Heidelberg: Winter, 1917. **Duncan, G. S.** *St. Paul's Ephesian Ministry. A Reconstruction with Special Reference to the Ephesian Origin of the Imprisonment Epistles.* London: Hodder, 1929. **Francis, F. O.** "Humility and Angelic Worship in Col 2:18." *Conflict at Colossae*, ed. F. O. Francis and W. A. Meeks. 2nd ed. SBLSBS 4. Missoula, MT: Scholar's Press, 1975, 163-95. Originally published in *ST* 16(1963) 109-34. ______ "The Background of EMBATEYEIN(Col 2:18) in Legal Papyri and Oracle Inscriptions." ibid. 197-207. **Guthrie, D.** *New Testament Introduction. The Pauline Epistles.* London: Tyndale, 1961. **Hooker, M. D.** "Were there False Teachers in Colossae?" *Christ and Spirit in the New Testament. Studies in honour of Charles Francis Digby Moule*, ed. B. Lindars and S. S. Smalley. Cambridge: University Press, 1973, 315-31. **Kümmel, W. G.** *Introduction to the New Testament.* Tr. H. C. Kee. 2nd ed. London: SCM, 1975. 17th American edition, Nashville: Abingdon, 1975. **Lähnemann, J.** *Der Kolosserbrief. Komposition, Situation und Argumentation.* SNT 3. Gütersloh: Mohn, 1971. **Lyonnet, S.** "Paul's

Adversaries in Colossae." *Conflict at Colossae*. ed. F. O. Francis and W. A. Meeks. 2nd ed. SBLSBS 4. Missoula, MT: Scholar's Press, 1975, 147-61. Originally published as "L'étude du milieu littéraire et l'exégèse de Nouveau Testament: 4. Les adversaires de Paul à Colosses." *Bib* 37(1956) 27-38; cf. also his article "L'Epître aux Colossiens (Col 2:18) et les mystères d'Apollon Clarien." *Bib* 43(1962) 417-35. **Magie, D.** *Roman Rule in Asia Minor*. 2 vols. Princeton: University, 1950. **Marxsen, W.** *Introduction to the New Testament. An Approach to its Problems*. Tr G. Buswell. Oxford: Blackwell's, 1968, 177-86. American edition, Philadelphia: Fortress, 1968. **Munn, G. L.** "Introduction to Colossians." *SWJT* 16(1973) 9-21. **Percy, E.** *Die Probleme der Kolosser- und Epheserbriefe*. SHVL 39. Lund: Gleerup, 1946. **Polhill, J. B.** "The Relationship Between Ephesians and Colossians." *RevExp* 70(1973) 439-50. **Ramsay, W. M.** *The Cities and Bishoprics of Phrygia*. Vol. 1. Oxford: University Press, 1895, 208-34. **Reicke, B.** "Caesarea, Rome and the Captivity Epistles." *Apostolic History and the Gospel. Biblical and Historical Essays presented to F. F. Bruce on his 60th Birthday*, ed. W. W. Gasque and R. P. Martin. Exeter: Paternoster, 1970, 277-86. American edition, Grand Rapids: Eerdmans, 1970. ______. "The Historical Setting of Colossians." *RevExp* 70(1973) 429-38. **Schweizer, E.** "Zur neueren Forschung am Kolosserbrief(seit 1970)." *ThBer* 5(1976) 163-91.

골로새: 골로새 성읍과 백성들

(a) 골로새 성읍

고대 골로새 성(그 위치가 주후 1835년에 발견되었다)은 미엔더(Meander)의 남방 속국인 리쿠스 강 남쪽 강둑에 있는 브루기아에 위치해 있는데, 이 곳은 수많은 굴곡들로 유명하며(그런 까닭에 영어 미엔더<Meander>는 "방황하다", "구불구불 나아가다"를 의미한다), 그 비옥한 계곡은 다량의 무화과와 감람 열매를 산출해 냈다. 골로새의 자리는 지금은 사막화되었지만, 호나즈(Honaz)의 마을(이전의 비잔틴 요새)은 남동쪽으로 3마일이나 뻗어 있다.

골로새(후대의 철자가 콜라싸이<*Κολασσαί*>로 나타나 있기는 하지만 주로 콜로싸이<*Κολοσσαί*>로 쓴다)는 에베소와 사르디스로부터 유프라테스로 가는 초창기의 간선도로 상에 위치해 있다. 그래서 이 도로를 따라 행진해 갔던 크세르크세스 왕과 고레스(Cyrus the Younger) 왕의 군대 행진 기록 가운데 언급되고 있다. 주전 5세기에 헤로도토스는 골로새를 "브루기아의 큰 성"으로 말하고 있으며(*History* 7.30.1), 그 다음 세기의 역사가 크세노폰은 이 곳을 "부유하고 큰, 인구가 많은 성읍"으로 묘사했다(*Anabasis* 1.2.6). 모직물 산업으로 인하여 이 곳은 상업적으로 중요한 곳이었다. 모직물은 리쿠스(Lycus) 계곡의 구릉 지역에서 방목한 양으로부터 얻어져서 검붉은 색으로 염색되었는데(Strabo, *Geography* 12.8.16), 그것은 일반적으로 "골로새 산"으로 알려졌다(Latin *colossinus*: Pliny, *History* 21.51).

훗날 이 성읍은 그 지위가 급격하게 기울어졌고, 그래서 바울의 두 세대 전 사람인 로마 시대의 스트라보는 이 곳을 "작은 마을"이라고 말했을 뿐이다(Strabo, *Geography* 12.8.13, *πόλισμα*). 골로새는 서쪽으로 10마일 지점에 있는 라오디게아와 북서쪽으로 12마일 지점에 있는 히에라폴리스에게 추월당했는데 이 도시들은 둘 다 같은 리쿠스 계곡에 있다. 이 도시들은 사도 바울에 의하여 기독교인들이 골로새에 있는 교인들과 긴밀한 관계에 있는 장소들로 언급된 바 있다(골 2:1; 4:13, 15, 16). 스트라보에 따르면, 라오디게아는 주전 1세기 동안 번영하는 성읍으로 발달되었다(12.8.16). 안티오커스 2세(주전 261-246년)가 설립하여 라오디케(Laodice)라는 자기 아내 이름을 따라 이름 붙여진 이 곳은 로마의 통치 아래서 아시아 지방의 일부였던 사법 구역의 본거지가 되었다(Pliny, *History* 5.105). 계곡의 북편 멀지 않은 곳에 있는 히에라폴리스 역시 신약 시대에 중요한 곳이었는데, 특히 치료 샘물로 유명했다(Strabo, *Geography* 12.8.16).

타키투스에 따르면 리쿠스 계곡의 부분들, 특히 라오디게아는 주후 60-61년 지진에 의하여 폐허가 되었다(Tacitus, *Annals* 14.27.1). 골로새가 언급되지는 않았지만, 이 곳은 아마도 같은 사건으로 파괴되었을 것이다(참고. Reicke, *RevExp* 70 [1973] 430). 스트라보는 명확하게 이 전 지역을 반복되는 지진의 진원지로 불렀으며(*Geography* 12.8.16), 후에 오로시우스는 "아시아에 있는 세 도시, 곧 라오디게아, 히에라폴리스 그리고 골로새가 지진으로 무너졌다"고 언급했다(Orosius, *Historiae ad paganos* 7.7.12. 그러나 이러한 기록이 타키투스가 기록하고 있는 것과 같은 사건을 가리키는지는 확실하지 않다; Eusebius, *Chronicle* 215에서는 이 멸망을 네로 제9년 혹은 10년으로 잡는다).

라오디게아는 네로로부터 혹은 로마인들로부터 오는 외부적인 도움이 없이 곧 회복되었으나, 골로새는 결코 뛰어난 지위를 다시 찾지 못했다. 만일 이 곳이 주후 60-61년에 파괴되지 않았다면 또 다른 지진에 의한 파괴를 당했을 수도 있으며 재건되지 않았을 것이다. 골로새는 기독교 세기까지 관공서를 가진 로마 성읍으로 지속되었다는 비문과 화폐의 증거가 있다(*Inscriptiones ad Res Romanes Pertinentes* 4.870; Magie, *Rule*, 127, 986를 보라. 그리고 Martin, *NCB*, 3를 유의하라). 오늘날 그 장소는 사람이 거주하지 않으며 발굴도 이루어지고 있지 않다(S. E. Johnson, "Unsolved Questions about Early Christianity in Anatolia." *Studies in New Testament and Early Christian Literature Essays in Honor of Allen P. Wikgren*, ed., D.E. Aune[NovTSup 33; Leiden: Brill, 1972, 181-93] 특히 185를 보라).

그러므로 바울이 골로새에 살고 있는 기독교인들에게 편지를 썼을 때 그 성읍의 상업적 · 사회적 위상은 이미 기울어져 있었다. 우리는 그 성읍 백성들에게 혹은 그들 가운데 살고 있는 기독교인들에게 어떤 영향이 미쳤는지는 알지 못한다. 지난 세기에 라이트푸트(Lightfoot, 16)는 다음과 같이 언급했다: "틀림없이 골로새는 바울의 서신이 전달된 가장 덜 중요한 교회였을 것이다" – 이것이 사실일 수도 있다.

(b) 골로새 백성

라오디게아, 히에라폴리스 그리고 골로새 세 성읍은 아시아의 식민지 지방에 속해 있었다. 골로새 인구는 주로 토착 브루기아인과 헬라 정착민들로 구성되었다고 생각되어 왔다. 그러나 요세푸스에 따르면(*Ant* 12. 147-53), 주전 2세기 초반에 안티오커스 3세가 2천 명의 유대인 가족들을 바벨론과 메소포타미아로부터 데려와서 루디아와 브루기아에 정착시켰다(Lightfoot, 19). 그래서 바울 당시 골로새는 각기 다른 문화적 · 종교적 요소들이 혼합된 국제적 도시였던 것으로 보인다.

우리는 유대인의 영향이 주전 2세기에 있었던 유대인의 이민 이후에 라오디게아 근처에서 존속되었다는 사실을 알고 있다. 히에라폴리스 근처에서 발견된 무덤 비문은 유대인이 아시아 문화의 일부가 되었었다는 사실을 보여 준다(Martin, *NCB*, 3, 그는 Schürer의 글로부터 인용하고 있음). 주전 62-61년에 로마인 통치자 플라쿠스(Flaccus)는 유대인들이 모아진 성전세를 예루살렘으로 보내는 것을 가로막았다. 그는 라오디게아 관할구로부터 오는 금 가운데 총 20파운드를 밀수입이라고 하여 압류했다(그리고 Apamea 관할구로부터 오는 100파운드의 금까지: Cicero, *pro Flacco* 28). 각각의 남성 당 반 세겔의 요금으로 계산된(여인, 어린아이 노예는 제외됨) 이 금액은 라오디게아 관할 구역에 11,000명의 유대인 남자가 있었음을 나타낸다(Lightfoot, 20; 참조. Lohse, 9).

골로새 교회

그리스도 안의 신실한 형제들로 소개된 골로새에 있는 성도들(1:2)은 바울의 직접적인 사역을 통하여 회심하지 않았다. 이 기독교인 공동체는 사도행전 19장에 기록된 바울의 에베소 전도 사역(주후 52-55년경)과 관련된 열정적인 선교와 전도 활동 기간 동안 생겼다. 그러나 소아시아에서 있었던 선교 사역 동안 바울이 친히 리쿠스의 윗 계곡에 있는 골로새까지 가지는 못했다(2:1; 반대 의견에 관해서는 Reicke, *RevExp* 70[1973] 432, 433를 보라). 에베소의 두란노 서원에서 있었던 매일의 복음 전도 강론은 너무나 효과적이어서 누가가 "아시아에 사는 자는 유대인이나 헬라인이나 다 주의 말씀을 듣더라"(행 19:10)고 말할 수 있을 정도였다. 이 사역이 바울을 통하여 진행되기는 했으나, 그는 여러 협력 사역자들의 도움을 받았고, 아시아 지방 여러 곳에 그들의 사역을 통하여 교회들이 세워졌다(바울과 그의 전도단에 가입한 그의 동료들에 대한 최근의 자세한 논의에 관해서는 W. H. Ollrog, *Paulus und seine Mitarbeiter. Untersuchungen zu Theorie und Praxis der paulinischen Mission*[WMANT 50; Neukirchen-Vluyn: Neukirchener, 1979]을 보라). 바울 사도는 이러한 곳들을 모두 직접 방문할 수 없었다. 그럼에도 불구하고 그 곳들은 이방인들에 대한 사도적 방문 지역 가운데 들어가며, 그는 그들과 우호적이고 친밀한 접촉을 유지했다(참조. 1:24-2:5; 바울의 사역은 골로새인들을 포함한다: 그의 고난은 "너희를 위한" 것이다. 1:24; 그의 사명은 "너희를 위한" 것이었다. 1:25; 그는 "너희와…무릇 내 육신의 얼굴을 보지 못한 자들을 위하여" 일했다. 2:1; 그는 몸으로는 거기에 없었을지라도 영으로 함께 있었다. 2:5).

아시아 지방에 세워진 이러한 교회들 중에는 골로새, 라오디게아, 히에라폴리스 교회가 있었다. 우리는 골로새서 자체로부터 얻어낼 수 있는 내용을 제외하고는 이러한 기독교 공동체의 설립에 관한 직접적인 정보를 가지고 있지 않다. 그리고 이러한 세 성읍에 세워진 회중들이 바울의 전도 사역의 수고의 열매였다는 사실은 편지 속에 있는 에바브라에 관한 언급을 통하여 추론된다(1:7, 8; 4:12, 13). 그는 골로새인들에게 복음 진리를 가르쳤던(1:7) 사람으로서 골로새 출신이었다(4:12에서 그는 "너희에게서 온" 사람으로 묘사되고 있다). 그 역시 바울이 그러했던 것처럼 복음을 위하여 같이 힘썼으며(참조. 1:29; 2:1과 4:13), 그래서 특별히 골로새, 라오디게아, 히에라폴리스 세 도시의 기독교인들을 위해 간절하고도 끊임없는 중재 기도를 하고 있다는 표현을 발견하게 된다. 바울을 통하여 지극한 칭찬이 그에게 주어진다. 즉 그는 골로새에 있는 바울의 대리인으로서(*ὑπὲρ ἡμῶν* – 휘페르 헤몬, "우리를 위하여") "우리와 함께 종 된 사랑하는" 그리고 "그리스도의 신실한 일꾼"이라고 불린다(1:7). 이 서신의 독자들은 진리가 신실하게 "그리스도 예수의 종"(4:12)이라는 영예로운 찬사로 묘사된 이 사람을 통하여 그들에게 가르쳐졌을 것이라고 확신할 수 있다(에바브라는 "신실한 일꾼"〈*πιστός*…*διάκονος*, 피스토스…디아코노스〉으로 불린다). 에바브라는 바울을 방문하기 위하여 왔었고, 또한 자원해서 아니면 당국자들에게 사로잡혀서 바울과 함께 갇혔었다(몬 23절). 그래서 그는 바울의 편지가 보내졌을 때 회중에게로 돌아올 수 없었다. 그 대신 편지는 두기고에게 맡겨졌는데(4:7, 8) 그에게는 또한 감옥에 있는 바울의 사정에 대한 소식도 전하도록 사명이 주어졌다. 회중은 틀림없이 자기들의 지도자인 에바브라에 관한 긍정적인 소식을 듣기를 원했을 것이며, 특히 그가 왜 두기고와 오네시모와 함께 돌아오지 못했는지에 대해서 듣기를 원했을 것이다(4:9). 회중의 다른 교인들은 아킵보(골 4:17)와 빌레몬의 도망친 오네시모(4:9; 몬 11절)를 포함하는 빌레몬과 그의 가족(몬 1, 2절)이었는데 오네시모에 대해서 바울은 빌레몬이 바울 자신처럼 받아 주고 환영해 주기를 바라고 있다(몬 16, 17절). (이 구절들과 관련된 세부적인 해석을 보라.)

그들 중 거의 모든 사람들이 이방인 회심자들이었다는 사실을 암시하는 이 편지 수신자들의 과거의 이방 신분에 관한 많은 암시들이 나타나 있다(Moule, 29에서는 이 점이 네 개의 논증에 근거하여 수립될 수 있다고 생각한다: [1] 그것은 1:12, 21, 27에 암시되어 있는데 "거기서 그 단어들은 안으로 이끌어 들여온 외인들에 대한 단어다." [2] 구약성경 암시들의 희귀성이 들어 있다. [3] 분명하게 이방의 부도덕한 행실들이 3:5-7에 언급되어 있다. [4] 회중 가운데 유대인과 이방인들 간의 화해 문제에 대한 언급이 거의 결여되어 있다. 그렇지만 3:11과 4:11을 유의하라. 참조. J. Bradley, "The Religious Life-Setting of the Epistle to the Colossians," *StBibT* 2[1972] [d] 17-36, 특히 19). 그들은 언젠가 자신들이 우상 숭배에 연루되고 죄의 종이었던, 하나님과 전혀 화목하지 못했던 존재들이라는 말을 듣는다. 즉 그들은 마음에 하나님에 대한 적개심을 가졌고, 행동은 불경건했다(1:21). 그들은 또한 그들의 죄와 육체의 무할례로 말미암아 영적으로 죽은 자들이었다는 말을 듣는다 – 이것은 그들이 이교도였으면서도 불경건한 자들이었다는 사실을 암시하는 진술이다(2:13).

그러나 바울은 하나님께서 그들의 삶에 강력한 변화를 경험하게 하셨다고 믿었다. 즉 그분께서 하나의 중대한 사건, 즉 십자가에서 그리스도의 육신의 죽음 가운데서 그들을 자신과 화목하게 하셨다는 것이다(1:22). 하나님께서는 그들을 흑암의 권세에서 건져내셨고, 그의 사랑하는 아들이 지배하는 나라로 옮기셨다(1:13). 그들은 이제 구속을 소유했고, 자기들의 죄 사함을 받아 가지고 있다(1:14). 사실상 사죄의 확신(이것이 이 편지의 중요한 모티프다: 1:14; 2:13; 3:13)은 생생한 어투를 통하여 독자들의 마음과 양심에 박혀 있다: 하나님은 은혜롭게도 골로새인들의 모든 불법을 용서하셨다(*χαρισάμενος* – 카리사메노스, 2:13). 그는 빚을 청산해 주시고 빚 증서를 도말하셨을 뿐만 아니라 기록된 문서를 없애 버리셨다. 그분은 독자들에 대해서 저주하는 고소의 내용을 담은 채무 증서를 지워 버리고 그리스도께서 죽으실 때 그것을 십자가에 못 박음으로써 이러한 일을 하셨다. 더 나아가서 하나님께서는 정사와 권세들, 그들의 악한 세력 가운데 골로새인들을 붙잡고 있었던 악한 세력을 벗겨내시고, 그들에게서 그것들의 지위와 세력을 제거하셨다. 그분은 승리의 행진을 해 나가시는 가운데 그리스도 안에서 그들을 인도하면서 그것들이 전혀 도움이 되지 않음을 온 천하에 드러내셨다(2:13-15).

골로새인들은 이제 너무나 안전하게(1:5; 참조. 23절) 그리스도께서 앉아 계시고 그들의 생각과 갈망이 올라가야 했던 그 하늘에 그들을 위하여 쌓인 소망을 가지고 있었다(3:1-4). 그리스도 자신에게 초점이 맞추어져 있었던 그 소망(1:27)은 바울과 그의 동료들의 사도적 선포의 주제였다. 복음이 처음으로 에바브라를 통하여 골로새인들에게 전파되었을 때, 그것은 그들의 마음과 삶에 견고한 자리를 차지했다(1:5, 6). 그것이 열매를 맺기 시작했고, 전 세계의 다른 곳에서 그러했던 것처럼 그들 가운데서도 증가하기 시작했다(1:6).

이방인들은 이전에 하나님도 없고 소망이 없었을 때 그의 죽으심과 장사지냄과 부활로 그리스도에게 연합되었다(2:11, 12; 2:20; 3:1, 3). 그분은 1:15-20에 나타난 격조 높은 찬양 가운데서 창조와 화목에 있어서 찬양 받으신 주님과 같이 찬양을 받으신 분이었다. 그분은 신비의 중심에 계시는, 다름아닌 하나님의 기름부으신 자였다. 이전의 수 시대 및 수 세대 동안 감추어진 그 비밀은 이제 이방인들이 그의 몸의 각 지체로서 동일하게 자리잡음에 있어서 유대인들과 함께 참여하게 되었기 때문에 그들에 대해 이방인으로서 특별한 관계가 있었다(1:26, 27). 그러므로 그들은 그들 가운데 그의 생명을 가졌고, 그들이 그의 영광의 충만을 나누어 가질 날까지 바라볼 수 있었다. 하나님의 아들로서의 그분의 나타나심은 그들이 "하나님의 자녀들"(3:4)로 나타날 그 때가 될 것이다.

골로새 회중은 에바브라를 통하여 복음을 받아들였을 때 주 예수 그리스도를 자기들의 전승(*παρελάβετε* – 파렐라베테, 2:6)으로 받아들였으므로, 그들은 그리스도께 연합된 사람들처럼 살도록 권면을 받는다. 그들은 주님의 주재권 아래 살 때 감사가 풍부해질 것이며(1:3, 12; 2:7; 3:15, 16, 17; 4:2에 있는 이 주제에 대한 언급을 유의하라) 자기들을 위하여 하신 능하신 일로 인하여 하나님에게 감사할 것이다(2:7). 그리스도 예수께서는 인간들의 공허한 전승에 대한 적절한 보호 수단 이상이셨으므로, 그들로 하여금 그들의 생활방식과 사고방식이 계속하여 그분의 가르침에 일치한다는 사실을 보게 하라(2:6-8).

이 모습은 사도적 복음에 순종하는 기독교인 회중에 대해서 그려진 것이다. 골로새 기독교인들의 믿음과 사랑에 관해서 바울이 에바브라로부터 받은 보고는 하나님에게 진심어린 감사의 근거가 된다(1:4-6). 에바브라는 "성령 안에서 그들의 사랑"(1:8)에 대해 바울에게 말해 주었고, 바울은 따뜻한 어조로 그들의 규모 있는 그리스도인의 삶에 대해서 그리고 그리스도 안에 있는 그들의 믿음의 견고성에 대해서 듣고 기뻐하고 있다고 그들에게 말하고 있다(2:5).

편지의 동기

만일 골로새 공동체의 생활과 행위가 그렇게 칭찬할 만한 것이라면 이 편지를 보낸 동기는 무엇인가? 에바브라가 여행을 하고, 바울을 만나고, 잠시 사도의 구금에 기꺼이 동참한(몬 23절에서 그는 "함께 갇힌 자"로 묘사되고 있다) 이유들 가운데 하나는 틀림없이 리쿠스 계곡에서 복음의 진보에 대해 그에게 알려 주어 사도를 격려하려는 것이었을 것이다. 그러나 아마도 이 방문의 주된 이유는 골로새 안에서 일어난 잘못된 가르침에 대해서 그리고 만일 그것을 모른 채 내버려 두었을 경우 교회의 안정을 위협할 그 가르침에 대해서 어떻게 다루어야 할지에 대해 바울에게서 충고를 얻어내려는 것이었을 것이다. 그렇다면 바울의 편지는 이러한 긴급한 필요에 대한 반응으로서 기록된 것이다. 에바브라는 거짓 교사들의 그럴듯한 논증과 거짓된 겸손을 대처할 수 없었고, 따라서 사도의 더 큰 지혜를 필요로 했을 가능성이 있다. 아킵보는 골로새 사역을 위하여 떠난 것으로 생각되었으며, 그는 골로새서 4:17에서 "주 안에서 사역을 맡은 사람"으로 언급되고, 빌레몬서 2절에서는 바울의 "함께 군사 된 자"로 묘사되고 있다(참조. Guthrie, *Introduction*, 162).

믿음에 대한 위협과 "골로새 이단"

(a) 서론적 논평

골로새서는 "골로새에서 가르침을 받고 있었던 이상한 가르침에 대한 소식을 듣고 바울이 이에 대해서 열정적으로 반응한"(Bruce, 165) 서신으로 묘사되어 왔다. 사도는 위협적인 세력을 인식하고 사도적 케류그마에 대한 이러한 이상한 탈선의 중심부에 놓여 있는 오류를 반박할 필요성을 인식했다. 그래서 그는 확고하고도 순전한 공동체에게 그럴듯하지만 거짓된 논증에 오도되지 않도록 경고하고 있다(2:4). 그들은 진리로부터 속임을 당하여 오류라는 노예 상태로 오도되지 않도록 스스로 조심해야 한다(2:8). 회중은 심각하게 경고를 받고 있으며, 참된 교훈과 거짓된 교훈 간의 차이에 관해서 훈계를 받고 있다.

이 잘못된 가르침은 통상적으로 "골로새 이단"으로 묘사되어 왔으며, 그 이단의 성격은 라이트푸트가 1875년 자신의 골로새서에 대한 중요한 주석을 쓴 이래 100년 이상이나 논란 거리가 되어 왔다. 골로새 교인들과 그 근처 교회들의 평화와 안정을 위협했던 이 거짓된 가르침이 정확하게 무엇인가에 관해서는 아직도 상당한 견해 차이를 보이고 있다. (골로새에 있었던 대적들의 정체에 대해 갈피를 잡지 못하게 하는 다양한 의견들에 관해서는 J. J. Gunther, *St. Paul's Opponents and Their Background. A Study of Apocalyptic and Jewish Sectarian Teachings*[NovTSup 35; Leiden: Brill, 1973] 3, 4. 군터는 19세기와 20세기 신약학자들의 42개의 다양한 주장들을 열거하고 있다.)

(b) 골로새 이단이 있었는가?

바울은 본 서신의 어디에서도 이단에 대해 공식적인 표명을 하고 있지 않으며, 그 주요 특징들은 사도의 적극적인 반론을 종합하고 해석함으로써만 파악할 수 있다. 사실상 이러한 바울의 반론들이 "골로새 이단"의 존재를 지적하고 있는지의 여부에 대해서는 후커(Hooker, *Christ*, 315-31)에 의해서 의문시되어 왔다. 바울은 어떤 관습들이 로마와 빌립보 회중에게 실제로 침입해 들어왔던 사실을 암시하지 않은 채 잘못된 가르침과 관습에 대해 경계하여(롬 16:17-20; 빌 3:2, 18, 19) 로마서와 빌립보서를 기록한다. 바울은 골로새서에서도 이와 같은 일을 하고 있는 것이 아닌가? 후커는 갈라디아서의 상황과는 같지 않게, 골로새 교회가 그들을 괴롭히는 오류에 넘어갔다는 증거가 없다고 지적한다(참조. 1:3-8; 2:1-5). 그리스도와 관련된 잘못된 가르침이 있지 않았다는 증거가 있다고 주장했다. 그녀(Hooker)는 골로새 공동체 안에 그러한 이단이 없었고, 상황의 보다 개연성 있는 설명은 젊은 개종자들이 "자기들의 이방 및 유대인 이웃들의 신앙과 관습"을 행하라는 외부의 압력을 받고 있었다고 주장한다(*Christ*, 329). 창조와 구속에 있어서 그리스도의 사역의 유일성과 우위성에 관한 바울의 진술(1:15-20)은 그들이 구원의 완성을 위해서는 그리스도 이외에 다른 아무것도 바라볼 필요가 없다는 사실을 상기시켜 주며, 따라서 그의 권면은 일반적인 경고로 이해되어야 한다는 것이다.

후커의 논문은 호소력 있는 많은 내용을 담고 있다. 즉 그 논문은 회중의 삶과 안정에 관한 바울의 적극적인 진술을 다시 강조했으며(1:3-8; 2:5), 바울이 신앙의 기초 자체가 흔들리는 것을 바라보는, 갈라디아서에서 발견된 강력한 분노와 같은 것이 골로새서 안에는 전혀 없다고 우리에게 상기시켜 준다. 더 나아가서 후커는 바울의 글들 배후에 상황을 재구성하려는 시도에는 순환논법의 위험이 도사리고 있다는 사실을 경고했다(*Christ*, 319). 그러므로 아마도 정확하고 구체적인 점들을 가진 명확한 체계라기보다는 경향이라는 식으로 말해야 할 것이다. 그럼에도 불구하고 우리가 보기에 그녀의 논문은 "충만함"이란 언급, 특별한 금욕주의의 금지(말하자면 "붙잡지도 말고 맛보지도 말고 만지지도 말라", 21절), 음식과 거룩한 날들에 대한 짐을 지고 있는 골로새 교인들에 관한 진술, 바울의 대적들의 슬로건으로 해석되는 특이한 문구들을 담고 있는 2:8-23의 어투에 대한 충분한 설명을 취급하지 않았다(2:8-23의 "주석"을 보라). 또한 그녀의 논문은 실질적으로 그 편지에 있는 "실현된 종말론"에 대한 강조의 이유를 밝히고 있는지 의문스럽다. 다른 한 편, 이 편지 전체, 특별히 1:15-20이 유대인의 토라에 대한 논박으로 이해되어야 한다는 그녀의 주장(*Christ*, 329, 331에 있는 "그가 유대인의 법을 대신하였으므로 인하여 창조와 구속이 그리스도 안에서 완성되었다"와 "예수 그리스도께서 실제로 하나님의 영광과 우주와 인류를 위한 그분의 목적에 대한 계시로서의 토라를 대신하셨다. 골로새서에 표현되어 있는 것이 이 기본적인 진리다")은 본서에 있는 "율법"과 "계명"과 같은 단어가 없다는 사실에 비추어 볼 때 다소 놀랍다(참조. H. Weiss, "The Law in the Epistle to the Colossians," *CBQ* 34[1972] 294, 그리고 Schweizer, *TheBer* 5[1976] 174).

(c) "이단"의 몇 가지 두드러진 특징

바울이 우리에게 잘못된 가르침에 대한 공식적인 표명은 하고 있지 않을지라도,

그가 대적들의 슬로건을 인용하고 있는 것으로 보이는 여러 결정적인 구절들이 있으며, 이것들은 골로새에서 주장되고 있는 내용의 성격을 이해하려는 시도 가운데서 매우 귀중한 실마리로서의 역할을 한다. 무엇보다도 이 가르침은 존중히 여길 만한 "전승"(파라도시스〈*παράδοσις*〉란 단어가 그 가르침의 고대성, 품위 그리고 계시적 성격에 주의를 집중하도록 하기 위하여 사용되었음에 틀림없다)에 기초한 "철학"(*φιλοσοφία* – 필로소피아, 2:8)으로 진술되어 있으며, 참된 지식과 통찰력을 전달해 주는 것으로 생각되었다(2:18, 23).

다음의 문구들은 바울이 잘못된 가르침에 대한 공격을 하는 가운데 인용하고 있는 대적들의 슬로건인 것으로 보인다(이러한 표현들에 대한 자세한 검토에 관해서는 그 구절들에 해당되는 "주석" 부분을 참조하라).

2:9(참조. 1:19), "모든 충만"(*πᾶν τὸ πλήρωμα* – 판 토 플레로마)

2:18, "일부러 겸손함과 천사 숭배함"(*θέλων ἐν ταπεινοφροσύνῃ καὶ θρησκείᾳ τῶν ἀγγέλων* – 델론 엔 타페이노프로쉬네 카이 드레스케이아 톤 앙겔론)

2:18, "저가 그 본 것"(*ἃ ἑόρακεν ἐμβατεύων* – 하 헤오라켄 엠바튜온)

2:21, "붙잡지도 말고 맛보지도 말고 만지지도 말라"(*μὴ ἅψῃ, μηδὲ γεύσῃ, μηδὲ θίγῃς* – 메 하프세, 메데 규세, 메데 디게스)

2:23, "자의적 숭배"(*ἐθελοθρησκίᾳ* – 에델로드레스키아), 겸손(*ταπεινοφροσύνῃ* – 타페이노프로쉬네), 몸을 괴롭게 함(*ἀφειδίᾳ σώματος* – 아페이디아 소마토스).

이러한 인용구 이외에도 사도는 잘못된 교사들이 교인들에게 음식 규례와 거룩한 날들에 관해서 짐을 지워 주었다고 주장한다(2:16, 20, 21). "철학"에서 이러한 금기 사항들의 준수는 세상의 초등학문을 좇음(*τὰ στοιχεῖα τοῦ κόσμου* – 타 스토이케이아 투 코스무, 2:8, 20)과 관련되어 있었는데, 이것은 갈라디아서에서도 나타나는 수수께끼 같은 문구다(갈 4:3; 참조. 9절; 이 문구가 해석된 주된 내용들에 대한 간략한 검토에 관해서는 129-132쪽을 보라).

(d) 이러한 두드러진 특징들의 해석

그렇다면 이러한 독특한 특징들은 어떻게 이해되어야 하는가? 잘못된 교사들의 성격은 무엇인가? 혹은 구체적으로 확인할 수는 없을지라도 그 경향은 무엇인가? 이 가르침의 성격에 관해서는 학자들 사이에 완전한 의견의 일치에 도달하지 못하고 있다(Kümmel, *Introduction*, 339). 그렇지만 이것은 근본적으로 유대인의 관습이었던 것으로 보인다. 이에 대한 증거가 유대인의 달력의 율법 규정, 음식 규례,

안식일, 월삭 그리고 다른 규정들을 통하여 "철학" 가운데 작용했던 부분에 나타난다(참조. Bruce, *Paul*, 413). 할례에 대해 언급되어 있기는 하지만(2:11), 이것이 율법의 요구 사항 가운데 하나의 특징을 나타내는 것으로 보이지는 않는다.

그렇지만 어떤 종류의 유대주의인가? 매튜 블랙이 최근에 보급했던 좀더 광범위한 용어를 빌리자면 그것은 일종의 "유대주의 비신봉파"였는가(Jewish nonconformity) 아니면 "유대인 비신봉"이었는가(*The Scrolls and Christian Origins*[New York: Scribner's, 1961] 166; Bruce, *Paul*, 416에서 인용; 특히 브루스의 "골로새의 이단"을 취급하고 있는 412-17를 유의하라. 필자는 이 책에 빚을 졌다)? 갈라디아 교회들이 경고를 받아야 했던 유대로부터 온 사절들에 의하여 들어왔을 보다 노골적인 유대주의가 있었던 것으로 보이지는 않는다. 브루스(*Paul*, 413)는 골로새 이단은 "지역적으로 다양한 유대주의가 비유대적 기원의 한 철학과 융합되어 브루기아에서 발전했을 텐데, 이것은 초기의 그리고 단순한 영지주의 형태"였을 것이라고 주장한다. 브루기아에 있었던 회당들은 헬라주의 사고의 영향을 받았던 것으로 보이며, 이와 함께 종교적 혼합주의의 경향을 보였던 것으로 보인다. 램세이(Ramsay, *Cities*, 2.637 등 여러 곳)는 극단적인 예로 회당의 명예 지도자요 로마 제국 사교(邪敎)의 여사제이기도 했던 한 유대인 여성의 실례에 주의를 기울인다.

골로새의 잘못된 교훈에서는 창조에서 대행자요 율법 수여에서 대리자였던 천사들에게 특별한 위치가 주어졌음에 틀림없다. 창조에서 천사의 대행에 대한 신앙의 한 형태가 필로의 글(참조. H. Chadwick, "St. Paul and Philo of Alexandria," *BJRL* 48[1965-66] 286-307, 특히 303)에 나타나며, 저스틴 마터의 글에서 또 다른 형태가 나타난다. 저스틴 마터는 "우리가 사람을 만들자"(창 1:26), "우리 중 하나같이"(창 3:22)란 문구를 "하나님께서 천사들에게 말씀하셨거나 혹은 인간의 골격이 천사들의 솜씨였다"는 사실을 암시하는 것으로 취급한 어떤 유대인 교사들을 가리킨다고 말했다(Justin, *Dialogue*, 62; 참조. Bruce, *Paul*, 413).

율법을 수여함에 있어서 천사의 대행은 바울에 의하여 갈라디아서 3:19에, 그리고 사도행전 7:53과 히브리서 2:2에 언급되어 있으며, 이 점은 당시 유대인 문서 가운데서도 입증된다(참조. 초창기 Jub 1:29과 출 20:18에 관한 *Mek.*; 민 12:5에 관한 *Sifre*; 그리고 *Pesiq. R.* 21). 골로새의 잘못된 가르침 가운데서는 엄격한 율법 준수를 통하여 이 천사들을 달래야 했다. 율법 파기는 그들의 불쾌감을 자초했으며, 그 범법자를 그들에게 빚지거나 노예가 되도록 만들었다(참조. 골 2:12-15). 이 천사들은 스토이케이아(στοιχεῖα, 이 단어는 이미 갈 4:3, 9에서 천사와 관련하여 사용된 바 있다) 가운데 포함되어 있으며, “영적 존재들뿐만 아니라 뛰어난 자들 즉 정사와 권세, 별에 의하여 지배를 받는 창공의 주인들, 신성의 충만(πλήρωμα－플레로마)에 참예하는 자 그리고 하늘과 땅 사이의 중재자들이었다”(Bruce, *Paul*, 414). 분명한 것은, 그들이 하나님과 사람 사이의 교제의 선을 좌우하는 것으로 생각되었다는 점이다. 이 모든 것이 영적 엘리트를 위한 진보된 가르침의 한 형태로 묘사되었다. 에바브라는 초보 단계에서 골로새 교인들을 가르쳤을 뿐인데, 이제 그들은 지혜와 지식 안에서 진리의 충만(πλήρωμα－플레로마)에 도달하도록 권면을 받고 있었다. 이렇게 되기 위하여 그들은 그들이 최후에 영적 세계, 곧 빛의 영역의 시민이 되기까지 엄격한 금욕 생활을 해야 했다.

연구의 역사를 더듬어 보려는 의도는 없지만, 다음 단락에서 지난 100년 간 골로새인의 “철학”을 이해하기 위한 중요한 학문적 기여를 한 사람들을 검토해 보고자 한다. 이를 다루면서 필자는 부분적으로 프란시스(Francis)와 믹스(Meeks)의 연구 내용을 참고했는데 이를 살펴보도록 하자.

(e) 라이트푸트: 일종의 영지주의적 에쎄네 유대주의

라이트푸트(Lightfoot, 71-111; 참조. 347-417)는 골로새 이단을 그 기원이 에쎄네파로 거슬러 올라간, 유대주의화한 영지주의의 한 형태로 보았다. 그는 다음과 같이 주장했다. (a) 에쎄네 유대주의는 영지주의의 지적 배타성과 사변적 교의로 표시되는 영지주의적인 것이었다(이 단어는 “신지학적 사색, 불분명한 신비주의 그리고 영적 매개자들에 대한 가장 단순하고도 초보적인 개념”을 표현하고 있다. 라이트푸트에 따르면, 이 사상은 “초창기에 있었던 어떤 종파나 종파들에 대한 독특한 명칭”을 가리키지 않는다. Francis and Meeks, *Conflict*, 209). (b) 이러한 종류의 유대적 사상과 행습은 그 자체가 사도 시대 동안 소아시아의 이 부분에서 자리잡았다. (c) 이 사상이 유대주의에 기초를 두고 있었고 여러 가지 독특한 영지주의의 특징들을 나타내고 있었으므로 골로새 이단은 영지주의적 유대주의의 한 형태다. 즉 지적인 엘리트(지혜와 지식에 대한 주장과 함께), 우주 생성의 사색(천사 명상, 플레로마〈πλήρωμα〉 등에 관한 강조와 함께), 금욕주의 및 달력 주기(참조. Bruce, *Paul*, 415).

보다 최근에 표현상의 접촉점을 가지고 있는 쿰란 자료의 발견(예를 들어, 골 1:22에 있는 “그의 육체의 몸”〈τῷ σώματι τῆς σαρκὸς αὐτοῦ－토 소마티 테스 사르코스 아우투〉; 참조. 2:11과 1QpHab 9:1, 2)과 세계와 천사들에 대한 특별한 이해를 포함하여 이단의 달력, 그들의 안식일 규례, 음식 구별, 금욕주의, 지혜와 지식에 대한 주장 등을 관찰했던 한 종파에 대한 언급은 몇몇 사람으로 하여금 골로새 철학이 쿰란 공동체의 가르침에 대한 한 분파였다고 생각하게 만들었다. 그래서 데이비스(W. D. Davies, "Paul and the Dead Sea Scrolls: Flesh and Spirit," *The Scrolls and the New Testament*, ed. J. Murphy-O'Connor[London: chapman, 1968] 17)는 금욕적 규율들과 천사와 권세에 대한 예배를 인정하고 있는 쿰란 기록들에 대한 분명한 암시가 있다고 주장한 반면, 베노이(P. Benoit, "Qumran and the New Testament." *Paul and Qumran. Studies in New Testament Exegesis*, ed. J. Murphy-O'Connor[London: Chapman, 1968] 17)는 할례, 영계의 세력들에 관한 사색과 더불어 음식법과 절기 달력에 관한 엄격한 준수가 사해 근처에 살고 있던 비정통 유대인들의 관점과 일치했다는 의견을 가졌다.

그러나 두드러지게 동일한 점들이 있음에도 불구하고 골로새 이단을 에쎄네파의 변종 혹은 쿰란 교리의 변종으로 말할 수는 없다. 예를 들어, 우리는 골로새서 가운데서 일반적으로 에쎈파에서 그리고 특별히 쿰란 공동체에서 중요한 역할을 했던 것으로 보이는 의식상의 씻음을 강조하는 언급을 발견할 수 없다. 골로새서에서 세례는 이단의 씻음에 있어서 본질적인 부분으로 언급되지 않고 "손으로 행하지 않은 할례"와 관련하여 언급되고 있다(골 2:11, 12; E. M. Yamauchi, "Sectarian Parallels. Qumran and Colossae," *BSac* 121[1964] 141-52에서는 사해 두루마리로부터 나온 증거를 세심하게 평가한 다음 골로새 이단이 에쎄네 이단과 동일하지 않다고 결론지었다. 그 특징들 가운데 몇몇은 쿰란의 입장과 상당히 차이가 있지만, 반면에 다른 것들은 체노보스키온(Chenoboskion)의 영지주의와 더 많은 유사점들을 가졌다. 분명한 것은, 골로새 이단이 유대인 이단 직후와 후기 영지주의의 발전 이전 사이에서 교리적인 발전의 단계를 반영했다는 점이다).

(f) 디벨리우스: 이교 신비 종파

골로새 이단을 이해하는 데 있어서 가장 영향력 있는 기여를 한 내용들 가운데 하나는 1917년에 처음 출판된 한 논문집에 들어 있는 마틴 디벨리우스의 글이었다(영역본 "The Isis Initiation in Apuleius and Related Initiatory Rites"는 *Conflict*, 61-121에 출판되었다). 신비 종파에 대한 연구로부터 시작하면서 디벨리우스는 의식의 완성에 관한 신탁을 묻기 위하여 신전 입회 가입을 기술하고자 사용된 특이한 단어 엠바튜오(ἐμβατεύω; 골 2:18에서 발견된 "들어가다"; 이 구절에 해당하는

"주석"을 보라)를 검토했다. 클라로스(Claros)의 아폴로 신전에서 발견된 비문 자료로부터 디벨리우스는 이 단어가 비밀 입회를 뜻했다고 주장했다. 자기들의 기독교를 저버리지 않은 채 골로새 교인들은 비기독교인 교사들에게 자기들의 제의적인 삶에 권세를 부여하여 영물들(elements, 즉 *στοιχεῖα*)에게 헌신한 우주적 신비에 입회하게 되었다. 골로새 이단은 하나의 영지주의적 신비 의식이었다. 이러한 이상한 제의 관습이 교회와 독립되어 있었으므로 디벨리우스는 이것을 기독교 이전의 영지주의의 한 실례였다고 생각한다.

위에 언급된 비문에 있는 엠바튜오(*ἐμβατεύω*, "들어가다")에 대해 디벨리우스가 몰두한 점은 골로새 이단에 대한 그의 재구성에서 가장 의미심장한 요인이다. 클라리온 아폴로가 신탁 신전이었고, 또한 그 어떤 신탁도 골로새서에 언급되어 있지 않은 사실은 그러한 연구가 아무런 중요한 의미가 없음을 보여 준다. 또한 디벨리우스는 그 제의의 독립된 이교적 성격에 관심을 집중했기 때문에 골로새에 어떤 유대인의 영향이 있음을 거절한다(*Conflict*, 210, 211에 나오는 디벨리우스의 비평을 유념하라. 거기서 로세〈Lohse, 특히 127-31〉는 골로새서에 뚜렷한 유대인 전통에 대한 암시가 있음을 암시하면서도 디벨리우스의 모델을 충실하게 따르고 있다고 주장한다. 따라서 2:21 등에 언급된 규정들은 에쎄네주의도 유대주의 이단도 가리키지 않고 영지주의 혹은 영지주의 이전의 신비 종파를 가리킨다. 몇몇 골로새 기독교인들은 권세들에 대한 입회와 복종이 그리스도에게 열려 있었을 것이라고 믿었다는 것이다).

(g) 보른캄: 영지주의화된 유대주의와 이교 요소들의 혼합

1948년에 처음으로 출판되고 영어로는 "The Heresy of Colossians"란 제목으로 번역된 귄터 보른캄(Günther Bornkamm)의 중요한 논문(*Conflict*, 123-46)은 골로새의 잘못된 교훈이 두드러진 혼합주의 종교였다고 결론지었다. 보른캄은 다양한 국면에 대한 빛을 던져 주기 위하여 광범위한 종교 운동으로부터 자료를 인용했다. 그는 이단의 뿌리가 영지주의화한 유대주의 가운데서 발견된다고 주장했는데, 그러한 사상 가운데로 유대인의 요소와 이란-페르시아인의 요소들 그리고 그 외에도 갈대아 점성술의 영향이 흘러 들어와서 독특하게 통합되고 기독교 신앙과 연결되었다고 주장했다. 보른캄이 이 이단을 유대인 기원의 영지주의로 이해하고 있으므로, 그는 디벨리우스보다는 라이트푸트에게 더 가깝다(Francis and Meeks, *Conflict*, 211; Conzelmann, 132, and H. M. Schenke, "Der Widerstreit gnostischer und kirchlicher

Christologie im Spiegel des Kolosserbriefes," *ZTK* 61[1964] 391-403에서는 일반적으로 이단에 대한 보른캄의 재구성을 따른다. 콘젤만은 영지주의를 엄밀하게 종교적인 것이 아니라 광범위한 영적 운동으로 이해하고, 반면에 보른캄과 솅크〈Schenke〉는 스스로 기독교인라고 생각했던 교회 안에 있었던 영지주의 대적자들이라고 생각한다). 그러나 신비적 행동에 대한 보른캄의 접근 방식은, 보른캄이 이단의 원천과 실질적인 행습이 교회 밖에 자리잡았었다는 디벨리우스의 주장의 난점을 인정한 것을 제외하고는 디벨리우스의 것과 유사하다. 그러므로 보른캄은 회중 가운데 있었던 것으로 이해한다. 이 이단은 기독교인의 오류였는데, 곧 그 결정적인 특징은 정사와 권세에 대한 대적자들의 가르침이었다: 보른캄은 대적자들이 그리스도에게 이러한 세력들 가운데 통합된 위치를 주었다고 주장한다. 그러나 골로새서는 이것을 말하지 않는다(Francis and Meeks, *Conflict*, 212).

이러한 재구성에 대한 또 다른 문제들도 발생했다: 브루기아의 종교 상황의 혼합주의적 성격(Martin, *NCB*, 4, 5에서는 이것을 브루기아에서 번성한 아시아의 위대한 어머니 여신을 섬기는 시빌리 종파〈참조. Strabo〉와 관련시켜서 관심을 기울였다. 바울 당시에 널리 퍼져 있었던 이시스 예배〈참조. R. E. Witt, *Isis in the Graeco-Roman World*, London: Thames and Hudson, 1971〉 130, 131), 이란의 우주 철학과 점성술과 미드라스(Mithras) 종교의 구속-신비(그리고 이미 언급한 유대교 혼합주의와의 결합) 그리고 그것이 일찍이 소아시아 지역에 도착한 것을 고려하면 당연히 보른캄이 묘사한 것과 같은 이러한 혼합주의 종교가 실제로 존재했는지에 대해서 물을 수 있다. 비록 보른캄이 말한 것들 가운데 어떤 것들이 골로새의 상황과 일치할지라도, 그것들이 그가 생각했던 방식대로 통합되었다고 생각해야 하는가? 프랜시스와 믹스(*Conflict*, 212)는 모델들이 자료와 동일하지 않기 때문에 "그들은 어쩔 수 없이 자료에 없는 특징들을 합병시킨다"고 지적한다. 보른캄은 대적들이 그리스도에게 세력들이 통합된 위치를 부여했다고 상상하지만, 골로새서는 이에 대해서 아무것도 말하지 않는다. 밴드스트라(Bandstra, *Dimensions*, 330)는 자기 편에서 볼 때 보른캄이 생각한 혼합주의 종교라는 특이한 성격은 그 추론들이 "실질적으로 본 서신 가운데 있는 주장의 과정을 통하여 입증되지 않은 그 서신의 기정 사실로부터 이루어진 방법론의 결과"라고 생각한다.

래네만(Lähnemann, *Kolosserbrief*)은 라이트푸트 모델의 특징들(브루기아 유대주의)을 디벨리우스의 특징들(신비 종파)과 혼합시키지만, 그는 영지주의를 제외시켰다. 그래서 리쿠스 계곡의 종교에서 유대인 공동체는 "무아지경의 엄격주의를 가진 브루기아 성격의 종교, 영령들과 관련된 이란 신화, 헬라 지혜 그리고 신비 종교"와 유사한 요소들의 조화를 위해 종파의 배경을 제공했다(Francis and Meeks, *Conflict*, 214). 골로새에 있었던 대적들은 그리스도를 자기들의 플레로마(*πλήρωμα*, "충만") 가운데 합병시켰던 비기독교인들이었다.

(h) 라이오네: 유대화되고 있는 혼합주의

라이오네는 부분적으로 디벨리우스의 재구성에 대응하는 방식으로, 한 단어 엠바튜오(*ἐμβατεύω*, "들어가다")에 근거하여 골로새에 있었던 이교 신비주의에 대한 모든 이론을 세우려는 것은 지혜롭지 못하다고 생각한다. 쿰란 자료를 돌이켜 보면 달력, 음식 규례, 환상, 천사에 대한 관심을 발견하게 된다. 그는 "천사 숭배"라는 표현이 모세가 받은 율법을 전달한 천사들을 영화롭게 하기 위하여 의도된 두덕적 생활을 규정하는 패턴을 나타낸다고 생각한다. 라이오네는 골로새서의 어휘에 이교 영지주의의 배경이 있음을 거부한다. 어떤 단어들(예를 들어, 플레로마〈*πλήρωμα*, "충만"〉, 소마〈*σῶμα*, "육체"〉)은 통상적인 용법에서 나온 바울의 어휘와 유사한 단순한 어휘이고, 반면에 다른 단어들(아르카이〈*ἀρχαί*, "통치자들"〉, 엑수시아이〈*ἐξουσίαι*, "권력자들"〉 등)은 갈라디아서와 고린도후서에 있는 이와 유사한 어휘에서 발견되는 것과 같이 유대주의적 배경을 가지고 있다. 그래서 라이오네는 이교도에 반대하여 유대주의 모델을 선택하고 있으며, 프랜시스와 믹스(*Conflict*)에 따르면 이것은 초대 기독교 역사관, 즉 유대인이라는 것은 시간적 우월성 및 교리적 순수성 모두와 동일시되는 것이라는 입장을 전제로 하는 것처럼 보인다. 분명한 것은, 이 이론이 자명한 것으로 보이므로 라이오네는 왜 유대인의 가능성이 이교보다 더 개연성이 있는지에 대해서 이유를 제시하지 않는다는 점이다.

(i) 프랜시스: 유대 기독교 신비적 금욕주의

골로새 철학 문제에 대한 하나의 신선한 접근이 1962년 골로새서 2:18에 관한 프랜시스의 논문에서 이루어졌다(*Conflict*, 163-95에서 재판됨: 이것 다음으로 또 다른 내용이 *Conflict*, 197-207에 뒤따라 나왔다). 그는 논쟁을 전체적으로 검토하고 특별히 이 구절을 "경건의 금욕적 그리고 신비주의적 경향의 배경에 반대하여" 검토했다(*Conflict*, 166).

프랜시스는 타페이노프로쉬네(*ταπεινοφροσύνη*, 2:18, 23)가 골로새의 대적들에 의하여 하늘의 신비의 환상들을 받는 데 효과가 있었던 금욕적 행실(이것은 자주 유대인과 기독교 문서에서 금식과 육신의 고통을 나타내기 위하여 사용되었다. 2:18을 보라)을 나타내기 위하여 사용된 단어였다는 사실을 밝혀냈다(*Conflict*, 167-71). 엠바튜오(ἐμβατεύω)란 단어와 관련하여 그는 이것이 클라로스 비문에 있는 "입회"(디벨리우스가 주장한 바와 같이)를 나타내는 것 같지 않고 그러한 비문들 가운데 있는 특별한 의미를 결정하기가 불가능하다고 주장했다. 그 대신 이 단어는 구약성경과 파피루스에서 "어떤 것을 소유하게 되다"(세부 사항에 관해서는 2:18을 보라)의 의미로 광범위하게 사용되었으며, 골로새서 2:18에 있는 타페이노프로쉬네(ταπεινοφροσύνη)와 함께 이것이 어떤 종류의 하늘 입회와 관계가 있었다고 보았다(*Conflict*, 171-76, 197-207).

"천사 숭배"(θρησκεία τῶν ἀγγέλων – 드레스케이아 톤 앙겔론)란 문구와 관련해서는 디벨리우스가 이 문구를 천사들에 대한 직접적 예배를 의미하는 목적격 소유격으로 이해했고, 따라서 완전히 유대주의적이라기보다는 혼합주의임에 틀림없는 이단 가운데 있었던 이교적 특징의 증거로 취급했다. 그 이후 유력한 해석에도 불구하고 프랜시스는 확신을 가지고 이 문구가 주격 소유격, 즉 "(하나님에 대한) 천사들의 경배"로 취급되어야 하고, 그러므로 하늘로의 입회가 하나님에 대한 천사들의 경배에 가입하는 가운데 절정에 도달했다는 사실을 암시하는 것으로 취급되어야 한다고 주장했다. 프랜시스와 그의 주장을 발전시킨 다른 사람들에 따르면, 하나의 의식의 절정은 혼합주의적-신비적 경건의 많은 유대-기독교 자료들 가운데 그와 유사한 것들이 있음이 드러난다. 이러한 자료들은 "겸손"과 "입회"에 대한 개념들을 조명하는 데 도움을 준다(*Conflict*, 176-81; 참조. Bandstra, *Dimensions*, 331). 만일 프랜시스의 이 수수께끼 같은 문구에 대한 이해가 옳다면, 그리고 우리가 그가 입증한 적합한 경우를 고려한다면(2:18을 보라), 정사와 권세가 골로새에 있는 잘못된 교사들에 의하여 실질적으로 숭배되었다는 사상을 옹호하여 사용된 유일한 참고 구절은 실패로 끝난다.

프랜시스의 논증들에 대한 밴드스트라(Bandstra)의 발전에 따르면, 관련된 유대인의 전승(1QH, 4 Ezra, 2 Apoc Bar and the Apoc Abr 가운데서 입증된 것과 같은)은 명백히 "창조, 현재의 하나님과의 교제 그리고 몇몇 경우에 심판은 하나님의 인격적이고 직접적인 행위의 결과다"라는 사실을 확언한다(Bandstra, *Dimensions*, 332, 333, 인용문은 Bandstra의 것임). 예를 들어, 쿰란에서 마지막 시간에 천사들과의 교제 이외에 공동체 회원들은 자신들이 현재 체험의 일부분으로서 하나님에 대한 공동 찬양에 천사들과 합세하게 되는 것으로 믿었다(1QH 3:21-23; 11:10-14;

참조. 1QS 11:7, 8; 4QDb). 뽑힌 사람은 하나님과 인간 사이의 원거리에 다리를 놓아 주는 매개자와 같은 사람을 필요로 하지 않고 천사들 및 하늘의 세계와 직접적인 교제를 가진다. 밴드스트라는 골로새서 2:18에 관한 주장을 한 걸음 더 이끌고 나아가서 (금욕-신비주의가 2:2, 3과도 일치된다는 점을 묘사하면서) 골로새에 있는 대적들이 신의 매개자가 자기들의 체험에 도달하는 데 필요하지 않았다는 사실을 확언했을 수도 있다는 가설을 단정했다. 그리고 하나님께서 친히 직접적인 행동을 통하여 창조를 하셨고, 그것들에게 우주와 구속의 신비들에 대한 직접적인 이해력을 주셨다고 단정했다. 천사들은 그러한 체계에서 환상 체험에 필요한 그리고 참여함에 관한 지침을 전달해 주는 하나님의 사자들로서 중요한 기능을 했을 것이다(*Dimensions*, 339). 이러한 종류의 반대는 그리스도 주께서 창조와 구속의 중재자시라는 바울의 정곡을 찌른 주장의 이유를 밝힐 수 있었을 것이다. 그는 모든 보이는 권세들이 그분 안에서 창조되는 바로 그분이시요, 그분은 그 모두에게 머리가 되는 분이시다.

프랜시스의 설명은 라이트푸트가 지적한 바와 같이 에쎄네 영지주의적 표현을 하지 않고 있을지라도 유대-헬라주의의 경건의 범위 내에서 골로새에 있었던 오류를 취급하고 있다. 라이트푸트가 분리한 금욕주의, 우주론 그리고 배타성은 유대인의 금욕적-신비주의적 경건에 대한 프랜시스의 모델 가운데서 취급된다. 디벨리우스의 재구성으로부터 유래하는 신비 입회에의 몰두는 오류에 근거한 것으로 거부된다. 또한 골로새 대적자들이 천사들을 숭배했다는 거의 일반화되어 있는 가정은 빈약하고도 부적절한 증거에 근거하고 있는 고대의 오류의 답습으로 간주된다. 동시에 골로새서의 본문과 헬라 시대의 종교 현상 간의 일치에 관해서 이루어진 의견들은 반드시 거부되지는 않는다 – 그것들이 노스틱으로 불리든 그렇지 않든.

(j) 결론적 의견

골로새 이단의 성격에 관한 가설들의 혼란을 야기하는 다양성 가운데서("골로새 이단"으로 말하는 것이 옳다고 가정하고) 확실한 결론에 도달할 수 있는지의 여부를 물어야 할 것이다. 많은 요인들이 우리의 이해를 제한시키고 있다. 우리는 원래의 전달 내용에 비교하면 이방인에 해당된다. 기록자는 독자들이 일들을 확실히 알고 있었다고 가정했을 수 있다. 다른 사람들은 가장 단순한 암시에 의하여 그들의 관심 속으로 이끌려 왔을 수 있다. 몇 가지 명백한 일들은 기록자와 골로새인들 사이의 관계 사이에 있는 특유의 것일 수도 있다.

그러나 그러한 조건에도 불구하고(참조. Francis and Meeks, *Conflict*, 215-17), 유대인-기독교 금욕주의와 신비주의적 배경에 관한 최근 학자들의 작품은 골로새서의 논쟁 단락들 가운데서 이러한 여러 난해한 표현들의 의미를 조명해 주는 데 도움을 준 것으로 보인다(2:16-23). 그러나 이것은 (1) (자기 대적자들의 문구를 인용할 때까지도) 바울의 어휘는 완전히 파악되었다는 것 혹은 (2) 잘못된 가르침이 브루기아에서 널리 퍼져 있었던 것으로 보이는 것과 같은 이교적 요소의 혼합 없이 단순히 유대주의적인 것이라는 점을 시사하지 않는다. 이러한 관찰에 비추어 우리는 다음 사항으로 넘어간다.

골로새인의 철학에 대한 바울의 처리

우리는 1장에 나오는 바울의 설명 속에 있는 하나의 예비 공작에 대해 무관심하지는 않지만(그리고 우리는 이 문제로 돌아갈 것이다), 2:4("내가 이것을 말함은 아무도 공교한 말로 너희를 속이지 못하게 하려 함이니")에 가서야 사도는 분명하게 회중이 직면하고 있는 위험들을 지적하고 있다. 그는 거짓 교사들이 사용한 방법들을 알고 대적들로 하여금 그들을 진리로부터 떠나서 오류라는 노예 상태로 이끌어 가지 않도록(2:8에 있는 쉴라고게오〈*συλαγωγέω*, "노략물로 가져가다"〉는 바울이 회중에게 영향을 주려고 하는 저들의 악한 계획에 대해서 얼마나 진지하게 보았는지를 나타내 주는 희귀하고도 생생한 단어다) 자기들을 지켜야 한다(*βλέπετε* – 블레페테, 2:8)고 강력하게 경고하고 있다. 즉 사기꾼들이 "철학과 공허한 속임수로"(*διὰ τῆς φιλοσοφίας καὶ κενῆς ἀπάτης* – 디아 테스 필로소피아스 카이 케네스 아파테스, 2:8) 회중을 함정에 빠뜨리려 하고 있었던 이 영적 확신이다. 거짓 교사들이 자기들의 철학을 "유전"(*παράδοσις* – 파라도시스, "전통", 2:8)으로 진술함으로써 그 가르침을 고대의 것, 권위 있는 것, 계시적 성격을 가진 것으로 묘사했을지라도, 바울은 신적 기원의 암시가 있다는 것에 대해서는 거부한다. 그것은 "주님이신 그리스도 예수"에 중심을 둔 사도적 전승에 대적하는 인간의 고안물이었다(사람의 유전으로 묘사됨).

이러한 "사람의 유전"(2:8)은 그리스도의 유전 – 그리스도의 가르침에서 유래하는 유전일 뿐 아니라 그분 안에서 그 구현을 발견하는 유전 – 에 대립되는 것이었다(참조. Bruce, *Paul*, 417: 2:6에서 동사 파렐라베테〈*παρελάβετε*, "받은"〉는 유전의 받음을 나타내는 반〈半〉전문적 용어이며, 여기서 사도는 독자들이 그리스도를 자기들의 유전으로 받았다고 진술한다). 그는 보이지 않는 하나님의 형상이시요(1:15), 신성의 모든 충만이 육체로 거하시는 분이다(2:9). 그분에게 연합된 사람들은 모든 정사와 권세의 주인이신 그분 안에서 생명의 충만에 이르렀다. 그분 이외에 다른 어느 곳에서도 완전을 발견할 수 없으므로 그들은 완전을 추구할 필요가 없다. 그분의 죽음, 장사, 부활로 말미암아 그들이 연합했던 그분 안에 지혜와 지식의 총체가 집중되어 있고, 그것들은 엘리트만이 아니라 자기 백성 모두에게서 얻어질 수 있는 것이다(2:11, 12). 더 나아가서 그분은 하나님과 인간 사이에 유일한 중보자이신데, 참으로 한 중보자만이 필요했다.

잘못된 개념과 비정상적인 행실을 가지고 있었던 골로새 철학의 주장자들에 대한 사도의 비판은 날카롭고도 실로 통렬하기까지 하다(2:16-23). 그들의 잘못된 율법주의로 인하여 그 옹호자들은 하나님의 선하신 선물과 그것들을 주시는 그분의 목적, 즉 모든 것이 정당한 사용을 통하여 누리고 사용되어야 한다는 사실을 인식하지 못했다(22절). 금기 사항으로 덮여진 것들은 물질 세계의 멸망할 물건들이며, 다 사용되었을 때는 사라지도록 정해진 것이었다. 일시적인 질서에 속한 금기 사항 자체들(17절)은 절대적인 것으로 주장할 수 없는 단순한 인간의 고안물이요 하나님의 뜻의 계시에 대립될 뿐이다("사람의 명과 가르침을 따라", 22절의 "주석"을 유념하라). 21절에 언급된 자들처럼 자신을 법칙과 규례 아래 두는 것은 다시금 노예 상태로 되돌아가는 것인데, 곧 그리스도를 통하여 폐지된 사람의 세력 아래 처하는 것이다. 죽음이 자기 주관자에게 속한 자를 묶어 주는 결박을 깨뜨리는 것처럼, 그리스도와 함께 죽는 것이 골로새인들을 정사와 권세에 노예 상태로 묶은 결박을 끊는다. 그리고 그들은 그 생명을 파괴하는 사건으로 되돌아가서는 안 되었다. 비록 그 금지(이에 관해서 21절은 예증들을 담고 있다: "붙잡지도 말고 맛보지도 말고 만지지도 말라")가 자의적 숭배, 겸손 그리고 몸을 괴롭게 하는 영역에서 지혜로운 모양을 가지고 있을지라도, 그것들은 아무런 가치가 없다. 그러한 열정적인 신앙적 노력들은 육체를 억제할 수 없다. 그 정반대다. 이러한 인간이 만들어 낸 규정들은 실질적으로 육체를 선동한다(23절).

거짓 교사들에 대한 바울의 말은 아주 단호하다: 생생한 계시에 대한 전조로서 고상한 천상의 체험을 할 자격이 있다고 주장했던 모든 사람은 우쭐해졌었다. 그러한 사람들은 분명히 자기들이 마음(mind)을 통하여 지시를 받았다고 주장했을 것이다. 바울은 말한다. "그렇다, 육신의 마음을 통해서다!" 만일 그들이 자신들이 하나님의 충만에 대하여 정통했다고 자랑한다면, 그들에게 충만했던 그 모든 것은 자기 자신들의 자부심이었다(18절)! 무엇보다도 더욱 나쁜 것은 이러한 개인의 신앙 체험에서 가진 자만심과 오만이 머리이신 그리스도와의 지속적인 접촉으로부터 오지 않았다는 점이다(19절). 의심할 여지없이 공통체에 침투하려고 했던 자들은 자신들이 기독교인들이라고 생각했다. 사실상, 그 외에 어떻게 그들이 자기들의 입장이 진지하게 취급되리라고 예상할 수 있었을까? 그러나 그들은 가장 심각한 선고를 받았다. 즉 그들은 생명의 원천과 일치의 근원이신 바로 그분으로부터 끊어졌다는 것이다.

골로새 이단에 대하여 답변하는 가운데 바울은 우주적 그리스도에 대한 교리를 자신의 이전의 서신들에서 했던 것보다 더 충분히 그리고 조직적으로 설명한다. 그 기미가 분명히 로마서(8:19-22)에 그리고 고린도전서(1:24; 8:6; 2:6-10)에 나타나지만, 요점의 범위는 골로새서 1:15-20과 2:13-15에 더욱 자세하게 설명되어 있다. 1:15-20은 창조와 화목에 있어서 주님으로서의 그리스도에 대한 찬양 가운데 있는 장대한 찬양 구절이다. 의인화된 하나님의 지혜에 대해서 구약성경과 유대교에 사용된 속성과 활동들은 불과 수 년 전에 십자가에 너무나 치욕스럽게 못 박히신 그분에게 적용된다. 창조에서 수종드는 역할을 한 천사들과는 달리, 골로새 이단 가운데서 너무나 두드러지게 묘사된 정사와 권세를 포함하여 모든 만물이 그리스도를 통하여 창조되었다. 모든 것이 그 영역으로서의 그분 안에서(*ἐν αὐτῷ* – 엔 아우토, 1:16) 그리고 집행자로서의 그분으로 말미암아(*δί αύτοῦ* – 디 아우투, 16절) 만들어졌다. 사실상, 그분이 모든 창조의 궁극적인 목표이기 때문에 그분은 유일하시다(*εἰς αὐτὸν* – 에이스 아우톤, 16절). 그리고 이 장대한 단락은 우주의 정사와 권세까지도 가장 높은 곳으로부터 가장 낮은 곳에 이르기까지 모두 함께 그리스도에게 속해 있다.

이 찬양은 그분을 새 창조의 머리로 찬양하는 데로 나아간다(18-20절). 여기서도 역시 그분은 "근본"(beginning)이신데, 이번에는 죽은 자로부터 먼저 나신 자이시다. 옛 창조에서 그분은 그들의 조성자와 통치자가 되신다는 의미에서 모든 정사와 권세(2:10)의 "머리"이셨다. 새 창조에서 그분은 자기 몸인 교회의 "머리"이신데, 단순히 통치자나 근원이라는 의미에서가 아니라 그분이 너무나 불가결하게 자기 백성과 연합되어 있어서 그 백성들이 지금 누리고 있는 생명이 그분의 생명으로부터 유래하고 그분이 사는 삶이 죽은 자로부터 먼저 나신 자에게서 유래한다는 의미에서 "머리"이시다.

마치 천사들이 하나님과 사람 사이의 교통의 줄을 좌우하기나 했던 것처럼 골로새 교인들이 거짓 교사들에 의하여 율법을 전달한 천사의 권세에 반드시 복종해야 한다고 생각하는 쪽으로 율법이 오도되는 것은 어리석은 일이었다. 그 길은 이제 한 중보자이신 그리스도에 의하여 좌우되었다. 정사와 권세는 골로새인들을 서명된 약식 차용증서, 즉 그 저주받은 기소장이라는 사슬의 소유를 통하여 자기들의 지배 아래 붙들어 두었다. 그러나 하나님께서는 그 악한 권세자들을 벗겨내시고, 그들에게서 위엄과 힘을 박탈하시고, 그리스도께서 못 박히실 때 십자가에 못 박으사 그 결박을 제거하셨다. 하나님께서는 그리스도의 승리의 행진 가운데서 그리스도 안에서 그것들을 이끌고 있는 이 정사들이 전혀 도움을 주지 못한다는 사실을 만천하게 드러내셨다. 그분은 세상 모두가 자신의 승리의 중요성을 볼 수 있도록 이 도움을 주지 못하는 세력들을 드러내셨다(2:13-15).

그리스도와의 믿음-연합을 통하여 그분의 죽으심과 부활을 함께 가진 자들로 하여금 그리스도께서 정복하신 그러한 영물들을 섬기지 못하게 하셨다. 그 모든 금기 사항들을 가지고 있는 골로새 이단은 "진보된 지혜의 요강을 가지고 있지 않았다. 그것은 미성숙의 모든 것을 가지고 있었다"(Bruce, *Paul*, 418). 그리스도 안에서 성전에 이른 사람이 무엇 때문에 어린아이의 지배로 되돌아가야 하는가? 어째서 그리스도께서 자유케 하신 사람들이 노예 신분이라는 멍에를 다시 짊어져야 하는가?

골로새 이단을 취급하면서 바울은 실현된 종말론에 강조점을 두고 있다(특히 2:12; 3:1-4을 보라). "이미-그러나 아직"이라는 긴장 속에서 편지의 상황을 통하여 이끌어 내진 전자(="이미")가 강조된다. 골로새인들은 하늘에 자기들을 위하여 쌓여진 소망을 가지고 있고(1:5; 참조. 3:1-4), 그들은 빛 가운데 있는 성도들의 기업을 얻기에 합당했으며(1:12), 흑암의 권세에서 건져내사 그의 사랑의 아들의 나라로 옮기심을 받았다(1:13). 그들은 그리스도와 함께 죽었을 뿐만 아니라 그분과 함께 일으키심을 받았다(2:12; 3:1; 참조. 3절). "충만"과 하늘 영역에 관심을 두었으나 그것들이 율법 준수, 엘리트를 위한 지식, 환상 체험과 같은 것들을 통하여 도달될 수 있다고 믿는 자들, 즉 그것들에 관한 거짓된 개념을 가졌던 자들에 대항해서 그 구원의 "이미"가 계속 반복하여 주장되어야 할 필요가 있었다. 그러므로 독자들은 그리스도께서 자기들의 구원에 필요한 모든 일을 하셨다고 가르침을 받았다. 그들은 그리스도와 함께 죽고 그리스도와 함께 살았으며 그분과 함께 새 생명을 받았다. 그들은 이제 새로운 질서가 승귀하신 그리스도에게 중심을 두고 있는 그 위엣것을 열정적으로 추구해야 하며, 그 결과 그들은 진정으로 하늘에 마음을 두었다는 것이 곧 지상의 최상의 행실로 나타나는 것임을 보여 주어야 한다(다음의

5, 8, 12절 그리고 3:18-4:1에 있는 지시를 유의하라).

골로새서의 진정성

이 시점까지 골로새서는 바울이 직접 기록했거나 혹은 최소한 그가 진술한 것으로서 그가 실제로 작성하여 그의 이름을 보낸 것으로 여겨져 왔다. 이러한 견해는 1:15-20 혹은 2:13-15과 같은 다른 자료들을 사용했을 가능성을 배제하지 않는다(논의에 관해서는 해당되는 단락의 해석 부분을 보라). 그러나 이 편지가 직접·간접으로 바울의 손으로 작성되었다고 모든 사람이 인정하는 것은 아니며, 그 이유는 아래 부분에서 검토될 것이다(이 문제의 역사에 관해서는 Percy, *Probleme*, 5-15, 그리고 Lähnemann, *Kolosserbrief*, 12-28를 보라).

골로새서가 진짜 바울의 서신이라는 전승은 견실한 기초에 서 있다. 후기 교부들은 이것을 받아들였고(Irenaeus, *Adv Haer* 3.14.1; Tertullian, *De Praescr Haer* 7; Clement of Alexandria, *Strom* 1.1), 처음 수십 년 간은 그 저작권에 대한 논란이 없었으나, 2세기 초반에는 이 편지에 대한 언급이 아주 명확하지는 않았다. (그러한 표현은 Justin, *Dialogue* 85:2; 138:1과 같은 초창기에 사용되었던 것으로 보인다.) 말시온은 이것을 자기의 정경 목록에 포함시켰고, 이것은 무라토리안 정경 가운데서도 발견된다. 이 편지 자체는 바울의 이름이 첫 부분(1:1)과 끝 부분(4:18)에 나타나는 바와 같이 이 점을 확증해 주고 있다.

최근에 있었던 바울의 저작권에 대한 최초의 중대한 거부는 1838년 매여호프(E. T. Mayerhoff)가 골로새서 가운데서 비바울적 사상들, 제2세기 케린투스와의 논쟁과 에베소서에 대한 의존의 증거들을 발견했다고 주장하면서 일어났다. 바우어(F. C. Baur)와 튀빙겐 학파의 이론들의 주 강령은 서신에서 다루어진 이단이 2세기 영지주의였다는 주장이었다. 따라서 바울 저작권의 경우는 논박되어야 하는 것으로 생각되었다.

비록 소수의 학자들이 이 편지가 에베소서를 의존하는 기미가 있다는 메여호프의 주장을 따르기는 했지만, 신지(F. C. Synge, *St. Paul's Epistle to the Ephesians: A Theological Commentary*[London: S. P. C. K. 1941] 70-75)는 (최근에) 골로새서가 (진짜 바울의 서신으로 간주된) 에베소서와 어렴풋하고도 불충분하게 닮았다는 것과 관련된 이론을 앞장서서 주장했다. 에베소서의 스타일이 골로새서의 스타일보다 훨씬 더 우월한 것으로 말해지고 있다. 동등한 구절들(예를 들어, 엡 2:12,

13과 골 1:20, 21)에서 전자의 자료가 문맥에 더 잘 어울린다고 주장되었고, 반면에 "완전"과 "통일"과 같은 신학적 개념들은 골로새서보다는 에베소서에서 더 미개하다고 주장되었다. 그러나 신지의 입장은 사상에서의 발전이나 어휘 의존 관계가 골로새서보다는 에베소서로 더 쉽게 거슬러 올라갈 수 있는 수많은 구절들에 대한 설명을 하지 못한다(참조. Polhill, *RevExp* 70[1973] 441). 두 편지 간의 관계를 설명하기 위하여 다른 가설들이 제안되었다. 즉 에베소서가 골로새서를 의존했다는 것(참조. Goodspeed, Mitton, Ochel, Beare), 상호 의존(Holtzmann, Coutts), 혹은 어느 서신도 직접적으로 각각의 서신을 의존하지 않았다는 것(Klijn)! (다양한 가설들에 대한 개관에 관해서는 Polhill, *RevExp* 70[1973] 439-50를 보라.) 그러나 골로새서의 진정성은 다른 근거에서 결정되어야 하며, 따라서 우리는 이 논의 가운데 있는 두 개의 중요한 현안 문제인 문학적 문제와 신학적 문제를 다루기로 한다.

(a) 골로새서의 어휘와 스타일

골로새서 형식의 많은 특징들은 다른 바울의 서신들과 유사성을 보이고 있다. 그 관계는 서론(1:1-2), 결론(4:18)과 같은 서신의 구조, 감사 기도(1:3-8), 교훈적 설명과 권고적 결론을 소개하는 연결 단어와 문구들(델로 가르 휘마스 에이데나이 〈*θέλω γὰρ ὑμᾶς εἰδέναι*, "너희가 알기를 원하노니"〉란 표현, 2:1; 2:6, 16; 3:1, 5 등에서 운〈*οὖν*, "그러므로〉이란 단어의 사용) 그리고 메시지의 목록과 인사(참조. 4:8, 10, 12, 15)를 내포한다.

골로새서에서 사용된 많은 표현들이 결정적인 바울의 독특한 스타일을 보여 주고 있는데(특히 Percy, *Probleme*, 36-66, Kümmel, *Introduction*, 341, 342, Lohse, 84-91), 예를 들어 디아 투토(*διὰ τοῦτο*, "그러므로", 1:9; 참조. 살전 2:13; 4:5; 롬 13:6 등) 뒤에서 지나친 카이(*καὶ*, "그리고")의 사용, 호이 하기오이 아우투(*οἱ ἅγιοι αὐτοῦ*, "그의 성도들", 1:26; 참조. 살전 3:13; 살후 1:10) 그리고 엔 메레이(*ἐν μέρει*, "인하여", 2:16; 참조. 고후 3:10; 9:3), "용서하다"를 의미하는 카리조마이(*χαρίζομαι*, 2:13; 3:13; 참조. 고후 2:7, 10; 12:13)가 그것들이다. 유사성과 접촉점은 신학적 용어로까지 확대되는데, 곧 "그리스도 안에서"(1:2, 4, 28), "주 안에서"(3:18, 20; 4:7, 17) 혹은 "그리스도와 함께"(2:12, 20; 3:1, 3)와 같은 용어, 세례로 그리스도와 함께 연합되는 일에 관한 설명(2:11, 12), 규례라는 강압적 세력으로부터 자유를 얻는 일에 관한 설명(2:14, 20, 21), 옛 사람과 새 사람 간의 대조(3:5-17) 그리고 권면 가운데서 지시형과 명령형 간의 관계와 관련해서

다(3:5-17).

다른 한편, 골로새서와 다른 서신들 간에는 어휘상의 차이가 있는데, 이는 살펴볼 가치가 있다(자세한 사항에 관해서는 Lohse, 85-88를 보라). 이 모든 것 중에서 신약성경의 다른 곳에는 없으나 골로새서 안에는 나타나는 34개의 단어가 있고, 바울 서신의 다른 곳에는 없으나 신약성경에 다시 나타나는 28개의 단어가 있으며(데살로니가후서와 목회서신은 계산에 넣지 않음), 골로새서가 에베소서와만 공동으로 가지고 있는 10개의 단어와 골로새서와 에베소서 그리고 신약성경의 나머지 부분에 나타나는 또 다른 15개의 단어들은 다른 바울 서신에는 나타나지 않는다. 너무나 지나치게 신속하게 결론을 내리기 전에 여러 가지 중요한 요인들을 염두에 두는 것이 필요하다. 첫째로, 이 통계 가운데 언급된 단어들 중에 많은 단어가 찬양 단락이나(이것의 저작권 문제에 관해서는 40-42쪽을 보라) 또는 잘못된 가르침과의 접촉 가운데 나타난다. 그렇다면 특이한 단어들이 골로새인의 "철학"의 슬로건으로 나타나거나, 아니면 저자의 논박의 일부분으로 나타난다는 사실은 놀랄 일이 아니다. 둘째로, 로제(Lohse, 86)는 골로새서 안에 있는 유사한 단어들이 바울의 다른 서신들에 나오는 유사한 혼합된 단어들과 비교되어야 한다는 사실에 관심을 집중했다(예를 들어, *ανταναπληροω*, 1:24; *προσαναπληροω*, 고후 9:12; 11:9). 더 나아가서, 단 한 번만 나오는 단어와 또한 다른 특이한 표현들이 다른 바울 서신들에서 상당한 숫자가 나타난다는 사실을 기억해야 한다(참조. Percy, *Probleme*, 17, 18; 예를 들어, 갈라디아서는 신약성경의 다른 어느 곳에서도 나타나지 않은 31개의 단어를 가지고 있다). "죄"(단수의 의미로), "의" 그리고 이와 관련된 "율법", "구원", "믿음"이란 단어들과 같은 바울의 신학적 단어들이 나타나지 않는 점은 결정적인 것이 아니다. 다른 바울 서신들에는 때때로 이러한 단어들 중 하나나 혹은 그 이상의 단어가 나타나지 않거나 혹은 두드러지게 희귀하다: "의"는 고린도전서에서 1:30에만 나타나고, 데살로니가전서에서는 전혀 나타나지 않는다. "의롭다고 칭하다"란 동사는 데살로니가전서, 빌립보서 또는 고린도후서에 나타나지 않으며, 반면에 "율법"도 고린도후서에 나타나지 않는다. 이와 같이 "구원"은 갈라디아서나 고린도전서에 나타나지 않는다.

한 개나 혹은 다른 단어 또는 개념이 나타나지 않는 것은 특별한 편지에서 논의되고 있는 다른 주제 문제 때문일 수도 있다. 슈바이저(Schweizer, 22; 참조. Lohse, 87)는 율법 교리와 직면하여 나타나리라고 예상될 수 있는 다음과 같은 단어들이 실제로는 빠져 있는 것은 아주 독특한 일이라고 생각한다: "죄"(단수의 의미로),

"의", "의롭다 하다", "믿음"(만일 이러한 단어들이 그러한 문맥에서 너무나 분명하다면 왜 바울의 제자〈슈바이저에 따르면, 디모데와 같은〉가 그것들을 그의 주장 가운데 포함시키지 않았느냐고 묻는 것은 적절한 반응이다).

최근의 저자들은 어휘와는 구별되는 그 편지 스타일의 독특한 특징에 관심을 기울였다(Lohse, 88-90; Bujard, *Untersuchungen*; 참조. Percy, *Probleme*, 18: "편지의 형식에 관한 실질적인 문제는 전적으로 스타일 영역에 놓여 있다"). 그러므로 우리는 같은 어간에 속하는 복합된 표현들("모든 능력으로 능하게 하시며", 1:11; 참조. 1:29; 2:11, 19), 동의어적 표현들("기도…구하노니", 1:9; 참조. 1:11, 22, 23, 26; 2:7; 3:8, 16; 4:12), 일련의 종속 소유격("진리의 말씀, 복음의 말씀", 1:5; 참조. 1:12, 13, 20, 24, 27; 2:2, 11, 12), 전치사 "안에"를 통하여 구문에 붙어 있는 명사들의 실례(ἐν: "참으로 〈진리 안에 있는〉 하나님의 은혜", 1:6; 참조. 1:8, 12, 29 등) 그리고 힐겹게 연결된 부정사 연계형("주께 합당하게 행하여", 1:10; 참조. 1:22, 25; 4:3, 6)을 주목한다. 비록 유사한 용법들이 중요한 바울 서신들로 인용되기는 했지만, 그것들은 자주 나타나지는 않는다(참조. Schweizer, 22). 더 나아가서 골로새서는 관계절, 삽입된 평서문, 분사 구문 그리고 덧붙여진 설명들로 이루어진 길다란 문장에 예식상 찬양 스타일의 특징이 나타나 있으며, 그것 가운데 몇몇은 쿰란 본문에서 나온 자료와 유사하다.

그러나 이러한 스타일상의 특징들은 다르게 해석되어 왔다. 퍼시(Percy, *Probleme*, 43)는 이러한 특징들이 바울 서신의 나머지 부분과 비교할 때 "전적으로 그 편지 내용의 특성 가운데 그것들의 기초를 가지고 있다고 생각한다. 그것에 관한 한 이 내용은 분명히 그 편지를 필요로 했던 상황의 특성과 연결되어 있다"(Lohse, 90에 인용됨; 참조. Kümmel의 결론, *Introduction*, 342: "어휘와 스타일의 근거에 관해서…그 편지에 대한 바울의 저작권을 의심할 이유가 없다"). 로제(Lohse, 91)는 한편으로 "저자가 결정적으로 바울의 영향을 받은 신학자였다고 결론지으면서(신학에 근거하여), 그럼에도 불구하고 편지의 어휘와 스타일에 관한 관찰에 근거하여 이 편지의 바울 저작권이나 혹은 비바울 저작권 문제에 관해서 아무런 최종적 결론에 도달할 수가 없다"고 인정한다. 최근의 여러 유럽 학자들은 자기들의 판단에 대해서 더욱 부정적인 입장이 되었다. 여러 세심하게 평가한 관찰들을 보면, 하나의 일관성 있는 모습을 제공하고 있으며, 어휘와 사상에 있어서 바울을 전적으로 의존하고 있음에도 불구하고 바울과는 다르게 논증하고 있는 저자의 모습을 그리고 있다고 결론지었다. "이 편지는 바울에 의하여 기록되었거나 구술되었을 수 없다."

우리의 입장에서 볼 때 이러한 판단은 부당하게 부정적인 것으로 보이며, 바울이 할 수 있었거나 할 수 없었던 내용에 대한 거의 틀림없는 이해라고 가정하고 있다. 그것은 골로새서와 일반적으로 바울의 것으로 받아들여진 바울 서신들 간의 유사성들을 실제로 설명하고 있지 않으며, 올로그(Ollrog, *Paulus*, 220, 237)는 이 점을 너무나 잘 알고 있으면서도 바울, 즉 디모데와 가까운 사람에 의한 저작권에 대한 자신의 논문에서 만족할 만하게 답변하고 있지 않다.

(b) 편지의 교훈

로제와 같은 몇몇 학자들에게 골로새서와 일반적으로 바울 서신으로 받아들여진 편지들 간의 예상된 신학적 차이들은 골로새서의 바울 저작권에 치명적인 손상을 가져다 주지만, 어휘와 스타일의 근거들은 그렇지 않다. 초창기의 매여호프(Mayerhoff)는 골로새서가 비바울적인 사상으로 가득 차 있다고 믿었다. 바우어(F. C. Baur)와 튜빙겐 학파는 이러한 판단에 동의했고, 바울 사도의 저작권을 한층 더 의심했는데, 그 이유는 이 편지가 사도 시대의 특징이었던 유대 기독교와 이방 기독교 간의 갈등을 반영하고 있지 않다는 것이었다. 더 나아가서 이 편지의 기독론은 고전 영지주의의 영향이 스스로 발휘되기 시작했던 교회 역사 후기에 속한다고 주장되었다(바우어의 입장에 관해서는 W. G. Kümmel, *The New Testament. The History of the Investigation of its Problems.* Tr. S. Mclean Gilmour and H. C. Kee [London: SCM, 1972] 135-37 American edition[Nashville, TN: Abingdon, 1972]를 보라. Martin, *NCB*, 33에서 인용). 2세기의 성숙한 영지주의의 영향이 이단과 본 서신에 대한 재구성된 배경이라고 상상할 필요가 없다는 사실은 이미 살펴보았다. 만일 금욕적 신비주의의 유대교 배경이 들어 있었을 가능성을 가졌다면(위의 36-38쪽을 보라) 사도 시대를 넘어가서 살펴볼 필요는 없을 것이며, 바울 저작권은 이러한 근거에서 배제되지 않는다.

보다 중요한 것은, 바울 저작권에 대한 반대가 골로새서와 주된 바울 서신의 신학 사이에 존재하는 중대한 차이점들에 근거하고 있다는 것이다. 그렇게 주장된 이러한 차이점들은 "철학"에 대해 반증하는 구절들에 제한되지 않고 반론이 제거된 단락들에서 나타난다. 그것들은 다음의 항목들에서 검토될 것이다.

1. 기독론

로제(Lohse, 178, 179)는 골로새서가 1:15-20의 그리스도 찬양의 근거에서 기독론을 발전시키고, 그리스도 안에서 신성의 충만이 "육체로"(σωματικῶς – 소마티코스, 2:9) 거하신다는 가르침과 그분이 "모든 정사와 권세의 머리"(2:10)시라는 가르침에서 바울의 것으로 인정된 고린도전서 8:6과 로마서 8:31-39의 진술로 넘어간다고 주장한다. 분명히 찬양 단락(1:15-20)은 이 편지의 핵심이다. 즉 1:9-14의 길다란 기도가 그리스도에 대한 찬양으로 되어 있는 이 단락으로 이끌어 가며, 반면에 본 서신에 있는 그 다음의 언급들은 그 진술의 몇 가지를 반영하고 있거나 혹은 그것들의 영향에 대해 상세히 설명하고 있다. 우리는 2:10이 이러한 후자의 구절들(롬 8:31-39 – 역자주)을 따라 설명될 수 있다고 판단하며("모든 정사와 권세"가 그리스도의 지체라는 암시는 없다. 주석을 보라), 반면에 2:9은 찬양의 말씀(1:19)을 신성의 모든 충만이 그리스도 안에, 즉 성육신을 통하여 육체의 형태로 거하시는 방식을 "육체로"(σωματικῶς)란 단어를 덧붙임으로써 명확하게 표현하면서 골로새 이단이라는 상황에 적용하고 있다고 판단한다(2:9을 보라). 강조 내용인 그리스도의 우주적 통치 규모는 이전의 바울 서신들에서 이미 설명된 그리스도의 우주적 통치(참조. 고전 8:6; 1:24; 2:6-10)라는 주제에 대한 보다 충만하고 조직적인 설명이며, 이제 골로새의 거짓된 가르침과 관련하여 그리고 그 이단에 대한 교정으로서 설명되고 있다. 그러한 사상의 근원이 바울 이외의 다른 사람이라고 생각할 필요는 없다.

2. 교회론

골로새서의 교회론은 기독론과 긴밀하게 연결되어 있다. 이것은 무엇보다도 "그리스도께서 몸의 머리이시다"(κεφαλὴ τοῦ σώματος – 케팔레 투 소마토스) 즉 교회(τῆς ἐκκλησίας – 테스 에클레시아스, 1:18)의 머리시라는 진술 가운데 더욱 두드러지게 나타나 있다. 해당되는 구절의 해석 단락에서 우리는 여기에 나오는 소마(σωμα, "몸")라는 단어가 원래 세상을 가리키지 않으며, 따라서 스토아 선배들이 저자의 사상의 원천이라고 볼 필요가 없다고 주장했다(48-50쪽을 보라). 고린도전서 12:12-27과 로마서 12:4, 5에서 바울은 기독교인의 상호간의 관계와 의무를 가리키기 위하여 몸이라는 용어와 그 구성 요소를 사용하고 있다. 고린도전서의 구절 가운데서 몸의 머리(κεφαλή – 케팔레)는 특별한 위치나 영광을 가지지 않았다. 그것은 통상적인 구성원으로 간주되었다(참조. 고전 12:21). 골로새서(그리고 에베소서)에서는 직유의 어투(고린도전서와 로마서에서처럼)로부터 실질적이고도 대인관계에서의 분쟁으로 사상의 발전이 있다. 이 진전은 당연히 골로새 이단 가운데서 연루된 문제에 대한 바울의 의견을 통하여 자극되었다(세부 사항에 관해서는 1:18을 보라).

1:18에 있는 에클레시아(ἐκκλησία, "교회")란 단어는 주로 전 세계에 있는 하나님의 백성들, 즉 그리스도께서 여기서 지금 자신의 우주적 지도권을 행사하고 계시는 우주적 혹은 전 세계적 교회를 가리키는 것으로 취급된다(예를 들어, E. Lohse, "Christucherrschaft und Kirche im Kolosserbrief," *NTS* 11[1964-65], 203-216, 특히 204-207를 보라). 그러나 우리는 아래 부분(57-61쪽)에서 대다수의 의견에 반대하여 이것이 부활하시고 승귀하신 그리스도를 둘러싼 하늘의 총회를 언급하는 것으로 이해하는 것이 가장 좋을 것이라고 주장했다(참조. 골 3:1-4; 엡 2:6). 그 중심부에 계시는 그리스도와 함께 모이는 그 하늘 집회가 지금 여기 지상에서 나타났다. 그런 까닭에 같은 단어인 에클레시아(ἐκκλησία, "교회")란 단어는 골로새에 있는 지역 회중 혹은 작은 가정 공동체에 대해서 사용될 수 있다(4:15, 16). 하늘에 있는 회중은 세상에서 명확하게 드러나 성도들과 신실한 형제들이 그리스도 안에서 모이는 그리스도의 통치 영역으로 보일 수 있다(1:2).

3. 종말론

골로새서의 종말론에 관한 현금의 논의 가운데서 수많은 다양한 주장들이 본서의 바울 저작권을 반대하는 데 사용되었다. 이것들은 그 해당되는 구절들에 대한 "주석" 부분에서 장황하게 취급되었으므로, 우리는 여기서 두드러진 사항들만을 요약 정리할 것이다.

보른캄(1:5과 3:4을 보라)은 1:5에 있는 "소망의 대상"을 의미하는 엘피스(ἐλπίς)가 바울 서신에서는 이례적이라고 주장했다("소망"은 통상적으로 "믿음"과 "사랑"과 같은 기독교인의 주관적인 경험을 나타내는 것으로 여겨졌다). 더 나아가서 그는 골로새서 1:26, 27에 있는 것이 역사적 종말론의 의미에서 소망이 아니라 "영지주의 천체 사상"의 의미에서 소망이라고 간파했다. 그러나 1:26, 27과 3:4에는 그러한 영지주의 천체 개념이 나타나지 않는다. 오히려 그 곳에는 진정한 종말론적 긴장의 증거가 드러나 있다. (보른캄이 중요한 편지들 가운데 하나인 롬 8:24, 25을 참고하지 않았다는 의미가 없지 않다 – 여기에는 "소망의 대상" 개념이 분명하게 나타나 있다〈참조. 갈 5:5〉; Kümmel, *Introduction*, 344와 Martin, *NCB*, 34, 35의 비평을 보라.)

골로새서의 종말론이 배경 속으로 물러났다고 주장되기도 한다. 3:4은 명백한 미래적 언급만을 하고 있고, 여기서도 "숨겨진-나타난" 개념이 초창기 바울 서신들과 평행을 이루지 않는다고 말해진다. 공간적 개념은 1:26, 27; 3:1-4에서 지배적인 것으로 생각되었다. 반면에 전형적인 바울의 종말론 가운데 그 어느 것도 – 파루시아, 죽은 자의 부활, 세상의 심판 – 골로새서에 나타나지 않는다는 것이다. 더 나아가서, 이 서신에서는 신자들이 세례로 그리스도와 함께 죽고 함께 묻혔을 뿐만 아니라(2:11, 12) (진짜 바울 서신과 같지 않게) 그분과 함께 일으킴을 받은 것으로 되어 있다(2:12). 하나님께서 그들을 죽은 자로부터 그분과 함께 일으켜서(3:1) 그리스도와 함께 살리셨다(2:13). 새 생명의 부활이 이미 일어났고, 그러므로 미래의 사건은 더 이상 죽은 자의 부활로 불리지 않고, 그리스도께서 이미 참여하시는 그리고 그리스도와 함께 하나님 안에 감추어진 생명의 계시로 불린다(3:3, 4). 바울 서신의 다른 곳에서처럼 골로새서 안에 있는 윤리적 "의무"는 "직설법"에 근거하고 있다. 어쨌든 진짜 바울 서신에는 그 어느 곳에도 없는데 오직 골로새서에만 과거와 현재의 그리스도인의 부활이 그 의무의 근거로 간주된다고 주장되고 있다.

168, 169쪽에서 이러한 개념들에 대해서 더 자세하게 검토했다. 여기서는 실현된 종말론에 대한 강조가 나타나는데, 이것은 본서의 특수한 상황으로 말미암아 진술된 것이라고 말해 두기로 하겠다. "이미-그러나 아직"이라는 긴장 면에서 볼 때 전자(이미)가 강조되고 있다. 그러나 이것은 바울의 긴장의 "그러나 아직"의 면이 전혀 없다는 사실을 의미하는 것이 아니다. 3:4, 6, 24에는 미래의 종말론이 나타나 있으며, 우리의 생각으로는 1:22, 28에도 나타나 있다. 참조. 4:11(해당되는 "주석" 부분을 보라). "감추어진-드러난"이라는 주제는 의미심장한 묵시적 특징이며, 반면에 공간적 개념은 종말론 부문에서 사용된다. 종말론적 그리고 초월적 전망들 사이의 대립은 이 둘이 논란이 되지 않은 바울 서신과 골로새서 3:1-4에서 함께 발견되는 바와 같이 거짓된 것이다. 죽은 자의 부활에 대한 묵시적 개념은 1:18에서 발견되며(이 구절과 3:4에 관한 "주석"을 보라), 논란이 되지 않은 바울 서신에서는 죽은 자의 부활과 종말론적 생명이 상호 교차하고 있다(참조. 롬 4:17; 5:17, 18, 21; 8:11 등; 2:12 "주석"을 보라). 골로새서에는 종말론적 동기가 나타나 있다. 그것

이 두드러져 있지는 않으나 그럼에도 불구하고 분명하게 나타나 있다(3:5의 "그러므로 죽이라"는 권고는 종말론적 강조점을 가지고 있는 것 중 마지막 것인 1-4절에 근거하고 있다). 동시에 일반적으로 바울의 것으로 받아들여진 서신들에 나오는 권고의 다른 근거들도 있다. 요컨대, 종말론에서의 변화에 근거하여 골로새서에 대한 바울 저작권에 반대하는 주장들은 부적절하다. 강조의 차이는 편지의 특수한 상황으로 말미암아 만족할 만하게 설명될 수 있다. 비바울적 혹은 후바울적 저작권을 주장할 필요가 없다.

4. 전승

골로새서의 신학과 위에 언급된 기독론, 교회론 그리고 종말론 분야에서 주요 바울 서신의 신학 간에 차이가 있다는 점 – 그 편지의 논쟁적 부분들과 함께 비논쟁적 부분에 퍼져 있는 것으로 생각된 차이점들 – 은 아마도 에베소서에 근거했을 "바울학파 전승"의 출현 때문일 것이다. 케제만(E. Käsemann, "A Primitive Christian Baptismal Liturgy," *Essays on New Testament Themes.* Tr. by W. J. Montague [London: SCM, 1964] 166, 167 American eddition[SBT 41; Naperville, IL: Allenson, 1964])은 이러한 전승 가운데 두 개의 또 다른 특징에 주의를 집중한다. 첫째로, 세례의 일치 혹은 신앙고백. 케제만은 바울 서신의 저자는 전 기독교 찬양을 인수받아서(1:15-20) 그것을 세례 개념(1:13, 14, 사실상 그는 이것이 찬송 가사와 연결되어 있다는 사실을 이미 발견했다)으로 둘러싸고 있는 기독교 신앙고백과 또한 믿음을 유지하라고 목회적인 권고를 하는(1:21-23) 골격 내에 배치하여 자신의 목적에 사용했다고 주장한다. 저자가 기독교 찬양을 사용하고 있는 의도는 속사도 시대의 공동체가 가진 신앙고백을 통하여 이단을 박멸하려는 것이었다. 전반적인 접근 방식에 관해서 그 외에 무엇을 말할 수 있든 간에, 찬양이 본래 세례 의식의 재해석에 있어서 기독교적 용법에서 이어받은 전-기독교 노스틱 본문이었다는 케제만의 주장은 오늘날 신약학계에서 거절당했으며, 이는 충분한 이유를 가지고 있다(세부 사항에 관해서는 아래 37, 38을 보고, 25절을 참조하며, 또한 12-14절이 세례를 위한 문맥으로 알려져 있었고 찬양에 대한 "입례송"으로서의 역할을 했다는 케제만의 주장에 필수적인 이러한 입장에 대한 비평을 유념하라).

케제만에 따르면, 후-바울 전승의 두 번째 특징은 진리의 수호자로서 사도의 직분에 대한 공동체의 집착이다. 신앙고백이 그것을 고정시켜 주는 것처럼 사도직은 복음 진리를 상세히 설명해 준다는 것이다(*Essays*, 166, 167). 바울은 이런 식으로 신앙고백과 사도직을 연결시키지 않는다. 그보다 그것은 속사도 시대의 의견이다.

이러한 주장과 긴밀하게 연결된 것이 맑센의 입장인데(Marxsen, *Introduction*, 177-86), 그는 골로새서의 문안 인사 목록 중에서 에바브라의 이름이 특히 강조되어 있다고 주장한다. "일종의 목회 서신"(180)인 이 문서의 중요한 이유는 그 가르침이 바울의 생각을 전달하고 있다는 에바브라에게 사도적 권위를 주려는 것이었다. 지금은 바울 사도가 살아 있지 않고 에바브라가 사도권을 이어받아서 있다. 맑센에 따르면, 이 편지는 속사도 시대의 초창기 가톨릭주의의 표시들을 담고 있다(4:13의 논평을 유의하라). 로제(68)에 따르면, "골로새서는 그것을 사도직과 연결시킴으로써 복음을 정확한 가르침으로 보증하고 있다"는 것이다.

그러나 그러한 지나치게 멀리 나아가는 재구성의 근거에 관해서는 심각한 의문점들이 제기되었으며, 골로새서에 대한 직접적인 바울 저작권을 받아들이지 않은 슈바이저와 올로그(Ollrog)와 같은 학자들은 여러 가지 적절한 비평을 가했다. 이 두 사람 모두 소위 제2바울 서신들 중에서 골로새서가 바울 신학을 가장 근접하게 드러내고 있다고 주장한다. 그것은 분명히 교회의 상황을 견고하게 하기 위하여 기록된 임시적 서신이다(특히 Lähnemann, *Kolosserbrief* 참조). 골로새서는 빌레몬서와 긴밀한 관계를 가지고 있다. 이 두 서신에서 바울은 옥에 갇혀 있다(골 4:3, 10, 18; 몬 1, 9, 10, 13, 23절). 바울과 디모데의 이름이 각 편지의 서두에 나타나고 있다(골 1:1; 몬 1절). 빌레몬서에 언급된 아홉 개의 이름들 가운데 여덟 개가 골로새서에 나타난다. 이들은 분명히 바울의 동역자들이었을 것이며, 이것은 사도의 동역자들에 관한 특별한 세부 사항들과 함께 그 메시지와 인사가 자신의 글이 사도의 메시지라는 사실을 입증하기 위하여 골로새서 저자에 의해서 이용되었다고 주장하는 로제의 주장과는 어울리지 않는다(Lohse, 177). (로제는 다음과 같이 덧붙인다: "빌레몬서의 인사 목록을 사용하면서, 그리고 그것을 보다 생생하게 만들면서, 그는 자신의 편지가 바울로부터 온 메시지로 청중을 사로잡을 것이라는 사실을 확신한다"; Ollorog, *Paulus*, 238, 39에서는 로제의 방법론을 비평하면서, 로제가 골로새서를 쓰게 된 상황을 정당하게 분석하지 않았다고 주장한다. 그는 처음에 본서 가운데 반영된 신학이 후-바울 서신이라고 결정했고, 그 다음에는 바울 학파가 빌레몬서의 문학적 스타일을 사용했다는 자신의 이전의 판단을 확증하기 위하여 인사 목록과 같은 역사적 세부 사항들로 돌아섰다는 것이다). 슈바이저(23-27)와 올로그(*Paulus*, 241; 참조. Lähnemann의 주장들, *Kolosserbrief*, 181, 82)는 전승에 대한 위에 언급된 현안 문제에 관하여 골로새서가 후-바울 서신이 아니라고 주장한다.

마지막으로, 이 문제는 1:7; 4:7-13에 대한 해석(해당되는 구절의 "주석"을 보라)과 1:23-2:5에서 복음을 전하려는 바울의 사명에 관한 중요한 진술에서 해결될 것이다. 1:23-2:5의 기능은 바울의 선교 사역의 내용과 목적을 설명하는 것인데, 그 사명은 이방인들 사이에, 특히 골로새인들 사이에 하나님의 비밀을 알게 하시려는 하나님의 복음 계획에 따라 그에게 주어진 것이었다. 그는 복음(1:23)의 일꾼(*διάκονος* – 디아코노스)이며, 에바브라(1:7; 참조. 4:12, 13)와 두기고(4:7)도 그러하다. 로제에 반대하여, 복음이 사도직과 관련됨으로써 정확한 가르침으로 보증되지는 않는다는 사실이 주장되어야 할 것이다. 오히려 그 반대다. 복음이 바울의 사명에 정당성을 부여하는 것이다. 그는 그 복음을 수종들어야 하고 그것을 충만하게 효과적으로 전 세계에 선포해야 한다(1:25, 26). 복음에 대한 그의 섬김은 고난(1:24)과 갇힘 가운데 표현되고 있으며, 한편으로 이것은 일반적으로 그 비밀을 알고 있는 이방인들을 위한 것이고, 특히 골로새인들과 관계가 있다(1:24-29과 2:1-5이 평행을 이루고 있음을 유의하라).

이 단락은 바울의 사도직을 통하여 합법화되고, 그 다음에 에바브라와 바울의 관계로 인하여 에바브라의 합법성을 주장하기 위하여 기록된 것이 아니다(1:7-13). 바울은 복음을 수종들고 있다. 에바브라도 그와 같이 하고 있으며, 그래서 바울은 자신과 자신의 동역자들(*σύεργοί* – 쉬네르고이)을 그 말씀의 일꾼들(*διάκονοι* – 디아코노이)로 동일성을 증거하는 방향으로 나아가고 있다. 이 세 구절에는 (단독으로든 공동으로든) 에바브라가 사도적 계승권에 속해 있기 때문에 그리고 그의 가르침이 바울의 정신을 나타내고 있기 때문에 에바브라에게 사도적 권위를 부여하려는 시도가 나타나 있지 않다. 어떤 개인과 관련되어 진행중인 권위나 사도권의 계승에 관한 암시는 없다.

우리의 판단으로는, 소위 말하는 골로새서와 일반적으로 바울의 것으로 받아들여진 서신들 간의 차이는 이 서신에 대한 바울 저작권의 부인을 위한 충분한 근거가 되지 않는다. 강조의 차이는 있으나, 이것들은 골로새에 있었던 상황에 의하여 그렇게 진술된 것으로 해석되어야 한다. 유럽에 있는 대부분의 신약학계 학자들 가운데 몇 사람이 골로새서의 역사적 상황이 이러한 어려운 목회상의 상황들을 위하여 제공된 신학적 답변들과 함께 바울의 상황과 아주 가깝다고 인식했다는 사실은 실로 의미심장하다 아니할 수 없다(Lähnemann, *Kolosserbrief*, 23-28, 177-83, Schweizer, 23-27, 그리고 Ollrog, *Paulus*, 219-31, 236-42). 슈바이저와 올로그는 후-바울 상황을 거부하면서 골로새서와 다른 바울 서신 간의 차이점들이 디모데 저작권 혹은 최소한 바울의 지도 하에서 그 편지를 실질적으로 작성한 그의 손질에서 기인했을 수도 있다고 주장했다. 하지만 반드시 이러한 주장에 의지할 필요는 없으며, 한편으로 신약성경의 이 단계에서 이 편지를 쓰는 데 있어서 바울 편에서 자기 동료에게 얼마나 허용했을 수 있는지에 대해서는 더 많은 이해가 필요하다.

바울의 구금 장소

(a) 서론

네 개의 신약성경의 편지들이 옥중 서신으로 불려 왔는데, 이들은 골로새서, 빌레몬서, 에베소서, 빌립보서다. 개인의 이름들과 관련하여 빌레몬서, 골로새서, 에베소서는 그것들 자체로 하나의 그룹을 이룬다. 골로새서 4:7, 8과 에베소서 6:21, 22은 이 두 편지를 가지고 간 사람을 두기고로 말하고 있으며, 디벨리우스-흐리벤(Dibelius-Greeven, 99; 참조. *NCB*, 23)은 에베소서 6:21, 22 본문을 주석하면서 이 시점에서 두 서신 간에 "가장 광범위한 언어상의 접촉"이 있다고 말한다. 두기고는 리쿠스 계곡으로 여행하는 중에 오네시모를 자기 동료로 두었는데, 바로 그 오네시모가 빌레몬서 가운데 언급되며, 그는 바로 그때 바울에게 돌아오고 있는 길이었다(몬 12절). 문안 인사는 실질적으로 같은 사람으로부터 보내진 것이며(몬 23절; 골 1:7; 4:12-19), 따라서 빌레몬과 골로새인들이 함께 있었던 것임에 분명하다(위를 보라). 아킵보의 위치는 이 마지막 지점을 확인해 준다. 그는 골로새서 4:17에서 소개되었고, 그가 주 안에서 받은 사역을 이루도록 격려를 받고 있으며, 반면에 빌레몬서에서는 그가 빌레몬 집의 일원인 것으로 나타나 있다(2절).

다른 한편, 빌립보서는 약간 분리되어 있다. 디모데를 제외하고는 개인적인 이름에서 나머지 사람들이 모두 다르며(빌 2:25; 4:18의 에바브로디도는 에바브라와 동일인이 아니다) 여행 계획도 다르다. 더 나아가서, 빌립보서에 나타난 대로라면 바울의 미래는 불확실한 상태에 있다. 그의 생명은 미해결 상태에 있다(1:20-24). 그는 목회적이고(1:24-26) 신학적인 근거(2:24)에서 자신이 석방될 것을 바라고 있기는 하지만, 자기의 재판의 결과를 예측할 방법이 없었다. 그리스도를 위하여 순교할 가능성이 너무나 분명했다(1:21; 2:17).

다른 세 개의 옥중 서신은 미래에 관한 이러한 이해에 대한 암시를 제공하지 않는다. 그와 대조적으로 골로새서의 분위기는 조용하다. 만일 두 편지가 같은 감옥으로부터 온 것이라면(그리고 이에 대해서는 상당한 의견 차이가 있다), 우리는 바울의 상황이 이 두 서신 사이에 상당히 악화되었다고 상상해야 한다.

일찍이 그 문제에 답변하려고 여러 가지 시도를 해 왔다: 골로새서가 기록되었을 때 바울은 어디에 있었는가? 편지 자체는 바울이 그리스도의 비밀로 인하여 매임을 당해 있었고(4:3), 그와 같이 갇힌 자 아리스다고가 함께 있었으며(4:10), 회중에게 기도하는 중에 자신이 갇힌 것을 기억해 달라고 진술하고 있다(4:18). 그러나 바울이 어디에 구금되어 있는지에 대해서는 명백하게 언급되어 있지 않다.

(b) 로마 감옥

상당히 최근까지도 바울이 이 편지를 썼을 때 로마에 있었다는 사실을 거의 의심하지 않았다. 후에 덧붙여진 "아래의 글"은 다음과 같이 주장하고 있다: "두기고와 오네시모에 의하여 로마에서 기록됨"(K L etc.). 유세비우스(Eusebius, *History*, 2.22.1)는 바울이 로마로 끌려왔고, "아리스다고가 그와 함께 있었다. 그는 그의 다른 편지들 중 어떤 곳에서 함께 갇힌 자라고 적절하게 부르고 있기도 하다"고 되어 있는데, 이러한 언급은 아마도 골로새서 4:10을 가리키는 것 같다. 아리스다고에 대한 이러한 언급은 바울과 로마로 동행하기 시작했던 것으로 보이는 사도행전 27:2에 있는 진술과 일치한다(골 4:10의 "주석"을 보라).

바울이 골로새서를 기록했을 때 로마 감옥에 있었다는 사실을 지적하는 다른 요인들은 다음과 같다.

(i) 로마에서 바울의 구금은 유세비우스에 의하여 동역자들과 친구들(4:7-17) 그리고 만일 필요하다면 그가 편지를 쓰는 일을 돕도록 서기관과 함께 있을 수 있는 어느 정도의 자유를 가질 수 있었다는 사실을 암시하는, "구속받지 않은" 것으로 묘사되었다.

(ii) 골로새서와 빌레몬서를 연결하는 이름의 목록은 오네시모의 경우로 우리의 눈을 돌리게 한다. 그가 실제로 도망하여 바울에게서 피난처를 구하려 했다고 가정하면(459, 460쪽을 보라), 체포를 당하여 형벌을 받는 것을 두려워하여 그는 자기가 공중의 시선으로부터 안전하게 사라질 수 있는 제국의 수도에서 신분을 숨기려고 했을 것이라고 주장된다.

(iii) 사도행전에서는 다른 투옥을 달리 선택할 수 없는 것으로 보인다. 바울은 빌립보에서 단지 하룻밤 동안 갇혀 있었고(행 16:23-40), 또한 가이사랴에서 2년간 구금되어 있었는데(행 24:27), 우리가 아래 부분에서 진술한 바와 같이 그 곳에

서 바울이 골로새서를 기록할 수 있는 가이사랴 투옥을 상상하는 데는 어려움이 있다. 로마 구금이라는 제안은 골로새서에 반영된 사건들이 일어나도록 가정할 만한 성격의 잘 알려진 투옥에 근거하고 있다(행 28:16, 30에 언급된 관대한 구금을 유의하라). 로마와 동부 지방 간의 여행은 자주 있었고, 옥중 서신들 가운데 암시된 서신 왕래를 불가능하게 할 정도로 강력한 구금 상태가 아니었다(Moule, 24). 세계 곳곳에서 있었던 복음의 승리에 대한 바울의 기쁨은 로마에 잘 적용된다(1:6, 23).

(iv) 브루스(*Paul*, 411, 412)는 에베소에서의 초창기 구금(주전 54-57년경)보다는 (가이사랴가 아닌) 로마에서의 후기 구금이 더 개연성이 있다고 생각한다. 보다 명백한 증거의 결핍에도 불구하고 그는 바울 사상의 진전, 특히 그리스도의 몸으로서의 교회에 대한 개념에서의 진전이 골로새 연대를 결정하는 데 중요한 표준이라고 본다. 이 편지는 "이 주제에 있어서 고린도전서와 로마서에서 개진한 주제보다 바울 사상에서 더 발전된 단계를 나타내고 있다." 브루스는 "고린도전서와 거의 같은 기간이고 로마서보다 더 이른 바울의 에베소 사역 기간 동안에 그것(골로새서)이 기록되었다고 연대를 결정하기가 어렵다. 에베소 구금은 골로새서의 배경으로서는 맞지 않는다"고 덧붙인다(411, 412). 그렇다면 "모든 면에서 볼 때" 로마가 가이사랴보다는 더 낫다(Bruce, *Paul*, 411에서는 바울 서신의 순서로부터 바울의 사상을 결정하고, 그러고 나서 그의 사상의 발전으로부터 그의 서신들의 순서를 결정하는 순환논법의 위험성을 잊지 않고 있다; Martin, *NCB*, 29에서는 바울 신학의 주제들의 발전으로부터의 논증이 결정적인 것이 아니라고 주장한다).

그럼에도 불구하고 편지가 로마에 감금되어 있을 때 보내진 것으로 보는 것에 대해서는 의구심들이 제기되었다(참조. Martin, *NCB*, 25, 26).

(i) 골로새와 로마 간의 먼 거리(약 1,200마일)가 이러한 주장을 하게 된 요인이다. 즉 에바브라와 오네시모가 이미 바울에게로 왔고, 두기고와 오네시모가 돌아가려 하고 있다. 바울은 임시적인 방법보다는 땅과 바다를 가로질러 가는 여행을 언급하고 있다.

(ii) 자신의 제국에서 도피하기 위하여 로마로 간 오네시모의 도피 행각은 커다란 위험이 따르는 것이었고, 골로새로부터의 긴 여행 동안 체포당할 가능성이 있었다. 그러나 다른 도망한 노예들이 로마로 가기 위하여 같은 위험을 무릅쓰고 먼 거리를 여행했다는 사실을 기억해야 할 것이다.

(iii) 여러 학자들은 만일 감옥으로부터 풀려나는 것에 대한 바울의 희망이 이루어진다면, 그는 골로새를 방문하기를 기대하고 있다는 사실을 유의했다(몬 22절).

이것은 바울의 선교 사역과 목회 활동이 동쪽 지중해 지방에서 완료되었다는 확신(롬 15:23, 24)에 근거하여 스페인을 방문하려는 초창기 의도에 대한 수정을 필요로 했을 것이다. 이제 바울은 자기의 계획을 바꾼 것으로 알려졌고, 그 결과 일관성이 없는 것으로 비난을 받은 반면(고후 1:15-24), 이러한 변화는 선교 전략에서의 하나의 전환을 암시하는 것으로 보인다. (또한 바울이 로마에서 감금된 지 2년 후에 풀려났다는 유세비우스의 *History*, 2.22, 2, 3에서 유래한 전승을 받아들인다는 사실이 암시되어 있으며, Ogg, *The Chronology of the Life of Paul*[London: Epworth, 1968] 178-93, American edition, *The Odyssey of Paul*[Old Tappan, NJ: Revell]을 포함하여 다른 학자들을 따르고 있는 마틴[Martin, *NCB*, 26]은 이것이 확실하지 않다고 주장한다.)

(iv) 더 나아가서, 만일 바울이 초기의 석방을 바라고 있다면(이것이 몬 22절에 암시되어 있는 것으로 보인다), "나를 위하여 처소를 예비하라"는 그의 요구는 그가 빌레몬의 집에 도착하기 전에 바다와 육지로 1,200마일을 여행하려고 하는 특이한 일이다.

(c) 가이사랴 감금

가이사랴 감금의 경우는 최근 학자들을 통하여 골로새서가 작성된 장소로 주장되면서 대두되었다(Dibelius-Greeven, 52, Lohmeyer, 14, 15, Reike, *History*, 277-82; J. J. Gunther, *Paul: Messenger and Exile. A Study in the Chronology of His Life and Letters*[Valley Forge: Judson, 1972] 98-112에서 그렇게 주장한다; 참조. Kümmel, *Introduction*, 346-48). 아리스다고가 바울과 함께 갇혔다는 사실은 사도행전 20:4; 24:23과 조화를 이룰 수 있으며, 반면에 사도행전 20:4에 따르면 바울과 함께 예루살렘으로 여행했던 두기고가 당연히 그와 함께 가이사랴로 갔을 수 있다고 주장되었다. 오네시모는 로마보다는 가이사랴까지 떠돌아다녔을 가능성이 더 크며, 그는 가이사랴에서 바울과 함께 있었던 여러 헬라화된 기독교인들의 무리 속에서 바울을 보호하려고 했을 가능성이 있다. 빌레몬에게 골로새에 숙소를 마련해 달라는 바울의 요청(몬 22절)은, 만일 바울이 아직 황제에 대한 항소를 염두에 두지 않았다면 또는 만일 라이케(Reike)가 주장한 대로 바울이 죄수로서 로마로 가는 길에 골로새를 방문하기로 작정했다면 가이사랴로부터 보내졌을 가능성이 있다.

가이사랴에서의 감금이라는 주장에 반대를 표하는 한 가지 중대한 문제는, 그러한 작은 도시가 이방 출신의 바울의 여러 명의 동역자들을 필요로 하는 활동적인 선교 사역의 본부가 되었을 수 없다는 것이다. 이 작은 항구 도시가 바울이 말할 자유를 가졌던 골로새서 4:3, 4에 암시된 바와 같은 활기 찬 복음 전파의 중심지가 되었을 것 같지는 않다. 사도행전에는 바울이 일단 가이사에게 호소하고, 자신의 소송이 로마로 이관되었던 상황에서 이른 석방을 생각했다는 어떤 암시도 없다.

(d) 에베소 감금

로마 이외에 에베소가 바울이 골로새서를 기록했을 때 갇혀 있었던 도시로 거론되기도 했다. 그래서 편지에 대한 말시온의 서론은 다음과 같이 되어 있다: "이미 구금되어 있는 사도가 에베소로부터 그들에게 글을 써 보낸다." 바울 서신이나 사도행전에는 에베소 감금에 대해서 명백한 언급이 없다. 어쨌든 이 이론의 주창자들(이들은 Deissmann, Michaelis, 그리고 특히 Duncan, *Ministry*를 포함한다; 참조. Martin, *NCB*, 26-32; Ollrog, *Paulus*, 59 등)은 사도행전에 기록된 내용들 이외의 감금의 증거가 고린도후서 11:23에 나타난다고 지적한다(반면에 주후 96년 로마의 클레멘트는 일곱 번 언급한다. *ad Cor* 5.6). 그 외에도 에베소에서 있었던 바울의 고난 가운데 기록되었을 수 있는 고린도전·후서의 여러 구절들은 바울이 당한 깊은 고통들을 말하고 있다(고전 4:9-13; 고후 4:8-12; 6:4, 5; 11:23-25). 고린도전서 15:32(*ἐθηριομάχησα* – 에데리오마케사, "내가…맹수로 더불어 싸웠으면")이 비록 문자 그대로 취급되지 않는다고 할지라도, 에베소에서 바울에게 죽느냐 사느냐의 투쟁 기간이 있었음을 말하고 있다. 바울은 그 자신의 로마 시민권으로 인하여 구출되었을 수도 있다고 생각되어 왔다. 고린도후서 1:8은 아시아에서 당한 극심한 환난(*θλῖψις* – 들립시스)에 대해서 말하고 있으며, 반면에 브리스길라와 아굴라가 바울을 위하여 자기의 목숨을 내놓은 경우(롬 16:3, 4)는 에베소에서 있었던 것으로 생각된다.

만일 그러한 포박의 가능성이 허용된다면, 우리는 골로새서를 좀더 만족스럽게 바울의 생애 중 이 기간, 말하자면 주후 54년 가을부터 주후 57년 늦 여름까지 에베소나 혹은 그 근처에 머물렀던 기간에 쓰여진 것으로 볼 수 있다(참조. Ogg, *Chronology*, 134-38, Ogg은 Martin, *NCB*을 따른다, 27; 다른 사람들은 주후 52-55년이 보다 개연성 있는 연대라고 주장한다). 던칸(Duncan, *Ministry*, 111-15)은 바울의 감금을 데메드리오 폭동의 결과로 돌리면서 이 경우를 보다 정확하게 고정시킨다(행 19:23-41). 이러한 소동은 그 해 동안 아데미 여신을 기념하는 축제와 연결된 주후 57년 늦봄에 있었던 것으로 되어 있다.

그렇다면 골로새서의 배경을 에베소에서의 감금으로 생각하는 주장은 다음과 같이 요약될 수 있다.

(i) 에베소와 골로새가 기껏해야 100마일 떨어져 있다는 사실은 그 편지 가운데 묘사된 바울의 구금의 위치와 골로새 사이의 움직임을 보다 쉽게 설명하는 것으로 생각된다. 주장된 바로는, 오네시모가 로마에서 먼 중심 도시 에베소에서 자신의 피난처를 구하려고 했을 수 있다(그러나 C. H. Dodd, *New Testament Studies* [Manchester: University, 1953] 95에서는 자기 주머니에 주인의 돈을 가지고 도망한 종은 에베소가 더 가깝기 때문에 이 곳보다는 거리가 먼 로마로 갔을 가능성이 더 크다고 주장했다).

(ii) 만일 바울이 골로새서와 빌레몬서를 기록할 때 에베소에 있었다면, 자기가 풀려난 직후에 골로새에 숙소를 준비해 달라는 요구(몬 22절)는 더욱 타당성이 있다.

(iii) 감금된 바울과 관련되어 있는 이 두 편지 가운데 언급된 개개인들은 이 이론을 더욱 만족할 만하게 설명해 준다고 믿어진다(참조. C. R. Bowen, "Are Paul's prison letters from Ephesus?", *AJT* 24[1920] 112-35, 277-87; Doncan, *Ministry*, 156 그리고 에베소 가설을 주장하는 다른 사람들의 글; Lohse, 166에 반대하는 Kümmel, *Introduction*, 347를 유의하라).

(iv) 보웬(Bowen, "Original Form of Paul's Letter to the Colossians," *JBL* 43[1924] 177-206)은 바울이 골로새에 있는 교회에 편지를 보냈을 때 최근에야 골로새가 복음화되었다고 주장했다. 만일 이것이 사실이라면, 이 편지가 사도행전 19:10과 바울의 에베소 혹은 그 주변에서의 그 다음 감금 기간에 기록된 것이라는 또 다른 이유가 주어진다(그러나 보웬의 주장은 실증하기가 어렵다).

마틴(Martin, *NCB*, 30)은 "사도의 이 편지는 간략한 기간으로 인하여 그의 선교 사역이 에베소 근처에서 피구류자로 억제를 받는 동안 잠시 중단되었을 때인, 사도행전 19-20장에 기록된 바울 사도가 소동을 겪은 기간에 속한다"고 결론내린다.

요약하여 말하자면, 이 세 가지 사항 가운데서 에베소와 로마가 가이사랴보다는 바울이 골로새서와 빌레몬서를 기록한 더 타당한 장소로 주장된다. 에베소 가설은 많은 강점들을 가지고 있으나, 로마의 증거가 결정적인 것이 아니기 때문에 전적으로 배제될 수는 없다. 분명히 로마 가설은 골로새서와 빌레몬서에 언급된 사건들이 일어났을 그러한 성격의 잘 알려진 감금 위에 세워져 있다. 누가가 바울과 함께 있는 점은 사도행전에서 입증되고, 반면에 바울의 에베소 사역은 "우리" 단락에서 발생하지 않으며, 이 기간에 누가가 바울과 함께 있었는지는 의심스럽다. 아리스다고가 에베소에서 포박되었으며(참조. 행 19:29; Duncan, *Ministry*, 148-53에서는 이 점을 이 편지의 상황으로서 바울의 에베소 감금으로 생각하지만, 이 단락은 폭동에 의한 포박일 뿐 특별히 공식적인 포박에 대한 언급은 아니다), 그리고 사도행전 27:2을 볼 때 그는 바울과 함께 로마까지 동행했고(골 4:10을 보라), 어느 정도 그의 궁핍을 나누어 가졌을 수 있다. 사상의 발전에 근거한 논증은 신중하게 사용되어야 하지만, 골로새서의 신학적 표현들이 초기에 속하기보다는 후기에 속한다고 억지로 주장하는 것으로 보이는데, 이 주장은 로마 감금의 방향을 가리킨다. 모든 것을 고려할 때 우리는 이 대안(즉 "로마 감금" - 역자주)을 선호하는 편이다.

만약 로마 가설이 받아들여진다면 가장 개연성 있는 연대는 대략 바울의 (첫 번째) 로마 감금 초반부, 즉 주후 60-61년경으로 보는 것이다. 에베소 대안을 주장하는 자들은 이 편지를 대략 주후 54-57년경이나 혹은 이른 연대라면 52-55년에 쓰여진 것으로 본다.

골로새서 분석

1:1, 2	서론적 인사
1:3-8	감사: 믿음-사랑-소망 그리고 복음
1:9-14	지식과 경건한 행실을 위한 중재 간구
1:15-20	창조와 구속에서의 그리스도
1:21-23	수립되고 적용된 화목
1:24-2:5	바울의 선교와 목회적 관심
2:6-15	오류에 대한 교정: 충만이신 그리스도
2:16-23	율법으로부터의 자유
3:1-4	위엣것을 찾으라
3:5-11	과거의 죄를 버리라
3:12-17	그리스도의 은혜를 버리라
3:18-4:1	기독교 가족 내에서의 행실
4:2-6	마지막 권고: 기도와 외인에게 의로운 행실을 계속하라
4:7-18	사적인 인사와 교훈

1. 서론적 인사(1:1, 2)

참고문헌

Berger, K. "Apostelbrief und apostolische Rede/Zum Formular frühchristlicher Briefe." *ZNW* 65(1974) 190-231. **Deissmann, A.** *Bible Studies.* Tr A. Grieve. Edinburgh: Clark, 1901. **Doty, W. G.** *Letters in Primitive Christianity.* Guides to Biblical Scholarship, NT Series. Philadelphia: Fortress, 1973. **Friedrich, G.** "Lohmeyers These über 'Das paulinische Briefpräskript' kritisch beleuchtet." *ZNW* 46(1955) 272-74 and *TLZ* 81 (1956) 343-46. **Harder. G.** *Paulus und dos Gebet.* NTF 1S, 10. Gütersloh: Bertelsmann, 1936. **Jewett, R.** "The Form and Function of the Homiletic Benediction." *ATR* 51(1969) 18-34. **Lohmeyer, E.** "Probleme paulinischer Theologie. I. Briefliche Grussüberschriften." *ZNW* 26(1927) 158-73. **Mullins, T. Y.** "Benediction as a NT Form." *AUSS* 15(1977) 59-64. **Roller, O.** *Das Formular der paulinischen Briefe. Ein Beitrag zur Lehre vom antiken Briefe.* BWANT 4S, 6. Stuttgart: Kohlhammer, 1933. **Schenk, W.** *Der Segen in Neuen Testament. Eine begriffsanalytische Studie.* ThA 25. Berlin: Evangelische Verlagsanstalt, 1967. **Wiles, G. P.** *Paul's Intercessory Prayers: The Significance of the Intercessory Prayer Passages in the Letters of St Paul.* SNTSMS 24. Cambridge: University Press, 1974.

본 문

1 하나님의 뜻으로 말미암아 그리스도 예수의 사
도 된 바울과 형제 디모데는
2 골로새에 있는 성도들 곧 그리스도 안에서 신
실한 형제들에게 편지하노니 우리 아버지 하나님
으로부터 은혜와 평강이 너희에게 있을지어다

1 Paul, an apostle of Christ Jesus by the will of
God, and Timothy our co-worker,
2 To the saints and faithful brothers in Christ at
Colossae: Grace and peace to you from God our
Father.

양식/구조/배경

바울은 골로새인들에게 보낸 편지를 저자, 받는 자, 문안 인사를 언급하면서 통상적인 방식으로 시작한다. 바울의 편지를 쓰는 규칙은 이중적인 형식으로 특징지

어지는 동양적 그리고 유대적 모델을 따르고 있다: 첫째는 편지를 보내는 자의 이름과 받는 자(들)의 이름이며, 둘째는 직접 대화화하는 형식을 가진 인사, 즉 "평강이 너희에게 있을지어다!"이다. 이중적 구조의 직접 대화하는 형식으로 된 인사를 포함하는 동양적 모델로는 느부갓네살의 칙령을 들 수 있는데, 이것은 "느부갓네살 왕은 천하에 거하는 백성들과 나라들과 각 방언하는 자에게 조서하노라 원하노니 너희에게 많은 평강이 있을지어다"(*εἰρήνη υμῖν πληθυνθείη* – 에이레네 휘민 플레뒨데이에)라는 말로 시작한다(단 3:98[4:1]; 참조. *Apoc Bar* 78:2).

소개 말과 인사의 구조가 일관성이 있든 그렇지 않든 – 그리고 1절과 2절은 모든 바울 서신에서 사용된 개요와 일치한다 – 바울이 자신에 대한 자신의 묘사를 적용하고 또한 특별한 각 편지의 상황에 자신의 증명을 적용하고 있는 바 저작권과 관련된 서론적 공식 문구에 있는 창의적 변화들, 자신의 기독교인 지도자들을 설명하기 위하여 그가 사용하고 있는 다양한 문구들 그리고 인사들 가운데 쏟아 부어진 신학적 내용들은 모두 그의 기록들이 자신의 모든 서신 가운데 있는 판에 박힌 서론과는 거리가 멀다는 사실을 암시한다.

주석

1 "바울"(*Παῦλος* – 파울로스). 바울은 자신이 개인적으로 알지 못했던 기독교 회중(2:1)에게 자신을 소개하고 있으며, 그 공동체는 그 자신보다는 그의 동역자들 가운데 한 사람 – 에바브라 – 을 통하여 설립되었다(1:4, 7-9). 이러한 사실은 서론적 인사 가운데 있는 독특한 특징들에 대한 설명을 도와준다.

이 편지의 초두에는 유대 이름인 "사울" 대신에 헬라-로마 세계에서 사도 자신이 사용한 "바울"이란 이름이 나타나 있다. 헬라어를 사용하는 지역에서 유대인들은 자신들의 히브리어와 아람어 이름의 발음과 대략적으로 유사한 이름을 택하여 사용하는데, 예를 들어 실라는 실루아노, 예수는 야손이다(참조. Deissmann, *Bible Studies*, 314, 315, 그리고 Lohse, 6).

"하나님의 뜻으로 말미암아 그리스도 예수의 사도 된"(*ἀπόστολος χριστοῦ Ἰησοῦ διὰ θελήματος θεοῦ* – 아포스톨로스 크리스투 예수 디아 델레마토스 데우). 고린도후서 1:1에서처럼 바울은 자신을 "사도"로 지칭하고 있다. 골로새에 처음으로 복음을 전해 주었던 디모데와 에바브라에게는 모두 이러한 칭호가 붙지 않았다. 비록 바울은 친히 골로새 교인들을 방문하지는 않았을지라도 그만이 골로새인들의 사도였는데, 그 이유는 부활하신 그리스도에게 단독으로 그리고 직접적으로 위임을 받았기 때문이다. 사랑을 받고 영광을 받은 "동료 종들"과 함께 디모데와 에바브라는 복음을 전파하고 교회를 세우는 임무를 돕기 위하여 위임받은 바울의 대리자들이었다. (바울은 디모데와 실루아노를 그리스도의 사도들로서 자신과 연결짓는 살전 2:6, 7에서 보다 넓은 의미로 이 단어를 사용하고 있는 것으로 보인다.)

바울은 이 서론 부분에서 자신을 "예수 그리스도의 사도"로 말하고 있는데, 이는 골로새 교회 안에 갈라디아와 고린도에서 있었던 것처럼 그의 사도권에 대한 공격이 있었기 때문이 아니라(참조. 갈 1:1, 10-12; 고전 9:1-3; 고후 10-13장), 스스로가 처음부터 자신의 신원 보증을 견고히 하기를 원했기 때문이다. 그는 회중 가운데 침입해 들어온 거짓된 가르침을 드러내고 논박하고 또한 이 유아기의 기독교 공동체에게 주어진 에바브라의 가르침의 정당성을 강조할 것이다. 그래서 바울은 이러한 호칭을 덧붙이는 것 이외에 그 공동체에 보내는 자신의 글의 공식적 성격에 주의를 기울이게 하고 있다.(사도권에 대한 참고서적의 정보에 관해서는 F. Hahn, "Der Apostolat im Urchristentum. Seine Eigenart und seine Voraussetzungen," *KD* 20[1974] 54-77, J. A. Kirk, "Apostleship since Rengstorf: Towards a Synthesis," *NTS* 21[1974-75] 249-64, 그리고 F. Agnew, "On the Origin of the Term Apostolos," *CBQ* 38[1976] 49-53.)

바울이 자기 자신을 사도로 지칭할 때 그 편에서 가진 위압적 태도의 암시는 없다. 그러한 자격에 있어서 그는 예수 그리스도에게 속해 있으며(*χριστοῦ Ἰησοῦ*–크리스투 예수) 또한 "하나님의 뜻으로 말미암아"(*διὰ θελήματος θεοῦ*–디아 델레마토스 데우) 불림 받았는데, 이 표현은 인격적 가치의 포기와 함께 하나님의 무조건적인 은혜에 대한 선언과 같은 것이다(1:9과 4:12에서 "하나님의 은혜"는 하나님께서 기독교인의 삶 가운데서 이루시려는 뜻을 가리키고, 반면에 여기서 이 문구는 바울을 선택하여 사도로 삼으신 하나님의 뜻이다. 참조. 고후 1:1; 엡 1:1; 딤후 1:1). 하나님의 목적과 일치하는 이 부르심은 특별히 이방인 회중에 대한 그의 사역을 가리켰다(참조. 엡 3:1-13). 사도로서 그는 가르치고(참조. 딤전 2:7) 회중을 목회적으로 돌보아야 할 권위를 가졌다(고후 13:10). 편지를 펼쳐서 읽을 때 우리는 바울이 가르치고 목회적으로 돌보는 가운데 자기의 사역을 이행하고 있음을 보게 된다.

"그리고 형제 디모데"(*καὶ Τιμόθεος ὁ ἀδελφὸς*–카이 티모데오스 호 아델포스). 바울은 고린도후서 1:1과 빌립보서 1:1, 그리고 데살로니가서의 초두에서 실루아노와 함께 자신의 이름을 언급한 것처럼(살전 1:1; 살후 1:1) 이 곳의 인사에서도 자신을 디모데와 함께 거론하고 있다(자매 서신 몬 1절을 참조하고 엡 1:1과 대조하라). 바울의 서문에서 그와 연결된 사람들은 편지의 공동 저자들이 아니다. 그들의 이름들은 아마도 그들 역시 그 회중에게 참된 진리를 전파하고 가르치고 있다는 사실을 암시하기 위하여 바울의 이름과 나란히 나타나는 것으로 보인다(Lohse, 7).

디모데는 대부분의 에베소 사역 가운데 바울의 동료로 일했다(참조. 행 19:22; 고후 1:1 등). 사도의 사역에 합세했던 사람들을 모두 통틀어 디모데 이상으로 영예로운 위치를 차지한 사람은 없었다(바울은 살전 3:2; 고전 4:17; 빌 2:19-24에서 디모데를 칭찬하고 있는데, 그가 얼마나 자신에게 귀한 조력자라는 사실을 보여주고 있다). 그는 여기서 "형제"로 묘사되고 있는데(*ἀδελφὸς* – 아델포스; 참조. 고후 1:1; 살전 3:2; 몬 1절), 이 단어는 이 문맥에서 "동료 기독교인"이라기보다(디모데가 분명히 이러한 사람이고, 또한 이 단어는 2절에서 이러한 의미를 가지기는 하지만) "동역자" 혹은 "돕는 자"를 의미한다(참조. E. E. Ellis, "Paul and his Co-Workers." *NTS* 17[1970-71] 437-52, reprinted in *Prophecy and Hermeneutic in Early Christianity. New Testament Essays* WUNT 18; Tübingen: Mohr, 1978) 3-22; "'Spiritual' Gift in the Pauline Community." *NTS* 20[1974] 128-44, Reprinted in *Prophecy*, 23-44). 그는 다른 곳에서 "일꾼"(*διάκονος* – 디아코노스: 1:1과 관련하여 고후 3:6과 6:4), "돕는 자" 혹은 "동역자"(*συνεργός* – 쉬네르고스: 롬 16:21; 살전 3:2; 참조. 고전 16:10) 그리고 "그리스도 예수의 선한 군사"(딤후 2:3)로 나타난다. 표제 가운데서 디모데에 대한 언급은 바울이 혼자서 감금당하지 않았다는 사실을 골로새 교인들에게 암시하는 것이다. 마틴(Martin, *NCB*, 44)은 더 나아가서 바울과 함께 디모데에 대한 언급은 그 자신의 가르치는 위치에 유익한 버팀목 역할이 되었을 것이며, 이 편지가 단순히 그 자신의 생각을 표현한 것이라는 사실을 부정하는 것이라고 주장한다.

2 "골로새에 있는 성도들 곧 그리스도 안에서 신실한 형제들에게"(*τοῖς ἐν Κολοσσαῖς ἁγίοις καὶ πιστοῖς ἀδελφοῖς ἐν χριστῷ* – 토이스 엔 콜로사이스 하기오이스 카이 피스토이스 아델포이스 엔 크리스토). 편지의 수신자들은 이제 신학적 용어로 묘사된다: "골로새에 있는 성도들, 곧 그리스도 안에서 신실한 형제들에게." 에클레시아(*ἐκκλησία*, "교회")란 단어가 나타나지는 않으나, 이에 대해서 지나치게 무게를 두어서는 안 되는데, 그 이유는 로마서, 빌립보서, 에베소서에도 빠져 있고

그 때마다 하기오이(*ἅγιοι*, "성도들")란 단어가 대신 나타나기 때문이다. 더 나아가서 이 두 가지 표현은 고린도전서 1:2에서는 함께 연결되어 있는데, 그 이유는 "고린도에 있는 하나님의 교회(*τῇ ἐκκλησίᾳ τοῦ θεοῦ* – 테 에클레시아 투 데우)"가 그 다음에 뒤따라오는 "그리스도 예수 안에서 거룩하여지고 성도라 부르심을 입은 자들(*κλητοῖς ἁγίοις* – 클레토이스 하기오이스; 참조. 고후 1:1)"과 동격으로 되어 있기 때문이다. "신실한 형제들"(*πιστοῖς ἀδελφοῖς* – 피스토이스 아델포이스) 앞에 관사가 빠져 있으므로 하기오이스(*ἁγίοις*)가 형용사로 피스토이스(*πιστοῖς*)와 연결되어야 하고, 따라서 "거룩하고 신실한 형제들"로 번역되어야 한다고 주장되어 왔다(NIV가 그렇게 번역함; 참조. Moule, 45). 그러나 하기오이(*ἅγιοι*)는 편지들의 인사말에서는 언제나 명사로 나타나며, 우리가 보기에는 이것이 여기서 사용된 방법으로 보인다. 그러므로 이것은 "성도들" 혹은 "거룩한 자들"로 번역되어야 한다는 것이다.

이 표현의 선례들이 구약성경에서 발견된다. 이스라엘은 하나님이 택하시고 자기를 섬기도록 택함 받은 하나님의 거룩한 백성이었다(출 19:6). 하나님과의 언약관계에 들어간 이후, 이스라엘은 하나님이 거룩하시기 때문에 그들 역시 거룩한 나라가 되어야 했다(레 11:44; 19:2 등). 기독교인은 예수 그리스도를 통하여 하나님과 가까워진 새로운 관계로 인하여 "거룩한 자들"이다. 그들은 그분을 위하여 그분을 섬기도록 구별되었다. 그분의 소유 된 백성으로서 그들은 마지막 때에 부르심을 받고 선택된 공동체다. 즉 그들은 "하나님의 택하신 거룩하고(*ἅγιοι*) 사랑하신 자들"(3:12)이며, 그들의 삶은 그 특징이 경건한 행실로 나타나야 한다.

골로새에 있는 성도들(앞부분을 보라) 역시 "그리스도 안에 있는 신실한 형제들"(*πιστοὶ ἀδελφοὶ ἐν χριστῷ* – 피스토이 아델포이 엔 크리스토)로 지칭된다. 피스토스(*πιστός*, "신실한")는 골로새서에서 바울에 의하여 여러 차례 자기 동역자들의 절대적 신빙성에 주의를 집중하도록 사용된 반면(1:7; 4:7, 9), 여기서는 기독교인이 됨에 있어서 "믿는"이라는 의미를 가지고 있다(Bultmann, *TDNT* 6, 214; 참조. 엡 1:1). 골로새인들은 예수를 하나님의 아들로, 주님과 구세주로 전적으로 신뢰하고 있었다. 그러나 "그리스도 안에서"란 표현은 그들이 믿었던 그런 분을 가리키지 않으며, 또한 형제들인 그들이 함께 살아 있는 교제 가운데 들어온 그분을 가리키지도 않는다(그리스도 안에서의 연합이라는 주제에 관해서는 2:6-15을 보라).

"우리 아버지 하나님으로부터 은혜와 평강이 너희에게 있을지어다"(*χάρις ὑμῖν καὶ εἰρήνη ἀπὸ θεοῦ πατρὸς ἡμῶν* – 카리스 휘민 카이 에이레네 아포 데우 파트로스 헤몬). 바울 서신의 처음에 나오는 인사말(가끔은 축원 혹은 축복으로 불린다)은 서신 전체에 걸쳐서 기본적으로 문체에 변화가 없는 일정한 스타일을 취하고 있다(참조. Wiles, *Prayers*, 108-114, 그리고 Mullins, *AUSS* 15[1977] 59-64; 참조. Roller, *Formular*, table 3). 그러므로 몇몇 사람들은 그것들을 일반적인 서신의 용법에서 관습적으로 개작했거나 또는 어떤 초대 교회 기독교인의 축원으로부터 빌려온 것으로 생각했다. 로마여(E. Lohmeyer "Probleme paulinischer Theologie. I. Briefliche Grussüberschriften," *ZAW* 26[1927], 158-73)는 그 양식은 고대 근동의 서신의 선례들을 의존한 반면, 그 문체와 내용은 예배를 시작하기 위하여 사용된 전통적인 초대 교회의 공식 문구를 나타낸다고 주장했다. 프리드리히(Friedrich, *ZAW* 26[1955], 272-74), 셍크(Schenk, *Segen*, 88-92) 그리고 다른 사람들은 바울(참조. 살전 1:1)이나 혹은 다른 바울 서신 이후의 기록자들(벧전 1:2; 벧후 1:2; 요이 3절; 계 1:4)이 언제나 일관된 공식 문구를 사용하지 않았다는 근거에서 예식에의 도입을 거절했다. 조웨트(Jewett, *ATR* 51[1969], 18-34)는 신약성경의 축원의 기원(특히 편지들의 본문 가운데서 발견되는 것들)을 "설교에서와 같이 본질적으로 유연성이 있었던 초대 교회 예배의 몇몇 부분"(22)에다 두었다.

최근에 초창기 챔피온(L. G. Champion, *Benedictions and Doxologies in the Epistles of Paul*. Oxford; 비공식적 출판, 1934)의 주장을 따르고 있는 멀린즈(T. Y. Mullins, *AUSS* 15[1977], 59-64)는 신약성경에는 식별 가능한 기본적인 축원 형태가 있는데, 그 시작하는 말 "너희에게 은혜와 평강이 있을지어다"는 그 한 가지 유형이었다고 주장했다. 이러한 양식을 나타내는 여러 가지 형태가 세 개의 기본적인 요소들, 즉 기원, 신적 원천 그리고 수신자를 담고 있는 LXX에 나타나며(삼하 24:23; 민 6:24-26; 룻 2:4), 멀린즈에 따르면 신약성경의 형식은 기독교회의 구약성경인 LXX의 형식을 따랐다는 것이다.

그러나 이러한 자료들 가운데 어느 것도 이러한 서신의 인사의 양식과 내용을 설명하지 못한다(참조. Wiles, *Prayers*, 108-14; Berger, *ZNW* 65[1974], 191-207). 하나의 자그마한 음절의 첨가를 포함하고 있는 언어 유희, 즉 카리스(*χάρις*)와 카이레인(*χαίρειν*)의 대용(代用)은 의미심장한 신학적 전환을 나타낸다. 이렇게 제안된 선례들과 바울의 서론적 인사 사이에는 중대한 차이점들이 있다.

우리는 바울 자신이 서론적 인사의 정확한 성격에 대해서 책임이 있다고 생각하지만, 그럼에도 불구하고 그 형식과 내용 중 몇몇은 그가 서신과 의식상의 용법으로부터 가져왔음에 틀림없다. 그러한 인사는 사도의 인사로서 그의 특별한 용법에 완전히 어울리는 것이며, 자기 독자들이 필요로 한 축복의 범위(은혜와 평강)를 지적해 주고, 바로 그것이 편지에 나타난 의도다.

"은혜"(*χάρις*)는 그리스도의 구속 사역에 대한 바울의 이해를 가장 명확하게 나타내 주는 중추적인 신학적 개념이다(참조. 롬 3:23, 24). 바울의 메시지는 "하나님의 은혜의 복음"이다(행 20:24; 갈 1:6과 대조하라). 이것은 일 혹은 공적의 개념과 대립되는데, 사실상 선물(거저 그리고 일하고 얻는 것이 아닌)의 개념이 이 단어의 핵심에 자리잡고 있다(참조. 엡 2:8, 9). 은혜, 즉 "그들의 당연한 보답과 반대되는 사람들을 향한 호의"는 인간들을 향한 하나님의 은혜로운 태도가 곧 그리스도의 은혜로운 태도였던 것처럼 죄인들과 하나님 간의 관계에서 하나님에게(롬 3:21-26; 4:4; 5:15 등), 그리고 그리스도에게(롬 5:15; 고전 16:23) 돌려졌다. 또한 하나님의 은혜를 드러낸 것은 예수의 사역, 특히 그분의 죽으심이었다(롬 3:24; 5:2; 엡 1:6, 7). 그것이 전체 구속 사역의 기초다.

사도행전이 기록되었던 당시 어떤 부류 가운데 초대 기독교인들은 헤어지는 인사의 형태로 서로를 하나님의 은혜 아래 두거나 혹은 주님의 은혜 아래 두는 습관이 있었다. 그래서 어떤 중요한 사명을 띠고 보냄을 받은 교인들(행 14:26; 15:40)은 하나님의 은혜에 의해 위탁을 받았으며, 엄숙한 헤어짐의 경우에 회중의 장로들은 "주와 그의 은혜의 말씀"에 의해 위탁을 받았다(행 20:32). 이 문맥에서 "은혜"의 신학적 의미는 복음 전파를 위한 직접적이고 실제적인 관심(행 14:26; 15:40)이나 혹은 고난 가운데 꿋꿋하게 서 있는 경우에 적용되었다(행 20:32).

이 인사 속에서 바울이 "은혜"(*χάρις* – 카리스)란 단어를 사용한 것은 독자들을 위한 깊은 기도 차원의 관심을 가졌음을 암시한다(이 인사에는 중재 기도의 요소가 나타나 있다). 그는 골로새인들이 그들이 이미 서 있는 데서 하나님의 은혜를 보다 충분히 깨닫기를 바라고 있다(참조. 롬 5:2). 동시에 그는 자기 독자들에게 현재 처한 상황에 합당하게 은혜 아래서 새로워진 기독교인의 삶을 살도록 위탁하고 있는 것으로 보인다(Wiles, *Prayers*, 111).

축원 가운데서 두 번째 중요한 단어인 "평강"(*εἰρήνη* – 에이레네)은 유대적 배경을 암시한다(참조. 스 4:17; 5:7). LXX에서 서신상의 인사 샬롬은 에이레네로 번역되고, 반면에 유대인의 기도, 특히 여행길의 기도에서는 일반적으로 평강을 위한 탄원을 하는 경향이 있었다(참조. Harder, *Paulus*, 29; Str-B 1, 380-85).

일반 헬라어에서 에이레네(*εἰρήνη*, "평강": Foerster, *TDNT* 2, 400-402)는 전쟁의 반대 혹은 전쟁의 종식의 결과로 나타난 상황을 암시했다. 이것은 번영의 축복이 나타나는 법과 질서의 상태를 나타냈다.

LXX에서 에이레네(εἰρήνη, "평강")는 거의 언제나 구약성경에서 250번 이상 나타난 히브리어 샬롬을 번역하기 위하여 사용되었다. 헬라어 에이레네(εἰρήνη, "평강")란 단어와는 달리 히브리어는 전쟁과 반대라기보다는 "국가의 공공의 번영 속에서의 어떤 소요"를 나타낸다(Brown, *NIDNTT* 2, 777). 그래서 히브리어의 영향을 받은 LXX에서는 헬라어 에이레네(εἰρήνη)가 일반적인 행복의 의미를 가지게 되었으며, 그것의 원천과 수여자는 하나님뿐이시다. 샬롬은 삶의 모든 영역에서 하나님이 주신 모든 것을 포함한다(Foerster, *TDNT* 2, 402); 참조. J. I. Durham, "Sálôm and the Presence of God." *Proclamation and Presence. Old Testament essays in honour of Gwynne Henton Davies*, ed. J. I. Durham and J. R. Porter, London: SCM. 1970, 272-93 American edition[Richmond, VA: John Knox]). 이것은 가장 광범위한 단어의 의미 가운데서 사회적 특성을 가지는 행복을 의미하며, 또한 의와 관련된 경우의 행복을 의미한다(사 48:18; 시 85:10).

에이레네(εἰρήνη)는 신약성경에서 91회나 출현하며 그 중에 54회가 바울 서신 가운데 나타난다. 양식과 내용 면에서 신약성경 내에서 평강의 사상은 LXX과 히브리어 구약성경 전승 가운데 견고한 위치에 있다. 에이레네(εἰρήνη)는 인간들 사이의 조화(행 7:26; 갈 5:22; 엡 4:3; 약 3:18)와 메시아의 구원에 대해 사용될 수 있다(눅 1:79; 2:14; 19:42). 이 단어는 모든 기독교 설교 그 자체가 "평화의 복음"(엡 6:15; 참조. 행 10:36; 엡 2:17)이라 불리는 메시지의 내용과 목표라고 규정할 수 있다. 평화의 성경적 개념은 특별히 관계와 관련하여 원만과 관계가 있다. 하나의 질서로서의 평화는 평강의 하나님에 의하여 수립된다(고전 14:33; 참조. 롬 15:33; 16:20; 빌 4:9). 그리스도는 그 평강의 중재자이시다(롬 5:1; 골 1:20). 사실상 그분 자신이 그 평화이시다(엡 2:14-18).

평화는 바울에 의하여(롬 1:7; 고전 1:3; 고후 1:2; 갈 1:3; 엡 1:2; 빌 1:2; 골 1:2; 살전 1:1; 살후 1:2; 딤전 1:2; 딤후 1:2; 딛 1:4; 몬 3절) 그리고 다른 신약성경 저자들에 의하여(벧전 1:2; 벧후 1:2; 요이 3절; 유 2절; 계 1:4) 서론적 축원으로 정규적으로 언급되었으며, 또한 마감 인사로도 사용되었다(롬 15:33; 16:20; 고전 16:11; 고후 13:11; 갈 6:16; 엡 6:23; 참조. 15절; 빌 4:7, 9; 살전 5:23; 살후 3:16; 히 13:20; 벧전 5:14; 벧후 3:14; 요삼 15절). 그러므로 바울이 골로새인들의 평강을 위하여 간구했을 때, 그것은 단순한 영적 번영을 바라는 것이 아니다. 또한 그것은 일차적으로 내적 만족의 상태를 의미하지도 않는다. 그보다 그의 간구는 그들이 하나님께서 그들과 이루신 평화로운 관계의 성격을 보다 충만하게 깨달을 수 있기를 구한 것이다.

아포 데우 파트로스 헤몬(*ἀπὸ θεοῦ πατρὸς ἡμῶν*). 이 두 개의 광범위한 "은혜"와 "평강"이라는 축복은 "우리 아버지 하나님으로부터" 나오는 것으로 말해지고 있다. 바르트(M. Barth)는 이를 다음과 같이 적절하게 해석했다: "수여하는 자가 그 선물의 내용과 가치를 결정한다"(*Ephesians. Introduction, Translation, and Commentary on Chapters 1-3*[AB 34; Garden City, NY: Doubleday, 1974] 71). 그러나 여기에 나오는 인사 형태는 바울에게는 독특한 것인데, 여기서 "그리고 우리 주 그리스도 예수로부터"란 문구가 덧붙여지지 않았다. (이 본문의 특이성은 본문 자체 가운데 드러나 있다. 그리고 열등한 본문들에서 서기관들은 누락 부분을 완전하게 채우려고 노력했다.) 이 문구가 누락된 것의 적절한 이유를 제시하기는 어려우며(특히 Moule, 46에서 사도가 "다른 어떤 서신에서보다도 더욱 고상한 용어로 그리스도에 대한 묘사"를 하는 방향으로 나아가고 있음을 우리에게 상기시켜 주고 있는 바와 같이), 분명히 그러한 공식 문구를 단축한 신학적 이유를 찾아내려는 것은 잘못된 것이다.

해설

바울은 통상적인 방식으로 자기 자신의 이름과 함께 독자들의 이름을 언급하면서 그리고 기독교인의 인사를 사용하면서 골로새인들에게 편지를 기록하기 시작한다. 그는 자신이 친히 알지 못하고 있는 회중에게 자신의 신원 증명을 하기 위하여 하나의 사도(그의 편지는 이에 관해서 공적인 성격을 가지고 있다는 것이다)로서 글을 쓰고 있다. 나중에 그는 공동체 가운데 침입하기 시작하고 있었던 거짓된 가르침을 드러내고 반박함으로써 골로새에서 일어났던 신학적 · 목회적 문제들을 취급할 것이다.

독자들은 고상한 어투로 묘사되어 있다. 그들은 하나님의 거룩한 백성, 그분을 위하여 택함 받고 구별된, 그리고 그리스도와 생명력 있는 관계를 갖게 된 형제들이다.

바울의 사도적 인사는 그들이 서 있는 하나님의 은혜와 하나님께서 그들과 세우신 평화의 관계를 더 충만히 이해하고 깨닫도록 자기 독자들을 위하여 깊은 기도가 섞인 관심을 나타내 보이고 있다.

2. 감사: 믿음-사랑-소망 그리고 복음(1:3-8)

참고문헌

Bornkamm, G. "Die Hoffnung im Kolosserbrief. Zugleich ein Beitrag zur Frage der Echtheit des Briefes." *Studien zum Neuen Testament und zur Patristik. Erich Klostermann zum 90. Geburtstag dargebracht.* TU 77. Berlin: Akademie, 1961, 56-64. Reprinted in *Geschichte und Glaube 2. Gesammelte Aufsätze.* Vol. 4. BEvT 53. Munich: Kaiser, 1971, 206-213. **Bujard, W.** *Untersuchungen.* **O'Brien, P. T.** *Introductory Thanksgivings in the Letters of Paul.* NovTSup 49. Leiden: Brill, 1977, 62-104. ———. "Thanksgiving and the Gospel in Paul." *NTS* 21(1974-75) 144-55. **Sanders, J. T.** "The Transition from Opening Epistolary Thanksgiving to Body in the Letters of the Pauline Corpus." *JBL* 81(1962) 348-62. **Schubert, P.** *Form and Function of the Pauline Thanksgivings.* BZNW 20. Berlin: Töpelmann, 1939. **White, J. L.** *The Form and Function of the Body of the Greek Letter: A Study of the Letter-Body in the Non-Literary Papyri and in Paul the Apostle.* SBLDS 2. Missoula, MT: Scholar's Press, 1972. **Zeilinger, F.** *Der Erstgeborene der Schöpfung. Untersuchungen zur Formalstruktur und Theologie des Kolosserbriefes.* Vienna: Herder, 1974.

본 문

3 우리가 너희를 위하여 기도할 때마다 하나님 곧 우리 주 예수 그리스도의 아버지께 감사하노라	**3** We always thank God, the Father of our Lord Jesus Christ,[a] when we pray for you
4 이는 그리스도 예수 안에 너희의 믿음과 모든 성도에 대한 사랑을 들음이요	**4** because we have heard of your faith in Christ Jesus and of the love which you show to all God's people.
5 너희를 위하여 하늘에 쌓아둔 소망을 인함이니 곧 너희가 전에 복음 진리의 말씀을 들은 것이라	**5** Both spring from the hope which lies prepared for you in heaven; you heard about this hope before when the word of truth, the gospel,
6 이 복음이 이미 너희에게 이르매 너희가 듣고 참으로 하나님의 은혜를 깨달은 날부터 너희 중에서와 같이 또한 온 천하에서도 열매를 맺어 자라는도다	**6** first came to you. As it is producing fruit and increasing all over the world so it is among you also (and has done) since the day you heard and understood the grace of God in all its truth;

7 이와 같이 우리와 함께 종 된 사랑하는 에바브라에게 너희가 배웠나니 그는 너희를 위하여 그리스도의 신실한 일꾼이요
8 성령 안에서 너희 사랑을 우리에게 고한 자니라

7 you learned this from Epaphras our dear fellow-servant who is a faithful minister of Christ on our behalf
8 and who has told us of your love in the Spirit.

원문 주해

a. 토 데오 파트리(*τῷ θεῷ πατρί κτλ*, "아버지 하나님에게…")란 독법에는 다양한 견해 차이가 있다. D* G 그리고 크리소스톰은 파트리(*πατρί*, "아버지") 앞에 토(*τῷ*, "그")를 삽입하고, 반면에 ℵ' A I Ψ 그리고 많은 다른 권위 있는 책들은 그 대신 카이(*καί*, "그리고")를 삽입하여 토 데오 카이 파트리(*τῷ θεῷ καὶ πατρι κτλ*, "하나님과 아버지에게…")로 읽는다. 그러나 보다 난해한 독법인 토 데오 파트리 투 퀴리우 헤몬 예수 크리스투(*τῷ θεῷ πατρὶ τοῦ κυρίου ἡμῶν Ἰησοῦ Χριστοῦ*, "하나님, 우리 주 예수 그리스도의 아버지에게")가 더 나을 것이다. 이 문구가 드문 것은 본문 자체에 유리하도록 작용하며, 이 본문은 본문 자체로부터 다양한 본문들이 설명될 수 있는 본문이다. 상당히 이례적인 표현이 – 또다시 감사 본문 가운데 있는 – 3:17, 곧 토 데오 파트리(*τῷ θεῷ πατρι*, "하나님 아버지에게") 가운데서 발견되는데, 여기서 필사본의 증거는 훨씬 더 결정적이다. 참조. Moule, 48, 49.

양식/구조/배경

바울 서신 양식의 두 번째 주요 단락(참조. Doty, *Letters*, 27-33)은 서론적 감사 단락이다. 때때로 헬라 시대의 보다 친밀한 편지들은 개인이 받은 은혜로 인하여 신들에게 드리는 감사와 함께 시작된다. 이러한 사실의 증거가 주전 3세기 초반의 문서에 나오며, 반면에 유카리스테오(*εὐχαριστέω*)란 단어가 신들에게 드린 감사에 대해 사용되는 가장 초창기의 현존하는 파피루스는 이시아스(Isias)가 자기 남편 헤파이스티온(Hephaistion)에게 집으로 돌아오라고 갈구하면서 쓴 것이다. 그 실례들이 여러 세기에 걸쳐 명확하지만 단순한 패턴으로 나타난다(Schubert, *Form*, 158-79). (1) 감사가 신에게 드려진다(카리스〈*χάρις*〉와 유카리스테오〈*εὐχαριστέω*〉를 사용하면서). (2) 신들에게 자주 독자들의 번영이나 건강을 위하여 정규적으로 청원이 드려진다. 그리고 (3) 신들에 대한 감사의 이유가 언급되는데, 자주 그들이 어떤 재앙으로부터 기록자나 독자를 구원했다고 생각되었기 때문이다.

이 서론적 감사 형식은 헬라화된 유대주의 문서 가운데 중요한 단락인 마카비

2서 1:10-13에서 발견되는데, 그 곳에는 예루살렘에 살고 있는 유대인들로부터 애굽에 살고 있는 유대인들에게 보낸 한 편지가 인용되어 있다. 슈베르트(Schubert)가 바르게 지적하는 바와 같이, 이 실례는 기능적으로 그리고 구조적으로 바울 서신의 감사 단락과 아주 가깝다(Schubert, *Form*, 119).

사도 바울은 예수 그리스도의 아버지 하나님께서 지배적으로 이방인 독자들의 삶을 변화시켜 주신 일로 인하여 감사를 표하고 있는 자신의 편지들의 서두에서 자주 이러한 문안 인사 모델을 사용하면서 헬라 시대의 서신 모델을 채택했다. 바울은 이러한 서신의 관습을 빌려쓴 한편, 이러한 감사 단락에 있는 그의 구조가 지극히 발전되고 세련된 것이므로 그러한 문학적 양식에 대해 "맹목적 답습"(Schubert, *Form*, 119)을 하지 않았다.

더 나아가서 바울의 감사 구조가 헬라 시대의 것이었던 반면, 그 내용들(특별히 기독교적 요소들을 떠나서)은 구약성경과 유대인 사상의 영향을 보여 주고 있다고 믿을 만한 충분한 이유가 있다. 이 점은 아래의 자세한 해석 부분에서 살펴볼 것이다.

구조의 두 가지 기본적 형태가 바울의 감사 단락 가운데 나타나 있다: 첫째로, "감사한다"라는 동사로 시작하여 독자들을 위한 바울의 중재 기도 내용을 기록한 히나(ἵνα)-절(혹은 그와 동일한 문장)로 끝나는 일곱 개의 기본적인 요소들로 이루어진 것. 두 번째 형태는 보다 단순한 양식으로 되어 있다. 이것 역시 하나님에 대한 감사로 시작하여(참조. 고전 1:4) 이 감사 표현의 이유를 명시한 호티(ὅτι)-절로 끝난다(참조. 롬 1:8). (혼합된 구조와 함께 이 두 가지 주된 형태들에 대한 자세한 논의에 관해서는 Schubert, *Form*, 10-39, 그리고 O'Brien, *Introductory Thanksgivings*, 6-15를 보라.)

골로새서의 서론적 감사는 첫 번째 형태에 속한다. 이것은 다음과 같은 내용으로 시작되는 기본적인 삼중 구조로 이루어져 있다. (1) 감사한다는 동사(*εὐχαριστοῦμεν* – 유카리스투멘, "우리가 감사하노라", 3절), 그 다음으로 (2) 감사를 받는 자를 의미하는 인칭대명사 목적어(*τῷ θεῷ* – 토 데오, "하나님에게", 3절), (3) 감사가 드려지는 빈도를 나타내는 시간을 나타내는 동사(*πάντοτε* – 판토테, "항상", 3절), (4) 대명사구(*περὶ ὑμῶν* – 페리 휘몬, "너희를 위하여", 3절) 그리고 (5) 시간을 나타내는 분사형(*προσευχόμενοι* – 프로슈코메노이, "기도하면서", 3절)인데, 6-8절에 나타나 있는 뚜렷한 이탈로 인하여 이 분사형이 취해진 것이며, 그의 중재 간구의 내용으로 옮겨가면서 9절에서 다시 반복된다. (6) 여섯 번째 요소는 원인을 나타내는 분사절인데(*ἀκούσαντες τὴν πίστιν ὑμῶν* – 아쿠산테스 텐 피스틴 휘몬, "우리가 너희의 믿음에 대해 들었으므로", 4절), 이 문장은 하나님께 드리는 바울의 감사의 근거를 말하고 있다. (7) 이 감사 형식의 마지막 요소는 골로새 교인들을 위한 중재 간구의 내용을 암시하는 10절의 히나(*ἵνα*)-절이다(Schubert, *Form*, 54-55에 있는 비교 차트를 유의하라).

게다가 이 기본적 구조 안에서 3-8절은 이해하기 어려운 점이 있는데, 그 이유는 단일 문장이 일곱 개의 분사적인 표현들을 갖고 있기 때문이며, 네 개는 관계절이고, 세 개는 카도스(*καθώς*)-문장과 이례적인 전치사적 표현과 소유격적 표현이다. 형식 분석을 하는 가운데 부자드(Bujard)는 여기에 사상의 논리적 발전이 없고 오히려 사상의 결합이 있다고 생각했다(Bujard, *Untersuchungen*, 80). 다른 한편, 자일링게르(Zeilinger)는 감사(3절)와 그 근거(4절)에 대한 언급 다음에 문장의 남은 부분은 두 단락으로 나누어질 수 있다고 믿었다: 첫 번째 단락(4d-6a절)은 헨(*ἥν*)으로 시작되는 두 개의 관계절로 균형이 잡혀 있고, 반면에 두 번째 단락은 세 개의 카도스(*καθώς*)-절과 그와 관계된 엔(*ἐν*)-구문으로 구성되어 있다(Zeilinger, *Der Erstgeborene*, 34-36).

그러나 이러한 분석이 확신을 가져다 주는지, 그리고 사상의 결합에 관한 부자드의 설명이 이 구절의 해석을 할 때 지켜져야 할 필요성이 있는지는 의심스럽다. 로제는 감사에 대한 이유가 진술된 다음에 여러 개의 종속절이 덧붙여져 있다(*ἀκούσαντες*···*τὴν πίστιν ὑμῶν*···*και τὴν ἀγάπην*···*διὰ τὴν ἐλπίδα* – 아쿠산테스··· 텐 피스틴 휘몬···카이 텐 아가펜···디아 텐 엘피다, 4-5a)고 바르게 지적한다: 5b절(*ἣν προηκούσατε* – 헨 프로에쿠사테)은 골로새 교인들의 소망과 관련되어 있고, 6a절은 복음 선포의 전 세계적 범위를 가리키며(*καθὼς καὶ ἐν παντὶ τῷ κόσμῳ*··· – 카도스 카이 엔 판티 토 코스모···), 반면에 6b-7절은 에바브라가 골로새 교인들에게 처음 설교한 사실을 되돌아보고 있다(*καθὼς καὶ ἐν ὑμῖν* – 카도스 카이 엔 휘민, 6b절; *καθὼς ἐμάθετε ἀπὸ Ἐπαφρᾶ* – 카도스 에마데테 아포 에파프라, 7절). Lohse, 13, 14를 보라.

주석

3 "우리가 감사하노라"(*εὐχαριστοῦμεν* – 유카리스투멘). 바울은 "내가 기도한다"라고 말하지 않고 "우리가 기도한다"라고 말하고 있다. 그는 서신상의 복수형

으로가 아니라 또한 자신이 골로새로부터 멀리 떨어져 있었기 때문이 아니라 그가 어쩌면 자기를 포함하여 디모데와 및 다른 사람들을 대신하여 기록하고 있었기 때문에 복수형을 사용한다(데살로니가서와 동일하게: 살전 1:2; 2:13; 3:9; 살후 1:3; 2:13). 나중에 같은 장에서 이방인의 사도로서 자기 자신의 사역과 그 사역의 종말론적 의미를 강조하고자 할 때 그는 일인칭 단수형으로 말한다(23-27절, *οὗ ἐγενόμην ἐγὼ Παῦλος διάκονος…νῦν χαίρω κτλ* – 우 에게노멘 에고 파울로스 디아코노스…뉜 카이로…, "나 바울은 이 복음의 일꾼이 되었노라…이제 내가 기뻐하고…").

"우리가 너희를 위하여 기도할 때마다"란 복수형은 바울과 그의 동료들이 정규적으로 모여서 골로새 기독교인들로 인하여 하나님에게 감사 기도를 드린다는 사실에 주의를 환기시키기 위한 것이라는 것도 가능하다.

몇몇 지술가들은 이 감사가 이미 받은 은혜로 인하여 그와 관계된 활동이요, 그래서 찬양이라는 높은 곳으로부터 하강한 것이라고 생각한다. 그러나 영어의 "감사"가 어떤 것을 받은 것으로 인하여 누군가에게 감사의 표시를 하는 것을 의미하고, 그래서 어느 정도 찬양을 위한 감사와 관련되는 표현이기는 하지만, 바울이 최소한 자신의 편지의 서론적 단락에서 "내가 감사하노라"(*εὐχαριστέω* – 유카리스테오)는 단어를 사용한 것은 이보다 더 넓은 의미다. 그 이유는 각각의 구절들에서(그렇지만 12절을 참조하라) 바울은 다른 사람들, 즉 독자들의 삶 가운데 있었던 하나님의 사역으로 인한 감사에 대하여 일괄적으로 유카리스테오(*εὐχαριστέω*)를 사용하고 있으며, 그분 자신이 나누어 주신 축복에 대해서 율로게토스(*εὐλογητός*; 고후 1:3-5; 엡 1:3-12)를 사용하고 있기 때문이다. 더 나아가서 바울이 유카리스테오(*εὐχαριστέω*)를 사용할 때 한편으로 감사의 개념이 분명하게 드러나 있으며, 따라서 찬양의 요소가 없지 않다. 감사의 공동 개념이 사도에 의하여 자주 강조되고 있다(고후 1:11; 골 3:15-17).

우리는 바울의 기록이 그의 실질적인 감사 표현을 반향했으며, 또한 그가 자신의 편지에서 구술한 바와 같이 하나님에 대한 감사가 또다시 사도 안에서 분출되어 나왔다는 사실을 상상할 수 있다. (골로새서에 있는 감사의 중요성에 관해서는 108, 205, 206쪽을 보라.)

"우리 주 예수 그리스도의 아버지께"(*τῷ θεῷ πατρὶ τοῦ κυριου ἡμῶν Ἰησοῦ Χριστοῦ* – 토 데오 파트리 투 퀴리우 헤몬 예수 크리스투). 사도는 골로새인들을 축하하지 않는다. 그 대신 그는 자신의 감사의 기도를 "우리 주 예수 그리스도의 아버지께" 드린다. 이 문구는 통상적으로 간략한 공식 문구인 "내가 하나님에게 감사하노라"(고전 1:4, 참조. 살전 1:2; 살후 1:3)와 보다 개인적 형태인 "내가 내 하나님께 감사한다"(빌 1:3; 몬 4절)와 또한 로마서 1:8을 상기시키는 "내가 예수 그리스도로 말미암아…내 하나님께 감사함은"과는 다르다. 흘끗 보기에 이 호칭은 로마서 15:6에 있는 찬양으로의 부르심과 빌레몬서 3절에 있는 "은혜와 평강"의 원천으로서 기도 가운데 율로게토스(*εὐλογητός*; 고후 1:3; 11:31; 엡 1:3; 참조. 벧전 1:3)와 함께 유카리스테오(*εὐχαριστέω*; 엡 1:17)가 사용되었던 초대 교회의 예배로부터 빌려온 판에 박힌 표현으로 보인다.

이미 언급한 바와 같이 본문상의 문제가 있으며 보다 (위에 인용된) 난해한 독법을 따라서 "우리 주 예수 그리스도의 아버지이신 하나님"으로 번역되어야 할 것이다(Moule, 49). 바울은 하나님에 대한 자신의 감사를 초대 교회에서 사용되었던 문구로, 그리고 파트리(*πατρί*, "아버지") 앞에 관사를 생략하면서 감사가 드려지는 그 하나님이 예수께서 그 성품상 아버지로서 우리들에게 계시하신 그분이시라는 사실을 강조했다(1:2, 3, 12; 3:17).

"기도할 때마다"(*πάντοτε…προσευχόμενοι* – 판토테…프로슈코메노이). 사도는 부사인 "항상"을 통하여 자신이 감사드린 빈도를 암시한다. 그러나 이러한 용어를 사용함으로써 그는 끊임없이 감사를 한다는 것을 의미하고 있지는 않다. 이것과 이와 유사한 단어를 가지고 기도에 대해 말하는 것(예를 들어, "계속하여", "언제나", "밤낮으로")은 고대의 편지 스타일의 일환이요 일부분이었으며, 이방인이나 유대인의 관습이었다. 이러한 표현에는 어느 정도의 과장법이 들어 있다. 바울이 "항상" 혹은 "계속하여" 기도했다고 말할 때, 그는 자기가 정규적으로 기도하는 시간에 그들을 기억했다는 사실을 의미한다: 아침, 낮, 저녁(매일 습관적으로 세 번씩), 그리고 그가 기도할 때는 언제나. 여기서 부사 판토테(*πάντοτε*)는 한층 프로슈코메노이(*προσευχόμενοι*)로 설명된다.

4 "너희의 믿음을 들음이요"(*ἀκούσαντες τὴν πίστιν ὑμῶν κτλ* – 아쿠산테스 텐 피스틴 휘몬…). 바울의 감사의 근거가 이 원인을 나타내는 구절로 표현되어 있다(참조. 빌 1:6; 몬 5절). 그는 이 회중에 관해서 자기에게 들려온 좋은 소문을 상기하고 있다. "들음이요"(*ἀκούσαντες* – 아쿠산테스)라는 단어 자체는 바울이 골로새 교인들을 알지는 않았으나 8절의 "성령 안에서 그들의 사랑"을 말해 주었던 에바브라를 통하여 그들에 관한 소식을 받았다는 사실을 암시한다. 그러나 우리는 2:1-2을 통하여 그들 개개인이 빌레몬처럼 그를 만났을지라도 그 교회가 사도 바울

에게 알려지지 않았다는 사실을 알고 있다.

"믿음…사랑…소망"(*πίστιν…ἀγάπην…ἐλπίδα* – 피스틴…아가펜…엘피다). 익숙한 표현인 믿음-소망-사랑이라는 기독교 신앙의 3개 덕목이 원인을 나타내는 문장 가운데 나타난다. 이러한 공식 문구 가운데 하나나 혹은 보다 많은 요소들이 자주 사도의 하나님에 대한 감사 표현의 기초였다(믿음, 사랑, 소망: 살전 1:3; 믿음과 사랑: 엡 1:15의 몇몇 필사본들; 살후 1:3; 몬 5절; 믿음: 롬 1:8). 3개 덕목은 바울 서신의 다른 곳에서도 나타나지만(롬 5:1-5; 갈 5:5-6; 엡 4:2-5), 이것이 초대 교회의 다른 문서들에서도 사용되었으므로(히 6:10-12; 10:22-24; 벧전 1:3-8, 21-22; 바나바 1:4; 11:8; Ign *Pol* 3:2-3) 바울 사도의 창작물이 아니었을 수도 있다. 기독교인의 삶에 대한 일종의 요약적 내용이 초기 사도 시대의 교회에 유통되고 있었던 것으로 보이며, 헌터(A. M. Hunter, *Paul and His Predecessors* 2nd ed.[London: SCM, 1961, 3]: American edition[Philadelphia: Westminster]) 의 주장에 따르면 이 문구는 예수님 자신에게서 나왔을 수도 있다. 그렇다면 이 단락은 3개 덕목에 대한 바울 자신의 해석을 나타냈을 수 있다.

골로새인들의 "신앙"이 당연히 가장 먼저 언급되어 있는데, 그 이유는 이것을 제외하고는 기독교인의 존재 자체가 없었을 것이기 때문이다(참조. 롬 10:9). 이 믿음이 "그리스도 예수 안에"(*ἐν Χριστῷ Ἰησοῦ* – 엔 크리스도 예수) 있는 것으로 표현되어 있는데, 이러한 표현은 그들의 믿음이 향해 있는 대상을 나타내지 않고 "믿음"이 살아서 행동하는 영역을 암시하고 있다. 골로새 기독교인들은 그리스도에게 연합됨으로 말미암아 그리스도 예수의 주재권 아래 살고 있다. 그것이 곧 왜 그들이 "골로새에 있는 성도들 곧 그리스도 안에서 신실한 형제들"(2절)로 소개되었는지에 대한 이유다. 이러한 주재권 아래 살고 있다는 몇몇 암시가 이 편지의 뒷부분에서 설명될 것이다.

사람이 들을 수 있는 믿음, 그리고 바울이 여기서 상술하고 있는 그 믿음은 "사랑을 통한 역사"를 통하여 그 실체가 입증된다(갈 5:6). "사랑"(*ἀγάπη* – 아가페)은 "돌봄과 관심"에 대한 실제적인 표현으로서(Martin, *NCB*, 48), 모든 하나님의 성도들을 향한 것이다(판타스〈*πάντας*〉란 단어는 사랑의 넓이를 강조하고 있다; Lohse, 17에서 그렇게 말함). 다시 말해서 일반적으로 기독교인이 된 모든 사람, 특히 골로새에 있는 성도들과 리쿠스 계곡의 다른 교회들 가운데 있는 사람들을 향한 사랑이다. 그리스도인이 다른 사람들을 섬기고(갈 5:13), 또한 에바브라의 보고에 따르면 골로새인들은 사랑을 통해서 이러한 섬김에 대해 이미 알았다.

5 "소망을 인함이니"(*διὰ τὴν ἐλπίδα* – 디아 텐 엘피다). 기독교인의 삶을 요약하고 있는 이 세 가지 요소들은 "완전히 동등화되어 있지 않다"(Bruce, 180). 바울의 감사의 근거들인 "믿음"과 "사랑"은 "소망"에 기초하고 있다. 여기서 마지막 요소인 소망이 강조되어 있으며, 또한 이 소망은 회중이 듣고 받아들였던 사도의 메시지의 일부를 이루었다. 모울(Moule)은 "믿음과 사랑이 기독교인의 기대감의 목표인 소망(*ἐλπίς*)에 의존하고 있는 것으로 묘사되어 있다는 사실이 놀랍다" (Moule, 49)고 말한다.

엘피스(*ἐλπίς*, "소망")와 이 단어와 어근이 같은 동사 엘피조(*ἐλπίζω*, "소망하다")가 바울의 편지 가운데서 소망이라는 목표와 함께 바라는 행위를 나타내기 위하여 사용되었다. 소망은 미래에 속하는 보이지 않는 것에 맞추어져 있으며, 그 내용은 여러 가지 방식으로 정의된다. 즉 구원(살전 5:8), 의(갈 5:5), 썩지 아니할 몸으로 부활(고전 15:52-55), 영원한 생명(딛 1:2; 3:7) 그리고 하나님의 영광(롬 5:2). 바울 서신에서는 때때로 소망의 기질이 강조되어 있기는 하지만(롬 4:18; 5:5; 12:12; 고전 13:7), 로마서 8:24-25은 이 용어가 바울에 의하여 하나의 문맥 속에서 두 가지 측면에서 사용될 수 있었음을 보여 준다(Bornkamm, *TU* 77[1961] 56-64에서는 이 점을 간과한 것으로 보인다). 골로새서에서는 구체적인 의미가 전면에 나타나 있고(1:23, 27 그리고 3:1-4의 관련된 사상), 또한 5절에서 엘피스(*ἐλπίς*)는 "소망의 내용", "바라는 것"을 나타낸다(Meyer, 256과 다른 사람들이 그렇게 말함). 그것은 이미 그들을 위하여 하늘에 준비되어 있는 것(*ἀποκειμένην* – 아포케이메넨)인데, 이 문구는 확실성을 나타내는 통상적인 어조에서 나온 문구다(세부 사항에 관해서는 Lohse, 17-18를 보라). 골로새 기독교인들은 그들의 소망 가운데 내포된 모든 것이 그들을 위하여 확실한 장소, 즉 인간이나 다른 어떤 세력도 그것을 만질 수 없는 하늘에 간직되어 있다고 확증을 받고 있다. 지금은 인간이 볼 수 있는 곳으로부터 감추어져 있을지라도, 그리스도 자신 안에 자리잡고 있는(그분은 "영광의 소망"〈*ἡ ἐλπὶς τῆς δόξης* – 헤 엘피스 테스 독세스〉이시다, 1:27) 이 소망은 결국 그가 나타나실 때 드러날 것이다(3:4). 그것이 곧 어째서 리쿠스 계곡에 있는 이 믿는 자들이 자기들의 생각을 하늘을 향하고 있어야 하는지에 대한 이유다(3:1-4).

그들의 소망은 분명히 미래를 향해 있지만, 그것이 이 순간에는 그들을 위하여 안전하게 간직되어 있으므로(아포케이메넨〈*ἀποκειμένην*〉은 현재분사형이다) 현재 직접적인 결과를 가지고 있는데, 특히 전진하는 신앙과 그리스도인의 사랑의 실천을 위한 근거로서 존재한다(엑세테〈ἔχετε〉 역시 현재 시제다). 고전 주석가들 중 몇몇 사람이 주장하는 대로 믿음이 과거와만 관계가 있고, 사랑은 오직 현재와만 관계가 있고, 소망이 단지 미래만을 가리킨다는 것은 이 구절로부터 입증되지 않는 구별을 짓는 것이다. (유대인의 묵시문학 가운데서 하나님의 미래의 구원은 현재 경건한 사람들을 위하여 간직되어 있는 것으로 묘사되어 있다: 4Ezra 7:14; 2 Bar 14:12. 참조. H.-W. Kuhn, *Enderwartung und gegenwärtiges Heil. Untersuchungen zu den Gemeindeliedern von Qumran*(SUNT 4; Göttingen: Vandenhoeck und Ruprecht, 1966, 181-88.)

바울은 신앙 생활의 세 가지 요소 중 이 세 번째 요소인 소망을 강조하기 위하여 자기의 독특한 방법을 따라 설명해 왔다(Bornkamm, *TU* 77[1961] 58). 그것이 복음의 내용으로 묘사되거나 혹은 최소한 중요한 요소들 중의 하나로 묘사되어 있다(참조. 1:23, 27).

어찌하여 이것을 강조하고 있는가? "골로새에 있는 거짓 교사들이 기독교인의 구원의 미래의 국면을 부정함으로써 기독교 메시지의 이러한 면을 그들(신자들)에게서 탈취해 가려 하고 있었기 때문인 것으로 보인다"(Martin, *NCB*, 48). 만일 사실이 그러하다면, 사도가 원래 에바브라가 가르쳤던 바와 같이 그들 기독교인의 소망의 성격을 또다시 강조할 필요가 있었다. 바울이 거짓된 교훈에 대항하여 무엇이 진리인지를 강조하고 있다는 사실은 그 다음에 뒤따라 나오는 복음에 관한 진술 가운데 더욱 자세히 암시되어 있다: 그것은 사실이고, 우주적이고, 힘있는 효력을 가졌으며, 또한－골로새에 있었던 잘못된 가르침과는 대조적으로－하나님의 은혜와 관련되어 있다.

"너희가 전에 복음 진리의 말씀을 들은 것이라"(*προηκούσατε ἐν τῷ λόγῳ τῆς ἀληθείας τοῦ εὐαγγέλιου*－프로에쿠산테 엔 토 로고 테스 알레데이아스 투 유앙겔리우). 사도는 그들에게 하늘의 소망에 관해서 기록할 때 어떤 새로운 것을 회중들에게 말하지 않았다. 그들은 이미 "전에", 즉 그 복음 메시지가 처음으로 에바브라에 의하여 골로새에서 선포되었을 때 그리고 그 교회 공동체가 설립되었을 때 이것에 관해서 들었다(Lohse, 18; Moule, 50에서는 그것이 "거짓된 가르침 이전에 들었다"를 의미한다고 생각한다). "복음 진리의 말씀"이란 문구는 칼빈을 포함하여 많은 주석가들에 의하여 잘 번역되었다: "진리의 말씀, 그것은 곧 복음이다." 슈바이저(Schweizer, 36, 37)와 다른 사람들은 이것을 인간들에게 말해지고 계시된 하나님의 말씀이 "진리의 말씀"이 되는 구약성경을 배경으로 하여 올바르게 이해하고 있다. 그래서 시편 기자는 "진리의 말씀이 내 입에서 조금도 떠나지 말게 하소서" (시 119:43; "소망"이란 단어가 같은 문맥에서 나타난다)라고 기도한다. 하나님의 말씀은 그분의 성품을 보유하고 있으며, 그러므로 전적으로 신뢰할 만하다.

이 메시지를 "진리의 말씀"으로 묘사함으로써(참조. Bultmann, *TDNT* 1, 244) 골로새 이단들의 거짓된 가르침과 대조하려는 의도가 나타나 있다(Hooker, *Christ*, 315-31에 반대하여). 그들의 메시지에 곧이어 나오는 구절들, 특히 2장에서 수집할 수 있는 요소들은 오도하게 할 뿐만 아니라 현혹시킨다. 그것은 텅 비었고, 거짓되고, 헛되다(참조. 2:8에서 그 교훈은 "헛된 속임수"〈*κενῆς ἀπάτης* – 케네스 아파테스〉로 묘사된다). 여기서 "진리의 말씀"은 복음과 동격으로 되어 있는데, 그 이유는 그것이 하나님의 진리의 말씀이 선포된 복음의 선포 가운데 들어 있었기 때문이다.

6 이제 그 복음의 여러 가지 특징들이 진술되고 있다. 첫째로, 그것은 골로새 회중(*παρόντος είς ὑμᾶς* – 파론토스 에이스 휘마스)에게로 전달되어 그들의 삶 가운데 확실한 자리를 차지하면서 승리의 행진을 해 왔다(Chrysostom과 최근의 여러 주석가들). 또한 골로새에서 있었던 복음 전파 과정도 전 세계에 걸쳐서(*ἐν παντὶ τῷ κόσμῳ* – 엔 판티 토 코스모) 있었던 역동적인 확장과 일치되었었다(*καθὼς καί* – 카도스 카이). 복음이 골로새에서 기독교인의 삶과 증거에 활기 차고도 증가하는 열매를 맺었던 것처럼, 그와 같이(*καθὼς καί* – 카도스 카이) 그것은 전 세계에서도 같은 일을 행하고 있었다. 엄격한 요구를 가진 거짓 교훈과는 반대로, 이 메시지는 진실로 전 세계적인 것이었다(Lightfoot, 132, 133).

"온 천하에서도"(*Ἐν παντὶ τῷ κόσμῳ* – 엔 판티 토 코스모). 이와 유사한 범세계적 성격을 가진 구절들(롬 1:8; 10:18; 살전 1:8)과 함께 이 문구는 무의미하거나 "무절제한 과장"으로 이해되어서는 안 될 것이다(Scott, 16에서 선언하는 것처럼). 바울은 분명히 전 세계가 배분적으로, 즉 천하의 각 사람이 복음의 승리의 행진을 체험했다는 사실을 의미하지는 않았다. 그는 특별히 복음이 더 널리 진행되어 나갔던 다메섹이나 다소, 안디옥, 고린도, 에베소 등과 같은 성읍과 도시들을 염두에 두었을 것이다.

브루스(Bruce, 181)는 만일 바울의 어투가 당시에 실제로 실현되었던 내용을 초과한 것처럼 보인다면, 그것은 그가 선지자의 예견 가운데 빠져 있었기 때문이라고 주장한다. 그가 "'그 소리가 온 땅에 퍼졌고 그 말씀이 땅 끝까지 이르렀도다'라고 말한 바 하늘 천체에 못지 않게 생명의 메시지가 전파되는 모든 과정을 묘사한 것"

은 참 선지자의 안목을 가지고 그렇게 한 것이다(롬 10:18; 시 19:4을 인용하고 있음).

"열매를 맺어 자라는도다"(*καρποφορούμενον καὶ αὐξανόμενον* – 카르포포루메논 카이 아욱사노메논). 이 분사구문 "열매를 맺어 자라는도다"는 구약성경의 어투를 반향하는 복음의 계속적인 진보를 가리킨다(Ernst, 158에 반대하여). "열매를 맺어 자라다"는 무엇보다 먼저 인간의 산출에 대해 사용된 복합어이며(창 1:22, 28; 참조. 8:17; 9:1, 7), 따라서 이스라엘 인구의 증가에 대해 사용되었다(렘 3:16; 23:3). 그러나 이 문구의 그 어떤 비유적 용법도 구약성경에는 나타나지 않는다. 이 단어는 언제나 백성들이나 혹은 짐승들에게 적용된다. 그러나 씨 뿌리는 자의 비유 속에서(막 4장) 씨는 그것을 바른 태도로 받는 사람들의 삶에 열매를 가져다 주고 증가하는 말씀으로 해석된다. 씨 뿌리는 자의 비유에서의 그 씨와 같이 복음의 말씀은 열매를 맺고 성장해 나간다. 크리소스톰과 여러 현대 주석가들은 "열매 맺음"이 좋은 행실의 열매로 이해되어야 하며(참조. 빌 1:11에서 카르포스〈*καρπός*, "열매"〉가 이 의미와 함께 발견된다), 반면에 복음의 성장은 증가하는 회심자들의 수를 가리킨다.

"너희 중에서와 같이"(*καθὼς καὶ ἐν ὑμῖν* – 카도스 카이 엔 휘민). "너희 중에서와 같이"라는 문구를 덧붙이면서(또 하나의 *καθὼς*-절, 참조. Zeilinger, *Der Erstgeborene*, 35, 36), 기록자의 사상의 맥락은 복음의 역동적 진보의 범세계적 국면으로부터 골로새 회중의 설립으로 되돌아간다. 이 부가적 문구는 몇몇 주석가들이 생각하는 바와 같이 추가적 표현이 아니라, 그들 역시 하나님의 말씀의 범세계적인 역사를 나누어 가졌다는 사실을 객관적 방법으로 골로새 교인들에게 상기시켜 주고 있는 것이다(Schweizer, 38). 이 사도적 선포는 하나님의 은혜에 초점이 맞추어졌다(골로새에서의 초기 선포에 있었던 "은혜"의 중심성에 관해서는 Lähnemann, *Kolosserbrief*, 105, 106를 보라; 참조. 행 20:24). 골로새 교인들은 그리스도 안에 있는 하나님의 은혜로우신 행위에 대한 메시지를 들었고(*ἠκούσατε* – 에쿠사테) 그들이 회심했을 때 그 은혜의 실체(R. Bultmann, *Theology of the New Testament*, Vol.1. Tr. K. Grobel[NY: Scribner, 1952] 67)를 알게 되었다(에페그노테〈*ἐπέγνωτε*〉는 기동 동사 부정과거형이다; Beare, 154).

"참으로"(*ἐν ἀληθείᾳ* – 엔 알레데이아)는 몇몇 주석가들에 의하여 골로새 기독교인들이 하나님의 은혜의 메시지를 "참으로 그러한", "거짓되지 않은"의 의미로 이해했다는 사실을 의미하는 부사적 의미(="참으로")로 취급되었다(개역성경에서도 그렇게 번역했다; Moule, 51). 그들은 자기들의 복음 전도자 에바브라에게서 어떤 왜곡된 것을 받지 않았고, 그 다음에 자기들의 철학을 가진 후기 교사들을 통하여 보충 받아야 할 필요가 있었다(2:8, 20). 다른 주석가들(예를 들어, Lohse, 20)은 이 문구 엔 알레데이아(*ἐν ἀληθείᾳ*)를 복음에 대한 5절의 묘사(*ἐν τῷ λόγῳ τῆς ἀληθείας* – 엔 토 로고 테스 알레데이아스, "진리의 말씀")와 동일한 것을 가리키는 것으로 이해했다. 이러한 입장에 관해서 사도는 골로새 회중이 에바브라가 제공해 준 사도적 메시지(*λόγος* – 로고스)를 "진리"로, 즉 "하나님의 진리"로 이해했다고 진술하고 있다. 그것은 인간이 만들어 낸 것이 아니었고, 또한 하나님의 은혜에 자리잡고 있었으므로 인간들을 미신과 옳지 못한 종교로 빠져들지 않게 만들어 준다(Martin, *NCB*, 49).

이 회중이 "진리의 말씀"(5절)을 알고 있고, 또한 시초부터 "진리 안에 들어 있는 하나님의 은혜"를 이해했으므로 기독교의 방향은 이미 수립된 것이다. 이제 더 큰 지식으로, 하나님의 뜻에 대한 이해(1:9-10)로 그리고 지혜와 지식의 보화가 숨겨져 있는 그리스도를 더욱 충만히 아는 데(2:2)로 나아갈 필요가 있다.

바울은 여기서 역동적이고 또 실제로 거의 개인적인 복음의 활동을 강조하는 데로 나아갔다(O'Brien, *NTS* 21[1974-75] 144-55). 사실상 유앙겔리온(*εὐαγγέλιον*, "복음")이란 단어 및 이 단어와 동의어인 마르튀리온(*μαρτύριον*, "증거"), 로고스(*λόγος*, "말씀") 그리고 호 로고스 투 데우(*ὁ λόγος τοῦ θεοῦ*, "하나님의 말씀")가 자주 바울 서신의 서론적 단락에 나타나며, 이러한 단어들 가운데 대다수가 그 단어들이 감사라는 동사와 직접적인 관계를 갖고 있든 혹은 보다 먼 인과관계를 갖고 있든 교회를 위한 바울의 실제 감사와 결속되어 있다. 이모저모로 생각해 볼 때 독자들의 삶 속에서 자신의 사역으로 인한 하나님에 대한 바울의 감사는 복음 및 그것을 바르게 받아들임과 인과적으로 연결되어 있다. 그래서 바울은 빌립보 교인들이 복음에서 적극적으로 교제함을 인하여(빌 1:5), 그리스도의 증거가 고린도인들 가운데 견고케 되었고(고전 1:6), 데살로니가인들이 복음을 통하여 부르심을 받았고(살후 2:14) 또한 복음이 그들에게 능력으로 왔을 때(살전 1:5, 6) 하나님의 말씀으로 받아들였던(살전 2:13) 사실로 인하여 감사하고 있다.

바울 서신 가운데서 유앙겔리온(*εὐαγγέλιον*, "복음")은 자주 행동 명칭(nomen actionis)으로 사용되었고, 이것이 이 명사가 바울의 감사 기도 가운데 나타나는(빌 1:4; 롬 1:9) 여러 경우다. 복음의 역동적 성격이 바울의 첫 번째 서론적 감사 속에서 강조되었는데(살전 1:5-6), 거기서 복음의 능력이 참으로 능력 있게 나타났다. 그 이유는 그것이 단순히 말로만 임한 것이 아니라 "능력과 성령과 큰 확신으로" 임하였기 때문이다.

유의해야 할 또 다른 사항은 복음의 역동성, 곧 그것의 옴(살전 1:5), 견고케 됨(고전 1:6) 혹은 열매 맺어 자라남(골 1:6)에 대해 서술하고 있는 단어들이 믿는 자 자신들에 대한 의미에서 약간 변경되어 사용되었다는 것이다. 열매가 맺어 자라는 것은 복음의 표시들이었다(골 1:6). 그 다음으로 바울은 열매가 맺어 자람이 골로새 교인들의 특성이 되기를 - 선한 일의 열매와 하나님에 대한 지식의 증가 - 그리고 복음의 능력이 골로새 신자 자신들의 삶의 특성이 되기를 기도하고 있다.

7 "이와 같이 에바브라에게 너희가 배웠나니"(*καθὼς ἐμάθετε ἀπὸ Ἐπαφρᾶ*, - 카도스 에마데테 아포 에파프라). 세 번째 "이와 같이"(*καθὼς* - 카도스) 문장은 골로새인들이 어떻게 복음을 들었고 하나님의 은혜를 이해했는지를 말하고 있다: 그들은 에바브라로부터 복음을 배웠던 것이다(*ἐμάθετε* - 에마데테). 일반적으로 바울은 복음의 수납을 "배우는 것"이 아닌 "믿는 것", "듣는 것" 혹은 "순종하는 것"으로 묘사하고 있으며, 동사 만다노(*μανθάνω*) 자체는 오히려 드물게 발견된다(세부 사항에 관해서는 Rengstorf, *TDNT* 3, 406-12를 보라).

메이슨(Mason, 92)은 바울 서신에서 동사 만다노(*μανθάνω*)가 비교적 자주 사용된다는 점에 근거하여 사도가 새롭고도 해로운 이단적 가르침에 반대하여 에바브라의 사역을 지지하기 위하여 의도적으로 이 동사를 선택했다고 주장한다. "배웠나니"(*ἐμάθετε* - 아마데테)란 단어는 아마도 에바브라가 어떤 설득력이 없는 개요를 가르친 것이 아니라 복음에 대해 조직적으로 가르쳐 주었다는 사실을 암시하며, 또한 이 골로새 교인들이 그 가르침에 대해 자신들을 제자로서 받아들였다는 사실을 암시하는 것으로 보인다(참조. 2:6, 7).

에바브라(*Ἐπαφρᾶς* - 에파프라)란 이름은 그 당시 비문과 파피루스 가운데서 자주 발견되는 매우 통상적인 이름인 에바브로디도(*Ἐπαφρόδιτυς* - 에파프로디투스)의 축약형이다(BAG, 283). 그는 4:12, 13에서 그리고 빌레몬서 23절에서도 발견되는데, 거기서 그는 바울과 함께 갇힌 자(*συναιχμάλωτος* - 쉬나이크말로토스)로 묘사된다. 이것은 바울의 여러 감금 가운데 하나, 아마도 에베소에서 함께 갇혔다는 사실을 의미한다. 그를 빌립보서 2:25; 4:18의 에바브로디도와 동일시할 만한 충분한 증거는 없다. 골로새 출신으로서(*ὁ ἐξ ὑμῶν* - 호 엑스 휘몬, 4:12) 그는 골로새와 히에라폴리스 그리고 라오디게아에서 번성하고 있는 교회들이 있는 리쿠스 계곡의 복음 전도자로 봉사해 왔다. 에바브라는 자신의 책임을 신실하게(*πιστός* -

피스토스) 감당해 왔고, 이 회중이 존재하고 있다는 사실이 그의 사역의 지속적 성격을 입증해 주었다(Bruce, 182).

"우리와 함께 종 된 사랑하는…너희를 위하여 그리스도의 신실한 일꾼이요"(*τοῦ ἀγαπητοῦ συνδούλου ἡμῶν…πιστὸς ὑπὲρ ἡμῶν διάκονος τοῦ Χριστοῦ* – 투 아가페투 쉰둘루 헤몬…피스토스 휘페르 헤몬 디아코노스 투 크리스투). 어쨌든 에바브라에 대해서 사용된 호칭은 그에 대한 사도의 신임을 단순하게 표현한 것만이 아니다. 그 호칭은 그가 골로새 회중 가운데서 바울을 대신하여 지금까지 사역해 왔고 앞으로도 계속해서 사역할 골로새에서의 바울의 대리인이라는 사실을 의미심장하게 진술해 주고 있다. 에바브라는 여기서 "우리와 함께 종 된 사랑하는" 사람으로 묘사되고, 반면에 4:12에서는 "그리스도 예수의 종"(*δοῦλος Χριστοῦ Ἰησοῦ* – 둘로스 크리스투 예수)이라는 영광스러운 서술 문구로 불린다. 구약성경에서 "하나님의 종"은 하나님에 의해 선택되고 그를 섬기기 위하여 미리 예정된 사람들을 가리키기 위하여 사용된 영예로운 호칭이었다. 아브라함(시 105:42), 모세(시 105:26; 왕하 18:12), 다윗(삼하 7:5; 시 89:4, 21) 그리고 다른 사람들, 특히 선지자들(암 3:7)은 하나님의 종들이었다. 마지막으로 거론된 사람들(선지자)은 자기들에게 맡겨진 메시지를 선포해야 했던 주의 말씀의 종들이었다. 신약성경에서 사도 역시 "그리스도 예수의 종"이었다(갈 1:10; 참조. 롬 1:1). 에바브라를 "우리와 함께 종 된 사랑하는"으로 불러 말함으로써 바울은 그가 골로새 교인들이 참된 사도적 복음을 받았다는 사실을 보증해 주는 자신의 믿을 만한 동료임을 강조하고 있다.

에바브라는 "그리스도의 일꾼"(*διάκονος* – 디아코노스)으로 불리기도 한다. 이 단어 다아코노스(*διάκονος*)는 원래 낮은 위치에서 섬겼던 사람을 가리켰으며(Beyer, *TDNT* 2, 91, 92), 신약성경에서 다양한 방법으로 사용되었다(참조. BAG, 184, 185; 롬 15:8에서는 그리스도 자신이 "할례의 수종자"〈*διάκονος περιτομῆς* – 디아코노스 페리토메스〉로 묘사되고 있다. 한편, 고후 11:23과 엡 3:7에서는 바울 사도가 그리스도의 일꾼으로 묘사되고 있다). 의미심장하게도 이것은 바울이 언급하고 있는 많은 경우 중 자신의 선교 활동과 관련하여 사용한 일련의 호칭 가운데 하나다(참조. *συνεργός, ἀδελφός, κοινωνός, ἀπόστολος*). 엘리스(Ellis, *NTS* 17 [1970-71] 438, 440)에 따르면 디아코노이(*διάκονοι*)는 능동적으로 복음을 전하고 가르쳤던 특별한 동역자들 계급이었다(참조. 고전 3:5). 그래서 디모데는 하나님의 일꾼이고(살전 3:2; 딤전 4:6), 또한 두기고도 주 안에서 일꾼이다(골 4:7; 엡 6:21). 에바브라는 바울을 대신하여 사역을 해 왔으며(휘페르 휘몬〈*ὑπὲρ ἡμῶν*, "너희를 위하여")이란 독법보다는 P[46] ℵ* A B 등과 함께 휘페르 헤몬⟨ὑπὲρ ἡμῶν, "우리를 위하여"⟩으로 읽음; 개역성경에는 "너희를 위하여"로 되어 있다). 그래서 골로새 교인들은 자신들에게 진리가 신실하게 가르쳐졌다고 확신할 수 있다(참조. H. Merklein, *Das kirchliche Amt nach dem Epheserbrief*[SANT 33; Munich: Kösel, 1973] 337-40, 그리고 E. Lohse, "Die Mitarbeiter des Apostels Paulus im Kolosserbrief," *Verborum Veritas. festschrift für Gustav Stählin*, ed. O. Bocher and K. Haacker[Wuppertal: Brockhaus, 1970] 189-94).

8 "그리고 우리에게 고한 자니라"(*ὁ καὶ δηλώσας ἡμῖν* – 호 카이 델로사스 헤민). 에바브라는 최근에 로마에 있는 바울을 방문하여 그 교회가 어떻게 진행되어 가는지를 알려 주었다. 이방인의 사도로서 바울은 골로새에 있는 회중에 대한 책임을 가지고 있었고, 따라서 그는 자기에게 전해진 소식에 대해서 감사하고 있었을 것임에 틀림없다. 에바브라가 전해 준 소식 중 많은 부분이 그에게 격려를 주는 내용이었지만, 골로새 교인들의 교회 생활 가운데 어떤 것들은 하나님을 찬양할 만한 그 소중한 순간을 어지럽히는 역할을 하고 있었다.

"성령 안에서 너희 사랑을"(*τὴν ὑμῶν ἀγάπην ἐν πνεύματι* – 텐 휘몬 아가펜 엔 프뉴마티). 이 문구는 그 공동체의 생활이 모든 성도들을 돕도록 만들어 주는(Lohse, 23) 성령께서 감동하신 사랑으로 충만했음을 암시한다. 이 신자들은 틀림없이 그들 중 많은 사람들이 직접 만나 보지는 못했을지라도 바울을 따뜻한 마음으로 사랑했음에 틀림없다(참조. 2:1). 또한 바울(그리고 다른 사람들에 대해서도)을 향하여 이러한 사랑을 성령 안에서 나타내 보였다는 사실은 바울로 하여금 그들에게 거짓된 가르침의 위험성에 대해 권면하는 것을 더 쉽게 만들어 주었을 것이다.

해설

통상적인 습관에 따라 바울은 자신의 글을 읽는 독자들의 믿음과 사랑으로 인하여 하나님을 향한 감사를 기록하면서 골로새 교인들에게 보내는 편지를 시작한다. 그리스도 예수 안에 있는 남녀 성도로서 그들이 가지고 있는 믿음과 그들 주변에 있는 그리스도인들을 향하여 계속해서 나타내 보이고 있는 사랑은 그 어떤 세력이나 인간 혹은 나쁜 존재들이 만질 수 없는, 하늘에 그들을 위하여 간직된 확실하고 분명한 소망에 기초하고 있다. 그러한 소망은 그리스도 자신에게 두고 있었으며(1:27), 또한 에바브라가 전한 복음의 본질적 요소였다(참조. 23절). 그 복음은 골로새에서의 그리스도인의 생활과 증거에서 열정적이고도 증가하는 열매를 낳았으며, 온 세계 전역에서 그와 같이 역동적인 방법으로 역사하고 있었다. 바울의 신실한 동역자요 그리스도의 대리자요 일꾼인 에바브라는 그 복음을 골로새 교인들에게 부지런히 가르쳤다. 그러므로 그들은 자기들이 진리 안에서 가르침을 받았다는 사실을 확신할 수 있었던 것이다.

이 첫 단락에서 바울은 이 편지의 나머지 부분에서 확대될 몇 가지 주제들을 암시하고(이것은 우발적으로 빌립보서의 내용에 있는 것처럼 따뜻한 어조는 아니다. 빌 1:3-11) 소개해 주고 있다. 그는 그것으로 골로새 교인들을 공격하고 있지 않다. 결국 그는 하나님에게 감사한다는 사실을 보고하고 있는 것이다. 그러나 바울의 복음에 대한 적극적인 묘사, 이에 대한 골로새 교인들의 반응 그리고 에바브라의 사역이 모두 거짓되다는 것과는 대립된 것처럼 보인다. 이 편지가 보여 주고 있는 바와 같이, 오류의 특징이 점점 구체화되어 가고 분명해진다.

동시에 골로새인들이 가지고 있는 믿음과 사랑 그리고 소망과 관련하여 자신이 하나님에게 감사한다고 기록함으로써, 또한 에바브라의 신실한 사역과 함께 복음과 그 복음의 전 세계적인 열매 맺음에 대해 언급함으로써 바울은 자기가 대단히 중요하다고 생각하고 있는 문제들에 관해서 이 기독교인 독자들을 가르치고 있다.(이 서론의 가르침과 교훈의 기능에 관해서는 아래 29, 30절을 보라).

뒤따라오는 감사와 중재 기도에 대한 언급은 바울과 이방인들 그리고 리쿠스 계곡의 회중 간의 관계를 도와주는 역할을 했을 텐데, 이들은 대부분이 그의 동역자 에바브라를 통해서 알게 된 사람들이었다. 이에 관한 것을 그들에게 말하면서, 동시에 이러한 기도를 드리면서 바울은 이들 기독교인들에 관한 자신의 목회적 그리고 사도적 관심을 분명하게 드러내 보이고 있다.

3. 지식과 경건한 행실을 위한 중재 간구(1:9-14)

참고문헌

Bornkamm, G. *Studien zu Antike und Urchristentum. Gesammelte Aufsätze.* Vol. 2. BEvT 28. Munich: Kaiser, 1959. **Deichgräber, R.** *Gotteshymnus und Christushymnus in der frühen Christenheit. Untersuchungen zu Form, Sprache und Stil der frühchristlichen Hymen.* SUNT 5. Göttingen: Vandenhoeck und Ruprecht, 1967. **Käsemann, E.** *Essays,* 149-68. **Montague, G. T.** *Growth in Christ. A Study in Saint Paul's Theology of Progress.* Fribourg, Switz.: Regina Mundi, 1961, 69-80. **O'Brien, P. T.** *Introductory Thanksgivings,* 62-104. **Schubert, P.** *Form.* **Zeilinger, F.** *Der Erstgeborene,* 36-39, 73-79.

본 문

9 이로써 우리도 듣던 날부터 너희를 위하여 기도하기를 그치지 아니하고 구하노니 너희로 하여금 모든 신령한 지혜와 총명에 하나님의 뜻을 아는 것으로 채우게 하시고	**9** For this reason, since the day we heard about you, we have not stopped earnestly praying for you that God may fill you with the knowledge of his will in all spiritual wisdom and understanding,
10 주께 합당히 행하여 범사에 기쁘시게 하고 모든 선한 일에 열매를 맺게 하시며 하나님을 아는 것에 자라게 하시고	**10** in order that you may lead a life worthy of the Lord and may please him in every way: bearing fruit in every good work, growing in the knowledge of God,
11 그 영광의 힘을 좇아 모든 능력으로 능하게 하시며 기쁨으로 모든 견딤과 오래 참음에 이르게 하시고	**11** being strengthened with all power according to his glorious might so that you may show great endurance and patience, and joyfully
12 우리로 하여금 빛 가운데서 성도의 기업의 부분을 얻기에 합당하게 하신 아버지께 감사하게 하시기를 원하노라	**12** giving thanks to the Father, who has qualified you to share in the inheritance of the saints in the kingdom of light,
13 그가 우리를 흑암의 권세에서 건져내사 그의 사랑의 아들의 나라로 옮기셨으니	**13** For he has rescued us from the tyranny of darkness and transferred us into the kingdom of the Son he loves,
14 그 아들 안에서 우리가 구속 곧 죄 사함을 얻었도다	**14** in whom we have redemption, the forgiveness of sins.

양식/구조/배경

바울의 감사의 두 번째 중요한 단락은 9절에서 디아 투토 카이 헤메이스 아프 헤스 헤메라스 에쿠사멘(*διὰ τοῦτο καὶ ἡμεῖς. ἀφ' ἧς ἡμέρας ἠκούσαμεν κτλ,* "이로써 우리도 듣던 날부터")으로 시작되고 있으며, 이 문장은 그의 중재 기도의 내용을 기록하고 있다. 감사와 중재 기도 간의 연결고리가 다음의 두 가지 사항을 통하여 아주 강하게 강조되어 있다: (a) 디아 투토 카이 헤메이스…우 파우오메다 휘페르 휘몬 프로슈코메노이(*διὰ τοῦτο καὶ ἡμεῖς…οὐ παυόμεθα ὑπὲρ ὑμῶν προσευχόδμενοι,* "이로써 우리가 너희를 위하여 기도하기를 쉬지 않았다")라는 9절은 3절의 유카리스 투멘…판토테 페리 휘몬 프로슈코메노이(*εὐχαρις τοῦμεν… πάντοτε περὶ ὑμῶν προσευχόμενοι,* "우리가 너희를 위하여 기도할 때마다…감사하노라": 참조. 빌 1:9; 살후 1:11, 이 구절들에서는 두 단락을 연결하기 위하여 유사한 문안이 사용되었다)의 재진술이요 반향이다. (b) 감사에서 이미 사용된 단어들과 사상의 반복: 예를 들어, "날부터"(6, 9절), "우리가 들었다"(4, 9절), "지식"(6, 9, 10절), "열매를 맺어 자라는도다"(6, 10절), "감사하노라"(3, 12절), "아버지"(3, 12절), "성도들"(4, 12절), 9절의 "신령한"은 8절의 "성령 안에서"와 동일하며, 반면에 "빛 가운데서…기업"(12절)은 "소망의 대상"(5절)으로서 엘피스(*ἐλπίς*)의 의미와 겹칠 수 있다. 이것은 다만 이 두 단락 가운데 있는 파스(*πᾶς,* "모든")의 반복된 사용에 주의를 집중시키기 위하여 남아 있을 뿐이다(4, 6, 9, 10, 11절). "이 문구들과 개념들이 계속 이어지고 있는 것은 감사와 중재 기도가 긴밀하게 연결되어 있다는 사실을 암시한다"(Lohse, 24).

본동사 우 파우오메다…프로슈코메노이(*οὐ παυόμεθα…προσευχόμενοι,* "우리가 기도하기를 쉬지 아니했다", 9절) 다음에 나오는 기도의 내용은 히나-절로 암시되어 있다: 히나 플레로데테(*ἵνα πληρωθῆτε,* "채우게 하시고…", 9절). 부정사 연계형은 하나님의 뜻을 아는 지식으로 채움 받아야 할 목적을 암시하는데, 말하자면 "주께 합당하게 행하기"(*περιπατῆσαι ἀξίως τοῦ κυρίου* – 페리파테사이 악시오스 투 퀴리우, 10절) 위한 것이고, 반면에 뒤따라오는 네 개의 분사형들, 즉 카르포포룬테스(*καρποφοροῦντες,* "열매를 맺게", 10절), 아욱사노메노이(*αὐξανόμενοι,* "자라게", 10절), 뒤나무메노이(*δυναμούμενοι,* "능하게", 11절), 유카리스툰테스(*εὐχαριστοῦντες,* "감사하게", 12절)는 모든 일들 가운데서 주님에게 합당하게 행하며 그분을 기쁘시게 하는 것과 연루되어 있음을 보다 구체적으로 정의하고 있다.

네 개의 분사형들은 각기 전치사구로 수식되고 있으며, 따라서 전체 단락이 다음과 같이 구성된다.

διὰ τοῦτο καὶ ἡμεῖς…
  προσευχόμενοι καὶ αἰτούμενοι…
  ἵνα πληρωθῆτε…
    περιπατῆσαι ἀξίως τοῦ κυρίου…
    ἐν παντὶ ἔργῳ ἀγαυῷ καρποφοροῦντες
      αὐξανόμενοι τῇ ἐπιγνώσει τοῦ θεοῦ
    ἐν πάσῃ δυνάμει δυναμούμενοι
    μετας χαρᾶς εὐχαραιστοῦντες

12절의 설명으로 이해되어야 할 것으로 생각되는 13절과 14절에서(흑암의 권세에서 건져내셨다는 사실을 의미하는 빛의 영역에서 하나님의 기업에 합당하게 되고, 그들은 그의 아들의 사랑의 나라 가운데로 옮겨지고 그들에게 구속이 주어짐) 두 개의 관계절이 나타나는데(*ὅς ἐρρύσατο*–호스 에뤼사토, 13절, 그리고 *ἐν ᾧ ἔχομεν*–엔 호 에코멘, 14절) 그 가운데 첫 번째 절은 평행절과는 대조적으로 두 개의 행을 가지고 있다.

13a절 *ὅς ἐρρυδσατο ἡμᾶς ἐκ τῆς εξουσιασς τοῦ σκότουσς*
13b절 *καὶ μετέστησεν εἰς τὴν βασιλείαν τοῦ υἱοῦ τῆς ἀγάπησς αὐτοῦ*

그러나 모든 주석가들이 바울의 중재 기도가 14절까지 확장되어 있다고 동의하는 것은 아니다. 상당히 그리고 영향력 있는 대륙 학계의 의견은 기도 내용이 11절에 있는 인내와 오래 참음에 관한 말로 끝난다는 사실에 의해서 영향을 받는다. 메타 카라스 유카리스둔테스(*μετὰ χαρᾶς εὐχαριστοῦντες*, "감사하게 하시기를")는 그리스도에 대한 골로새 공동체의 신앙고백을 이끌고 있다. 이러한 입장에서 볼 때 케제만(*Essays*, 154, 155)과 다른 사람들은 12-20절이 세례 의식 입례송으로서 12-14절과 함께 한 단위로 이해되어야 한다고 본다(Bornkamm, *Studien*, 188-203과 N. A. Dahl, "Anamnesis. Mémoire et Commémoration dans le Christianisme primitif," *ST* 1[1948] 86, 87에서는 성찬식에서의 찬양고백으로 이해한다). 이러한 분석에 대한 우리의 비판(참조. *Introductory Thanksgivings*, 71-75)은 삼중적이다: 첫째로, 어째서 유카리스둔테스(*εὐχαριστοῦντες*)가 앞의 분사형으로부터 분리되어야 하는지(우리가 주장한 바는 그것이 "주께 합당하게 행하여"가 무엇을 의미하는지를 보다 세밀하게 규정하고 있다) 분명치 않고 하나의 요구나 혹은 명령형의 한 방법으로 이해된다. 둘째로, 유카리스테오(*εὐχαριστέω*)가 단순히 받은 바 개인의 은혜로 인하여 감사를 드리는 것보다 더 넓은 의미로 사용되었을지라도, 그것이 하나의 고백을 소개하기 위한 전문적 용어로 사용되었는지는 의심스럽다(Bornkamm, *Studien*, 196, 197, 그리고 Deichgräber의 비평을 유념하라. *Gotteshymnus*, 145, 146). 셋째로, 전체 단락이 "초대 교회의 세례 의식"이라는 캐제만의 독특한 의견은 입증되지 않는다. 우리가 확신을 가지고 초대 교회의 기독교 의식에 관해서 어떤 주장을 하기에는 지식이 부족하다.

바울의 감사 문장은 3-14절로부터 연장된다(감사 기록, 3-8절 그리고 중재 기도 기록, 9-14절). 이것은 균형 잡힌 그리고 윤곽이 뚜렷한 절정에 해당하는 부분이지만, 기도의 형식으로부터 신조나 찬양의 형식으로 보이지 않게 옮겨간다. 12-14절의 단어들과 사상들 가운데 몇몇은 세례와 관련되어 있을 수 있지만 현재의 문맥에서는 아버지를 향한 감사의 기초다.

주석

9 "이로써 우리도 듣던 날부터…"(*διὰ τοῦτο καὶ ἡμεῖς, ἀφ ἀφ ἧς ᾽ἧς ἡμέρας ἠκούσαμεν κτλ*… – 디아 투토 카이 헤메이스, 아프 아프 헤스 헤메라스 아쿠사멘…). 바울은 우리가 이미 살펴본 3-5절의 기도 내용의 줄을 다시 취하여 감사와 함께 간구의 방향으로 이어가고 있다. "우리"(*ἡμεῖς* – 헤메이스)는 감사를 드린 사람들과 함께 중재 기도를 하는 사람들의 정체를 강조한다. 그들이 기독교인이 된 과정을 익히 안 그 날부터 사도는 아버지 하나님께 계속하여 기도를 드렸을 뿐만 아니라 정규적으로 그들을 위하여 기도해 왔다고 덧붙이고 있다. "구하노니"(*αἰτούμενοι* – 아이투메노이)란 단어는 "기도"(*προσευχόμενοι* – 프로슈코메노이; 참조. 막 1:24, 이 구절에서 이 동사들은 정확하게 평행을 이루고 있다. "그러므로 내가 너희에게 말하노니 무엇이든지 기도하고 구하는〈*προσεύχεσθε καὶ αἰτεῖσθε* – 프로슈케스데 카이 아이테이스데〉 것은 받은 줄로 믿으라 그리하면 너희에게 그대로 되리라." 그러나 Meyer, 262에서는 두 번째 단어가 일반적인 기도를 가리키는 것으로 이해한다)와 동의어로 사용되고 있으며, 이 두 동사는 아마도 사도가 자신의 동역자들과 함께 자기의 간구가 이루어지도록 큰 긴장감을 가지고 하나님께 기도했다는 사실을 암시한다(Lohse, 25).

"하나님의 뜻을 아는 것으로 채우게 하시고"(*ἵνα πληρωθῆτε τὴμ ἐπίγνωσιν τοῦ θελήματος αὐτοῦ* – 히나 플레로데테 텐 에피그노신 투 델레마토스 아우투). 간구의 내용(*ἵνα* – 히나)은 하나님께서 골로새 교인으로 하여금 그분의 뜻을 아는 것으로 채우시는 것인데(*πληρωθῆτε* – 플레로데테란 수동형은 이 지식을 풍성하게 채우시는 분이 하나님이심을 보여 주고 있다), 이것은 영적으로 중요한 것에 대한 이해로 이루어져 있다. 이것은 주님을 기쁘시게 하는 행동으로 그 결과가 나타난다. 즉 모든 선한 일에 열매를 맺게 하시며 하나님을 아는 것에서 자라는 것이다(11절). 동시에 그들은 영원한 기업, 흑암의 권세로부터의 구원 그리고 죄사함으로 인하여 아버지께 감사할 것이었다. 그러므로 바울의 실질적인 기도는 하나님의 뜻에 대한 인식과 그것을 실행할 수 있는 힘을 위한 것이다(참조. Moule, 47; 평행절인 빌 1:9-11을 유의하라).

바울의 기도에서는 "충만", "풍성", "부요"의 개념이 자주 그 특징을 이루고 있다(참조. 고전 1:5; 빌 1:9; 4:19; 살전 3:12; 살후 1:3). "충만"이라는 주제(motif)는 본 서신에 자주 나타난다(1:19, 24, 25; 2:2, 3, 9, 10; 4:12, 17에 사용된 다른 단어들을 유의하라). 또한 거짓 교사들은 자신들이 진리의 충만과 영적인 성숙을 제공했고, 에바브라는 골로새인들에게 초보 단계에서만 교훈을 해주었다고 자랑했던 것으로 보인다(Meare, 156). 그 반대로 에바브라는 "진리의 말씀"(5절)을 가르쳤고, 한편 바울과 그의 동역자들은 골로새 교인들이 하나님의 은혜로우신 손길로부터 축복의 충만함을 받게 해 달라고(수동형 페플레로포레메노이〈*πεπληροφορημένοι*〉를 유의하라) 계속해서 기도해 왔고(참조. 4:12), 또한 그 기도 가운데서 그 충만함이 무엇인지를 펼쳐 보이고 있다는 사실을 암시하고 있다.

"모든 신령한 지혜와 총명에"(*ἐν πάσῃ σοφίᾳ καί συνέσει πνευατικῃ* – 엔 파세 소피아 카이 쉬네세이 프뉴마티케). 독자들은 "하나님의 뜻을 아는 것으로" 채워져야 한다. 뒤따라오는 문구는 이것이 무엇을 의미하는지를 규정하고 있다. 즉 모울(Moule, 53)이 사용한 용어를 사용하자면, "하나님의 뜻에 대한 인식은 영적 차원에서 모든 종류의 지혜와 지식으로 이루어질 것이다"라는 것이다. 이 문구와 또한 뒤따라오는 문구는 구약성경의 평행적 구절 가운데서 발견된다(그레코-로마 세계와의 관계에 대해서는 Lohse, 26; Schweizer, 40를 보라). 그래서 "그분의 뜻"(*τὸ θέλημα αὐτοῦ* – 토 델레마 아우투; 시 103[LXX 102]: 7; 143[142]: 10), "지식"(*ἐπίγνωσις* – 에피그노시스), "지혜와 총명"(*σοφία καί σύνεσις* – 소피아 카이 쉬네시스) 그리고 이것들의 "영"(*πνεῦμα* – 프뉴마)과의 연결은 구약성경 가운데 나타난다(참조. 출 31:3; 35:31, 35; 신 34:9; 대상 22:12; 사 11:2 등; 또한 테필라 〈시편〉의 네 번째 축복). 그리고 이러한 배경과 반대로 이해되어야 함에 틀림없다 (Harder, *Paulus*, 118, 119, Lohmeyer, 32, 33). 더 나아가서 이와 유사한 사상이 쿰란 공동체 문서 가운데 나타난다(세부 사항에 관해서는 Lohse, 25, 26를 보라). "지식", "통찰력", "지혜"라는 세 가지 기질은 주께서 자기의 신실한 공동체 구성원들에게 성령을 통하여 나누어 주신 하나님의 은사로 이해되었다(1QS 4:3, 4; 1QSb 5:25).

"지식"(*ἐπίγνωσις* – 에피그노시스)은 바울의 중재 간구에서 두 번 나타나며(9, 10절), 반면에 어근이 같은 동사 "알다"가 감사 내용 가운데서 사용되었다(6절). 사실상, 골로새 교인들은 회심할 때(에피그노테〈*ἐπέγνωτε*〉는 시작을 뜻하는 과거형으로 보인다) 하나님의 은혜를 알게 되었기 때문에 이제 그들은 모울(Moule, 53)이 말하는 바와 같이 "지식"과 "인식"에서 자라도록 기대될 수 있었다.

"지식"(*ἐπίγνωσις* – 에피그노시스)은 각각의 옥중 서신에 들어 있는 바울의 중재 기도의 중요한 주제로 나타나고 있다(엡 1:17; 빌 1:9; 몬 6절). 체르포(L. Cerfaux, *Christ in the Theology of St. Paul*. Tr. G. webb and A. Walker[New York: Herder, 1959] 402-438, 특히 404)는 이 편지에서 지식에 주어져 있는 강조는 그것이 "비밀"과 관련되어 있기 때문이라고 생각했다. 바울의 복음이었던 이 비밀은 이방인의 구원에 강조점이 주어진 것이다. 바울이 복음을 하나의 비밀로 말하기 위하여 사용했고, 기독교인들이 복음에 대한 지식 속에서 나아가도록 되어 있었던 것은 특히 아시아 교회들 가운데서였다. 그러한 지식은 기독교인의 삶의 모든 국면을 포함했으며, 그런 까닭에 골로새 교인들이 그 지식으로 채워지기를 기도하고 있는 것이다. 빌립보서(1:9)와 빌레몬서(6절)에 나오는 기도 가운데 "지식"이 나오는 데 대해서 적절하게 설명하고 있지 않은 체르포의 주장 이외에, 바울 자신의 개인적인 상황에 대해서 유념해 보아야 할 필요가 있다. 감옥에서 자기가 글을 쓰고 있는 교회들을 방문하여 교인들을 견고하게 해줄 수 없다는 사실을 잘 알고 있는 그는 하나님에 대한 지식과 그분의 뜻, 그리고 이 하나님의 비밀인 그리스도 가운데서 자라나야 할 필요성을 발견했던 것이다. 또한 교회들은 당시에 일어나고 있었던 새로운 위험 및 이단들과 투쟁하기 위하여 복음을 한층 더 강론해 주는 것을 필요로 했다.

여기서 바울이 "지식"(*ἐπίγνωσις* – 에피그노시스)이란 단어를 사용한 점은 거짓 교사들의 널리 유포된 그노시스와 대조하기 위한 방식일 수도 있다. 이단의 그노시스는 사변적이고 이론적인 것인 반면에, 바울이 기도한 지식은 "하나님의 뜻"(*θέλημα θεοῦ* – 델레마 데우; 참조. 롬 12:2; 엡 5:17; 살전 4:3; 5:18)에 관한 것이었는데, 그것은 한 인간의 행동 속에서 나타날 수 있는 포괄적이고도 필수적인 순종이었다. 이러한 하나님의 뜻에 대한 인식은 "모든 종류의 지혜와 지식" 가운데 내재했고(파스〈*πᾶς*, "모든"〉는 이 두 명사에 모두 적용된다), 반면에 "신령한"(*πνευματικός* – 프뉴마티코스)이 강조적 위치에 첨가된 것은 지혜와 지식이 영적 차원의 것임을 암시한다. 그러한 지혜와 지식이 거짓 교사들의 지혜와 날카롭게 대조되어 있는데, 그 지혜는 기껏해야 그 자체가 하나의 모양(*λόγος σοφίας* – 로고스 소피아스, 2:23), 즉 "철학"(*φιλοσοφία* – 필로소피아, 2:8)이라고 불리는 텅 빈 가짜임을 보여 주고 있을 뿐이다. 동시에 "신령한"은 바울이 구하고 있는 하나님의 뜻에 대한 충만한 지식이 하나님의 성령께서 나누어 주시는 통찰력을 통하여 오는 것임을 시사한다.

본 서신의 뒷부분에서 바울은 지혜와 지식에 관해서 더 많은 것들을 말해 줄 것이다(지식〈*ἐπίγνωσις*〉 2:2; 3:10; 지혜〈*σοφία*〉 1:28; 2:3, 23; 3:16; 4:5; 이해=총명〈*σύνεσις*〉 2:2). 그는 이 중재 기도 가운데서 지식에 대한 교훈을 위한 길을 이미 준비해 놓았다. 동시에 진리에 대한 인식으로 채우시는 그들을 위한 하나님의 행동(*πληρωθῆτε* – 플레로데테) 이외에도 그들은 자기들이 마땅히 알아야 할 것을 알지 못했고, 바울이 본서의 다음 단락에서 말해야 했던 내용을 깨닫지도 못했다. 지식을 위한 기도는 창조와 구속에서 그리스도의 주재권(1:15-20), 그 결과(1:21-23) 그리고 거짓 교사들의 철학(2:6-23)과의 섬세한 상호작용에 대한 설명을 앞선다.

10 "주께 합당히 행하여 범사에 기쁘시게 하고"(*περιπατῆσαι ἀξίως τοῦ κυρίου εἰς πᾶσαν ἀρεσκείαν* – 페리파테사이 악시오스 투 퀴리우 에이스 파산 아레스케이안). 비록 이 중재 기도에서는 바울의 다른 서신서들에서보다 지혜와 지식에 대해 더 강조를 하고 있기는 하지만(그러나 엡 1:17-19; 3:16-19을 참조하라) – 그리고 이것은 오류와 투쟁을 하라고 힘을 주기 위한 강한 지적 요소를 포함한다 – 사실상 히브리 관습에서 볼 때 이것은 바른 행동과 행실로 인도한다. 골로새 교인들은 모든 면에서 그분을 기쁘시게 하기 위하여 주님에게 합당하게 행해야 한다(참조. Percy, *Probleme*, 126). "행하여"(*περιπατῆσαι* – 페리파테사이)는 목적 부정사로서(이것은 이 부정사가 결과를 나타내거나 설명적인 것이라고 생각하는 것보다 문맥에 더 잘 어울린다) 바울이 기도하고 있는 지식이 의로운 행실로 인도하도록 고안

된 것임을 암시한다. 바울은 자주 그리스도인의 삶과 행위를 "행한다"는 동사(*περιπατέω* – 페리파테오; 갈 5:16; 참조. 25절; 롬 6:4; 8:4; 14:15; 고후 4:2; 엡 2:10; 4:1; 5:2, 15; 빌 3:17 등)로 그 특징을 묘사하고 있는데, 그는 이를 구약성경으로부터 빌려왔다(Seesemann, *TDNT* 5, 944. 고대 헬라어에는 이와 동일한 단어들이 없다). 이 단어는 히브리어 할라크/히트할렉(*hālak*/*hithhallēk*)과 동일한 단어인데, "어두움의 길" 속에서 걸어가는 사람들(예를 들어, 1QS 3:21) 혹은 스스로 의로운 태도로 하나님 앞에서 걸어가는 참 빛의 아들들로 보이는 사람들(1QS 1:8)의 활동을 묘사하기 위하여 쿰란 본문들에서 자주 발견된다. 후자는 자기를 기쁘게 하기를 거절하고(CD 3:12과 반대로) "하나님의 뜻에 따라 행한다"(1QS 5:10; 9:24; 참조. Lohse, 27). 골로새 교인들은 자기들이 주님으로 고백하는 그분에게 합당한 태도로 살아야 한다.

일반 헬라어 아레스케이아(*ἀρεσκεία*, "기쁘게 하는")는 주로 사람이 호의를 얻어내려는 행실을 상징하며, 따라서 아첨을 의미하는 부정적 개념으로 가장 자주 사용되었다. 그러나 이것은 또한 긍정적 의미로 사용되기도 하며(참조. BAG, 105; Deissmann, *Bible Studies*, 224; MM, 75), 따라서 헬라 유대주의에서는 자주 하나님을 기쁘시게 하는 내용을 가리켰다(특히 Philo, *Spec Leg* 1.300; 참조. Lohse, 27, 28). 어원이 같은 동사 아레스코(*ἀρέσκω*, "기쁘게 하다")는 자기 자신을 기쁘게 하기보다는 하나님을 기쁘시게 할(혹은 하나님에 대한 복종의 결과로 다른 사람을 기쁘게 할) 필요성에 대한 언급으로 바울 서신에서 14회 출현한다(롬 8:8; 15:1, 2, 3; 고전 7:32 등; 참조. BAG, 105). 이 중재 기도에서 그리고 동일한 어원을 가진 동사를 바울이 사용한 사실에 비추어 볼 때 아레스케이아(*ἀρεσκεία*)는 주님을 기쁘시게 하는 것을 가리키고(Schweizer, 41에서 바르게 말하고 있다; Foerster, *TDNT* 1, 456, Lomeyer, 34는 이와 반대됨), 또한 모든 일에서 기쁘시게 하는 것을 가리킨다.

"열매를 맺게 하시며…자라게 하시고…능하게 하시며…감사하게"(*καρποφοροῦντες*…*αὐξανόμενοι*…*δυναμούμενοι*…*εὐχαριστοῦντες* – 카르포포룬테스…아욱사노메노이…뒤나무메노이…유카리스툰테스). 위에 언급한 바와 같이 뒤따라오는 네 개의 분사들, "열매를 맺게 하시며"(10절), "자라게 하시고"(10절), "능하게 하시며"(11절), "감사하게"(12절)는 "주께 합당하게 행함" 가운데 포함된 내용을 보다 세밀하게 설명하고 있다. 처음 두 개의 "열매가 맺어 자라게"는 복음의 힘있는 전파에 관해서 바울이 감사하고 있는 말을 상기시켜 준다(6절의 중간태 카르포포루메논⟨καρποφορούμενον⟩과 여기에 나오는 능동태 사이에는 어떤 구별의 의도가 나타나 있지 않다). 전 세계에서, 특히 골로새에서 복음의 열매가 맺어 자라났다. 그러나 중재 기도에서 사도는 약간 의미를 바꾸어서(참조. Moule, 51) 이 문구를 그 복음을 받는 사람들에게 적용하고 있음을 암시하고 있다.

몇몇 주석가들은 두 개의 분사형 카르포포룬테스(καρποφοροῦντες, "열매를 맺어")와 아욱사노메노이(αὐξανόμενοι, "자라게")가 함께 취급되어야 하며(Lomeyer, 35, Beare, 157, Lohse, 29, Martin, *NCB*, 52), 이를 성숙의 과정의 원천으로 설명했다. 이러한 입장에서 볼 때 열매 맺음과 자람은 하나님에 대한 지식을 통하여 그 결과가 나타나고, 그래서 그것들은 "모든 선한 일" 가운데 보여진다(참조. Schweizer, 42).

그러나 우리는 이 문장들 가운데서 동사의 대칭 구조의 한 실례(a b b a)를 보게 되며, 그래서 "모든 선한 일"(ἐν παντὶ ἔργῳ ἀγαθῷ – 엔 핀티 에르고 아가도)은 "열매를 맺어"(καρποφοροῦντες – 카르포포룬테스)와 함께 취급되어야 하고, 반면에 "하나님을 아는 것에"(τῇ ἐπιγνώσει τοῦ θεοῦ – 테 에피그노세이 투 데우) – 관계의 여격 – 는 "자라게"(αὐξανόμενοι – 아욱사노메노이)와 연결되어 있다. 따라서 바울은 선한 일의 열매가 그들의 삶 가운데 더 풍성하게 나타나기를 간구하고 있으며 – 그리고 이것은 그들 가운데 뿌려진 씨로 인한 것이다 – 반면에 그들은 계속하여 하나님에 대한 지식 가운데서 진행해 나가기를 구하고 있다. 골로새 교인들은 이방인으로 있을 때 "악한 행실로"(ἐν τοῖς ἔργοις τοῖς πονηροῖς – 엔 토이스 에르고이스 토이스 포네로이스, 1:21; 참조. 3:7) 하나님에게 자기들의 적대감을 나타냈었다. 그러나 이제는 "선한 일의 열매"(ἐν παντὶ ἔργῳ ἀγαθῳ – 엔 판티 에르고 아가도)가 그들의 행실 가운데 나타날 것임에 틀림없다(참조. 롬 13:3; 고후 9:8; 갈 6:10; 엡 2:10; 딤전 2:10; 5:10; 딤후 2:21 등). 합당하게 행하는 것을 규정하고 있는 분사들이 모두 현재 시제로 나타나고 과정의 개념을 나타내고 있으므로, 골로새 교인들이 이미 받았던 하나님에 대한 지식에 순종했던 지식 이상으로 더욱 받을 것이라고 결론짓는 것이 옳을 것이다(Bruce, 186).

이 중재 기도에서 바울의 어투는 씨 뿌리는 자의 비유에 대한 해석을 생각나게 한다(마가복음의 형태로, 막 4:1-9, 13-20). 만일 비유의 삶의 정황(Sitz im Leben)과 그 해석이 예수의 사역이었다면(그리고 이에 대한 반증이 충분히 무게 있는 반증으로 나타나지 않는다면), 바울의 표현 방법은 한편으로 이 문구를 바울과 그의 동역자 에바브라가 전한 복음에 적용하면서, 다른 한편으로 이 문구를 복음을 받은 자들에게 설명하면서 동시에 이 두 개념이 무엇을 의미하는지를 규정하고 있는 이 비유의 발전이었을 수 있다(복음과 그것을 받아들인 자들에 대한 이 역동적인 동사들의 적용에 관해서는 O'Brien, *NTS* 21[1974-75] 144-55를 보라).

11 "모든 능력으로 능하게 하시며"(*ἐν πάσῃ δύναμει δυναμούμενοι κτλ* – 엔 파세 뒤나메이 뒤나무메노이). 세 번째 문장 "모든 능력으로 능하게 하시며"는 주님에게 합당한 행위가 어떻게 달성되어야 할 것인지를 설명하고 있다. 골로새인들 앞에 세워진 표준들은 거짓 교사들의 표준들보다 훨씬 더 높다. 그리고 그들 가운데 역사하시는 하나님의 전능하신 능력은 그들로 하여금 모든 일 가운데서 그분을 기쁘시게 하도록 살게 할 것이다.

하나님의 능력의 두 가지 면이 바울의 기도 가운데서 강조되어 있다: 첫째로, 이방인의 사도로 그를 부르시고 무장시켜 주심에 있어서 하나님의 능력(참조. 딤전 1:12; 고후 12:9), 그리고 둘째로 기독교인 공동체 가운데 거하시는 하나님의 능력이 그들로 하여금 그분을 기쁘시게 하는 길로 걸어가게 하리라는 것(참조. 엡 1:18, 19). 여기서 그것은 후자로 나타나 있다.

하나님의 능력은 골로새서와 에베소서에서 두드러진 주제다(골 1:29; 2:12; 엡 1:19; 3:7, 16, 20; 6:10). 이 곳 그의 중재 기도에서 바울은 여러 개의 동일한 단어들을 함께 모아 사용함으로써 다음의 사실을 강조하고 있다. (1) 필요한 것은 하나님의 내주하시는 능력 이외에 다른 것이 아니라는 것, (2) "그의 영광의 힘"(*τὸ κράτος τῆς δόξης αὐτοῦ* – 토 크라토스 테스 독세스 아우투; LXX에서 크라토스〈*κράτος*〉는 약 50회 이상 나타나는데, 그것들 대다수가 하나님의 능력을 가리킨다)이 골로새 교인들의 필요에 가장 적절하다는 것, (3) 이 힘은 여러 상황에 직면할 때 제공된다는 것(*δυναμούμενοι* – 뒤나무메노이; 현재분사는 힘의 꾸준한 획득을 나타낸다).

하나님의 능하신 능력은 고통과 반대에 직면하여 "모든 견딤과 오래 참도록"(*εἰς πᾶσαν ὑπομονὴν καὶ μακροθυμίαν* – 에이스 파산 휘포모넨 카이 마크로뒤미안) 공동체에게 힘을 주실 것이다. 휘포모네(*ὑπομονή*, "견딤"; 이 명사와 같은 어원을 가진 동사 휘포메노〈*ὑπομένω*〉는 하나님을 향하여 사용될 수 있으며, 그 경우에 "그분을 기다리다" 혹은 세상을 향할 경우는 "견디다, 불변하다"의 개념을 가진다)는 사람으로 하여금 전쟁에서 외부로부터 오는 대적의 공격에 대항하여 이미 차지한 위치를 붙잡게 하는 그러한 종류의 인내를 의미한다(Lohse, 30). 이러한 인내를 통하여 골로새 공동체는 모든 면에서 – 특히 그들을 낙심시키고 다른 길로 잘못 나아가도록 하는 리쿠스 계곡에 있는 악한 세력의 압력에 대항하여 굳게 붙듦으로써 – 견고하게 설 것이다. 그러나 이러한 종류의 인내는 개인의 용기나 혹은 스토아 주의의 인내심으로부터 나오지 않는다. 그보다는 구약성경과 후기 유대주의에서처럼(참조. Lohse, 30) 그 원천이신 하나님에게로부터 나오는 것으로 되어 있다(참조. *ὁ θεὸς τῆς ὑπομονῆς* – 호 데오스 테스 휘포모네스, "인내의 하나님"; 롬 15:5; 이것은 하나의 소원 기도다). 그러므로 그는 이를 위하여 탄원을 하고 있거나(여기서처럼; 참조. 살후 3:5), 혹은 신자들의 삶 가운데 그것이 드러날 때 감사를 하게 되기를 바라고 있다(살전 1:3; 참조. 살후 1:4). 동시에 기독교인들은 참으라고 요청을 받고 있으며(참조. 롬 8:25; 15:4), 또한 그로 말미암아 그들은 자신들이 믿음에 서 있음이 입증된다. 그들은 그러한 견딤을 가지고 마지막 날을 바라봄으로써 고통을 통하여 인내한다(고후 1:6; 그러나 Martin, *NCB*, 53를 참조하라).

구약성경이나 신약성경에서 "오래 참음"(*μακροθυμία* – 마크로뒤미아)은 하나님의 인내와 그분의 백성이 인내에 대해서 사용되었다 – 특히 출애굽기 34:6을 보라. "여호와로라 여호와로라 자비롭고 은혜롭고 **노하기를 더디하고** 인자와 진실이 많은 하나님이로라"(강조는 필자의 것임). 세속의 헬라어에서는 그렇게 의미심장하지 않은 이 말씀은 하나님이 자기 백성을 취급하심으로 인하여 새롭고도 유례 없는 깊은 의미를 가지게 되었고, 그래서 인간의 "오래 참음의 태도"(*μακροθυμία* – 마크로뒤미아)는 새로운 의미를 가지게 되었다. 자기 백성에 대한 하나님의 오래 참으심은 그들이 다른 사람들에 대해서도 이와 유사한 태도로 행동해야 한다는 사실을 의미한다(참조. 악한 종의 비유, 마 18:23-35, 그리고 살전 5:14). "오래 참음"은 개개인의 힘으로는 얻어질 수 없는 성령의 열매다(갈 5:22).

그러므로 사도는 하나님의 영광스러운 능력으로 부으심을 받은 골로새에 있는 신자들이 대적을 당하는 중에 "모든 견딤과 오래 참음"을 나타내 보이기를 기도했으며, 그로 말미암아 그들은 자기들의 소망이 그분에게 있음을 보여 주는 것이었다.

12-14 이미 살펴본 바와 같이, 12-14절은 소위 15-20절의 찬송에 대한 성찬 입례송인 새로운 단락을 도입한다기보다는 바울의 탄원 기도 내용의 마감 단락으로 우리를 이끌어 가는데, 여기서 공동체는 감사로 하나님을 찬양하라고 권고 받는다.

케제만과 다른 사람들은 12-14절의 어투와 사상이 바울의 것이 아니고 "70인경의 어투로 되돌아가서 그 의식과 제의 공식 문구의 많은 부분을 재생하고 있다"고 주장해 왔다(*Essays*, 154, 155; Schweizer, 44-50를 보라). 케제만에 따르면, 그 문구들의 찬양의 배경(15-20절)은 세례 의식의 배경임을 보여 준다는 것이다(Bornkamm, *Studien*, 196에서는 12-14절이 성찬식 때 이루어진 공동체의 신앙고백이라고 주장했다). 이 탄원 기도에서 바울은 초대 교회의 예배에서 유행했던 언어와 사상을 발췌했을 가능성이 있다. "건져냈다"(*ῥύεσθαι* – 루에스다이), "옮겼다"(*μεθιστάναι* – 메디스타이), "빛"(*φῶς* – 포스), "기업"(*μέρις* – 메리스), "부분"(*κλῆρος* – 클레로스)은 세례식에서 알려져 있었다(Scheizer, 49에서는 이것을 입증하기 어렵다고 인정한다. 그는 12절의 어투를 "회심 용어"로 부르기를 더 좋아한다). 그러나 흑암에서 빛으로 옮겨졌고 구속을 받고, 죄사함을 받았다는 사실에 대한 기억은 반복하여 감사를 드리는 이유가 되었다. 더 나아가서 만일 이러한 주제들이 세례라는 상황에서 사용되었다면(그리고 우리가 앎에 대한 확실한 의미를 가지고 있지 않다면), 그리고 실제로 그것이 바울 서신 이전의 용어라면, 바울이 독자들에게 아버지께 감사를 가르치도록 하기 위하여 이러한 진리를 상기시켜 준다는 것은 상당히 개연성이 있는 일이다. 동시에 우리는 바울이 틀림없는 구약성경과 유대인의 어조를 가지고 있는 단어들과 사상들을 골로새인들을 위한 자신의 실제 기도에서 사용했다는 것을 상상할 수 있다. 그는 결국 자신의 서신체로 자기의 기도를 기록하고 있는 것이다.

12 "기쁨으로 아버지께 감사하게 하시기를"(*μετὰ χαρᾶς εὐχαριστοῦντες τῷ πατρί* – 메타 카라스 유카리스툰테스 토 파트리). 골로새인들이 기쁨으로 감사를 드려야 하는 대상(메타 카라스〈*μετὰ χαρᾶς*, "기쁨으로"〉는 유카리스툰테스〈*εὐχαριστοῦντες*, "감사를 드림"〉와 함께 취급되어야 한다. 이것은 11, 12절에 있는 세 개의 문장들의 균형을 유지하게 하며, 빌 1:4에 의하여 호응을 얻는다. 보다 자세한 사항들에 관해서는 O'Brien, *Introductory Thanksgivings*, 93, 94를 보라)은 "아버지"(*τῷ πατρί* – 토 파트리)이시다. 우리는 이미 1:3에 있는 바울의 감사 가운데서 아버지로서의 성품을 가지신 하나님을 강조한 사실을 살펴본 바 있다. 같은 요점이 3:17에서 다시 나타나는데, 이는 주 예수 그리스도를 통하여 감사가 드려지는 분이 아버지이시기 때문이다. 여기서 아버지께서는 그리스도 안에 있는 효력 있는 구원과 구속을 가지셨기 때문에 찬양을 받으셔야 한다.

"합당하게 하신"(*τῷ ἱκανώσαντι κτλ*··· – 토 히카노산티). 이 기쁨으로 드리는 감사의 근거는 능하신 자(호 이카노스〈*ὁ ἱκανός*〉는 LXX 욥 31:2에서 하나님의 이름 "전능하신 자"로 사용되었으며, C. H. Dodd, *The Bible and the Greeks*[London: Hodder, 1935] 15, 16에서는 이 구약성경 구절이 이 곳과 고후 3:6에서 바울에게 영향을 주었다고 생각한다)는 그들로 하여금 영원한 기업을 얻는 데 합당하게 하셨고(ἱκανώσαντι – 히카노산티, 12절), 흑암이라는 횡포에서 그들을 건져내어(13절) 그의 사랑하시는 아들이 지배하시는 나라로 옮기셨다. 과거 사제가 실제로 실현된 종말론을 지적해 주고(즉 하나님께서 이미 골로새 교인들에게 기업을 얻을 자격을 부여해 주셨고〈ἱκανώσαντι – 히카노산티〉 이미 그들을 그의 아들의 나라로 옮겨주셨으며〈μετέστησεν – 메테스테센〉), 반면에 그와는 대조적으로 14절의 현재 시제 에코멘(ἔχομεν, "우리가 가지고 있다")은 과거에 이루어진 구속의 계속된 결과를 강조하고 있다.

"성도의 기업의 부분을 얻기에"(εἰς τὴν μερίδα τοῦ κλήρου – 에이스 텐 메리다 투 클레루). 위에서 살펴본 바와 같이, 이 전체 단락은 구약성경의 어조로 가득해 있다. "성도의 기업의 부분을 얻다"는 먼저는 아브라함에게 주어졌고(창 13:14-17) 그 다음에는 이스라엘이 가나안 땅을 제비뽑아 각 지파에게 분배하여 자기들의 기업을 소유할 때 그들에게 새롭게 주어졌다(민 26:52-56; 34:2, 13; 수 19:9). 그러나 바울이 언급하고 있는 기업은 보다 높은 계획에 속하고 또한 지상의 가나안보다 더 영원한 질서에 속한 것이다(구약성경, 유대교 그리고 기독교에서의 가나안 땅의 의미에 관해서는 J. D. Hester, *Paul's Concept of Inheritance. A Contribution to the Understanding of Heilsgeschichte*[Edinburgh: Oliver and Boyd, 1968] and W. D. Davies, *The Gospel and the Land*[Berkeley: University of California, 1974]를 보라).

메리스(μερίς, "부분, 얻다")와 클레로스(κλῆρος, "기업")는 LXX에서 자주 동의어로 혹은 함께 사용되었는데(신 10:9; 12:12; 14:27, 29; 18:1; 수 19:9; 사 57:6; 렘 13:25), 그와 같이 히브리어 동의어들도 쿰란 문서에서 사용되었다(1QS 11:7, 8; 1QS 2:5; 1QH 11:11, 12; 1QM 1:1, 5; 13:5, 6; 참조. E. Lohse, "Christologie und Ethik im Kolosserbrief," *Apophoreta. Festschrift für Ernst Haenchen*, ed. W. Eltester and F. H. Kettler[BZNW 30; Berlin: Töpelmann, 1964, 157-68] Reprinted in *Die Einheit des Neuen Testaments. Exegetische Studien zur Theologie des Neuen Testaments*. 2nd ed.[Göttingen: Vandenhoeck und Ruprecht, 1973] 249-61, eap. 258). 여기서 우리는 에이스 텐 메리다 투 클레루(εἰς τὴν μερίδα τοῦ κλήρου)란 문구를 "클레로스(κλῆρος) 안에서 나누어 가지도록"을 의미하는 것으로, 즉 하나님의 백성의 기업을 의미하는 것으로 이해한다(Moule, 55; Bruce, 188에서 이와 같이 이해함). 성경의 자료(신 33:3; 시 89:6; 참조. 살전 3:13)와 쿰란 문서(특히 1QS 11:7, 8, 여기서 유산, 기업 그리고 성도들이 언급되고 있다) 가운데서

평행구들이 발견되는데, 여기서 "성도들"(*οἱ ἅγιοι* – 호이 하기오이)은 천사들을 가리키며, 또한 많은 주석가들도 이 표현을 이런 식으로 취급한다. 또 하나의 사항은 독자들이 자기들의 소망을 천사들이 살고 있는 하나님의 임재("빛 가운데") 가운데 두고 있다고 덧붙여져 있다. 1:5에 있는 자신의 사상을 반영하면서 바울은 거짓 교사들이 분명하게 시행하고 있었던 천사 숭배에 대한 논박을 내다보고 있다(2:18). 그렇게 하여 "그는 그들이 천사들이 가진 위치를 얻었다는 사실을 골로새 교인들에게 확증해 줌으로써 천사의 권세에 대한 이러한 숭배를 단 한방에 날려 버린다(3:1)"(Martin, *NCB*, 54).

그러나 "성도"가 천사들을 가리킨다는 이러한 해석은 하나님의 백성들이 성도로 일컬어지고 있다는 입장보다 개연성이 덜하다. 이와 긴밀하게 관련되어 있는, 바울의 발언으로 여겨지는 사도행전 26:18("빛", "흑암", "권세", "사죄", "기업", "거룩한 자(성도)"는 이 두 구절에서 통상적인 주제다)의 "나를 믿어 거룩케 된 무리"(*ἐν τοῖς ἡγιασνένοις πίστει φῆ εἰς ἐμέ* – 엔 토이스 헤기아스네노이스 피스테이 페 에이스 에메)는 신자들만을 가리킨다. 더 나아가서 슈바이저(Schweizer, 47)가 적절하게 설명하고 있는 바와 같이, 이 편지에서(1:2, 4, 22; 특히 1:26; 3:12) "거룩한 자(성도)"에 대한 다른 언급들은 교회의 회중을 가리킨다. 그러므로 클레로스 톤 하기온(*κλῆρος τῶν ἁγίων*)은 하나님의 백성들에게 분배된 기업을 가리킨 것으로 이해되어야 한다(참조. Dibelius- Greeven, 8, 그리고 여러 영어권의 주석가들). "빛 가운데서"(*ἐν τῷ φωτί* – 엔 토 포티)는 앞서 나온 문구 전체, 즉 "성도의 기업의 부분"과 조화된다. 요점은 모든 권세를 가지신 아버지께서 그들을 합당하게 하신 그 기업이 다가오는 시대의 빛의 영역 가운데 있었다는 것이다. 가나안과는 달리, 그것은 전쟁이나 기근이나 그와 같은 것을 통하여 파괴될 수 없는 영적인 성격에 속한 것이다. 대부분 이방인으로 출생했을 골로새 기독교인들에게 이것은 실로 복된 소식이었다. 그들은 이제 다른 신자들과 함께 하나님의 기업 가운데서 분깃을 가졌으며 혹은 이와 동등한 바울의 감사의 말을 사용하자면 그들은 "하늘에 쌓아 둔 소망"을 가졌다(5절; 참조. 3:1-4).

13 하나님께서 골로새 교인들의 회심 때 영향을 가하셨던 이 두드러진 변화에 대한 더 자세한 설명이 두 개의 동일한 구절에서 설명되고 있다(참조. Lohse, 36; Zeilinger, *Der Erstgeborene*, 38; 위의 19쪽을 보라).

ὅς ἐρρύσατο ἡμᾶς ἐκ τῆς ἐξουσίας…
καὶ μετέστησεν εἰς τὴν βασιλείαν…

부정적으로 하나님께서는 흑암의 압제로부터 우리를(ἡμᾶς – 헤마스: 하나님의 행위가 바울과 함께 골로새 교인들을 포함하여 다른 신자들을 가리켜 말했다는 사실을 암시하는 일인칭 복수로의 전환을 유의하라) 건져내셨고, 긍정적으로는 그가 우리를 그의 사랑의 아들의 통치 아래 두셨다.

"건져내사"(ὃ ἐρρύσατο κτλ – 호스 에루사토…). 이방 세력으로부터의 구원은 구약성경에서 중요한 주제였다(여호와께서는 자기 백성을 애굽인들의 손으로부터 〈출 14:30; 삿 6:9〉, 노예 상태로부터〈출 6:6〉 그리고 모든 대적으로부터〈삿 8:34〉 구출하셨다). 특별히 시편 기자들은 여호와의 과거의 국가적 개인적 구원을 노래하기를 좋아했고, 이것을 근거로 위험, 질병, 죽음, 대적들 그리고 적대적 상황으로부터 구출하시도록 그분에게 기도했다(시 33:18, 19; 79:9; 86:13 등). 유대수의의 후내의 기도에 대한 시편 기자의 영향은 아주 두드러져 있다(사죄의 여섯 번째 탄원 다음에 다음과 같은 문구가 뒤따라오는 테필라〈시=찬송〉를 보라. "우리의 고통을 보시고 우리의 송사를 변호하시며 주의 이름을 위하여 우리를 속히 건지소서." 쿰란의 동일한 구절에 관해서는 1QH 2:35; 3:19; 참조. Deichgräber, *Gotteshymnus*, 80, 81). 신약의 경우 대부분의 "구원하다"(ῥύομαι – 흐뤼오마이)라는 동사가 기도 문맥 가운데 나타난다(눅 1:74; 마 27:43, 주님의 부르짖음에도 하나님께서 응답지 않자 유대인 지도자들이 십자가상의 예수님에게 한 모욕적인 말; 그러나 벧후 2:7, 9을 보라). 그러므로 기독교 공동체는 하나님에게 "우리를 악에서 구원하소서"(마 6:13; 참조. 눅 11:4)라고 기도하며, 한편으로 기독교 공동체는 "장래 노하심에서 우리를 건지시는(τὸν ῥυόμενον – 흐뤼오메논)" 주님을 기다린다(감사 단락에 있는 살전 1:10).

골로새인들이 합당하게 된 기업은 그들이 회심하기 전에 살았던(ἡ ἐξουσία τοῦ σκότους – 헤 엑수시아 투 스코투스, 참조. 눅 22:52, 53) 그 압제와는 완전히 반대로 빛의 영역 가운데 있었다(Lohse, 39에 따르면, 이스라엘의 하나님에게로의 회심을 위한 빛과 흑암의 개념들 간의 대조는 이미 헬라 시대의 유대인들에게 알려져 있었다〈요셉과 아스낫, 8:9; 15:12〉). 그들의 조상들의 본향으로부터 백성들을 떠나게 하여 그들을 또 다른 영역으로 심을 수 있었던(μετέστησεν – 메테스테슌; 이와 같은 동사는 디글랏빌레셀이 요단 동편의 지파들을 자기 나라로 데려간 사실에 대해서 요세푸스〈Josephus, *Ant.* 9.235〉가 사용했다: μετέστησεν εἰς τὴν αὐτου βασιλείαν; 참조. 고전 13:2, 여기서 동사는 산을 옮기는 것에 대해서 사용되었다) 능력 있는 제왕처럼, 하나님께서는 골로새 교인들을 악한 세력이 통치하고(눅 22:

53) 사탄의 권세가 실행되는(행 26:18) 흑암의 압제로부터(Chrysostom은 여기서 "권세"가 "압제"와 동일하다고 적절하게 말했다) 그분의 사랑의 아들이 지배하시는 나라로 옮기셨다.

인간이 속해 있는 두 영역의 개념은 그 특징이 빛과 흑암을 통하여 나타난 곳으로서 쿰란 자료에도 나타난다: 한편으로 벨리알과 흑암의 기업이고(1QS 2:5; 1QM 1:1, 5, 11; 4:2; 13:2), 다른 한편으로 성도들과 빛의 자녀들의 기업이다(1QS 1:9; 2:16; 11:7, 8; 1QH 11:11, 12).

"빛"과 "흑암"이라는 범주로 너무나 생생하게 묘사된 통치의 변화 그리고 골로새 인들이 회심할 당시에 그들(바울을 포함하는 다른 그리스도인들과 함께 – "우리") 의 삶에 일어났던 변화는 신자의 삶에 절대적으로 결정적이었다(Lohse, 37; 참조. 고후 6:14; 엡 5:8; 벧전 2:9). 그들은 이제 "빛의 자녀"(*υἱοὶ φωτός* – 휘오이 포토스, 살전 5:5)이고 그에 따라서 행동해야 한다.

"그의 사랑의 아들의 나라(*βασιλεία* – 바실레이아)"란 문구에서 우리는 하나님의 나라에 대한 소수의 신약의 언급 가운데 하나를 발견하는데, 곧 예수의 부활과 하나님 나라의 최종 도래 사이의 임시적 기간을 발견하게 된다. 바울은 하나님 나라의 두 면을 "그리스도의 나라"와 "하나님의 나라"로 구별지었던 것으로 보이는데, 전자는 현재 면에서 하늘나라를 가리키고 후자는 최종 완성과 관련되어 있다(고전 6:9, 10; 15:50; 갈 5:21; 딤후 4:1, 18; 그렇지만 몇몇 구절들은 보다 일반적인 의미를 가지고 있다: 예를 들어, 롬 14:17; 고전 4:20; 골 4:11).

14 "그 아들 안에서 우리가 구속 곧 죄사함을 얻었도다"(*ἐν ᾧ ἔχομεν τὴν ἀπολύτρωσιν, τὴν ἄφεσιν τῶν ἁμαρτιῶν* – 엔 호 에코멘 텐 아폴뤼튀로신 텐 아페신 톤 하마르티온). 하나님의 아들이 지배하시는 나라에는 구속(*ἀπολύτρωσις* – 아폴뤼트로시스)이 있다. 이것은 사죄와 동일하거나 혹은 최소한 동격인데, 이는 모울(Moule, 58)이 설명한 바에 의하면 하나님 혹은 그리스도의 나라에 대한 도덕적·영적 개념이 완전히 그리스도의 제자들을 위해 명백한 것이 되었는지를 암시해 준다. 속박과 노예 상태로부터의 자유를 암시하고 있는 구속은 단순한 소망의 대상이 아니다(그렇지만 롬 8:23; 엡 1:14; 4:30을 보라). 그것은 지금 여기서 존재하는 실체요, 바울 서신의 다른 곳에서 자주 나타나는 바와 같이(롬 3:24; 고전 1:30; 엡 1:7) 현재 소유하고 있는 것이며(에코멘〈*ἔχομεν*, "우리가 가지고 있다"〉이라는 독법은 가장 강력한 사본상의 지지를 받고 있다; 참조. Büschel, *TDNT* 4, 353), "확실하게 예수의 인격과 결속되어 있다"(Büschel, *TDNT* 4, 354). "그분 안에서"(*ἐν* ᾧ – 엔 호) 우리는 그것을 가지고 있다. 하나님께서는 그분을 우리의 구속이 되도록 만드셨다(고전 1:30; 구속이라는 주제에 관해서는 L. Morris, *The Apostolic Preaching of the Cross*. 3rd ed.[London: Tyndale, 1965] 11-64: 1st American edition, Grand Rapids: Eerdmans, 1955; D. Hill, *Greek Words and Hebrew Meaning. Studies in the Semantics of Soteriological Terms*[SNTSMS 5; Cambridge: University Press, 1967] 49-81를 보라).

"죄사함을 얻었도다"(*τὴν ἄφεσιν τῶν ἁμαρτιῶν* – 텐 아페신 톤 하마르티온). 결합된 표현 "죄사함"은 바울 서신에 자주 나타나지 않는다. 통상적으로 그는 "죄"(*ἁμαρτία* – 하마르티아)를 아담의 행동을 통해서 세상에 들어오고(롬 5:12) 그 다음에는 그 권세가 십자가에서 그리스도의 죽음을 통하여 깨어지기까지 인간들을 압제한(롬 8:3 등) 하나의 세력으로서 단수로 언급한다. "죄사함"은 요한의 세례와 관련하여 언급되었고(막 1:4), 반면에 사도행전에서는 이것이 반복하여 구원의 내용으로 언급되었다(행 2:38; 5:31; 10:43; 13:38; 26:18). 바울은 이 문맥 가운데서 그리스도 안에서 주어진 사죄의 축복을 묘사하기 위하여 전통적인 표현을 사용하고 있었을 수도 있다(그러나 Percy, *Probleme*, 85, 86를 참조하라. 펄시는 이것이 독특하게 "칭의" 등에 대한 바울의 용어들보다는 문맥에 더 잘 어울린다고 주장한다). 이 주제가 구속과 관련된 것은 골로새에 있는 특별한 문제로 인한 것인데, 그 이유는 거짓 교사들이 후대에 이레니우스(Irenaeus, *Heresies* 1.21, 2)가 언급했던 사람들처럼 "죄 용서"를 세례 시에 받은 첫 단계로, 그리고 "구속"을 하나님의 그리스도로부터 오는 마지막 단계로 구별했을 것이기 때문이다(Bruce, 191, 92). 왜 바울이 그것들이 둘 다 하나님의 아들 안에서 체험된 현재의 실체였다고 보여 주었는지를 이해하게 될 것이다.

구속과 사죄에 관한 이 문구들과 함께 바울의 기도는 그리스도의 주재권에 관한 장대한 찬양으로 변화되어 간다.

해설

골로새 기독교인들의 믿음과 사랑으로 인하여 하나님께 드리는 감사를 기록한 다음 바울은 그들을 위한 자신의 중재 기도의 내용을 기술해 나간다. 그의 간구는 근본적으로 하나님의 뜻에 대한 인식과 그것을 행할 수 있는 능력이다. 그는 하나님께서 골로새인들이 참된 영적 통찰력을 소유하도록 그분의 뜻에 대한 지식으로 채우시기를 진지하게 구하고 있다. 이것이 하나님을 완전히 기쁘시게 하는 행위 – 선한 행실의 열매와 지식에서 자라 가는 것 – 로 인도해 갈 것이다. 그들로 하여금 인내와 오래 참음 가운데 살아가도록 해줄 수 있는 능력은 오직 위로부터만 오는데, 곧 하나님의 영광스러운 능력으로부터 온다. 동시에 그들은 자기들 가운데서 행하신 그분의 능하시고 은혜로우신 사역으로 인하여 하나님 아버지께 감사를 드려야 한다. 즉 그분은 그들에게 영원한 기업을 주셨고, 그들을 흑암의 권세로부터 구출하여 자신의 사랑하는 아들이 다스리시는 나라로 옮기셨던 것이다. 또한 이 가운데 포함된 것은 구속과 사죄의 축복이었다.

중재 기도가 하나의 순수한 부분을 이루고 있는 3-14절의 바울의 서론적 감사 단락은 사중(四重) 기능을 하고 있다:

(a) 서한 – 이것은 하나님의 말씀의 우주적 전파, 복음(골로새 이단의 편협한 무리와 반대되는), 그리스도인의 소망, 지혜와 지식 그리고 그 결과로 나타나는 주님을 기쁘시게 하는 행실(엄격한 금욕 및 거짓 겸손을 가지고 있는 거짓 교사들의 거짓된 지혜와 반대되는), 아버지에 대한 감사, 노예로부터의 구속 등과 같은 본서의 중요한 주제들을 소개한다. 그 다음에 이러한 주제들은 본 서신의 중심 내용 가운데서 가끔은 이단에 대해 반박하는 방식으로 확대된다. 스타일의 특징은 그 단락 가운데 나타나 있으며, 반면에 편지의 친밀성의 등급 역시 여기에 나타나 있다. 바울은 이 교회를 직접적으로는 알지 못하고, 그래서 예를 들어 빌립보서와 같이 따뜻한 태도로 기록하고 있지 않다.

(b) 교훈의 목적이 명확하게 드러나 있다. 중요한 신학적 주제들이 감사와 중재 기도 가운데 나타나는데, 이를테면 믿음, 사랑, 소망, 복음, 지식, 하나님의 뜻, 지혜와 명철 등이다. 이러한 주제들을 이 편지를 받는 독자들이 충분히 파악하는 것이 사도의 관심이었고, 그는 이것들을 본서의 본론 부분에서 확대해 나갔으며, 그리하여 독자들에게 에바브라를 통하여 이미 가르침 받은 진리를 상기시켜 주고 있다.

(c) 권고의 기능 역시 유념해야 할 것이다. 오래 참음(3:12; 참조. 1:11), 사랑의 옷 입음(3:14; 참조. 1:4), 하나님 아버지에 대한 공동의 감사(3:15-17; 참조. 1:12), 그들이 받은 전통 가운데서 행함(2:6; 참조. 1:10) 그리고 외방의 사람들에게 지혜롭게 행하는 것(4:5)에 대한 문답식 언급들은 이 서론적 단락 가운데서 예시되고 있다. 동시에 바울이 자신이 해 온 방식에 따라 자기들을 위하여 중재 기도를 하고 있다는 사실을 알고 있는 골로새 교인들은 이에 적절한 방법으로 반응하도록 격려를 받았을 것이다.

(d) 마지막으로, 자신의 실질적인 기도와 그것들에 대한 기록을 통하여 바울은 (비록 기록들이 하나님에게 드려진 기도의 요약이기는 하지만) 독자들을 향한 자신의 목회적 관심을 드러내 주었다. 그는 그들이 직면하고 있는 위험과 싸우기 위하여 영적 지식에서 자라 가기를 바랐다. 그러한 지혜는 오직 위로부터 오며, 따라서 우리는 바울이 하나님이 부여하시는 그러한 통찰력을 떠나서는 뒤따라오는 자기의 가르침과 말씀의 권고가 아무 유익이 없다는 사실을 인정했다고 상상할 수 있다.

4. 창조와 구속에서의 그리스도(1:15-20)

참고문헌

다음의 목록은 15-20절에 관하여 기록된 방대한 제2차적인 문서로부터 선발된 작품들이다. 보다 자세한 참고서적들은 이 작품들 및 해당되는 주석 부분에 기록된 다른 작품들 가운데 있다.

Aletti, J. N. *Colossiens 1, 15-20. Genre et exégèse du texte Fonction de la thématique sapientelle.* AnBib 91. Rome: Biblical Institute, 1981. **Benoit, P.** "L'hymne christologique de Col 1, 15-20. Jugement critique sur l'état des recherches." *Christianity, Judaism and Other Greco-Roman Cults. Studies for Morton Smith at Sixty*, ed. J. Neusner. Part One. New Testament. SJLA 12. Leiden: Brill, 1975, 226-63. **Best, E.** *One Body in Christ. A Study in the Relationship of the Church to Christ in the Epistles of the Apostle Paul.* London: SPCK, 1955. **Burger, C.** *Schöpfung und Versöhnung. Studien zum liturgischen Gut im Kolosser-und Epheserbrief.* WMANT 46. Neukirchen: Neukirchener, 1975. **Burney, C. F.** "Christ as the APXH of Creation." *JTS* 27(1926) 160-77. **Deichgräber, R.** *Gotteshymnus.* **Ernst, J.** *Pleroma und Pleroma Christi. Geschichte und Deutung eines Begriffs der paulinischen Antilegomena.* BU 5. Regensburg: Pustet, 1970. **Feuillet, A.** *Le Christ sagesse de Dieu d'après les épîtres pauliniennes.* Paris: Gabalda, 1966. **Gabathuler, H. J.** *Jesus Christus. Haupt der Kirche-Haupt der Welt. Der Christushymnus Colosser 1, 15-20 in der theologischen Forschung der letzten 130 Jahre.* ATANT 45. Zurich: Zwingli, 1965. **Gibbs, J. G.** *Creation and Redemption. A Study in Pauline Theology.* NovTSup 26. Leiden: Brill, 1971. **Hegermann, H.** *Die Vorstellung vom Schöpfungsmittler im hellenistischen Judentum und Urchristentum.* TU 82 Berlin: Akademie, 1961. **Jervell, J.** *Imago Dei. Gen 1, 26f im Spätjudentum, in der Gnosis und in den paulinischen Briefen.* FRLANT 76. Göttingen: Vandenhoeck und Ruprecht, 1960. **Käsemann, E.** "A Primitive Christian Baptismal Liturgy." *Essays*, 149-68. **Kehl, N.** *Der Christushymnus im Kolosserbrief. Eine motivgeschichtliche Untersuchung zu Kol 1, 12-20.* SBM 1. Stuttgart: Katholisches Bibelwerk, 1967. **Kim, S.** *An Exposition of Paul's Gospel in the Light* *of the Damascus Christophany. An Investigation into the Origin of Paul's Gospel.* University of Manchester: Unpublished Ph.D thesis, 1977. **Lähnemann, J.** *Kolosserbrief.* **Lyonnet, S.** "L'hymne christologique de l'Epître aux Colossiens et la fête juive du Nouvel An." *RSR* 48(1960) 92-100. **McCown, W.** "The Hymnic Structure of Colossians 1:15-20." *EvQ* 51(1979) 156-62. **Martin, R. P.** "An Early Christian Hymn (Col. 1:15-20)." *EvQ* 36(1964) 195-205. **Michl, J.** "Die 'Versöhnung'(Kol 1, 20)." *TQ* 128(1948) 442-62. **Münderlein, G.** "Die Erwählung durch das Pleroma. Bemerkungen zu Kol. i.19." *NTS* 8(1961-62) 264-76. **Norden, E.** *Agnostos Theos. Untersuchungen zur Formengeschichte religiöser Rede.* 4th ed. Darmstadt: Wissenschaftliche Buchgesellschaft, 1956. **O'Brien, P. T.** "Col. 1:20 and the Reconciliation of all Things." *RTR* 33(1974) 45-53. **O'Neill, J. C.** "The Source of the Christology in Colossians." *NTS* 26(1979-80) 87-100. **Overfield, P. D.** "Pleroma: A Study in Content and Context." *NTS* 25(1978-79) 384-96. **Pöhlmann, W.** "Die hymnischen All-Prädikation in Kol 1:15-20." *ZNW* 64(1973) 53-74. **Sanders, J. T.** *The New Testament Christological Hymns Their Historical Religious Background.* SNTSMS 15. Cambridge: University Press, 1971. **Schnackenburg, R.** "Die Aufnahme des Christushymnus durch den Verfasser des Kolosserbriefes." EKKNT Vorarbeiten 1. Neukirchen/Zurich: Neukirchener/Benziger, 1969, 33-50. **Schweizer, E.** "Die Kirche als Leib Christi in den paulinischen Antilegomena." *TLZ* 86(1961) 241-56. Reprinted in *Neotestamentica. Deutsche und englische Aufsätze, 1951-1963.* Zurich: Zwingli, 1963, 293-316. ______. "Kolosser 1, 15-20." EKKNT Vorarbeiten 1. Neukirchen/Zurich: Neukirchener/Benziger, 1969, 7-31. Reprinted in *Beiträge zur Theologie des Neuen Testaments. Neutestamentliche Aufsätze(1955-1970).* Zurich: Zwingli, 1970, 113-45. ______. *ThBer* 5(1976) 163-191. ______. "Versöhnung des Alls. Kol 1, 20." *Jesus Christus in Historie und Theologie. Neutestamentliche Festschrift für Hans Conzelmann zum 60. Geburtstag,* ed. G. Strecker. Tübingen: Mohr, 1975, 487-501. **Vawter, B.** "The Colossians Hymn and the Principle of Redaction." *CBQ* 33(1971) 62-81. **Vögtle, A.** *Das Neue Testament und die Zukunft des Kosmos.* Düsseldorf: Patmos, 1970. **Wengst, K.** *Christologische Formeln und Lieder des Urchristentums.* 2nd ed. SNT 7. Gütersloh: Mohn, 1972. **Zeilinger, F.** *Der Erstgeborene.*

본 문

15 그는 보이지 아니하시는 하나님의 형상이요 모든 창조물보다 먼저 나신 자니
16 만물이 그에게 창조되되 하늘과 땅에서 보이는 것들과 보이지 않는 것들과 혹은 보좌들이나 주관들이나 정사들이나 권세들이나 만물이 다 그로 말미암고 그를 위하여 창조되었고

15 He is the image of the invisible God, The firstborn over all creation,
16 For in him all things were created, In heaven and on earth, Things visible and invisible, Whether thrones or dominions, principalities or powers, All things were created through him and for him;

17 또한 그가 만물보다 먼저 계시고 만물이 그 안에 함께 섰느니라
18 그는 몸인 교회의 머리라 그가 근본이요 죽은 자들 가운데서 먼저 나신 자니 이는 친히 만물의 으뜸이 되려 하심이요

17 And he is before all things, And in him all things hold together.
18 And he is the head of the body, the church. He is the beginning, The firstborn from the dead, In order that he might be pre-eminent in everything,

19 아버지께서는 모든 충만으로 예수 안에 거하게 하시고
20 그의 십자가의 피로 화평을 이루사 만물 곧 땅에 있는 것들이나 하늘에 있는 것들을 그로 말미암아 자기와 화목케 되기를 기뻐하심이라

19 For in him all the fullness was pleased to dwell,
20 And through him to reconcile all things to him, Whether things on earth or in heaven, By making peace through his blood shed on the cross.

양식/구조/배경

(1) 문학 형태

오늘날 신약학계의 무게 있는 견해는 골로새서 1:15-20이 저자에 의하여 편지의 사상 흐름 가운데 포함된 바울 이전의 "찬양"이라고 생각하는 것이다. 앞의 구절들(12-14절)은 1인칭 복수형("우리" 및 "우리에게")을 가진 고백의 스타일을 보존하고 있다고 말해지며(위의 19, 20쪽을 보라), 반면에 찬양 그 자체는 고백하고 있는 공동체에 대한 언급을 하고 있지 않다(모든 개인적 언급들은 없다). 그 대신 창조와 구속에 있어서 그리스도의 주권을 고상한 어투로 주장하고 있다. 그 다음으로 뒤따라오는 말(21-23절)은 찬양으로부터 나온 주제들, 특히 화목의 주제를 골로새 공동체에 적용하려고 직접적 발언의 어투를 사용한다.

이런 식으로 본 단락을 기술하는 가운데 "찬양"이라는 단어가 운율을 가진 구절들로 된 회중의 찬양으로 이해하고 있는 내용에 대해 현대적 의미로 사용되지 않았다는 사실을 눈여겨 보아야 할 것이다. 뿐만 아니라 헬라의 시 형태로 생각해서는

안될 것이다. 그 범주는 "신조"의 범주와 유사하게 광범위하게 사용되며 교의적, 고백적, 예전적, 논쟁적 혹은 찬양적 자료를 포함하고 있다(참조. Benoit, *Christianity*, 230, 231를 따르고 있는 Schweizer, 51). 표준은 이중적이다: (a) 문체론적 – "이 단락이 큰 소리로 읽혀질 때 분명히 조심스럽게 선택된 위치의 문장 가운데 있는 단어와 구 사이의 조화…이행연구 배열(parallelismus membrorum)의 사용, 미완성 운율의 흔적들 그리고 유사한 끝 글자의 생략, 두운법, 대조, 교차대구법과 같은 수사학적 장치의 사용"(R. P. Martin, *Carmen Christi. Phlilipians ii. 5-11 in Recent Interpretation and in the Setting of Early Christian Worship* SNTSMS 4; Cambridge: University Press, 1967) 12, 13. (b) 언어학적 – 특이한 어휘, 특히 신학적인 단어의 존재, 이것은 주변 문맥의 어휘와는 다르다(R. P. Martin, "Aspects of Worship in the New Testament Church," *Vox Evangclica* 2[1963] 632, 특히 16-21에서는 Stauffer가 제시한 검사를 따르고 있음; 참조. Sanders, Hymns, 1-5).

그래서 서론의 관계절의 존재(*ὅς ἐστιν* – 호스 에스틴 15, 18절), 행과 연들이 배열될 수 있는 방식으로 된 교차대구법과 인클루시오, 그리고 특이한 단어들(바울 서신의 다른 곳에 나타나지 않든 혹은 다른 의미로 사용되든)은 대부분의 입장에서 이것을 전통적인 찬양 단편으로 간주하는 근거로 생각되었다.

노든(Norden, *Agnostos Theos*, 250-54; 참조. Gabathuler, *Jesus Christus*, 21-26)은 최근 이 단락을 포괄적인 양식 비평 분석에 귀속시키고, 원래 헬라 사상을 통하여 영향을 받은 유대인 그룹으로부터 나왔다고 생각한 "틀림없이 오래된 전승 자료"를 이 구절들에서 발견하려고 한 첫 번째 학자였다. 후자의 증거는 스토익의 "모든" 공식 문구였고(참조. 1:16, 17), "보이는 것들과 보이지 않는 것들"로 분석하는 우주에 대한 플라톤 타입의 분석 가운데 있었다. 그는 길이가 같지 않은 두 개의 연 혹은 절을 눈여겨보았다(15-18a절과 18b-20절). 15절의 "그는"(*ὅς ἐστιν* – 호스 에스틴)으로 시작되는 첫 번째 연은 그리스도와 창조라는 주제를 다루고 있고, 반면에 18절의 같은 관계절인 "그는"으로 시작되는 두 번째 연은 그리스도와 교회를 가리킨다. "먼저 나신 자"(*πρωτότοκος* – 프로토토코스)란 단어가 양 연에 나타난다(15절과 18절).

특히 노든 이후 대륙의 학자들은 소위 이 찬양 단락의 정확한 구조를 결정하려고 했다. 그래서 예를 들어 감사 기도로 시작한(12절) 13-29절을 "원시 기독교 예배의 절차"로 규정한 로마여(Lohmeyer, 40-68; 참조. Gabathuler, *Jesus Christus*, 29-39)는 이 찬양이 각기 7행으로 구성된 두 개의 연으로 되어 있다고 보았는데(1:15-

16a, 1:18-20), 이것들이 세 개의 행으로 이루어진 단락으로 연결되었다고 보았다(1:16f-17).

케제만(Käsemann, *Essays*, 149-68; 참조. Gabathuler, *Jesus Christus*, 49-61)은 이 단락이 각기 6개의 행으로 이루어진 두 개의 연으로 구성되어 있는데, 이것이 1:17-18a로 연결되어 있다고 생각했다. 그러나 그 이후 많은 다른 사람들처럼(Benoit, *Christianity*, 238에 있는 목록을 보라) 그는 20b절 디아 투 하이마토스 투 스타우루 아우투(*διὰ τοῦ αἵματος τοῦ σταυροῦ αὐτοῦ*, "그의 십자가의 피로")와 함께 18a절의 테스 에클레시아스(*τῆς ἐκκλησίας*, "교회")란 문구를 삽입으로 간주했다(그가 제안한 찬양의 기원에 대한 특별한 언급과 함께 케제만의 제안에 대한 평가에 관해서는 37, 38쪽으로 보라). 맷슨(Masson, 104-107; 참조. Gabathuler, *Jesus Christus*, 42-49)에 따르면, 평행절은 헬라적 스타일이라기보다는 셈적 스타일이고, 그래서 그는 본문을 제안된 운율의 근거에서 각기 네 개의 행으로 이루어진 다섯 개의 연으로 배열하려고 했다(15-16a, 16c-f, 17-18, 19-20b, 20c-f).

로빈슨(J. M. Robinson, "A Formal Analysis of Colossians 1:15-20," *JBL* 76 [1957] 270-87; 참조. Gabathuler, *Jesus Christus*, 80-88; R. G. Hamerton-Kelly, *Pre-Existence, Wisdom and the Son of Man*[SNTSMS 21; Cambridge: University Press, 1973] 168-74)은 어울리는 문구들과 단어들을 가진 두 개의 연 간에 있는 긴밀한 일치를 보았다. 그러나 이러한 균형을 이루도록 하기 위하여 그는 현존하는 본문으로부터 수많은 문구들을 제거해야 했다(18절의 마지막 문장은 두 번째 연의 끝부분으로 옮겨져야 했고, 같은 구절의 첫 번째 문장은 교회에 대한 언급이 사라져야 했으며, 16절에 있는 하늘의 권세들의 목록은 떨어져 나가야 했다).

밤멜(E. Bammel, "Versuch zu Col 1:15-20," *JNW* 52[1961] 88-95; 참조. Gabathuler, *Jesus Christus*, 118-21)은 두 개의 연으로 이루어진 찬양은 각기 하나의 정교한 교차대구법을 담고 있고, 그 두 연은 호스 에스틴(*ὅς ἐστιν*, "그는")이 이끌고 있다고 주장했다. 그러나 그의 해석은 17절과 18절에 있는 호스 에스틴(*ὅς ἐστιν*, "그는")의 평행적 출현을 충분히 강조하고 있지 않다. 게다가 찬양에는 없어서는 안 될 가르침을 담고 있는 17, 18a절 그리고 20절이 구조상 중요함에도 전혀 손대지 않은 채 남겨 두었다.

이러한 지속적인 논쟁에 중요하고도 영향력 있는 기여(지면상 15-29절에 대한 최근의 모든 작품들을 검토하는 것은 불가능하다)는 슈바이저가 이룩했다(Schweizer, 그의 최근의 주석 44-74쪽에 있는 글에 대한 참고서적들을 유의하라). 15절과

18절에 있는 양식상의 평행(호스 에스틴⟨ὅς ἐστιν, "그는"⟩과 프로토토코스⟨πρωτότοκος, "먼저 나신 자"⟩, 호티 엔 아우토⟨ὅτι ἐν αὐτῷ, "이는 그 안에", 16절과 19절⟩와 타 판타 디 아우투⟨τὰ πάντα δι' αὐτοῦ, "만물이 그로 말미암아", 16절과 20절)의 반복을 관찰하고 나서 슈바이저는 이 찬양을 두 연(15, 16절과 18b-20절)으로 배열하고 그 사이에 다리로서의 역할을 하는 중간 연(Zwischenstrophe) 혹은 절(16-18a절)이 있다고 보았다(참조. Lähnemann, *Kolosserbrief*, 38). 첫 번째 연은 세 개의 행으로 이루어져 있는데, 거기서 그리스도께서는 만물을 존재하게 하시고 만물의 운명을 정하신 창조의 주님으로서 찬양을 받으신다. 중간 연은 부분적으로 그리스도께서 세상에 존재하기 이전의 활동에 관한 사상을 반복하고 있으며, 그 다음에 만물을 함께 붙들고 연합시키는 본체시라고 주장한다. 마지막 연은 이러한 하나님의 "충민"(πλήρωμα－플레로마)을 구체화시키시는 이 우주적 주님을 찬양한다. 살아나신 분으로서 그분은 화목을 통하여 우주를 하나님의 목적과 조화되도록 하시는 하나님의 대리자이시다.

각기 세 개의 행으로 이루어져 있고 뚜렷한 운율 패턴의 연을 가진, 완전한 균형을 이루는 원래의 찬양을 만들기 위하여 슈바이저는 네 개의 문구를 제거했다. 운율 질서를 넘어서고 원래의 찬양의 평행을 넘어서는 이러한 언급들(16절, "보좌들이나 주관들이나 정사들이나 권세들"; 18절, "교회"; 18절, "만물의 으뜸이 되려"; 20절, "그의 십자가의 피로 화평을 이루사")은 슈바이저에 따르면, 그가 편지를 쓰기 이전에 이미 회람되고 있었던 문장에 저자 자신이 덧붙인 것이라는 것이다. 그러므로 그는 첫 번째 찬양의 신학을 수정했는데, 이는 첫 번째 예외를 가진 이러한 첨가물들이 원래 문서의 신학적 개념들과 일치하지 않기 때문이다: 16절에서 "보좌들이나 주관들이나 정사들이나 권세들"은 편지가 그 자체를 온 하늘의 권세들이 그리스도께 복종하는 것에 초점을 맞추고 있는 특별한 문제로 이것을 연결시키고 있는 "하늘과 땅에 있는 만물"이라는 진술의 해명이다. 18절의 부가적 문구인 "교회"는 그리스도의 몸이 세상과 동일시되어야 한다거나 혹은 구속이 단순히 육신적 혹은 초육신적 사건이었다는 거짓된 사상을 논박하기 위하여 찬양을 재해석한 것이다. 세 번째 진술인 18절의 "만물의 으뜸이 되려 하심이요"는 바울의 느낌 가운데 있는 또 다른 재해석이며, 반면에 20절에서는 화목의 개념이 화목하게 하는 것, 즉 로마 황제들이 그것을 이해했던 의미 가운데 있는 설명으로 수정된다. 마지막으로, 저자는 배타적으로 부활과 승천에 초점을 맞추었던 신학의 방향으로 바울의 십자가에 대한 강조를 그리스도의 화목 행위로 소개한다(20절).

어떤 그룹들에서는 이러한 재해석을 점점 더 많이 받아들여 가고 있기는 하지만, 필자가 보기에는 상당한 난점들이 있는 것으로 보인다. 슈바이저가 주장하는 바와 같이 만일 골로새서 저자가 찬양을 수정했다면, 어째서 그는 자기 자신의 신학과 다른 어떤 요소들이 남아 있도록 허용했을까? 단지 하나의 실례로서만 취급하여 만일 화목과 화해(20절)가 본질적으로 다르다면, 그가 자기 자신의 입장과 어울리지 않는 사상, 특히 찬양의 공식적 구조가 아무리 보아도 손상된 것과 같은 그러한 사상을 왜 제거하지 않았을까? 소위 갑작스럽게 끼어들어온 요소라는 것을 제거하는 일은 골로새서 저자에게는 어렵지 않았을 것이다. 더 나아가서 왜 "화목"과 "화평하게 하는 것"(화해 개념을 포함하고 있는)을 본질적으로 다른 것으로 생각해야 하는가(참조. Schweizer, *Neotestamentica*, 326)? 우리가 판단해 보건대 보다 적절한 해석이 제시될 수 있을 것이다(55-57쪽을 보라). 그러나 이러한 질문들은 사람이 당연히 원래의 찬양의 양식을 발견하려고 시도할 수 있는지의 여부에 대한 보다 일반적인 문제를 야기할 뿐이다. 예를 들어, 로제(Lohse, 44)는 다음과 같은 몇 가지 사항에 근거하여 로빈슨, 밤멜, 슈바이저의 재구성을 비판했다. (a) 그들의 재구성이 주어진 본문을 너무 지나치게 다룬다는 것, (b) 그들이 정확하게 평행이 되는 구조를 가지고 있는 두 개의 연이라는 타당성 있는 가설을 세우는 데 충분한 증거를 제공하지 못한다는 것(중간 연에 대한 슈바이저의 분석은 엑티스타이〈*ἔκτισται*〉란 단어를 가지고 있는 16c절이 인클루시오의 일부분으로서 앞의 연에 속한다는 사실에 근거하여 비판을 받아 왔다). (c) 예전에 있었던 보다 짧은 찬양에 가필된 것으로 생각되는 문구들은 대부분이 사실상 이미 구성된 행들의 의미를 확대하고 있는 진술이다("모든" 공식 문구에 관해서는 Pöhlmann의 주석, *JNW* 64[1973] 53-74를 참조하라). 가바툴레르(Gabathuler, *Jesus Christus*, 125-31)는 1:15-20에 관한 연구사에 대한 자신의 연구를 마치고 스타일의 표준에 관해서 여전히 심각한 불확실성이 남아 있다고 결론지었다. 예를 들어, 이전에 존재해 온 양식과 표준의 내용이 언제 달라졌는가? 혹은 다른 양식 표준이 다른 결과로 이끌어 갈 때, 어떤 스타일의 검토를 따라야 하는가?

가바툴레르의 연구 결과가 출판된(1965년) 이후 상당량의 학문적 작품들이 완성되었음에도 불구하고, 15-20절에 있는 연의 수와 내용에 관하여 혹은 바울 당시의 가필이냐 아니면 바울 이후의 가필이냐에 관하여 아무런 합의점에 이르지 못했다(참조. M. Wolter, *Rechtfertigung und zukünftiges Heil. Untersuchungen zu Röm 5, 1-11*,[BNZW 43' Berlin: Walter de Gruyter, 1978] 49; 차이점들을 유의하고 또한 이것들이 Benoit, *Christianity*, 238에서 열거한 모든 가능성들을 포함하고 있지 않다는 점을 유의하라). 모든 세부 사항들 가운데서 각기 일치하지 않는 길이를 가진 두 개의 연으로 되어 있다는 로제의 보수적인 재구성(Lohse, 44, 45)이 스타일상의 근거에서 후자의 연이 18b절의 "그가 근본이요 죽은 자들 가운데서 먼저 나신 자니"(*ὅς ἐστιν ἀρχή, πρωτότοκος ἐκ τῶν νεκρῶν*-호스 에스틴 아르케 프로토토코스 에크 톤 네크론)란 문구로 시작한다는 사실을 암시하고 있을지라도, 15절의 서론적 진술 "그는 보이지 아니하시는 하나님의 형상이요 모든 창조물보다 먼저 나신 자니"(*ὅς ἐστιν εἰκών⋯πρωτότοκος πάσης κτίσεως*-호스 에스틴⋯에이콘 프로토토토코스 파세스 크티세오스)도 그처럼 평행을 이룬다. 이러한 입장에서 볼 때 18a절의 주장 "그는 몸인 교회의 머리라"는 이 시의 첫 부분(혹은 최소한 중간 연)에 어울리는 절성을 이루고 있고 그리스도의 전 우주의 머리 되심을 가리킨다. 그러나 본문 자체에서는 진술이 구원론적인 것이다. "교회"(*τῆς ἐκκλησίας*-테스 에클레시아스)란 단어가 원래의 찬양에 속했다는 사실은 확실하지 않다. 그리고 비록 최근에 대부분의 학자들이 이 단어를 편집자의 첨가물로 간주했을지라도 켈(Kehl, *Christushymnus*, 93, 97), 헤게르만(Hegermann, *Schöpfungsmittler*, 106) 그리고 깁스(Gibbs, *Creation*, 105; 참조. Feuillet, *Christ*, 217-28)는 그것들이 18a절의 본질적 의미라고 주장했다.

그 어떤 재구성도 신빙성이 없다. 큄멜의 언급(Kümmel, *Introduction*, 343)은 장황하게 인용할 만한 가치가 있다.

> …로마여의 분석이 실질적으로 거의 확신을 주는 결과로 인도하지 못한 이후, 찬양에 대한 여러 가지 재구성은 저자에 의하여 확대되었다는 쪽으로 기울어졌다. 사실상 하나의 면밀한 계획에 따라 구성된 하나의 찬양이 사용되어 왔고, 또한 그에 따라서 계획 밖의 문장의 모든 단편이 골로새서 저자로부터 유래한 것이라는 가정은 아직 입증되지 않았다. 골로새서 저자 자신[큄멜은 이를 바울로 간주한다]이 전통적 자료를 사용하면서 그 찬양을 작성했다는 것이 훨씬 더 개연성이 있다….

(이것은 본질적으로 Dibelius-Greeven, Moule, Maurer 그리고 Feuillet 등의 입장이다.)

그러므로 원래 노든이 주장했던 믿을 만한 평행구절들에 대해 말하는 것이 더 나을 것으로 보인다(그 이후의 Kehl, *Christushymnus*, 30-34, 그리고 Zeikiger, *Der Erstgeborene*, 39-43의 취급을 유의하라). 그와 같이 호스 에스틴 에이콘(*ὅς ἐστιν εἰκών*, "그는 형상이다", 15절)은 호스 에스틴 아르케(*ὅς ἐστιν ἀρχή*, "그가 근본이요", 18절)와 평행을 이루고 있다. 프로토토코스 파세스 크티세오스(*πρωτότοκος πάσης κτίσεως*, "모든 창조물보다 먼저 나신 자")는 프로토토코스 에크 톤 네크론(*πρωτότοκος ἐκ τῶν νεκρῶν*, "죽은 자들 가운데서 먼저 나신 자", 18절)과 평행을 이루고 있으며, 반면에 바꾸어서 각각의 관계절 다음에는 호티(*ὅτι*, "왜냐하면")로 시작하는 원인을 나타내는 문장이 뒤따라온다: 호티 엔 아우토 에티스데(*ὅτι ἐν αὐτῷ ἐτίσθηω*, "만물이 그에게 창조되되⟨=그 안에서 창조되었으므로⟩", 16절)와 호티 엔 아우토 유도케센(*ὅτι ἐν αὐτῷ εὐδόκησεν*, "그 안에서 기뻐하셨으므로", 19절). 그리스도의 통치의 우주적인 범위가 16절에서 에이테 드로노이 에이테 퀴리오테테스 에이테 아르카이 에이테 엑수시아이(*εἴτε θρόνοι εἴτε κυριότητες εἴτε ἀρχαὶ εἴτε ἐξουσίαι*, "보좌들이나 주관들이나 정사들이나 권세들이나")로, 그리고 20절에서 에이테 타 에피 테스 게스 에이테타 엔 토이스 우라노이스(*εἴτε τὰ ἐπὶ τῆς γῆς εἴτε τὰ ἐν τοῖς οὐρανοῖς*, "땅에 있는 것들이나 하늘에 있는 것들")로 설명되고 있다. 파스(*πᾶς*, "모든")의 잦은 사용과 16c절과 20절에 있는 형식상의 교차의 잦은 사용을 유의해 볼 수 있다.

a *τά πάντα*("만물")	b *καί δἴ αὐτοῦ*("그리고 그로 말미암아")
b *δἴ αὐτοῦ καί*("그로 말미암아 그리고")	a *τὰ πάντα*("만물")

16절에서 교차적 표현의 두 실례가 나타난다. 첫째로, 두 행이 동일한 평행구로 교차적으로 구성되어 있다.

ὅτι ἐ αἰτῷ ἐκτίση τά πάντα
τὰ πάντα δἴ αὐτοῦ καὶ εἰς αὐτὸν ἔκτισται
만물이 그에게 창조되되
만물이 다 그로 말미암고 그를 위하여 창조되었고

두 번째 경우 타 판타(*τὰ πάντα*, "만물")가 확대되어 있으며, 다음과 같은 문장으로 명시되어 있다.

ἐν τοῖς οὐρανοῖς καὶ ἐπὶ τῆς γῆς
τὰ ὁρατὰ καὶ τὰ ἀόρατα
"하늘과 땅에서,
보이는 것들과 보이지 않는 것들"

반복된 타 판타(*τὰ πάντα*, "만물")와 마감하는 행의 동사 엑티스타이(*ἔκτισ-ται*, "창조되었다")가 두 번째 교차적 문구들을 함께 묶는 인클루시오의 한 실례가 된다.

마지막으로, 17절과 18절 간의 양식상의 일치를 눈여겨 보아야 할 필요가 있다.

17절 *καὶ αὐτός ἐστιν πρὸ πάντων*
18절 *καὶ αὐτός ἐστιν ἡ κεφαλή*
"또한 그가 만물보다 먼저 계시고…
그는 …의 머리라"

(2) 배경

많은 학자들이 세시한 이러한 구절들의 배경은 가지각색이다. 다음의 의견들은 가장 영향력 있는 것들이다(참조. R. P. Martin, *The Church's Lord and the Christian Liberty*[Exeter: Grand Rapids, MI: 1972]; 1982 reprint, *Palm Springs*, CA 40-44).

(a) 케제만(Käsemann, *Essays*, 149-68)은 언젠가 112개의 단어들 가운데 여덟 개의 첨가된 단어인 테스 에클레시아스(*τῆς ἐκκλησίας*, "교회", 18절)와 디아 투 하이마토스 투 스타우루 아우투(*διὰ τοῦ αἵματος τοῦ σταυροῦ αὐοῦ*, "그의 십자가의 피로", 20절)가 특별한 기독교적 특징들을 가지지 않은 찬양에서는 제거되어 있었다고 생각했다. 그것은 원래 영지주의 구속자의 형이상학적 그리고 초역사적 드라마를 다루고 있는 기독교 이전의 영지주의 본문이었다. 그 찬양은 세례 의식의 재해석 가운데 기독교 용법에서 이어받았고(케제만의 주장에 필수적인 부분은 12-14절이 바울 이전 세례 문맥에서 알려져 있었고, 찬양에 대한 하나의 "성찬식 입례송" 역할을 했다는 의견이다. 이에 대한 비평에 관해서는 19, 20쪽을 보라) 최종적으로 골로새에 있는 반영지주의 운동에 대한 반박(!) 속에서 골로새서 저자에 의하여 인용되었다는 것이다. 케제만에게 창조와 구속은 원시 인간과 구속이라는 신화 사이에 연관된 요소였다. 그는 자기에게 속한 사람들을 위한 개척자로서 죽음의 영역으로 뛰어들었다. 구속자의 화유의 목적은 객관적 화해 – 온 우주의 화해, 즉 우주를 이루는 영원한 시간의 화해를 이루는 것이었다. 그러한 화해(20절)는 인격적이거나 도덕적이지 않다. 그 대신 그 화해는 "한 시대가 주님이다"(the one aeon is Lord)라는 이러한 우주적 힘의 일부분에 대한 인식으로 이루어진다. 갈등을 일으키는 요소들은 화해되고, 구속자는 우주의 평화를 선언한다.

그러나 케제만의 주장은 다음과 같은 이유로 인하여 믿을 수 없다. 첫째로, 18-20절에 있는 문구들이 첨가물이라는 사실이 만족할 만하게 논증될 수 있을지라도, 미심쩍은 스타일에 근거하여 그가 각각의 연들을 취급하는 점은 제외하고(Gabathuler, *Jesus Christus*, 52의 비평을 보라) 영지주의 구속 무용담이 신약의 메시지에 대한 우리의 이해에 어떤 영향을 미치는지, 그리고 입증을 위하여 2세기의 문서에 호소하는 일이 타당성을 가지고 있는지의 여부에 대한 복잡한 문제가 일어난다. 둘째로, 이 단락들에 있는 여러 단어들은 그것들에 관한 구약성경의 음조를 가지고 있는데, 예를 들어 하나님의 창조에 대한 반복된 언급(15, 16절) 그리고 하나님이 선택하시는 작정에 대해서 구약성경에서 사용된 유도케오(*εὐδοκέω*, "기뻐하시다", 19절)란 동사다(Lohse, 45; 아래의 해석을 보라). 셋째로, 슈바이저와 로제는 프로토토코스 에크 톤 네크론(*πρωτότοκος ἐκ τῶν νεκρῶν*, "죽은 자들 가운데서 먼저 나신 자니", 18절)이란 문구의 기독교적 특성이 의심할 여지가 없다는 사실을 올바르게 지적했다. 사실상 슈바이저는 기독교 이전의 찬양에 대한 케제만의 논문이 이 문구에 의하여 파괴된다고 주장한다(Schweizer, *Neotestamentica*, 297, 이를 Lohse, 45, 그리고 Pöhlmann, *ZNW* 64[1973] 54가 따른다. 특히 Kehl, *Christushymnus*, 88-93). 케제만의 이론에 대한 네 번째 그리고 마지막 비판은 화목에 관한 가르침과 관련된 것이다. 거기에 땅에 오시고 하나님과 인간을 화목하게 하시는 구속자와 평행을 이루는 비기독교적 인물이 있는지에 대해서는 의심스럽다. 슈바이저(*Neotestamentica*, 297)와 다른 사람들(참조. Pöhlmann, *ZNW* 64[1973] 54에서는 이 찬양의 기독교 이전의 원래 양식을 발견하려는 시도는 학자들에 의하여 이제는 포기된 상태라고 생각한다)은 이것을 독특하게 기독교 모티프로 간주한다(나그 함마디의 코덱스 V에 있는 참조 사항 및 예수에 대한 기독교인의 이야기로 영향을 받지 않은 구속 신화의 한 실례를 나타낸 것으로 생각된 아담의 묵시록〈Apoc Adam〉의 중요성들은 논란이 되고 있다. 참조. R. McL. Wilson, *Gnosis and the New Testament*[Oxford: Blackwell, 1968] 138, 139' American edition[Philadelphia: Fortress]).

(b) 두 번째 접근은 랍비 유대교의 배경에 반대하여 찬양의 종교적 메시지로 이해하는 것이다. 버니(Burney, *JTS* 27[1926] 160-77)와 데이비스(W. D. Davies, *Paul and Rabbinic Judaism. Some Rabbinic Elements in Pauline Theology*, 2nd ed. London: SPCK, 1955, 150-52; 4th American edition[Philadelphia: Fortress])는 이러한 입장에 중요한 반대자였다. 버니는 이 찬양과 구약성경의 구절들, 특히 랍비들

에 의하여 지혜와 관련된 것으로 해석된 잠언 8장과 창세기 1장 간의 많은 유사성들에 눈을 돌렸다. 바울이 성경의 첫 문구(베레쉬트)에 대한 사색적 설명을 제공한 것으로 생각되는데, 랍비들이 창세기 1:1("태초에 하나님이 창조하셨다")과 잠언 8:22("여호와께서 그 조화의 시작 곧 태초에 일하시기 전에 나를 가지셨으며")로부터 뽑아내곤 했던 모든 가능한 의미가 교회의 주님에게 적용하게 되었다. 그러므로 버니의 논문이 옳다면 이 구절을 설명하기 위하여 외부에서 들어온 헬라화된 자료들을 불러들일 필요성은 감소될 것이다.

비록 이러한 접근 방법이 골로새에 있는 바울의 대적이 단독으로 유대인 자료로부터 생겨났고(참조. Gabathuler, *Jesus Christus*, 28, 29), 또한 이 이론이 지나치게 독창적인 것이라고(지배적으로 이방 교회가 해석에 대한 유대인의 방법들을 이해했을까!) 가정함으로써 비판을 받아 왔을지라도 여러 가지 긍정적인 점들이 나타난다. 첫째로, 찬양 단락의 배경으로서 창조에 관한 구약성경의 진술의 중요성을 강조한 점에서 버니와 데이비스는 옳다. 둘째로, 창조에서 지혜의 기능이 골로새서 1:15-18에서 그리스도에게로 돌려진 것으로 이해되는, 지혜 전승에 붙어 있는 의미가 헬라 유대주의 가운데서 그 단락에 대한 배경을 발견하기를 더 좋아했던 해석가들에 의하여 받아들여진 점이다(Pöhlmann, *ZNW* 64[1973] 73에서는 "모든"이란 공식 문구가 고대 세계의 많은 기도 본문에서 자주 사용되기는 했을지라도 초창기 랍비 유대주의의 기도 전승에는 자주 나타나지 않는다고 주장했다). 그러므로 비록 버니의 세부적인 논증이 문제가 될 수 있지만, 영지주의, 스토익주의 그리고 다른 곳에서 주장되어 온 불확실한 평행절들보다는 긴밀한 평행을 이루고 있는 구약성경의 평행절에 주의를 기울인 것은 칭찬할 만하다.

(c) 세 번째로 일반적인 접근 방식은 골로새서 1:15-20의 배경을 헬라화된 유대주의에서 찾아야 한다고 생각한다. 이것은 많은 유럽의 학자들, 특히 슈바이저의 입장인데 이 주제에 대한 그의 글은 영향력이 있다(그의 주석 44-74쪽에 있는 참고서적들을 참조하라). 이 접근 방식은 교회의 성격을 두드러지게 이방 기독교인 것으로 진지하게 취급하려 하고 있으며, 골로새인들을 괴롭혔던 이단 가운데 포함되어 있었던 유대적 요소들은 디아스포라 유대인들에게서 유래했다고 인정한다. 슈바이저는 신약성경의 기독론 사상이 보다 광범위한 외부로부터의 빚을 졌는데 그 가운데서 골로새서 1:15-20은 하나님의 지혜에 그 중심적 위치를 부여했던 헬라화된 유대인의 사고의 한 유형일 수도 있다고 생각한다. 찬양을 만들어 냈던 기독교 그룹의 신학은 지혜문서에서 발견된 것과 평행을 이루는 많은 구절들에서 명확하게 발

견될 수 있다. 그리스도께서는 창조의 선재하시는 중재자요 세계를 해체로부터 보존하면서 우주를 함께 붙들고 계시는 분으로 묘사된다. 찬양을 만들어 낸 그룹을 통하여 이루어진 새로운 점은 곧 "그리스도 안에서 하늘과 땅이 다시 화목되었다는 것이다"(*Neotestamentica*, 325).

슈바이저에 따르면, 골로새서 저자는 찬양의 신학을 두 가지 방법으로 바로잡았다: 첫째로, 네 개의 부가적인 언급을 본 단락 속에 삽입함으로써다(위의 문학 양식을 취급하는 부분을 보라). 둘째로, 뒤따라오는 자신의 주석에서(1:21-23) 저자는 십자가에서 그리스도의 죽음을 통하여 화목된 자는 자연이 아니라 인류라는 사실을 강조했다.

우리는 이미 찬양에 대한 저자의 수정에 관해서 슈바이저가 제안한 주장들과 관련된 상당히 많은 문제점들을 살펴보았다(첨가나 수정에 관한 Schnackenbutg의 적절한 질문을 유의하라. EKKNT Vorarbeiten 1, 37). 기록자 자신이 그 찬양을 수정한 이후까지 자기의 신학과 다른 어떤 요소들이 남아 있도록 허용했다는 것은 매우 드문 일이다. 더 나아가서 저자가 즉시 뒤따라오는 단락(1:21-23)에서 그 찬양의 신학을 다르게 표현했다는 것은 전혀 확실치 않다. 우리가 판단하기에는 보다 적절한 설명이 가능하다(아래 해석을 보라). 그러나 신약의 기독론이 헬라 유대주의에 있는 일반적인 "지혜" 배경에 빚을 졌다는 사실과 관련하여 슈바이저의 요점은 옳을 수도 있는데, 다음의 사항들을 유념할 필요가 있다: (i) 초대 교회에서 나중에 나타난 팔레스틴 유대주의와 헬라 유대주의 간의 날카로운 구별은 최근의 연구에 비추어 유지될 수 없다. 비록 이러한 구별이 몇몇 신약학계의 그룹들 가운데서 자명한 것이었을지라도, 마샬(I. H. Marshall, "Lalestinian and Hellenistic Christianity: Some Critical Comments," *NTS* 19[1972-72] 271-87)과 헹겔(M. Hengel, *Judaism and Hellenism. Studies in their Encounter in Palestine during the Early Hellenistic Period*, Tr. J. Bowden[Philadelphia: Fortress, 1974])이 올바르게 질문을 던진 바 있다.

(ii) 헬라 유대주의에서 있었던 지혜에 대한 설명과 그 활동들은 골로새서 1:15-20(그 자세한 해석에 관해서는 아래를 보라)에 있는 그리스도에 관한 여러 가지 진술과 유사하지만 그 차이들도 간과되어서는 안 될 것이다. 예를 들어, 유대인의 지혜문서에서(혹은 그 문제에 관한 현존하는 유대인의 나머지 자료들 가운데서) 창조의 머리로 말하는 그리스도에 관한 진술은 일치하지 않는다: "만물이 다 그로 말미암고 그를 위하여(*εἰς αὐτόν* - 에이스 아우톤) 창조되었고"(16절).

(iii) 더 나아가서 지혜 – 즉 "형상", "먼저 나신 자" 등 그리고 우주가 창조된 중보자로서의 지혜 – 에 관한 진술이 헬라 유대주의의 구조에서는 하나의 유사 인간의 방식으로 이해되지만, 골로새서의 본문에서 말하는 그분은 살아 계시는 인간 예수 그리스도, 바울이 다메섹 도상에서 대면하여 본 자다. 바울에게도 그리고 초대 기독교인들에게도 예수 그리스도는 성육신하신 하나님의 지혜이셨다.

만일 이 구절(신약성경에 있는 여러 다른 구절들과 함께; 참조. 히 1:1- 4; 요 1:1-18)이 구약성경과 유대주의에 있는 일반적인 지혜 배경으로부터 빌려온 증거를 제공하고 있다면, 우리는 여전히 지혜에 대한 이러한 설명과 활동들이 최근에 십자가에서 죽으시고 죽은 자 가운데서 부활하신 나사렛 예수에게 적용되었다는 사실을 염두에 두어야 할 것이다. 이러한 해석이 어떻게 생겨났을까? 초대 기독교인들은 이러한 지혜 배경을 통하여 제공된 사상-양식을 기졌을 수 있으나, 이러한 일들을 예수 그리스도에게 적용하는 일은 배경 그 자체만으로는 아직 설명되지 않았다.

(3) 저작권

위에 기록된 내용으로부터 최근에 대부분의 저자들은 1:15-20의 찬양 단락이 비바울적이라고 생각하고 있음에 분명하다. (로마여, 펄시, 디벨리우스, 마우러, 모울, 브루스, 퓰레, 큄멜 그리고 케어드를 포함한 소수는 이 단락을 바울의 것으로 취급한다.)

이 찬양의 바울 저작권에 반대하여 두 가지 주된 논증이 제시되었다: 첫째로, 바울 서신들 중 그 어디에도 나타나지 않고 혹은 다른 의미로 사용된 상당수의 단어들이 찬양 가운데서 발견된다(Lohse, 42; Deichgräber, *Gotteshymnus*, 152, 153). 그러므로 기록론적 설명인 에이콘 투 데우(*εἰκὼν τοῦ θεοῦ*, "하나님의 형상", 15절)가 고린도후서 4:4에서는 공식적인 형태의 문장으로만 나타난다. 호라토스(*ὁρατός*, "보이는", 16절)는 신약성경에서 오직 여기서만 사용되는 한편, 아오라토스(*ἀόρατος*, "보이지 않는", 15, 16절)는 이례적이며(롬 1:20; 딤전 1:17; 히 11:27) 호라토스(*ὁρατός*, "보이는")와 대조해서는 전혀 사용되지 않았다. 드로노이(*θρόνοι*, "보좌들", 16절)는 바울 서신 이외에는 어느 곳에도 나타나지 않는 한편 퀴리오테스(*κυριότης*, "주관들", 16절)는 단 한 번 더 나타난다(엡 1:21). 쉬니스테미(*συνίστημι*, "함께 섰느니라", 17절)의 자동사형은 바울에 의해서 달리 사용되지 않았다. 기독론적 문맥 가운데서 바울은 그리스도를 아파르케(*ἀπαρχή*, "첫 열매",

고전 15:20)로 언급하고 있으나 아르케(ἀρχή, "근본", 18절)로는 결코 언급하지 않는다. 프로튜오(πρωτεύω, "으뜸", 18절)와 에이레노포이에오(εἰρηνοποιέω, "화평을 이루다〈화평을 만들다〉", 20절)는 신약성경에 단 한 번만 나오는 단어다. 카토이케오(κατοικέω, "거하다", 19절)는 골로새서 2:9(이 구절은 찬양으로 되돌아가는 구절이다)과 에베소서 3:17에 나타나며, 한편 아포카탈라쏘(ἀποκαταλλάσσω, "화목하게 하다", 20절)는 에베소서 2:16에만 나타난다. 바울은 "그리스도의 피"(20절)는 전통적인 그리스도인을 표현할 때만 언급하며(롬3:25; 5:9; 고전 10:16; 11:25, 27; 참조. 엡 1:7; 2:13), 반면에 복합문구 "그의 십자가의 피"(αἷμα τοῦ σταυροῦ αὐτοῦ - 하이마 투 스타우루 아우투, 20절)의 동일 문구는 나타나지 않는다.

그러나 이러한 관찰들은 15-20절의 바울 저작권에 반대하는 데 확신을 주는 증거를 제공하지 않는다(Kim, *Paul' Gospels*, 183-87의 비평을 보라). 기독론적 설명인 "하나님의 형상"(εἰκών τοῦ θεοῦ - 에이콘 투 데우)이 고린도후서 4:4에 있는 공식 문구와 같은 문장 가운데만 나타난다는 사실은 아무것도 입증하지 못한다(Jervell의 순환 논증, *Imago*, 196, 197, 209에서는 이에 반대한다. 그리고 Eichgräber, *Gotteschymnus*, 152, 153에서는 에이콘〈εἰκών, "형상"〉과 프로토토코스〈πρωτότοκος〉가 바울 이전의 것이라고 주장하고, 또한 기독교 이전에는 누가 그 단어들을 처음으로 그리스도에게 적용했는지를 묻지 못했다고 주장하면서 반대했다: 바울인가, 아니면 그가 아닌 그 이전의 다른 사람인가? 예를 들어, 아무도 "하나님의 형상"(εἰκὼν τοῦ θεοῦ - 에이콘 투 데우)이 지혜에 대한 하나의 설명인지, 아니면 창세기 1:27에 나타나는 그 형상인지를 부정하지 않는다. 바울이 예수 그리스도께서 "하나님의 형상"(εἰκὼν τοῦ θεοῦ - 에이콘 투 데우)이라는 고백을 작성했을 가능성이 있으며, 그래서 고린도후서 4:4과 골로새서 1:15(아래를 보라)에서 사용했던 것이다. 더 나아가서 드문 단어들, 즉 호라토스(ὁρατός, "보이는"), 아오라토스(ἀόρατος, "보이지 않는"), 드로노이(θρόνοι, "보좌들"), 쉬니스테미(συνίστημι, "함께 섰느니라"), 퀴리오테테스(κυριότητες, "주관들"), 쉬니스테미(συνίστημι, "함께 섰느니라"), 카토이케오(κατοικέω, "거하다"), 프로튜오(πρωτεύω, "으뜸"), 에이레노포이에오(εἰρηνοποιέω, "화평을 이루다〈화평을 만들다〉")에 관한 관찰은 무엇을 입증해 주었는가? 만일 주제 문제가 이러한 단어들을 사용하기를 원했을지라도 바울이 이를 사용하기에 불가능했을까? 이러한 특별한 주제들을 소개할 필요가 있었음에도 불구하고, 기록자가 단어들을 고를 때 이보다 더 낫거나 자연스러운 단어들이 있었을까(참조. Moule, 61, 62)? 호라토스(*ὁρατος*, "보이는")와 아오라토스(*ἀόρατος*, "보이지 않는")는 로마서 1:20의 하나님의 보이지 않는 속성에 대하여 후자를 사용하는 사람에게는 이상한 단어가 아니다. 드로노이(*θρόνοι*, "보좌들")와 퀴리오테스(*κυριότητες*, "주관들")는 만일 골로새 이단에 대해 특별한 관심을 가지고 있는 바울이 우주적 원리들과 권세들까지도 그리스도 안에서 창조되었다는 사실을 강조하고 있다면 사용했을 완전히 이해할 수 있는 단어들이다. 어간 카탈라그(*καταλλαγ*, "화해하다")의 파생어들은 신약성경에서 바울에게서만 나타난다(Percy, *Probleme*, 86). 명사 아파르케(*ἀπαρχή*, "첫 열매")보다는 아르케(*ἀρχή*, "근본")가 그리스도의 주권을 강조하고, 첫 창조와 새 창조가 평행이 되며, 특히 그리스도께서 새 창조의 시작이 되고, 그의 부활로 말미암아 그 새 창조를 시작하신 분으로 지칭되는 구절 가운데서는 완전히 이울린다. 그리스도의 피를 언급하고 있는 모든 구절들이 바울 이전의 것인지의 여부는 의심스럽다. 그러나 비록 그렇기는 하지만, 아마도 바울이 그것을 자기 자신의 것으로 만들었을 것이며, 그래서 여전히 15-20절의 단락과 같은 곳에서 그것을 사용할 수 있었던 것이다. 로마서 5:1-11에서처럼 화목과 평강이라는 주제는 그리스도의 피와 함께 묶여 있는데, 이는 그것이 속죄(atonement)의 의미이기 때문이다(참조. 롬 3:25).

골로새서 1:15-20의 바울 저작권에 반대하는 두 번째 주장은 구조적 근거에 기초하고 있는데, 운율, 평행구, 연 배열에 따라 재구성된 원래의 찬양이 골로새서 저자에 의하여 취해져서 개작되었다는 것이다. 그러나 만일 스타일상의 표준, 15-20절에 있는 연의 수와 내용, 바울 첨가의 가능성 그리고 하나의 찬양이 엄격한 계획에 따라 재구성되었는지에 대한 문제가 불확실하다는, 위에서 살펴본 우리의 논증이 옳다면 이 논증 역시 입증될 수 없다.

다시 말해서, 바울 저작권에 반대하는 주장은 보다 열렬한 주창자들이 우리로 하여금 믿게 하는 것보다 상당히 더 설득력이 없다. 우리는 다음과 같이 물을 수 있다. 바울이 자기 독자들의 상황에 비추어 이곳저곳에서 해석적인 가필과 함께 확대(수정하거나 상충되지 않게)하여 자기가 초창기에 작성한(Feuillet, *Christ*, 246-73) 찬양을 사용하고 있었거나, 혹은 독자들의 상황에 비추어 그리스도에 관한 자신의 신앙을 하나의 승귀된 찬양 스타일로 표현하면서 또한 그것들의 어구 몇몇을 사용하고 있었다는 것은 상상하기가 불가능한가? 우리가 볼 때, 이러한 양자택일 사항들 가운데 하나나 혹은 다른 것이 이 찬양이 바울 이전의 것이라는 것보다 더 개연성이 있다.

최근에 김세윤(*Paul's Gospel*, 173-339, 특히 173-79)은 예수의 "정체"를 고대 교회에서 하나님의 지혜로 창시한 사람은 바울이었고, 이것은 30년대 초반과 같은 이른 시기였다고 주장했다. 그는 그리스도를 "하나님의 형상"(*εἰκὼν τοῦ θεοῦ* – 에이콘 투 데우, 고후 4:4; 골 1:15; 참조. "하나님의 형상"〈*μορφὴ θεοῦ* – 모르페 데우〉, 빌 2:6; Martin, *Carmen Christi*, 99-133, 특히 107-120, 그리고 Kim, *Paul's Gospel*, 247-60)으로 지칭한 것과 그리스도의 형상을 닮음 혹은 변함이라는 그리스도인의 주제가 신약성경에서 바울의 편지들에서만 명확하게 나타난다고 지적했다(롬 8:29; 고전 15:49; 참조. 52절; 참조. 골 3:9; 10; 엡 4:24). 요한복음(참조. 1:1-18에 있는 성육신되시고 하나님의 계시이신 "말씀"〈*λόγος* – 로고스〉: 12:45; 14:9; 또한 하나님의 자녀가 "그가 나타내심이 되면 우리가 그와 같을 줄을 아는 것은 그의 계신 그대로 볼 것을 인함이니"라는 진술을 보라)과 히브리서(히 1:3 〈참조. 지혜서 7:26〉의 지혜 기독론을 보라. 여기서 아들은 "하나님의 영광의 광채"〈*ἀπαύγασμα* – 아파우가스마〉와 "그 본체의 형상"〈*χαρακτήρ* – 카라크테르〉이시다. 또한 참조. 아들을 통하여 개척된 구원, 완전 그리고 영화를 나누어 가지는 그리스도인이라는 주제: 2:10, 11; 참조. 5:9; 6:20; 10:14; 12:2)에서 개념상의 사상 형태는 바울의 사상 형태와 같으나, 히브리서의 실질적인 그리스도에 대한 "하나님의 형상"이라는 표현과 그 형상을 닮음 혹은 변화에 대한 표현은 다르다.

김세윤은 계속해서 바울이 영광 중에 승귀하신 그리스도를 다메섹 도상에서 "하나님의 형상"으로 그리고 하나님의 아들로 보았다고 주장한다. 그러한 인식이 그로 하여금 그리스도에 대해 인간이 되신 하나님의 지혜로 생각하도록 만들었다. 바울의 지혜 기독론은 다메섹 계시에 근거했다. 구약성경과 유대적 배경은 그가 다메섹 경험을 해석하고 그의 신학을 낳을 수 있는 어떤 범주와 사상 양식을 제공해 주었다. (이와 유사한 하나의 논증이 Kim, *Paul's Gospel*, 392-97에 의하여 사용되었는데, 말하자면 "화목은 하나님께서 그리스도 안에서 행하신 구속의 목적을 묘사하기 위한 독특한 바울의 신학 개념이다"[392]. 그리고 보다 최근에는 R. P. Martin, *Reconciliation. A Study of Paul's Theology*. London: Marshall, Morgan and Scott. Atlanta, GA: John Knox, 1981에 의하여 이루어졌다.)

만약 이러한 논증들이 바울이 처음으로 그리스도를 "하나님의 형상"(*εἰκὼν τοῦ θεοῦ* – 에이콘 투 데우)으로 밝히고, 또한 구약성경과 유대적 배경에 따라 하나님의 지혜라고 한 사실을 납득한다면, 이 찬양에 대한 바울 저작권에 대한 주장은 상당히 강화된다. 사실상 김세윤의 주장이 옳다면, 유일한 다른 대안은 이 찬양이 바울 후기의 것이라는 것이며(비평적 학자들은 받아들이지 않는다), 또한 이 편지를 기록하면서 자기 자신의 목적을 위하여 골로새서의 바울 이후의 저자가 이용했다는 것이다. (골로새서 저작권에 대한 우리의 논의 서론을 보라).

주석

15 "그는 보이지 아니하시는 하나님의 형상이요"(*ὅς ἐστιν εἰκὼν τοῦ θεοῦ τοῦ ἀοράτου* – 호스 에스틴 에이콘 투 데우 투 아오라투). 그리스도에 대한 찬양 가운데 있는 이 웅장한 찬양은 사랑을 받는 아들인 그분이 "보이지 않는 하나님의 형상"(*εἰκών* – 에이콘)이시라는 사실을 주장하면서 시작된다. 하나님의 속성과 성품 자체가 그분 안에서 완전하게 계시되었다. 그분 안에서 보이지 않는 그분이 보이게 되었다. 구약과 신약성경에서 모두 "아무도 하나님을 본 사람이 없다"는 사실을 분명하게 말하고 있다. 그러나 네 번째 복음서 저자는 "아버지 품 속에 있는 독생하신 하나님이 나타내셨느니라"(요 1:18)고 덧붙인다. 이와 유사한 진술이 바울 사도에 의하여 다른 곳에서 진술되었는데, 그는 다메섹 도상에서 그분을 심령 속에 체험하고 "하나님의 형상이신(*εἰκὼν τοῦ θεου* – 에이콘 투 데우) 그리스도의 영광의 복음의 빛"이 자기에게 비쳤다고 주장한다. 태초에 창조의 말씀으로 흑암으로부터 빛이 있으라고 부르셨던 그 하나님께서 이제 그의 마음속에 "예수 그리스도의 얼굴에 있는 하나님의 영광을 아는 빛을 비취셨다"(고후 4:4, 6; 참조. 3:18). 같은 내용이 히브리서 저자에 의하여 또 다른 방법으로 그리스도께서 "하나님의 영광의 광채(*ἀπαύγασμα* – 아파우가스마)시요 그 본체의 형상이시라"고 표현되었다.

"형상"(*εἰκών* – 에이콘)이란 하나님의 형상이신 그리스도와 관련해서 뿐만 아니라(이 곳과 고후 4:4) 그와 같은 형상으로 내주하시는 성령의 능력으로 말미암은 그리스도의 백성들의 점진적인 변화의 결과로(고후 3:18; 참조. 골 3:10; 엡 4:24) 결국에는 하늘의 사람의 형상을 나타내 보이는 사람들 가운데서 지상의 형상이 남아 있지 않게 되는 것과 관련해서도 바울이 여러 번 사용했다(고전 15:49; 롬 8:29; 참조. Bruce, *Paul*, 123; 위를 보라. 거기서 개념적으로는 아닐지라도 언어학적으로 이중적인 방식으로 "형상"에 대한 바울의 사용은 신약성경에서 독특하다)

골로새서 1:15과 관련하여 우리는 사람이 하나님의 형상으로 만들어졌고(창 1:26, 27) 하나님의 영광을 위하여(사 43:7) 만들어졌다고 진술되는 구약성경을 상기하게 된다. 그는 하나님의 형상이요 영광이라고 바울 사도는 진술한다(고전 11:

7). 몇몇 사람은 하나님의 형상이요 그의 영광의 계시자로서 그리스도에 대한 그의 관점으로부터 바울의 두 번째 사람, 즉 마지막 아담으로서 부활하신 그리스도에 대한 묘사를 분리하기가 어렵다고 주장했다(Bruce, *Paul*, 123). 이 두 요소는 잘 연합될 수도 있다.

그러나 창세기 1장만이 버니(Burney, *JTS* 27[1926] 160-77)와 다른 사람들이 생각한 것처럼 골로새서 1:15에 있는 이 문구에 대한 배경을 적절하게 설명해 주지 않는다. 다른 한편으로, 배타적으로 헬라적 배경을 반대하는 바울의 진술의 의미를 이해하려는 시도는 그 어느 쪽도 납득시키지 못한다(참고서적을 위해서는 Feuillet, *Christ*, 166-75를 보라). 그 이유는 비록 플라톤이 이미 우주를 보이는 하나님의 형상이라고 부른 바 있고(*Tim* 92c) 또한 이러한 개념이 다른 곳에서 취급되기는 했을지라도(참조. Lohse, 47), 그것은 여기에 나오는 바울의 "형상"(*εἰκών* – 에이콘)이란 단어의 의미를 설명해 주지 못한다. 그보다는 많은 학자들이 주장해 온 바와 같이 잠언 8:22과 지혜서 7:25의 헬라 유대주의 본문(참조. Kehl, *Christushymnus*, 52-81, 특히 61-67, 그리고 참고서적을 위해서는 Gibbs, *Creation*, 102를 참조하라)은 "형상"의 의미에 대해 좀더 확신을 주는 배경을 제공한다. 하나님의 계시를 말하기 위하여 사용된 이 단어는 헬라 유대주의에서 취급되었고 "지혜"로 전환되었다. 잠언 8:22에 따르면 지혜는 하나님의 창조의 시작 곧 세상 창조 당시에 하나님과 함께 하셨고, 한편으로 지혜서 7:25에 있는 지혜는 의인화된 하나님의 지혜가 하나님의 선하심의 "형상"(*εἰκών*) 곧 하나님의 선하심을 드러내는 자로 묘사되었다.

신약성경의 다른 저자들과 함께(요 1:4; 히 1:3) 바울은 그리스도를 하나님의 지혜와 동일시했고(Kim, *Paul's Gospel*, 173-339를 더 보라), 구약성경과 유대 문서에 있는 의인화된 지혜에 대해 설명된 활동들을 그에게로 돌렸다.

위엄의 첫 번째 칭호로서 "형상"(*εἰκών* – 에이콘)은 그리스도의 하나님에 대한 계시를 강조하고 있다. 이 단어는 한편으로 아버지에 대한 그분의 계시를 지적하고, 다른 한편으로는 그분의 선재성을 지적하고 있는데, 이것은 양자가 기능적이고 존재론적이다.

"모든 창조물보다 먼저 나신 자니"(*πρωτότοκος πάσης κτίσεως* – 프로토토코스 파세스 크티세오스). 만일 "형상"(*εἰκών* – 에이콘)이 하나님과 그리스도의 관계를 강조하고 있다면, 두 번째 호칭인 "모든 창조물보다 먼저 나신 자"("창조" 앞에 관사가 생략된 점에 관해서는 Robertson, *Grammar*, 772와 BDF, para. 275[3]를 보라)는 그리스도와 창조물의 관계를 지칭한다. 이 문맥과 그리스도에 관한 바울의 다른 진술로부터 파생된 이 문구는 창조된 만물 가운데 그분을 포함시키는 것으로 이해될 수도 있다("가족" 중의 "장자"처럼: 롬 8:29에서는 프로토토코스〈πρωτότοκος, "맏아들"〉가 이러한 포괄적인 의미로 사용되는 것처럼 보인다).

그러나 문맥은 이 호칭이 그분을 모든 피조된 것들의 첫 번째 분으로 가리킬 수 없다는 사실을 분명히 하고 있는데, 그 이유는 그 칭호(ὅτι)에 관한 설명을 제공하는 뒤따라오는 문구가 그분이 모든 피조물을 존재하도록 만드신 분이라는 점을 강조하고 있기 때문이다. 이 사상은 더 나아가서 그리스도의 인격과 사역에 관한 일반적인 바울의 가르침과 불일치한다는 사실 이외에도, 그러한 이해는 "먼저 나신 자"(πρωτότοκος - 프로토토코스)라는 단어 자체가 거부한다.

"먼저 나신 자"란 단어는 LXX에서 대부분 계보와 역사 서술 가운데 시간상의 앞섬과 계급상의 주권을 가리키는 데 자주 사용되었다. "먼저 나신 자"란 자주 아버지의 사랑 속에서 특별한 위치를 차지한 것을 나타내기 위하여 사용되었다. 그래서 이스라엘은 "내 사랑하는 아들"(ὑὸς πρωτότοκος μου - 프로토토코스 무, "나의 먼저 낳은 아들=나의 장자", 출 4:22)이라고 불렀는데, 이 문구는 특별히 하나님과 이스라엘 간의 긴밀한 관계를 표현한 것이다. 유대주의에서는 이스라엘, 족장들 그리고 토라와 함께 메시아 왕에게 이 독특한 칭호가 덧붙여졌다(참고서적들에 관해서는 Str-B 3, 256-58, 626를 보라; Michaelis, *TDNT* 6, 873-76).

신약성경에서 "먼저 나신 자"(πρωτότοκος - 프로토토코스)는 히브리서 11:28과 12:23에 그 복수형이 나타나는데, 언제나 예수 그리스도는 단수형으로 언급한다. 대부분의 이러한 문맥에서는 시간상의 앞섬을 염두에 두고 있으며(롬 8:29; 참조. 고전 15:20과 행 26:23; 계 1:5에 있는 평행적 표현들), 반면에 계급상의 우위성과 주권 개념이 우위를 차지하는 경향이 있다.

이 곳과 18절에서 그리스도에 대해 사용된 "먼저 나신 자"라는 호칭은 시편 89:27의 어투를 반영하고 있는데, 그 곳에서는 하나님께서 다윗 계열의 왕에 대해서 말씀하신다: "내가 또 저로 장자를 삼고 세계 열왕의 으뜸이 되게 하며." 많은 사람들이 주장한 바와 같이 이 호칭은 다윗 계열의 왕으로서뿐만 아니라 하나님의 지혜로서(Bruce, 194, 195, Lohse, 48) 예수 그리스도에게 속해 있는데, 이러한 배경은 우리가 그분을 "보이지 않는 하나님의 형상"과 관련지으면서 주장했던 것이다(지혜에 대한 보다 자세한 참고 사항들에 관해서는 Wilckens and Fohrer, *TDNT* 7, 465-526를 보라).

한편, 유대인 저자들은 그 지혜에 유사 인간의 신분을 부여하면서 추측했고(그 지혜가 영원 전부터 하나님과 함께 있었다. Wisd 9:9; 하나님의 보좌를 함께 소유함, Wisd 9:4; 하늘과 땅 이전에 존재함, 그리고 필로에 따르면 지혜는 "먼저 낳은 아들"〈*πρωτόγονος υἱός* – 프로토고노스 휘오스〉이었다: Conf Ling 146; Agric 51; Som 1.215; "우주가 존재하게 되었던" 도구, Fug 109). 신약성경 저자들은 "그들이 이 지혜에 대해서 분명하게 말하든 그렇지 않으면 암시적으로 말하든, 그들은 살아 있는 인간 곧 그들이 대면하여 만나 보았던 사람에 대해서 말하고 있다. 그들 모두와 바울에게 예수 그리스도는 하나님의 성육하신 지혜였다"(Bruce, 195).

"먼저 나신 자"(*πρωτότοκος* – 프로토토코스) 그리스도는 유일하시며, 모든 창조물로부터 구별되신다(참조. 히 1:6). 그분은 주님이시므로 그 피조물보다 앞서고 우월하시다.

16 "만물이 그에게 창조되되"(*ὅτι ἐν αὐτῷ ἐκτίσθη τὰ πάντα* – 호티 엔 아우토 엑티스데 타 판타). "모든 창조물보다 먼저 나신 자"로서 그리스도의 독특한 위치에 관한 진술은 이제 다음과 같은 말씀 속에서 명백하게 입증된다: "이는(*ὅτι* – 호티) 만물이 그에게 창조되었다." 수동형 엑티스데(*ἐκτίσθη*, "창조되었다")는 하나님께서 창조주시라는 것인데, 이것은 문장이 "만물이 다 그로 말미암고 그를 위하여 창조되었고(sc. 하나님에 의하여)(*ἔκτισται* – 엑티스타이)"라는 진술과 함께 취급될 때 이 구절 끝부분에서 다시 반복되는 점이다. 첫 문장에서 부정과거 시제는 역사적 행위에 초점을 맞추어 사용되었고, 반면에 두 번째 문장에서는 피조물의 계속적인 존재에 초점을 맞추기 위하여 완료형을 사용하고 있다. 그리고 "그 안에서" 하시는 하나님의 역사적인 행위는 그리스도께서 "만물보다 먼저 나신 자"(그리고 "계속하여 그렇게 되실 것이다." Schweizer, *Beiträge*, 123)라는 사실을 이룩한다.

"그 안에서"(*ἐν αὐτῷ* – 엔 아우토)라는 문구는 약간의 난점을 야기한다. 많은 주석가들은 이 문구를 수단적 의미로 취급한다. 그래서 로제(Lohse, 50)는 다음과 같은 이유들로 인하여 만물이 "그분을 통하여"(=*δι' αὐτοῦ* – 디 아우투) 창조되었다고 주장한다: 첫째로, 종교적 배경 즉 지혜에 관한 유대인의 추론이 이 문구가 이런 식으로 간주되기를 요구한다. 그는 이것이 지위를 가리키는 것으로 취급하는 것은 다른 종교적 배경의 역사에 근거해서만 가능하다고 주장한다. 둘째로, "그로 말미암아"(*δι' αὐτου* – 디 아우투)란 문구를 포함한 본 절의 끝에 있는 평행절은 이러한 해석을 위하여 논증하는 데 언급된다. 셋째로, 고린도전서 8:6(*δι' οὗ τὰ πάντα* – 디 후 타 판타, "만물이 그로 말미암고")과 요한복음 1:3(*πάντα δι' αὐτου ἐγένετο* – 판타 디 아우투 에게네토, "만물이 그로 말미암아 지은 바 되었으니")로부터 나온 동일한 진술은 이를 지지해 주는 것으로 생각되었다.

그리스도를 창조의 중보자로 묘사한 점은 분명히 수단의 개념을 포함한다. 그러나 이 문구는 이를 넘어가서 고린도전서 8:6과 요한복음 1:3 이상의 어떤 것을 진술하고 있는가? 우리는 하우트(Haupt, 30, 31; 참조. Percy, *Probleme*, 69, 70)와 브루스(Bruce, 197)의 의견에 동의하는데, 그들은 전치사 엔(ἐν, "안에")이 그리스도를 창조 사역이 일어나는 "영역"(참조. "그 안에서", 19절)으로 묘사한다고 주장한다. 하우트에 따르면 "그 안에서"란 문구는 에베소서 1:4에 있는 것과 같은 의미를 가지고 있다. 그분의 선택과 같이 하나님의 창조 역시 "그리스도 안에서" 일어나며 그분을 떠나서는 아무것도 일어나지 않는다. 창조의 사역이 그리스도에 의존하고 있으므로(인과론적으로, Meyer, 281에서 그렇게 말함), 그 창조는 그분을 떠나서는 아무것도 이루어지지 않았다(참조. Schweizer, *Beiträge*, 123-25).

주석가들은 바울의 용어와 스토아주의의 단어들 간의 유사성, 특히 파스(πᾶς, "모든")의 사용과 존재하는 모든 것의 최종적인 통일을 표현하는 전치사들(ἐκ-εἰς-ἐν)에 대한 언어유희에 관심을 집중해 왔다(Norden, *Agnostos Theos*, 240-50, 347, 348; Lohse, 49, 50; Schweizer, 61). 그래서 노르덴(Norden)과 다른 사람들은 마커스 아우렐리우스(Marcus Aurelius)의 말을 인용했다. "오, 조물주여…모든 것이 당신에게서 오고, 당신 안에서 존재하고, 당신에게로 돌아가나이다"(M. Aurelius, *Meditations*, 4.23). 이제 언어의 유사성들을 살펴볼 만한 한 가지 사실이 있는데, 그 의미가 같거나 아니면 바울의 사상이 스토아 사상으로부터 나왔다고 주장하는 또 다른 사람이 있다는 것이다(Pöhlmann, *ZNW* 64[1973] 53-74에서는 "모든"이란 공식 문구가 스토아주의 이외에도 여러 다른 전승들, 특히 유대주의 전승에서 사용되었다고 주장했다. 브루스[Bruce, 199]는 "모든"과 전치사 구문이 스토아주의의 공식 문구로부터 나왔다는 것은 "그것들의 본질이 아닌 그 문구의 형식에 더 관심을 기울이는 것"이라고 주장한다). 그의 사상은 스토아적 개념들과는 매우 다르다. 그 이유는 바울에게 있어서 하나님을 자연이나 혹은 어떤 범신론적 개념을 가진 세계-혼과 동일시한다는 것은 불가능하기 때문이다(참조. Kehl, *Christushymnus*, 103). 그리고 바울이 스토아적 용어들을 사용하면서 피조물을 하나님의 행위를 통하여 존재하게 된 것으로 묘사하는 것이 불가능하기 때문인데 – 그렇게 하여 이전에 그러한 환경으로부터 나온 자들과의 접촉점을 제공하면서 – 언어상으로 동일한 것이 후대의 것이기 때문에 여기에는 어느 정도 난점이 있다(Schweizer, 60, 61).

그보다 바울의 어투는 창세기 1장과 구약성경의 지혜 문서로부터 나왔는데(참조. Kehl, *Christushymnus*, 104-108), 거기서 지혜는 창조자의 "숙련공"(잠 8:30)으로 호칭된다. 그러나 바울에게 숙련공은 말씀하시는 인물이 아니고, 다메섹 도상에서 자기와 만났던 인격자요 하늘의 그리스도이시다.

"하늘과 땅에서 보이는 것들과 보이지 않는 것들"(*ἐν τοῖς οὐρανοῖς καὶ ἐπὶ τῆς γῆς, τὰ ὁρατὰ καὶ τὰ ἀόρατα* – 엔 토이스 우라노이스 카이 에피 테스 게스, 타 호라타 카이 아오라타). "만물"(*τὰ πάντα* – 타 판타)이라는 표현이 확대되면서 동의대구법으로 교차적으로 구성된 두 행으로 보다 분명하게 묘사되어 있다.

ἐν τοῖς οὐρανοῖς καὶ ἐπὶ τῆς
τὰ ὁρατὰ καὶ τὰ ἀόρατα
"하늘과 땅에서
보이는 것들과 보이지 않는 것들"

"하늘"과 "보이지 않는 것"이 평행을 이루고 "땅"과 "보이는 것"이 평행을 이루고 있다. 평행적 행으로 열거되어 있는 표현들은 예외 없이 모든 것을 포함하고 있다(Pöhlmann, *ZNW* 64[1973] 58, 59에서는 여기에 인클루시오의 한 실례가 있다는 사실을 바르게 지적하고 있다. 그것은 타 판타〈*τὰ πάντα* , "만물"〉라는 문구가 결론적 행에서 반복되면서 교차적 구조를 함께 묶어 주고 있다). 만물은 그리스도 안에서 하나님의 창조의 행위에 의하여 존재하게 되었다.

"보좌들이나 주관들이나 정사들이나 권세들이나"(*εἴτε θρόνοι εἴτε κυριότητες εἴτε ἀρχαὶ εἴτε ἐξουσίαι* – 에이테 드로노이 에이테 퀴리오테테스 에이테 아르카이 에이테 엑수시아이). 아마도 골로새 이단에 대한 특별한 언급을 하면서 바울은 이제 그 이단 가운데서 뛰어난 우주의 세력과 천사들까지도 그리스도 안에서 창조되었다는 사실을 강조하고 있다. 선악 간의 모든 것이 창조주이신 그분에게 속해 있다. 골로새 교인들에게 그들이 그리스도와의 정상적인 위치에 서 있음을 보여 주려고 노력하면서(Bruce, 198) 바울이 특별히 염두에 두고 있는 것은 친근한 세력들이라기보다는 적대적 세력이다(그러나 H. Schlier, *Principalities and Powers in the New Testament*[Questiones Disputatae 3: Freiberg: Herder, 1961] 14, 15에서는 그들이 하나님과 그리스도를 대적하는 모든 악한 것들이라는 견해를 가지고 있다). 그리고 그가 2장에서 전개하고 있는 논증은 그들이 같은 주님을 통하여 정복당했다는 것이다. 그 누구도 달랠 필요가 없다. 그들은 그분으로 말미암아 존재하게 되었고, 그들은 지금까지 정복당해 온 그분에게 복종해야 한다(2:10, 15).

여기에 있는 천사 세력들의 네 계급이 열거되어 있다: "보좌들"(*θρόνοι* – 드로노이)과 "주관들"(*κυριότητες* – 퀴리오테테스, 참조. 고전 8:5)은 유대주의에서 가끔 하늘의 천사들의 무리 가운데 언급되었으며(에녹 2서 20:1; Test Levi 3:8), 또한 "정사들"(*ἀρχαί* – 아르카이)과 "권세들"(*ἐξουσίαι* – 엑수시아이)도 같이 언급되었는데 자주 초월적 존재와 세력들로 거론되고 있다(자세한 내용에 관해서는 Lohse, 51를 보라). 그들은 아마도 천사 계열에서 가장 높은 서열을 나타내는 것으로 보인다. 이 목록이 완전한 목록이냐(여기에 있는 뒤나메이스〈*δυνάμεις*〉는 롬 8:38에 나타난다. 참조. 고전 15:24; 엡 1:21에는 빠져 있다), 아니면 그 세력들이 특별한 순서로 배열되어 있느냐의 여부는 문제 밖이다(Schlier, *Principalities*, 13, 14). 가장 높은 자로부터 가장 낮은 자에게 이르기까지 모두가 그리스도에게 종속되어 있다. 그들은 그분 안에서, 그분을 통하여, 그분을 위하여 창조되었다.

모든 창조의 목표로서 그리스도에 관한 바울의 가르침(에이스 아우톤〈*εἰς αὐτόν*〉이 고전 8:6에서 하나님에 대해 사용되었다; 참조. Percy, *Probleme*, 72, 73)은 유대 문서나 혹은 그 문제에 대한 유대인의 또 다른 자료 가운데서 유례가 없다. 마틴(Maryin, *NCB*, 58)은 다음과 같이 적절하게 설명했다. "그 어떤 유대인 사상가도 지혜가 감히 모든 창조의 궁극적 목표(goal)였다고 예고할 정도로까지 격상시킨 사람은 없다." 그리고 바울이 이러한 어조로 말하고 있는 그분은 최근에 예루살렘에서 중죄인으로 십자가에 못 박히셨다는 사실을 기억해야 할 필요가 있다. 그러나 그분은 죽은 자 가운데서 부활의 승리를 하셨고, 바울에게 자신을 하나님의 아들로 계시하셨다(갈 1:15, 16). 목표로서의 그분을 향하여 피조물 전체, 그러므로 역사 전체가 움직여 나갔다. 만물이 그리스도 안에서 집약되는 것이 하나님 아버지의 의도였다(참조. 엡 1:10).

17 "또한 그가 만물보다 먼저 계시고 만물이 그 안에 함께 섰느니라"(*καὶ αὐτός ἐστιν πρὸ πάντων καὶ τὰ πάντα ἐν αὐτῷ συνέστηκεν* – 카이 아우토스 에스틴 프로 판톤 카이 타 판타 엔 아우토 쉬네스테켄). 15절과 16절의 가르침이 그리스도의 선재성과 우주의 의미에 대한 이중적 진술로 반복되고 있다(참조. Bruce, 220, 그리고 Benoit, *Christianity*, 228; 이 구절의 중요성에 관해서는 Hegermann, *Schöpfungsmittler*, 93, 94를 보라). 그러한 우주의 상태나 혹은 상황에는 관심이 없다. 즉 세상에 대한 그리스도의 주권을 재강조하는 데 관심을 둘 뿐이다. 첫 번째 확언 "그가 만물보다 먼저 계시고"(*αὐτός ἐστιν πρὸ πάντων* – 아우토스 에스틴 프로

판톤)는 그분이 우주보다 시간적으로 앞서 계심을 선언하고 있다. 그러므로 당연히 아리우스가 말했던 것처럼 다음과 같이 말할 수 없는 것이다. "그는 언젠가 없었던 때가 있었다"(*ἦν ποτε ὅτε οὐκ ἦν* – 엔 포테 호테 욱 엔). 동시에 이 진술은 우주에 대한 그분의 주권을 암시하며(참조. Harris, *NIDNTT* 3, 1177), 앞의 호칭인 "모든 창조물보다 먼저 나신 자"로 되돌아가서 지적하고 있다. 선재하신 분으로서(참조. 요 8:58) 그분은 우주의 주님이시다. 슈바이저는 이 확언 가운데 강조되어 있는 "그"(*αὐτός* – 아우토스)가 구약성경에서 야웨 자신을 가리키는 엄숙한 단어 "나"와 동일하다는 흥미 있는 주장을 했다(Schweizer, 62).

"만물이 그 안에 함께 섰느니라"(*τὰ πάντα ἐν αὐτῷ συνέστηκεν* – 타 판타 엔 아우토 쉬네스테켄). 영역적인 면에서 우주가 하나님의 대리자이신 그분을 통하여 아들 안에서 창조되었을 뿐만 아니라 목표로서 그분을 위하여 창조되었다. 우주는 또한 영원히 "그분 안에서"만 설립되었다. 즉 두 번째 확언으로서 "그분 안에서 만물이 함께 서 있다"는 것이다. 그는 우주의 지탱자이시며 그 생명을 연합시키는 원리이시다. 그분의 지속적인 지탱 활동이 없이는(완료 시제 쉬네스테켄〈*συνέστηκεν*〉을 유념하라) 모든 것이 붕괴될 것이다.

많은 사람들은 이 진술과 쉬네스테케나이(*συνεστηκέναι*; Plato, *Republic* 530a; Pseudo Aristotle, *Mund* 6; Phili, *Rer Div Her* 281, 311)란 단어가 전 세계의 놀라운 통일을 나타내기 위하여 사용된 플라톤과 스토아 철학의 어투 사이에 있는 유사성에 눈을 돌렸다(더 많은 참고서적들에 관해서는 Hegermann, *Schöpfungsmittler*, 94, 95; Feuillet, *Christ*, 214; 그리고 Lohse, 52를 보라). 특별히 스토아 사상과 언어적 접촉점이 있고, 그래서 찬양의 언어가 그러한 배경과 찬양 간에 다리 역할을 할 수도 있는 반면에, 바울의 사상은 스토아주의의 세상-영혼이라는 범신론적 사상과는 차이가 있다. 퓰레, 슈바이저 그리고 다른 사람들이 말한 바와 같이 헬라화된 유대주의, 특히 LXX로부터 나온 평행구절들이 훨씬 더 가깝다. 지혜서 1:7에 따르면 주의 "영"은 사실상 전 세계를 가득 채우고 있으며, 만물을 함께 붙들고 있는 그것(*συνέχον τὰ πάντα* – 쉬네콘 타 판타)이 말하여진 모든 말을 안다는 것이다(JB; 쉬니스테미〈*συνίστημι*〉가 아닌 쉬네코〈*συνέχω*〉의 사용에 관해서는 Feuillet, *Christ*, 215를 보라), 반면에 집회서 43:26은 "만물은 그분의 말씀으로 함께 묶여진다"고 진술하고 있다(JB; *ἐν λόγῳ αὐτοῦ σύγκειται τὰ πάντα* – 엔 로고 아우투 쉉케이타이 타 판타). 마틴(Martin, *NCB*, 59)은 스코트(R. B. Y. Scott, "Wisdom in Creation: the 'Āmôn of Proverbs viii. 30." *VT* 10[1960] 213-23)를 따라서 이 사상은 지혜가 하나님의 아몬(אמן; RSV, "master workman")으로 불리고 있는 잠언 8:30에서 빌려온 것으로 보인다고 생각한다. 스코트(Scott)는 이 단어를 "생생한 고리 혹은 생명력 있는 결속"으로 번역하고, 또한 이 지혜가 하나님과 그분의 세상 간의 통일의 원리로 간주된다고 생각하지만, 그의 번역의 타당성은 의심되어 왔다. 바울이 볼 때 자기 자신을 사도에게 우주의 지탱자요 통일시키는 자로 알게 하신 분은 그리스도이시다. 히브리서에서 말하는 바와 같이, 하나님의 아들을 통하여 세상(*αἰῶνες* – 아이오네스)은 만물을 지탱하도록 만들어졌으며, 그의 능력의 말씀으로 말미암아 그것들의 정해진 목적(*φέρων⋯τὰ πάντα* – 페론⋯타 판타)으로 나아가고 있다(1:2, 3).

18 "그는 몸인 교회의 머리라"(*καὶ αὐτός ἐστιν ἡ κεφαλὴ τοῦ σώματος, τῆς ἐκκλησίας* – 카이 아우토스 에스틴 헤 케팔레 투 소마토스, 테스 에클레시아스). 퓨레(Feuillet, *Christ*, 217)에 따르면, 그리스도를 교회의 머리로 언급하면서 찬양이 우주론적 관점으로부터 구원론적 관점으로 나아가고 있는데, 이러한 관점은 이 개념이 최대의 의미를 가지고 있으므로 이 단락의 올바른 목석을 유시하고 있다.

그러나 모든 주석가들이 최소한 원래의 찬양에 관한 한 18a절이 구원론적 단락을 열고 있다는 사실에 동의하지는 않는다. 성경 주석가들은 대부분(Benoit, *Christianity*, 244에 있는 목록을 보라) 스타일에 근거하여 찬양의 마지막 연이 18b절의 문구 "그가 근본이요 죽은 자들 가운데서 먼저 나신 자니"(*ὅς ἐστιν ἀρχή, πρωτότοκος ἐκ τῶν νεκρῶν* – 호스 에스틴 아르케, 프로토토코스 에크 톤 네크론)로 시작된다고 생각하며, 따라서 15절의 첫 구절 "그는 보이지 아니하시는 하나님의 형상이요 모든 창조물보다 먼저 나신 자니"(*ὅς ἐστιν εἰκὼν τοῦ θεοῦ τοῦ ἀοράτου, πρωτότοκος πάσης κτίσεως* – 호스 에스틴 에이콘 투 데우 투 아오라투, 프로토토코스 파세스 크티세오스)와 평행을 이룬다고 생각한다. 이러한 입장에서 볼 때, 18a절의 진술 "그는 몸의 머리라"는 이 시의 첫 번째 부분의 절정을 이루고 있으며(혹은 어떤 사람에 의하면 두 번째 연) 그리스도의 온 우주의 머리 되심을 언급하고 있다. "그 교회"(*τῆς ἐκκλησίας* – 테스 에클레시아스)란 문구는 바울을 통해서나 아니면 이 찬양의 최종 편집자(만일 이 편지가 바울 자신이 아닌 바울 학파로부터 온 것이라면)에 의해서 하나의 해석으로 덧붙여진 것인데, 그는 그 편지에 대한 자신의 중요한 기여를 통하여 교회론적 내용을 따라 우주론적 진술을 재해석한 것이다. 분명히 원 찬양 가운데서 "몸"(*σῶμα* – 소마)은 우주 전체를 나타내기 위하여 사용되었는데, 이러한 용법은 대다수가 초창기의 다른 저자들의 작품에 나오는 것과 동일한 것으로 믿는다(자세한 내용에 관해서는 Ernst, *Pleroma*, 154-56, 그리고 Schweizer, *TDNT* 7, 1024-94를 보라).

플라톤에 따르면, 우주는 하나의 영혼을 가진 살아 있는 존재이며 이성이 골고루 퍼져 있다(*Tim*, 31b, 32a 등). 우주는 신의 혼의 인도를 받아 따르고 있는 바와 같이, 그 우주가 따르고 있는 신의 혼에 의하여 지시를 받는 하나의 몸이다(*Tim*, 47c-48b). 밀의 종교의 한 단편은 제우스를 몸인 우주를 장악하는 세력을 가진 우주의 "머리"(*κεφαλή* – 케팔레)로 말한다(Fragment, 168). 스토아 사상에서 우주는 살아 있는 실재, 곧 그 통일체의 어디나 특별히 강조되고 있는 완전한 소마(*σῶμα*, "몸")다. 하나님으로 말미암아 창조된 이 우주는 세계의 영혼으로서 그분에 의하여 통치를 받는다. 사실상, 우주는 하나님 자신이시다(참조. Lohse, 53, 54).

알렉산드리아의 필로는 하늘의 세계를 로고스가 머리로서 계시는 불변하는 몸으로 말했다(*Som* 1.128). 인간의 몸이 머리에 의하여 지시와 지도를 필요로 하는 것처럼(*Spec Leg* 3.184), 우주의 몸 역시 그 몸을 지시하는 머리인 영원한 로고스를 필요로 한다(*Quaest in Ex* 2.117). 그러므로 이 찬양의 문구가 하나의 우주적인 단언이라는 관점에서 볼 때, 그리스도께서 우주의 "몸"(*σῶμα* – 소마)을 통치하시는 "머리"(*κεφαλή* – 케팔레)라는 사실이 진술되어 있는 것이다. 우주는 이 머리에 의하여 다스려지고 함께 붙들려 있다. 그것은 오직 그분 안에서만 건설되고 설립된다.

그러나 이러한 중요한 관점에는 심각한 난점들이 있다. 첫째로, 이미 이적한 바와 같이(35-37쪽을 보라) 다양한 스타일의 표준을 적용하면 찬양의 원래 구조에 대한 의견의 일치에 도달하지 않았다. 연의 균형으로부터 나온 논증이 너무나 불안정하므로 "교회"라는 단어가 원래의 찬양에 속할 수 없었을 것이라는 사실은 의심스럽다. 최근 대부분의 저자들은 이 단어를 편집자의 가필로 간주하지만, 케흘(Kehl, *Christushymnus*, 93, 97: 참조. Hegermann, *Schöpfungsmittler*, 106)과 깁스(Gibbs, *Creation*, 105)는 그 단어가 18a절의 의미에 본질적인 것이라고 주장했다.

둘째로, "몸"(*σῶμα* – 소마)이 원래 우주를 가리킨다는 사실은 결코 확실하지 않다. 소마(*σῶμα*, "몸")라는 단어가 99회 사용된 바울 서신에서 이같이 사용된 예가 없다. 그러나 다른 한편, 그리고 의미심장하게도 소마(*σῶμα*)는 그리스도의 몸으로서 교회 혹은 지역 회중을 지칭하기 위하여 사용되었다. 고린도전서 12:12-27에서 그는 "너희는 그리스도의 몸이요 지체의 각 부분이라"(27절)고 단언함으로써 고린도 교회 교인들에게 그들이 게으르지 않아야 할 상호간의 의무와 공동 이익을 가지고 있는 한 몸의 동료 구성원들이라는 인상을 심어 주려고 관심을 가졌다. 또다시 바울은 각기 받은 은사에 따라 교회의 다른 구성원들을 섬기는 섬김의 다양성들에 초점을 맞추고 있는 로마서 12:4, 5에서 다음과 같이 선언한다. "우리가 한 몸에 많은 지체를 가졌으나 모든 지체가 같은 직분을 가진 것이 아니니 이와 같이 우리 많은 사람이 그리스도 안에서 한 몸이 되어 서로 지체가 되었느니라."

이러한 초창기의 편지들 가운데서 바울은 몸이라는 단어와 그 구성원들을 교회 구성원들의 상호 관계와 의무들을 가리키기 위하여 사용한다. 여기서 몸의 "머리"(*κεφαλή* - 케팔레)는 특별한 지위나 영예를 가지지 않는다. 머리는 일반 구성원과 같이 간주된다(고전 12:21; Best, *Body*, 113). 골로새서(그리고 에베소서)에서는 하나의 사상의 흐름의 발전이 있는데, 곧 그리스도의 몸으로서의 교회가 머리로서의 그리스도를 모시고 있다는 관계가 다루어지고 있다. 많은 사람이 이러한 차이를 저작권을 가진 자를 반증하는 타당한 증거로 간주하지만(예를 들어, Lohse, 55), 그러한 결론은 불필요하다(xlv을 보라). 브루스(Bruce, *Paul*, 421)가 최근에 지적한 바와 같이, "고린도전서와 로마서에 있는 비유적인 어투로부터 골로새서와 에베소서의 어투에 표현된 실질적이고 대인관계적인 결속으로의 발전은 골로새 이단에 연루된 현안 문제에 대한 바울의 고려에 의하여 이루어졌을 수도 있다." 우리는 바울이 반복하여 교회를 그리스도의 몸으로 말했다는 사실을 설명해 왔다. 주님이 교회의 머리 되심은 그분이 몸의 머리가 그 모든 다양한 지체들에게 행사하듯이 자기 백성들에 대한 주권을 행사하는 유기적 관계로서 쉽게 생각될 수 있을 것이다. 그로 말미암아 구성원들 간의 생명력 있는 관계를 염두에 두는 한편(고린도전서와 로마서에서), 생명과 능력 그리고 그분의 주권으로 인하여 그리스도의 지체들이 그분을 의존하고 있다는 사실을 그러한 문제들에 대해 의문시했던 이단에 반대하여 다시 반복하고 있다.

만일 "몸"이라는 단어가 원래 그 찬양 속에서 우주를 언급했다고 생각할 필요가 없다면, 어떤 언어상의 평행적 내용이 있다고 할지라도 스토아 전례(前例)를 저자의 사상의 원천으로 바라볼 필요는 없다(Best, *Body*, 83; Bruce, *Paul*, 420에서는 이렇게 하는 것이 "입증되지 않은 상상"이라고 선언한다). 그리스도의 몸으로서의 교회에 대한 이러한 개념의 원천과 같은 아담의 몸에 대한 영지주의의 전례, 기독교 성례전 혹은 랍비들의 추론의 전례도 없다. 이전에 베스트에 의하여 언급되었던(Best, *Body*, 같은 쪽) 보다 유익한 조사의 방향은 공동체의 인격에 대한 구약성경의 개념인데, 구약성경에서 한 사람과 다수, 개인과 단체 간의 전환을 살펴볼 수 있다. 이러한 개념은 바울에게 있어서 그리스도와 그분의 백성들 간에 너무나 긴밀하게 연결되어 있어서(이러한 연합된 그리스도 개념에 관해서는 C. F. D. Moule, *The Origin of Christology*[Cambridge: University Press, 1977] 47-96를 보라) 이따금 그분과 그들이 함께 "그리스도"라고 불릴 수 있기 때문에(고전 12:12) 바울에게는 생소한 개념이 아니다. 더 나아가서 우리는 이 개념이 다메섹 도상에서 그가 "사울아, 사울아, 네가 어찌하여 나를 핍박하느냐(*τί με διώκεις* – 티 메 디오케이스, 행 9:4)?"라는 말씀을 들었을 때 바울의 마음속에 지울 수 없이 각인되었는지의 여부를 당연히 물을 수 있을 것이다.

그렇다면 우리는 교회와 그 머리이신 그리스도 간의 생명적 연합을 표현하는 이러한 방법의 원 고안자가 알려지지 않은 어떤 편집자가 아닌 바울 자신이었다고 생각한다(참조. 골 2:19). 연합된 인격이라는 구약성경의 개념을 사용하면서, 그리고 그가 말하고 있는 바와 같이 "몸"(*σῶμα* – 소마)과 "머리"(*κεφαλή* – 케팔레)를 언급함으로써 그는 신약성경의 기독론과 교회론에 대해 그 자신이 독특한 기여를 한 것이다. 문맥 가운데서 그분의 몸에 대한 머리 되심은 자기 백성에 대한 그리스도의 지배와 더불어 생명과 능력을 얻기 위하여 그분에게 모든 구성원들이 의존하고 있다는 사실을 가리킨다(참조. 2:19; "근원"으로서의 케팔레〈*κεφαλή*〉의 의미에 관한 중요한 논의에 대해서는 S. Bedale, "The Meaning of *κεφαλή* in the Pauline Epistles," *JTS* 5[1954] 211-15를 보라). 그리스도의 몸으로서의 교회는 그분의 내주하시는 임재와 그분의 부활하신 생명으로 말미암아 생명력을 얻는다.

"교회"(*τῆς ἐκκλησίας* – 테스 에클레시아스). (골로새서에 있는 에클레시아〈*ἐκκλησία*〉의 의미에 관해서는 57-61쪽을 보라).

"그가 근본이요 죽은 자들 가운데서 먼저 나신 자"(*ὅς ἐστιν ἀρχή, πρωτότοκος ἐκ τῶν νεκρῶν* – 호스 에스틴 아르케, 프로토토코스 에크 톤 네크론). 몸인 교회의 머리이신 그분은 부활하신 그리스도이신데, 이는 그분이 "근본"(*ἀρχή* – 아르케; 이 단어는 프로토스〈*πρῶτος*〉와 같이 그 자체가 절대자가 되므로 정관사를 필요로 하지 않는다. 이것은 아르케〈*ἀρχή*〉가 술어로 나타날 때는 매우 자주 생략된다: Lightfoot, 155에서 그렇게 말함)과 "죽은 자들 가운데서 먼저 나신 자"(*πρωτότοκος ἐκ τῶν νεκρῶν* – 프로토토코스 에크 톤 네크론)로 불리시기 때문이다. 아르케(*ἀρχή*, "근본": Delling, *TDNT* 1, 479-84)라는 단어는 근본적으로 시간적 의미에서나(마 19:4, 8; 요 15:27; 행 26:4; 히 1:10; 벧후 3:4; 요일 2:24 등) 혹은 권위와 주권과 관련하여(롬 8:38; 고전 15:24; 엡 1:21; 6:12 등) 탁월함과 관계가 있다. 유대주의에서 지혜와 로고스는 "근본"이라고 불린다(참조. 잠 8:23; Philo, *Leg All* 1.43). 골로새서 1:18에서 이 단어가 그리스도에 대해 언급되면서 그분이 "근본"이라고 말해질 때, 이것은 그분이 "하나님의 창조의 근본"(*ἀρχὴ τῆς κτίσεως τοῦ θεοῦ* – 아르케 테스 크티세오스 투 데우, 계 3:14)이나 혹은 찬양의 첫 번째 부분에 적용되는 첫 번째 원인이시라는 사실을 의미하지 않고 "죽은 자 가운데서 먼저 나신 자" 곧 그가 새로운 인간의 창설자시라는 사실을 의미한다. 창세기 49:3에는 "장자"와 "시작"이라는 두 단어가 한 민족의 창설자로서 장자를 묘사하기 위하여 함께 나타난다(참조. LXX 신 21:17; 롬 8:29). 부활의 시대가 시작되었고 잠자는 자들 가운데서 살아난(*ἐκ τῶν νεκρῶν* – 에크 톤 네크론) 첫 번째 인물인 그분이 다른 사람들의 미래의 부활을 보증하는 첫 열매이시다(고전 15:20, 21).

"이는 친히 만물의 으뜸이 되려 하심이요"(*ἵνα γένηται ἐν πᾶσιν αὐτὸς πρωτεύων* – 히나 게네타이 엔 파신 아우토스 프로튜온). 그리스도께서 근본이시고 창조에서 먼저 나신 자임과 동시에 부활에서 먼저 나신 자이시므로 그분은 만물 위에 뛰어나셨다(부정과거형 게네타이〈*γένηται*〉를 보라). 목적절(*ἵνα* – 히나)이 밝히고 있는 바와 같이 이것이 하나님의 의도였다. "으뜸이 되려 하심이요"(*πρωτεύω* – 프로튜오)란 단어가 "그가 만물보다 먼저 계시고"(17절)와 함께 "먼저 나신 자"(*πρωτότοκος* – 프로토토코스, 15, 18절)와 관련하여 이중적으로 언급된 반면에, "만물 안에서"(*ἐν πᾶσιν* – 엔 파신)란 표현은 자주 언급된 "만물"(*τὰ πάντα* – 타 판타)과 연결되어 있다. 이 찬양은 앞의 창조에서 그리스도의 우월성을 말한 바 있다. 이 단어가 이제는 부활에서 그분의 우월성을 언급하고 있다. 새 창조와 옛 창조가 모두 최우선적으로 그 한 분에게만 소속되어 있다(Michaelis, *TDNT* 6, 882). 그분은 "모든 것" 가운데서 뛰어나게 되셨다.

19 "모든 충만으로 예수 안에 거하게 하시고"(*ὅτι ἐν αὐτῷ εὐδόκησεν πᾶν τὸ πλήρωμα κατοικῆσαι* – 호티 엔 아우토 유도케센 판 토 플레로마 카토이케사이). 이제 모든 것 위에 뛰어나신 그리스도의 우월성의 이유(*ὅτι* – 호티)가 제시된다. "모든 충만으로 예수 안에 거하게 하시고"(직역하면 "그분 안에 모든 충만이 거주하기를 기뻐함을 받으셨다"). 많은 논란 가운데, 또한 연구하는 가운데 두 개의 중요한 문제가 자주 발생하고 있다. 첫째로, "기뻐하심을 받으셨다"(*εὐδόκησεν* – 유도케센)의 주어가 무엇인가? 즉 하나님인가, 그리스도인가, 아니면 모든 충만인가? 둘째로, "모든 충만"(*πᾶν τὸ πλήρωμα* – 판 토 플레로마)이 의미하는 것이 무엇인가? (특히 플레로마〈*πλήρωμα*〉의 의미와 관련하여 이 구절을 자세히 취급하고 있

는 내용은 Ernst, *Pleroma*, 72-94를 보라).

첫 번째 질문과 관련하여 아들이 "기뻐하심을 받으셨다"의 주어일 것 같지는 않은데, 그 이유는 에베소서 2:16에서 그분이 곧 화목케 하시는 분이기는 하지만(고후 5:18, 19에서는 그분이 아버지이시다), "그리스도 안에서"(*ἐν αὐτῷ* – 엔 아우토)가 아들을 주어에서 배제시키기 때문이다(Moule, 70). 많은 주석가들은 "하나님"(*ὁ θεός* – 호 데오스)이 문장의 주어로 삽입되어야 하며, "모든 충만으로…거하게 하시고"(*πᾶν τὸ πλήρωμα κατοικῆσαι* – 판 토 플레로마 카토이케사이)를 직접 목적격과 부정사 구문으로 취급해야 한다고 생각한다: "하나님께서 모든 충만으로 예수 안에 거하게 하기를 기뻐하셨다." 이러한 제안은 남성 분사 에이레노포이에사스(*εἰρηνοποιήσας*, "화목케 되기를", 20절)와 잘 어울리며, 반면에 "하나님"이라는 주어를 삽입하는 것이 아주 적절한데, 그 이유는 유도키아(*εὐδοκία*)와 유도케오(*εὐδοκέω*; 참조. *θέλημα*)란 단어가 가끔은 전적으로 하나님의 선하신 기쁨을 표현하기 위하여 사용되기 때문이다(눅 2:14; 빌 2:13). 다른 한편, 판 토 플레로마(*πᾶν τὸ πλήρωμα*, "모든 충만")를 주어로 보는 것도 문법적으로 가능하며, 만일 우리가 이 문구를 "그분의 모든 충만 안에 계시는 하나님"을 의미하는 것으로 이해한다면(아래를 보라) 뒤따라오는 남성형 에이스 아우톤(*εἰς αὐτόν*, "그에게")과 에이레노포이에사스(*εἰρηνοποίησας*, "화목케 되기를")는 의미상 하나의 설명으로 해석될 수도 있다. 왜냐하면 플레로마(*πλήρωμα*)가 하나의 남성형을 의미하기 때문이다(Moule, 70, 71; Münderlein, *NTS* 8[1961-62] 265, 266). 모든 것을 고려해 보면, 생략되어 있는 주어를 삽입할 필요가 없으므로 이러한 해결책이 가장 나으며, 반면에 뒤따라오는 이 구절에 대한 해석인 골로새서 2:9의 "신성의 모든 충만"(*πᾶν τό πλήρωμα τῆς θεότητος* – 판 토 플레로마 테스 데오테토스)이 같은 동사 카토이케이(*κατοικεῖ*)의 주어임이 분명하다.

둘째, "모든 충만"(*πᾶν τὸ πλήρωμα* – 판 토 플레로마)은 무엇을 의미하는가? 이 개념에 부여된 종교적 배경의 역사 편에 의존하여 다양한 답변들이 제시되어 왔다. 몇몇 사람은 플레로마(*πλήρωμα*)를 영지주의(발렌티니안)의 전문 용어에 일치하여 사용된 것으로 이해한다(예를 들어, 이 입장에 대한 라이트푸트의 비판, 255-71를 유의하라). 분명히 "충만"이란 사상은 2세기 영지주의에서 중요한 역할을 했다. 발렌틴파는 "플레로마"를 하나님으로부터 나온 유출물의 충만으로 설명했다. 이것은 바꾸어서 하나의 경계를 통하여 우주로부터 분리된 하나님에게 가까이 접근해 있는 최고로 신령한 세계를 상징했다(세부 사항에 관해서는 Ernst, *Pleroma*, 41-

50; Lohse, 57를 보라). 그러나 발렌틴파의 가르침에 의하여 "유일하게 자존하는" 하나님 자신은 "장소나 시간"의 구애를 받지 않으시는 분으로서(Hippolytus, *Ref* 6.29.5) 하늘의 유출물의 충만으로부터 구별되셨다. 그러므로 다른 사람들은 "플레로마"라는 단어에 대한 이러한 이해는 골로새서 1:19에 대한 설명이 아무런 기여를 할 수 없는데, 그 이유는 이 찬양에서 하나님 자신이 "플레로마"로 불리시기 때문이라고 주장했다. 제안된 평행구절들은 시간상 후대의 것이고, 반면에 골로새서의 구속자는 영지주의 사상에서처럼 그가 세상으로 기나긴 강림하실 때 "플레로마"를 떠나시지 않는다. 따라서 바울은 "충만"(*πλήρωμα* – 플레로마)에 대한 그의 이해를 영지주의에서 빌려온 것이 아니다(Overfield, *NTS* 25[1978-79] 384-96의 신중한 논증을 보라). 그러나 그가 하나님과 세상 간의 중재자가 되는 초자연적 세력이라고 생각했던 골로새 이단의 가장 중요한 점을 깨뜨리고 있을 가능성이 있으며, "모든 충만"이란 문구가 동의어라고 생각될 때 더욱 그러하다. 충만이 그 전체성을 의미하지 않는다면, "충만"이 "충만"이 아니라는 케흘(Kehl, *Christushymnus*, 119)의 해석이 적절하다. 부가적 단어 "모든"(*πᾶν τό* – 판토)은 논쟁적인 것일 수 있다.

"충만"으로서 우주를 가지고 있는 통속적인 스토아주의(Dupont)와 헤르메틱 문서에 있는 배경은 골로새서 1:19과 2:9에 있는 바울의 이 용어 사용을 이해하는데 적절한 기초를 제공하지 않는다. 그보다 모울(Moule, 164-69), 케흘(Kehl, *Christushymnus*, 116-25), 깁스(Gibbs, *Creation*, 107, 108)가 지적한 바와 같이 바울의 사상의 원천을 찾아보기 위하여 구약성경 이외의 다른 곳을 조사해 볼 필요가 없다.

이와 관련해서는 세 가지 내용을 관찰해 볼 필요가 있다: 첫째로, "충만" (*πλήρωμα* – 플레로마)이란 단어는 능동적인 의미를 가진 판에 박힌 표현에서보다는 구약성경에서 사용되었다(참조. Ernst, *Pleroma*, 22-30): 바다와 그 안에 가득한 것(대상 16:32; 시 96:11; 98:7), 땅과 그 안에 있는 모든 것(시 24:1; 렘 8:16; 47:2; 겔 12:19; 19:7; 30:12) 그리고 세계와 거기 충만한 것(시 50:12; 89:11). 그러나 이 단어는 하나의 고정되고 또한 명확하게 한정된 의미를 가진 전문적 표현이 되지 않았다.

둘째로, 구약성경은 "충만"(*πλήρωμα* – 플레로마)과 유사한 어투로 하나님 자신(혹은 그의 영광)이 온 우주에 가득하다는 사실을 인정한다. 즉 예레미야 23:24의 "나 여호와가 말하노라 나는 천지에 충만하지(*πληρῶ* – 플레로) 아니하냐?" 그리고 시편 72:19의 "온 땅에 그 영광이 충만할지어다(*πληρωθήσεται* – 플레로데세타이)"(사 6:3; 겔 43:5; 44:4, 여기서는 같은 어근인 플레레스⟨*πλήρης*⟩가 나타난다). 분명히 세계에 있는 하나님의 내재성과 그분의 인격적 연루관계에 주의를 집중하고 있는 이러한 개념은 범신론적으로나 혹은 이원론적으로 이해되어서는 안 된다.

셋째로, 하나님의 선하신 기쁨(시 44:3; 147:11; 149:4)을 나타내면서 구약성경에 자주 나타나는 유도케오(*εὐδοκέω*, "기뻐하심을 받다")란 동사는 특별히 하나님의 선택을 나타내기 위하여 사용되었다. 그 중에서 특별히 중요한 것은 하나님께서 장소를 택하시는 것과 거주하시는 것 사이의 관계다. 이러한 결합은 반복적으로 나타나며, 때때로 골로새서 1:19의 같은 두 동사 유도케오(*εὐδοκέω*)와 카토이케오(*κατοικέω*)가 사용되었다. 시온은 "하나님이 거하시려 하는 산"(LXX 시 68:16; 참조. LXX 시 131:13, 14; 사 8:18; 49:20, 여기서는 "선택하다"〈*ἐκλέγομαι* – 에클레고마이〉란 동사가 "기뻐하다"란 동사 대신에 나타나 있다). 신명기 신학에서 잘 알려진 바와 같이, 자신을 위하여 자기 이름을 둘 처소를 택하시는 이스라엘 하나님의 개념이 반복적으로 나타난다(신 12:5, 11; 14:23; 26:2 등).

이 세 개의 맥락이 그리스도의 인격 안에서 골로새서 1:19에서 집중된다(참조. Kehl, *Christushymnus*, 123; *Ernst*, 171; *Pleroma*, 84). 그는 하나님께 자신의 모든 충만하심 가운데 자기의 거처를 두기를 기뻐하신(동사가 부정과거 부정사 카토이케사이〈*κατοικῆσαι*〉다) 처소이시다(엔 아우토〈*ἐν αὐτῷ*〉가 강조되어 있음을 유의하라). 하나님의 모든 속성과 활동 – 곧 그의 영, 말씀, 지혜와 영광 – 은 그리스도 안에서 완전하게 드러났다(Bruce, 207). 동사 카토이케오(*κατοικέω*; 파로이케오〈*κατοικέω*, "임시로 체류하다"〉와는 반대로)는 2:9에서 현재 시제로 드러내고 있는 바와 같이 일시적인 거주가 아니다: "그 안에는 신성의 모든 충만이 육체로 거하시고(*κατοικεῖ* – 카토이케이)."

그는 하나님과 인간 세상 사이의 유일한 중보자이시다. 골로새 기독교인들은 초자연적 세력들의 지배 아래서 인간이 살아가는 것으로 생각하고 신적 영향력이든, 대행자들이든 혹은 그와 같은 존재들이든 그들을 두려워할 필요가 없다. 자신의 모든 신적 본질과 능력으로 하나님은 그리스도 안에서 그 거처를 취하셨다.

20 "하늘에 있는 것들을 그로 말미암아 자기와 화목케 되기를 기뻐하심이라" (*καί δι' αὐτοῦ ἀποκαταλλάξαι···τὰ ἐν τοῖς οὐρανοῖς* – 카이 디 아우투 아포카탈락사이···타 엔 토이스 우라노이스). 마지막 연은 그리스도를 통하여 만물을 화목하게 하시려는 하나님의 기쁘고 선하신 뜻에 관한 진술과 함께 결론에 이르며, 이 찬양의 "정점(high point, Kehl, *Christushymnus*, 125)에 도달한다.

이 단락의 첫 문구는 만물 – 즉 여러 천체들, 보좌들, 주관들, 정세들 등 – 이 그리스도 안에서 그분을 통하여 그분을 위하여 창조되었다고 주장해 왔다. 그분은 창조에서 그들의 주님이셨다. 그러나 기록되지 않은 것은 창조 이후 만물에게 일어난 일이다(C. K. Barrett, *From First Adam to Last. A Study in Pauline Theology*[New York: Scribner's. 1962, 86]). 이에 대해 앞에서 언급되지는 않았지만, 우주의 통일과 조화가 위치에서 상당히 벗어나고 파괴되어 회복(화목)이 필요하게 되었다는 것이 전제되어 있다.(Lohse, 59; 참조. Schweizer, 68, Schnackenburg, *EKKNT Vorarbeiten* 1, 38, Hegermann, *Schöpfungsmittler,* 103-105, 그리고 다른 사람들). (헬라화된 유대인들의 사상에서 자연의 붕괴 문제에 관해서는 Schweizer, 68를 보라).

화목의 개념은 비록 복합 동사 아포카탈라쏘(*ἀποκαταλλάσσω*, "화목케 하다")가 예외적인 단어이고(참조. 골 1:20, 22 이외에 엡 2:16) 바울이 만들어 낸 단어이기는 하지만, 분명히 그의 주요 서신들 가운데 나타나는(롬 5:10, 11; 11:15; 고후 5:18-20) 바울 서신의 개념이다(Benoit, *Christianity,* 249). 또한 각각의 언급 중에서 화목의 근거는 하나님의 은혜로운 주도적 행위에 있다(롬 5:8에서 화목의 근거는 하나님의 사랑이고, 반면에 골 1:20은 하나님의 선하신 뜻을 지적하고 있다; 참조. 고후 5:18). 이 구절의 이례적인 특징은 이것이 "만물"(*τὰ πάντα* – 타 판타)의 화목을 언급하고 있다는 것이고 과거의 사건이라는 것이다. 고린도후서 5:19(참조. 요 3:16과 또한 그와 유사한 구절)은 세상(*κόσμος* – 코스모스)의 화목에 대해 말하고 있기는 하지만 인간들의 세상을 말하고 있다. 더 나아가서, 그 노예 상태로부터 하나님의 자녀의 영광스러운 자유를 얻는 썩어짐에 이르는 피조물의 자유(롬 8:19-21)가 미래의 종말론적 사건이라는 사실이 주장되었다(Schweizer, *Beiträge,* 133).

그러므로 관련된 세 개의 문제가 제기된다. (a) "만물을 자기와 화목하게 하다" (*ἀποκαταλλάξαι τὰ πάντα εἰς αὐτόν* – 아포카탈락사이 타 판타 에이스 아우톤)라는 문구가 무엇을 의미하는가? (b) 이러한 표현이 뒤따라오는 "그의 십자가의 피로 화평을 이루사"(*εἰρηνοποιήσας διὰ τοῦ αἵματος τοῦ σταυροῦ αὐτοῦ* – 에이레노포이에사스 디아 투 하이마토스 투 스타우루 아우투)라는 문구와 갖는 관계는 무엇인가? (c) 20절을 2:15에 있는 그분의 승리의 행진에서 악한 세력을 지도하시는 하나님의 개념과 동일시하는 것이 가능한가, 아니면 바람직한가?

주석가들은 이러한 문제들을 해결하려고 하면서 다음의 몇 가지 의견들을 제시했다. (1) "화목하다"라는 동사를 사람에게 적용하고 있음을 유의하면서(논리적 어투에는 제외된), 몇몇 주석가들은 화목의 대상들을 화목케 될 수 있는 것들로 생각한다. 이러한 입장에서 볼 때 "만물"(*τὰ πάντα* – 타 판타)은 부가적 문구 "땅에 있는 것들(*εἴτε τά* – 에이테 타)이나 하늘에 있는 것들(*εἴτε τά* – 에이테 타)"로 구체화되고 또한 설명되고 있다. 첫 번째 범주는 주로 화목된 인간들의 세계를 나타내는 것으로 이해되고, 두 번째 범주는 천사들의 세계로 이해된다(그의 케노시스 〈비하〉 이후 천사들의 그리스도에 대한 갱신된 복종이든〈Michl, *TQ* 128, 1948, 442-62이 그렇게 말함〉, 혹은 2:15에 따라 폐지된 율법을 전한 천사들의 화목이든 〈B.N. Wambacq, "'per eum reconciliare… quae in caelis sunt' Col 1, 20", *RB* 55, 1948, 35-42〉). 이에 대한 비평에 관해서는 Vögtle, *Das Neue Testament*, 222를 보라.

(2) 케흘(Kehl, *Christushymnus*, 163-65)은 "만물을 화목하게 하다"(*ἀποκαταλλάξαι τὰ πάντα* – 아포카탈락사이 타 판타)를 "모든 것의 객관적 물리적-형이상학적 화목"을 나타내는 것으로 이해하기를 거절하면서 피조물 전체를 채우는 하나님의 영광의 배경에 반대하는 문구를 검토했다. 로마서 1:23에 따르면, 이방인들은 "썩어지지 아니하는 하나님의 영광을 썩어질 사람과 금수와 버러지 형상의 우상으로 바꾸었다." 케흘(Kehl)에 따르면, 이것은 골로새서 1장에 전제된 파괴 혹은 균열이었다. 이것은 인간 속에서 일어났지 피조물 속에서 일어나지 않았다. 그러므로 화목은 이 균열의 치유를 포함했다. 골로새서 1:20의 "화목"(*ἀποκαταλλαγή* – 아포카탈라게)은 로마서 1:23의 바꿈의 반전이다(160). 그러나 케흘의 접근 방법에 여러 가지 통찰력이 있음에도 불구하고, 그것은 편협한 인간 중심적 관점으로 인하여 비판을 받아 왔다. 그는 우주의 법칙과 그리스도의 화해 사역에 대해 말하고 있는 본문의 의미를 지나치게 간소화하고 그 의미를 제한시키고 있는 것처럼 보인다고 주장되어 왔다(참조. M. Barth, *CBQ* 30[1968] 110; 참조. Wolter, *Rechtfertigung*, 55).

(3) 다른 입장에 따르면, 화목은 정복 즉 우주적 세력들의 진압과 관계가 있다는 것이다. "만물"(*τὰ πάντα* – 타 판타)은 인간 세상을 포함하지 않고 하나님의 화목 활동의 대상인 우주적 세력들을 의미한다는 것이다. 이러한 모든 세력들이 악하므로(Schlier, *Principalities*, 14, 15), 그것들은 머리이신 그리스도에게 복종해야 할 필요가 있다. 그들은 그분을 통하여 "진압"되며(참조. 골 2:14, 15), 우주의 평화가 다시 한 번 이루어진다. 그러나 만일 케흘의 입장이 "만물"을 인간 세계로 잘못되게 제한한다는 비판을 받는다면, 이러한 접근 방식은 본문을 편협하게 우주적 세력들

에만 잘못되게 적용한다는 비판을 받는다. 이러한 입장은 2:15을 이 찬양의 절정에 이르는 문구로 연결시키려는 장점을 가지고 있는 한편, 결국 "만물"(τὰ πάντα – 타 판타)의 의미를 적절하게 설명하지 못한다.

(4) 로제(Lohse, 59-61)의 입장은 심각한 혼란을 겪은 우주("모든")가 이제 그리스도-사건을 통하여 화목되었다는 것이다. 하늘과 땅이 하나님께서 창조하시고 정하신 질서로 되돌아왔는데, 이것이 그리스도의 부활과 승천을 통하여 일어났다는 것이다. 우주는 또다시 그 머리 아래 속하게 된다. 그리고 우주의 평화가 – 어떤 묵시적 기대에 의하면 시대의 끝에만 일어날 것이라는 평화 – 돌아왔다. 최근의 대부분의 주석가들과 함께 로제는 "그의 십자가의 피로"(20절)라는 문구를 이 서신의 저자를 통하여 이루어진 찬양에 대한 해석적인 첨가로 간주한다. "평화는 다른 세상적인 드라마 속에서 수립되지 않고 예수 그리스도의 죽음 속에서 수립되었다"(60). 정사들은 그 힘을 상실했고(참조. 2:14, 15), 만물의 화목이 일어났다. 그렇다면 이 말은 이 서신의 수신자들에게 전달되었는데, 그 이유는 전 세계에 전파되는 화목의 메시지는 그것들에게도 적용되기 때문이다(21-23절).

(5) 그위쓰(Gewiess; 참조. Vögtle, *Das Neue Testament*, 227-29)를 따르고 있는 무쓰너(F. Mussner, *Christus, das All und die Kirche. Studien zur Theologie des Epheserbriefes* *[TTS 5; Trier: Paulinus, 1955])는 본 구절의 강조점이 다른 곳에 있다고 생각한다. 이 문장 가운데서 "만물"(τὰ πάντα – 타 판타)이라는 문구를 강조하고, 그러고 나서 어떤 범주들이 포함되어 있는지를 결정하기보다(예를 들어, 어떻게 인격적 실체인 우주가 화목될 수 있는가? 그 화목은 인간들과 하나님에게 관심을 두고 있는가? 인간들과 천사들에게 관심을 두고 있는가? 인간들 서로간의 화목에 두고 있는가? 아니면 타락한 천사들과 하나님 간에 두고 있는가? 등) 이러한 접근은 우리의 그 화해를 효력 있게 하신 그분에게로 돌려야 한다고 생각한다. 중요한 질문은 "누가 혹은 무엇이 화목되었느냐?"가 아니라 "누가 화목의 중보자이냐?"는 것이며, 주어진 대답은 "오직 그리스도이시다"라는 것이다(Mussner, *Christus*, 71). 찬양의 첫 번째 연에서 그리스도의 중심 되심이 주장되고 중보자요 창조주이신 그리스도에 대한 찬양을 이끌어 내도록 "모든"-공식 문구가 사용되었다. 그분이 두 번째 연인 18b-20절에서도 관심의 초점이 되며, "모든"-공식 문구는 결정적으로 그분을 지적해 주는 역할을 한다. 그분이, 오직 그분만이 화목의 중보자이시다. "만물"과 동격이 되는 20절에 있는 "땅에 있는 것들이나 하늘에 있는 것들"이라는 진술은 이러한 입장에 상충되지 않는데, 그 이유는 이 문구가 화목의 대상들의

세부적인 붕괴를 제공하고 있지 않기 때문이다. 이 찬양의 편집자는 그 대상인 인간들에게만 관심을 두고 있으며(21-23절에서 그렇게 적용되어 있다) 우주의 타락에 대한 언급을 생략하고 있는 점은 그리스도에게만 자신의 관심의 초점을 두고 있는 저자의 의도와 어울린다. 최근 이 입장의 대변자인 뵈틀(Vögtle, *Das Neue Testament*, 227-29)은 만물의 화목에 대한 이해에 관해서 슈바이저가 강조하여 말한 진술을 자기 자신의 입장에 근접한 "배타적 기독론적 주장"이라고 말한다(*Beiträge*, 134).

그러나 훌륭한 스타일로 되어 있는 이 구절이 모든 영역에서 그리스도의 우월성을 강조하고 있다는 사실을 고려하면, 이 단락은 사실상 그분만이 화목의 중재자시라는 사실을 주장하면서 이 화목의 대상들 혹은 은혜의 수령자들을 언급하고 있다. 첫째는 일반적으로("만물"), 그 다음에는 보다 구체적으로("땅에 있는 것들이나 하늘에 있는 것들") 묘사한다. "누가 혹은 무엇이 화목하게 되었는가?"라고 묻는 것은 그 일차적 질문이 아니지만, 그럼에도 불구하고 본문 그 자체가 우리로 하여금 그 대답들을 찾아보라고 암시하고 있으므로 이것은 합당한 질문인 것이다. 더 나아가서 뵈틀에 따르면, 21-23절에 있는 적용에 근거하여 편집자가 그 주체인 인간에게만 관심을 두고 있다는 것은 그 찬양 가운데 언급되어 있는 많은 기독론적 진리들이 직접적으로 독자들에게 적용되지 않는다는 사실을 간과한 것이다. 어쨌든 우리는 이러한 것들이 중요하지 않은 것이라고 결론짓지 말아야 한다.

(6) 우리의 판단으로 볼 때, "만물의 화목"은 로제(59)와 함께 "우주가 하늘과 땅이 하나님께서 창조하시고 결정하신 질서로 돌아와서…우주가 다시 그 머리 아래 속하고…우주의 화평이 되돌아왔다는 의미에서 화목되었다는 사실"을 의미하는 것으로 이해되어야 한다.

슈바이저와 다른 사람들은 이러한 주장을 거절했지만, "화목"은 뒤따라오는 문구, 즉 "그의 십자가의 피로 화평을 이루사"에서 확대된 것으로 이해하는 것이 가장 좋을 것이다. 만약 슈바이저의 입장대로 저자가 그 찬양에 수정을 가했다면 왜 그는 자신의 신학과 다른 요소를 남겨 놓았을까? 만일 화목과 화평이 본질적으로 다르다면 왜 저자는 자기 자신의 입장과 조화되지 않는 사상을 제거하지 않았던가? (참조. O'Brien, *RTR* 33[1974] 45-53, 이에 대해 Schweizer, *Neotestamentica*, 326, 327에서는 반대한다.)

그리스도께서 가져다 주신 화평은 "거저 받아들여질 수 있거나 혹은…강제적으로 지워질 수 있는데"(Bruce, 210), 이는 바울이 광범위한 입장에서 화목을 말할 때 화해의 개념을 결론짓고 있기 때문이다. 많은 주석가들이 주장하는 바와 같이 만일 20절이 그리스도 안에서 정사와 권세(2:15)에 대한 하나님의 승리에 비추어 이해되어야 한다면 – 그리스도의 화목 사역의 의미가 인간 세계에 적용되면서 우주 전체와 함께 정사와 권세의 화해보다 더 넓은 것이므로 그 사역의 의미가 2:15의 이러한 말씀에 의하여 제한되지 않아야 함에도 불구하고 – 이것들은 분명히 하나님의 은혜에 기꺼이 둘러싸여 있는 것으로 묘사되지 않고 저항할 수 없는 세력에 자기들의 뜻을 복종하는 것으로 묘사되어 있다. 다시 말해서 그들은 화목케 되었는데, 그러한 개념은 주후 1세기 로마 법규 아래 지중해 지역에서 살고 있는 사람들에게는 생소한 개념이 아니었다. 게다가 하나님 혹은 그리스도에 대하여 적대적인 것으로 추정된 이러한 세력들의 "진압"(pacification) 혹은 승리는 그것들이 완전히 제거되었거나 완전히 멸망당했다는 것을 의미하지 않는다. 그들은 계속 존재하며 인간과 그의 이익에 해로운 것이 아닌 것으로 드러난다(참조. 롬 8:38, 39; Barrett, *Adam*, 86). 그럼에도 불구하고 미래의 궁극적인 완전 정복은 보증되었다(고전 15:24-28; 골 2:15을 보라).

바울은 이러한 우주적인 화목이 다른 어떤 세상의 드라마 속에서가 아니라 역사 속에서 이루어진 일, 곧 예수 그리스도의 십자가에서의 죽음을 통하여 이루어졌다고 확언한다. 더 나아가 2:14, 15에서 그리스도 안에서 하나님께서 골로새 교인들을 대적하는 "의문에 쓴 증서"를 십자가에 못 박음으로써 그분의 승리의 행진 가운데서 그것들을 이끌고 있는 정사와 권세를 정복하셨다고 주장하고 있다.

마이클리스(W. Michaelis, *Versöhnung des Alls. Die frohe Botschaft von der Grande Gottes*[Bern: Siloah, 1950])는 골로새서 1:20, 에베소서 1:10 등을 근거로 하여 하나님의 영원하신 계획과 목적이 화목이었으므로 그분의 피조물들 가운데 그 어느 것도 최종적으로 혹은 궁극적으로 잃어버려지지 않을 것임을 주장했다. 나아가서 20절은 바울이 모든 민족의 하나님과의 궁극적인 화목을 바라보았고, 실제로 적대적 세력들과도 화목할 것을 바라본 것으로 취급될 수 있는가? 우주적 화목은 그 범위에 있어서 모든 것을 포함하는 "만물"(*τὰ πάντα* – 타 판타)과 관계가 있다. 정사와 권세들의 화목이 염두에 두어져 있다. 그것들은 다른 것들이 무엇이든 포함되는 하나의 범주다. 그러나 이러한 세력들은 그들이 저항할 수 없는 하나의 세력에 자기들의 의지를 복종시키는 것으로 나타난다. 그들은 복종을 통하여 화목되며(참조. 고전 15:28), 그리스도의 승리는 그것들을 "약하고 천한 초등학문"(참조. 갈 4:9)의 위치로 격하시켰다. 그것들이 화목 가운데 포함되기는 하지만, 그것들은 우주의 주님에게 기꺼이 항복하지 않는다. 마찬가지로 20절로부터 모든 죄인들이 그리스도의 죽음을 통하여 이루어진 화평을 거저 받아들인다고 가정할 수는 없다. 정사와 권세들처럼 최소한 화평이 어떤 점에서 의무적으로 지워져야 하지 않을까?

만물이 최후에는 함께 예수의 이름에 무릎을 꿇고 그분을 주님으로 인정하게 될지라도(빌 2:10, 11) 이러한 일이 모두에게 자원하여 이루어진다고 가정되지는 않는다. 찬양 다음에 이어지는 말씀이 암시하는 바와 같이(골 1:21-23), 화평을 이루시는 그리스도의 사역의 중심 목적은 화목의 말씀을 듣고 그것을 기쁘게 받아들인 사람들과 관계가 있다. 20절은 모든 사람이 결국에는 하늘의 축복을 누릴 우주적 화목을 지적하고 있다고 주장하는 것은 부당한 가정이다.

골로새서와 빌레몬서에 있는 에클레시아(*ἐκκλησία*)란 단어에 대한 특주

(1) 헬라 도시-국가에서 에클레시아(*ἐκκλησία*)

에크-칼레오(*ἐκ-καλέω*, 군대를 모집하기 위하여 소집하는 데 사용되는 동사, "불러내다")에서 유래한 에클레시아(*ἐκκλησία*, "집회")는 유리피데스와 헤로도토스 당시(주전 5세기)로부터 입증되며, 폴리스(*πόλις*) 혹은 헬라 도시-국가의 완전한 시민의 대중 집회를 뜻했다. 이 시기에 이 집회는 간헐적으로 모였으나, 위기의 경우에는 이 용어가 특별한 모임을 묘사할 수 있었다. 모든 시민은 말할 권리가 있었고, 논의를 위하여 문제를 제기할 수 있었다. 구약성경의 번역과 신약성경 당시 이전 수 세기 동안 에클레시아(*ἐκκλησία*)란 단어는 분명히 하나의 정치적 현상으로 특징지어졌다. 그것은 완전한 시민의 모임이었는데, 기능상으로 헬라 민주정치에 뿌리를 두었으며, 근본적으로 정치적 · 사법적 결정들이 이루어졌던 모임이다. 에클레시아(*ἐκκλησία*, 계속되었던 데모스〈*δῆμος*, "백성, 인구, 군중"〉로부터 구별됨)는 집회가 실제로 이루어졌을 때만 존재하는 것으로 간주되었다.

(2) LXX, 요세푸스 그리고 필로의 작품에서 에클레시아(*ἐκκλησία*)

LXX의 번역 가운데서 헬라어 에클레시아(*ἐκκλησία*, "집회")는 약 100회 가량 나타나는데, 그 중에 22회가 외경에 나타난다. 이 단어는 히브리어 콰할(qāhāl, "집회")로 약 73회 묘사하고 있다(그러나 에다〈ēdâh, "회중"〉는 전혀 나타나지 않는다. 콰할〈qāhāl, "집회"〉은 자주 헬라어 쉬나고게〈*συναγωγή*, "집회 장소"〉로 번역된다. W. J. Dumbrell, *The Meaning and Use of Ekklesia in the New Testament with Special Reference to its Old Testament Background.* University of London: Unpublished M. Th. thesis, 1966, 1-26, 특히 3쪽은 콰할과 에다가 모인 회합이라는 기본적으로 같은 의미를 가지고 있기는 하지만, 후자는 "모였든 모이지 않았든 국가의 한 단위로서 백성들을 나타내고…반면에 콰할은 어떤 특별한 목적을 위하여 소집된 혹은 집합한 백성들을 나타낸다"). 히브리어 콰할(qāhāl)과 그 헬라어 동의어 에클레시아(*ἐκκλησία*)는 덜 특별하게 종교적 혹은 비종교적 종류의 집회들을 묘사할 수 있었는데, 예를 들어 전쟁을 준비하기 위한 군대의 소집이나(삼상 17:47; 대하 28:14) 혹은 날뛰는 그리고 잠재적으로 위험스러운 군중의 "모임"을 나타낸다(시 26[LXX 25]:5; 집회서 26:5). 그러나 특별히 중요한 것은 시내 산에서 혹은 나중에 온 이스라엘이 매년 세 번씩 모이라고 요구했던 시온 산에서 하나님의 말씀을 듣기 위하여 모인 이스라엘의 회중을 나타내는 에클레시아(*ἐκκλησία*, qāhāl에 대한 번역)의 경우다. 모세가 약속의 땅으로 들어가기에 앞서 백성들에게 연설을 할 때의 경우와 같이 가끔 국가 전체가 모인 것처럼 보인다. 이와 관련해서는 신명기 4:10이 인용될 수 있다. 시내 산에서의 장면을 생각하면서 모세는 이스라엘 백성들에게 "네가 호렙 산에서 네 하나님 여호와 앞에 섰던 날에 여호와께서 내게 이르시기를 나를 위하여 백성을 모으라 내가 그들에게 내 말을 들려서"라고 상기시켜 주었다. LXX에 있는 평행절은 더 분명한데 에클레시아(*ἐκκλησία*)란 단어를 사용하고 그 단어의 어근이 같은 단어 에클레시아조(*ἐκκλησίαζω*)를 사용하고 있다: "교회의 날 그때 주께서 나에게 말씀하셨다. 백성으로 하여금 내 앞에 교회를 이루게 하라"(참조. 신 9:10; 18:16; 31:30; 8:35[LXX 9:2]; 삿 20:2 등). 다른 시기에는 예루살렘 성전에 대한 솔로몬의 봉헌 시에 지파의 우두머리들 혹은 지파의 두목들이 참석한 것으로 보이는 우두머리 대표자들만의 모임이다(왕상 8:14, 22, 55 등).

요세푸스 역시 언제나 모임에 대해서 이 단어를 자주 사용했다(약 48회, 그 가운데 18회가 LXX 인용문이다). 이러한 다양한 특징들, 예를 들어 종교적, 정치적, 자발적인 집회들이 언급된다(Josephus, *Ant* 4.309; *Life*, 268; *JW* 1.654, 666). 필로는 이 단어를 약 30회나 사용하고 있는데, 다섯 개를 제외한 전부를 LXX으로부터 인용하고 있다. 이 다섯 번은 고대 헬라어의 의미로 나타난다.

그렇다면 바울 이전의 헬라와 유대 세계에서 이 단어는 백성들의 집회, 모임을 의미했다. 이 단어는 하나의 "조직" 혹은 "사회"를 지칭하지 않았다. 비록 이것은 본질적으로 종교적 의미를 가지지 않았고, 그래서 특성상 상당히 세속적인 집회를 가리킬 수 있었지만, 그 중에서 특별한 의미를 가진 것은 하나님의 말씀을 들으러 모였던 이스라엘의 회중을 가리키는 LXX 가운데서 에클레시아(*ἐκκλησία*)의 출현이다.

(3) 신약성경에서 에클레시아(*ἐκκλησία*)

에클레시아(*ἐκκλησία*)란 단어는 신약성경에서 114회나 나타나며, 그 중에서 절반 이상이 바울 서신에서 나타난다(62회; 그리고 다른 곳에서는 마태복음에서 3회, 사도행전에서 23회, 요한계시록에서 20회, 공동서신에서 6회 나온다). 기독교인들이 에클레시아(*ἐκκλησία*)란 단어를 사용한 것이 처음으로 유대인이 사용한 데서 가져온 것인지 아니면 이방인들이 사용한 데서 가져온 것인지는 논란이 되고 있다. 이 양자의 경우를 검토하고 나서 마샬(I. H. Marshall, "New Wine in Old Wine Skins: V. The Biblical Use of the Word 'Ekklēsia,'" *ExpTim* 84[1972-73] 359-64)은 교회가 이 단어를 채용한 이유에 대한 가장 만족할 만한 설명은 "궁극적으로 LXX에서 유대인들이 이 단어를 사용한 것과 연관이 있다"고 주장했다(362). [왜 초대 교회가 이를 설명하기 위하여 쉬나고게(*συναγωγή*, "모이는 장소, 집회 장소")를 사용하지 않았는가에 대한 문제에 관해서는 – 야고보서 2:2에는 이 곳에 에클레시아(*ἐκκλησία*)가 나타나기는 하지만 하나의 예외다 – 만일 이것이 LXX로부터 나온 호칭을 선택하고 있었다면, W. Schrage, "'Ekklesia' und 'Synagoge.' Zum Ursprung des urchristlichen Kirchenbegriffs," *ZTK* 60(1963) 178-202에서는 쉬나고게란 단어가 유대인의 율법과 긴밀하게 연결되어 있기 때문에, 그리고 이것이 유대인의 건물에 사용되었기 때문에 피하게 되었다고 주장했다. 이러한 이유들이 가능하기는 하지만, 에클레시아(*ἐκκλησία*)는 하나의 조직 기구나 혹은 협회가 아닌 "모임" 혹은 "집회"를 나타냈으며, 이것이 신약성경에서 이 단어가 사용된 방법이라는 사실을 기억해야 할 것이다.]

(a) 바울의 초기 서신들에서 사용된 에클레시아(*ἐκκλησία*)

신약성경의 다른 모든 곳들에서 에클레시아(*ἐκκλησία*, "집회")란 단어는 이 단어에 대한 바울의 실제 사용보다 나중에 나타나며, 그러므로 여러 문맥에서 이 단어가 갖는 의미를 결정할 필요가 있다. 그의 처음 용법은 데살로니가전서 1:1의 데살로니가 교인들에 대한 문안 인사 가운데 나타난다: "바울과 실루아노와 디모데는 하나님 아버지와 주 예수 그리스도 안에 있는 데살로니가인의 교회에(τῇ ἐκκλησίᾳ Θεσσαλονικέων – 테 에클레시아 데살로니케온)." 이 단어는 헬라인과 유대인 사회에서와 같은 방식으로 사용되고 있는데, 말하자면 그 도시의 다른 모임들처럼 이 모임도 "데살로니가인들의 한 모임"으로 묘사되고 있다. 그러나 "하나님 아버지"라는 단어를 덧붙임으로써 정규적인 정치적 회합들과 구별짓고 있으며, 또한 에클레시아(ἐκκλησία)란 단어의 사용과 "주 예수 그리스도 안에 있는"이라는 부가적인 문구를 사용함으로써 정규적인 회당의 집회와 구별짓고 있다(R. Banks, *Paul's Idea of Community. The Early House Churches in Their Historical Setting*[Grand Rapids, MI: Eerdmans, 1980] 43에서 이와 같이 정확하게 설명하고 있다. 살후 1:1에 있는 같은 묘사를 유의하라). 이 편지의 마지막 언급을 보면, 바울은 데살로니가 교인들의 실질적인 모임을 마음에 두었던 것이 분명하다. 그래서 그는 "모든 형제에게 이 편지를 읽어 들리라"고 말하고 "거룩하게 입맞춤으로 모든 형제에게 문안하라"고 요청하고 있다(살전 5:26, 27).

데살로니가에 보내는 두 서신에서 "하나님의 여러 교회(ἐκκλησίαι – 에클레시아이)"(살후 1:4)와 "유대에 있는 하나님의 교회들"(2:14)에 대해 언급하고 있다. 갈라디아서(1:2), 고린도인들에게 보내는 두 서신(고전 7:17; 11:16; 14:33, 34; 고후 8:19, 23, 24; 11:8, 28; 12:13) 그리고 로마서(16:4, 16)와 같은 다른 서신들 역시 한 교회 이상을 두고 말할 때 복수형을 사용하고 있다(유일한 예외는 배분적 표현인 "각 교회"〈고전 4:17〉이며, 총칭적 혹은 국부적인 의미에서 "하나님의 교회"〈고전 10:32〉란 문구다). 그래서 "갈라디아에 있는 교회"(갈 1:2; 고전 16:1), "아시아의 교회들"(고전 16:19), "마게도냐 교회들"(고후 8:1) 그리고 "유대에 있는 교회들"(갈 1:22)이 언급되고 있다. 이것은 이 단어가 백성들의 실질적인 모임 혹은 정규적으로 구성된 집회로 모이는 그룹에만 적용되었다는 사실을 말해 준다(Banks, *Idea*, 43). 우리가 자주 회중의 한 그룹을 집합적으로 "교회"라고 말하기는 하지만(즉 한 교파의 교회), 바울(혹은 신약성경의 나머지 부분)이 이러한 집단적인 방식으로 에클레시아(ἐκκλησία)를 사용하고 있는지는 의심스럽다. 또한 하나의 연합된 지방 혹은 국가 교회 개념은 바울의 생각과는 거리가 먼 것으로 보인다. 이러한 모임에 대한 제1차적 의미는 분명히 고린도전서 11-14장으로부터 나왔음에 분명하며, 그 곳에 "너희가 교회에 모일 때에"(고전 11:18)와 "교회에서 말하는 것"(고전 14:35; 참조. 4, 5, 12, 19, 28)과 같은 표현들이 나타난다. 두 개의 고린도 서신의 초두에서(고전 1:1; 고후 1:1; 참조. 고전 10:32; 11:22 그리고 롬 16:

16) 교회는 그것을 존재하도록 하신 분(곧 하나님) 혹은 그것이 생겨나도록 통로 역할을 하신 분(곧 그리스도)에게 속해 있는 것으로 묘사되어 있다는 사실이 특별히 의미심장하다. 에클레시아(ἐκκλησία)와 같은 기관은 단순한 인간의 협의체나 종교적 클럽이 아니라 하나님께서 창조하신 실체다(참조. Banks, *Idea*, 45).

갈라디아서(1:13; 또한 참조. 고전 15:9; 빌 3:6)에서 바울이 원래 하나님의 교회를 핍박했다고 언급한 것은 이러한 주장과 상충되지 않는데, 그 이유는 이 표현이 유대의 여러 곳에 있던 수많은 소모임으로 분배되기 이전 예루살렘 교회에 대한 언급을 암시할 수 있거나 혹은 그 포박이 이루어졌던 것은 신자들이 함께 모일 때였다는 사실 - 즉 기독교인들의 모임의 증거를 제공했던 그들의 집회 - 을 암시할 수도 있다(Banks, 44).

(b) 후기 편지들에서 에클레시아(ἐκκλησία)

에클레시아(ἐκκλησία)란 단어는 골로새서와 빌레몬서에서 5회 나타나며, 비록 연결된 것이기는 하지만 세 가지 방식으로 분리되어 사용되었다. (a) 골로새서 4:16에서 이 단어는 "집회"라는 통상적인 의미로 사용되는데, 곧 라오디게아에 있는 집회다. 초창기 서신의 경우처럼 여기서도 실질적인 모임을 말하고 있다. 즉 바울의 골로새인들에게 보내는 편지가 그 집회에서 크게 읽혀진 다음에 그들은 그것 혹은 그 부본이 라오디게아 회중 가운데서 읽혀지도록 전달해 주어야 했다("너희 중에서"〈παρ' ὑμῖν - 파르 휘민〉란 표현은 실질적으로 "교회에서"〈ἐν…ἐκκλησίᾳ - 엔 에클레시아〉와 동일하다). (b) 두 개의 참고문 중에 에클레시아(ἐκκλησία)는 "집-교회"를 지칭한다. 그래서 골로새서 4:15에서 "눔바와 그 여자의 집에 있는 교회(καὶ τὴν κατ' οἶκον αὐτῆς ἐκκλησίαν - 카이 텐 카트 호이콘 아우테스 에클레시안)"라고 언급되었고, 반면에 빌레몬서 2절에서는 빌레몬의 집이 골로새에서 모임 장소로 사용되었던 사실이 드러났다: "네 집에 있는 교회"(τῇ κατ' οἶκόν σου ἐκκλησίᾳ - 테 카트 오이콘 수 에클레시아). 바울은 이미 "집-교회"의 의미로 에클레시아(ἐκκλησία)란 단어를 사용했다(롬 16:5; 고전 16:19, BAG, 241; 좀더 자세한 내용에 관해서는 골 4:15의 "주석"을 보라).

특별히 의미심장한 점은 에클레시아(ἐκκλησία)를 지역 회중이나 집-교회보다 더 넓은 의미로 사용하고 있는 골로새서 1장에 나오는 두 경우다: 18절에서 이 단어는 그리스도께서 "몸인 교회의 머리"라고 진술되고, 반면에 24절에서는 바울의 고난에 대해서 말하고 있는 문맥 속에서 같은 표현이 사용되고 있다("그의 몸 된 교회를 위하여"). 대부분의 주석가들은 이러한 골로새서에 있는 발전된 언급들(그리고 에베소서에 있는 유사한 구절들)을 세계에 흩어진 "우주적 교회"로 해석한다. 그러나 이러한 입장에 반대되는 두 개의 심각한 반대 논증들이 있다: 첫째로, 에클레시아(*ἐκκλησία*)란 단어가 더 이상 "모임" 혹은 "집회"라는 통상적인 의미를 가질 수 없는데, 왜냐하면 전 세계 교회가 모일 수 있는 방법을 생각해 내기가 어렵고, 그래서 에클레시아(*ἐκκλησία*)란 단어는 하나의 조직체나 사회를 나타내기 위한 어떤 다른 방법으로 번역되어야 하기 때문이다. 둘째로, 천상의 계획에 의하여 움직이는 1:15-20의 문맥은 교회가 18절에서 말해지고 있는 지상의 현상이 아니라 초자연적이고 천상의 것임을 시사한다. 편지의 앞 부분에서 독자들이 이미 빛의 나라에서 성도들의 기업에 참여하기에 합당하게 되었으며, 흑암의 권세에서 하나님의 사랑하는 아들이 지배하는 나라로 옮기셨다고 언급한 바 있다(1:12-14). 한편으로, 골로새 교인들은 분명히 지상의 영역의 구성원들이며(3:4-4:6의 권면을 유의하라), 사도는 그들이 마지막 날에 하나님 앞에 "거룩하고 흠 없고 책망할 것이 없는 자로" 나타날 것을 바라보고 있다(1:22). 다른 한편, 그들은 지금 하늘의 영역에 존재하고 있는 것으로 묘사되어 있다. 그들은 그리스도와 함께 일으키심을 받았으므로 지금 그리스도께서 하나님의 우편에 앉아 계시는, 위엣것을 바라보아야 한다(3 :1). 그들은 이 하늘 영역에서 그리스도와 함께 살고 있으므로(그들의 생명이신 그리스도께서 이미 하늘에 계심을 유의하라, 3, 1절) 그분과 함께 영광 중에 나타날 것이라고 확증을 받고 있다(4절). 그러한 사상은 전혀 새로운 것이 아니다: 갈라디아서에서 바울은 이미 지금 예루살렘의 자녀들과 "하늘의 예루살렘"에 속한 자들 사이를 대조한 바 있다(갈 4:25-27). 나중에 빌립보서에서 하늘의 시민권과 관련하여 이 사상이 발전된다: 지상에 살고 있는 빌립보 교인들은 하늘 공동체의 구성원들이기도 하다(빌 3:19, 20). "이 하늘 공동체의 구성원들은 그와 동반된 모든 유익들과 함께 로마 사회에 속했던 구성원들처럼 지속적인 것이었다"(Banks, *Idea*, 53).

에베소서에 있는 후기의 언급들은 이와 같은 방향을 지적하는 것으로 생각된다. 즉 하나님께서 "우리를 그리스도와 함께 살리셨고…또 함께 일으키사 그리스도 예수 안에서 함께 하늘에 앉히시니"(2:5, 6)라고 분명하게 언급되어 있다. 이 회람서신의 독자들은 "그리스도 안에서 하늘에 속한 모든 신령한 복으로"(엡 1:3) 복을 받은 사람들이다. 또다시 그리스도께서 몸인 교회(*ἐκκλησία* – 에클레시아)의 머리가 되신다고 언급되고 있다(1:22, 23). 만일 에클레시아(ἐκκλησία)란 단어가 여기서 하늘에서 자리를 차지하고 있는 교회로 이해된다면, 이것은 기독교인들이 일상생활을 하는 것처럼 하늘에서도 참여하고 있다는 사실을 의미했을 것이다. 그들은 이미 그리스도 주위에 모여 있다는 것인데, 이것은 그들이 지금 그분과 교제를 누리고 있다는 사실을 말하는 또 다른 방법이다. 또 다른 언급들(3:10, 21; 5:23, 25, 27, 29, 32)도 같은 방법으로 취급되었다.

만일 에클레시아(ἐκκλησία)란 단어가 최소한 같은 경우에 하늘의 실체를 가리킨다면, 이 단어와 에클레시아이(ἐκκλησίαι)로 이름 붙여진 지역 회중의 관계는 어떤 것인지를 당연히 물을 수 있다. 분명한 것은, 지역 모임들은 그것들이 우주적 교회의 일부분인 것처럼 천상 교회의 일부분이다. 바울은 시종일관 구체적인 장소에서 만나는 그 교회를 가리켜 말하고 있다. 단일한 도시 안에 여러 모임들이 있을 때까지도 개개의 회중들은 그 지역에 있는 교회의 일부로 이해되지 않고 거기서 모이는 "교회들" 중의 하나로 이해되었다. 이 점은 각 지역의 교회들이 하늘 교회의 현시, 곧 시·공간적으로 천상적인 그리고 영원한 실체의 눈에 보이는 표현들이라는 사실을 시사한다.

(이미 언급된 것들 이외에 에클레시아〈ἐκκλησία, "모임, 회중, 교회"〉에 관한 2차적 참고서적에 관해서는 Marshall, *ExpTim* 84[1973], 359-64, 그리고 Coenen, *NIDNTT* 1, 305-7를 보라.)

해설

기도와 감사의 어투는 사죄에 대한 언급과 함께 1:14의 끝부분에서 창조와 화목에 있어서 주님이신 그리스도에 대한 찬양을 하면서 장엄한 찬양 단락으로 변해 간다. 불과 수 년 전에 너무나 치욕스럽게 처형을 당한 한 사람에게 적용되는 인간이 되신 하나님의 지혜에 대해서 구약성경과 유대주의에서 사용된 일련의 서술과 활동들과 함께 시작된다.

첫 번째 진술은 그분과 하나님의 관계를 서술하고, 두 번째 진술은 그분과 창조의 관계를 설명하고 있다. 보이지 않는 하나님의 형상으로서 그리스도는 하나님의 속성과 성품 자체를 드러내신 선재하신 분이다. 그분은 창조물보다 먼저 계시고 위에 계시는데, 이는 그분이 그 모든 것의 주인이시기 때문이다. 만물은 영역이신 그분 안에서, 또한 대리자이신 그분을 통하여 창조되었다. 게다가 이 단락은 그 이상을 말하고 있다. 곧 그리스도는 유일하신 분인데, 이는 그분이 모든 창조물의 궁극적인 목적이기 때문이다(구약성경과 유대인 문서의 지혜에는 이와 같은 주장이 나타나 있지 않다).

아마도 골로새 이단에 대한 특별한 언급을 담고 있는 이 찬양은 우주의 가장 높은 존재로부터 가장 낮은 존재에 이르기까지 정사와 권세들까지도 모두 그리스도에게 복종한다는 사실을 강조하고 있다. "그분이 없었던 때가 있었다"는 말은 올바른 말일 수가 없는데, 그 이유는 이 단락이 그분께서 우주보다 먼저 계시고 그것을 관장하신다고 주장하고 있기 때문이다. 더 나아가서 그 우주는 오직 그분 안에 서 있다. 그분의 지속적인 유지가 없이는 모든 것이 붕괴된다.

우주론적 관점으로부터 구원론적 관점으로 옮겨가면서, 바울은 그리스도께서 교회인 몸의 머리이시라고 확언한다. 자기 백성과의 유기적이고도 생명력 있는 관계를 지적하고 있는 그 머리 되심은 그분이 그들을 주관하시고 그들이 생명과 힘을 얻기 위하여 전적으로 그분을 의존하고 있다는 사실을 나타낸다. 이 머리가 되시는 분은 부활하신 그리스도다. 부활에서 처음이요 먼저 나신 자이신 것처럼, 그분은 새로운 인류의 창설자이시다. 이 찬양은 앞의 창조에서의 그분의 탁월성을 주장한 바 있다. 이제 이 찬양은 부활에서의 그분의 탁월성을 언급한다. 그러므로 그분은 만물 위에 뛰어난 자가 되셨다.

그분이 이렇게 탁월하신 이유가 그 다음에 설명되고 있다. 그리스도는 그의 모든 충만 가운데서 하나님께서 그리스도를 통하여 거주하기를 기뻐하신 그분이다. 그의 영, 말씀, 지혜 그리고 영광이 그리스도 안에서 완전하게 나타났다. 더 나아가서 이것은 이 찬양과 이에 대한 다음의 "주석"(2:9)이 드러내는 바와 같이 일시적인 거주가 아니었다.

비록 이전에 이에 대한 언급이 없었을지라도, 우주의 통일과 조화가 뒤바뀌고 깨어져서 화목이 필요하게 되었다는 것이 전제 조건으로 되어 있다. 그리스도를 통하여 만물과 화목하는 것이 하나님의 기쁘신 뜻이었다. 하늘과 땅은 하나님께서 창조하시고 정하신 질서로 돌아갔다. 우주는 그 주인 아래 있으며, 우주의 평화는 회복되었다. 화목과 평화를 이룸(이는 진압의 개념을 포함하고 있음)이 그리스도의 결정적 사역이 그분의 십자가에서의 죽음 안에서 그리고 그 죽음을 통하여 역사적 계획에 영향을 주었다는 사실을 묘사하기 위하여 동의어적으로 사용되었다.

이 단락을 기독론적 일탈이라거나 또는 부기(附記)라고 말하는 것은 잘못된 것인데, 그 이유는 이 찬양이 실질적으로 이 문맥에 속해 있지 않다고 주장하는 것이기 때문이다. 이전에 무엇을 가지고 있었든지 간에, 이 단락은(이것이 바울에 의하여 작성되었든 그렇지 않든) 지금 이 문맥 그대로가 문맥의 중심부이며, 해석자의 임무는 이 문장 구조 안에서 이 단락의 의미를 설명하는 것이고, 어느 정도 가정하여 문맥을 재구성하는 것이 아니다. 바울의 길다란 기도는 찬양으로 이끌어 갔으며, 반면에 곧이어 뒤따라오는 문장은 이 기도로부터 문구들과 사상들을 취하여 그 진리를 독자들에게 적용하고 있다. 사실상 이 단락은 서신 전체를 강화시켜 주고 있다. 이것을 치워 버린다면 심각한 붕괴가 일어난다.

어투는 장엄하다. 첫 구절들 가운데서 저자는 속성들과 행위들을 그리스도에게 적용하면서 구약성경과 유대주의로부터 이끌어 낸 지혜 배경을 묘사해 왔다. 반복, 평행구, 교차적 배열 그리고 인클루시오(118-125쪽을 보라)와 같은 스타일상의 특징들은 모두 그리스도를 창조와 화목에서 주님으로 찬양하기 위하여 사용된 것이다. 몇몇 어휘들, 예를 들어 정사와 권세에 대한 그분의 주재권은 거짓 교사들이라는 이단을 다루고 있는 것으로 보인다.

찬양에 곧이어 뒤따라오는 문장 가운데서 화목과 같은 주제들은 독자들에게 적용된다. 그리스도의 능하신 화목 사역은 이전에 하나님으로부터 떠나 있었고, 그분과 적대관계에 있었던 골로새 교인들과 특별한 관계를 가지고 있었다. 이 편지의 다음 부분에서 다른 주제들이 다루어지고 더욱 확장된다(참조. 2:9). 그러나 모든 진술이 직접적으로 수신자들에게 적용되지는 않는다.

얼마나 많은 골로새 교인들이 이 편지를 받기에 앞서서 찬양 가운데 포함된 어휘와 개념들을 알았느냐에 대해서는 확인하기가 어려우며 아마도 불가능할 것이다. 우리는 그들이 주 예수 그리스도를 자기들의 전승처럼(2:6, 7) 받아들였으며, 또한 자신의 동료 에바브라의 가르치는 사역에 대한 바울의 칭찬에 비추어 볼 때(1:7; 참조. 4:12, 13), 우리는 찬양 속에서 주장된 내용이 이전에 복음 속에서 주어진 교훈과 일관성이 있다고 가정할 수 있다. 그러나 우리는 바울이 자기 독자들이 지금 이해하기를 기대한 내용을 알지 못하고 있다(2장은 이 중 세부 사항들 가운데 몇몇을 다룰 것이다). 더 나아가서 그리스도에 대한 찬양 속에 있는 이 장엄한 문장은 그들이 모일 때 함께 그리고 개별적으로 드린 그들 자신의 찬양과 감사의 기초가 되었을 수 있다.

5. **수립되고 적용된 화목**(1:21-23)

참고문헌

1:15-20에 대한 참고서적 가운데 인용된 서적 이외에도 다음의 책들을 유의하라.

Dahl, N. A. "Form-Critical Observations on Early Christian Preaching." *Jesus in the Memory of the Early Church.* Minneapolis: Augsburg, 1976, 30-36. **Tachau, P.** *"Einst" und "Jetzt" im Neuen Testament. Beobachtungen zu einem urchristlichen Predigtschema in der neutestamentlichen Briefliteratur und zu seiner Vorgeschichte.* FRLANT 105. Göttingen: Vandenhoeck und Ruprecht, 1972.

본 문

21 전에 악한 행실로 멀리 떠나 마음으로 원수가 되었던 너희를
22 이제는 그의 육체의 죽음으로 말미암아 화목케 하사 너희를 거룩하고 흠 없고 책망할 것이 없는 자로 그 앞에 세우고자 하셨으니
23 만일 너희가 믿음에 거하고 터 위에 굳게 서서 너희 들은 바 복음의 소망에서 흔들리지 아니하면 그리하리라 이 복음은 천하 만민에게 전파된 바요 나 바울은 이 복음의 일꾼이 되었노라

21 You also, who once were alienated from God, hostile in mind and doing evil deeds,
22 he has now reconciled[a] in Christ's physical body through his death, in order to present you holy, blameless and innocent in his sight —
23 provided that you persevere in the faith, established and firm, and not shifting away from the hope held out in the gospel. This is the gospel that you heard and which has been proclaimed to every creature under heaven, and of which I, Paul, have become a servant.

원문주해

몇몇 본문 비평가들은 21절에 있는 휘마스(*ὑμᾶς*) 다음에 하나의 거친 파격 구문을 창출하고 있는, 보다 난해한 독법인 수동형 아포카텔라게테(*ἀποκατηλλάγητε*, "너희가 화목되었다")를 따르고 있다. 메쯔거(Metzger, *Textual Commentary*, 622)는 다양하고도 초창기 증거 본문들에 의하여 입증된 이 독법(B Hilary Ephraem 그리고 실제로 P[46]과 33)은 문장의 구문을 수정하려는 시도를 하게 하여 다른 독법이 생겨나게 만드는 원인이 될 수 있다고 본다(참조. Lightfoot와 Lohmeyer).

다른 한편, 로제(Lohse, 64)는 가장 나은 본문으로 입증된 독법(ℵ A C D[c] K vg syr 등)인 아포카텔락센(ἀποκατήλλαξεν)이 가장 옳은데, 이것이 매우 초기 단계에 공동체에 대한 직접적인 인사말을 강화하기 위하여 수동형으로 변경되었다고 주장한다. 본문상의 상충되는 현상들은 해결하기가 어렵다.

양식/구조/배경

바울의 찬양과 그의 사도적 임무에 대한 진술 사이에 위치해 있는 세 구절로 이루어진 간략한 이 단락은 직접 담화 어투로 전환되고 있다. 원 헬라어와 영역본들 가운데서 강조적 위치에 있는 카이 휘마스(*καὶ ὑμᾶς*, "그리고 너희")란 서론적 문구는 저자가 자기 독자들에게 찬양의 말씀을 해석하고 적용하는 새로운 출발점임을 표시하고 있다.

간단하고도 전통적인 수사학적 형태인 수단을 통하여(*ποτέ* – 토테, "전에", 21절; *νυνί*, "지금", 22절), 한편으로 독자들의 기독교인이 되기 전의 이교도의 신분과 다른 한편으로 지금 그리스 안에 서 있는 현재의 신분 간에 날카로운 대조가 나타나고 있다(Tachau, Einst). 이 두 개의 대조적인 진술은 다음과 같이 정리될 수 있다.

21a	*καὶ ὑμᾶς*	*ποτε ὄντας*	*ἀπηλλοτριωμένους*⋯
b			*ἐν τοῖς ἔργοις*
22a		*νυνὶ δὲ*	*ἀποκατήλλαξεν*
b			*ἐν τῷ σώματι*⋯

하나의 목적절 – 즉 파라스테사이(*παραστῆσαι*, "제공하다, 세우다")로 시작되는 22c절 – 은 토테-뉘니(*ποτέ-νυνί*) 문장의 후반부에 의존하고 있는데, 이는 왜 이러한 형태가 사용되었는지를 암시해 주면서(아래의 주석적 설명을 유의하라), 한편으로 수동형을 가진 하나의 장황한 상황절(23a절, *εἴ γε ἐπιμένετε*⋯-에이 게 에피메네테⋯, "만일 너희가 계속하여⋯하면") 그리고 부정적 공식 문구(23b-c절, *καὶ μὴ μετακινούμενοι*⋯카이 메 메타키누메노이, "그리고 흔들리지 아니하면⋯"), 즉 계속하여 믿기를 요구하고 있는 문구는 이 단락을 풍성하게 하고 있다.

그리스도를 찬양하고 있는 이 단락의 세 개의 주제들(1:15-20)이 취해져서 독자들에게로 연결된다. (a) "너희를 또한 화목케 하사"(*ἀποκατήλλαξεν* – 아포카텔락센, 21, 22절)란 문장에서 "화목"이라는 슬로건(*ἀποκαταλλάξαι* – 아포카탈락사이,

20절). (b) 이 화목은 그리스도의 죽으심을 통하여 그 결과가 나타났다(20절과 22절을 비교하라). (c) "만물이 그리스도 안에서 창조되어"(*ἐν αὐτῷ ἐκτίσθη τὰ πάντα* – 엔 아우토 엑티스데 타 판타, 16절). 그리스도의 다스리심이 만물을 포함하고 있으므로 복음은 하늘 아래 있는 모든 피조물에게(*ἐν πάσῃ τῇ ὑπὸ τὸν οὐρανόν*, 엔 파세 테 휘포 톤 우라논, 23절) 전파되어야 하며, 또 실제로 이미 전파되었다.

20b절과 22b절 간에는 일치가 드러나고 있다.

εἰρηνοποιήσας…(에이레노포이에사스…)
ἀποκατήλλαξεν…(아포카텔락센…)

더 나아가서 22c절("너희를 거룩하고 흠 없고 책망할 것이 없는 자로 그 앞에 세우고자 하셨으니")의 목적은 제의적 어투로 표현되었는데, 이것은 10절의 간구("주께 합당히 행하여 범사에 기쁘시게 하고")와 유사하다. 자일링게르(Zeilinger, *Der Frstgcborene*, 44) 역시 바울의 감사(4-6절) 가운데 이미 중요한 신학적 주제들로 나타났던 믿음, 소망, 복음을 들음 그리고 복음의 힘찬 전파라는 주제들이 이 간략한 단락의 결론부(23절)에서 반복된다고 본다.

주석

21 "그리고 너희를"(*καὶ ὑμᾶς* – 카이 휘마스). 참조. 에베소서 2:1. 이 첫 문구 "그리고 너희를"은 바울의 문장에서 강조적인 위치에 와 있는데, 마치 그가 그리스도의 화목 사역의 중심 목적이 골로새에 있는 기독교인 독자들과 관계가 있다는 사실을 암시하는 것처럼 보인다. 단순히 우주적 범위에서 일어난 일이 곧 적용의 방식에 의하여 그들에게 연관되도록 하기 위하여 일어난다는 것이 아니다. 그보다는 이 회중이 하늘과 땅을 포함하는 사건이 향하고 있는 "목표"로서 지칭되고 있다(Lohse, 62). 전에 하나님에게서 멀리 떠나 하나님과 적대관계에 있었던 저들을 화목케 하고, 그들을 믿음과 소망이라는 하나의 견고한 기반 위에 세우기 위하여 계획된 그들에 대한 특별한 언급을 담고 있다.

토테(*τοτέ*, 21절)…뉘니 데(*νυνὶ δέ*, 22절). 초대 기독교의 선포 속에서 자주 사용되었던 하나의 간략한 수사학적 형태의 도구를 통하여(Bultmann, *Theology* 1, 105, 106; Dahl, *Jesus*, 33; 그리고 특히 Tachau, *Einst*의 충분한 논의를 보라) 기독교인이 되기 이전 독자들의 과거의 위치와 지금 그리스도 안에서의 위치 간에 날카로운 대조가 되고 있다: "너희가 전에는…그러나 이제는 너희가…." 이러한 도식은 거의 일률적으로 신약성경의 서신 가운데 나타나며(그렇지만 행 17:30을 참조하라) 교리와 개인 서신 가운데서도 발견된다(갈 1:23; 참조. 딤전 1:13; 몬 11절). 이것은 바울에 의하여 자주 사용되었으나(롬 5:8-11; 7:5, 6; 11:30-32; 고전 6:9-11; 갈 1:23; 4:3-7, 8-10; 골 2:13; 3:7) 다른 신약성경의 저자들에 의해서도 사용되었다(벧전 2:10, 25; 참조. 히 12:26). 체험된 구원이라는 놀라운 일이 하나님께서 그들을 구원하셨던 바로 그 잃어버려진 상태와 대조되고 있다. 과거의 상태가 죄와 연관되는 단어들이나(롬 5:8-11; 7:5) 윤리적 행습, 혹은 하나님과 그분의 백성으로부터의 소외(골 1:21)라는 말로 먼저 언급되고 있다(*τοτέ* – 토테).

"전에 악한 행실로 멀리 떠나"(*ὄντας ἀπηλλοτριωμένους…τοῖς πονηροῖς* – 온타스 아펠로트리오메누스…토이스 포네로이스). 우리가 이미 20절에서 살펴본 바와 같이 화목은 소외를 전제로 한다. 그러므로 바울은 3중적 방법으로 골로새인들의 이전의 상태를 설명한다. 태차우(Tachau, *Einst*, 103)는 후자의 두 가지 진술, 즉 "악한 행실"과 "마음으로 원수"는 첫 번째 진술인 "너희가 멀리 떠나"의 의미를 적극적인 방식으로 보다 정확하게 정의하고 있다고 본다.

(a) "전에 멀리 떠나"(*ὄντας ἀπηλλοτριωμένους* – 온타스 아펠로트리오메누스). 이 수동 분사 완료형은 "멀어지게 되었다"(즉 하나님으로부터)를 의미하며, 반면에 온타스(*ὄντας*)란 단어의 첨가는 "여전히 일의 상태의 지속을 더욱 강력하게"를 의미한다(BDF, 항목 352; 참조. Burton, 항목 155). 골로새인들은 전에 계속해서 끊임없이 하나님과 화목하지 못했다는 것인데(같은 단어의 수동태에 관해서는 엡 4:18 참조), 이는 이전의 이방인들을 묘사할 수 있는 진술이다(참조. 엡 2:12, 여기서 멀어짐은 하나님의 백성과의 관계 면에서 주어진 표현이다: "이스라엘 나라 밖의〈*ἀπηλλοτριωμένοι* – 아펠로트리오메노이〉 사람이라 약속의 언약들에 대하여 외인이요"). 그러한 그들은 하나님을 섬길 수가 없었다. 그들은 오히려 우상숭배와 죄의 노예 상태에 잡혀 있었다.

(b) "마음으로 원수가 되었던"(*ἐχθροὺς τῇ διανοίᾳ* – 엑드루스 테 디아노이아). "원수"란 단어가 경우에 따라 "미움 받은"을 의미하는 수동적 의미로 사용되는 반면(롬 11:28; 참조. Bultmann, *Theolgy* 1, 286), 여기서 엑드로이(*ἐχθροί*)란 단어는 그 다음에 뒤따라오는 테 디아노이아(*τῇ διανοίᾳ*)가 참되신 하나님에 대해서만

의식적인 적대감 즉 "마음의 증오"를 나타내기 때문에 능동적 의미로 이해되어야 가장 좋다(Foerster, *TDNT* 2, 814). 그분의 대적으로서 그들은 자기들의 생각과 관련하여 그분에게 공개적인 적대감을 가지고 행동하며(테 디아오니아⟨*τῇ διανοίᾳ*⟩는 아마도 지시 여격일 것이다. 이에 반대하여 Meyer, 309에서는 이것을 원인을 나타내는 여격으로 본다) 그들의 행위 전체에서 적대적으로 행동한다(*ἐν τοῖς ἔργοις πονηροῖς* – 엔 토이스 에르고이스 포네로이스). 헬라 산문에서 매우 일반적인 디아노이아(*διάνοια*, "마음")라는 단어는 LXX에서 주로 레브(lēḇ, "마음": 창 8:21; 17:17; 24:45; 27:41; 출 28:3 등; 더 자세한 사항은 Behm, *TDNT* 4, 965를 참조하라)의 번역으로 사용되었다. 이 단어와 헬라어 카르디아(*καρδία*, "마음")가 LXX에서 자주 연관되어(디아노이아⟨*διάνοια*⟩도 카르디아⟨*καρδία*⟩와 같이 감정과 관련하여 사용되었고⟨레 19:17; 사 35:4⟩, 의지의 행위⟨출 35:22, 26; 신 29:17⟩ 혹은 인간의 영적 성품의 전체성⟨창 8:21; 신 4:39⟩과 관련하여 사용되었다) 상호 교차적으로 사용되었으며, 신약성경에서 이 두 단어는 반복하여 함께 인간의 생각과 정신을 지칭하기 위하여 사용되었다(눅 1:51; 히 8:10; 10:16; Behm, *TDNT* 4, 966). 디아노이아(*διάνοια*, "마음")라는 단어는 문맥에 따라 긍정적 그리고 부정적 의미를 가질 수 있다. 여기서 이 단어는 후자(부정적)의 개념을 나타내는 것으로 보인다. 골로새 기독교인들은 회심하기 전에 그들의 생각으로 그리고 그들의 마음으로 하나님에게서 멀리 있었으며 적대감을 가지고 있었다(참조. 엡 2:3; 4:18).

(c) "악한 행실로"(*ἐν τοῖς ἔργοις τοῖς πονηροῖς* – 엔 토이스 에르고이스 토이스 포네로이스). 이러한 사고방식은 자연적으로 행실로 나타나도록 드러난다(Tachau, *Einst*, 103). 불경건은 자연적으로 악한 행실로 인도한다. "악한 행실"이라는 표현은 신약성경에서 자주 나타나지 않지만(요 3:19; 7:7; 요일 3:12; 요이 11; 딤후 4:18) 이와 유사한 표현이 발견된다: "어두움의 일들"(*ἔργα τοῦ σκότους* – 에르가 투 스코투스: 롬 13:12; 엡 5:11), "육체의 일"(*ἔργα τῆς σαρκός* – 에르가 테스 사르코스: 갈 5:19) 그리고 "죽은 행실"(*ἔργα νεκρά* – 에르가 네크라: 히 6:1; 9:14 등; 참조. Bertran, *TDNT* 2, 645, 그리고 Harder, *TDNT* 6, 557). 이러한 문구들은 불신앙의 세계의 행실들을 나타내는데, 곧 빛의 길이 아닌 어두움의 길에 속하며, 궁극적으로 사망으로 인도한다. 회심하지 않은 이방인들로 살고 있을 때 독자들은 자신들의 악한 생활 방식으로 하나님에게 범죄했는데, 마틴에 의하면(Martin, *Lord*, 56) 이 악한 행실은 우상 숭배와 부도덕의 결합을 시사한다(참조. 롬 1:18-32).

22 "지금은…"(νυνὶ δὲ ἀποκατήλλαξεν – 뉘니 데 아포카텔락센). 과거에 골로새인들이 기독교인이 되기 전에 이방인으로 있던 불행스러운 모습을 묘사한 다음에 바울은 하나님께서 그들을 위하여 능하신 일을 하셨을 때인 전환점을 묘사하는 데로 나아간다: "그가 너희를 화목케 하셨다." "화목하게 하셨다"라는 단어에는 본문상의 난점이 있다. 앞의 64쪽을 보라. 그러나 일반적인 의미는 명확하며, 어느 방식으로 읽든지 분명하다. 곧 (i) 골로새인들이 이전에 적대감을 가지고 있었던 그 분과 화목하게 되었다는 것(참조. Wolter, *Rechtfertigung*, 54-62), (ii) 이것이 하나님의 개입을 통해서만 이루어질 수 있었다는 것, 그리고 (iii) 초점이 그들을 위한 전환점을 가능하게 하는 결정적인 사건, 즉 그리스도의 죽음에 맞추어져 있다는 것이다.

언뜻 보기에 그리스도의 죽음을 가리키고 있는 부정과거 시제는 다소 놀라운데, 그 이유는 만일 시간에 대한 언급이 강조된다면 이것은 골로새인들이 역사적으로 그분과 적대관계에 있었기 오래 전에 혹은 태어나기 전에 하나님과 화목되었다는 사실을 시사할 것이다. 그러나 이 문제는 바울의 종말론, 특히 두 세대에 대한 바울의 종말론과 신약성경의 종말론에 비추어 이해되어야 할 것이다. 그리스도와 함께 죽고 부활한다는 모티프와 같이 직설법으로 되어 있는 동사가 그리스도의 죽음 가운데서 일어난 구세대로부터 신세대로의 신자들의 결정적인 변화를 나타내기 위하여 사용되었다(참조. R. C. Tannehill, *Dying and Rising with Christ. A Study in Pauline Theology*[BZNW 32l Berlin: Töpelmann, 1967], 74). 여기서 관심의 초점은 (다른 곳에 나타나는 "전에는…이제는" 문구에서처럼) 단순히 그리스도의 역사적 체험 속에서만이 아니라 이 신자들의 실질적인 신앙생활 체험에서 일어난 내용에 있다(특히 R. B. Gaffin, *The Centrlity of the Resurrection. A Study in Paul's Soteriology*[Grand Rapids: Baker, 1978] 41-44의 논의를 보라). 그러나 분명한 것은 그리스도의 죽음이 근거이고 이 결정적인 사건에 의하여 그들이 화목하게 되었다는 점이다(참조. Tachau, *Einst*, 114, 115).

"그의 육체의 죽음으로 말미암아"(ἐν τῷ σώματι τῆς σαρκὸς αὐτοῦ διὰ τοῦ θανάτου – 엔 토 소마티 테스 사르코스 아우투 디아 투 다나투). 하나님께서 "그(그리스도)의 육체 안에서 그(이것은 관사인 투⟨τοῦ⟩의 의미다)의 죽음으로 말미암아" 우리를 화목하게 하셨다(Lohse, 64와 Martin, *NCB*, 67에서 이렇게 주장함; Bruce, 211, 212와 Ernst, 181에서는 이에 반대함). 전치사 엔(ἐν, "안에")은 죽음의 장소를 의미하는 것이 아니라(Dibelius-Greeven 22) 그리스도의 육체(2:11에 있는 유사한 표현인 소마 테스 사르코스⟨σῶμα τῆς σαρκός⟩와 116, 117의 논의를 유의하라)가 화목의 효력을 발휘하는 도구였다는 사실을 암시하는 수단적 표현이다(참조. Abbott, 226). "그의 육체(직역하면 '그의 육신의 몸')"란 표현은 다소 단조로운 것으로 보인다. 이것은 "육신의 몸"을 의미하는 히브리적 표현임이 분명하며, 쿰란 문서에 있는 것과 정확하게 일치하는 어투다(1QpHab 9:2: "그리고 그들은 독한 질병의 공포를 가했고, 그⟨악한 제사장⟩의 육신의 몸에 보복을 가했다"; 헬라 문서에서 발견되는 또 다른 실례에 관해서는 Lohse, 64를 보라). "육체"(τῆς σαρκός – 테스 사르코스)를 덧붙인 것은 몸을 고난당하신 그리스도의 물리적인 몸으로 설명한 것이며(참조. R. H. Gundry, *SŌMA in Biblical Theology with Emphasis on Pauline Anthropology*[SNTSMS 29; Cambridge: University Press, 1976-239), 우리 주님의 참 성육신에 대한 이 주장은 골로새 이단의 경향을 바로잡기 위하여 필요했던 것으로 보인다(Bruce, 212). 전체 구문은 골로새인의 화목이 (예수의 역사상의 삶에 대한 도세틱 이단의 이해와는 반대로) 참으로 육신이 되셨고 또한 완전히 죽으신(διὰ τοῦ θανάτου – 디아 투 다나투; 그의 죽으심에 대해서 비실제적인 것이라고 설명한 영지주의의 해석에 반대하여) 그분에 의하여 실현되었다는 사실을 분명히 하고 있다. "이 구문은 논쟁적 어투로 가득하다"(Martin, *NCB*, 67).

"너희를 세우고자…"(παραστῆσαι ὑμᾶς… – 파라스테사이 휘마스). 하나님께서는 특별한 목적을 가지고 골로새인들의 화목을 효력 있게 하셨다. 즉 그들을 거룩하고, 흠이 없고, 책망할 것이 없는 자로 그 앞에 세우고자 하셨다. (부정과거 부정사 파라스테사이⟨παραστῆσαι⟩는 유도케센⟨εὐδόκησεν⟩, 즉 "너희를…으로 세우시는 것이 그분의 기쁨이었다"를 되돌아볼 수도 있겠으나 좀더 가까운 동사 아포카텔락센⟨ἀποκατήλλαξεν, 이것이 정확한 독법이라고 가정하고⟩을 되돌아보고 있을 가능성이 있다. 그 이유는 이것이 더 근접해 있고, 또한 21절에 있는 "그리고 너희"에서 단절되어 있는 것으로 보이기 때문이다.) 이 진술에서는 제의적인 용어가 사용되었다. 그래서 구약의 제사 제도에서 하나님께 드리려고 따로 구별된 흠 없는 짐승을 묘사하기 위하여 "거룩"(ἅγιος – 하기오스)과 "흠이 없이"(ἄμωμος – 아모모스)란 단어들이 사용되었다(출 29:37, 38의 LXX; 참조. 히 9:14; 벧전 1:19). 더 나아가서 동사 파라스테사이(παραστῆσαι, "내세우다")는 때때로 하나의 희생 제물을 드림에 대해 사용되었다(롬 12:1; 참조. 레 16:7; BAG, 633를 보라). 그러므로 라이트푸트는 이러한 표현들이 전치사구 "그 앞에"(κατενώπιον αὐτοῦ – 카테노피온 아우투)와 함께 여기서 지금 골로새인들의 이끌어들임을 하나님의 존전에 드리는 희생 제사로 지적하여 말했다고 결론지었다. 그러므로 하나님은 하나의 재판관이 아니라 그들이 흠이 없음을 확인하기 위하여 희생 제물들을 조사하는 심사원으로 간주되신다(Lightfoot, 160, 161).

그러나 희생 제사 사상들이 이 문장 가운데 모두 나타나 있는지는 의심스럽다. 아마도 다른 두 개의 의미를 결정짓는(Abbott, 229에서 그렇게 주장함) 마지막 단어 아넹클레토스(*ἀνεγκλητος*, "책망할 것이 없는")는 제의 진술 문맥에 속하지 않는다. 그것은 법정적 용어로서(이것은 파피루스들이 증거하는 바와 같이 보다 일반적으로 일상생활의 언어 가운데서 사용되었다: 참조. MM, 40, 41), 인간이나 물건에 대하여 "흠"(*ἔγκλημα* – 엥클레마)이 있을 수 없고 "비난을 받지 않고", "흠이 없음"을 나타낸다(Grundmann, *TDNT* 1, 356, 357). 게다가 동사 파라스테사이(*παραστῆσαι*, "내세우다")는 자주 "또 다른 것을 법정에 가져오는 것"을 의미하는 법정적 용어로 사용되었다(몇몇 사람은 고전 8:8, 고후 4:14을 이런 방식으로 취급한다; 참조. 고후 11:2; 롬 14:10; 딤후 2:15). 만일 법정적 어조가 이 문장 가운데 나타나 있다면, 바울은 그리스도의 죽음으로 말미암아 화목하게 하시는 하나님의 사역의 목적이 독자들이 최종적으로 그분 앞에 설 때 책망할 것이 없어야 한다는 것임을 단언하고 있는 것이다(참조. 롬 14:10). 사죄함을 받고 화목케 된 자들로서 그들은 대심판의 경우에 흠이나 점이 없는("거룩"과 "책망한 것이 없음"이라는 용어들은 엡 1:4; 5:27; 빌 2:15; 유 24절에서 제의적 어조를 잃어버린 것으로 보인다) 자로 선언된다(참조. 롬 8:33, 34). 같은 단어 아넹클레토스(*ἀνέγκλητος*, "책망할 것이 없는")가 고린도 교인들의 "책망할 것이 없음"을 지적하고 있는 고린도전서 1:8에서(참조. O'Brien, *Introductory Thankgivings*, 126-30) 파루시아가 명확하게 언급되어 있다: "우리 주 예수 그리스도의 날에." "그 앞에"란 문구에는 이와 같은 의미가 들어 있다(*κατενώπιον αὐτοῦ* – 카테노피온 아우투, 참조. Hegermann, *Schöpfungsmittler*, 194, 196; 이 문맥에는 칭의가 들어 있지 않은데, 그 이유는 D. M. Stanley, *Christ's Resurrection in Pauline Soteriology*[AnBib 13; Rome: Pontifical Biblical Institute, 1961] 209의 입장 때문이다. 곧 "바울은 아마도 성찬 예식 가운데 골로새 교회의 참여에 대해서 생각하고 있는 것 같다"는 것이다). 이러한 22절의 말씀은 바울의 사역에서 그의 목표, 즉 28절의 "각 사람을 그리스도 안에서 완전한 자" 곧 마지막 날에 하나님의 심판대에서 받아들여질 수 있게(롬 14:10) 하려는 바울의 목표에 대한 이해에 길을 준비해 준다. 그리스도 안에서 하나님의 화목 사역의 목표는 파루시아 때에 그분의 백성이 이에 합당하고 준비되는 것이다. 바울이 힘차게 사역했던 것도 같은 목표를 가지고 있는데, 곧 그리스도 안에서 골로새인들의 궁극적인 완전이다.

23 긍정적(23a절), 부정적(23b-c절) 공식 문구를 가지고 있는 하나의 길다란 상황절은 계속해서 믿음을 유지하기를 요구하고 있으며 이 단락을 상세히 설명하고 있다.

"만일…하면"(εἴ γε – 에이 게). 대심판 날에 골로새인들이 그분 앞에 책망할 것이 없이 된다는 전망은 그들이 믿음에 거하고 터 위에 굳게 서 있는 상태에 있을 때 가능하다. "만일…하면"으로 번역된 에이 게(εἴ γε)라는 헬라어 문장은 의심을 표현하는 문장이 아니다. 갈라디아 3:4에서 같은 표현은 "하나의 의심의 틈새"를 남겨놓을 수 있기는 하지만(J. B. Lightfoot, *The Epistle of Paul to the Galatians*, 2nd American edition, Grand Rapids, MI: Zondervan, 1957, 135), 라이트푸트(Lightfoot, 161), 트럴(Thrall, *Particles*, 87, 88, 90), 마틴(Martin, *Lord*, 58, 59)에 의하면 다른 곳에 나타난 바울의 언급(만일 B의 본문을 따른다면, 고후 5:3; 엡 3:2; 4:21; 롬 5:6)은 그들의 상황으로부터 확신을 나타내는 방향으로 옮겨가는 것처럼 보인다. 그러므로 이 문장의 문구는 다음과 같이 바꾸어 번역될 수 있다. "어쨌든 만일 너희가 믿음에 굳게 서면 – 그리고 나는 너희가…할 것이라고 믿는다." 그런데 트럴(*Particles*, 87, 88)은 이를 2:5의 "너희의 규모와 그리스도를 믿는 너희 믿음의 굳은 것을 기쁘게 봄이라"와 올바르게 비교하고 있다. 그러나 신앙의 지속성은 신실함의 시험이다. 만일 성도들이 끝까지 참으리라는 것이 사실이라면, 성도들이 끝까지 참아야 하는 것 또한 사실이다. 그리고 사도적 사명의 결과로 이루어진 여러 회중 가운데 있는 자기의 독자들이 거짓된 안정감의 상태로 떨어지지 않는다는 사실을 보증하기 위하여 사도가 사용하고 있는 수단들 중에 하나는 이와 같은 경고를 가지고 그들을 휘저어 주는 것이다.

"너희가 믿음에 거하고 터 위에 굳게 서서"(*ἐπιμένετε τῇ πίστει τεθεμελιωμένοι καὶ ἑδραῖοι* – 에피메네테 테 피스테이 테데멜리오메노이 카이 헤드라이오이). 이 부르심은 사도의 복음으로부터 떨어져 나가는 위험에 직면하여 확고하게 서기 위한 것이다. 여격을 가진 에피메노(*ἐπιμένω*)가 "계속하다", "고집하다", "인내하다"라는 의미로 바울 사도에 의하여 여러 번 상징적으로 사용되었다(참조. 롬 6:1; 11:22, 23; 딤전 4:16). 이 문맥 가운데서 "믿음"은 그 복음에 대한 골로새인들의 주관적인 반응이라기보다는 사도의 복음에 대한 또 다른 묘사다.

"거하고…굳게 서서"(*τεθεμελιωμένοι καὶ ἑδραῖοι* – 테데멜리오메노이 카이 헤

드라이오이)란 문구는 집과 관련되어 사용된 힘과 안정에 대한 은유법이다(참조. 마 7:24-27). 두 기초(명사 데멜리온〈θεμέλιον〉은 이 동사와 유사하다)는 잘 세워져야 하고, 그리하여 건축물이 견고하다(ἑδραῖος - 헤드라이오스). 구약성경에서는 데멜리오오(θεμελιόω, "세우다")란 동사가 다음과 같은 사항을 설명하기 위하여 사용되었다. (a) 창조에서 하나님의 세우시는 행위(LXX 시 8:4; 23:2; 101:26; 사48:13; 51:13, 16 등), (b) 시온 산에 그분의 성을 세우심(LXX 시 47:9; 사 14:32; 44:28; 학 2:18; 슥 4:9; 8:9 등; Lomeyer, 72 그리고 Lohse, 66). 쿰란 공동체는 그 자체를 하나님의 집으로 간주했다(1QS 5:6; 7:17; 8:7, 8; 9:5, 6; 1QH 6:25-27; 7:8, 9; O. Betz, "Felsenmann und Felsengemeinde[Eine Parallele zu Mt 16:17-19 in den Qumranpsalmen]," *ZNW* 48[1957] 49-77, 더 자세한 실례들은 B. Gärtner, *The Temple and the Community in Qumran and the New Testament*[OTM 3; Oxford: University Press, 1969] 46-63를 보라). 신약성경의 기록자들은 자주 기독교 공동체의 사상을 하나님의 거룩한 건물로 취급하면서(가끔은 특별히 성전이라고 함: 고전 3:10, 11, 17; 엡 2:20; 딤전 3:15; 벧전 2:4-10; 참조. 마 16:17-19) 다른 모티프들을 강조하고 있다. 예를 들어, 건물의 통일, 거룩, 하나님의 성령이 거하시는 처소 등. 하나님의 건물로서 그 공동체는 확고한 기초가 되시는 예수 그리스도를 모시고 있으며(고전 3:10, 11; 엡 2:20; 딤후 2:19), 하나의 집은 강한 지지기반과 버팀목으로 세워져 있다(참조. 딤전 3:15, 여기서 같은 어근인 헤드라이오마〈ἑδραίωμα〉는 진리의 "터"로서 지역 회중을 가리킨다. 굳게 서라는 바울의 권면은 낙담하고 압박을 받을 때 필요하며(Martin, *NCB*, 68; 참조. 고전 15:58), 교회가 이단의 공격에 맞서야 할 때 기독교 문서 속에서 다시 나타난다(Ignatius, *Eph* 10:2은 아마도 골로새서의 말씀을 반영하고 있는 것으로 보인다. "믿음에 굳게 서라"; Polycarp, *Phil* 10:1).

"소망에서 흔들리지 아니하면"(*καὶ μὴ μετακινούμενοι* - 카이 메 메타키누메노이). 같은 사상이 이제 부정적으로 진술되어 있기는 하지만(Winner, 항목 55. 1a에 따르면 메〈μή〉의 사용은 이 문장이 앞의 문장에 따라서 달라진다는 사실을 암시한다; 참조. Abbott, 227), 이것은 뒤따라오는 문장 즉 "복음의 소망에서 흔들리지 아니하면(현재 시제)"에 의하여 보다 정확하게 정의된다. 바울이 자기 독자들에게 그리스도인의 소망이라는 고정된 기초, 즉 복음의 내용이었던 소망(유앙겔리우〈εὐαγγελίου〉는 주격 소유격이다)으로부터 흔들리지 않도록 상기시키고 있는 바와 같이 "흔들리다", "치우다"를 의미하는 메타키네오(μετακινέω)가 상징적으로 사용되었다.

"천하 만민에게 전파된 바요"(*τοῦ κηρυχθέντος…ὑπὸ τὸν οὐρανόν* – 투 케뤽덴 토스…휘포 톤 우라논). 화목과 그리스도의 죽으심이라는 구원하시는 의미에 대한 주제들이 15-20절의 찬양으로부터 취해 와서 독자들에게 적용된 것처럼, 보편 사상 개념이 다시 반복되고 있다. 바울은 이미 복음이 "온 천하에서도 열매를 맺어 자라는도다"(1:6)라고 말한 바 있다. 그는 이제 창조와 화목에서 그리스도의 다스리심이 만물을 포함하고 있으므로(15-20절) 그 주제권을 선포하고 있는 복음이 온 세상에 해당한다고 주장하고 있다(참조. H. Kasting, *Die Anfänge der urchristlichen Mission. Eine historische Untersuchung*[BEvT 55; Munich: Kaiser, 1969] 138, 139). 사실상 그것은 이미 모든 피조물에게 전파되어 왔다(*κηρυχθέντος* – 케뤽덴 토스). (엔〈*ἐν*〉은 복음 전파가 일어난 장소를 의미한다: 마 3:1; 11:1; 24:14; 행 9:10; 갈 2:2; 반면에 여기에 나오는 파세 크티세이〈*πάσῃ κτίσει*〉는 "모든 인류"를 의미한다: 이와 유사한 문구가 세계 선교 문맥 속에서 막 16:16에 나타난다. 참조. Foerster, *TDNT* 3, 1029; Schweizer, 78; 휘포 톤 우라논〈*ὑπὸ τὸν οὐρανόν*〉이라는 표현은 바울 서신의 다른 곳에서는 나타나지 않고 다만 헬라어 구약성경과 잘 어울린다: 창 1:9; 6:17; 7:19; 출 17:14 등). 그러나 소망의 복음이 어떤 의미로 온 인류에게 선포되었는가? 모든 개개인이 이 메시지를 들었다는 사실을 의미하지는 않다. 다른 한편, 우리는 이 진술이 수사학적 과장으로 진술되어야 할 것이라는 디벨리우스-흐리벤(Dibelius-Greeven, 22)의 견해에 동의하지도 않는다. 그보다는, 1:6의 구절에 따라 바울이 특별히 복음이 한층 더 멀리 전파되었던 도시들과 성읍들을 염두에 두고 있었다는 것이 옳다.

또한 복음의 우주적인 범위를 언급함으로써, 바울은 이것이 믿을 만한 메시지임을 보여 주고 있다. "복음의 보편성은 그 복음의 신적 기원과 능력의 표다"(Bruce, 213). 그것은 있는 그대로 입회자들이라는 선발된 그룹에게 호소력을 가지고 있는 이단의 가르침과는 대조되고 있다(참조. Masson, 109).

"나 바울은 이 복음의 일꾼이 되었노라"(*οὗ ἐγενόμην ἐγὼ Παῦλος διάκονος*- 후 에게노멘 에고 파울로스 디아코노스). 3절에서 복수형인 "우리가 감사하노라" – 그와 같이 그는 자신을 포함하여 디모데와 함께 다른 사람들을 대신하여 기록하고 있다 – 고 기록하기 시작한 바울은 이제 자기 자신의 사역을 세계를 위한 하나님의 은혜로우신 계획과 긴밀하게 묶어 주면서 이 사역을 강조하기를 원하고 있으며, 그래서 그는 강조하여 단수로 되돌아가고 있다. "나 바울은 이것(복음)의 일꾼이 되었노라."

최근의 몇몇 해석가들(특히 Käsemann, *Essays*, 166, 167, 그리고 Lohse, 67)은 "복음의 일꾼"이라는 호칭이 바울에게 적용될 때, 그것은 그를 사도직의 보증인으로서 되돌아보게 하는 속사도 시대의 어투라고 주장해 왔다. 그래서 후세대는 이 문구로 바울의 복음이 그 사도적 성격으로 말미암아 구속력 있는 합법성을 가지고 있다고 주장하고 있었다는 것이다. 그러나 그러한 상황 해석은 문제를 정확하게 파악하는 데 실패한다. (a) 포로 후기의 바울 기록자의 이러한 가정된 의도에 대해 유일하게 도움을 줄 중요한 단어인 아포스톨로스(*ἀπόστολος*, "사도")가 누락되어 있다는 것(참조. Ernst, 182, Martin, *NCB*, 68, 69), (b) 자신의 중요한 서신들에서 바울이 동료들과 자기 자신에 대해서 디아코노스(*διάκονος*)란 단어를 사용했는데, 특히 자기와 동료들이 하나님이 역사하시는 통로인 종들로서 같은 발판에 서 있다는 사실을 강조하기를 원할 때 이 단어를 사용했다는 사실(특히 고전 3:5). 그러한 일꾼들이 그 복음을 전파하고 가르치는 말씀의 사역자들이라는 사실이 이 서신들에서 분명하게 드러나므로 "복음의 일꾼"이라는 문구가 바울의 주요 서신들에 나타나지 않는다는 사실은 실질적인 의미가 없다(참조. 고후 3:6; 2:17; 4:2; Ellis, *NTS* 17[1970-71] 441-45).

오히려 바울은 이 문맥에서 하나의 차이점을 명시하고 있는 것으로 보이는데, 이를테면 그리스도의 주재권과 그분을 통하여 이루어진 화목에 초점을 맞추고 있는 메시지가 그가 종이 되도록 특권을 받은 능력의 복음이라는 사실이다. 모든 백성들 중에서 그가 그 복음의 일꾼으로 뽑혔다. 자기 자신을 디아코노스(*διάκονος*)로 말함으로써 그 편지의 보다 광범위한 문맥에서 바울은 자기를 에바브라와 두기고 그리고 골로새에 이 복음의 참 대변자로 추천을 받은 자기의 신실한 동역자들(참조. 고전 3:5)과 같은 수준에 있음을 드러내고 있다.

해설

우주의 화목을 포함하여 그리스도의 화목하게 하시는 사역의 메시지는 골로새 기독교인들과 특별한 관계가 있다. 지금 이 편지를 받아 직접 읽고 있는(21절, "그리고 너희") 독자들은 대적이 되어 있었고, 하나님과 그분의 백성들로부터 멀리 떨어져 있었던, 과거에 기독교인이 되기 이전의 상태를 상기하도록 권고를 받고 있다. 그들의 과거의 위험성이 그들을 하나님 자신에게로 화목시키시는 하나님의 은혜롭고 능하신 행동을 뚜렷하게 만들어 주고 있다. 역사 가운데서 큰 대가 – 십자가에서 그분의 아들의 죽음 – 를 치르고 그 효력이 발생한 화목은 그들이 그분 앞에 설 때인 마지막 날에 그의 백성의 온전함과 대비를 그 목표로 했다.

그렇지만 지속성이 그들의 믿음의 사실성에 대한 시금석이었다. 확실한 기초 위에 세워지고 강력한 지지목과 버팀목 위에 세워진 건물처럼, 그들은 복음을 계속해서 신뢰해야 하며 자신들의 기독교의 소망이라는 고정된 기초 위에서 흔들리지 않아야 한다. 믿을 만한 메시지가 되도록 하는 바울 복음의 선포(그것은 이 소망에 초점을 맞추고 있었다)는 우주적 호소에 의하여 입증된다. 그 어떤 계층이나 그룹도 예외 없이 이 복음을 들어야 하는데, 그 이유는 이 복음이 창조와 구속에 있어서 예수의 주재권에 대하여 말하고 있기 때문이다. 사실상 바울이 이 메시지 전파의 일꾼으로 섬기도록 특권을 받은 세상을 위한 하나님의 계획에 관한 이러한 메시지는 이미 로마 제국의 고을과 도시에 전파되었고, 지중해 연안의 세계 전체에 전파되고 있었다.

6. **바울의 선교와 목회적 관심**(1:24-2:5)

참고문헌

Bandstra, A. J. *Dimensions*, 329-43. **Bauckham, R. J.** "Colossians 1:24 Again: The Apocalyptic Motif." *EvQ* 47(1975) 168-70. **Bowers, W. P.** "A Note on Colossians 1:27a." *Current Issues in Biblical and Patristic Interpretation. Studies in Honor of Merrill C. Tenney Presented by His Former Students*, ed. G. F. Hawthorne. Grand Rapids: Eerdmans, 1975, 110-14. **Brown, R. E.** *The Semitic Background of the Term "Mystery" in the New Testament*. FBBS 21. Philadelphia: Fortress, 1968. **Dahl, N. A.** *Jesus*, 30-36. **Kamlah, E.** "Wie beurteilt Paulus sein Leiden? Ein Beitrag zur Untersuchung seiner Denkstruktur." *ZNW* 54(1963) 217-32. **Kremer, J.** *Was an den Leiden Christi noch mangelt. Eine interpretationsgeschichtliche und exegetische Untersuchung zu Kol. 1, 24b*. BBB 12. Bonn: Hanstein, 1956. **Lührmann, D.** *Das Offenbarungsverständnis bei Paulus und in paulinischen Gemeinden*. WMANT 16. Neukirchen-Vluyn: Neukirchener, 1965. **Montague, G. T.** *Growth in Christ*, 81-85. **Pfitzner, V. C.** *Paul and the Agon Motif*. NovTSup 16. Leiden: Brill, 1967. **Reumann, J.** "OIKONOMIA - Terms in Paul in Comparison with Lucan *Heilsgeschichte*." *NTS* 13(1966-67) 147-67. **Trudinger, L. P.** "A Further Brief Note on Colossians 1:24." *EvQ* 45(1973) 36-38. **Yates, R.** "A Note on Colossians 1:24." *EvQ* 42(1970) 88-92. **Zeilinger, F.** *Der Erstgeborene*, 44-49, 82-115.

본 문

24 내가 이제 너희를 위하여 받는 괴로움을 기뻐하고 그리스도의 남은 고난을 그의 몸 된 교회를 위하여 내 육체에 채우노라	**24** Now I rejoice in my sufferings for your sake, and I fill up in my flesh what is still lacking in regard to Christ's afflictions, for the sake of his body, which is the church.
25 내가 교회 일꾼 된 것은 하나님이 너희를 위하여 내게 주신 경륜을 따라 하나님의 말씀을 이루려 함이니라	**25** I have become its minister in accordance with the commission God gave me concerning you to preach the word of God fully and effectively –
26 이 비밀은 만세와 만대로부터 옴으로 감취었던 것인데 이제는 그의 성도들에게 나타났고	**26** the mystery that was kept secret for ages and generations, but has now been disclosed to the saints.

27 하나님이 그들로 하여금 이 비밀의 영광이 이방인 가운데 어떻게 풍성한 것을 알게 하려 하심이라 이 비밀은 너희 안에 계신 그리스도시니 곧 영광의 소망이니라	**27** To them God chose to make known among the Gentiles the glorious riches of this mystery, which is Christ in you, the hope of glory.
28 우리가 그를 전파하여 각 사람을 권하고 모든 지혜로 각 사람을 가르침은 각 사람을 그리스도 안에서 완전한 자로 세우려 함이니	**28** We proclaim him, warning and teaching everyone with all wisdom, so that we may present everyone perfect in Christ.
29 이를 위하여 나도 내 속에서 능력으로 역사하시는 이의 역사를 따라 힘을 다하여 수고하노라	**29** To this end I labor, striving with all the energy he so powerfully works in me.
2:1 내가 너희와 라오디게아에 있는 자들과 무릇 내 육신의 얼굴을 보지 못한 자들을 위하여 어떻게 힘쓰는 것을 너희가 알기를 원하노니	**2:1** I want you to know how greatly I strive for you, for those at Laodicea, and for all who have not met me personally.
2 이는 저희로 마음에 위안을 받고 사랑 안에서 연합하여 원만한 이해의 모든 부요에 이르러 하나님의 비밀인 그리스도를 깨닫게 하려 함이라	**2** My purpose is that they may be strengthened in heart and instructed in love, so that they may have the whole wealth of full understanding and thus know the mystery of God, namely Christ,
3 그 안에는 지혜와 지식의 모든 보화가 감취어 있느니라	**3** in whom all the treasures of wisdom and knowledge have been stored up.
4 내가 이것을 말함은 아무도 공교한 말로 너희를 속이지 못하게 하려 함이니	**4** I am saying this in order that no one may deceive you with persuasive language.
5 이는 내가 육신으로는 떠나 있으나 심령으로는 너희와 함께 있어 너희의 규모와 그리스도를 믿는 너희 믿음의 굳은 것을 기쁘게 봄이라	**5** For even if I am absent from you in body, I am present with you in spirit, and I rejoice to see your orderly life and the stability of your faith in Christ.

양식/구조/배경

자신이 복음의 일꾼이라는 바울의 진술(23절)은 뒤따라오는 단락으로의 전환을 제공해 주는데, 여기서 그는 한 사람의 사도로서의 자신의 고난과 하나님이 주신 자신의 임무 사이의 관계를 기술하고 있다(24, 25절). 그의 메시지는 이방인의 소망이신 그리스도에게 초점을 맞추고 있는 것으로서 지금 이미 드러나 있는 비밀의 공적 선포다(26, 27절). 그러므로 사도로서 그는 그리스도 안에서 모든 사람이 완전한 자로 나타나기를 바라는 목표를 가지고 모든 사람을 조직적으로 가르치고 경고하면서 열정적으로 일하고 있다(28, 29절). 우주적인 안목을 가지고 일하고 있는 그의 활동은 특별히 골로새 회중에게 그리고 그를 알지 못한 리쿠스 계곡에 있는 다른 지역민들에게 적용된다. 자신의 사명으로 인하여 바울은 이 기독교인들을 교육하고 강화시켜 줄 수 있었다.

교회들을 위한 바울의 사역을 취급하고 있는 이 전체 단락(1:24-2:5)은 두 단락으로 나누어진다: 1:24-29과 2:1-5이다. 한두 개의 평행구절(아랫부분을 보라)이 있는 반면에, 이 두 단락의 문장은 쉽게 나누어진다. 첫 번째 단락에서 바울은 1인칭 단수형으로 시작하여(*χαίρω, ἀνταναπληρῶ* – 카이로, 안타나플레로, 24절), 28절에서 복수형으로 전환하고(*ἡμεῖς καταγγέλλομεν* – 헤메이스 카탕겔로멘), 그런 다음 다시 마지막 절에서 단수형으로 돌아간다(*κοπιῶ ἀγωνιζόμενος* – 코피오 아고니조메노스, 29절).

24절은 각기 길이가 다른 두 부분으로 나누어지는데, 각기 1인칭 단수로 되어 있는 정형 동사로 시작하며(*χαίρω…ἀνταναπληρῶ* – 카이로…안타나플레로) 그 다음에 엔(*ἐν*)으로 시작하는 전치사구(*ἐν τοῖς ηαθήμασιν…ἐν τῇ σαρκί μου* – 엔 토이스 에아데마신…엔 테 사르키 무)와 휘페르(*ύπέρ*)로 시작하는 전치사구(*ύπὲρ ὑμῶν…ὑπέρ τοῦ σώματος ἄυτοῦ* – 휘페르 휘몬…휘페르 투 소마토스 아우투)가 뒤따라온다. 그러나 하반절에 있는 부가절은 이 문장이 완전히 균형이 잡혀져 있지 않다는 사실을 의미한다.

자일링게르(Zeilinger, *Der Erstgeborene*, 44-46)는 이 단락을 중심부에 비밀에 대한 이중적 진술(25d-27절), 주변에 1, 5, 2, 4항목이 둘러싸는 순환 구조로 이해한다.

1. 사도의 고난(24절)
2. 사도의 임무(25a-c절)
3. 비밀(25d-27절)
4. 임무 수행(28절)
5. 사도의 고생과 수고(29절)

그러나 이러한 분석은 지나치게 말끔한데, 이는 자일링게르가 정리한 단락이 적절하기는 하지만 그가 생각하는 순환적 평행이 없기 때문이다.

두 번째 단락은 각기 길이가 다른 세 개의 문장으로 이루어져 있다: 첫 번째 문장은 3절까지 이어져 있고, 두 번째 문장은 4절을 이루고 있으며, 세 번째 문장은 5절을 이룬다. 잘 알려진 문학적 형태인 "너희가 알기를 원하노니"(*θέλω…ὑμᾶς εἰδέναι* – 델로…휘마스 에이데나이)로 시작하면서 바울은 그가 골로새인들과 다른 사람들을 위하여 하는 투쟁이 얼마나 큰지를 암시해 주고 있다.

ἡλίκον ἀγῶνα ἔχω

ὑπὲρ ὑμῶν
καὶ τῶν ἐν Λαοδικείᾳ
καὶ ὅσοι οὐχ ἑόρακαν τὸ πρόσωπόν μου ἐν σαρκί

이 활기 찬 수고의 목적은 히나(*ἵνα*) 문장(2절)으로 암시되어 있는데, 이것이 다시 그리스도에게 자리잡고 있는 비밀에 관한 또 다른 진술로 이끌어 간다. 관계절 엔 호(*ἐν ᾧ*)가 그리스도 안에만 참된 지혜와 지식이 존재한다는 사실을 암시하면서 이를 확대한다(3절). 공동체는 속이는 자들의 야단스러운 말에 의하여 잘못되어 나가지 않도록(*ἵνα* – 히나) 경고하고 있는 내용이 암시되어 있다(*τοῦτο λέγω* – 투토 레고). 회중에게 위험은 심각한 것이다. 바울은 멀리 있다. 그는 공동체에게 직접 말을 할 수는 없으나 영으로는 거기에 함께 있다 – 5a절과 5b절의 종합적 대구법을 유의하라.

ἐν γάρ καὶ τῇ σαρκὶ ἄπειμι
ἀλλά τῷ πνεύματι σὺν ὑμῖν εἰμι

마지막으로, 바울은 두 개의 분사를 통하여 자신이 골로새인들의 규모 있는 삶과 그들의 믿음의 견고성을 기쁘게 생각한다고 암시해 주고 있다.

주석

[24] 이 구절은 가장 초창기에 크레머(Kremer, *Leiden Christi*)가 이 구절에 대한 해석의 역사 가운데서 보여 준 이후 해석상의 난제가 되어 왔다. 바울이 진술한 내용 이외의 다른 사상을 표현하고 있는 것으로 보이며, 신약성경의 나머지 부분에서도 유래가 없는 내용처럼 보인다. 이와 함께 여러 가지 문제가 발생한다: 바울의 고통은 무엇이며, 어떻게 그것들이 기뻐하게 만들어 주는 경우가 될 수 있는가? 어떤 의미에서 이러한 고통들은 그리스도의 육신을 위한 고난이 될 수 있으며(*ὑπὲρ τοῦ σώματος αὐτοῦ* – 휘페르 투 소마토스 아우투), 혹은 자신이 복음을 전하지도 않고 방문하지도 않은 회중인 골로새인들을 위한(*ὑπὲρ ὑμῶν* – 휘페르 휘몬) 고난이 될 수 있는가? 그렇다면 "그리스도의 고난"이 의미하는 바가 무엇인가? 어떻게 그것이 의미심장하게 어떤 것이 이러한 고난들 가운데 부족한 것이라고 말해질 수 있으며, 어떤 방법으로 바울(만일 이것이 다른 교인들에게도 적용된다면 바로 그들도)이 이렇게 부족한 부분을 채울 수 있는가? 우리는 이어지는 내용들을 해석해 나

가는 가운데 이러한 문제들에 대하여 답변을 제시할 것이다.

"내가 이제 너희를 위하여 받는 괴로움을 기뻐하고"(*νῦν χαίρω ἐν τοῖς παθήμασιν ὑπὲρ ὑμῶν* – 뉜 카이로 엔 토이스 파데마신 휘페르 휘몬). 바울은 일꾼이 되는 특권을 받아 가지고 있는 복음의 범세계적 전파에 관해 말하고 나서(23절) 골로새인들을 위한 자신의 고난을 기뻐하고 있다고 진술한다. 23절로부터 자연스럽게 이어지는 1인칭 단수형 "내가 기뻐하노라"(*χαίρω* – 카이로)란 문구를 사용함으로써, 그는 앞에서 한 복수형 "우리가 감사하노라"(*εὐχαριστοῦμεν* – 유카리스투멘, 3절) 및 "너희를 위하여 기도하기를 그치지 아니하노라"(*οὐ παυόμεθα ὑπέρ ὑμῶν προσευχόμενοι* – 우 파우오메다 휘페르 휘몬 프로슈코메노이, 9절)와 대조하고 있다. 그 다음에 이어지는 내용은 자신에 대해 특별한 언급을 하고 있다. "이제"(*νῦν* – 뉜)는 바울의 실제적인 구금을 가리키는 데 지나지 않으며(Abbott, 228, 그리고 Masson, 109에서 상상하는 바와 같이), 이것은 4:3까지는 특별히 언급되지 않지만 그리스도의 주재권이 복음 안에서 우주적으로 선포되고 바울이 그 복음의 일꾼으로서 그리고 골로새인들을 위하여 고난당하는 특권을 받을 때인 현재를 가리킨다.

"고통", "고난" 혹은 "재난"을 의미하는 파데마(*πάθημα*)란 단어는 한 사람에게 일어난 것과 그가 받아들여야 한 것을 나타내기 위하여 헬라의 비극 배우들이 활동하던 시기 이후로부터 사용되었다. 이 단어는 LXX에는 나타나지 않으며(파스코〈*πάσχω*〉와 어원이 같은 단어는 나오지만), 반면에 신약성경(히 2:9은 제외하고)에서 이 단어는 항상 복수형으로 사용된다(세부 사항에 관해서는 Michaelis, *TDNT* 5, 930-35를 보라). "수난", "욕구"(갈 5:24; 롬 7:5)라는 드문 의미 이외에, 이 단어의 통상적인 의미는 "고난"이다(롬 8:18; 고후 1:5-7; 빌 3:10; 골 1:24; 딤후 3:11; 히 2:9, 10; 10:32; 벧전 1:11; 4:13; 5:1-9). 바울은 이 단어를 그리스도의 고난의 일부분으로서 모든 그리스도인들이 참여하는 고난을 지칭하기 위하여 사용한다(롬 8:18; 고후 1:5-7; 참조. 빌 3:10). 그러나 여기서는 문맥상 "고난들을"(*ἐν τοῖς παθήμασιν* – 엔 토이스 파데마신)은 바울 자신의 고난들을 가리키는데(몇몇 필사본들 $\aleph^3$ 81 등은 "나의"〈*μου*, 무〉를 덧붙이지만, 그 의미는 이러한 설명적 덧말이 없이도 명확하다. 정관사는 바울이 당한 것으로서 실질적으로 경험된 고난을 나타낸다), 복음의 범세계적 전파를 통하여 이방인들에게 복음을 전하라는 자신의 소명에 대한 특별한 의미와 결합되어 있다(참조. Bauckham, *EvQ* 47[1975] 168-70). 그래서 우리는 강조적 단수형을 보게 되며("내가 기뻐하노라", "내가 채우노라"), 이는 하나님이 그에게 부여해 주신 하나님의 말씀, 즉 비밀(25, 26절)을 이룰 내용, 다시 말해 특별한 청지기직으로부터 나오는(25절) 하나의 종으로서 그의 사역을 가리킨다.

다른 곳에서 바울은 고난(들립시스〈θλῖψις〉, 아스데네이아〈ἀσθένεια〉 등을 포함하여 다양한 단어로: Kamlah, *ZNW*[1963] 217-32; Schweizer, 81-86 그리고 그 책에 인용된 서적을 보라)을 자기의 사도적 사역에 절대적으로 필요한 것으로(고전 4:9-13; 고후 11:23-33; 12:9, 10; 13:4; 갈 6:17), 그리고 복음의 명백한 선포와 결속된 것으로(고후 4:4-6과 7:18; 5:18-21과 6:1-11; 참조. 살전 1:5, 6; 3:3, 4 그리고 행 14:22) 말한다. 그에게 있어서 자기의 사도로서의 복음 사역과 고난의 결합은 새로운 것이 아니었다. 그는 자신이 이방인들 가운데 그분을 전파하도록 부르심을 받았던 초창기에 그리스도로부터 미리 언질을 받았다: "그가 내 이름을 위하여 해를 얼마나 받아야 할 것(하나님의 필요에 대한 데이〈δεῖ〉를 유의하라)을 내가 그에게 보이리라"(행 9:16).

들립시스(θλῖψις)와 파데마(πάθημα)란 단어가 동시에 양 구절에 나타나면서 고린도후서 1:3-11은 골로새서 1:24과 평행을 이룬다. 바울은 아시아에서 있었던 자신의 고난(θλῖψις – 들립시스)의 고통스러운 성격(8절)을 말하고 있는 고린도후서의 단락에서 자기가 경험하는 이러한 종류의 고통(4절, ἐπὶ πάσῃ τῇ θλίψει ἡμῶν – 에피 파세 테 들립세이 헤몬; 6절, θλιβόμεμα – 들리보메다)이 메시아의 고난(τὰ παθήματα τοῦ Χριστοῦ – 타 파데마타 투 크리스투, 5절)의 일부분과 한 면이라고 말한다. 고린도 교인들 역시 그들의 고통의 성격이 바울의 고난과는 다른 것이기는 하지만 같은 메시아적 고난에 참여하고 있다(보다 자세한 취급에 관해서는 O'Brien, *Introductory Thanksgivings*, 244-50를 보라). 골로새서 1:24에서는 동의어인 파데마타(παθήματα, "괴로움")와 들립시스(θλίψεις, "고난")라는 두 단어가 뒤바뀌어 있다. 전자는 사도로서 수고를 하는 가운데 바울이 실제로 경험한 고통을 나타낸다. 후자는 수수께끼 같은 문구 "그리스도의 고난들"(αἱ θλίψεις τοῦ Χριστοῦ – 하이 들립세이스 투 크리스투) 가운데 사용되고 있는데, 이에 대해서는 아래의 내용에서 논의할 것이다.

"너희를 위하여"(ὑπὲρ ὑμῶν – 휘페르 휘몬; 휘페르〈ὑπέρ〉의 의미에 관해서는 BDF, 항목 231을 보라)는 난점을 유발하며(바울의 고난이 어떻게 그가 전혀 복음을 전하지도 않고 방문하지도 않은 회중을 위한 것일 수 있는가?), 따라서 카이로(χαίρω)란 동사와 연결되어 왔다: "내가 너희를 인하여…을 기뻐하노라." 그러나

"너희를 위하여"(*ὑπὲρ ὑμῶν* - 휘페르 휘몬)라는 문구가 "(내가 기뻐하노라) 너희를 위한 나의 고난을"에 자연스럽게 연결되면서 골로새 기독교인들을 특별히 언급한다(Moule, 79에서는 "너희를 위하여"라는 문구가 한편으로는 엄격하게 골로새 사람들 혹은 리쿠스 계곡의 교회들에 적용되지만 그들에게만 제한되지 않아야 하는데, 그 이유는 그들이 다른 사람들의 대표격이기 때문이라고 주장한다. 휘마스〈*ὑμᾶς*〉가 21-23절〈"전에 악한 행실로 멀리 떠나 마음으로 원수가 되었던 너희를 이제는 그의 육체의 죽음으로 말미암아 화목케 하사…"〉의 2인칭 복수형으로부터 자연스럽게 나타나기는 하지만 이것은 가능하며, 또한 이들은 분명히 골로새인들과 리쿠스 계곡의 다른 기독교인들에게 적용된다. 모울이 주장한 내용에서 보다 중요한 점은 "너희를 위하여"〈*ὑπὲρ ὑμῶν* - 휘페르 휘몬〉가 휘페르 투 소마토스 아우투〈*ὑπέρ τοῦ σώματος αὐτοῦ*〉와 평행을 이룬다는 것이다. 보다 광범위한 언급이 전자가 아닌 후자의 문구에 나타나 있다).

첫 번째 문장(24a절)은 바울의 괴로움이 골로새인들을 위한(*ὑπέρ ὑμῶν* - 휘페르 휘몬) 것이라는 방식으로 진술되지 않는다. 이 문제는 24a절의 의미를 보다 분명하게 밝히고 설명하는 뒤따라오는 문구(24b절)에 대한 언급에 의하여 해결될 수 있다(카이〈*καί*〉는 설명적 표현이다: Lohse, 69, 그리고 Zeilinger, *Der Erstgeborene*, 83에서 그렇게 말함).

"그리스도의 남은 고난을…채우노라"(*καί ἀνταναπληρῶ τὰ ὑστερήματα τῶν θλιψεων τοῦ Χριστοῦ κτλ*… - 카이 안타나플레로 타 휘스테레마타 톤 들립세온 투 크리스투…). 이것은 자역하여 다음과 같이 번역할 수 있다: "그리고 그의 몸 곧 교회를 위한 그리스도의 고난 가운데 결핍된 것은 내 육체에 내가 완성한다." 이 말의 의미는 분명하지 않으며, 이것은 상당히 많은 해석과 논란을 유발시켰다. 우리는 그 의미가 찾아졌다고 판단하는 그 구절을 제공하기 전에 여러 대안적 해석을 유념하면서 이 문장 속에 있는 비평적인 문구들을 검토해 보기로 하겠다.

"그리스도의 남은 고난을"(*τὰ ὑστερήματα τῶν θλιψεων τοῦ Χριστοῦ* - 타 휘스테레마타 톤 들립세온 투 크리스투). 헬라어 본문은 "그리스도의 고난 가운데 남아 있는 것"으로 번역될 수 있으며, 제안되어 온 여러 가지 해석들 가운데 보다 중요한 몇 가지 해석은 다음과 같다(참조. Kremer, *Leiden Christi*).

(1) 빈디쉬(H. Windisch, *Paulus und Christus. Ein biblisch-religionsgeschichtlicher Vergleich.*[Leipzig: Heinrich, 1934] 236-50)는 이 문구를 그리스도의 희생적 고난 가운데 어떤 것이 아직도 존재하고 있는데, 그것은 사도에 의하여 공급

되어야 하는 것을 의미한다고 생각했다. 바울은 "그리스도께서 완전히 가져가 버리실 수 없었던" 고난들을 짊어지고 갔다(244). 이러한 입장은 상당히 많은 이유를 가지고 최근에 학계에서 거부당했다. 다른 신약성경의 기록자들처럼 바울도 예수의 죽음을 화목이 참으로 그리고 유일하게 성취된 수단으로 보았다. 골로새서 자체에서도 역시 바울은 십자가에서 그리스도께서 죽으심으로 인하여 우리의 모든 죄과가 사함을 받았다고 말한다(2:13, 14; 참조. 1:12-14, 19-22). 이외에 신약성경 어디에도 그의 구속적 행위나 일반적인 고난의 체험이 "그리스도의 고난"에 대해 사용되지 않았다는 사실이 스탑(Staab)과 슈바이저(Schweizer), 그리고 다른 사람들을 통하여 올바르게 지적되었다. 그 대신 바울은 구속의 행위를 가리키기 위하여 "피", "십자가" 그리고 "죽음"이란 개념을 사용한다.

(2) 17세기와 18세기의 개신교 해석에서 인기 있는 견해는 소유격인 "그리스도의"(*τοῦ Χριστοῦ* – 투 크리스투)를 목적격으로 보아 (혹은 소유격 행위자) 이 문구를 "그리스도를 위하여" 고난을 당하는 것으로 이해하는 것이다. 이것이 바울의 사상과 일관성이 있는 것으로 주장된 한편(참조. 고후 4:10, 11), 사도행전 9:16은 그리스도의 이름을 위하여 얼마나 많이 고난을 당할 것인지를 기록하고 있다. 바울은 예수의 고난을 완성하거나 채운다고 말하지 않고, 그 대신 그가 그리스도를 위하여 고난을 당하고 있다고 말한다. 그러나 이러한 접근 방식의 난점은 이것이 실제로 "남은 것"(*τὰ ὑστερήματα* – 타 휘스테레마타)이라는 문구를 실질적으로 설명하지 않고 어떻게 사도가 이러한 고난을 채울 수 있는지도 암시하지 않는다는 것이다.

(3) 몇몇 초창기의 해석자들 사이에 인기가 있었던 또 다른 접근 방식은 "그리스도의"(*τοῦ Χριστοῦ* – 투 크리스투)를 "그리스도의 고난들을 닮은" 바울의 고난을 가리키는 질의 소유격으로 이해하는 것이다. 포티우스 데오도렛과 같은 헬라의 주석가들은 이 문장을 라틴 계열에 있었던 펠라기우스가 했던 것처럼 취급했고, 이것이 마이어, 폰 조덴 그리고 애보트(Abbott)에 의하여 19세기 동안 재흥되었다. 바울의 고난은 그리스도께서 체험하신 고뇌와 유사했다. 그리스도의 고난은 "교회를 위하여 주님의 제자들이 당한 모든 것의 전형"으로 여겨졌다(Abbott, 232). 그러나 다시금 질문해 볼 수 있다. 어떤 의미에서 그리스도의 고난 가운데 남아 있는 것에 대해서 말할 수 있으며, 바울이 어떻게 그러한 결핍을 개선할 수 있었는가?

(4) 과거에 기독교 신비주의의 입장에서 매우 영향력 있었던 것은 네 번째 입장이다. 바울이 행하고 당하고 있는 모든 것은 그리스도와의 신비적 연합 속에서 일

어난다(참조. 갈 2:20). 이 "그리스도의 고난"은 그분과의 신비적인 교제 속에서 경험된 고난들이다. 이 이론의 두 옹호자인 다이쓰만과 슈미드는 이 문구를 바울에게만 적용했다고 생각했으며, 반면에 슈나이더와 디벨리우스는 이 문구가 전체 교회를 가리켰다고 생각했다. 기독교 신비주의 입장의 주창자들은 바울이 문제를 제기하지 않고 혹은 땅에서 그리스도의 고난을 축소시키지 않고 이런 방식으로 기록할 수 있었다고 생각했다. 그분의 죽으심과 부활 가운데서 그리스도와의 신비적 연합(빌 3:10의 지지를 받는 것으로 보인다)은 이런저런 면에서 교회에 유익을 선사한다. 그러나 이 입장에 대한 로마여의 비평(Lohmeyer, 76-79; 참조. Percy, *Probleme*, 128-34)은 아주 날카롭다. 그는 "남은 것"(*ὑστερήματα* – 휘스테레마타)이란 단어에서 난점이 발견되는데 "그리스도의 모든 고난이 나타나고 '남은 것'이 전혀 감지되지 않은 것으로 남아 있든, 아니면 개인의 믿음의 고난이 그리스도의 고난으로부터 분리되어 있든 '그리스도와 일치한 하나의 신비적인 고난"이라고 주장한다(Lohmeyer, 77; 참조. Lohse, 69, 70). 다시 말해서, 이러한 고난의 긴밀한 교통에 비추어 볼 때 어떻게 아직도 결핍된 것이 있는 일정량의 고난이 남아 있을 수 있는지 이해할 수 없는 것으로 보인다.

(5) 분명한 것은, 이 구절에 대한 만족할 만한 설명(Best, *Body*, 136에서 말하는 바와 같이)은 "남은 것"(*τά ὑστερήματα* – 타 휘스테레마타)을 그리스도의 고난이 구속하기에 충분하지 못하다는 사실을 주장함이 없이 진지하게 취급해야 하며, 또한 어떻게 바울의 고난이 메시아의 고난과 연결될 수 있는지 그리고 동시에 어떻게 그가 골로새 교인들을 위하여 자기가 고난을 당하면서 기뻐하는지를 해석하면서 설명해야 한다. 여러 학자들(Best, *Body*, 136, Moule, 76, Lohse, 70-72, Martin, *NCB*, 70, 그리고 Zeilinger, *Der Erstgeborene*, 82-94; 그러나 *Ernst*, 184, 185의 비평을 유의하라)은 "그리스도의 고난"의 의미 문제에 대해서 보다 생산력 있는 방향을 생각해 냈는데, 그 고난이 마지막 날의 고난, 메시아의 저주에 대한 묵시적 개념을 가진 구약성경과 유대인의 배경이라는 것이다. "그리스도의 고난"(*τῶν θλίψεων τοῦ Χριστοῦ* – 톤 들립세온 투 크리스투)에 정관사가 나타나 있는 것은 메시아의 고통과 같은 명확하거나 잘 알려진 본질을 암시한다(참조. Kremer, *Leiden Christi*, 168). 그 문맥 자체가 묵시적 암시를 가지고 있는 다른 개념에 대해 언급하고 있으므로(이전에는 감추어져 있었으나 지금은 드러난 비밀, 26절; "이 비밀의 영광의 풍성", 27절; "하나님의 비밀", 2:2; 그리고 "그 안에는 지혜와 지식의 모든 보화가 감취어 있느니라", 2:3) 이 논란이 되는 문구 가운데 있는 그러한 결합을 발견하려는

시도는 적절하다고 생각된다.

LXX에서 여러 히브리어 단어에 해당하는 들립시스(θλῖψις, "고난")라는 단어는 다소 그것이 두드러지게 "이스라엘 백성의 혹은 이스라엘을 나타내는 의로운 자의 압제와 고난"을 상징했다는 사실에서 그 신학적 의미를 가진 다양한 뉘앙스 가운데 삶의 고통을 나타낸다(Schlier, *TDNT* 3,142; 참조. Zeilinger, *Der Erstgeborene*, 84). 이스라엘은 역사상 계속하여 "고난"(θλῖψις－들립시스)을 경험했는데, 예를 들어 애굽에서의 압제와 포로지에서의 고난으로 이 두 사건 모두 구속사에서 중요한 사건들이었다(출 4:31; 신 4:29; 28:47-68; 삿 6:9; 10:6-16; 삼상 10:18, 19; 왕하 19:3). 반면에 시편에 의하면 이스라엘에 있었던 의로운 자들도 고난을 당했다(시 9:10; 12:5; 31:7; 33:7, 18 등). 하나님에 의한 이스라엘에 대한 이러한 지속적인 보응 이외에도 다니엘 12:1에 의하면 미래의 고난의 때(ἡμέρα θλίψεως－헤메라 들립세오스)가 있다("또 환난이 있으리니 이는 개국 이래로 그 때까지 없던 환난일 것이며", 참조. JB; 합 3:16; 습 1:15). 그래서 쉴라이어(Schlier, *TDNT* 3, 142)는 다음과 같이 결론짓는다. "이스라엘 역사에서 실현된 심판은 전체가 종말론적 '고난'(θλῖψις, 들립시스) 속에서 드러날 것이다."

두 시대("현 세상"과 "오는 세상")에 대한 가르침을 유대인의 묵시 글들은 자주 다가올 하나님의 기름부음을 받은 통치자를 안내할 마지막 시대에 대한 전조로서 세상에 재앙과 대재난이 오는 것으로 묘사했다. 전염병, 전쟁, 기근과 같은 것들이 온 인류에게 떨어지고 하나님의 백성들까지도 고난을 당하게 될 것이다(예를 들어, Str-B 4, 977-86를 보라). 이러한 공포와 우주의 대혼란이 정해진 한계, 곧 극에 도달할 때 그분이 오실 것이다. 이 마지막 날의 고통은 그것들이 하나님의 기름부으신 통치자가 오기 직전에 있는 바와 같이 "메시아의 화"라고 불린다(히브리어 헤블로 쉘 마쉬아흐〈*ḥebᵉlô šel māšîaḥ*〉=에 오딘 투 크리스투〈ἡ ὠδὶν τοῦ Χριστοῦ〉, 참조. 마 24:8; 막 13:8; 바울의 "그리스도/메시아의 고난"이라는 표현인 하이 들립세이스 투 크리스투〈αἱ θλίψεις τοῦ Χριστοῦ〉는 동의어다). 그것들은 메시아 시대가 오기 이전의 진통이다. 하나님께서는 의로운 자와 순교자들이 견디는 고통이 되도록 하기 위하여 일정량으로 이러한 고통에 한계를 설정하셨다(에녹 1서 47:1-4; 바룩 30:2).

마지막 때에 관한 신약의 가르침은 이러한 유대인의 묵시문학과 무관하지 않다. 하나님께서는 이러한 고난의 양과 한계를 정해 놓으셨으며, 그로 말미암아 그것들을 감하실 것이다(막 13:19-24과 그와 같은 평행절들). 그러나 신약성경은 의미심장하게도 메시아의 화에 대한 묵시문학의 개념을 수정하고 있다. (a) 이 마지막 때에 나타나실 그분은 알려져 있지 않은 인물이 아니다. 그분은 다름아닌 죽으시고 부활하신 자로서 하늘의 구름을 타고 오시는 인자다. 지속되는 불행스러운 일들이 심판과 구원을 위하여 영광 중에 나타나시는 그분을 안내할 것이다. (b) 주 예수 그리스도의 죽으심과 부활과 함께 "오는 시대"가 이미 시작되었다. 기독교인들이 두 시대를 겹쳐서 살도록 현 시대가 계속될 것이다. 메시아의 화, 그리스도의 고난은 이미 시작되었고, 그 정해진 한계가 다가오는 시대에 도달할 때 완성될 것이고 현재의 악한 시대는 지나갈 것이다.

모든 기독교인들은 이러한 고난에 참여한다. 비록 그들이 하나님의 나라에 들어갈지라도 그러할 것이다(행 14:22; 참조. 살전 3:3, 7). 그리스도와 함께 당하는 고난은 그리스도와 함께 영광을 받기 위하여 없어서는 안 될 일이다(롬 8:17, *εἴπερ συμπάσχομεν ἵνα καί συνδοξασθεῶμεν* – 에이페르 쉼파스코멘 히나 카이 쉰독사스데오멘). 그러나 이러한 고난들 가운데 그 어느 것도 믿는 자들을 그리스도 안에 있는 하나님의 사랑에서 분리시킬 수 없다(롬 8:38, 39). 그것들은 궁극적으로 소망과 영광으로 인도해 갈 것이며(롬 5:3), 현재의 그러한 고난(롬 8:18, *τὰ παυθήματα τοῦ νῦν καιροῦ* – 타 파우드마타 투 뉜 카이루)은 나타날 영광과 족히 비교할 수 없을 것이라는 확증이 주어져 있다.

"남은 …을 채우노라"(*ἀνταναπληρῶ τὰ ὑστερήματα*… – 안타나플레로 타 휘스테레마타). 휘스테레마(*ὑστέρημα*, "결핍한", "부족한", "불완전" BAG, 849; 참조. Wilckens, *TDNT* 8, 592-601)란 단어는 소속되어 있는 데서 한 사람의 부재에 대해서 사용되었고(고전 16:7; 빌 3:20), 또한 특별한 상황에서 결핍에 대해서도 사용되었다(살전 3:10). 정관사 타(*τά*)의 출현은 "그리스도의 고난 가운데 남은 것"이라는 문구를 시사하면서 잘 알려진 어떤 것을 가리키며(Lohse, 71; Zeilinger, *Der Erstgeborene*, 89), 마지막 날에 견디게 될 고난의 일정량에 대한 묵시문학적 개념과 일치한다. 하나님께서 시간 가운데 일정량을 정해 놓으셨고(참조. 제4에스라 4:36, 37; 갈 4:4) 종말에 고통의 한계를 정해 놓으신 것처럼(참조. 막 13:5-27) 채워야 할 고난의 분량이 있다. 그 메시아적 고난의 한계는 아직 채워지지 않았다. 자신의 고난을 통하여 바울은 여전히 채워져 가는 과정에 있는 부족분들(*τὰ ὑστερήματα* – 타 휘스테레마타)을 가지고 있었다.

안타나플레로오(*ἀνταναπληρόω*, "채우노라")란 동사 가운데 있는 안티(*ἀντί*, 안티)의 정확한 의미가 불확실하기는 하지만(이것은 "신속한 계승" 혹은 "대신",

"누군가를 위하여"를 의미하는 것으로 취급되어 왔다〈참조. BAG, 72〉: Lightfoot, 162, 163에서는 고전 헬라어와 헬레니즘 시대의 헬라어의 출현을 비교한 다음 "이 전치사가 공급이 반대 방향으로부터 부족 방향으로 들어오는 것을 상징한다"고 주장하면서 이 동사를 "내가 내 편에서 채우다", "내가 보완하다"로 번역했다; 반면에 Schweizer, 84, Moule, *Idiom Book*, 71에서는 이것이 뒤따라오는 휘페르〈*ὑπέρ*〉의 의미를 예상할 수도 있다고 생각한다), 가장 간단한 해석은 이 접두어가 일치를 암시하는 것, 즉 결핍의 자리를 다시 채우도록 부족분에 해당하는 것을 공급하는 것으로 보는 것이다(참조. Bruce, 215).

바울은 자신의 육체 가운데서 견디는 고난을 통하여(엔 테 사르키 무〈*ἐν τῇ σαρκί μου*〉는 그의 육체의 고난을 가리키거나, 아니면 Schweizer, *TDNT* 7, 136에서 말하는 바와 같이 "이것은 고난에 노출되어 있는 것과 같은 것으로 사도의 물리적 존재를 가리킨다." 참조. 갈 6:17: 엔 토 소마티 무〈*ἐν τῷ σώματί μου*〉; 고후 4:10과 12:7) 이 종말론적 고난의 총체에 기여하고 있다. 이러한 미리 정해진 분량을 채우도록 도움으로써 미래의 영광을 훨씬 더 가까이 가져온다(Lohse, 71).

휘페르 투 소마토스 아우투(*ὑπὲρ τοῦ σώματος αὐτοῦ*). ("그리스도의 육체"의 배경과 의미에 관해서는 18절을 보라). 24a절에서 사도는 자기의 고난들이 "너희를 위한"(*ὑπὲρ ὑμῶν* – 휘페르 휘몬, 이들은 골로새 교인들과 리쿠스 계곡의 이웃 기독교인들을 가리킨다) 것이었다는 사실을 말한 바 있다. 여기서 바울의 진술은 그 호칭이 보다 광범위하기는 하지만 동일하다(반복된 휘페르〈*ὑπέρ*〉를 보라). 그의 봉사와 고난을 이방인에 대한 사도 혹은 일꾼으로서의 자기의 소명과 함께 묶음으로써 자기의 고난을 메시아적 고난의 총체에 부여하고 있는 것은 그리스도의 육체를 위한 것이다. 의인이 견뎌야 하는 고난의 정해진 분량의 남은 것을 채움으로써 바울은 또한 다른 신자들, 특히 골로새에 있는 이방인 기독교인들이 당해야 하는 고난을 감소시켜 주고 있다. 그는 복음을 전하러 다니면서 이러한 고난들의 더 많은 분량을 자신이 개인적으로 흡수해 들였으며, 더 작은 부분은 자기의 동료 기독교인들로 하여금 견디도록 남겨 두었던 것이다.

비록 지금 하늘에 올리셨을지라도 그리스도께서는 계속해서 자신의 구성원들 가운데 그리고 바울 자신 안에서는 적지 않게 계속하여 고난을 당하고 계신다는 것이다. 이것은 그리스도께서 다메섹 도상에서 그에게 말씀하셨을 때 온 것이었다: "네가 어찌하여 나를 핍박하느냐?"(행 9:4). 이 순간까지 바울은 열정적으로 유대에 있는 그분의 제자들 가운데 계시는 그리스도를 핍박해 왔다. 그러나 그 당시부터 그는 그리스도를 위하여 고난을 당했다(행 9:16, 참조. 행 13:47은 사 49:6을 인용하고 있는데, 그 곳에서 열방 가운데 빛을 비추는 여호와의 종의 사명이 바울〈과 바나바〉에 의하여 이루어지고 있을 뿐만 아니라, 여호와의 종의 고난이 그에 의하여 짊어지게 되거나(Bruce, 216), 혹은 동일한 표현을 사용한다면 그의 몸인 교회를 위하여 짊어지게 된다(골 1:24).

"그의 몸 된 교회"(*ὅ ἐστιν ἡ ἐκκλησία* – 호 에스틴 헤 에클레시아). (서론 57-60쪽을 보라).

25 "내가 교회 일꾼 된 것은···하나님의 말씀을"(*ἧς ἐγενόμην ἐγὼ διάκονος κατὰ τὴν οἰκονομίαν τοῦ θεοῦ···τὸν λόγον τοῦ θεοῦ* – 헤 에게노멘 에고 디아코노스 카타 텐 오이코노미안 투 데우···톤 로곤 투 데우). 바울은 이방인 공동체의 "일꾼"(*διάκονος* – 디아코노스, 참조. 23절)으로 알려졌었다. 이 임명은 그에게 주어진 하나님의 사명과 일치했다(카타 텐 오이코노미안 투 데우 텐 도데이산 모이 〈*κατὰ τὴν οἰκονομίαν τοῦ θεοῦ τὴν δοθεῖσάν μοι*〉는 다소 이례적인 표현인데, 그 이유는 바울이 주로 자기에게 주어진 하나님의 은혜에 대해서 말하고 있기 때문이다: 롬 12:3; 15:15; 고전 3:10; 갈 2:9; 참조. A. Satake, "Apostolat und Gnade bei Paulus," *NTS* 15[1968-69] 96-107).

오이코노미아(*οἰκονομία*, Michel, *TDNT* 5, 151-53를 보라)는 바울의 서신들 가운데서 (1) 바울의 사도적 직무에 대한 그의 운영(고전 9:17; 참조. 4:1에서 그는 자신을 하나님의 비밀의 청지기들〈*οἰκονόμοι* – 오이코노모이〉 가운데 하나로 묘사한다)이나, 혹은 (2) 세상과 구원에 대한 하나님의 운영(엡 1:10; 3:9; 참조. 3:2)을 나타내기 위하여 사용되었다. 이전의 언급 가운데서 바울은 하나의 사명(*οἰκονομία* – 오이코노미아; 고전 9:17)을 위임받아 가지고 있는 오이코노모스(*οἰκονόμος*, 고전 4:1)이다. 그는 이러한 엄숙한 책임으로부터 회피할 수 없었고 순종하여 이것을 이루어야 했다. 그는 하나님의 비밀의 청지기였고(고전 4:1), 그것이 자연적으로 그로 하여금 충성하도록 이끌어 갔다(4:2; 참조. 눅 16:2). 후기 바울 서신 본문에서는 강조가 하나님의 오이코노미아(*οἰκονομία*)에 있다. (이것은 반드시 초창기 서신들이 바울이 하나님의 구원 계획에 대한 개념을 가지지 않았을 때 기록되었다는 사실을 암시하지는 않는다; Reumann, *NTS* 13[1966-67] 155-66이 그렇게 주장함). 바울 서신에 있는 오이코노미아(*οἰκονομία*)란 단어의 대부분의 실례들이 후자가 오이코노미아(*οἰκονομία*)의 의미를 이해하기에 중요했다는 사실을 암시하는 뮈스테리온(*μυστήριον*, "비밀": 고전 9:17은 유일한 예외다)이란 단어에 근접하여 나타난다.

골로새서 1:25에서 그를 통하여 운영되는 이 하나님의 계획이라는 뉘앙스는 다음과 같은 이유로 가장 알맞다. (a) 오이코노미아 투 데우(*οἰκονομία τοῦ θεοῦ*)가 헬라 세계에서 이러한 일반적인 의미를 가졌다. (b) 주어가 되는 소유격적 표현 투 데우(*τοῦ θεοῦ*)가 이러한 해석을 지지한다. 그리고 (c) 카타(*κατά*, "…에 따라서")가 이 문맥에서 하나의 계획 개념을 암시해 준다(Reumann, *NTS* 13[1966-67] 163에서 이렇게 주장함).

동시에 사도가 오이코노미아(*οἰκονομία*)를 "나에게 주어진" 것으로 말하고 있으므로 몇몇 주석가들은 이 문구를 결코 주어지는 것이라고 말해질 수 없는 하나님의 계획이 아니라, 오로지 바울의 직무나 활동, 그의 과제로 해석해야 한다고 결론지었다. 아마도 해결의 실마리는 바울에게 주어진 그 내용이 그 계획에 대한 통찰력이라는 사실을 이해하는 것, 즉 바울과 다른 사람들에게 계시되는 비밀에 관한 진술과 함께 26절에 의하여 확증된 하나의 암시를 이해하는 것일 것이다. 만일 우리가 "직무"의 의미가 덧붙여져야 한다고 인정한다면, 디벨리우스의 언급을 유념하면서 고려해야 할 것이다: "그 직무는 계획으로부터 나온다." 매이쏜(Masson)과 루만(Reumann)이 지적한 바와 같이 이중적 의미가 의도되어 있는 것으로 보인다. 바울은 이렇게 말한다. "나는 하나님의 계획에 따라 하나의 섬기는 자요 너희와 관련된 그 계획의 시행은 나에게 수여되었다"(Masson, 111, 112; 참조. Reumann, *NTS* 13 [1966-67] 163, 그리고 Moule, 80).

만일 이러한 이중적 의미가 25절에 의도되어 있다면, 이 구절은 앞의 언급과 나중의 언급 간에 중요한 중심점에 위치해 있다고 보아야 한다. 에베소서에 있는 세 개의 실례가 모두(1:10; 3:2, 9-10) 오이코노미아(*οἰκονομία*)가 하나님의 복음 계획 혹은 비밀, 이에 대한 하나님의 시행과 관련되어 있으며, 반면에 에베소서 3:2은 골로새서 1:25처럼 바울에게 주어진 역할 곧 비밀을 알리는 것을 취급하고 있다(1:9). (오이코노미아〈*οἰκονομία*〉의 의미에 관해서는 위에 언급된 작품들 이외에 다음의 글을 보라: M. Bouttier, "Remarques sur la conscience apostolique de St. Paul," *OIKONOMIA. Heilsgeschichte als Thema der Theologie*, ed. F. Christ [Hamburg-Bergstadt: Reich, 1967] 100-108; A. van Roon, *The Authenticity of Ephesians*[NovTSup 39; Leiden, Brill, 1974] 175, 176; 그리고 C. C. Caragounis, *The Ephesian MYSTERION. Meaning and Content*[ConB, New Testament Series 8; Lund: Gleerup, 1977] 97, 98).

골로새인들은 바울의 사역과 묶여 있고, 실제로 하나님의 복음 계획 자체였는데, 그 이유는 그것이 그들의 유익을 위한(*εἰς ὑμᾶς* – 에이스 휘마스) 것이기 때문이다. 이방인의 사도로서 그의 사역은 불가피하게 그들과 관련되어 있으며(참조. 26-29절), 또한 이것이 곧 그가 왜 회중의 대부분을 개인적으로 알지 못하면서도 자신을 "교회의 일꾼"으로 소개할 수 있는가에 대한 이유다. 그러므로 이러한 표현은 몇몇 사람들이 생각한 바와 같이(바울이 자신의 사역에 다양한 표현을 사용하고 있다는 사실을 유념하고 있음: 그는 하나님의 일꾼, 고후 6:4; 그리스도의 일꾼, 고후 11:23; 새 언약의 일꾼, 고후 3:6) 특이한 표현이며(Schweizer, 86), 한(F. Hahn)이 주장하는 바와 같이 "23절과 명백한 긴장관계"(F. Hahn, *Mission in the New Testament*. Tr. F. Clarke[London: SCM, 1965] 146 American edition[SBT 47; Naperville, IL: Allenson, 1965]; Merklein, *Amt*, 337-40를 더 보라)에 있는 것이 아니다.

"하나님의 말씀을 이루려 함이니라"(*πληρῶσαι τὸν λόγον τοῦ θεοῦ* – 플레로사이 톤 로곤 투 데우). 바울에게 있어서 그 청지기직의 내용, 시행해야 할 임무(참조. Percy, *Probleme*, 128; Abbott, 233에서는 부정과거 부정사 플레로사이〈*πληρῶσαι*〉가 수단의 하나가 아니라 오이코노미아〈*οἰκονομία*〉의 내용을 가리키는 설명적인 것이라고 바르게 말한다; Meyer, 325에서는 이에 반대한다)는 "하나님의 말씀을 이루는 것"이었다. 이와 같은 동사 플레로오(*πληρόω*)의 한 형태(즉 *ἀνταναπληρόω* – 안타나플레로)가 메시아의 남은 고난을 채우는 것에 대해 사용되었다. 이제 이 단어는 하나님의 말씀과 관련하여 사용되고 있다. 동사 플레로오(*πληρόω*)는 광범위한 의미를 가지고 있다: "채우다, 가득하게 하다, 이루다, 완료하다 혹은 마치다"(BAG, 670-72). 여기서 이 단어는 하나님의 사명을 "충분히 행하다" 혹은 "완료하기 위하여 실행에 옮기다"라는 의미를 가진다(또한 선교 사역의 일부분을 완료하는 것에 대해 행 14:26, 돕는 사명에 대해 행 12:25, 주 안에서 받은 사명에 대해 골 4:17, 십자가로 가시는 예수의 길에 대해 눅 9:31; 참조. 행 13:25; 계 3:2; 더 자세한 참고서적에 관해서는 Delling, *TDNT* 6, 286-98를 보라).

우리가 살펴보고 있는 본문과 가장 가까운 평행절은 로마서 15:19인데, 여기서 바울은 주후 57년 자기가 예루살렘과 일루리곤 사이의 지역에서 그리스도의 "복음을 편만하게 전했다"(즉 채웠다)고 말하고 있다(*πεπληρωκέναι τὸ εὐαγγέλιον* – 페플레로케나이 토 유앙겔리온, 직역하면 "복음을 채웠다"). 아스팅(R. Asting, *Die Verkündigung des Wortes im Urchristentum*[Stuuttgart: Kohlhammer, 1939] 138)

같은 몇몇 학자들은 로마서의 이 구절을 이방인들 가운데 운명을 좌우하도록 바울이 복음 전파를 완료했다는 것을 의미할 수 있다고 생각했다. 반면에 뭉크(H. Munk, *Paul and the Salvation of Mankind*. Tr. F. Ckarke[London: SCM, 1959]; American edition[Richmond, VA: 1959] 48)는 한 걸음 더 나아가서 "이방인의 충만한 수(*πλήρωμα* – 플레로마)"(롬 11:25)가 들어오는 것과 관련하여 로마서 15:19 및 골로새서 1:25을 디모데후서 4:17("나로 말미암아 전도의 말씀이 온전히 전파되어〈*πληροφορέω* – 플레로포레오〉이방인으로 듣게 하려 하심이니")과 연관시킨다. 쉬츠(J. H. Schütz, *Paul and the Anatomy of Apostolic Authority*[SNTSMS 26; Cambridge: University Press, 1975] 47)는 로마서 15:19을 주석하면서 복음을 온전히 전파하는 것은 직무를 마치는 것을 말하는 것이 아니라 바울이 자기 임무를 수행했던 방법을 설명하는 것이라는 흥미 있는 주장을 한다. 즉 말과 행실로, 이적과 기사 등으로 충분히. 그는 그리스도께서 열국으로부터 복종을 얻어내는 영향력을 시동시켰다. 이러한 주장이 로마서 15:19의 문맥과 같은지는 의문의 여지가 있는데, 왜냐하면 이것은 부분적으로 "복음"과 "권위"에 대한 쉬츠의 견해와 결속되어 있기 때문이다. 어쨌든 그는 사도 편에서 복음의 효과적이고도 능력 있는 전파의 개념(롬 15:19의 문맥에 있는 "능력", "기사", "표적"이란 단어들을 유의하라)으로 우리의 눈을 올바로 돌리게 했으며, 그의 주석은 골로새서 1:25에 있는 간략한 표현에 나오는 의미의 실마리를 우리에게 제공해 준다. 하나님의 말씀은 그것이 단순히 세상에 전파될 때가 아니라(Lohse, 73를 포함한 수많은 주석가들이 이렇게 주장함), 성령의 능력으로 능력 있게 그리고 효과적으로 전 세계에 전파될 때(참조. 살전 1:5, 6; 바울이 동역자들에게 자기를 위하여 중재 기도를 해 달라고 요구하고 있는 것은 바로 이러한 목적에서다; 참조. 엡 6:18-20; 골 4:2-4; 살후 3:1-3)이며, 신실한 사람들에게 받아들여질 때(Percy, *Probleme*, 128; Bruce, 217) 온전히 전파된 것이다. 하나님의 옛적의 말씀처럼(사 55:11), 이 말씀은 능력이 있어서 말씀이 나간 그 목적을 이룬다. 아스팅(Asting), 뭉크(Munck) 그리고 다른 사람들이 지적한 바와 같이 문맥에서 이방인들이 특별히 언급되어 있으므로 이는 특별히 이방인들을 가리킨다(특히 27절을 보라; 참조. 엡 3:8).

하나님의 말씀을 충만하게 알려야 하는 바울의 사명은 골로새에서 그의 동료 에바브라를 통하여 그 말씀을 사역하는 일로 인도해 갔고, 그리하여 바울이 친히 그들을 방문하지는 않았을지라도 골로새인들이 바울의 사도적 사명의 혜택을 받았던 것이다.

26 "이 비밀은 만세와 만대로부터 옴으로 감취었던 것인데 이제는 그의 성도들에게 나타났고"(*τὸ μυστήριον…τοῖς ἁγίοις αὐτοῦ* – 토 뮈스테리온…토이스 하기오이스 아우투). 바울이 온전히 전해야 했던 그 메시지(*λόγος του θεô* – 로고스 투 데우)가 이제 "비밀"로 정의되어 있다. 반의대구법을 사용하면서 초대 기독교 설교에서 사용되었을 수 있는 하나의 "계시 양식"을 이용하여(Dahl, *Jesus*, 32, 33; 참조. Bultmann, *Theology* 1, 105, 106, 그리고 Lührmann, *Offenbarungsverständis*, 124-33) 하나의 대조법이 사용되었다. 즉 언젠가 감추어져 있었던 비밀이 이제 나타났다는 것이다(참조. 롬 16:25-27; 고전 2:6-10; 엡 3:4-7, 8-11).

"비밀"(*μυστήριον* – 뮈스테리온)이란 단어는 헬라 세계와 헬라화된 문명 속에서 다양한 상황에서 사용되었다. 즉 우선 고대 이방의 여러 신비 종파로부터 나온 것으로서, 열광적 추종자들에게 그 신의 운명 가운데 한 몫을 주고 구원을 얻도록 하기 위하여 그 추종자들 앞에서 행해진 성스러운 행동에 의하여 묘사된 것으로서 한 신의 운명들이 제의 의식들로 묘사된 타 뮈스테리아(*τὰ μυστήρια*), 철학에서의 비밀 즉 신에 대한 환상을 자기들의 목표로 가졌던 비밀스러운 가르침 그리고 세속적 용법에서의 비밀스러운 일들, 고대 신비 종파를 뒤섞고 재해석한 과정을 조건으로 하여 육성되었던 영지주의에 이르기까지 다양하다(세부 사항에 관해서는 R. Reitzenstein, *Hellenistic Mystery-Religions. Their Basic Ideas and Significance*. Tr. J. E. Steely[Pittsburg: Pickwick, 1978]; Bornkamm, *TDNT* 4, 802-13; Caragounis, Mysterion, 1-22를 보라).

그러나 현대 성경신학계는 고대 이방의 신비 종파에서 있었던 뮈스테리온(*μυστήριον*)을 바울의 용법의 배경으로 보았던 초창기 종교사학파의 견해를 올바르게 거부했다(종교사학파의 쇠퇴에 관해서는 M. Simon, "The Religionsgeschichtliche Schule, fifty years later," *RelS* 11[1975] 135-44를 보라). 그 대신 최근의 연구는 구약성경과 유대교(쿰란을 포함하여), 특히 지혜문서와 묵시문학 자료에 관심을 기울여 왔으며(예를 들어, 다른 여러 사람들 중에서도 Bornkamm, *TDNT* 4, 813-17; Brown, *Background*, 1-30; Zeilinger, *Der Erstgeborene*, 94-115이 그렇게 함), 브라운은 "신약성경의 기록자들, 특히 바울이 이러한 (셈족) 배경에서 그들이 이방 종교에 귀화하는 일이 없이 '비밀'이란 단어를 사용하기에 필요한 있는 그대로의 모든 자료를 가졌다"(Brown, 32)고 설명한다.

"비밀"(*μυστήριον* – 뮈스테리온)이란 단어는 바울 서신에서 대략 21회나 나타나며, 골로새서 1:26, 27과 가장 가까이 연결되는 구절들은 고린도전서 2:6-10과

로마서 16:25-27이다(Zeilinger, *Der Erstgeborene*, 98-102; 참조. Brown, *Background*, 52-56). 여기서 비밀은 하나님의 계획 가운데 숨겨진 미래의 사건과 관계가 있지 않고, 지금 여기서 그리스도 안에서 일어난 그분의 결정적인 행동을 가리킨다(참조. Schweizer, 88). 사실상 그 비밀의 내용 – 이것이 단수임을 유념하라 – 은 이방인 그리스도인들의 영광의 소망인 그리스도 자신이시다(27절). 이 비밀은 이전에는 감추어져 있었는데 이제는 나타나 있다(고전 2:7; 참조. 롬 16:25에서는 파네로오〈*φανερόω*〉도 사용되었다). 아포 톤 아이오논 카이 아포 톤 게네온(*ἀπὸ τῶν αἰώνων καὶ ἀπὸ τῶν γενεῶν*)이란 문구는 디벨리우스-흐리벤(Dibelius-Greeven, 24)처럼 비밀이 감추어진 대상인 정사와 권세로 이해해서는 안 되고(참조. 고전 2:8), "과거의 시대와 세대로부터(아포〈*ἀπό*〉='이래로')" 정상적인 시간을 나타내는 의미심장한 의미를 가지고 있다(대부분의 주석가들이 그렇게 생각함).

이전에 감추었던 것이 하나님에 의하여 이제 나타나도록(수동형 에파네로데〈*ἐφανερώθη*〉는 하나님의 행위를 지적하고 있으며, 반면에 이 비밀의 내용은 다음 구절에 기록되어 있다) 사건의 극적인 전환이 일어났다(*νῦν δέ* – 뉜 데). 바울은 주로 "비밀"이라는 단어를 드러남으로 혹은 알려짐이라는 말로 묘사하고 있다: 그래서 그것은 로마서 16:25; 에베소서 3:3에서 "계시"(*ἀποκάλυψις* – 아포칼륍시스)와 함께 발견되며, 고린도전서 2:10; 에베소서 3:5에서는 "계시하다"(*ἀποκαλύπτω* – 아포칼륍토)와 함께, 로마서 6:26; 에베소서 1:9; 3:3, 5; 골로새서 1:27에서는 "알려지다"(*γνωρίζω* – 그노리조)와 함께 그리고 로마서 16:26; 골로새서 1:26에서는 "나타나다"(*φανερόω* – 파네로오)와 함께 발견된다.

이 나타남의 수신자들은 "그의 성도들"인 이 문구는 "천사들"을 나타내거나(Lohmeyer, 82) "은사를 받은 사람들"의 제한된 그룹을 나타내거나(Käsemann, Lohse, 75에 의하여 언급됨), 또는 "예루살렘의 오순절 공동체"를 나타내지 않고(L. Cerfaux, *The Church in the Theology of St. Paul*. Tr. G. Webb and A. Walker [New York: Herder, 1959] 130-40), 이미 "성도들(*ἅγιοι* – 하기오이)과 그리스도 안에서 신실한 형제들"(1:2)로 묘사된 사람들이요, 나중에 "하나님의 택하신 거룩하고 사랑하신 자"(3:12; 참조. Bornkamm, *TDNT* 4, 821; Lähnemann, *Kolosserbrief*, 47; Lohse, 75)로 묘사된 신자들을 나타낸다. 그들은 입회원들 중 몇몇 선별 그룹이 아니라 하나님의 말씀을 듣고 받아들인 사람들인데, 이는 비밀의 계시가 일어나는 것이 복음의 효과적인 설교와 가르침 가운데 들어 있기 때문이다(참조. 고전 2:1, 7; 4:1; 엡 3:8, 9; 6:19). 이 점은 "비밀"이 하나 혹은 다른 복음 단어들과 동격으로 되어 있는 문맥들의 검토에서 나타난 점이다: 예를 들어, 골로새서 4:3, "말씀"(*λόγος* – 로고스)과 "비밀"(*μυστήριον* – 뮈스테리온); 그리고 로마서 16:25인데 여기서는 "나의 복음(*εὐαγγέλιον* – 유앙겔리온)과 예수 그리스도를 전파함(*κήρυγμα* – 케뤼그마)"이 "그 비밀의 계시를 좇아"(*κατὰ ἀποκάλυψιν μυστηρίου* – 카타 아포칼륍신 뮈스테리우)와 평행을 이루고 있다.

27 "하나님이 알게 하려 하심이라"(*οἷς ἠθέλησεν ὁ θεὸς γνωρίσαι* – 호이스 에델레센 호 데오스 그노리사이). 이 문장을 취급하는 통상적인 방법은 비밀을 성도들에게 알게 하시는 하나님이시라는 의미로 이해하는 것이다. 동사 그노리사이(*γνωρίσαι*, "알게 하다")는 26절의 에파네로데(*ἐφανερώθη*, "나타내신")를 다시 받아 말하고 있는 반면에, 이 지식의 수납자들은 "성도들", 즉 일반적으로 그리스도인들이다(호이스〈*οἷς*〉의 선행사는 토이스 하기오이스〈*τιôς ἁγίοις*〉임). 27절에 주어진 부가적 요소는 이 비밀의 거대성에 관심을 두고 있는데, 비밀의 내용이 간결하게 "너희 안에 계신 그리스도시니 곧 영광의 소망이니라"로 진술되었다.

그러나 보월즈(Bowers, *Issues*, 110-14)는 흥미 있는 대안을 제시했다. 그는 관계사 호이스(*οἷς*, "to whom")가 직접목적격 후스(*οὕς*, 이것은 선행사 토이스 하기오이스〈*τοῖς ἁγίοις*〉의 여격에 수반되어 있는데, 이는 신약성경에서 통상적인 현상이다)로 간주되어야 하며, 이것이 부정사 그노리사이(*γνωρίσαι*, "알게 하다")의 주어로서 기능을 하고 있다. 그 결과 번역은 다음과 같을 것이다: 26, 27절, "이 비밀의 영광이 얼마나 큰지를 이방인들 가운데 알게 하시기로 하나님이 뜻하신 그의 성도들에게…." 그리고 이러한 번역의 결과는 다음과 같을 것이다. (a) "알게 하다"(*γνωρίσαι* – 그노리사이)는 26b절에 방금 언급된 비밀의 나타남의 상세한 설명이 아니라 그것의 선포를 언급하는 것임을 나타낸다. (b) "성도들"은 그 비밀을 받는 자라기보다는 이 비밀을 알게 하는 대리인들이다(26절에 의하면 비밀은 이미 그들에게 알려졌다). (c) "이방인 가운데"(*ἐν τοίς ἔυνεσιν* – 엔 토이스 유네신)는 성도들을 통하여 들려주는 선포를 듣는 청중이다.

두 번째 제안이 첫 번째 제안의 난점을 해결해 주는데, 여기서 헬라어 본문은 이 "계시"를 받는 자들이 계시의 전달자와 다르다는 사실을 암시하고 있는 것으로 보인다(즉 "비밀"〈*μυστήριον* – 뮈스테리온〉의 내용은 부활하신 그리스도께서 너희 이방인들 가운데 거주하신다는 것이다). 보월즈(Bowers)의 견해는 "성도들"이 이방인들에게 비밀을 알게 하는 대리인들인데, 그 이유는 성도들이 이방인들에게 관심을 가지고 있기 때문이라고 한다. 로빈손(D. W. B. Robinson, "Who Were the

Saints?" *RTR* 22[1963] 45-53)은 "성도들"이 계시를 받고 나서 이방인들에게 비밀을 선포하는 도구가 되어야 했던 처음 믿은 유대인 신자들을 의미했다고 믿으면서 이러한 구별을 했다.

모든 것을 고려해 볼 때, 두 번째 대안이 여격으로부터 직접 목적격으로의 견인에 관한 문법적 요점에 유리한 입장을 가지고 있기는 하지만 입증하기가 어려울 것으로 보인다. 그러므로 우리는 통상적인 해석에 우선권을 부여하게 된다. 더 나아가서 이 구절이 바울이 비밀의 계시를 받았고, 그래서 그 비밀이 직접적으로 하나님의 성도들에게 계시되었다는 인상(26절)을 주는 것처럼 보일 수도 있다는 사실을 명백하게 진술하고 있지는 않지만(고전 2:10과 엡 3:3이 그러한 것처럼), 문맥은 분명히 바울(과 그의 동역자들)의 가르침 가운데서 비밀이 신자들에게 계시되었다는 사실을 암시하고 있다.

"비밀의 영광이 어떻게 풍성한 것을…영광의 소망"(*τί τὸ πλοῦτος τῆς δόξης τοῦ μυστηρίου…ἡ ἐλπὶς δόξης* – 티 토 플루토스 테스 독세스 투 뮈스테리우…헤 엘피스 테스 독세스). 이제 이 비밀의 여러 가지 특징들이 진술되고 있다: 첫째는 "영광"(*δόξα* – 독사)을 통하여 설명되는데, 그것은 모든 면에서 장엄한 것이다. 종속 소유격 문장들이 함께 집약되어 있는 점이 골로새서의 특징이며(참조. Bujard, *Untersuchungen*, 156, 157, 그럼에도 불구하고 이러한 특징으로부터 편지의 저작권에 관한 자신의 결론을 이끌어 내는 것은 불필요하다), 여기서 우리는 "이 비밀의 영광의 풍성"이라는 표현에서 또 하나의 실례를 가지게 된다. (바울은 특별히 플루토스〈*πλοῦτος*〉의 용법에 뒤따라오는 소유격을 부여한다: 골 2:2; 롬 2:4; 9:23은 이 본문과 평행을 이룬다; 고전 8:2; 엡 1:7; 2:7; 3:8).

"풍성"(*πλοῦτος* – 플루토스)은 바울에게는 "그리스도의 존재, 그리스도 안에서 하나님의 사역 그리고 그리스도 공동체의 종말론적 상황을 나타내는" 단어다(Hauck-Kasch, *TDNT* 6, 328, 329). 고린도 서신에서 기독교인의 삶의 부요는 자주 이 "풍성"(*πλοῦτος* – 플루토스)이란 단어와 또한 이 단어와 어근이 같은 단어로 표현되었으며, 반면에 다른 곳에서 사도는 하나님 혹은 그리스도의 부요하심에 대해서 말했다(롬 2:4; 9:23; 10:12; 11:33; 빌 4:19). 고린도 교인들은 그 원천(고후 8:9)과 그 권한(고후 4:7), 곧 이 비밀의 풍성한 복음이 순수하고 몹시 가난한 사도를 통하여 들려지게 되었고(고후 6:10), 또한 그것을 가지게 된 것은 다른 사람들을 향한 뿌리 깊은 동정심에서 그 결과가 나타나야 했다는 사실(고후 8:2, 7)을 인식하지 못하고 자기들이 소유한 영적 부요를 자랑했다(고전 4:8의 아이러니를 유의하라).

골로새서와 에베소서에서 "하나님의 부요"는 그리스도 안에서 그의 축복의 아낌없는 부으심을 가리키는 두드러진 개념이다(참조. 골 2:2, 3에 사용된 동의어 보화를 유의하라; 엡 1:7, 18; 3:8, 16). 이 곳 골로새서 1:27에서 "풍성"과 "영광"은 비밀의 거대함을 가리키기 위하여 함께 사용되었다(이 두 용어는 구약성경에서 자주 함께 언급된다: 참조. LXX 창 31:16; 왕상 3:13; 대상 29:28 등). 아마도 "영광"이란 단어를 사용함으로써 – 독사(δόξα, "영광")란 단어는 LXX 번역자들이 하나님의 찬란하심과 영광을 나타내기 위하여 통상적으로 사용된 히브리어 카보드(כבוד, "영광)를 번역하기 위하여 선택한 단어다 – 사도는 이 놀라운 비밀이 하나님 자신의 성품을 함께 나누어 가진 것임을 강조하기를 원했다.

"이방인 가운데"(ἐν τοῖς ἔυνεσιν – 엔 토이스 에드네신). 이 비밀의 두 번째 특징은 이 비밀이 이방인들에 대해서 특별한 언급을 했으므로 하나님께서 은혜롭게도 그것을 "이방인들 가운데" 알게 하고자 하셨다는 것이다. 구약의 선지자들은 이스라엘 백성들과 함께 이방인들이 그 범위 안에 포함될 것이라는 하나님의 구원 목적을 내다보았다(바울이 이런 취지로 롬 15:9-12에서 인용하고 있음을 유의하라. 또한 예를 들어 사 49:6을 보라). 그 목적이 성취되는 방법 – 유대인들과 이방인들 모두가 그리스도의 몸에 가입함으로써 – 은 알려지지 않았다. 그것은 그 실현의 때까지 비밀로 남아 있었고, 이방인의 사도와 이 비밀의 첫 번째 청지기로서 바울은 자기의 독자들에게 그 놀라운 사실을 펼쳐 보이는 특권을 가지고 있다. 비유대인들은 같은 입장에서 유대인들과 함께 그리스도의 몸의 구성원에 포함되며 "이 비밀의 영광이 이방인 가운데 어떻게 풍성한 것"을 알게 하는 대리자가 되는 것은 하나님께서 그에게 지워 주신 의무와 함께 바울 자신의 큰 기쁨이었다(이에 대한 확대 설명에 관해서는 엡 3:2-12을 보라; Bruce, 218, 219). 다른 여러 곳 중에서 바로 이 곳에서 하나님의 부요가 놀라운 방식으로 아낌없이 주어졌다.

"너희 안에 계신 그리스도시니"(ὅ ἐστιν Χριστὸς ἐν ὑμῖν – 호 에스틴 크리스토스 엔 휘민). 셋째로, 바울이 자신의 독자들에게 확신을 심어 주고 있는 이 비밀의 내용은 "너희 안에 계신 그리스도, 곧 영광의 소망"이다. 이 문구는 앞에서 주장된 것에 덧붙여진 내용이다. (a) 그리스도께서 하나님의 비밀의 중심에 서 계시다는 것이다. "비밀"(μυστήριον – 뮈스테리온)은 그 내용이 그리스도에게 초점을 맞추고 있다. (b) 반면에 비밀은 이방인들 가운데(ἐν τοῖς ἔθνεσιν – 엔 토이스 에드네신) 선포되거나 알려진 한편, 골로새교인들이 이것을 받아들였다(참조. 딤전 3:16,

여기서 "비밀"은 이방인들 가운데 전파되었을 뿐만 아니라 "세상에서 믿은 바" 되신 그리스도를 가리킨다). 그리스도는 에바브라를 통하여 그들에게 전파되었고, 그들은 그분을 구주로 받아들였다(2:6). 그러므로 그리스도께서 "그들 가운데" 계셨던 것이다(그노리사이… 엔 토이스 에드네신〈γνωρίσαι…ἐν τοῖς ἔθνεσιν〉이란 문장 가운데 있는 전치사 엔〈ἐν〉의 적절한 번역인 단순한 "그들 가운데"가 아니다. 여기서 엔 휘민〈ἐν ὑμῖν〉은 특별히 엔 토이스 에드네신〈ἐν τοῖς ἔθυνεσιν〉보다 구체적인 골로새 독자들을 가리키고 있으며, 에스틴〈ἐστιν〉이라는 동사와 함께 이방의 믿는 자들인 그들 가운데 계시는 그리스도의 내주를 지적하고 있다; Bruce, 219, Lohse, 76에서는 이에 반대함).

이 몸의 구성원으로서 그들은 그분의 생명을 자기들 가운데 가졌다. 그러므로 그들은 자기들이 "하나님의 아들들의 나타나는"(롬 8:19; 참조. 5:2; 골 3:4; 살전 2:12; 살후 1:10; 2:14) 날에 밝혀질 그 영광의 충만에 참여할 확실한 소망을 가졌다. (에베소서의 "비밀"은 Mitton, *Ephesians*, 86-88과 Dibelius-Greeven, 24, 83-85를 포함하여 몇몇 사람들이 주장한 바와 같이 골로새서의 비밀과 다른 것이 아니다. 그것은 단순히 이방인들을 하나님이 받으시는 것만이 아니고, 이방인들이 유대인 신자들과 함께 메시아의 공동체 안에 가입하는 것이기도 하다. 참조. 24절.)

28 "우리가 그를 전파하여 각 사람을 권하고 모든 지혜로 각 사람을 가르침은"(ὅν ἡμεῖς καταγγέλλομεν νουθετοῦντες…διδάσκοντες – 혼 헤메이스 카탕겔로멘 누데툰테스…디다스콘테스). 바울은 자신의 사역과 동역자들의 사역, 특히 골로새에 복음을 전했던 에바브라와 같은 동역자들(7, 8절)을 묘사하면서 "우리"(참조. 9절)라는 복수형으로 돌아가고 있다. 그는 이 활동을 묘사하기 위하여 관련된 세 개의 동사를 사용하고 있는데, 그것들은 각각 현재형으로서 동역자들과 자신의 습관적 행동을 지적하고 있다.

(a) 첫 번째 동사 카탕겔로(καταγγέλλω, "전파하다")는 사도행전과 바울 서신에 단 한 번만 나오는 중요한 단어로서(참조. Schniewind, *TDNT* 1, 70-72) 선교사의 복음 전파에 대한 전문 용어가 되었는데, 그 이유는 이 단어가 주로 복음 그 자체나 혹은 복음에 있는 어떤 요소에 대해서 사용되었기 때문이다. 그래서 복음(고전 9:14), 하나님의 비밀(고전 2:1) 그리고 하나님의 말씀(행 13:5; 17:13; 참조. 15:36)이 선포되었으며, 한편으로 가끔은 그리스도(빌 1:17, 18), 그의 죽으심(고전 11:26)과 부활(행 4:2)이 죄사함(행 13:38)과 함께 사도의 복음 전파 가운데 중요한 요소들이었다. 로마서 1:8에서 바울은 알려진 세계 전체에 걸쳐서 복음의

전파와 함께 로마 신자들의 신앙에 대한 소식도 들려졌다고 기록하고 있다(이것의 의미에 관해서는 O'Brien, *Introductory Thanksgivings*, 207-9를 보라). 이 곳 골로새서 1:28에서 전파되신 그리스도가 하나님의 비밀의 중심부, 즉 너희(이방인들) 안에 있는 그리스도가 되었다. 그분은 바울의 메시지의 총체요 본질이다.

(b) 그리스도를 주님으로 공적으로 선포하는 일이 권고(*νουθετοῦντες* – 누데툰테스)와 교훈(*διδάσκοντες* – 디다스콘테스)에 관한 이어지는 문장에서 설명되고 발전되는데, 그 이유는 모든 사람의 가르침과 경고를 통하여 그리스도에 대한 선포가 수행되기 때문이다(이것이 두 개의 분사형과 정형동사 카탕겔로멘〈*καταγγέλομεν*, "우리가 전하다"〉의 관계다. Schniewind, *TDNT* 1, 72를 따르는 Lohse, 77가 그렇게 주장함). 바울과 그의 동역자들에게는 분명히 복음 전파와 선교 사역이 그리스도에 관한 구원 메시지를 피상적으로 세상에 제시함으로써 그 효과가 나타난 것은 아니었고, 오히려 목회적 상황에서 경고와 철저한 가르침을 통하여 수행되었다(Hahn, *Mission*, 146에서는 여기서 복음 전도와 교회의 선포 간의 날카로운 양분이 있다고 볼 필요는 없다고 본다). 뉜데테오(*νουθετέω*, "권하다", "경고하다, 교훈하다")란 동사는 어근이 같은 명사 뉜데시아(*νουθεσία*, "권고")와 함께 정당한 지시를 통하여 그를 교정하거나 올바로 세워서 누군가의 마음을 바로잡는 것과 관계가 있다(참조. Behm, *TDNT* 4, 1019-22). 이것은 대부분 새로운 기독교인들에게 주어진 일반적인 권고(에베소에서 바울의 사역에 대한 행 20:31; 참조. 고전 10:11)와 함께 기독교인 가족 내에 있는 어린아이의 훈련(엡 6:4)과 관계를 가지고 있는 신약성경 내의 바울의 글 중 권고 문맥에 나타난다. 바울은 고린도에서처럼 자신에 의해서(고전 4:14), 혹은 데살로니가에서처럼 교회 지도자들에 의해서(살전 5:12) 권고, 비판, 교정 사역의 단어를 사용하고 있다. 때때로 이것은 잘못된 신앙을 가진 사람들에 대한 훈련을 가리키기도 하며(딛 3:10), 반면에 데살로니가전서 5:14과 골로새서 3:16은 모두 이 단어가 서로간에 권고를 하는 기독교 공동체 구성원에 대해서 사용될 수 있음을 보여 준다.

(c) 바울과 그의 동역자들은 철저한 가르침에 연루되기도 했는데, 그 이유는 그리스도께서 전파되는 것이 이러한 행동을 통해서이기 때문이다. 렝스토르프(Rengstorf)와 다른 사람들이 주장하는 바와 같이 골로새서에는 가르침에 대한 강조가 나타나 있다. 모든 그리스도인들은 시로, 찬양으로 그리고 영적 노래로 서로가 가르치고 권고해야 한다(3:16, 여기서 디다스코〈*διδάσκω*〉와 누데테오〈*νουθετέω*〉가 또다시 함께 사용되었다; 참조. Plato, *Prot* 323D, Dio Chrysostom, *Or* 32. 27 그리고

Plutarch Aud 46B; 세부 사항에 관해서는 Behm, *TDNT* 4, 1019, 1020를 보라). 회중은 그들이 처음 사도의 복음을 통하여 교훈을 받았을 때(1:28) 행하도록 교육받은(*καθῶς ἐδιδάχθητε*-카도스 에디닥데테, 2:7) 것처럼 믿음 가운데 굳게 서 있어야 한다. 여기에 언급된 사도 일행의 계속된 가르침은 "모든 지혜로"(*ἐν πάσῃ σοφίᾳ* – 엔 파세 소피아) 주어진 것이었다. "모든 지혜"란 문구는 보다 고차원적인 세계에 대한 사색적 지식과 함께 자기들이 가진 고차원적 지식에 대해서 자랑했던 골로새 이단과 대립된다. 그와 반대로 바울은 그리스도에 대해서 전파하면서 모든 지혜를 모든 사람이 미치는 한계 안으로 가져온다.

"완전한 자"(*πάντα ἄυθρωπον* – 판타 안드로폰). "모든 사람"이라는 표현은 28절에 세 번 나타나는데, 한편으로는 바울과 그의 동역자들이 가르친 복음의 우주성을 강조하기 위하여 그리고 다른 한편으로는 거짓 교사들의 지적인 배타성과 대조하기 위하여 반복되고 있다(Abbott, 235). "영적 엘리트를 위하여 따로 간수되어 있는 기독교의 가르침은 전혀 없다. 하나님의 모든 진리는 모든 하나님의 백성을 위한 것이다"(Bruce, 219). 동시에 바울은 이 메시지의 우주성을 지적하기도 했던 복수형 "모든 (사람들)"(*πάντες* 〈*ἄνυρωποι*〉 – 판테스 〈안드로포이〉)을 쓰지 않는다. 각 사람이 개별적으로(안드로포스〈*ἄυθρωπος*〉는 총칭적인 용어다) 사도의 돌봄의 대상이었다는 사실을 보여 주기 위하여 사용되었다. 이것은 그의 통상적인 관습과 일치하는데, 그 이유는 다른 곳에서 그는 자기의 사도적 직무를 개인 영혼들을 돌보는 것과 관련하여 묘사하고 있기 때문이다. 예를 들어, 데살로니가전서 2:11, 12에서 "너희도 아는 바와 같이 우리가 너희 각 사람에게(*ἕνα ἕκαστον ὑμῶν* – 헤나 헤카스톤 휘몬) 아비가 자기 자녀에게 하듯 권면하고 위로하고 경계하노니 이는 너희를 부르사 자기 나라와 영광에 이르게 하시는 하나님께 합당히 행하게 하려 함이니라." 바울은 이러한 구절들(참조. 행 20:20) 가운데서 자기 사역의 개인적 성격에 대해 강력하게 강조하고 있으며, 골로새서 1:28에서 자기가 의도적으로 복수형 동사("우리가 전파하여…권하고…가르침은")로 전환하는 것은 자기와 함께 사역한 동료들이 자기의 모범을 따랐다는 사실을 암시한다는 것을 강하게 강조한다. 이 사도 일행 중 한 사람도 빠짐없이 자신들의 주님처럼 바울이 개인 남녀의 궁극적인 행복을 바랐다는 사실을 머지 않아 곧 깨달을 수 있었다.

ἵνα παραστήσωμεν ηάντα ἄνθρωπον τέλειον ἐν Χριοτῷ – 히나 파라스테소멘 판타 안드로폰 텔레이온 엔 크리스토). 이 그리스도 중심적 교훈, 바울의 전파와 가르침의 목표는 "각 사람을 그리스도 안에서 완전한 자로 세우려"는 것이다. 이것

은 하나님께서 그의 아들의 죽으심을 통하여 골로새 교인들을 화목하게 하시는 일을 염두에 둔 목적과 유사하다. 즉 그들에게 거룩하고 그 앞에 흠이 없고 책망할 것이 없도록 해주시려는 것이다(같은 동사 파리스테미〈*παρίστημι*〉의 부정과거형이 사용되었다. 68, 69쪽을 보라). 그리스도 안에서 하나님의 화목케 하시는 사역과 바울의 능동적인 사역은 같은 목적을 가지고 있었는데, 곧 마지막 날에 그리스도 안에서 각 사람의 완전이었다(롬 14:10).

텔레이오스(*τέλειος*, "완전, 온전")란 단어는 흠 없는 희생 짐승(Homer Il, 1. 66), 자기의 직업적 능력의 한계에 도달한 사람 그리고 모든 종류의 생물들을 담고 있는 우주를 나타내며 헬라 세계에 있었던 다양한 문서에(세부 사항에 관해서는 P. J. Du Plessis, *ΤΕΔΕΙΟΣ. The Idea of Perfection in the New Testament*[Kampen: Kok, 1959] 36-121) 나타난다. 이 단어는 헬라 철학에서 "완전한" 인간을 지칭하기 위하여(Delling, *TDNT* 8, 69-72) 사용되기도 했지만, 그것이 헬라 신비 종교에 가입하기 위한 전문적 용어였는지는 논란이 되고 있다(참조. Reitzenstein, *Mystery-Religions*, 150, 432, BAG, 809, 그리고 거기에 인용된 문서). 골로새서는 초자연적 지혜와 하나님의 능력, 그리고 "완전"(*τέλειοι* – 텔레이오이)으로 간주되었던 어떤 것으로 충만케 되는 체험을 했다고 주장한 사람들을 반대하고 있다는 것이 가능하다; 참조. Lightfoot, 168, 169, 그리고 Lohse, 78.

텔레이오스(*τέλειος*, "완전, 온전")는 구약성경에서 온전한 것, 완전한 것 혹은 흠 없는 것을 나타내기 위하여 20회 나타난다(자주 살렘〈שלם〉 혹은 탐밈〈תמים〉을 번역한 단어로). 이것은 온전히 하나님에게로 돌아선 마음에 대해서(왕상 8:61; 11:4), 그리고 자기 자신을 그분에게 완전히 향한 사람(창 6:9; 참조. 신 18:13)에 대해서 사용되었다. 쿰란 자료에서 히브리어 탐밈은 분명히 구약성경을 통하여 채색되었다. 완전한(탐밈) 사람들은 하나님의 율법을 온전히 지키는 사람들이며, 그래서 그분의 길 안에서 완전하게 행하는 사람이다(1QS 1:8; 2:2). 탐밈("완전")이 쿰란의 글들 가운데 나타나는 문맥은 분명히 이것이 공동체의 모든 규칙들을 지킴으로써 하나님의 뜻을 완전히 성취하는 것임을 보여 준다(Delling, *TDNT* 8, 73).

하나님의 뜻과 완전의 관계는 바울 서신 로마서 12:2에는 명확하게, 다른 신약성경의 글들에서는 암시적으로 발견된다(참조. 산상설교 가운데 마 5:48; 약 1:4, 25; 3:2). 두 가지 개념이 특별히 골로새서 4:12에서 연결되어 있는데, 여기서 바울은 자기 동역자 에바브로가 독자들이 "하나님의 모든 뜻 가운데서 완전하고 확신 있게 서기를"(*ἵνα σταθῆτε τέλειοι καὶ πεπληροφορημένοι ἐν παντὶ θελήματι* τοῦ θεοῦ – 히나 스타데테 텔레이오이 카이 페플레로포레메노이 엔 판티 델레마티 투 데우) 기도했다고 언급하고 있다.

사도가 22절에서처럼 모든 사람을 완전하거나 그리스도 안에서 완전히 성숙한 자로 세움에 대하여 말할 때(68, 69쪽을 보라), 그는 파루시아를 염두에 둔 것이다(Bruce, 220; Pfitzner, *Paul*, 109; 그러나 Lohse, 78, 79에서는 이에 반대하는데, 그는 이것을 현재형으로 취급하고 있으며, Du Plessis, *Perfection*, 199에서는 파라스테소멘⟨παραστήσωμεν⟩을 백성들을 그리스도에게로 인도하려는 바울의 목적을 나타내는 기동 부정과거형으로 간주한다).

그는 독자들이 이미 이룬 믿음과 사랑에 있어서의 실제적인 진보를 알고 있기는 하지만(4절), 참 목회자로서 바울은 모든 신자들이 충분한 성숙을 하지 못한 것에 대해서 만족하지 않을 것이다. 그의 목표는 모든 사람(πάντα ἄνθρωπον – 판타 안드로폰)이 완전함에 이르는 것이므로 예외가 없을 것이다. 그러나 이 일은 마지막 날에만 충분히 이루어질 것인데, 그 이유는 바로 그 때에만 그들이 데살로니가 교회 성도들처럼 완전히 성화될 것이기 때문이다(살전 5:23; 참조. 3:13).

29 "이를 위하여 힘을 다하여 수고하노라"(εἰς ὅ καὶ κοπιῶ ἀγωνιζόμενος – 에이스 호 카이 코피오 아고니조메노스). 바울은 마지막 날에 그리스도 안에서 완전을 바라보고 자신의 사역에 모든 힘을 다 쏟아 부었다. 그의 사도로서의 임무는 남녀 백성들이 회심하는 것으로 완료되지 않았다. 이것은 시작일 뿐 그 목표는 그의 사역의 질이 시험받을 때인 그리스도의 날에 이루어질 것이다(Bruce, 221).

바울은 생생한 비유를 가지고 자기가 어떻게 골로새 교인들을 위하여 그리고 골로새 교인들처럼 다른 이방인들을 위하여 수고했는지를 말하고 있다(단수형이 그의 수고를 묘사하기 위하여 26절에서 또다시 사용되었지만, 이것은 그가 여러 공동체를 위하여 그들의 신실한 수고를 잘 알고 있었으므로 다른 사람들의 사역에 대해 비난하지 않았다는 사실을 의미한다: 살전 5:12; 고전 16:16; 롬 16:6).

세상 헬라어에서 "때림", "피곤"(마치 한 사람이 맞은 것처럼) 그리고 "노력"에 대해서 사용된 단어 코포스(κόπος)는 일, 곧 힘든 작업이나 열심으로 인하여 야기된 육신의 쇠진에 잘 들어맞는 단어다(A. von Harnack, "*Κόπος*[*Κοπιᾶν, Οἱ Κοπιῶντες*] im frühchristlichen Spachgebrauch," *ZNW* 27[1928] 1-10, 그리고 Hauck, *TDNT* 3, 827-30). 이것은 극한 수고를 의미했으며, 신약성경에서는 이와 같은 어근인 코피아오(κοπιάω)와 함께 다음과 같이 사용되었다. (1) 손으로 하는 수고로서의 일반적인 작업(고후 6:5; 11:27; 엡 4:28), (2) 공동체 안에서 그리고 공동체를 위한 그리스도인의 수고. 후자의 의미로는 코피아오(*κοπιάω*)가 바울의 사도로서의 사역(고전 4:12; 15:10; 갈 4:11; 빌 2:16; 골 1:29; 참조. 코피오스〈*κόπιος*〉 살전 2:9; 3:5; 살후 3:8; 고후 11:23), 그리고 다른 기독교인들의 수고(살전 5:12; 고전 16:16; 롬 16:6, 12; 참조. 코포스〈*κόπος*〉, 고전 3:8; 15:58; 고후 10:15). 이 어근이 다른 단어들은 바울의 초창기 몇몇 서신들 가운데 기록된 그의 목회상의 수고들에 대해서 사용되었던 중요한 단어들이었고(데살로니가전·후서에 있는 언급들을 보라), 골로새서에서는 회중의 행복을 위하여 끊임없이 수고하는 사람을 통하여 진력한 커다란 수고가 강조되고 있다.

아고니조마이(*ἀγωνίζομαι*, "싸우다", "투쟁하다", "경쟁에 참가하다", BAG, 15)는 앞의 단어보다 더 강한 단어로 보이는데, 무기가 사용된 육체의 투쟁(요 18:36; 참조. 마카비2서 8:16)과 경기 대회(고전 9:25)를 나타냈다. 핏츠너(Pfitzner, *Paul*, 109, 110)는 29절에서 이 동사(아고니조메노스〈*ἀγωνιζόμενος*〉의 분사형)가 코피오(*κοπιῶ*, 정형동사)로 한정되고 코피오가 아고니조마이(*ἀγωνίζομαι*)로 한정되지 않는다고 주장하고, 따라서 이 두 단어는 모든 사람으로 하여금 그리스도 안에서 완전한 사람으로 나타나기를 바라는 한 가지 목표를 위하여 힘쓰는 바울의 극진한 수고와 노력을 지칭한다. 그래서 "수고한다"(비유적 용법을 나타냄)는 번역은 싸움과 투쟁에 관하여 사용되는 말로 이해하는 것이 더 나을 것이다(참조. 딤전 4:10에서 유사한 표현이 발견된다: *εἰς τοῦτο…κοπιῶμεν καὶ ἀγωνιζόμεθα* – 에이스 투토…코피오멘 카이 아고니조메다, "이를 위하여 우리가 수고하고 진력하는 것은"). 핏츠너는 경기 대회라는 언급이 거의 나타나지는 않지만, 아고니조마이(*ἀγωνίζομαι*)란 동사가 특별한 목적과 목표를 위하여 힘쓰는 원래의 색깔과 함께 여전히 그 뜻을 가지고 있다고 결론짓는다(*ἀγών*, 2:1에 대해서 더 보라).

"내 속에서 능력으로 역사하시는 이의 역사를 따라 힘을 다하여 수고하노라"(*κατὰ τὴν ἐνέργειαν αὐτοῦ την ἐνεργουμένην ἐν ἐμοὶ ἐν δυνάμει* – 카타 텐 에네르게이안 아우투 텐 에네르구메넨 엔 에모이 엔 뒤나메이). 하나님의 능력은 곧 그분이 죽은 자 가운데서 그리스도를 일으키셨을 때 행했던 그 능력이고, 또한 그 능력으로 말미암아 그분이 지금 자신의 사도와 백성들의 삶 가운데서 그리고 그 삶을 통하여 역사하는 그 능력으로서(11절을 보라) 골로새서와 에베소서에 있는 두드러진 주제임을 이미 살펴보았다(골 1:11; 2:12; 엡 1:19; 3:7, 16, 20; 6:10).

바울은 자신의 사역을 수행하기 위하여 진지하게 자기의 모든 에너지를 다 쏟으면서 사역을 하는 동안 그러한 끊임없는 수고의 힘이 위로부터 온다는 사실을 기꺼이 인정하고 있는데, 그는 이러한 인정을 이 문맥 가운데서 힘과 능력의 동의어들을 재삼재사 사용하면서 강조하고 있다(1:11; 엡 1:19; 3:7, 16, 20; 6:10에 있는 유사한 표현들을 보라). 에네르게이아(*ἐνέργεια*)는 "효과적으로 일을 하는 능력"을 의미하며, 소크라테스 이후로 여러 다양한 저술물 가운데 나타난다. 신약성경에서 이 단어는 언제나 초자연적 능력을 나타내는데, 그리스도의 사역을 흉내내는 악한 자의 활동에 대해 두 번 사용되지만(살후 2:9, 11), 대부분 하나님의 능력의 행사에 대해서 사용된다(엡 1:19; 3:7; 빌 3:21; 골 2:12). 전치사 카타(*κατά*, "…에 따라서")는 때때로 바울의 간구와 감사 가운데서 발견되며(참조. 빌 4:19; 엡 1:19; 3:16), 하나님의 능력, 은혜 그리고 영광이 그것을 받는 자의 능력의 원천으로 나타나는 다른 문맥에서도 발견된다. 동시에 그 공급은 하나님의 속성의 부요와 일치하며 필요로 하는 자들에게 매우 적절하다(참조. Harder, *Paulus*, 45).

어근이 같은 동사 에네르게오(*ἐνεργέω*, "일하는 중이다", "일하다", "효력이 발생하다"; Bertram, *TDNT* 2, 652-54, 그리고 N. Baumert, *Täglich Sterben und Auferstehen. Der Literalsinn von 2 Kor 4, 12-5, 10*[SANT 84; Munich: Kösel, 1973] 267-83)는 여기서 중간태일 수도 있지만(다른 사람들 중에서도 BAG, 265) 수동형일 가능성이 더 큰데(K. W. Clark, "The Meaning of ἐνεργέω and καταργέω in the New Testament," *JBL* 54[1935] 93-101; J. A. Robinson, *St. Paul's Epistle to the Ephesians*, 2nd edition[London: Macmillan, 1904] American edition[Grand Rapids: Kregel, 1979] 245-47) 그 힘이 능력 있게(엔 뒤나메이〈*ἐν δυνάμει*〉는 부사적으로 이해하는 것이 가장 좋다) 그 안에서(*ἐν ἐμοί* – 엔 에모이) 역사하셨다는 사실을 의미한다. 에네르구메넨(*ἐνεργουμένην*, "효과가 나타나고 있다")이라는 현재 시제는 코피오 아고니조메노스(*κοπιῶ ἀγωνιζόμενος*, "내가 열심히 일하면서 애쓴다")와 평행을 이룬다. 바울이 힘쓰고 있는 것처럼 하나님께서도 계속해서 바울 안에서 힘있게 역사하셨다(참조. 고전 15:10). 만일 "하나님께서 어디서 능력있게 일하시는가"라고 묻는다면 이 문맥에서의 대답은 "바울이 열정적으로 일하는 곳이다"일 것이다. 그것이 곧 그가 다음과 같이 말할 수 있었던 이유다: "내게 능력 주시는 자 안에서 내가 모든 것을 할 수 있느니라"(*πάντα ἰσχύω ἐν τῷ ἐνδυναμοῦντί με* – 판타 이스퀴오 엔 토 엔뒤나문티 메, 빌 4:13).

2 1 "내가…너희가 알기를 원하노니"(*θέλω γὰρ ὑμᾶς εἰδέναι* – 델로 가르 휘마스 에이데나이). 앞 단락(1:24-29)에서 바울은 자신의 사도로서의 임무에 대하여 일반적인 말로 언급한 바 있다(24, 25절). 이제 그는 자기가 이전에 직접 만나지

못한 골로새 신자들과 자신 간의 관계를 돈독히 할 목적으로 그들에게 직접 말하는 방향으로 돌아선다. 당시 편지를 쓰는 관습에서 사용된 형식으로 그는 하나의 중요한 문제에 대해 그들에게 교훈해 주기를 원한다. (참조. T. Y. Mullins, "Disclosure. A Literary Form in the New Testament," *NovT* 7[1964] 44-50에서는 이것을 "공개 형식"〈Disclosure Form〉이라고 명명했다. 다른 실례들은 롬 1:13; 11:25; 고전 10:1; 11:3; 12:1; 고후 1:8; 살전 4:3을 보라). 이 교훈 혹은 "공개"의 내용은 뒤따라오는 문장 속에 나타난다. "내가 어떻게 힘쓰는 것을"(*ἡλίκον ἀγῶνα ἔχω* – 헬리콘 아고나 에코).

같은 동사의 어근인 아고니조메노스(*ἀγωνιζόμενος*, "애쓰는")가 자기가 세운 회중들을 위한 열정적 목회 활동에 대해서 사용된 바 있다(29절). 그는 이제 자신에게 직접 복음을 듣지 않은 사람들, 즉 에바브라의 사역을 통하여 회심한 것으로 보이는 히에라폴리스에 있는 회중들을 포함하여(참조. 4:13) 리쿠스 계곡에 있는 골로새 회중(*ὑπέρ ὑμῶν* – 휘페르 휘몬), 라오디게아의 이웃 성읍(*τῶν ἐν Λαοδικείᾳ* – 톤 엔 라오디케이아)과 그 계곡의 다른 장소들(*καὶ ὅσοι οὐχ ἑόρακαν κτλ* … – 카이 오소이 우크 헤오라칸…)에 있는 회중들을 위하여 그와 유사한 투쟁(*ἀγών* – 아곤)을 하고 있다는 사실을 말한다.

그러나 이러한 힘씀의 정확한 성격이 무엇인가? 로마여(Lohmeyer, 89, 92)는 29절에서 사용된 "힘쓴다"는 동사와 또한 그와 같은 어근의 명사 "힘씀"(*ἀγών* – 아곤, "투쟁")은 순교에 대한 거의 전문 용어라고 본다. 따라서 그는 빌립보서처럼 골로새서에 순교 사상이 스며들어 있다는 자신의 주제를 입증하기 위하여 이 구절들을 사용했다. 바울은 순교자로서 자신의 운명을 자각하면서 골로새인들에게 편지를 써 보낸 것이다. 그러나 이러한 견해는 신약학자들에게 좋은 인상을 주지 못했다. 바울 자신의 경우든 독자들의 경우든 순교에 대해서 골로새서 전체에 아무런 언급이 없다(이 문제에 대해서는 빌립보서에도 아무런 언급이 없다). 더 나아가서 아곤(*ἀγών*)과 아고니조마이(*ἀγωνίζομαι*) 둘 다 바울에 의하여 순교에 대한 전문 용어로 사용되지 않았다.

핏츠너에 의하여 제시된(Pfitzner, *Paul*, 109-12, 126-29) 두 번째 견해는 바울의 힘씀(투쟁)을 복음 혹은 신앙을 위한 자신의 투쟁으로 이해하는 것이다. 이것은 무엇보다도 지칠 줄 모르는 수고와 노력, 곧 그의 선교의 목표로서 믿음의 전파와 성장 그리고 강화를 위한 격렬한 씨름과 투쟁 가운데 수반되어 있다. 더 나아가서 반대에 대한 지속적인 투쟁 사상은 바울이 자신의 "힘씀"(*ἀγών* – 아곤)에 대하여 말하는 것과 거리가 멀지 않다. 그가 "너희를 위하여 힘쓰는 것"에 관하여 말할 때 이것은 "너희를 위하여 받는 괴로움"(*παθήματα ὑπὲρ ὑμῶν* – 파데마타 휘페르 휘몬)에 관하여 말하고 있는 24절의 그의 진술과 유사하므로 고난이 자주 포함된다. 다른 사람들은 바울의 선교 활동에 참여한다. 사실상 여러 구절들(골 4:12, 13; 살전 2:2)은 특별한 고난에 직면하고 있는 전체 회중의 구성원들과 함께 그의 동역자들의 활동을 포함시켜서 이러한 복음을 위한 투쟁의 확장을 드러내고 있으며(빌 1:27-30; 참조. 롬 15:30-32), 그들에 대해서 "같은 싸움이 있으니"(*τὸν αὐτὸν ἀγῶνα ἔχοντες* – 톤 아우톤 아고나 에콘테스, 빌 1:30)라고 말하고 있다. 핏츠너의 해석에 따르면, 바울의 투쟁은 그들을 위한 중재 기도가 되든(참조. *ὑπέρ ὑμῶν* – 휘페르 휘몬) 혹은 어떤 종류의 내적인 동요든 자신의 독자들을 위한 그의 내적인 투쟁에 제한되지 않는다. 그보다는, 이러한 그의 에너지 소비는 – 그의 관심, 그의 기도들(참조. 중재 기도에 대한 에바브라의 사역과 관련하여, 4:12) 그리고 그의 편지들을 통하여 – 복음과 신앙의 확장을 위한 더 광범위한 투쟁으로 이해되어야 한다. 그렇다면 그의 내적인 투쟁과 관심들은 보다 광범위한 "힘씀"(*ἀγών* – 아곤)의 일부분이다.

2 "이는 저희로 마음에 위안을 받고"(*ἵνα παρακληυῶσιν αἱ καρσίαι αὐτῶν*, – 히나 파라클레도신 하이 카르디아이 아우톤). 이 사도적 활동의 목적은 독자들의 마음을 강화시키기 위한 것이다. 파라칼레오(*παρακαλέω*)란 단어군은 바울 당시 헬라 세계에서 "누군가를 자기에게로 부르다", "찾다", "구하다"(가끔 기도로), "권하다", "위로하다"를 포함하여 풍부한 의미들을 가졌다(*TDNT* 5, 773-99에 있는 Schmitz-Stählin의 훌륭한 논문을 보라). 신약성경에서 때때로 이 동사는 선교사의 복음 선포를 나타내는 역할을 했으며(고후 5:20; 참조. 살전 2:3 그리고 이에 관해서는 A. Grabner-Haider, *Paraklese und Eschatologie bei Paulus. Munsch und Welt im Anspruch der Zukunft Gottes*[NTAbh, NS 4; Münster: Aschendorff, 1968] 33-44를 보라), 또한 목회 행정을 소개하기 위한 공식 문구로서의 역할을 했다(*παρακαλέω* – 공식 문구의 사용에 관해서는 C. J. Bjerkelund, *Parakalô Form, Funktion und Sinn der parakalô-Sätze in den paulinischen Briefe*[Bibliotheca Theologica Norwegica 1; Oslo: Universitetsforlaget, 1967]를 보라). "위로"라는 번역이 많은 문맥들 가운데서 합당하고(풍부한 구약성경의 배경에 비추어 고후 1장에 있는 이 "위안"에 대해 살펴보려면 O'Brien, *Introductory Thanksgivings*, 241-47를 보라), 또한 로제(Lohse, 80), 슈미츠-스탈린(Schmitz-Stählin, *TDNT* 5, 797) 그리고

다른 사람들이 선호하지만 그러한 번역은 너무 약한 것으로 보인다(참조. Bruce, 223, 그리고 Zeilinger, *Der Erstgeborene*, 108). 이 동사는 "위로" 이상의 뜻을 의미하며 "강화시켜 주다"로 번역되어야 한다(참조. 4절, 그 문맥이 이 번역을 지지한다). 골로새서에는 사도의 활기 찬 활동들의 대상으로서 위안 혹은 위로를 필요로 했을 어떤 곤궁이나 핍박에 대한 언급이나 암시가 나타나지 않는다. 바울이 관심을 둔 것은 이단적 가르침을 통하여 독자들이 떠내려갈 위험이었다. 결국 그들의 마음은 견고하게 강화될 필요가 있었다(살후 2:16, 17에 있는 평행구절을 보라. 여기서 파라칼레오〈*παρακαλέω*〉는 편지를 받는 사람들의 마음과 관련하여 스테리조〈*στηρίζω*, "강화된"〉와 동의어로 사용되었다). "마음"(*καρδία* – 카르디아)은 그 사람의 내적인 삶, 그의 인격의 중심, 의지와 정서와 사상과 애정의 원천으로서의 이해를 나타내는 통상적인 구약성경의 의미로 사용되었다.

"사랑 안에서 연합하여"(*συμβιβασθέντες ἐν ἀγάπῃ* – 쉼비바스덴테스 엔 아가페). 이 문구를 "사랑 가운데서 훈계를 받는"으로 번역할 만한 충분한 사유가 제시되어 왔으며, 그래서 이것을 공동체에 주어진 사랑스러운 권고를 가리키는 것으로 이해했다. 여러 주석가들(Dibelius-Greeven, 25, 26, Scott, 36, 그리고 Montague, *Growth in Christ*, 82를 포함하여)은 이러한 입장을 택했다. 때때로 쉼비바조(*συμβιβάζω*)는 성경 밖에서 이 가르침의 의미를 가지고 있으며(예를 들어, Aristotle, Philo, 등. Delling, *TDNT* 7, 763를 보라), 반면에 LXX의 10번의 용례는 모두 "교훈하다", "알게 하다", "가르치다" 그리고 일률적으로 권위 있는 지침을 가리킨다(참조. 출 4:12, 15; 18:16; 레 10:11; 신 4:9; 삿 13:8 등). 이사야 40:13은 고린도전서 2:16에서 바울에 의하여 "가르침"이라는 의미로 인용되었다. 같은 개념이 사도행전 9:22과 19:33에 나타난다. 더 나아가서, 스코트(Scott)는 골로새서에 있는 바울의 선입견은 그의 독자들이 이단의 가르침과 행습에 대항하여 자기들의 신앙을 깨우침 받는 것이 통일성 문제보다 더 중요한 것이었다고 주장했다(벌게이트역은 "instructi in caritate"라고 번역함으로써 이 점을 잘 파악한 것으로 보인다). 또한 이러한 해석은 "지식", "이해", "지혜"에 대해 강력하게 강조하고 있는 문맥과 잘 들어맞는다. 그렇다면 엔 아가페(*ἐν ἀγάπῃ*, "사랑 안에서")는 독자들을 향한 바울의 사랑을 가리키는데 – 마치 그들이 "너그럽게 가르침을 받은" 것처럼 – 기독교인의 삶의 기초로서 충분히 넓은 의미의 사랑보다는 좁은 사랑을 가리킨다(참조. 엡 3:17). (Montague, *Growth in Christ*, 82를 보라).

그러나 대다수의 입장은 동사 쉼비바조(*συμβιβάω*)를 "합병하다", "친밀해지다"

의 의미로 취급하는데, 이것은 고대 시대로부터 잘 알려진 의미다(참조. Herodotus 1. 74.3, Thucydides 2.29.6, 그리고 Philo, *Prot* 337E; 참조. Delling, *TDNT* 7, 763) 그리고 이것이 바울이 19절과 에베소서 4:16에서 뜻하는 의미다. 이러한 의미에서(엔⟨*ἐν*⟩을 수단으로 취급하면서) 사랑은 그들을 모두 함께 묶으며(어떤 사람이 사랑을 "온전하게 매는 띠"⟨*σύνδεσμος τῆς τελειότητος* – 쉰데스모스 테스 텔레이오테토스⟩로 불리는 3:14을 해석하는 것처럼) 그 하나됨으로부터 그들이 충분한 이해와 지식을 달성하는 결과가 나타난다.

이 문제는 멋지게 균형잡힌 것이며, 반면에 대부분은 "함께 결합되는"이라는 번역이 골로새서의 나중 구절들에 비추어 볼 때 더 낫다고 주장한다. 우리는 본문의 문맥으로 인하여 "가르친", "교육받은"의 의미가 더 나은 것으로 본다.

"원만한 이해의 모든 부요에 이르러"(*καὶ εἰς παν πλοῦτος κτλ*…-카이 에이스 판 플루토스). 마틴(Martin, *NCB*, 75)은 다음과 같이 적절하게 설명한다. "본 절의 두 번째 부분에 신학적 진리에 대한 선견지명이 있는 식별(평가)에 대한 호소가 들어 있다." 바울의 교훈이 움직여 나가는(*εἰς* – 에이스) 목표는 하나님의 비밀에 대한 깊은 이해이며, 반면에 그러한 지식의 풍성에 대한 강조는 동의어들의 축적을 통하여 상징적으로 되어 있다(참조. Percy, *Probleme*, 25, 26; Bujard, *Untersuchungen*, 147-50).

1:9, 10에서는 "지혜"(*σύνεσις* – 쉬네시스)와 "총명"(*ἐπίγνωσις* – 에피그노시스)이 공동체를 위한 사도의 관심을 표현하기 위하여 서로 연결되어 있다. 여기서 그는 "풍성"(*πλοῦτος* – 플루토스; 참조. 1:27에 있는 해석)과 "충만"(*πληροφορία* – 플레로포리아)을 연결시킴으로써 이 쉬네시스(*σύνεσις*, "지혜"; 1:9에서처럼 "통찰력" 혹은 "이해"는 거짓된 것으로부터 참된 것을 구별짓는 능력을 의미한다)의 풍성한 충만을 강조하는 데로 나아간다. 충만이라는 단어는 "충분한 보장", "확신"을 의미할 수 있으며(BAG, 670), 이것은 데살로니가전서 1:5에 있는 개념과 같다(비기독교 문서에서도 그러하다; Delling, *TDNT* 6, 310). 만일 여기서 이것이 정확한 독법이라면, 바울은 거짓된 교리에 직면하여 골로새 교인들에게 중요한 것이 "보증", "확신"이라는 사실을 유념하도록 소개한 것이다: 바울이 그들의 판단이 충분한 확신을 가지고 시행되기를 바라거나(Abbott, 239에서는 쉬네시스⟨*σύνεσις*, "지혜"⟩가 자동사적 의미를 가지고 있고 "판단의 능력"을 의미한다는 근거에서 그렇게 주장함) 혹은 보다 개연성이 있는 설명은 그가 통찰력의 결과로 확신을 기대하고 있다는 것이다(Moule, 86, Turner, *Syntax*, 211, 그리고 Montague, *Growth in*

Christ, 83에서는 이러한 입장을 취한다).

다른 한편, 플레로포리아(*πληροφορία*)가 "모든"(*πᾶν* – 판)이라는 부가적 단어와 함께 "풍요"와 동의어인 "충만"을 의미할 가능성도 있는데(다른 사람들 가운데서도 Lohse, 81, 그리고 van Roon, *Ephesians*, 246) 이는 강조 방식으로 이 통찰력의 풍성한 충만을 강조하고 있다고 볼 수 있다.

"하나님의 비밀인 그리스도를 깨닫게 하려 함이라"(*εἰς ἐπίγωσιν τοῦ μυστηρίου τοῦ θεοῦ Χριστοῦ* – 에이스 에피그노신 투 뮈스테리우 투 데우 크리스투). 바울은 이러한 이해력의 풍성함으로부터 돌아서서 그 목적의 독특성을 말한다. 전치사 에이스(*εἰς*, "하도록, 에게")에 의하여 이끌림을 받은 두 개의 문구는 평행을 이루고 있기는 하지만, 두 번째 문구는 쉬네시스(*σύνεσις*, "지혜")가 지시하는 특별한 대상을 강조하여 지적하고 있다(Meyer, 342; Abbott, 239). 그것은 "하나님의 비밀, 곧 그리스도에 대한 지식"이다. (에피그노시스〈*ἐπίγνωσις*〉의 의미에 관해서는 1:9을 보라. 이 곳에서 평행적 표현인 "하나님의 뜻을 아는 것으로 채우게 하시고"〈*τὴν ἐπίγνωσιν τοῦ θεηπ́ματος αὐτοῦ* – 텐 에피그노신 투 델레마토스 아우투〉가 나타난다.)

신약성경의 헬라어판은 본문의 증거 본문들이 마지막 문구의 정확한 말씀으로 나누어진다는 사실을 보여 주는데(*The Greek New Testament*, edited by K. Aland and others의 United Bible Societies 판에 있는 대안적인 본문들을 눈여겨 보라. 이 다양한 대안적 본문들은 독자들을 당황하게 만들고 있다), 이것이 원본이었던 것으로 보인다. 본문은 열국 가운데 선포된 그리스도시요 이 이방인 독자들의 영광의 소망이신 그분(참조. 1:27)이 곧 하나님의 비밀의 내용이라는 사실을 주장하고 있다. 이 본문이 강력한 외적 증거로 인하여 더 나은 본문임에 틀림없다(P^{46} B Hilary에 의하여 지지를 받음). 또한 이 본문의 난해성으로 인하여 다양한 대안적 본문들이 나오게 되었다. 후대의 서기관들은 자기들의 변형 본문과 첨가 본문을 통하여 의미를 명확하게 하려고 했다(간략한 설명에 관해서는 Metzger's *Textual Commentary*, 622를, 그리고 보다 자세한 취급에 관해서는 메츠거의 볼륨 있는 *The Text on the New Testament. Its Transmission, Corruption and Restoration*. 2nd ed.[New York/London: Oxford University Press, 1968, 236-38]를 보라).

바울이 말하고 있는 지식은 인격적 지식이다. 그리스도 자신은 계시된 하나님의 비밀 곧 그리스도이신데, 이 골로새인들은 그분과 하나가 되었다(Bruce, 224). 그분에 대한 이러한 인격적 지식을 떠나서는 하나님의 지혜를 감지할 수 없다.

3 "그 안에는 지혜와 지식의 모든 보화가 감춰어 있느니라"(*ἐν ᾧ εἰσιν πάντες οἱ θησαυροὶ τῆς σοφίας καὶ γνώσεως ἀπόκρυφοι* – 엔 호 에이신 판테스 호이 데사우로이 테스 소피아스 카이 그노세오스 아포크뤼포이). 독자들이 보다 충분히 알아야 할 분은 그 안에 모든 지혜와 지식의 보화가 쌓여 있는 그리스도이시다(엔호〈*ἐν ᾧ*, "그것 안에"〉 즉 관계대명사로부터 보다 멀리 떨어져 있고, 그래서 본문상의 근거로 선행사로서는 타당성이 없는 "비밀 안에"보다는 "그분 안에"가 더 낫다). 한 개의 정관사(*τῆς* – 테스) 아래 연결되어 있는 "지혜"(*σοφία* – 소피아)와 "지식"(*γνῶσις* – 그노시스)은 유대인의 다른 문서에서도 그러하듯 실질적으로 단일 본질이다(LXX 집회 1:16-18; 2:26; 7:13; 9:10; 참조. 1QS 4:3, 22; 1QH 1:18, 19; CD 2:3). 의미심장하게도 이 두 단어는 로마서 11:33에서 연결되어 있고, 또다시 인류를 위한 광대하신 하나님의 주권적 목적이 유대인과 이방인들에게 똑같이 무조건적인 은혜로 부여되었다는 그러한 방식으로 인하여 바울이 하나님을 찬양할 때 부요의 개념과 함께 서로 결합되었다: "깊도다 하나님의 지혜와 지식의 부요함이여."

"보화"(*θησαυρός* – 데사우로스)란 단어는 LXX에서 물질적인 부요에 대해서 뿐만 아니라(수 6:19, 24; 잠 10:2 등) 영적인 선물들에 대해서도 사용되었는데, 예를 들어 이사야 33:6에서는 지혜와 하나님 경외가 "보화"로 불렸다(Hauck, *TDNT* 3, 137). 바울은 여기서 좀더 독특하게 이 모든(판테스〈*πάντες*〉는 모든 예외를 배제한다) 존재하는(*εἰσιν*) 지혜와 지식의 보화들이 감추어져 있다(아포크뤼포이〈*ἀπόκρυφοι*〉는 그 존재의 방법을 암시한다; Lohmeyer, 94; Lohse, 82)는 사실을 단언하고 있다. 언뜻 보기에 이러한 진술은 이전에 감추어진(*ἀποκεκρυμμένον* – 아포케크뤼메논) 비밀이 이제는(*νῦν σέ* – 뉜 데) 사건의 극적인 전환으로 하나님에 의하여 드러났다는 사실을 말하고 있는 1:26로 거슬러 올라가는 것처럼 보인다. 어쨌든 보화들은 완료수동형 분사 아포케크뤼메논(*ἀποκεκρυμμένον*)의 의미인 그것들이 "감추어져" 있다는 의미에서 "감추어진"(*ἀπόκρυφοι* – 아포크뤼포이) 것이 아니라, 그것들이 그리스도 안에 "맡겨진" 혹은 "보관되어 있는" 상태로 존재하고 있다(*εἰσιν* – 에이신)는 의미에서 감추어진 것이다(참조. Zeilinger, *Der Erstgeborene*, 111). 그분을 떠나서 다른 어떤 지식의 원천을 찾는다는 것은 쓸모 없는 계획이다.

로제(Lohse, 82)에 의하면 유대인 묵시문학은 때때로 남녀 인간들로 하여금 올바른 지식을 추구하도록 도전하기 위하여 감추어진 보화 이미지를 사용했다(참조.

에녹1서 46:3). 여기서 바울은 독자들에게 지혜와 지식의 보화들이 발견되는 유일한 장소인 그리스도를 바라보도록 격려하고 있다.

1:15-20의 찬양 가운데서 구약성경과 유대 사상에서 의인화된 지혜에 대해 서술된 활동들을 그리스도에게로 돌리면서 그리스도께서 하나님의 지혜와 동일시되었었다. 여기서 지혜와 지식에 대해 하나님께서 감추어 두신 모든 것이 그분 안에 감추어져 있다고 진술함으로써, 바울은 지극히 인상적인 방법으로 또다시 "그리스도께서 그리스도인 모두에게 지혜 문서에 따라 하나님의 지혜가 되셨고 그 이상이 되셨다고 말하고 있다"(Moule, 86). 그분이 이러한 승귀된 위치를 차지하고 있음으로 인하여, 리쿠스 계곡의 이 기독교인들로 하여금 통찰력, 이해력, 지혜와 지식에 대해 하나님이 간수해 두신 모든 것으로 인하여 하나님에게로 돌이키도록 격려할 충분한 이유가 있는 것이다.

"지혜와 지식의 보화"라는 표현은 바울 서신 가운데서 통상적인 표현 방식이 아니고 그 정확한 문구가 구약성경에 나타나지 않으므로 이것은 골로새에 있었던 대적자들 편에서 그 용어를 빌려왔을 수도 있다고 몇몇 사람들에 의하여 주장되어 왔다. 보다 특별한 3절은 가끔 반대파의 영지주의적 성격을 지지하는 것으로 이해되기도 한다. 예를 들어, 라이트푸트는 바울이 "감추어진"(*ἀπόκρυφοι* – 아포크뤼포이)이라는 단어를 채용하며 또다시 "자기가 영지주의자들이 좋아하는 교리를 반박할 수 있는 유일한 주제인 영지주의 교사들의 인기 있는 단어"를 채용하고 있다는 주장을 하면서 이러한 입장을 취했다(Lightfoot, 172). 바울의 복음 선포 배후에 놓여 있는 "본질적 사상"은 유대교로부터 유래했다는 사실이 그의 논문의 기본 주제였던 데이비스(Davies)는, 그럼에도 불구하고 사도가 "영지주의의 특이한 관습에 곁눈질함으로써" 3절의 진리를 주장하고 있다고 주장하며(*Paul*, 173), 반면에 호크(Hauck)는 "골로새서 2:3에 선택된 표현이…당시 영지주의의 용어에 의해서 영향을 받았다는 사실은 불가능하지 않다"고 주장한다(Hauck, *TDNT* 3, 138; 또한 참조. Bradley, *StBibT* 2[1972] 22). 그러나 호크가 생각한 영지주의 문서와 동일한 것으로 간주된 구절은 지혜와 지식의 보화가 아닌 "빛의 보화"를 말한다. 그러므로 여기에 사용된 표현의 영지주의적 성격을 지지할 만한 직접적인 증거는 거의 없다(참조. Bandstra, *Dimensions*, 340, 341).

다른 사람들은 바울 사상의 보다 타당한 원천으로서 구약성경과 유대인의 문화적 환경에 호소한다. 그래서 마틴(Martin, *NCB*, 76)은 용어들과 주제들 전체가 "잠언 2:3 이하에 있는 지혜의 모습에서 빌려왔다는 사실을 시사한다"고 주장한다(참조. 집회 1:25; 사 45:3 LXX). 바울은 부분적으로 유대인의 자료에 호소하고 있는데, 그 이유는 유대인 편에 있는 골로새의 거짓 교사들(이것은 유대인과 이방인의 요소의 융합이었다)이 예수 그리스도께서 유일한 중보자요 많은 사람들 가운데서 한 계시의 원천이라고 주장하고 있었기 때문이다.

뒤퐁(J. Dupont, *Gnosis. La connaissance religieuse dans les épîtres de saint Paul*[Paris: Gabalda, 1949] 16-18)은 이전에 율법에 관해서 유대주의에서 사용한 단어들이 여기에 출현한다는 사실에 주의를 집중했다(사 33:5, 6; 참조. 바룩 3:15-4:1; 집회 24:23; 바룩의 묵시2서 44:14; 54:13). 유대인들은 율법 가운데 자기들이 지혜(*σοφία* - 소피아)의 모든 보화를 소유했다는 확신을 가졌고, 여기에 유대주의의 요소가 도입된 것으로 보이는 지식(*γνῶσις* - 그노시스) 사상이 덧붙여졌다. 뒤퐁(Montague, *Growth in Christ*, 84, 85에서 그를 따른다)에 따르면, 이 두 표현을 결합시켜서 율법 대신 그리스도로 대치하고, 기독교인이 추구해야 하는 유일한 "지식"(*ἐπίγνωσις* - 에피그노시스)은 그리스도의 비밀 가운데서 발견되어야 한다고 말하고 있다는 것이다. 분명한 것은, 뒤퐁의 재구성에 관하여 골로새에 있는 거짓 교사들의 유대적 요소들은 사도의 즉각적인 불을 당기는 것들이기는 하다는 것이다.

밴드스트라(Bandstra, 339-43)는 바룩의 제2묵시록(특히 "지혜의 보화"가 나타나는 44:14; 54:13)에 바울의 3절의 용어와 아주 유사한 단어들이 있다는 사실이 골로새에 있었던 대적의 근본적인 유대적 성격에 대한 부가적 증거를 제공한다고 주장함으로써 논의를 더욱 진척시켜 나갔다. "새로운 세계", "오는 세계", "약속된 시대" 등에 대해 언급하고 있는 분명히 종말론적인 앞의 구절에서, 바룩은 장로들이 율법에 충실하도록 하기 위하여 이스라엘 백성들에게 준 바룩의 충고와 교훈을 따른다면 약속된 시대의 기업을 물려받을 사람들을 위하여 지정된 지혜와 깨달음이라는 보화의 소유를 얻을 수 있을 것이라고 말한다. 그러나 바울은 지혜와 지식의 보화가 발견되는 장소는 오직 그리스도 안에서뿐이라고 확언하고 있다. 밴드스트라는 금욕적 신비 문서가 2:18에 반영된 반대파를 이해하는 데 가장 유익한 배경을 제공하고 있는데, 그 배경은 2:2, 3과 가장 유사한 평행절들을 제공한다는 프란시스의 주장(Francis, *Conflict*, 163-95)에 찬성한다. 근본적으로 외부로부터 오는 위협인 골로새에 있는 대적은 "하나님의 비밀에 대한 지식이 신적인 중보자 외의 한 사람에게서 왔다는 사실을 확언했던 유대인 신비 금욕주의의 한 비밀 집회로부터"(343) 나왔을 수도 있다. 그리스도는 하나님의 종말론적 그리고 우주적 비밀들을 알기 위하여 현실적으로는 필요하지 않았다.

4 이제 처음으로 바울은 명확하게 교회가 직면하고 있는 위험을 지적하고 있다(Schweizer, 95; Martin, *NCB*, 76).

"내가 이것을 말함은"(*τοῦτο λέγω* – 투토 레고). 이 문구는 다음과 같이 취급되어 왔다. (1) 각기 뒤따라오는 내용을 가리킨다는 것. 따라서 이 진술은 바울이 대적을 직접적으로 대적하기 시작하는 새로운 단락을 시작하는 것으로 간주될 수 있다. 그래서 모울(Moule, 88)은 히나(*ἵνα*)를 명령법적 의미로 이해하여 "내가 의미하는 바는 이것이다. 즉 아무도…하지 못하게 하라"로 해석한다. 이 문구를 새로운 단락을 시작하는 파라칼레오(*παρακαλέω*)-문장과 동일한 것으로 간주하는 Bruce, 224와 Bjjerkelund, *Parakalô*, 182, 183를 참조하라.

그러나 이 문구는 다음과 같은 두 번째 방법으로 이해하는 것이 더 바람직하다. (2) 각기 바로 앞의 내용을 가리키는 것으로 이해하는 것인데, 그 이유는 다음과 같다. (a) 소위 "내가 이것을 말함은"(*τοῦτο λέγω* – 투토 레고)에 대한 예상 용법과 동일하다는 것이다. 말하자면, 갈라디아서 3:17과 고린도전서 1:12은 히나(*ἵνα*)-문장을 담고 있지 않다는 것이다. (b) "내가 이것을 말함은(*τοῦτο γέγω* – 투토 레고)"에 뒤따라오는 명령법적 히나(*ἵνα*)에 대한 신약성경의 선례가 없다는 것이며, 반면에 요한복음 5:34은 과거로 소급하는 해석을 격려한다는 것이다. "다만 이 말을 하는 것은(*ταῦτα ηέγω ἵνα* – 타우타 레고 히나) 너희로 구원을 얻게 하려 함이니라." (c) 2:5에 있는 가르(*γἄρ*, "이는")는 첫 번째 견해를 정당화하는 것을 더욱 어렵게 하는데(Moule, 88에서 바르게 인정하는 바와 같이), 그 이유는 여기에 나오는 바울의 말 즉 육신으로는 떠나 있으나 심령으로는 너희와 함께 있다는 것이 1절의 사상을 취급하고 있어서 1-5절을 함께 묶어 주고 있기 때문이다(Bandstra의 세심한 설명, *Dimensions*, 340를 보라). 그러므로 번역은 다음과 같다. "아무도…하지 못하도록 하기 위하여 내가 이것을 말하노라."

"(아무도) 공교한 말로 너희를 속이지 못하게 하려 함이니"(*παραλογιζηται ἐν πιθανολογίᾳ* – 파랄로기제타이 엔 피다놀로기아). "속이다", "현혹시키다"를 의미하는(BAG, 620) 이 동사는 신약성경에서 이 곳과 야고보서 1:22에서만 사용되었는데, 야고보서에서는 말씀을 듣기만 하고 행하지 않는 자들이 스스로 속이는 일을 한다고 언급하고 있다(이 단어는 LXX과 후기 헬라어 글들 가운데 나타난다. 참조. BAG, 620과 MM, 487). 이러한 속임은 "그럴듯한(그러나 거짓된) 논법에 의하여" 수행되었다(BAG, 657). 피다놀로기아(*πιθανολογία*)는 "설득력 있는 연설", "설득의 기술"을 의미하며(Plato가 그렇게 말함), 여기서는 이것이 부정적인 의미로 사용되고 있다.

바울은 이러한 것들(1-3절, 특히 3절)을 골로새 공동체로 하여금 거짓된 교사들의 속이는 연설에 주의하지 말 것을 경고하기 위하여 말했다(Hooker, *Christ*, 317에서는 이에 반대하여 골로새인들이 그러한 임박한 위험에 처해 있었다는 것에 대해서 동의하지 않는다). 그들의 행실과 태도는 복음 전파가 "지혜의 권하는 말로 하지 아니하고 다만 성령의 나타남과 능력으로" 하는 참 복음 전도자와는 판이하게 다르다(고전 2:4; 참조. Lohmeyer, 95).

5 "이는 내가 육신으로는 떠나 있으나"(*εἰ γὰρ καὶ τῇ σαρκὶ ἄπειμι* – 에이 가르 카이 테 사르키 아페이미). 바울은 비록(에이 카이〈*εἰ καὶ*〉 결합어가 여기서 양보의 의미를 가지고 있다, Thrall, *Particles*, 79를 보라) 골로새 공동체에서 떠나 있으나 그들이 직면해 있는 위험이 실질적인 것이라는 사실을 잘 알고 있다. 그것이 곧 그가 그들을 경고하려고 애쓰는 이유다(가르〈*γὰρ*〉는 앞의 내용과 연결시키고 있으며, 그러한 말을 하는 근거를 제공한다: 4절을 보라. 그리고 Dibelius-Greeven, 26를 보라). 만일 그가 골로새에 있었다면, 그는 직접 이러한 위협적 상황을 다루었을 것이다. 그러나 그의 투옥이 육신으로 거기에 가지 못하게 하고 있다(여기서 사르크스〈*σάρξ*, "육체"〉의 의미는 소마〈*σῶμα*, "몸"〉와 같으며 육체로 존재하는 것을 의미한다: Meyer, 346, Schweizer, *TDNT* 7, 136, 그리고 대부분의 다른 사람들이 그렇게 말함; Moule, *Idiom Book*, 46에서는 이 여격을 부사 "신체적으로"로 번역한다.

"심령으로는 너희와 함께 있어"(*ἀλλὰ τῷ πνεύματι σὺν ὑμῖν εἰμι* – 알라 토 프뉴마티 쉰 휘민 에이미). 비록 그가 몸으로는 떠나 있으나(참조. 고전 4:15; 9:2; 고후 4:16; 롬 6:5 등; BDF, 항목 448[5]; "몸으로는 떠나 있으나 영으로는 함께 있다"는 문구의 상투적인 형태의 특성에 관해서는 G. Karlson, "Formelhaftes in den Paulusbriefen," *Eranos* 54[1956] 138-41를 보라. 고대 서간 문서에 있는 더 자세한 실례는 Lohse, 83에 인용되어 있음) 그는 영으로 그들과 함께 있다. 멀리 있으면서도 자신의 동료 신자들과 함께 있다는 바울의 영적 현존 의식은 아주 강력하고도 생생하다. 가장 분명하고도 두드러진 실례가 고린도전서 5:3-5에 기록되어 있는데, 거기서 그는 자신이 에베소에 있는 동안 고린도 회중 가운데 징계 행위의 일부분을 감당하기 위하여 영으로 함께 있는(*παρὼν δὲ τῷ πνεύματι* – 파론 데 토 프뉴마티) 것으로 말하고 있다. 이 경우 그의 현존은 그가 잘 알고 있었다는 것을 회중에게 보증해 주었다. 여기서 그는 자신이 이전에 전혀 방문한 적이 없는 교회에 같은 확신을 주고 있으며, 반면에 그의 현존은 "훨씬 더 복된 목적"을 위한 것이었다(Bruce, 225).

그러나 바울이 어떻게 자기의 영이 골로새 교인들 혹은 고린도 교인들과 함께 있는 것으로 상상할 수 있었을까? 고린도 교회의 상황을 고려해 보면(고전 5:3-5) "영으로"(*τῷ πνεύματι* – 토 프뉴마티)란 표현은 그것이 사실이었든 어떻든 간에 자기의 생각과 기도 가운데 그들이 그와 함께 있었다는 사실 이상의 어떤 것을 암시한다. 바울은 그들이 자기와 함께 있는 것이 아니라 자기가 그들과 함께 있다고 말하고 있다. 고린도전서 5:4에서 분명히 그것은 단순히 그가 그들의 판결에 동의한다는 것이 아닌 실질적인 현존인데, 그 이유는 그가 "너희가 내 영과 함께 모여서"라고 기록하고 있기 때문이다. 그는 분명히 자기 육신이 서 있는 곳으로부터 멀리 떨어져 있는 장소에 자기 영의 현존을 생각했다. 오토(Otto)가 다음과 같이 말한 것은 옳을 수도 있다. "실제로 주저함이 없이 그는 자신이 영적으로 먼 곳까지 활동하는 능력을 가지고 있었다고 믿었다"(J. D. G. Dunn, *Jesus and the Spirit. A Study of the Religious and Charismatic Experience of Jesus and the First Christians as Reflected in the New Testament*[Philadelphia: Westminster, 1975] 73에서 이를 인용함). 그러나 이것은 우리에게 많은 것을 말해 주지 않으며, 반면에 던(Dunn)이 그것은 은사적 인격의 능력으로 인한 것이었다고 한 암시는 지나치게 협소하게 취급한 것이다. 베스트(Best, *Body*, 59)의 제안이 핵심에 더 가까운 것으로 보인다. 고린도에 있는 그 구절을 해석하면서 그는 바울이 그리스도와 함께 살아가고 있었으므로 고린도 교인들과도 함께 하고 있었다고 확고하게 말한다. 베스트가 그리스도 개념을 진지하게 포괄적인 혹은 연합된 인격으로 취급하고 있으므로, 그는 그 일부분이 활동할 때마다 전체 인격체가 함께 있는 것으로 생각하고 있다. 바울의 영(*πνεῦμα* – 프뉴마)이 그에게 특별히 주어진 것으로서 그의 권위를 나타내고 또한 그의 신체의 현존을 넘어서 영향력을 발휘하게 하는 하나님의 성령의 은사로 간주되어야 하는 이유에서가 아니라(Schweizer, *TDNT* 6, 436), 하나님의 성령이 자기와 골로새 교인들을 그리스도에게로 연합시켰기 때문에 그가 참으로 골로새와 고린도에 있는 것이다. 그들 양자가 모두 그리스도와 함께 살아가고 있기 때문에 그는 영으로 그들과 함께 있는 것이다.

"너희의 규모와 그리스도를 믿는 너희 믿음의 굳은 것을 기쁘게 봄이라"(*χαίρων καὶ βλέπων*…-카이론 카이 블레폰…). 이 문장은 골로새 공동체가 어떻게 지내고 있었는지를 요약하는 방식으로 말하고 있는데, 이러한 묘사는 긍정적인 것이다. 두 개의 분사 카이론(*χαίρων*)과 블레폰(*βλέπων*)은 함께 취급하여 "보기를 기뻐하는"으로 번역하는 것이 가장 좋다(Bengel 2, 459, Robertson, *Grammar*, 426, 427, BDF, 항목 471[5] 등, 이에 반대하여 Meyer, 347에서는 카이론⟨*χαίρων*⟩이 바울이 영적으로 그들과 함께 있다는 사실에 대한 바울의 기쁨을 가리키고, 반면에 블레폰⟨*βλέπων*⟩은 감지된 내용을 암시함으로써 생각을 덧붙이고 있다고 생각한다). 분명히 바울이 육신으로 떠나 있기 때문에 블레포(*βλέπω*)는 "감지하다", "알아채다"를 의미하는 상징적 의미로 사용된다(참조. 롬 7:23; 고후 7:8; 히 2:9; 10:25).

교회의 상황에 대한 이 긍정적인 묘사 가운데 두 개의 흥미 있는 단어들이 사용되었다. 즉 탁시스(*τάζις*, "규모, 질서")와 스테레오마(*στερέωμα*, "견고함", "확고부동")인데, 이 두 난어는 모두 군대 용어로서 전자는 군사들이 점령한 곳을 나타내며(참조. Xenophon, *Anabasis* 1.2.18; 쿰란 공동체는 이것을 진영으로 불렀고, 그 질서가 어떤 희생을 치르더라도 유지되어야 했다: 1QS 10:25; 참조. 4:4; 1QM 3:1, 여기서 탁시스⟨*τάξις*⟩와 동일한 히브리어가 사용되었다; 참조. Bertram, *TDNT* 7, 614), 후자는 보루 혹은 요새를 나타낸다(마카비1서 9:14; 참조. Bertram, *TDNT* 7, 609-14). 그래서 몇몇 사람은 이 문맥 가운데 군대 은유가 들어 있다고 밀어붙였다. 로마여(Lohmeyer, 95)는 "사도가 야전 사령관으로서 자기 군대 앞에 서서 한 번 더 전쟁을 위하여 전열을 가다듬으면서 그들과 함께 있다"고 말했고, 반면에 마틴(Martin, *NCB*, 76, 77)은 바울의 이 말을 바울이 침입해 들어오는 적군으로부터 잘못된 흑색선전을 하지 못하게 군사들을 가로막고 굳게 서도록 하기 위하여 그들의 확고부동한 목적을 승인했다는 사실을 의미하는 것으로 해석한다(참조. Moule, 89).

다양한 문맥 가운데서 이 두 단어의 다양한 출현을 검토해 보면(고전 헬라어 기록자들, LXX, 파피리, 교부들의 자료) 탁시스(*τάξις*, "규모, 질서")와 스테레오마(*στερέωμα*, "견고함", "확고부동")는 고대로부터 반드시 군대의 의미를 가지고 있지는 않았고 다만 그것들 각각의 상황으로부터 나온 추측임이 드러난다(Abbott, 243; 참조. Dibelius-Greeven, 26; BAG, MM, Hatch and Redpath, 그리고 Lampe의 사전들은 군대 의미가 없는 다양한 경우들에게 주의를 집중했다). 더 나아가서 여기 문맥은 전쟁을 치르기 위한 군대의 배치를 시사하지 않는다. 이 두 개념은 보다 일반적인 의미로 사용되었기 때문에 탁시스(*τάξις*)는 이전에 분파적 분열에 의하여 흩트려지지 않았고 지도자들에 의하여 저버림을 당하지도 않은 잘 정돈된 기독교 공동체의 행위를 나타내며(참조. 고전 14:40), 반면에 스테레오마(στερέωμα)는 그리스도에 대한 그들의 신앙(τῆς είς Χριστὸν πίστεως ὑμῶν – 테스 에이스 크리스톤 피스테오스 휘몬; 참조. 행 16:5; 벧전 5:9)의 "견고함" 혹은 연대 의식을 묘사한다. 역동적인 성격을 갖고 있었던 이 믿음(참조. Bultmann, *TDNT* 6, 212에서는 피스티스〈πίστις〉가 자주 믿음이라는 단순한 사실이 아닌 믿음의 생명력있고 역동적인 면을 나타낼 수 있다고 지적하는데, 예를 들어 고후 10:15; 빌 1:25)은 그것이 그리스도에게만(εἰς Χριστόν – 에이스 크리스톤) 향해 있기 때문에, 또한 그들이 그 어떤 유혹도 이겨낼 수 있도록 그분을 굳게 붙잡고 있는 한 견고하게 세워져 있다. 골로새에 있는 믿음의 공동체에 대해서 에바브라를 통하여 이러한 모습을 소개 받았을 때 그는 당연히 기뻐할(χαίρων – 카이론) 수 있었다.

회중에게 붙여진 이러한 칭찬은 그 회중이 비록 거짓 교사들(이들은 W. Foerster, "Die Irrlehrer des Kolosserbriefes," *Studia Biblica et Semitica*. Prof. Th. C. Vriezen dedicata[Wageningen: Veenman and Zonen, 1966] 72, 73, 그리고 Lähnemann, *Kolosserbrief*, 43에서 지적하는 바와 같이 외적으로 위협하는 세력만은 아니었다)에 의하여 혼란을 겪기는 했으나, 교회는 여전히 근본적으로 그 안에 사도적 메시지를 보유하면서 그리고 그 안에 지속하면서 믿음에 건전하게 서 있었다는 것이다. 이단은 다른 사람들을 혼란에 빠뜨리려고 위협하고 있는 일단의 기독교인에게 침입해 들어왔을 수 있을지라도 실질적인 성공을 거두지는 못했다(참조. 2:4, 8, 20). 그들이 그 중심부에 주님이신 그리스도께서 계시는 사도의 복음에 붙어 있다는 근거에서 사도는 이제 유혹적으로 나타나 있었던 이단을 공격할 수 있다.

해설

자신이 복음의 종이라고 진술하고 나서(23절) 바울은 자신의 고난과 하나님이 주신 임무의 관계를 묘사한다(24, 25절). 그는 골로새인들을 위한 고난을 기뻐하고 있는데, 그 이유는 그들이 그리스도의 고난의 일부분, 곧 마지막 시대에 예고되는 메시아적 고난이기 때문이다. 그가 흡수해들인 고난이 – 그가 복음을 전파하는 사도적 임무에 종사했을 때 – 더할수록 동료 그리스도인들이 견디어야 할 고난은 줄어들 것이다. 그는 지금 이 메시아적 고난의 충분한 몫의 남은 것을 채우고 있었다.

이제 그리스도께서는 하늘에 올리어 가셨을지라도 바울 자신 안에서 뿐만 아니라 자신의 구성원들 안에서 계속하여 고난을 당하고 계신다. 바울은 회심하기 전에 유대에 있는 그분의 제자들 안에 계시는 그리스도를 고통받도록 하는 데 적극적이었다(참조. 그에게 주신 그리스도의 말씀: "사울아 사울아 네가 어찌하여 나를 핍박하느냐?", 행 9:4). 그러나 이제부터 그는 그리스도를 위하여 고난을 받을 것이었고(행 9:6) 혹은 그분의 몸인 교회를 위하여 고난을 받을 것이었다.

바울의 사역, 곧 하나님의 복음의 계획과 일치하여 그에게 주어진 사명은 전 세계에 하나님의 말씀을 역동적으로 그리고 효과적으로 전파하는 것이었다. 메시지 그 자체는 다른 것이 아닌 하나님의 비밀이었는데(이전에는 감추어져 있었으나 이제는 드러난), 여기서 하나님의 부요가 놀라운 방법으로 아낌없이 나타났으므로 그 메시지는 진정으로 영광스러운 것이었다. 그 복음이 특별히 이방인들에 대해서 언급했으므로 그것은 하나님께서 자비롭게도 이방인들 가운데 알리기로 목적하신 메시지였다. 그리고 그것은 골로새 교인들 가운데 거하신 한 분 그리스도에게 초점을 맞추고 있었다.

바울은 그리스도를 주님으로 선포하면서 열정적으로 일했다. 그는 조직적이고도 강력한 가르침과 권고를 통하여 이 일을 했다. 그의 목회적, 사도적 임무는 남자와 여자들의 회심으로 끝나지 않았다. 이 회심은 시작일 뿐이었고, 그 끝은 그의 사역의 질이 입증될 그리스도의 날에 가서야 이를 것이다. 따라서 그는 하나님께서 그를 통하여 힘있게 역사하심에 따라 복음을 위하여 힘을 다했고, 그는 자신의 목표를 모든 사람이 마지막 날에 그리스도 안에서 완전한 자로 나타나는 것으로 정했다.

일반적으로 복음을 위한 바울의 투쟁의 실상은 골로새 교인들과 리쿠스 계곡의 다른 신자들과 관련되어 있었다. 그는 그들의 삶이 강화되기를 바랐고, 이 일은 그들이 하나님의 비밀이 나타난 그리스도, 그 안에서 모든 지혜의 보화를 얻을 수 있는 그리스도에 대한 보다 깊은 이해에 도달할 때 일어날 것이다.

이제 처음으로(2:4) 바울은 분명하게 교회가 직면하고 있는 위험을 언급한다. 그는 골로새 공동체에 거짓 교사들의 설득력이 있지만 속이는 연설에 넘어가지 않도록 경고한다. 그는 육신으로는 그들에게서 떠나 있으나 영으로는 함께 있으며, 따라서 그는 자신이 들은 좋은 소식들을 가지고 그들을 격려하기를 원하고 있다. 그는 그들이 규모 있게 기독교인의 생활을 하고 있고 그리스도 안에서 그들의 믿음이 견고한 것을 듣고 기뻐하고 있다.

7. 오류에 대한 교정: 충만이신 그리스도(2:6-15)

참고문헌

Bacchiocchi, S. *From Sabbath to Sunday. A Historical Investigation of the Rise of Sunday Observance in Early Christianity.* Rome: Pontifical Gregorian University, 1977, 339-62. **Bandstra, A. J.** *The Law and the Elements of the World. An Exegetical Study in Aspects of Paul's Teaching.* Kampen: Kok, 1964. American edition, Grand Rapids, MI: Eerdmans, n.d. **Beasley-Murray, G. R.** *Baptism in the New Testament.* London: Macmillan, 1962. ______. "The Second Chapter of Colossians." *RevExp* 70 (1973) 469-79. **Benoit, P.** "Corps, téte et plérôme dans les épîtres de la captivité." *RB* 63(1956) 5-44. **Blanchette, O. A.** "Does the of *Cheirographon* of Col 2:14 Represent Christ Himself?" *CBQ* 23(1961) 306-12. **Blinzler, J.** "Lexikalisches zu dem Terminus *τὰ στοιχεῖα τοῦ κόσμου* bei Paulus." *Studiorum Paulinorum Congressus Internationalis Catholicus.* 2 vols. Rome: Pontifical Biblical Institute, 1963.2.429-43. **Bornkamm, G.** *Conflict,* 123-45. ______. "Baptism and New Life in Paul. Romans 6." *Early Christian Experience.* Tr P. L. Hammer. London: SCM, 1969, 71-86. American edition, New York: Harper and Row, 1969. **Bruce, F. F.** *Tradition Old and New.* Exeter: Paternoster, 1970. American edition, Grand Rapids, MI: Zondervan, 1970. **Carl, W.** "Two Notes on Colossians." *JTS* 24(1973) 492-500. **Cullmann, O.** "The Tradition." *The Early Church,* ed. A. J. B. Higgins. London: SCM, 1956, 59-99. **Ernst, J.** *Pleroma.* **Halter, H.** *Taufe und Ethos. Paulinische Kriterien für das Proprium christliche Moral.* Freiburg: Herder, 1977. **Hanson, A. T.** *Studies in Paul's Technique and Theology.* London: SPCK, 1974. **Lohse, E.** "Ein hymnisches Bekenntnis in Kolosser 2, 13c-15." *Mélanges Bibliques en hommage au R. P. Béda Rigaux,* ed. A. Descamps and A. de Halleux. Gembloux: Duculot, 1970, 427-35. Reprinted in *Einheit,* 276-84. **Martin, R. P.** "Reconciliation and Forgiveness in Colossians." *Reconciliation and Hope. New Testament Essays on Atonement and Eschatology presented to L. L. Morris on his 60th Birthday,* ed. R. Banks. Exeter: Paternoster, 1974, 104-124. American edition, Grand Rapids, MI: Eerdmans. 1974. **Moule, C. F. D.** *Origin.* **Schille, G.** *Frühchristliche Hymnen.* 2nd. ed. Berlin: Evangelische Verlagsanstalt,

1965. **Schnackenburg, R.** *Baptism in the Thought of St. Paul. A Study in Pauline Theology.* Tr G. R. Beasley-Murray. New York: Herder, 1964. **Schweizer, E.** "Christianity of the Circumcised and Judaism of the Uncircumcised. The Background of Matthew and Colossians." *Jews, Greeks and Christians. Religious Cultures in Late Antiquity. Essays in Honor of William David Davies*, ed. R. Hamerton-Kelly and R. Scroggs. Leiden: Brill, 1976, 245-60. ______. "Die 'Elemente der Welt.' Gal 4, 3.9; Kol 2, 8.20." *Verborum Veritas. Festschrift für Gastav Stählin zum 70. Geburtstag*, ed. O. Bocher and K. Haacker. Wuppertal: Brockhaus, 1970, 245-59. Reprinted in *Beiträge*, 147-63. **Seeberg, A.** *Der Katechismus der Urchristenheit.* Leipzig: A. Deichertschen, 1903. Reprinted as TBü 26. Munich: Kaiser, 1966. **Tannehill, R. C.** *Dying.* **Wegenast, K.** *Das Verständnis der Tradition bei Paulus und in den Deuteropaulinen.* WMANT 8. Neukirchen-Vluyn: Neukirchener, 1962. **Weiss, H.** *CBQ* 34(1972) 294-314. **Wengst, K.** *Formeln.* **Williamson Jr., L.** "Led in Triumph. Paul's Use of Thriambeuō." *Int* 22(1968) 317-32.

본 문

6 그러므로 너희가 그리스도 예수를 주로 받았으니 그 안에서 행하되	**6** So then, just as you received Christ Jesus as Lord, continue to live in him,
7 그 안에 뿌리를 박으며 세움을 입어 교훈을 받은 대로 믿음에 굳게 서서 감사함을 넘치게 하라	**7** rooted and built up in him, established in the faith as you were taught, and overflowing with thanksgiving.[a]
8 누가 철학과 헛된 속임수로 너희를 노략할까 주의하라 이것이 사람의 유전과 세상의 초등학문을 좇음이요 그리스도를 좇음이 아니니라	**8** See to it that no one takes you captive by means of a hollow, deceptive philosophy, which depends on mere human tradition, derived from the elemental powers of the world and not from Christ.
9 그 안에는 신성의 모든 충만이 육체로 거하시고	**9** For in him the whole fullness of deity dwells in bodily form,
10 너희도 그 안에서 충만하여졌으니 그는 모든 정사와 권세의 머리시라	**10** and you have been filled in him who is the head over every power and authority.
11 또 그 안에서 너희가 손으로 하지 아니한 할례를 받았으니 곧 육적 몸을 벗는 것이요 그리스도의 할례니라	**11** In him you were also circumcised with a circumcision not made with hands, in the putting off the body of flesh, by the circumcision of Christ.
12 너희가 세례로 그리스도와 함께 장사한 바 되고 또 죽은 자들 가운데서 그를 일으키신 하나님	**12** You were buried with him in baptism; in him you were also raised with him through faith

의 역사를 믿음으로 말미암아 그 안에서 함께 일
으키심을 받았느니라
13 또 너희의 범죄와 육체의 무할례로 죽었던 너
희를 하나님이 그와 함께 살리시고 우리에게 모
든 죄를 사하시고
14 우리를 거스리고 우리를 대적하는 의문에 쓴
증서를 도말하시고 제하여 버리사 십자가에 못
박으시고
15 정사와 권세를 벗어버려 밝히 드러내시고 십
자가로 승리하셨느니라

in the power of God who raised him from the
dead.
13 When you were dead in your sins and in the
uncircumcision of your sinful nature, God made
you alive with Christ. He forgave us all our
trespasses,
14 having canceled the IOU which, because of
the regulations, was against us and stood opposed
to us; he took it away, nailing it to the cross.
15 Having stripped the principalities and powers
of their authority and dignity God exposed their
utter helplessness for all to see, leading them in
his triumphal procession in Christ.

원문 주해

엔 아우테 엔 유카리스티아(*ἐν αὐτῇ ἐν εὐχαριστιᾳ*)란 독법이 강력한 필사본[B D[c] H K *Byz Lect*, 몇몇 역본들 등]의 지지를 받고 있기는 하지만, 그것은 서기관의 4:2에 동화된 것으로 보이며, 반면에 대안적 독법 엔 아우토(*ἐν αὐτῷ*)는 앞의 문구 엔 아우토 엔 유카리스티아(*ἐν αὐτῷ ἐν εὐχαριστίᾳ*)가 원 독법으로 보이기 때문에 후대의 수정인 것으로 보인다. 참조. Metzger, *Textual Commentary*, 622.

양식/구조/배경

사도는 자신의 대화를 거짓 교사들의 "철학"(*φιλοσοφία* – 필로소피아)으로 시작하면서 편지를 받는 자들에게 계속하여 그들이 받은 가르침 안에 거하고 그들의 믿음 안에서 요동치 말라고 권면한다(2:6, 7). 앞의 내용 중 많은 부분을 요약하고(Lähnemann, *Kolosserbrief*, 49) 뒤따라오는 골로새 이단에 대한 공격의 기초를 놓은 이 두 구절은 한 개의 서론적 종속절(6a절, *ὡς οὖν παρελάβετε τὸν Χριστὸν Ἰησοῦν τὸν κύριον* – 호스 운 파렐라베테 톤 크리스톤 예순 톤 퀴리온, "그러므로 너희가 그리스도 예수를 주로 받았으니")을 포함하고 있으며, 한 개의 명령형과 카이(*καὶ*, "그리고")로 결합된 세 개의 분사적 표현(6b, 7절), 하나의 괄호와 하나의 결론적인 분사적 표현으로 구성되어 있는 보다 긴 주절(6b, 7절)을 포함하고 있다(Zeilinger, *Der Erstgeborene*, 50; 참조. 6-15절의 문학적 구조와 관련해서는 Buhard, *Untersuchungen*, 74-76, 80-86를 보라).

6b ἐν αὐτῷ περιπατεῖτε
7a ἐρριζωμένοι
b καὶ ἐποικοδομούμενοι ἐν αὐτῷ
c καὶ βεβαιούμενοι τῇ πίστει
d –καθὼς ἐδιδάχθητε –
e περισσεύοντες ἐ εὐχαριστίᾳ

("그 안에서 행하되
뿌리를 박으며
그 안에 세움을 입어
믿음에 굳게 서서
– 교훈을 받은 대로 –
감사함을 넘치게 하라")

8절에서 공동체는 분명하고도 뚜렷한 결정을 요구하는 다양한 첫 번째 경고에 직면한다. "주의하라"(βλέπετε – 블레페테)는 명령 다음에 실제로 하나의 금지 문장이 뒤따라오고, 또한 동의대구법으로 되어 있는 두 개의 전치사구를 이용하여 거짓 교사들이 회중을 함정에 빠뜨리기 위하여 자기들의 계획을 실행에 옮기려는 수단이 언급되어 있다.

8b διὰ τῆς φιλοσοφίας
c καὶ κενῆς ἀπάτης
d κατὰ τὴν παράδοσιν τῶν ἀνθρώπων
e κατὰ τὰ στοιχεῖα τοῦ κόσμου

(누가 철학과
헛된 속임수로 너희를 노략할까 주의하라
이것이 사람의 유전과
세상의 초등학문을 좇음이요 그리스도를 좇음이 아니니)

이 구절의 결론은 바로 앞선 내용과 날카로운 대조를 보이며 간략하면서도 날카롭다: "그리스도를 좇음이 아니니라"(καὶ οὐ κατὰ Χριστόν – 카이 우 카타 크리스톤).

9절과 10절에서는 찬양에서 이끌어 온 어휘(ἐν αὐτῷ κατοικεῖ πᾶν τὸ πλήρωμα – 엔 아우토 카토이케이 판 토 플레로마)가 왜(ἵνα) 거짓 교사들의 "철학"이 "그리스도를 좇음이 아닌지"를 설명하고 있다. 두 가지 이유가 카이(*καὶ*)로 연결된 각각의 문장들 가운데 주어져 있는데, 거기에는 엔 아우토(*ἐν αὐτῷ*, "그 안에서")와 플레로마(*πλήρωμα*, "충만")에 대한 재담이 나타나 있다.

ὅτι ἐν αὐτῷ κατοικεῖ πᾶν τὸ πλήρωμα τῆς θεότητος σωματικῶς.
καὶ ἐστὲ ἐν αὐτῷ πεπληρωμένοι,
ὅς ἐστιν ἡ κεφαλὴ πάσης ἀρχῆς καὶ ἐξουσίας.

("그 안에는 신성의 모든 충만이 육체로 거하시고 너희도 그 안에서 충만하여졌으니 그는 모든 정사와 권세의 머리시라")

바울은 계속해서(11, 12절) 그리스도 안에서의 연합을 말한다. 독자들이 "그 안에서 충만하여졌다"고 말하고 나서, 그는 그들이 그리스도의 죽으심, 장사되심 그리고 부활에 참여했다고 주장함으로써 이 점을 상세히 설명하고 있다.

ἐν ᾧ καὶ περιετμήθητε περιτομῇ ἀχειροποιήτῳ . . .
συνταφέντες αὐτῷ . . .
ἐν ᾧ καὶ συνηγέρθητε . . .

("또 그 안에서 너희가 손으로 하지 아니한 할례를 받았으니 곧 육적 몸을 벗는 것이요 그리스도의 할례니라 너희가 세례로 그리스도와 함께 장사한 바 되고 또 죽은 자들 가운데서…
그 안에서 함께 일으키심을 받았느니라")

13절은 단락 가운데서 하나의 전환을 이룬다. 여기에는 "너희"에게서 "그"에게로의 주어의 전환이 있다. 하나님께서 죽었던 너희를 그리스도와 함께 살리셨다. 또다시 독자의 기독교인이 되기 이전(*καὶ ὑμᾶς νεκροὺς ὄντας…τῆς σαρκὸς ὑμῶν* – 카이 휘마스 네크루스 온타스…테스 사르코스 휘몬, "죽었던 너희를")과 하나님의 행위로 말미암아 이루어진 바(*συνεζωοποίησεν ὑμᾶς σὺν αὐτω* – 쉬네조포이에센 휘마스 쉰 아우토, "그가 그와 함께 살리시고") 그리스도 안에서 그들의 현재의 위치 사이에 날카로운 대조가 되어 있다.

본 절의 하반부에서 "너희"로부터 "우리"와 "우리의"로의 또 다른 전환(즉 2인칭으로부터 1인칭으로)이 나오며, 여러 학자들은 전통적 기독교인의 공식 문구가 나타나는 13c-15절이 저자가 전문적으로 사용했던 찬양 구절들에서 기록되었던 고백의 단편들이라고 결론지었다. 왜냐하면 이것이 분명히 그에게는 사죄와 정사와 권세에 대한 승리 사이의 본질적 결합을 표현했기 때문이다(Lohse, 106, 107; *Einheit*, 276-84; 참조. Martin, *Reconciliation*, 1974, 116-24).

쉴르(Schille, *Hymnen*, 31-37; 참조. Lohmeyer, 100-102)는 이전에 구속자와 세례 찬양이 9-15절의 밑바닥에 깔려 있다고 주장했으나, 이러한 입장은 13-15절에 찬양적 요소가 있음을 간파한 사람들에게까지도 거절당했다. 9, 10b절은 하나의 찬양을 시작하고 있는 것이 아니라(호티〈*ὅτι*〉는 서창부가 아니라 원인을 나타내는 접속사다) 1:15-20에 대한 설명적 복귀다(Deichgräber, *Gotteshymnus*, 167-69, 그리고 Lohse, *Einheit*, 277-79의 비평을 보라). 웽스트(Wengst, *Formeln*, 186-94) 역시 13-15절이 하나의 계속되는 전통적 문장에 기초해 있다고 생각했다. 그러나 각기 세 개의 행을 가지고 있는 세 개의 구절들(13, 14, 15절)로 구성된 찬양임을 드러내기 위하여 그는 본문을 상제로 변경시켰는데("너희"는 원래 "우리"였고, 그래서 "너희의 육체의 무할례"는 제거되었다), 이러한 짜 맞춤은 신빙성이 없다. 이 단락에 대한 로제의 재구성은 14절과 15절에 있는 분사들의 정형동사들에 대한 관계로 우리의 눈을 돌리게 하는 장점이 있기는 하지만(*ἐξαλείψας⋯ἦρκεν⋯προσλώσας* – 엑살레이프사스⋯헤르켄⋯프로셀로사스, "제하여 버리사⋯그가 못 박으시고"; *ἀπεκδυσάμενος⋯ἐδειγμάτισεν⋯θριαμβεύσας* – 아페크뒤사메노스⋯아데이그마티센⋯드리암뷰사스, "벗어버려 밝히 드러내시고⋯승리하셨느니라"), 이것은 우리에게 13c-15절 밑에 깔려 있는 찬양 고백을 표명해 주지 않는다. 언어학적 논증은 두 가지 뜻으로 해석된다. 만약 이 단락이 신약성경에서 드물게 혹은 전혀 나타나지 않는 단어들을 포함하고 있다면(참조. Lohse, 106), 저자가 "전통적 공식 문구"를 채택하고 있다고 말하는 것은 정상이 아니다. 이러한 표현의 원자료 문제는 여전히 남아 있으며, 최소한 그는 동사 드리암뷰오(*θριαμβεύω*; 고후 2:14; 그는 그렇게 했던 신약성경의 유일한 저자다)를 사용하고 있는 어떤 알려지지 않은 제자로서의 바울일 수도 있다.

그럼에도 불구하고 13c-15절은 구조를 파악하기가 어렵다. 13절에 하나의 대조가 나타나 있다: *καὶ ὑμᾶς νεκροὺς ὄντας⋯συνεζωοποίησεν* – 카이 휘마스 네크루스 혼타스⋯쉬네조포이에센, "그리고 죽은 너희를⋯, 그가 살리셨다". 사죄에 관한 진술을 이끌고 있는 분사 카리사메노스(*χαρισάμενος*)는 원인을 나타내는 것으로 보이며(비록 몇몇 사람이 그것은 설명적인 것이라고 주장해 왔기는 하지만, 아래의 해석을 보라), 반면에 14절과 15절에 있는 두 개의 정형동사는 각기 하나의 분사 앞에 앞뒤에 나온다(위를 보라).

아직 우리는 전체 단락을 꿰뚫는 주홍색실처럼 이어지는 "그리스도(그) 안에서" 모티프로 눈을 돌려야 한다(그것의 의미는 아래서 평가할 것이다): 엔 아우토(*ἐν αὐτῷ*, "그 안에서", 6, 7, 9, 10, 15절); 엔 호(*ἐν ᾧ*, "그 안에서", 11, 12절; 참조. 아우토〈*αὐτω*, "그", 12절〉, 쉰 아우토〈*σὺν αυτῳ*, "그와 함께", 13절〉). 이 단락이 이 중요한 문구인 엔 아우토(*ἐν αὐτῷ*, "그 안에서")로 시작하고, 또한 이와 유사한 문구로 마쳐야 했다는 사실은 이 본문에 인클루시오 현상이 나타나 있다는 것, 즉 본문이 처음과 같은 문구로 마치고 있다는 사실을 보여 준다.

주석

6절로 시작하는 단락에서 우리는 본 서신의 심장부로 들어오게 된다(참조. Dibelius-Greeven, 26). 여기서 바울은 적극적인 가르침이라는 목적을 위하여 그리고 거짓된 가르침을 바로잡는 방법을 통하여 자신의 가르침(가끔 전통적 자료들을 의존하면서)에 대해서 조심스럽게 설명하고 있다. 6절과 7절은 중심 축을 이루고 있다. (a) 그것들은 골로새 이단에 대한 공격의 기초로서의 역할을 하고 있는 적극적인 가르침을 진술하고 있기 때문이다. 그리고 (b) 그것들은 앞의 내용의 많은 부분을 요약하고 있기 때문이다. 그래서 기독론적 진술인 "주 예수 그리스도"가 비밀의 중심부에 있는 그분으로 떠오르면서(1:27) 장엄한 찬양의 주제로 나타나는데(1:15-20), 그분은 만유의 주님이시다. 결합 개념("그 안에서")이 믿음의 기초가 된다는 사상과 같이 반복되어 있다(7절; 참조. 1:23). (전통과 동질이 되는 주제라고 할 수 있는) 교훈이라는 중요한 모티프인 7절은 또다시 에바브라를 통하여 주어진 복음에 대한 처음의 가르침으로 우리의 눈길을 돌리게 하고(1:6, 7), 한편으로 "행함"(6절)과 "감사함을 넘치게 함"(7절)에 대한 개념은 바울의 독자들을 위한 중재 기도와 묶어 주고 있다(1:10, 12). 즉 바울은 그들이 주님과 합당하게 행하도록(*περιπατέω* – 페리파테오) 그리고 아버지께 기쁨으로 감사를 드리도록 구했다. 사도는 본 편지에서 이미 언급한 많은 중요한 사상들을 간략한 문장으로 요약하고 있으며, 그것들을 "지시-명령형" 형식의 방법을 통하여 독자들의 마음속에 심어 주고 있다. 그리고 그들에게 분명하고 절대적인 결정을 요구할 날카로운 대안 제시를 위한 길을 준비하고 있다.

6 "그러므로 너희가 그리스도 예수를 주로 받았으니"(*ὡς οὖν παρελάβετε τὸν Χριστὸν Ἰησοῦν τὸν κύριον* – 호스 운 파렐라베테 톤 크리스톤 예순 톤 퀴리온).

연결 불변화사 운(οὖν, "그러므로")과 함께 하나의 새로운 단락으로의 전환이 이루어지고 있다. 본서 기록자는 전승이라는 주제를 도입하기 위하여 "지시-명령형" 형식(참조. 2:20; 3:1-4; 롬 15:7; 갈 5:25; 빌 2:5)을 사용하고 있는데, 그 이유는 바울이 자기 독자들이 그리스도 예수를 자신들의 주님으로 "받았다"(παρελάβετε – 파렐라베테)고 말했을 때, 그는 단순히 그리스도에 대한 그들의 인격적 위탁을 반영하고 있지 않고(이 점이 포함되어 있다는 것은 의심할 여지가 없지만) 전승에 의하여 전달받은 어떤 것을 물려받음을 나타내기 위하여 특별히 사용된 반 전문적 단어를 사용하고 있기 때문이다.

초대 기독교는 랍비 유대주의로부터 전달하고 고수하는 하나의 전승 개념을 물려받았다(동사 파라람바노〈παραλαμβάνω, "받다", "받아들이다"〉와 파라디도미〈παραδίδωμι, "전달하다"〉는 랍비들의 큅벨〈qibbel〉과 마사르〈māśar〉에 해당한다). 고전 유대인의 해석은 서기관의 전설(legend)이 모세에게까지 거슬러 올라갔던 "조상들의 어록"에 나타난다: "모세가 시내 산에서 토라를 받았고, 그것을 여호수아에게 전달했으며, 여호수아는 장로들에게, 장로들은 선지자들에게 그리고 선지자들은 그것을 대 회당 사람들에게 전해 주었다"(*m. 'Abot* 1:1). 그러나 초대 교회 전승은 유명한 교사들의 권위와 연결되지 않았고, 궁극적인 원천이신 "주께 받은 것"(고전 11:23)에만 관심을 두었다. 바울은 규칙적으로 이방인 선교 중에 자기 회중들에게 전승에 대해서 그분께서 그들에게 전해 주었다고 상기시켜 주었는데, 그 내용은 세 개의 주된 요소로 이루어졌던 것으로 보인다. (a) 복음의 요약, 특히 신앙고백으로 표현된 그리스도의 죽으심과 부활(고전 15:1-5; 살전 2:13), (b) 그리스도의 여러 행실과 말씀들(고전 11:23-26; 7:10, 11; 9:14) 또한 (c) 윤리적 그리고 절차상의 규칙(고전 11:2; 살전 4:1; 살후 3:6). (전승이라는 주제에 관해서는 Cullman, *Church*, 59-99; Bruce, *Tradition*, 29-38; J. I. H. McDonald, *KERYGMA and DIDACHE. The articulation and structure of the earliest Christian message* [SNTSMS 37; Cambridge: University Press, 1980] 101-125; 참조. Wegenast, Verständnis, 121-30. 그러나 그는 6절에 있는 파라람바노〈παραλαμβάνω〉가 사도적 전승을 받아들이는 것을 가리키지 않고 세례 받은 사람이 그리스도의 주재권 아래 오는 것을 가리킨다고 생각한다[128]).

골로새인들은 그리스도 자신을 자기들의 전승으로 받아들였다. 톤 크리스톤 예순 톤 퀴리온(τὸν Χριστὸν Ἰησοῦν τὸν κύριον)이란 표현은 올바른 행위에 대한 지침으로 전달받은 예수의 말씀에 대한 암시가 아니다(그렇지만 참조. 고전 7:10,

11; 9:14). 쿨만이 그의 저서 "Tradition," The Early Church, 64에서 이같이 주장했으나, 이 표현은 "예수 그리스도는 주님이시다"라는 초대 교회의 신조상의 고백이다(참조. 롬 10:9; 고전 12:3; 빌 2:11). 의심할 여지없이 이것은 예수 그리스도의 인격에 초점을 맞추었던 에바브라의 첫 번째 복음 전도 가운데서 골로새 교인들에게 전달된 전승을 요약하고 있다(고후 4:5을 보라). "그 그리스도"(*τὸν Χριστὸν*-톤 크리스톤)가 여기서 하나의 호칭으로 이해되었는지 아닌지는 논란이 되고 있다(Moule, 89-90에서는 이것이 호칭의 의미를 제공하고 있다고 보기는 어렵다고 주장한다; Turner, *Syntax*, 167에서도 그렇게 말함; 그와 반대로 Lohse, 93에서는 이것을 하나의 이중적 이름을 이루도록 하기 위하여 "예수"에게 덧붙여진 것으로 본다). 분명한 것은, "주" 앞에 있는 정관사 "그"(*τὸν*-톤)가 이 단어를 강조하는 역할을 하며 포스터(Foerster, *TDNT* 3, 1090)가 지적한 바와 같이 바울이 골로새서 앞부분에서 그리스도에 관해서 말한 모든 것을 종합한다는 것이다. 골로새인들이 자기들의 전승으로 받아들인 그분은 하나님의 비밀의 중심이요(1:27; 2:2) 창조와 화목에 있어서 주님이시다(1:15-20). 그분은 많은 자들 가운데 한 주님이 아니라 절대적인 주님이시다(고전 8:5, 6).

"그 안에서 행하되"(*ἐν αὐτῷ περιπατεῖτε*-엔 아우토 페리파테이테). "계속하여 그리스도 안에서 살아가라"는 이러한 지시와 함께 사도는 하나의 지시형으로부터 명령형으로 옮겨간다. 바울에게 있어서 믿음과 행위 사이에는 간격이 없다. 이는 로제가 말하는 바와 같다(Lohse, 93): "기독론과 윤리는 친밀히 연결되어 있다." 행함(walking)에 대한 비유(참조. 1:10에 관한 주석)는 구약성경과 유대적 배경에서 나온 것으로서 기독교인의 삶과 행위를 특징짓기 위하여 바울에 의하여 자주 사용되었다(갈 5:16; 롬 14:15; 고후 4:2 등). 그는 이미 자신의 독자들이 모든 면에서 그분을 기쁘시게 하면서 자기들이 주님으로 고백하는 그분에게 합당하게 살 수 있기를(*περιπατῆσαι*-페리파테사이) 그들을 위하여 중재 기도를 한 바 있다. 그러한 목적으로 기도를 하고 나서 그는 이제 그들에게 비슷한 방식으로 권하고 있다. 그가 기도 목회 활동을 했다고 해서 권면을 필요로 하지 않은 것이 아니었다. 사실상 권면은 바울의 간구에 대한 응답을 가져다 주기 위하여 하나님이 사용하신 수단들 가운데 하나일 수도 있다.

골로새인들이 주님이신 그리스도 예수에게 복종함으로 말미암아 기독교인의 삶을 시작했으므로, 그들은 지금(첫 번째 문장의 "…로"〈*ὥς*-호스〉는 이에 대응하는 "그래서"와 균형을 이룰 수도 있으나 그 의미는 덧붙여 있는 후토스〈*οὕτως*〉가 없이도 충분히 드러난다; 참조. Seeberg, *Katechismus*, 169; BAG, 897, under section Ⅱ) 계속하여 그분에게 연합된 사람들로서 주재권 아래서(연합 개념과 특별한 관련을 가지고 있는 "그리스도 안에서"와 "주 안에서"란 문구에 대한 최근의 연구에 관해서는 Moule, *Origin*, 47-96, 그리고 그 곳에 인용된 참고서적들을 보라) 살아가야 했다(명령형 페리파테이테〈*περιπατεῖτε*〉는 현재형이다). 그들은 그분의 주권의 결과에 관해서 점점 이해를 더해 가야 한다(Masson, 120). 이것은 주님의 지위를 차지하려는 대적자들, 특히 이방의 정사들을 거절하는 것을 의미했다(Martin, *Lord*, 73).

7 1:10에 있는 골로새인들을 위한 바울의 중재 기도 가운데 네 개의 분사형("열매를 맺어", "자람", 10절; "능하게 됨", 11절; "감사함", 12절)이 페리파테사이(*περιπατῆσαι*, "행하다")라는 동사 바로 뒤에 오고 "주님에게 합당하게" 행하는 것과 관련된 내용을 더 세밀하게 규정했다. 여기서도 일련의 네 개의 분사들, 곧 에리조메노이(*ἐρριζωμένοι*, "뿌리를 박으며"), 에포이코도무메노이(*ἐποικοδομούμενοι*, "세움을 입어"), 베바이우메노이(*βεβαιούμενοι*, "서서"), 페리슈온테스 엔 유카리스티아(*περισσεύοντες ἐν εὐχαριστίᾳ*, 감사함을 "넘치게")는 주 안에서 행함(같은 동사 페리파테이테〈*περιπατεῖτε*〉가 사용됨)이 의미하는 내용을 가리킨다. 아마도 양 구절에서 각 단락에 있는 여러 내용 중에 마지막 것으로 보이는 감사의 주제와 더불어 나무 이미지가 사용된 것은 우연의 일치가 아니다(1:10에서 선한 일의 열매를 맺는다는 개념이 드러나 있고, 반면에 여기서는 견고하게 뿌리를 내린다는 개념이 전면에 나타나 있다). 이 중심축이 되는 단락에서 사도는 독자들에게 거짓된 가르침을 다루어 나가기에 앞서 참 기독교인의 행실과 관련된 내용에 대해서 교훈하고 있다.

"그 안에 뿌리를 박으며 세움을 입어…믿음에 굳게 서서"(*ἐρριζωμένοι καὶ ἐποικοδομούμενοι ἐν αὐτῷ καὶ βεβαιούμενοι τῇ πίστει* - 에리조메노이 카이 에포이코도무메노이 엔 아우토 카이 베바이우메노이 테 피스테이). 라이트푸트(Lightfoot, 174)가 비유의 신속한 전환이 있다고 주장했을지라도 처음 세 개의 분사는 함께 속해 있다. 사람이 행해야 할 일에 대해 말하고 나서(6절) 바울은 원예 언어("뿌리를 박으며")로 전환하고, 그 다음에 건축 비유로 전환하며("세움을 입어"), 마지막으로 법정 이미지("서다", "굳게")로 전환한다. 이 분사들은 각기 수동태로 되어 있는데, 이는 아마도 하나님의 행위를 지적하고 있는 것으로 보인다. 독자들이 가진 그리스도에 대한 책임이 무엇이든, 그리고 이것들이 많든 그렇지 않든, 그들은 하나님께서 자신들 가운데서 역사해 오셨다는 사실에 대하여 잊어서는 안 되었다. 그들을 그리스도 안에 뿌리내리도록 하신 분은 하나님이셨고, 지금도 그들을 그분 안에서 세우고 계시며, 그로 말미암아 그들을 믿음 안에 굳건히 하고 계신다.

(1) "뿌리를 박으며"(*ἐρριζωμένοι* – 에리조메노이). 흐리조(*ῥιζόω*, "뿌리 내리게 하다"; LXX에서는 "뿌리를 내리다")란 동사는 신약성경에서 이 곳과 에베소서 3:17에만 나오지만, 두 경우 모두 건물 비유와 관련되어 있다. 현재형으로 되어 있는 뒤따라오는 세 개의 분사형과는 대조적으로 완료 시제로 되어 있는 것은 의미심장하며, 이는 정착된 상태를 나타낸다(대부분의 주석가들이 그렇게 생각함). 독자들은 그리스도 안에 굳게 뿌리 내렸으며(엔 아우토〈*ἐν αὐτῷ*〉는 에포이코도무메노이〈*ἐποικοδομούμενοι*〉와 함께 에리조메노이〈*ἐρριζωμένοι*〉를 한정해 준다), 그들은 자기들의 삶을 처음과 같이 살아 나가야 한다.

(2) "세움을 입어"(*ἐποικοδομούμενοι* – 에포이코도무메노이). 고대 문서에서는 반복하여 뿌리를 박고 세워진다는 이미지가 건축과 연결되어 있다(참고서적에 관해서는 Maurer, *TDNT* 6, 990를 보라). 고린도전서 3:6-11에서처럼 여기서도 신자들의 삶이 기초를 두어야 하는 견고한 기초를 묘사하기 위하여 비유들이 서로 연결되어 있다. 이 두 동사의 원래의 상징적 의미를 강압적으로 밀어붙여서는 안 되는데, 이는 이 표현이 상징된 것의 개념 즉 그리스도 안에 있고 그분 안에서 행함의 개념에 따라서 결정되기 때문이다(Meyer, 351에서 그렇게 주장함; 첫 번째 비유는 두 번째 비유와 연결시키는 전치사에 의하여 원래의 상징적 의미의 많은 부분이 사라졌고, 반면에 건물 이미지만이 의미가 사라지지 않았다. 바울은 이 두 번째 분사형과 조화를 이룰 에프 아우토〈*ἐπ᾽ αὐτῷ*, 고전 3:12〉나 에프 아우토〈*ἐπ᾽ αὐτῷ*, 엡 2:20〉를 기록하지 않고 엔 아우토〈*ἐν αὐτῷ*, "그 안에서"〉를 기록했다).

(3) "굳게 서서"(*καὶ βεβαιύμενοι* – 카이 베바이우메노이)란 단어는 독자들이 믿음 안에서 그리스도와 연합하는 개념을 계속 표현하고 있다(카이〈*καὶ*〉는 보족어적인 접속사로서 앞의 문구의 의미를 확장하고 있으며, 반면에 동사의 시제는 현재형이다). 베바이오스(*βέβαιος*)와 이 단어와 어근이 같은 단어들은 파피리에서 법적인 계약을 보증하기 위한 전문용어로 사용되었다(참조. Deissmann, *Bible Studies*, 104-9, MM, 107, 108). 그러므로 쉴러(Shlier, *TDNT* 1, 600-603)와 다른 사람들은 이러한 단어들이 출현하는 신약성경의 대부분의 구절들 가운데서 전문적인 법적 의미를 찾으려는 경향이 있었다. 이것은 네 개의 구절들 가운데서 이중적인 의미를 가지고 있는데(고전 1:8; 고후 1:21; 히 13:9 그리고 이 곳), 이 곳에서 동사는

사람을 견고하게 하는 것에 대해 사용되었다. 그러나 우리는 시편 기자의 시를 상기해야 하며(41:12; 119:28), 바울은 곤경에 처해 있는 가련한 사람들을 경고하게 하시는 것으로 말해지고 있는 이 자료를 통하여 영향을 받았다(참조. Harder, *Paulus*, 70; BAG, 138).

모울(Moule, 90)이 뒤따라온 괄호 문구("교훈을 받은 대로")에 비추어 그리고 1:23에 있는 동일한 언급에 비추어 주장하는 바와 같이, 전체 문구(*βεβαιύμενοι τῇ πίστει* – 베바이우메노이 테 피스테이)가 골로새인들이 기독교인 자신들의 확신(혹은 신뢰)을 점진적으로 보강되어 가는 것을 가리키는 것으로 취급될 수 있으나, "믿음"(*πίστις* – 피스티스)은 믿음의 대상, 에바브라가 신실하게 그들에게 전해 준 가르침의 내용으로 이해하는 것이 더 좋을 것이다. 그들이 계속해서 유지해야 하는 것은 이 믿음이었는데(1:23에 있는 능동태를 유의하라), 그 이유는 그들이 굳건하게 되는 것(하나님의 행동을 가리키는 수동형에 해당함; 참조. 고전 1:8)은 오직 이 믿음을 통해서이기 때문이다(아마도 테 피스테이〈*τῇ πίστει*〉는 관계를 나타내는 여격이지만, 우리가 그것을 도구로 취급한다면 그 의미는 크게 달라지지 않을 것이다).

"감사함을 넘치게 하라"(*περισσωύοντες ἐν εὐχαριστίᾳ* – 페리쓔온테스 엔 유카리스티아). 감사가 겨우 네 장밖에 안 되는 골로새서 안에서 6회 정도 언급되고 있다(만일 3:16의 엔 테 카리티〈*ἐν τῇ χάριτι*〉가 숫자에 포함된다면 7회다; 1:3, 12; 2:7; 3:15, 16, 17; 4:2; O'Brien, *Introductory Thanksgivings*, 62-67). 이것은 권고형으로 된 첫 번째 것에 해당한다(바울의 중재 기도 문맥에 있는 1:12에서도 감사하라는 권고가 암시되어 있다; 30쪽을 보라). 암시되어 있는 분명한 사실은 이 독자들의 삶을 특징지어 주는 것이 감사라는 것인데, 틀림없이 그는 마음속에 하나님께서 그들을 위하여 행하신 모든 능하신 일들을 두고 이 권고를 하고 있는 것으로 보인다.

바울 당시 이방 세계에서는 신들에 대한 감사가 공개적으로 표현되기는 했지만(비문에 분명하게 드러난 바와 같이), 민중은 피상적으로만 감사의 말에 동참했으므로 행동은 결국 사사로운 문제였다. 골로새서에서 감사의 공동적 성격은 최소한 여기에 암시적으로 나타나 있으며, 3:15-17에는 명확하게 나타나 있다. 신약성경에서 유카리스테오(*εὐχαριστέω*)와 그와 같은 어근의 단어들은 "감사하다"를 의미하고 단순히 "감사하게 생각하는" 것이 아니다. 보른캄(Bernkamm, *Studien*, 188-203), 케제만(Käsemann, *Essays*, 154) 그리고 로제(Lohse, 32, 94)와 함께 동사가

"의식 가운데서 그리스도를 고백하는" 것을 의미하는 거의 전문적인 의미를 가졌으므로 바울이 여기서 독자들에게 찬양 고백, 특히 1:15-20에서 주님에게 찬양하도록 권고하고 있다고 말해서는 안 될 것이다(O'Brien, *Introductory Thanksgivings*, 71-75를 보라).

해설(2:6, 7)

6절과 7절은 본 서신에서 중심축의 위치를 차지하고 있다. 이 구절들은 본 서신에 이미 기록된 많은 부분을 요약하고 있는 골로새 이단에 대한 바울 사도의 접촉의 근거(8-23절)로서의 역할을 하고 있다. 관심의 초점은 골로새 교인들이 에바브라를 통하여 복음을 받아들였을 때 자기들의 전승으로 받아들였던 "주님으로서의 그리스도 예수"다. 이 그리스도 예수는 다름아닌 창조와 구속에 있어서 만유의 주님이시며(1:15-20), 또한 그분은 하나님의 비밀의 중심이시다(1:27; 2:2). 지시-명령형이라는 수단을 통하여 많은 중요한 개념들을 마음속에 단단히 납득한 독자들은 그리스도에게 연합된 사람들로서 생활하라는 권고를 받는다. 그들은 그분 안에 안전하게 뿌리를 내렸고, 자기들이 가르침을 받은 그 믿음에 곧게 선 사람으로서 그리스도 안에서 점점 세워져 가고 있다. 그들은 그리스도의 주재권 아래서 살아가면서 자기들을 위하여 행한 능하신 일로 인하여 하나님께 넘치는 감사를 해야 한다. 그리스도 예수께서는 인간들의 공허한 전승에 대한 완전한 보호자 그 이상이셨다. 그들로 하여금 자기들의 생활 방식과 사고 방식이 계속해서 그분의 가르침과 일치하고 있다는 사실을 보게 해야 한다.

주석(2:8-15)

"누가…너희를 노략할까 주의하라"(βλέπετε μή τις ὑμᾶς ἔσται ὁ συλαγωγῶν - 블레페테 메 티스 휘마스 에스타이 호 쉴라고곤). 회중들은 강력한 경고를 통하여(블레페테〈βλέπετε〉는 여기서 "주의하라", "보호하라"를 의미한다. BAG, 143; 다른 실례들은 막 13:9; 빌 3:2; 요이 8절이다) 4절에서 언급했던 위험에 대해서 경고를 받는다. 그들은 자신들이 전리품이나 혹은 희생양이 되지 않도록 보호해야 한다(일반적으로 이 표현은 가정법 동사와 함께 메〈μή〉이다: 고전 8:9; 10:12; 갈 5:15; 참조. 막 13:5; 행 13:40; 히 12:25; 그러나 여기서는 미래 지시형이 사용되었다: BDF 항목 369[2]; Moule, *Idiom Book*, 139; Moulton, *Grammar*, 192에서는 이것을 "아마도"를 의미하는 주의를 주는 단정으로 취급하지만, 문맥은 이것이 그보다 더 강한 것임을 시사한다). 비록 아무도 거론되지는 않았지만(Bruce, 230에서는 바울이 한 사람의 특별한 교사를 염두에 두었다고 생각한다; 참조. Masson, 121), 저자와 독자들 모두가 알고 있었던 사람(들)이었을 것이다(부정관사 티스〈τις〉에 관해서는 Lightfoot, 176를 참조하라). 쉴라고게오(συλαγωγέω)란 동사는 신약성경에서 다른 곳에서는 나타나지 않는 드문 단어인데 아마도 "빼앗다" 혹은 "약탈하다"보다는 "전리품으로 가져가다" 혹은 "포로로 잡아가다"를 의미할 것이다(BAG, 776; 참조. Lightfoot, 176). 따라서 이 단어는 상징적으로 누군가를 진리로부터 이끌고 가서 오류의 노예가 되도록 한다는 의미로 사용되었다. 이 단어는 생생한 단어로서 바울이 얼마나 진지하게 회중에게 영향을 주기 위하여 힘쓰는 사람들의 악한 의도를 보았는지를 보여 준다.

"철학과 헛된 속임수로"(*διὰ τῆς φιλοσοφίας καὶ κενῆς ἀπάτης* – 디아 테스 필로소피아스 카이 케네스 아파테스). 이 영적으로 속이는 자들이 공동체를 잡으려는 수단(*διὰ* – 디아)은 "철학과 헛된 속임수"를 통해서다. 신약성경에서 오직 여기에만 나타나는 필로소피아(*φιλοσοφία*, "철학")이라는 단어(어근이 같은 필로소포스〈*φιλόσοφος*, "철학자들"〉는 행 17:16에서 에비그레오와 스도이고에 대해서 사용되었다)는 헬라인들의 지식과 지혜 추구와 그것 자체들을 "철학들"로 제시하려고 했던 헬라화된 유대주의의 종파들에 이르기까지 헬라와 유대 세계에 있었던 모든 종류의 그룹들, 경향들, 관점들을 묘사하는 광범위한 의미를 가졌다(Michel, *TDNT* 9, 172-88). (그래서 필로는 토라를 "조상들의 철학"〈*ἡ πάτριος φιλοσοφία* – 헤 파트리오스 필로소피아〉으로 지칭했다. Leg 156; "모세에 의한 철학"〈*ἡ κατὰ Μωυσῆν φιλοσοφία* – 헤 카타 모우센 필로소피아〉, Mut 223; 한편, 요세푸스는 바리새인들, 사두개인들, 에세네인들을 유대교 안에 있는 세 개의 철학자들〈*τρεῖς φιλοσοφίαι* – 트레이스 필로소피아이〉로 묘사했다. *Bell* 2. 119; *Ant* 18.11; 세부 사항들에 관해서는 Bornkamm, *Conflict*, 140를 보라).

보른캄(Bornkamm, *TDNT* 4, 808-10)과 로제(Lohse, 95)가 지적한 바와 같이, 여러 종교 그룹들은 자기들이 비니의 철학을 나누어 주는 것으로 사람들에게 인식시키려고 노력했다. 주술을 행하는 사람들까지도 민권과 입회 마술이라는 술수를 통하여 사람들의 충성을 얻어내기 위해 힘쓰면서 자신들을 "철학자들"이라고 불렀다.

바울은 분명히 자신들의 가르침을 긍정적인 방법으로 말하려고 거짓 교사 자신들이 이 단어를 사용했으므로 이 단어를 사용한 것이다(참조. Wilckens, *TDNT* 7, 523). 그러나 "그리고 헛된 속임수"(*καὶ κενῆς ἀπάτης* – 카이 케네스 아파테스: 한 개의 전치사⟨*δια* – 디아⟩를 사용하고 있는 점 그리고 두 번째 명사 아파테스⟨*ἀπάτης*⟩ 앞에 정관사가 없는 점은 사도가 이 특별한 철학을 언급하면서 일반적인 철학에 관해서 아무런 언급도 하지 않고 있다는 사실을 보여 주고 있는데 이 점은 알렉산드리아의 Clement, *Storm* 6.8.62에 의하여 언급되었다; 참조. Bengel, 2, 460)란 문구를 첨가함으로써 그는 이것을 참된 내용이 없는 속이 텅 빈 속임수, 유혹하고 오도하는 것으로 폭로한다(아파테⟨*ἀπάτη*⟩는 부로부터 오는 유혹, 막 4:19; 죄의 속임수, 히 3:13; 일반적으로 악한 속임수, 살후 2:10; 유혹의 욕심, 엡 4:22으로 묘사할 수 있다; 참조. BAG, 81). "속이는 것"으로서 철학은 복음 곧 "진리의 말씀"(1:5)과 대립되고, "지혜와 지식"(2:3)과 대립되며, 반면에 "텅 빈"(*κενή* – 케네)이라는 호칭은 이 철학을 비밀과 그 영광스러운 풍성(*τὸ πλοῦτος τῆ δόξης* – 토 플루토스 테 독세스, 1:27) 그리고 그 안에 모든 지혜와 지식의 보화(*θησαυροί* – 데사우로이)가 감추어져 있는(2:3) 그리스도와 날카롭게 대조시켜 주고 있다.

"사람의 유전"(*κατὰ τὴν παράδοσιν τῶν ἀνθρώπων* – 카타 텐 파라도신 톤 안드로폰). 거짓된 가르침은 그 원천과 함께 진술되고 있는데, 곧 "사람의 유전"이다. 플라톤 이후 헬라 철학자들의 가르침은 선생으로부터 학생에게 전달되었다(예를 들어, Theat 36, 198b). 더 나아가서 그 비밀들이 언급한 "철학"은 입회식 가운데서 입회자들이 하나님의 계시가 내려온 거룩한 교사들 혹은 "성스러운 말씀"(*ἱερὸς λόγος* – 히에로스 로고스)을 받도록 성스러운 전승의 수단으로 보존되었다. 후대의 영지주의자들은 계시로서 권위 있는 가르침의 파라도시스(*παράδοσις*, "전승")라는 단어를 사용했는데, 그것은 보존되고 전달된 것이었다(세부적인 실례들에 관해서는 Delling, *TDNT* 4, 12, Wegenast, *Verständis*, 123-26, Lohse, 95, 96를 보라). 유대교에서 m. 'Abot에서 "율법을 둘러싼 울타리"(3:14)로 묘사된 전승의 중요성은 이미 언급한 바 있다(105쪽을 보라).

이 문구(*ἡ παράδοσις τῶν ἀνθρώπων* – 헤 파라도시스 톤 안드로폰)만을 단독으로 검토해 보면 "전승"의 정확한 내용을 결정하기가 불가능하다. 이 문구는 유대인의 것 혹은 이방인의 것 혹은 둘 다일 수 있다. 마가복음 7:8에서는 같은 문구가 유대인의 율법에 대한 바리새인의 해설을 가리키며, 베드로전서 1:18(*πατροπαράδοτος* – 파트로파라도토스)에서는 이것이 이방인의 전승인 것으로 보인다(그러나 몇몇 사람은 이것 역시 유대인의 것이라고 주장했다). 이 두 구절 속에는 그러한 유전의 허무성 혹은 공허성이 강조되어 있다(Bruce, 231). 골로새서 2:8에 있는 내용과 관련된 결정은 이 편지의 다른 부분을 참조하여 이루어질 수 있다. 그러나 이 문구가 여기에 소개된 방법을 볼 때 거짓 교사들이 자기들의 "철학"을 "전승"(*παράδοσις* – 파라도시스)으로 제시했고, 그로 말미암아 그것이 고대성, 고상함 그리고 계시적 성격을 가졌음을 가르친 것으로 암시해 주고 있다(참조. Michel, *TDNT* 9, 186). 그러나 바울은 어떤 신적 기원을 가졌다는 주장을 반대한다. 이것은 "주 그리스도 예수"에게 중심을 두고 있었던 사도적 전승에 대립된 인간의 고안물이었다. 그것의 거짓된 내용은 "우주를 구성하고 있는 요소들에 따른 것이지 그리스도를 따른" 것이 아니었다.

"세상의 초등학문을 좇음이요 그리스도를 좇음이 아니니라"(*κατὰ τὰ στοιχεῖα τοῦ κόσμου καὶ οὐ κατὰ Χριστόν* – 카타 타 스토이케이아 투 코스무 카이 우 카타 크리스톤). 스토이케이아 투 코스무(*στοιχεῖα τοῦ κόσμου*)에 관한 뒤따라오는 설명을 보라. 최근 대부분의 주석가들은 이 문구가 "우주의 대 정령들", 즉 인간의 삶을 장악하려고 한 정사와 권세들을 나타낸다고 주장한다(참조. 2:10, 15). 이 문구는 철학의 제설통합적, 즉 혼합주의적 "전승" 가운데서 중요한 자리를 차지했던 것으로 보인다. 사도는 강한 대조를 진술한다. 이러한 사탄적이고 인격적인 세력들과 일치되는 것은 무엇이든지 사도적 전승의 중심부에 있는 분이시고 하나님의 비밀의 구현이신 인격자 그리스도를 대적하고 있다.

9 "그 안에는 신성의 모든 충만이 육체로 거하시고"(*ὅτι ἐν αὐτῷ κατοικεῖ πᾶν τὸ πλήρωμα τῆς θεότητος σωματικῶς* – 호티 엔 아우토 카토이케이 판 토 플레로마 테스 데오테토스 소마티코스). 바울은 계속해서 독자들에게 왜(*ὅτι* – 호티) 거짓 선생들의 "철학"이 "그리스도를 좇음이 아닌지"를 분명히 말하면서 그의 논쟁의 요점을 진술해 나간다(호티〈*ὅτι*〉는 원인을 나타내는 접속사이기는 하지만, 이것은 마치 경고의 이유를 제공하기나 하는 것처럼 8절의 블레페테〈*βλέπετε*〉에 붙어 있지 않았다). Schille, *Hymnen*, 31-37, 특별히 31쪽의 이것이 찬양의 일부분을 이끄는 설화체의 호티(*ὅτι*)라는 입장은 Deichgräber, *Gotteshymnus*, 167-69에 의하여 올바르게 비평되었다. 참조. Lähnemann, *Kolosserbrief*, 115; 9-15절에 있는 찬양 문제에 관해서는 위를 보라). 그는 독자들이 흔들림 없이 따르고 있는 그리스도의 중심성에 대하여 7절의 "그 안에서"(*ἐν αὐτῷ* – 엔 아우토)란 문구를 다시 사용함으로써 그리고 그것은 뒤따라오는 구절들의 주제를 반복하여 사용함으로써 그

리스도의 중심성에 관심을 집중하고 있다(Lohse, 99). 사실상 이것은 이 단락, 즉 9-15절 전체를 통하여 붉은 실과 같이 이어진다: "그 안에서"(ἐν αὐτῷ – 엔 아우토) 신성의 모든 충만이 육체로 거하시고(9절), "그 안에서"(ἐν αὐτῷ – 엔 아우토) 너희가 충만하여졌다(10절). "그 안에서"(ἐν ᾧ – 엔 호) 너희가 할례를 받았다(11절). 그리스도와 함께(αὐτῷ συν- – 아우토 쉰-) 장사한 바 되고, "그 안에서"(ἐν ᾧ – 엔 호) 함께 일으키심을 받았다(12절). 하나님께서는 너희를 "그와 함께"(σὺν αὐτῷ – 쉰 아우토, 13절) 그리고 그는 "그 안에서"(ἐν αὐτῷ – 엔 아우토) 정사와 권세에 대한 승리의 행진을 하셨다(ἐν αὐτῷ – 엔 아우토, 15절).

9절의 이러한 진술 속에 이전의 찬양(1:19) 가운데 들어 있던 문구가 취해져서 골로새 이단과 관련하여 적용되었다(그러나 Lähnemann, *Kolosserbrief*, 115에서 생각하는 바와 같이 수정된 것이 아니다): 강조적 위치에서 엔 아우토(ἐν αὐτῷ, "그 안에서")가 반복되어 있는 점, 동사 카토이케오(κατοικέω, "거하다") 그리고 판토 플레로마(πᾶν τὸ πλήρωμα, "모든 충만")을 유의하라. 이 고차원적인 기독론적 진술은 회중의 특별한 필요들에 대한 적용의 근거로서의 역할을 하고 있다. 여기서 우리는 여러 가지 중요한 사항들을 보게 된다. (1) 카토이케오(κατοικέω, "거하다")가 현재형으로 사용되었다. (2) 테스 데오테토스(τῆς θεότητος, "신성의")라는 소유격이 "충만"의 의미를 보다 정확하게 결정한다. 반면에 (3) 소마티코스(σωματικῶς, "육체로")의 첨가는 충만이 그리스도 안에 거하는 방법을 암시한다.

19절에서는 "모든 충만"(πᾶν τὸ πλήρωμα – 판 토 플레로마)이 동사 유도케센(εὐδόκησεν, "기뻐함을 받았다")의 주어진지 아닌지에 대해서 약간의 의아심이 있지만, 여기서는 그러한 모호성이 존재하지 않는다: "모든 충만"(πᾶν τὸ πλήρωμα – 판토 플레로마)은 카토이케이(κατοικεῖ)의 주어이며, 따라서 신성의 모든 충만이 그리스도 안에 거한다는 사실을 가리킨다. 위에서 살펴본 바와 같이 "모든(πᾶν-τό) 충만"이란 표현은 동의어이며, 바울은 이것을 논쟁적으로 "플레로마"(충만)가 배타적으로 그리스도 안에서만 발견되어야 한다는 점을 강조하기 위하여 기록하고 있다(플레로마〈πλήρωμα〉의 의미에 관해서는 51-53쪽을 보라).

"신성의"(τῆς θεότητος – 테스 데오테토스). 부가적 문구 "신성의"는 모든 충만으로 거하시는 그리스도 안에 무엇이 거하는지를 상술하고 있다. 데오테스(θεότης, "신성")는 호 데오스(ὁ θεός, "하나님")로부터 나온 추상명사이며 데이오스(θεῖος, "신적인", 롬 1:20; 지혜 18:19; 참조. Lightfoot, 179에서는 Plutarch의 *Moralia*에서 이 두 명사의 차이를 예증하고 있다)로부터 나온 추상명사 헤 데오테스(ἡ θεότης,

"신의 성품", "신의 기질")와는 구별되어야 한다. 전자는 데이터스(*deitas*), 하나님 되심 즉 하나님의 본질 혹은 신성이다. 후자는 디비니타스(*divinitas*), 즉 신의 성품, 신과 같음이다(Meyer, 358). 마이어는 다음과 같이 덧붙인다. "따라서 나누어지지 않은 그리고 모든 충만이신 하나님의 본질이 승귀하신 상태에 계시는 그리스도 안에 거하시며, 그리하여 그분은 본질적인 그리고 충분하신 하나님의 형상이신데(i. 15), 곧 그분은 마치 그분께서 하나님의 본질의 소유자가 아니었던 것처럼 존재할 수 없으시다."

최근의 몇몇 주석가들은 예수 그리스도의 신성이 "본질" 혹은 "진수"와 같은 정적인 본체론적 범주들 가운데서 해석되어서는 안 되고 그리스도 안에서 하나님의 일하심을 가리키는 구원론적 그리고 종말론적 사상 안에서 해석되어야 한다고 주장하면서 이 문구에 대한 전통적 해석을 거부했다. 앞뒤의 문맥에서 독자들에게 수여된 충만의 개념이 취급되고 있는 것은 사실이다(10절). 그러나 10절에서 그분만으로 충만케 되는 구원은 오직 그분이 신성의 충만이 구현되는 그분일 때만 의미가 있게 된다. 만일 신성의 충만이 그 안에 거하지 않는다면, 골로새인들의 충만은 결코 충만에 이르지 못할 것인데, 이 점은 바울이 충만에 대한 잘못된 가르침에 대항하여 말하고 있음을 보여 준다. 더 나아가서 기능적 기독론은 본체론적 기독론을 전제로 하고 있으며 그 본체론적 기독론에서 그 궁극적 근거를 발견한다(Harris, *NIDNTT*, 3, 1193).

"육체로 거하시고"(*κατοικεῖ…σωματικῶς* – 카토이케이…소마티코스). 부정과거 "거하게 하시고"(*εὐδόκησεν κατοικῆσαι* – 유도케센 카토이케사이)가 나타나는 1:19과는 달리, 이 곳의 현재 시제 소마티케이(*σωματικεῖ*, "거하다")는 하나님의 모든 충만이 부활하시고 승귀하신 그리스도 안에 거하신다는 사실을 암시한다(참조. Schweizer, 108). 방법의 부사 소마티코스(*σωματικῶς*)는 신성의 충만이 어떻게 그리스도 안에 거하시는지를 암시하지만, 그 의미에 대해서는 상당한 차이가 있다. 예를 들어, 모울(Moule, 92-94)은 다섯 가지의 의견을 열거했다.

(i) "유기적인 몸으로", 즉 신성의 총체는 존재의 계층을 통하여 분배되지 않고, 다만 그리스도 안에서 한 "유기체"로 모아졌다는 것.

(ii) "그 자체[그리스도, 즉 교회]의 몸을 통하여 표현하고 있음."

(iii) "실제로" – 단순히 보이는 것이 아닌 구체적인 실체로

(iv) "본질로."

(v) "육체의 형체를 취하여", "성육신이 되어."

견해 (i)은 바울이 플레로마(πλήρωμα)란 단어를 거짓 교사들이 사용하는 어휘로부터 빌려왔다는 가설과는 어울리지만, 만일 골로새에 있던 "철학"이 그리스도께서 한 분이었는데 그분으로부터 하나님의 속성들이 많은 하늘의 권세들 전체로 뻗어 나간 것이라고 가르쳤다면, 이 견해는 전적으로 그것에 의존하지 않는다. 그러나 이것이 실제로 가르쳐졌는지에 대해서는 의아한 점들이 있다. 더 나아가서 모울(Moule, 93)은 단 하나의 부사를 통하여 이 모든 세력들이 그리스도 안에서 유기체가 되었음을 표현하는 것은 의심스럽다고 바르게 지적한다. 캐어드(Caird, 191)는 최소한 이 입장이 로마여(Lohmeyer)가 제시한 형태로 우리에게 몸을 우주로 이해하도록 요구하며(바울의 용법과는 반대로), "신성의 충만"을 그 우주에 대한 주재권으로 이해할 것을 요구한다는 사실을 지적한다. 그러나 "신성의 충만"은 이보다 더한 것을 의미함에 틀림없다.

견해 (ii)는 그 입장이 달리 매력적일 수는 있으나 단 하나의 부사에 지나치게 무게를 두고 있다(Moule, 120과 Caird, 191; 조심스러운 평가를 한 다음에 Best, *Body*, 120에서는 그리스도의 몸 비유가 여기에 나타나 있지 않다고 결론지었다). 이는 베노이트(Benoit, *RB* 63[1956] 5-44)가 제안하고 이것을 "새 창조"를 함축하고 있는 축약된 표현으로 이해하고 있는 버거(Burger, *Schöpfung*, 89)를 통하여 발전되기는 했으나 역시 같은 비판을 받게 되어 있다(참조. Ernst, *Pleroma*, 101, 102).

(iv) 모울이 주장하는 이 견해는 명료하기는 하지만 개연성이 없다.

이제 우리에게는 (iii)항과 (v)항만 남았다. 견해 (iii)은 캐어드에 의하여 강력하게 주장되었는데, 그는 이것을 후기에 영지주의와 결합되었던 일종의 영지주의 기독론과 투쟁하는 바울의 용어가 아니라, "소마(σῶμα, '몸')가 지나간 시대의 율법 체계 안에서 그것의 그늘진 예상과 대조되어 새 시대의 틀림없는 실체를 나타내기 위하여 사용된 17절에 비추어"(Caird, 192) 이해한다. 제르벨(Jervell)의 주장(Jervell, *Imago*, 223, 224, 이를 Lohse, 100이 따름)은 본질적으로 같다. 라이트푸트(Lightfoot, 180; Moule, 93, 94의 글을 보라)의 강한 지지를 받았던 견해 (v)는 현재 시제 카토이케이(κατοικεῖ, "거하다"; 하나의 완료형을 예상했을 수 있으나 Moule, 93에서는 현재형이 여기서 이전에 시작한 어떤 상태가 지금도 계속되고 있음을 나타내는 헬라어 완료 시제로 사용되고 있는지의 여부에 대해 그 가능성을 제기한다)와 약간의 난점에 부딪친다. 브루스(Bruce, 232)는 부사 소마티코스(*σωμα-τικῶς*)가 성육신과 같은 것을 가리키지 않고, 그리스도의 플레로마(*πλήρωμα*, "충만")의 완전한 구현을 가리킨다고 해석한다.

(iii)항과 (v)항 사이의 최종 결정은 내리기가 어렵다. 로제(Lohse, 100, 101)는 저자가 "몸"(*σῶμα* – 소마)이란 단어에 대한 자신의 진술을 설명하기 위하여 "육체로"란 단어를 선택했다고 주장하는데 그것은 틀림없이 옳다. 그러나 어떤 몸인가? 2:17에 언급된 "그림자" 혹은 성육신한 "몸" 에 반대되는 "몸"인가? 예를 들어, 1:22을 참조하라. 전체적인 면에서 볼 때 우리는 마지막 견해인 (v)항으로 기울어지며, 이 진술을 신성의 충만이 그리스도 안에서 "육신의 형태로" 거하신다는 의미로 이해하는 바이다.

"너희도 그 안에서 충만하여졌으니"(*καὶ ἐστὲ ἐν αὐτῷ πεπληρωμένοι* – 카이 에스테 엔 아우토 페플레로메노이). 바울의 사상이 9절과 관련된 하나의 진술 가운데서 계속되고 있다. 즉 승귀하신 그리스도 안에 거하시는 신성의 충만으로부터 골로새 기독교인의 충만케 됨이 뒤따라온다. 여기에 "충만"이란 언어유희가 나타나며(9절의 플레로마〈*πλήρωμα*〉, 10절의 페플레로메노이〈*πεπληρωμένοι*〉), 그럼에도 불구하고 동사의 시제(완료형)는 어떤 선 행동의 결과로서 계속적 상태를 가리켜 주고, 수동태는 독자들이 "하나님으로 말미암아" 채워졌다는 사실을 암시해 준다. 어휘와 단어 순서가 연합의 모티프에 눈을 돌리도록 한다. 즉 그들이 충만을 이미 소유하고 있는 것은 오직 그리스도와의 연합 안에서다.

사도는 이 신자들이 채워진 내용을 규정하고 있지 않다. 거기에는 일반적으로 예상할 수 있는 명사를 동반하지 않는다(소유격 혹은 대격에서). 이것이 "신성의 충만"이라고 주장하는 것은 무리한 것은 차치하고 문법적인 근거에서 타당성이 없다. 바울은 다른 곳에서 이 충만이라는 단어를 그분이 신자들과 관련하여 바라거나 혹은 기도하는 경건의 기질 혹은 은혜를 묘사하기 위하여 자주 사용한다(롬 15:13, "기쁨과 평강"; 빌 1:11, "의의 열매"; 4:19, "모든 쓸 것"; 골 1:9, "하나님의 뜻을 아는 것"; 참조. 엡 3:19에서의 기도는 독자들이 "하나님의 모든 충만하신 것으로" 충만케 되는 것이다). 혹은 어떤 의미에서 그는 그들이 이미 소유하고 있는 것으로 확신하고 있다(롬 15:14, "지식"). 여기서 만약 우리가 "너희가 그 안에서 생명의 충만함에 이르게 되었다"(RSV; Martin, *NCB*, 80, 81; 참조. Caird, 192)와 같은 어떤 포괄적인 표현을 삽입하지 않는다면, 그리고 골로새인들이 그렇게 채워진다고 가정한다면, 그것은 "너희가 충만함을 받았다"를 의미하는 것으로 이해하는 것이 더 나을 것이다(Burger, *Schöpfung*, 90에서는 "너희가 그 안에서 채움을 받았다"를 더 선호한다). 그는 그들 가운데 있는 구원의 현재성을 확증하고 있다. 아마도 디벨리우스-흐리벤이 주장한 바와 같이 바울은 거짓 교사들이 자기들의 추종자들에게 "생명의 충만"에 대해서 말할 때 사용하고 있었던 슬로건을 사용하면서, 이와 대조하여 골로새인들이 충만케 되는 것은 그리스도 안에서만 된다는 사실을 주장하고 있다. 그들은 이 예외적인 표현을 사용한 이유를 설명할 수 있었을 것이다.

골로새 기독교인들이 자기들 가운데 하나님의 은혜로운 사역에 비추어 신앙 생활을 영위해 나가야 한다는 사실에 대해서는 이미 밝힌 바 있다(1:9-14; 참조. 2:6, 7). 그리스도 안에서 모든 것을 소유했다는 사실은 결코 성장을 계속해 나가야 할 필요성을 면제해 주지 않는다(이것이 고린도 교회의 몇몇 교인들이 빠졌던 오류다: 고전 4:8의 자극적인 아이러니의 말을 유의하라. "너희가 이미 배부르며 이미 부요했도다!" 참조. 빌 3:12-14). 그러나 골로새인들은 이런 식으로 바울의 실현된 종말론을 오해할 위험이 거의 없었다(참조. Caird, 192; Schweizer, 109). 그들의 문제는 그 반대로 자기들이 여러 영적인 세력들을 충분히 붙잡지 않으면 그리고 의식과 금욕 준수라는 엄격한 훈련을 따르지 않으면 그 충만이라는 것이 자기들이 붙잡을 수 없는 너머에 있다고 생각하려는 유혹이었다.

"그는 모든 정사와 권세의 머리시라"(*ὅς ἐστιν ἡ κεφαλὴ πάσης ἀρχῆς καὶ ἐξουσίας* – 호스 에스틴 헤 케팔레 파세스 아르케스 카이 엑수시아스). 독자들은 정사와 권세들을 존경할 필요가 없다. 그 이유는 그들이 완성에 이르는 것은 그러한 존재들의 주님이시요 머리이신 그리스도 안에서이기 때문이다. 묵시 사상에서 악한 세력의 최종적인 멸망이 현 시대의 종말까지는 기대되지 않았지만(참조. 계 19:11-16), 그리스도의 현재의 통치가 여기서 강조되고 있다. 이 말씀은 그리스도께서 모든 권세와 정사의 창조자이실 뿐만 아니라(1:16) 그것들을 지탱하시는 분(1:17)이라고 말해진 찬양의 어투를 상기시키는 말이다. 하나님께서 그분 안에서 그들의 권위를 모두 박탈하셨기 때문에, 그분은 정사와 권세들의 "머리"이신 것이다(2:15). 비록 그들이 계속 존재하고, 인간과 그 이익에 손해를 끼칠지라도(참조. 롬 8:38, 39), 그들의 최후의 멸망은 피할 길이 없다(참조. 고전 15:24-28).

그리스도의 현 통치에 시선을 돌림으로써(호스 에스틴 헤 케팔레〈*ὅς ἐστιν ἡ κεφαλή*〉; 이문 호 에스틴〈*ὅ ἐστιν*〉은 아마도 일반적인 표현과 유사함으로 인한 것으로 보인다. 1:24; 3:14; 관계절은 분명히 "충만"을 가리키지 않고 그리스도를 가리킨다. 참조. BDF, 항목 132[2], Lohse, 101, 그리고 Schweizer, 109) 바울은 골로새인들에게 필요한 강조점을 주장하는 것일 수도 있는데, 그 이유는 이미 진술한 바와 같이 영적 세력들(아마도 천사들까지도)이 거짓 교사들을 통하여 중재자들로 취급되었고, 그리하여 이러한 하위의 세력들에게 머리에게만 해당되는 충성을 다하고 있었을 가능성이 있기 때문이다.

그리스도를 모든 정사와 권세의 "머리"(κεφαλή – 케팔레)라고 부르면서 바울은 우주의 세력들을 그리스도의 통치 아래 유기적으로 연합된 한 "몸"(σῶμα – 소마)으로 지칭하는 것을 갑자기 멈춘다(Dibelius-Greeven, 29, 그리고 Lohmeyer, 107에서는 이에 반대한다). 바울의 가르침 중 그 어디에도 우주(코스모스)가 그리스도의 몸으로 불린 경우는 없다. 오히려 교회가 그렇게 묘사되어 있으며(1:18, 24), 또한 오직 이것(교회)을 통해서만 우주가 그분과 연합된다(엡 1:10; 3:10).

11 바울은 계속하여 그리스도와의 연합의 주제를 말하고 있다. 그는 이미 완료 시제(10절, ἐστέ…πεπληρωμένοι – 에스테…페플레로메노이), 신자들이 그분 안에서(ἐν αὐτῷ – 엔 아우토) 충만케 되었다는 사실을 언급한 바 있다. 그는 이제 이러한 묘사에 덧붙여서 일련의 부정과거 시제들을 가지고 그들이 그리스도의 죽으심, 장사 그리고 부활에 참여했다는 사실을 자세히 설명하고 있다: "그 안에서 너희가 할례를 받았다"(περιετμήθητε – 페리에트메데테, 11절), "너희가 그와 함께 장사되었다"(συνταφέντες – 쉰타펜테스, 12절, "그 안에서 너희가 그와 함께 일으키심을 받았다"(συνηγέρθητε – 쉬네게르데테, 12절) 그리고 "그가 너희를 그와 함께 살리셨다"(συνεζωοποίησεν – 쉬네조오토이에센, 13절).

"또 그 안에서 너희가 손으로 하지 아니한 할례를 받았으니"(ἐν ᾧ καὶ περιετμήθητε περιτομῇ ἀχειροποιήτῳ – 엔 호 카이 페리에트메데테 페리토메 아케이로포이에토). (엔 호〈ἐν ᾧ〉에 관해서는 12절을 보라). 죽으심, 장사지냄, 부활 주제들은 바울 서신 가운데서 일반적으로 그리스도와의 연합 모티프와 관련되어 있는데(롬 6:3-6; 7:1-6; 8:17; 고후 1:3-9; 4:7-14; 5:14-17; 7:3; 13:4; 갈 2:19, 20; 6:14, 15; 엡 2:5, 6; 빌 3:9-11; 골 2:20; 3:1-4, 9, 10; 살후 4:14; 5:10; 참조. 특히 Tannehill의 논문, Dying), 이 문맥에서는 갑작스러운 할례에 대한 소개가 나타난 것이 이례적이다. 여러 사람들이 주장하기를, 이것이 여기에 나타나 있는 것은 그것이 거짓 선생들에 의하여 주창되는 것이기 때문인 것으로 설명될 수 있다고 한다(참조. Lightfoot, Williams, Beasley-Murray, Caird 등). 여기서 바울의 언어 선택은 할례가 회중에게 심어지는 제설통합주의의 한 특징이었다면 특별히 적절하다(Bruce, 234, 235). 만일 그렇다면 우리는 갈라디아서에서처럼 그 할례 관습에 대한 어떤 비난이 있었음을 예상할 수도 있겠으나, 16-23절에는 그러한 언급이 전혀 없다. 슈바이저(Schweizer, 110, 111; 참조. Jews, *Greeks and Christians*, 250)는 11절과 13절에 있는 할례와 무할례에 대한 언급이 "영적으로 설명된" 것이고, 거짓 선생들의 특별한 행습에 대해서 논쟁적으로 지적된 것이 아니라고 주장한다. 다른 한편, 로제(Lohse, 102)는 "골로새서에 있는 할례는 구약성경의 율법에 대해 복종을 요구한 언약의 표시로 생각되지 않았다. 오히려 이것은 한 사람이 공동체에 들어와서 구원을 얻는 성례 의식으로 이해되었다. 그러나 이에 대한 증거가 오늘날 남아 있지 않다. 따라서 우리는 왜 바울이 이 시점에서 할례라는 주제를 소개했는지 확실하게 말할 수 있다"고 본다(참조. Halter, *Taufe*, 609).

"두루 잘라내다"(BAG, 652)를 의미하는 동사 페리템노(*περιτέμνω*)는 LXX에서 자주 육체의 할례, 즉 야웨와 자기 백성 간의 언약에 대한 외적 표시를 나타내는 의식상의 전문 용어로 나타났다(참조. 창 17:10-14, 23-27; 출 4:25; 12:44, 48; 레 12:3 등). 구약성경에서 이 단어는 "마음의 할례"를 가리키는 의미가 전용되어 윤리적 의미로 사용되었으며(참조. 신 10:16; 렘 4:4; 겔 44:7), 이로써 이스라엘은 언약의 하나님 야웨의 계명에 대한 완전한 복종을 통하여 자기들이 참된 할례를 받았음을 입증해 주어야 했다. 그러나 구약성경은 이 영적 할례가 육체의 할례를 대치하거나 대신했다는 사실을 암시하지 않았다. 1QS 5:5의 "(각 사람은) 악한 경향의 그리고 완고함의 표피를 공동체 안에서 제거해야 할 텐데, 이는 영원한 언약의 공동체인 이스라엘을 위하여 진리의 기초를 놓아 주는 것이다"(Vermes의 번역)는 신약성경 시대에 할례에 대한 하나의 상징적, 영적으로 해석된 입장이 팔레스틴 유대교 내에서는 알려져 있지 않았다는 사실을 보여 준다(Meyer, *TDNT* 6, 79). 여기서 진정한 할례는 이것이 영원한 언약의 근거로서의 역할을 했으므로 종말론적으로 이해되었다(참조. Schweizer, 110).

사도는 골로새인들이 "손으로 하지 아니한 할례를 받았으니"(*περιτομῇ ἀχειροποιήτῳ* – 페리토메 아케이로포이에토; 이런 방법으로 그들의 할례의 특성을 설명함으로써 다른 곳에서 할례가 의미한 내용과 구별짓는다. 참조. Meyer, 363). 형용사 케이로포이에토스(*χειροποιήτος*, "손으로 만든")는 LXX에서 우상(레 26:1; 사 2:18; 16:12에서 이것은 우상의 성소에 적용되었다), 거짓 신들(사 11:9) 혹은 형상(레 26:30)을 나타내기 위하여 사용되었다. 그러므로 이 단어는 인간의 손으로 만들어졌고 살아 계신 하나님과 대립되어 있는 신들을 묘사했다. 신약성경에서 이 단어가 출현하는 모든 곳에서 케이로포이에토스(*χειροποιήτος*, "손으로 만든")는 인간이 건설한 것과 하나님의 사역 간의 대조를 나타내기 위하여 사용되었다(Lohse, *TDNT* 9, 436; 참조. 막 14:58; 행 7:48; 17:24; 엡 2:11; 히 9:11, 24). "손의 만들지 아니한"(*ἀχειροποίητος* – 아케이로포이에토스) 어떤 것을 말한다는 것은 하나님 자신이 그것을 창조하셨다고 주장하는 것이다. 그래서 바울이 언급하는 하늘의 집(고후 5:1)은 죽을 때 우리 각자에게 주어질 것으로서 "손으로 짓지 아니한" 것이며, 이것은 말하자면 그것이 전적으로 하나님이 창조하신 것이라는 것이다. 이와 유사하게 예수께서 삼 일 만에 세우리라 하신 성전은 "손으로 짓지 아니한" 것이다(막 14:58). 바울이 골로새서 2:11에서 "손으로 짓지 아니한"(*ἀχειροποίητος* – 아케이로포이에토스) 할례를 말했을 때는 유대인의 할례(이것은 인간의 손으로 행해졌다)와 독자들이 체험한 하나님의 사역 사이를 대조하여 말한 것이다. 하나님께서 친히 옛 생활에서 새 생활로의 변화가 결정적으로 나타나게 하셨는데(이 점은 이 단락에서 하나님의 행위를 나타내기 위하여 사용된 수동형 동사로 강조되었다: 페리에트메데테〈*περιετμήθητε*〉, 쉰타펜테스〈*συνταφέντες*〉, 쉬네게르데테〈*συνηγέρθητε*〉; 참조. 쉬네조오포이에센〈*συνεζωοποίησεν*〉, 이것의 주어는 하나님이다), 이것은 사도가 1:21, 22에서 특히 강조하여 말한 주제다. 이 할례의 정확한 특징은 뒤따라오는 문구, 특히 "그리스도의 할례"에 대한 평행적 언급에 비추어서만 연상될 수 있다. 예상의 방법으로 우리는 이 후자의 문구를 그리스도의 죽으심에 대한 언급으로 이해하며, "너희가 할례를 받았다"는 문장은 "너희가 죽었다" 즉 그분의 죽음 안에서 죽었다를 의미하는 것으로 이해한다.

"육적 몸을 벗는 것이요"(*ἐν τῇ ἀπεκδύσει τοῦ σώματος της σαρκός* – 엔 테 아펙뒤세이 투 소마토스 테스 사르코스). 이것은 11절과 12절의 논증 가운데서 열쇠가 되는 문구이며, 이 문구에 들어 있는 의미는 이 구절이 일으키는 다른 여러 가지 문제들에 대한 답변을 결정한다. 모든 학자들은 다음의 두 가지 해석 가운데 하나에 속한다.

(1) 첫 번째 견해는 이 문구를 "육체"(*σάρξ* – 사르크스)에 대한 바울의 가르침에 비추어 "옛 성품을 벗어버림"을 의미하는 것으로 이해한다(참조. 골 3:9). 따라서 "육체의 몸"은 "이 사망의 몸"(*τὸ σῶμα τοῦ θανάτου τούτου* – 토 소마 투 다나투 투투, 롬 7:24) 혹은 "죄의 몸"(*τὸ σῶμα τῆς ἁμαρτίας* – 토 소마 테스 하마르티아스, 롬 6:6)과 동일하다. 이 이미지는 세례와 관련되어 있는 것으로 말해지며(참조. 갈 3:27, 세례와 유사한 상징과 그리스도로 옷 입음의 상징의 한 실례), 그리하여 세례에서 일어나는 것으로 말해지는 것으로서, 옛 성품의 벗음은 할례의 영

적인 행위에 해당하는 것이다. 한층 더 나아가 형용사 "육체적인"과 실질적으로 동일한 테스 사르코스(*τῆς σαρκός*)의 사용은 같은 장 18절에 있는 "그 육체의 마음을 좇아"(*νοῦς τῆς σαρκός* – 누스 테스 사르코스)와 평행을 이루고 있는 것으로 주장된다. 이 입장의 주창자들은 거의 동일한 표현인 그리스도의 육신의 몸을 가리키는 "그의 육체의 몸 안에서"(*ἐν τῷ σώματι τῆς σαρκὸς αὐτοῦ* – 엔 토 소마티 테스 사르코스 아우투, 1:22)란 표현이 여기서는 "그의"(*αὐτοῦ* – 아우투)란 단어가 빠지면서 다른 의미를 가진다는 사실을 인정한다. (Lähnemann, *Kolosserbrief*, 121, 122, 그리고 Zeilinger, *Der Erstgeborene*, 144, 145에서는 이 두 언급을 설명하려고 노력하면서도 그것들의 의미의 근본적인 차이를 주장한다). 이러한 해석에 따르면(이것은 일반적으로 뒤따라오는 문구 "그리스도의 할례"를 "그리스도께서 주신 할례", 즉 그리스도인의 할례, 다시 말해 세례를 의미하는 것으로 이해한다. 아래를 보라), 바울은 그리스도인들이 할례에 속할 필요가 없는데, 그 이유는 세례가 이제 그것을 대치했기 때문이라고 말하고 있다는 것이다(Lohse, 103, Zeilinger, *Der Erstgeborene*, 144, 145, Schnackenburg, *Baptism*, 68, Caird, 192-94의 주석들을 보라. 이들은 약간의 차이들이 있다).

(2) 두 번째 접근 방식은 이 문구 "육적 몸을 벗는 것이요"를 그리스도의 죽음에 대한 언급으로 취급하여(Moule, 95, 96, Beasley-Murray, *Baptism*, 152, 153, 참조. *RevExp* 70[1973] 474, 475, Gundry, *Sōma*, 40-42) 1:22에 있는 그의 죽음에 대한 이전의 언급 "그의 육체의 죽음"(*ἐν τῷ σώματι τῆς σαρκὸς αὐτοῦ* – 엔 토 소마티 테스 사르코스 아우투)과 일치시킨다. 이 해석은 15절의 그럴듯한 설명을 준비해 주는 유리한 점, 말하자면 그리스도의 죽음 안에서 하나님께서 그들을 그분의 승리의 행진으로 인도해 가면서 정사들과 권세들을 박탈시키셨다(아페크뒤사메노스〈*ἀπεκδυσάμενος*〉는, 드문 단어 아페크뒤시스〈*ἀπέκδυσις*〉와 어근이 같다)는 점을 덧붙여 주었다.

이 두 문구 "육적 몸을 벗는 것이요"와 "그리스도의 할례니라"가 똑같이 설명된다고 가정한다면(두 개의 소유격을 목적격으로 간주함으로써), 그 의미는 육체의 몸이 그리스도께서 할례를 받으셨을 때, 즉 그분이 죽임을 당하실 때 벗겨졌다는 것이다. 전체의 진술은 "죽음을 위한 두려운 모습"이다(Beasley-Murray, *Baptism*, 152).

그러나 이러한 접근 방식에 대해서는 수많은 반대 논증이 퍼부어졌다. 첫째로, "그의"(*αὐτοῦ* – 아우투)와 같은 명사나 대명사가 없다는 사실은 "육체의 몸"이 문장의 주어, 즉 할례를 받은(*περιετμήθητε* – 페리에트메데테) 믿는 자들에게 속한다는 사실을 의미한다. 이 문구는 이전의 언급 "그의 육체의 몸 안에"(1:22)와 의미의 차이가 있다고 주장되었다. 그러나 이 대명사의 누락(Lohse, 103과 Caird, 193에서는 이를 중요한 것으로 생각한다)은 "그리스도와 함께 세례를 받은 자에 대한 신원 확인이 구체화하는 대명사의 위치가 잘못된 것으로 표현할 만큼 너무나 가까운 것으로 간주되기" 때문이거나(Moule, 95), 혹은 뒤따라오는 "그리스도의"라는 문구가 그분의 육신의 몸이 할례에서 벗겨졌다는 것을 명확하게 밝혔기 때문에(Gundry, *Sōma*, 41) 일어났을 수 있다.

둘째로, 죽을 때 육신의 몸을 벗는다는 개념은 이원론의 기미가 있는 것이고 부활에 대한 바울의 신학과 상반된다(Caird, 193). 그러나 아마도 바울이 만들어 낸 단어로 보이는 아페크뒤시스(*ἀπέκδυσις*, "벗는 것")는 그리스도의 죽음이 참혹하고 무서운 것이었다는 점을 강조하고, 그 외에는 다른 뜻이 없는 것으로 말하기 위하여 바울에 의하여 선택되었을 가능성이 있다. 이 어휘는 케어드가 이 입장에 대한 자신의 비평서에서 언급한(고후 5장) 죽을 때 옷을 입음과 벗음에 대한 진술처럼 상징적인 것임에 틀림없다.

"그리스도의 할례니라"(*ἐν τῇ περιτομῇ τοῦ Χριστοῦ* – 엔 테 페리토메 투 크리스투). 그렇다면 우리 입장에서 "그리스도의 할례"는 여덟 살 때 유대인 어린아이가 받는 할례(눅 2:21)가 아니다. 또한 그것은 모세와 족장들에게 속하는 할례와 대조되는 그리스도인의 할례로 이해된 "그리스도에게 속하는 할례"도 아니며, 따라서 세례에 대한 완곡어도 아니다(많은 사람들이 이런 식으로 해석하기는 하지만). 이 진술은 그리스도께서 겪으신 할례, 말하자면 그분의 못 박히심를 나타내는 것으로 보는 것이 가장 나은데, 그분의 글자 그대로의 할례는 기껏해야 이 십자가 사건에 대해 예상하도록 하는 하나의 표시에 지나지 않았다(참조. Bruce, 234). 이 문구를 이런 식으로 그분의 세례와의 동의어로서가 아니라 그리스도의 죽으심으로 해석함으로써, 11절은 할례의 상징에 대한 시종일관한 적용을 제공하는 것으로 보이며, 또한 세례 어휘는 "세례로 그와 함께 장사되었다"(12절)는 문장에 가서야 실질적으로 시작된다(참조. Beasley-Murray, *Baptism*, 153).

사도의 복음 중에 가장 중요한 요소들은 이것이다. 즉 "그리스도께서 우리 죄를 위하여 죽으시고 장사 지낸 바 되었다가 성경대로 사흘 만에 다시 살아나사…"(고전 15:3, 4). 이와 같은 요소들은 바울이 처음으로 할례의 어투를 사용하고(11절) 그 다음으로 세례의 어투를 사용하고 있는(12절) 골로새서 2:11, 12(위의 해석 참조)에서 명확하게 식별될 수 있다: 그리스도의 몸이 그분의 죽음으로 벗겨졌고 그분께서 장사되고 일으키심을 받으셨다는 것이다. 여기서 믿는 자들이 이러한 구원 사건에 참여했다는 사실도 주장되었다(참조. 롬 6:3, 4). 즉 너희는 그의 죽으심 가운데서 죽었고(다시 말해서, 너희가 그의 할례 안에서 할례를 받았다는 것이다. 이러한 어투가 쉬스타우로오〈*συσταυρόω*, "…와 함께 십자가에 못 박히다"〉를 대신하고 있으며 혹은 뒤따라오는 쉰〈sun-〉-동사와 동형이 되는 이와 유사한 동사를 대신하고 있다. Tannehill, *Dying*, 49), 너희가 그와 함께 장사되고 그와 함께 일으킴을 받았다는 것이다.

12 "너희가 세례로 그리스도와 함께 장사한 바 되고"(*συνταφέντες αὐτῷ ἐν τῷ βαπτίσμῷ* – 쉰타프센테스 아우토 엔 토 밥티스모). 만일 골로새에 있는 신자들이 그리스도의 할례 안에서 할례를 받았다면, 즉 그들이 그분의 죽음 안에서 죽었다면 그들은 "세례로(안에서) 그분과 함께 장사되었다"는 사실이 곧 뒤따라 나온다(밥티스모〈*βαπτίσμῷ*, "씻음", "잠김"〉에 대한 본문상의 입증, 즉 P^{46} B D* 등은 밥티스마티〈*βαπτίσματι*〉가 세례를 의미하는 기독교 용어인 것만큼 강력하다. 앞의 단어는 좀 덜 일반적인 단어이고, 그래서 등사자들은 후자의 단어로 바꾼 것으로 보인다. 참조. Metzger, *Textual Commentary*, 623). 신약성경에서 이 곳과 로마서 6:4에만 나오는 쉰다프토(*συνθάπτω*, "…와 함께 장사하다")는 신자들이 세례로 자기 주님과 장사된다는 상징적 의미로 사용된다(BAG, 789). 그리스도의 장사(고전 15:4)가 그분의 죽으심에 대한 인증인 것처럼, 골로새 교인들이 세례로 그분과 함께 장사된 것은 참으로 그분의 죽으심 가운데 포함되어 그분의 무덤에 눕혀졌다는 사실을 보여 준다. 그것은 마치 그들이 단순히 예수님이 죽으신 것처럼 죽었다는 것이 아니고, 혹은 그분이 무덤에 누우신 것처럼 묻혔다는 것이 아니다(롬 6장에 대한 특별한 언급과 함께 이러한 인기 있는 견해에 대한 요약과 비평에 관해서는 Beasley-Murray, *Baptism*, 131-46를 보라). 오히려 그들은 십자가에서 그분과 함께 죽었고 그분의 무덤에 누웠다(참조. Beasley-Murray, *RevExp* 70[1973] 475). 장사됨은 죽음이 실제로 일어났고 옛 생활이 이제는 과거의 것이 되었다는 것을 입증해 준다. "죽음으로의 세례를 통하여"(롬 6:4) 그리스도와 함께 장사된 사람들은 더 이상 죄에게 종노릇 하는 것과 같은 생활을 할 수 없다.

"그 안에서 함께 일으키심을 받았느니라"(*ἐν ᾧ καὶ συνηγέρθητε* – 엔 호 카이 쉬네게르데테). 독자들은 그분의 죽음 안에서 그리스도와 함께 죽었고, 세례로 그분과 함께 장사된 것뿐만이 아니다. 그들은 부활로 그분과 함께 일으키심도 받았다.

사도는 앞에서 부정적 측면을 말하고 나서, 이제는 긍정적인 측면으로 돌아서서(참조. J. D. G. Dunn, *Baptism in the Holy Spirit*[London, SCM, 1970] 154; American edition[SBT, 2nd Ser. 15; Naperville, IL: Allenson, 1970]) 특별히 강력한 어투로 말하고 사도의 케류그마의 이 면을 강조하고 있다. (a) 앞의 분사형과는 다른 정형동사 쉬네게르데테(*συνηγέρθητε*)가 강조되어 있다(Lohse, 104; Lähnemann, *Kolosserbrief*, 122; Schweizer, 112). (b) 이 부활에 대한 언급을 확대하는 표현들이 가득하다. (c) 새 생명이라는 주제가 13절에서 취급된다. 이 부활 묘사의 여러 특징들을 살펴보아야 할 것이다.

(1) 골로새인들은 그리스도와 함께 일으키심을 받았다. 하나의 강력한 논증이, 다른 사람들이 엔 호(*ἐν ᾧ*)를 "그 안에서(in which)"로 취급하기를 선호하면서 따르고 있는 비슬리-머리에 의하여 주장되었는데(Beasley Murray, *Baptism*, 153, 154; 참조. *RevExp* 70[1973] 476)(영어권의 학자들이 자주 이러한 입장을 취한다: 참조. Abbott, 251, 252; Scott, 45 등, 그리고 RSV, NEB, TEV를 보라), 그는 이 관계대명사를 세례를 가리키는 것으로 보고 이 구절을 다음과 같이 번역한다: "세례로 그분과 함께 장사되고, 그(in which, 즉 세례 – 역자주) 안에서 너희가 하나님의 사역에 대한 믿음을 통하여 그분과 함께 일으키심을 받았다"(Beasley-Murray, *Baptism*, 154). 그는 "너희가 그 안에서 일으키심을 받았다(*συνηγέρθητε* – 쉬네게르데테)"란 진술이 좀더 자연스럽게 "그와 함께 장사되었고"(*συνταφέντες αὐτῷ* – 쉰타프센테스 아우토)와 평행을 이루고 있는 것으로 보이며, 뒤에 나타나는 단어 "그분과 함께"(*αὐτῷ* – 아우토)는 두 동사를 함께 묶는 역할을 한다고 생각한다. 또한 비슬리-머리는 엔 호(*ἐν ᾧ*)를 "그분 안에서"("그〈세례〉 안에서"가 아닌)로 읽는 것은 세례의 두 가지 요소 사이를 분리하게 하는 것이며, 그 결과 신자들이 세례로 그리스도와 함께 장사되지만 어떤 다른 방식으로 그리스도와 함께 일으키심을 받는다고 바울이 주장하고 있는 것으로 만든다고 주장한다. 그래서 그는 관계대명사가 바로 앞에 나오는 선행사, 즉 "세례로"를 가리키는 것이 더 단순하고 자연스럽다고 주장한다.

그러나 우리가 선호하는 것은 이러한 논증이 훌륭함에도 불구하고 이것이 그리스도("그분 안에서"; 참조. Lohmeyer, 108, Schnackenburg, *Baptism*, 69, Lohse, 104, Grundmann, *TDNT* 7, 792)를 지적하고 우리가 그분과 함께 일으키심을 받았다는 사실을 진술하고 있는 것으로 취급하는 것이다. 관심의 초점이 "그리스도 안에서" 되어진 일이라는 주제임을 이미 살펴본 바 있다. "그분 안에서"(in him)와

"그 안에서"(in whom)라는 표현이 이 단락 전체에 걸쳐서 골로새인들이 오직 그리스도 안에서만 완전에 이른다는 사실을 보여 주기 위하여 반복하여 사용된다. 그러므로 이 단락의 나머지 부분과 함께 엔 호(ἐν ᾧ)를 "그(세례) 안에서"가 아니라 "그분 안에서"로 번역하는 것, 특히 11절에 있는 같은 표현인 엔 호 카이(ἐν ᾧ καί)가 그리스도만을 가리킬 수 있고 "그분 안에서 그리고"로 번역되는 것이 보다 일관성이 있다. 더 나아가서, 왜 세례라는 주제가 비슬리-머리가 주장하는 것처럼(Beasley-Murray, *RevExp* 70[1973] 476) 일관성 있게 본 절의 하반절까지 계속 사용되어야 하는지가 분명치 않다. 위의 해석(이 해석은 부분적으로 비슬리-머리에게 빚진 것임)에 비추어 볼 때, 세례는 예수의 죽으심과 연결되어 있지 않다 – 할례 이미지는 이러한 목적을 돕는다. 기껏해야 세례는 세 개의 요소들 가운데 두 개 즉 그리스도의 장사와 부활만을 가리키고 그의 죽으심은 가리키지 않는다(롬 6장에서는 세례가 죽으심과 장사와 묶여 있다). 마지막으로 "그분 안에서"란 표현이 쉰-(συν-)이 접두사로 붙여진 동사와 연결될 때 다소 이상한 것처럼 보이기는 할지라도(συνηγέρθητε – 쉬네게르데테, "너희가 …와 함께 일으킴을 받았다") 에베소서 2:6은 "함께"와 "그리스도 안에"를 같은 방식으로 상대 단어의 뒤에 놓고 있다: "또 (그분과) 함께 일으키사 그리스도 예수 안에서 (우리를 그분과) 함께 하늘에 앉히시니"(καὶ συνήγειρεν…ἐν Χριστῷ Ἰησοῦ – 카이 쉬네게이렌…엔 크리스토 예수). 거기서 특별히 그것이 "그분" 혹은 "그것"으로 번역될 수 있는 인칭대명사라기보다는 예수 그리스도를 가리키기 때문에 모호한 점은 없다.

몇몇 사람들은 이 구절에 대한 해석을 위하여 11절에 있는 할례에 관한 진술을 세례와 동일한 것으로 혹은 세례에 대한 설명으로 해석함으로써, 그 다음으로 세례라는 주제를 12절의 양편에 적용되는 것으로 해석하고자 세례에 관한 사상이 들어있음을 인정했다. 그러나 이 단락의 중심 주제는 그리스도와 함께 죽고 일으키심을 받는 것이다. 즉 그분의 죽으심 안에서 그분과 함께 죽는 것이 11절에서 할례라는 용어로 진술되고 있다. 그렇다면 세례로 그분과 함께 장사되는 것은 12a절에 진술되어 있고, 반면에 믿음으로 말미암아 그리스도와 함께 일으키심을 받는 것이 이 구절의 하반절에서 강조되고 있다. 세 가지 요소들 가운데 강조는 첫 번째와 세 번째 즉 죽음과 부활(세례로 장사됨이 아닌)에 있는데, 그 이유는 이 진술이 강조된 문구 "또한 그분과 함께"(ἐν ᾧ καί – 엔 호 카이)로 시작하고, 하나의 종속 분사형(페리에트메데테〈περιετμήθητε〉와 쉬네게르데테〈συνηγέρθητε〉)이 아닌 정형동사를 사용하고 있으며, 또한 다소 다른 방법이기는 하지만 이 문구가 13절에서 다시 사용되기 때문이다. 세례에 관한 진술은 이 구절에서 발전되지 않는다.

(2) 그리스도와 함께 골로새인들의 부활은 이미 일어났다: 그것이 부정과거 시제 쉬네게르데테(*συνηγέρθητε*, "너희가 일으키심을 받았다")라는 단어를 통하여 묘사되었다. 이것은 골로새서의 종말론이 완전히 실현되었다는 사실을 시사하는 것이 아니다(3:1-4을 보라). 미래 요소는 죽은 자의 부활이 아니라 그리스도와 함께 그리스도 안에서 지금 하나님과 함께 감추어져 있는 생명의 계시로서 언급되었다.

가끔 골로새서(이 곳과 3:1)와 에베소서(참조. 2:5, 6)는 그리스도인들에 관하여 그리스도와 함께 이미 일으키심을 받은 것으로 말하면서, 그들의 부활이 미래의 소망으로 남아 있다는 "진정한" 바울 서신과 모순된다고 말해진다(참조. E. Grässer, "Kol 3,1-4 als Beispiel einer Interpretation secundum homines recipientes," *ZTK* 64[1967] 139-68, 특히 147, 148; 참조. 고후 4:14; 빌 3:11). 로마서 6:5-8이 여기서 특별히 관련성을 가지고 있는 것으로 말해지고 있다. "만일 우리가 그의 죽으심을 본받아 연합한 자가 되었으면 또한 그의 부활을 본받아 연합한 자가 되리라… 만일 우리가 그리스도와 함께 죽었으면 또한 그와 함께 살 줄을 믿노니."

이제 신자들이 부활하신 그리스도의 생명에 참예함에 대한 개념은 바울의 편지의 어느 곳에서보다 골로새서 2:12(참조. 3:1과 엡 2:6)에서 더욱 분명하게 발견할 수 있다. 그러나 그것은 바울의 초창기 편지들 속에는 없거나 기타 다른 어떤 사람이 바울 자신이 제공할 수 있었던 것보다 더 명백하게 사도의 중심 사상을 제공하는 골로새서의 용어에 대해 책임이 있다는 것을 의미하지는 않는다(참조. Bruce, 236).

우리가 로마서 6:5, 8의 미래 시제를 실질적인 것이 아닌 논리적인 미래(만일 A가 진실이라면, B 역시 진실이다)로 간주하든 그렇지 않든(Caird, 194에서는 그것들을 논리적 미래로 간주하고, 반면에 Tannehill, *Dying*, 10-12에서는 그러한 주장을 반대한다), 바울이 독자들에게 현재 자신들을 하나님에게 살아 있는 자로 여기라고 명령하고 있는 로마서 6:11, 13에서 사도는 그리스도인들인 그들이 지금 여기서 새 생명을 누리고 있다고 믿고 있다(G. M. Styler, "The Basis of Obligation in Paul's Christology and Ethics," *Christ and Spirit in the New Testament Studies in Honour of Charles Francis Digby Moule*, ed. B. Lindars and S. S. Smalley[Cambridge: University Press, 1973] 181-83; 참조. Moule, *Origin*, 124; 롬 6장에 관해서는 Bornkarmm, *Experience*, 71-86, Schnackenburg, *Baptism*, 30-61). 케어드(Caird, 194)가 정곡을 찔러 질문한 바와 같이, 만일 그리스도인들이 마지막 승리가 있기

전에 부활의 소망도 없이 여전히 죽어 있고 묻혀 있다면, 어떻게 자기들이 "그리스도 예수 안에서 죄에 대하여는 죽은 자요 하나님에게 대하여는 산 자"(6:9)로 가정하면서 생활을 하고 또는 "죽은 자 가운데서 다시 산 자"(6:13)로 행동할 수 있으리라고 기대할 수 있겠는가? 스타일러(Styler, *Christ*, 182, 183) 역시 현 세상의 삶 가운데서 부활의 체험을 가리키고 있는 고린도후서 4:10, 11(참조. 고후 13:4)과 함께 "최후에 그리스도의 부활의 생명에 참여함"에 대하여 말하지 않고 "육체 가운데서" 지금 여기서 그 생명을 실제로 나누어 갖는 것을 말하고 있는 갈라디아서 2:19, 20에 눈길을 돌리고 있다.

비록 사도가 그리스도와 함께 일으키심을 받은 것을 과거의 사건으로 말하는 것이 골로새서와 에베소서에서뿐일지라도, 초창기 서신들 가운데 있는 이러한 언급들은 그리스도 안에서 부활 생명의 현재 경험을 말하고 있다(Beasley-Murray, *Baptism*, 155). 그 편지들을 기록하게 했던 다른 상황들로 인하여 부분적으로 언어의 차이가 있는 것이라고 인정되어야 할 것이다. 로마서 6장에서 "은혜를 더하게 하려고 죄에 거하겠느뇨?"(1절)라는 질문에 대답하기를 요청하면서, 사도는 신자가 그리스도와 함께 십자가에 못 박혔으므로 더 이상 죄의 종이 아니라고 주장한다. 그는 이 종을 인도하는 자의 통치로부터 자유함을 받았다. 그는 새 생명에 참여하고 있으며, 그 새 생명 가운데서 행해야 한다. 이 구절의 강조는 믿는 자가 죄에 대하여는 죽은 자로 여기고 자신을 하나님께 드려 죄가 자기 죽을 육체에 왕노릇 하지 못하게 하고 자기의 지체를 그분에게 의의 도구로 드리는 것에 있다. 로마서 6장의 문맥에서 사람이 이미 그리스도와 함께 일으킴을 받았다고 주장했다는 것은 자부심이 강한 자기 만족이나 승리주의로 이끌었을 수도 있는데(고전 4:8의 "너희가 이미 배부르며 이미 부요하며 우리 없이 왕노릇 했도다"의 경우에서처럼), 그 이유는 구원이 이미 충분하고도 완전하게 주어졌으므로 이제 일할 것이 아무것도 없고 다만 영광만 있다고 생각되었기 때문이다(참조. Tannehill, *Dying*, 10-12).

그러나 이것이 골로새에 있었던 위험은 아니었다. 믿는 자들이 그리스도 안에서 완성되지 않았다는 거짓된 주장이었다. 그들은 의식과 금욕 준수라는 엄격한 훈련을 따라야 할 필요가 있었고, 만일 그들이 완전으로의 길을 따라 나아가고 "생명의 충만"으로 나아가야 한다면 영적 세력들에 대해서 충분히 고려해야 했다. 이에 반대하여 사도는 골로새 기독교인들이 이미 그리스도와 함께 일으키심을 받았다고 주장한다(참조. Schnackenburg, *Baptism*, 71).

(3) 그러나 이것은 골로새인들이 "부활이 이미 지나갔다"(*ἀνάστησιν ἤδη γεγο-*

νέναι – 아나스테신 에데 게고네나이)는 주장과 함께 디모데후서 2:18에 언급된 일종의 광신적인 열정과 모든 종말론이 완전히 실현되었다는 영향 속으로 떨어지려 하고 있다는 사실을 시사하지 않는다. 그리스도와 함께 부활하는 것은 그리스도와 함께 일으키심을 받은 사람들이 그리스도를 죽은 자 가운데서 일으키신 능력과 같은 능력이요 또한 그들에게 능력을 주고 그들 안에서 새 생활을 유지하도록 하시는 하나님의 능력에 대한 믿음으로 말미암아 일으키심을 받았다는 것을 의미한다(여기서 에네르게이아〈*ἐνέργεια*〉는 믿음의 대상이다. 참조. 엡 1:19-21; 에네르게이아〈*ἐνέργεια*〉의 의미에 관해서는 1:29을 보라). 사실상 새 생명은 다름아닌 자기 몸의 모든 구성원들에게 나누어 주신 그리스도의 부활의 생명이다.

13 이 구절의 말씀과 함께 관점이 변한다. 더 이상 그리스도인은 그분의 죽으심과 장사지냄 그리고 부활 안에서 그리스도와 연합된 것으로 간주되지 않는다. 그보다 그는 이방인으로 있을 당시 불법과 죄로 참으로 죽었던 위치에 있었으나, 이제는 그리스도 안에서 하나님으로 말미암아 살리심을 받았다. 사상의 움직임(참조. Dibelius-Greeven, 31, Lohmeyer, 113, Zeilinger, *Der Erstgeborene*, 168)은 "너희"로부터 "그", 즉 그의 아들 안에서 자비롭게 행하신 하나님에게로 주어의 변화(12절에 있는 특별한 언급, "죽은 자들 가운데서 그〈예수〉를 일으키신 하나님"을 유의하라)가 암시되어 있다. 그럼에도 불구하고, 부활 생명의 성격이 뒤따라오는 내용 가운데 설명되면서 앞의 내용과 연결된다(참조. Schweizer, 113).

"또 너희의 범죄와 육체의 무할례로 죽었던 너희를 하나님이 그와 함께 살리시고 우리에게 모든 죄를 사하시고"(*καὶ ὑμᾶς νεκροὺς ὄντας…συνεζωοποίησεν ὑμᾶς σὺν αὐτῷ* – 카이 휘마스 네크루스 온타스…쉬네조포이에센 휘마스 쉰 아우토). 1:21, 22에서처럼(64-66쪽을 보라) 독자들이 기독교인이 되기 이전의 과거와 그들이 지금 그리스도 안에서 갖는 위치(이전의 경우 포테〈*ποτέ*, "그때"〉와 뉜〈*νῦν*, "지금"〉이 특별히 언급되었다; Tachau, *Einst*, 84-87, 참조. Conzelmann, 144, Burger, *Schöpfung*, 98) 간에 날카로운 대조가 되고 있다. 또다시 체험된 구원의 기적이 하나님께서 그들을 자유케 하신 잃어버려진 상황과 대조되고 있다. 과거가 상기되고 있는데, 이는 그 시절을 강조하기 위해서가 아니라(여기서 이전의 상황은 온타스〈*ὄντας*, "죽은"〉라는 분사형의 수단, 쉬네조포이에센〈*συνεζωοποίησεν*, "그가 살리셨다"〉이라는 정형동사를 통한 하나님의 행위의 수단으로 묘사되었다), 그리스도와 함께 골로새인들을 하나님이 살리신 기적으로 주의를 환기시키기 위해서다.

11절과 12절에서 사용된 것들과 유사한 단어들이 여기서 사용되었는데, 그 의미

는 다르다: 예를 들어, "죽은"(*νεκροὺς* – 네크루스; 참조. *ἐκ νεκρῶν* – 에크 네크론, 12절, 그리고 그리스도와 함께 죽음의 개념, 11절), "무할례"(참조. 11절, "너희가 손으로 하지 아니한 할례를 받았으니"), "육체"(*σάρξ*, 사르크스, 참조. 11절)와 "살리시고"(참조. "너희가…와 함께 일으키심을 받았다, 12절)의 반복.

바울은 계속해서 골로새인들의 이전의 상태를 묘사해 나간다: "또 죽었던 너희를…"(*καὶ ὑμᾶς νεκροὺς ὄντας*… – 카이 휘마스 네크루스 온타스…). (엡 2:1-6에 있는 보다 충분한 언급을 보라). 육체의 죽음을 나타내는 문자 그대로의 사용(예를 들어, 롬 14:9; 참조. Bultmann, *TDNT* 4, 892-94)은 별도로 하고, 죽음에 대한 단어는 사도를 통하여 그리스도의 죽음 안에서 그분과 연합됨에 대해서 말하기 위하여 사용되었다(참조. 20절). 게다가 형용사 네크로이(*νεκροί*, "죽은")가 잃어버려진 상태 혹은 사망의 통치를 받던 상태를 묘사하기 위하여 상징적으로 사용되었다(현재 분사 온타스〈*ὄντας*, "되는"〉를 보라). 그것은 가끔 영적 죽음으로 불리며 죄로 말미암아 하나님으로부터 격리된 혹은 분리된 상태를 나타낸다(이러한 묘사는 마이어가 자신의 엡 2:1 주석에서 말한 바와 같이 단순히 예변법적으로 "영원한 죽음에 처한" 죽음이 아니라〈Meyer, *Critical and Exegetical Hand-book to the Epistle to the Ephisians*, Tr. M. J. Evans and W. P. Dickson, New York: Funk and Wagnalls, 1884, 92〉, 영적 생명이 없는 그리스도로부터 분리된 자들의 현재 상태를 가리키고 있다).

"너희의 범죄와 육체의 무할례로"(*τοῖς παραπτώμασιν καὶ τῇ ἀκροβυστίᾳ τῆς σαρκὸς ὑμῶν* – 토이스 파랍토마신 카이 테 아크로뷔스티아 테스 사르코스 휘몬). 이 불쌍한 그리고 죄 있는 상태는 그들의 허물과 죄악된 성품으로 말미암아 야기되었다(여격인 토이스 파랍토마신〈*τοῖς παραπτώμασιν*〉과 테 아크로뷔스티아〈*τῇ ἀκροβυστίᾳ*〉는 아마도 원인을 나타내는 여격일 것이다. 참조. 롬 11:20; BDF, 항목, 196; Lightfoot, 184, von Soden, 48, Williams, 94, Lohse, 107, Zeilinger, *Der Erstgeborene*, 168; 동시에 이 단어들은 그들의 이전의 상태에 대한 묘사다: 참조. Moule, 97; 몇몇 초대 서기관들〈참조. P^{46} A C 등〉은 전치사 엔〈*ἐν*, "안에"〉을 삽입했는데, 이는 아마도 그것을 이런 식으로 이해했던 것으로 보인다). 파랍토마(*παράπτωμα*, "잘못된 발걸음", "범죄", "죄", BAG, 621; 참조. Mochaelis, *TDNT* 6, 170-73)는 바울 서신에 자주 나오는 단어로서 (신약성경의 다른 곳에는 마 6:14, 15〈몇몇 필사본들〉 그리고 막 11:25에 나온다) 특별히 치명적인 결과를 가져오는 의도적인 불순종 행위를 강조하는 죄에 대해서 사용되는 여러 단어들 중 하나다. LXX에서 같은 어근의 동사 파라핍토(*παραπίπτω*, "옆길로 나가다", "타락하다", "오류를 범하다", "죄를 짓다")가 하나님에 대항하여 의식적인 그리고 의도적인 범죄를 표현하는 단어로 사용되었다("범죄〈반란〉", 욥 36:9; 겔 14:11; 18:22; "불성실", 겔 14:13; 15:8; 18:24; 20:27; "부정", 겔 3:20; 18:26). 바울은 로마서 5:15-18, 20에서 이 단어를 아담의 불순종을 묘사하기 위하여 단수로 사용했는데(창 3장의 실제 범죄를 말한다), 그로 말미암아 죄가 세상에 들어왔다(롬 5:12). 복수로 되어 있는 "불법들"(복수형)은 모든 인간들이 하나님에게 대항하여 반역하는 행동들을 묘사하며(롬 5:16; 고후 5:19; 참조. 갈 6:1), 이로 인하여 그리스도께서 죽음에 넘겨지셨다(고후 5:19; 엡 1:7; 골 2:13).

만일 첫 번째 단어가 영적 죽음의 원인으로서 하나님에 대한 반역 행위를 가리킨다면, 이와 긴밀하게 연결된 두 번째 것은 그리스도 밖의 사람들의 삶이 영원한 불순종의 상태에 있음을 가리킨다. 그들은 그들의 육체의 무할례 가운데서 살고 있다(*τῇ ἀκροβυστίᾳ τῆς σαρκὸς ὑμῶν* – 테 아크로뷔스티아 테스 사르코스 휘몬). 신약성경에서 약 20회 출현하는 아크로뷔스티아(*ἀκροβυστία*, "무할례"; 참조. Scgmidt, *TDNT* 1, 225, 226)는 사도행전 11:3을 제외하고 바울 서신에만 나타난다. 그는 자주 이방인들을 지칭하기 위하여 이 단어를 사용하고 있으며(롬 2:25-27; 3:30; 4:9-12; 고전 7:18, 19; 갈 2:7; 5:6; 6:15; 엡 2:11; 골 3:11), 또한 13절은 그들의 이전의 비기독교적 상태를 묘사하고, 반면에 그 앞의 언급은 그리스도께서 이루신 변화에 대해서 말하고 있다. 그러므로 이 문맥 가운데서 11절의 어투와 대조되는 이 단어("또 그 안에서 너희가 손으로 하지 아니한 할례를 받았으니", 위의 114-116쪽을 보라)는 두 가지 의미로 이해되어야 한다. 첫째로, 여기에 그들이 육체적으로 할례를 받지 못했다는 언급이 있다. 그러나 그것 자체는 그들이 영적으로 죽었다는 사실을 의미하지 않았다. 육체적 "무할례"는 그들이 영적으로 하나님과 그분의 은혜 언약으로부터 소외되었다는 것의 상징이었다(엡 2:11, 12; 참조. Moule, 97, Schweizer, 114, Caird, 194, 195). 그들은 이방인들이었고, 불경건한 사람들이었다(Lohse, 107).

"너희를 그와 함께 살리시고"(*συνεζωοποίησεν ὑμᾶς σὺν αὐτῷ* – 쉬네조오포이에센 휘마스 쉰 아우토). 그러나 이 이방인들의 무할례는 그리스도의 죽으심 가운데서 "손으로 하지 아니한 할례"(2:11)를 통하여 제거되었고, 하나님께서는 그들을 그분과 함께 살리셨다(이 부정과거형 쉬네조오포이에센〈*συνεζωοποίησεν*〉을 보라. 휘마스〈*ὑμᾶς*〉가 강조를 위하여 반복되어 있다. 이것은 a* A C K 81 614 등의 충분한 지지를 받고 있다. 이것이 몇몇 필사본에서 빠진 것은 아마도 서기관들이 불필요한 것으로 생각했던 것으로 보이며, 반면에 P^{46} B 33 등에서 헤마스〈*ἡμᾶς*, "우리를"〉로 대치한 것은 아마도 뒤따라오는 헤민〈*ἡμῖν*〉과 일치시키기 위한 것으로 보인다. 다시 말해서 그것은 다른 사람들을 설명하는 본문이다. 참조. Metzger, *Textual Commentary*, 623). 조오포이에오(*ζωοποιέω*, "살리다", "생명을 주다")는 죽음으로부터 종말론적 일으키심을 묘사할 때 사용한 에게이로(*ἐγείρω*, "일으키다")와 단순한 동의어로 사용되었다(참조. 고전 15:22과 롬 8:11과 함께; Bultmann, *TDNT* 2, 874, 875). 이 곳과 에베소서 2:5에서만 복합동사 쉬조오포이에오(*συζωοποιέω*, "…와 함께 살리다")가 발견되지만, 부가적인 문구 "그와 함께"(*σὺν αὐτῷ* – 쉰 아우토; "그리스도와 함께"란 표현의 의미에 관해서는 169-171쪽을 보라)는 여기서 이 접두사가 중요하다는 사실을 가리킨다. 골로새인들은 죽으시고 다시 살아나신 그리스도와 함께 생명으로 들어왔다. 그렇다면 그들의 새 생명은 그분께서 죽은 자 가운데서 살아나셨을 때 그분께서 받으신 새 생명 가운데서 받아 가진 것이다. 죽음이 정복되고 하나님의 새 창조의 필수적인 부분인 새 생명을 받은 것은 그분과의 연합 가운데서 뿐이다. 더 나아가서 그것이 사죄와 관련되어 있으므로, 뒤따라오는 문구는 이 생명의 주어짐이 순수한 은혜 행위(*καρισάμενος*, 카리사메노스)라는 사실을 밝혀 준다.

"우리에게 모든 죄를 사하시고"(*χαρισάμενος ἡμῖν πάντα τὰ παραπτώματα*, – 카리사메노스 헤민 판타 타 파랍토마타). 13c-15절이 찬양 문구들 가운데서 형성된 하나의 고백 중 한 단편이었다는 주장은 앞 단락에서 논의되었다("양식/구조 배경"을 보라). 이를 주장했던 사람들은 사죄가 그 고백의 초두에 있는 주제라고 생각한다(Lohse, 106, 또한 Einheit, 276-84에 있는 그의 논문; Martin, *Recinciliation*, 1974, 117에 있는 그의 변화를 보라). 고백적 진술이라는 이러한 주장이 사실이든 그렇지 않든 사죄에 관한 문구는 그것들과 직접 관련되어 있는 문맥 속에서 해석되어야 하며, 이것은 그리스도 안에서의 새 생명과 관계가 있다.

하나님께서 우리의 모든 죄를 사하셨으므로 그들을 그분과 함께 살리셨다(분사형 카리사메노스〈*χαρισάμενος*, "사하시고"〉와 정형동사 쉬네조오포이에산〈*συνεζωοποίησεν*, "그가…와 함께 살리셨다"〉은 인과관계다; Abbott, 254, von Soden, 49, 참조. Meyer, 373; 그러나 Grundmann, *TDNT* 7, 792에서는 이 분사를 앞의 것에 대한 설명으로 이해한다). 그분이 우리의 죄를 모두(*πάντα* – 판타) 용서하셨으므로 영적 죽음의 원인이 사라졌다. "사람이 도덕적으로, 영적으로 죽었느냐 아니면 살았느냐의 여부는 생명의 근원이신 하나님과의 관계에 달려 있다. 그리고 언젠가 죄로 말미암아 단절되었던 관계가 사죄를 통해서만 회복될 수 있다"(Caird, 195).

카리조마이(*ξαρίζομαι*, "하나의 호의로서 거저 혹은 은혜로 주다"; 인간의 여격 및 물질의 직접목적격과 함께="면제하다", "사하다", "용서하다")가 이 곳과 에베소서 4:32에서는 하나님이 사람들을 사하심에 대해서 사용되었고, 반면에 골로새서 3:13(참조. 고후 2:7, 10; 12:13; 엡 4:32)에서는 사람들 상호간의 용서에 대해서 사용되었다(참조. Conzelmann, *TDNT* 9, 397). 아마도 이 곳에서의 용법(이것이 바울 서신에서 "죄들을 사하다"라는 완전한 표현이 발견되는 유일한 경우이므로)은 그것이 빚의 면제에 대한 적절한 동사라는 사실 때문일 수 있다(참조. 눅 7:42, 43; BAG, 876, 877).

"너희"로부터 "우리"(*ἡμῖν* – 헤민)로의 인칭의 변화는 다른 유대 기독교인들과 함께 바울이 이방인 신자들이었던 독자들과 더불어 죄사함을 받았다는 사실을 암시한다.

14 "우리를 거스리고 우리를 대적하는 의문에 쓴 증서를"(*τὸ καθ' ἡμῶν χειρόγραφον τοῖς δόγμασιν ὅ ἦ ὑπεναντίον ἡμῖν* – 토 카드 헤몬 케이로그라폰 토이스 도그마신 호 에 휘페난티온 헤민). 하나님께서는 빚을 제거하셨을 뿐만 아니라 그것이 기록된 문서를 파괴하셨다. 케이로그라폰(*χειρόγραφον*)은 "문서", 특히 채무 증서로서 그 사람 자신의 손으로 쓴 "빚의 각서"를 의미한다(참조. BAG, 880, Lohse, *TDNT* 9, 435). 이러한 의미는 유대인 사회와 로마-헬라 세계에서 잘 입증된다(세부 사항에 관해서는 Lohse, *TDNT* 9, 435를 보라). 유대주의에서 공통된 사상은 천사들을 통하여 빚을 상기시켜 주고 원부에 있는 기록에 근거하여 정당한 심판을 부여하는, 인간의 빚에 대한 하나님의 평가다(참조. 랍비 아키바는 하나님을 가게 주인으로 예를 들어 설명함, *m. 'Abot* 3:20).

이 이미지는 빚에 대한 하나의 법적 관행으로부터 유래했으나, 골로새서 2:14에 있는 구체적인 적용은 부분적으로 본문상의 문법적 난점들로 말미암아 야기된 사항이 무엇을 가리키는지가 분명하게 드러나 있지 않다.

(1) 아담과 마귀 사이에 빚을 졌다는 계약 혹은 손으로 기록한 증서라는 것. 여기서 인간은 사탄이 주는 유익을 바꾸어서 자신을 죄의 생활과 죽음으로 내어놓는다. 교회 교부들 가운데 몇몇은 이러한 입장을 취하고 그 입장이 현대에 다시 대두했다(증거에 관해서는 G. Megas, "Das *χειρόγραφον* Adams. Ein Beitrag zu Kol 2:13-15," *ZNW* 27[1928] 305-320 참조; 이 구절의 해석의 역사에 관해서는 E.

Best, *A Historical Study of the Exegesis of Col 2, 14.* Rome: 미출판 논문, 1956).

(2) 해석의 또 다른 계열은 케이로그라폰(*χειρόγραφον*)을 모세법과 관련된 인간의 죄 문서가 아니라 하늘 법정에서 제시된 하나의 기소로 여겨 왔다. 밴드스트라(Bandstra, *Law*, 158-63)는 무명으로 된 유대인 묵시문학(주전 1세기의 것으로 추정됨)에 있는 케이로그라폰(*χειρόγραφον*)의 용법에 주의를 기울였는데, 거기서 이 단어는 그것을 보는 자의 죄들이 기록되어 있는, 정죄하는 천사가 간수한 책을 지칭하며, 이와 관련하여 그는 그것들이 지워지도록 요구했다. 블랑켓(Blanchette, *CBQ* 23[1961] 306-312)의 주장을 발전시켜 나가면서 밴드스트라는 케이로그라폰(*χειρόγραφον*)을 그리스도 자신과 동일시한 초대 유대-기독교의 해석이 있었다고 동의했다. 결국 골로새서 2:14에서 이것은 그리스도께서 스스로 취하시고 우리의 죄가 정죄를 받은 육신을 가진 우리의 몸을 가리킨다는 것이다(참조. 고후 5:21; 갈 3:13; 4:4; 롬 8:3). 그분은 십자가에서 도말하기 위하여 이 몸을 자신에게 취하셨다는 것이다. 마틴(Martin, *Reconciliation*, 1974, 121, 122)은 이러한 해석에 대한 부가적 증거가 한 몸을 자기 자신의 것으로 취하시거나 혹은 입으시고 아버지의 명령을 십자가에 뒤집어 씌웠던 십자가에 못 박히시는 예수 그리스도를 가리키는 진리의 복음(Gospel of Truth 20:22-28)으로부터 나온다고 주장한다. 밴드스트라와 마틴은 이러한 해석을 하는 가운데 독특한 단어 아페크뒤오마이(*ἀπεκδύομαι*, "박탈하다", 15절; 3:9; 참조. 2:11)와 연결시킨다. 육체의 몸을 벗어버리면서(2:11) 그리스도께서도 스스로가 정사와 권세들을 박탈시키셨다. 악한 세력들은 그분께서 자기의 육신 가운데 케이로그라폰(*χειρόγραφον*, "문서"), 즉 죄의 고발 목록을 짊어지셨으므로 그리스도를 공격했다(Martin, *Reconciliation*, 1974, 122). 그래서 그들은 그분이 마치 죄인이었던 것처럼 정죄했다. 그러나 그분은 그들이 가진 것을 벗어버렸고(*ἀπεκδυσάμενος* – 아페크뒤사메노스, 15절) 그것들을 이기셨다.

만약 이것이 옳다면, 이러한 기발한 해석은 이 구절의 해석학적인 문제들 가운데 몇 가지 사항을 해결해 줄 것이다. 그러나 여전히 난해한 문제들이 남는다: 첫째로, 케이로그라폰(*χειρόγραφον*, "문서")을 단 하나의 하늘의 치부장의 경우에 반대된 사람들이 기록하고 사인을 한 빚의 증서로 보는 널리 퍼진 용법에 비추어 볼 때, 이 단어를 천사들의 고소에 적용한다는 것은 의심스럽다. 또한 케이로그라폰(*χειρόγραφον*)은 하늘의 죄 목록, 그 다음에는 육신의 몸, 결국에는 그리스도 혹은 최소한 그리스도께서 스스로 취하신 몸이 된다. 이 단어는 한꺼번에 너무나 많은 것을 의미한다.

(3) 우리가 더 옳게 생각하는 것은 케이로그라폰(*χειρόγραφον*, "문서")을 하나님 앞에서 가지고 있는 우리의 빚에 대해 서명된 인정으로 이해하는 것이다. 약식 차용증서처럼, 그것은 처벌 문장들을 포함했다(욥 5:3; 몬 19절을 보라). 유대인들은 율법에 복종하기로 계약을 했었고, 그들이 이 계약을 파기할 경우 그것은 죽음을 의미했다(신 27:14-26; 30:15-20). 바울은 이방인들이 자기들의 양심을 통하여 그와 유사한 의무, 즉 그들이 이해하고 있었던 도덕법을 범했다고 본다(참조. 롬 2:14, 15). 이 의무가 이 양대 그룹에게 면제되지 않았으므로, 우리에게(*καθ' ἡμῶν* – 카드 헤몬) 여전히 "구속력"이 남아 있는 것이다.

도그마(*δόγμα*, "규정")란 단어는 신약성경에서 호적에 관한 가이사 아우구스도의 "칙령"(눅 2:1; 참조. 행 17:7), 예루살렘 회의의 "결정 사항들"(복수 *δόγματα* – 도그마타; 행 16:4)을 나타내기 위하여 사용되었다. 에베소서 2:15에서 복수형 도그마타(*δόγματα*)는 모세법의 계명들의 각 조항을 나타낸다(헬라화된 유대주의에서는 하나님의 계명들이 도그마타〈*δόγματα*〉로 불렸다: 마카비3서 1:3; 마카비4서 10:2 그리고 요세푸스와 필로의 글에 있는 언급들에 관해서는 Kittel, *TDNT* 2, 230-32 참조). 여기서 이 단어는 "구속하는 법규" 혹은 "율법의 요구들"로 번역될 수 있다(같은 어원을 가진 도그마티제스데〈*δόγματίζεσθε*〉와의 관계에 대해서는 20절을 보라). 여격 토이스 도그마신(*τοῖς δόγμασιν*)은 아마도 다음 사항들을 가리킬 것이다. (a) 원인을 나타내는 것, 즉 "법규들로 인하여"를 가리킬 텐데, 그렇다면 왜 속박 혹은 빚의 증서가 우리에게 대항하는 사례가 되었는지에 대한 이유를 암시한다(Lohse, 109, 110, Bacchiocchi, *From Sabbath*, 350, Schweizer, 116 그리고 의미를 완성하기 위하여 분사형 "기록된"을 덧붙인 몇몇 초창기의 주석학자들). 그보다는 오히려 (b) 의무 중에 하나, 즉 우리가 법규를 지키도록 의무 아래 주었던 구속력(J. A. T. Robinson, *The Body, A Study in Pauline Theology*[SBT 5; London: SCM, 1952] 43; C. F. D. Moule, "Death 'to Sin,' 'to Law,' and 'to the World'; a Note on certain Datives," *Mélanges Bibliques en hommage au R. P. Béda Rigaux*, ed. A. Descamps and A. de Halleux[Gembloux: Duculot, 1970] 371, 372; Caird, 195에서는 이 문장을 "율법의 법령에 대한 우리 이행되지 않은 위탁"으로 번역한다. 혹은 (c) 부산물의 여격, "구속, 법령 그리고 모든 것"(Bruce, 237; 참조. Harris, in *NIDNTT* 3, 1199). (여격 토이스 도그마신〈*τοῖς δόγμασιν*〉을 뒤따라오는 문장 호 엔 휘페난티온 헤민〈*ὅ ἦ ὑπεναντίον ἡμῖν*〉과 연결시켜서 그 의미가 "대적했던 손으로 쓴 글, 곧 법령〈즉 모세의 율법〉에 의하여 우리에게 대항하여 입증했던 것"

으로 해석한 Percy, *Probleme*, 88, 89의 입장은 "그 속박"이 우리에게 대항하여 적대감을 나타낼 수 있었던 이유를 설명해 준다. 이러한 주장은 외관상으로 잡다한 표현으로 보이는 "우리를 대적한"이라는 문구를 해결해 주는 유리점을 가지고 있으나, 그가 제안하고 있는 평행구절들에도 불구하고 해석하는 데는 어색하다).

"우리를 대적하는"(*ὅ ἦ ὑπεναντίον ἡμῖν* – 호 엔 휘페난티온 헤민)이라는 문구는 이미 존재하고 있는 원래 본문에 덧붙여진 어색한 첨가(Lohse, 109에 의하면 골로새서 저자에 의하여 혹은 Martin, *Reconciliation*, 1974, 121에 의하면 바울에 의하여)로 간주할 필요가 없다. 앞의 문구 "우리를 거스르는"(*καθ' ἡμῶν* – 카드 헤몬)은 빚의 냉혹한 사실을 강조하고 있으며, 반면에 후자 휘페난티온 헤민(*ὑπεναντίον ἡμῖν*)은 이러한 사실로 말미암아 일어난 적극적인 적대 행위를 강조한다(Harris, *NIDNTT* 3, 1199). 그러한 구별은 휘페난티오스(*ὑπεναντίος*, "대적한", "반대의", "적대적인", BAG, 838)의 의미에서 지지를 받는데, 그 이유는 LXX에서 이것은 자주 대적들에 대한 호칭으로 나타나기 때문이다(창 22:17; 24:60; 출 1:10; 15:7; 23:27 등; 참조. Lohmeyer, 118를 Lohse, 110이 따르고 있다).

"도말하시고 제하여 버리사 십자가에 못 박으시고"(*ἐξαλείψας…καί αὐτὸ ἦρκεν ἐκ τοῦ μέσου προσηλώσας αὐτὸ τῷ σταυρῷ* – 엑살레입사스…카이 아우토 에르켄 에크 투 메수 프로셀로사스 아우토 토 스타우로). 하나님께서는 우리의 모든 죄에서 우리를 용서하셨을 뿐만 아니라 우리가 빚을 졌다는 문서를 완전히 폐기하셨다. 빚의 제거는 에르켄 에크 투 메수(*ἦρκεν ἐκ τοῦ μέσου*)에 의하여 그 의미가 드러나며 두 개의 표상을 통하여 더욱 자세히 설명된다. (a) 그분은 그것을 지워 버리셨다. 그리고 (b) 그분은 그것을 십자가에 못 박으셨다(A. Deissmann, *Paul, A Study in Social and Religious History*. Tr. W. E. Wilson, 2nd ed.[London: Holdder and Stoughton, 1926], 172에서는 파피루스 차용 기록들은 이러한 이중적 은유에 대한 대중의 호소를 예증한다고 생각했다. 구속력이 먼저 지워졌고, 그 다음에 취소되었다).

아이로(*αἴρω*, "들어올리다", "집어들다")는 강제로, 심지어 죽임으로써 제거하는 것에 대해 사용될 수 있다(BAG, 24). 헬라어에서 통상적으로 사용되었던(고전 5:2; 성경 밖의 용례에 관해서는 BAG, 24, Lohse, 1100 참조) 여기 나오는 표현(*αἴρω ἐκ τοῦ μέσου* – 아이로 메크 메수)은 "빚의 증서"에 대한 결정적인 제거를 의미한다(부정과거형으로부터 완료형으로의 전환은 제거의 영원성을 가리킨다). 이러한 제거는 그것을 지워 버림으로써 효력이 나타났다(*ἐξαλείψας* – 엑살레입사스; 참조. Jeremias, *TDNT* 1, 185, 186). 엑살레이포(*ἐξαλείφω*)는 "없애다", "지우다"를 의미하며, 따라서 밀랍 위에 기록된 글 혹은 다른 기록된 글들이 지워지는 것처럼 시야에서 치워져 없어지는 것을 의미한다(행 3:19에서 그것은 죄를 지우는 것에 대해서 사용되었고, 계 3:5에서는 생명책에서 이름을 제거하는 것에 대해서 사용되었다). 하나님께서는 죄의 석판을 깨끗하게 지우셨고, 새로운 출발을 하게 하셨다. 구약성경의 한 선례가 이사야 43:25(LXX)에 나온다: "나 곧 나는 나를 위하여 네 허물을 도말하는 자니 네 죄를 기억지 아니하리라"(참조. LXX 시 50:1; 렘 18:23 등).

"빚의 증서"는 하나님께서 그것을 십자가에 못 박았을 때 도말되었다(*προσηλώσας· αὐτὸ τῷ σταυρῷ* – 프로셀로사스 아우토 토 스타우로). 다이쓰만(A. deissmann, *Light from the Ancient East*, Tr. L. R. M. Strachan[New York: Doran, 1927] 332, 323. Reprinted[Grand Rapids: Baker, 1978])은 "못 박았다"는 동사가 하나의 속박을 취소하거나 혹은 엑스 글자(헬라어 키, X)로 그음으로써 동의하는 통상적인 관습을 가리켰다고 본다. 그러나 여기에는 그 속박을 엑스(X)자로 그었다는 언급이 없다. 이러한 행동에 대한 헬라어는 키아조(*ξιάζω*)이며, 스타우로스(*σταυρός*)란 단어는 X자 형태를 암시하지 않는다(참조. Bruce, 238). 반면에 "십자가로 그것을 못 박음으로써 하나의 속박을 취소하는 관습의 증거는 없는 것으로 보인다"(Moule, 99). 비유적 언어는 강압적으로 밀어붙여서는 안 될 것이다. 하나님께서는 그것을 십자가에 못 박음으로써 취소하셨다. 즉 이것은 그리스도께서 십자가에 못 박히심으로써 우리의 죄가 완점히 사함 받았다는 사실을 말하는 생동감 있는 방법이다(행악한 사람의 죄를 기록한 "비문"〈*ἐπιγραφή* – 에피그라페〉을 십자가에 붙이는 관습에 대한 하나의 암시일 수도 있다(막 15:26). 하나님께서는 우리에 대한 정죄를 마치 그분에 대한 정죄가 그 곳에서 못 박힌 것처럼 예수 그리스도의 십자가에 못 박으신다.

15 "정사와 권세를 벗어버려"(*ἀπεκδυσάμενος τὰς ἀρχὰς καὶ τὰς ἐξουσίας* … – 아페크뒤사메노스 타스 아르카스 카이 타스 엑수시아스…). 만일 13절과 14절이 생생한 언어로 사죄와 우리의 의문에 쓴 증서를 도말함에 관하여 말하고 있는 것이라면, 15절은 정사와 권세들의 권세와 직위 중 "자기들의 수중에 우리에 대한 저주 고발권"을 가진, 정사와 권세를 벗겨 버리시는 하나님을 말하고 있다.

초대 교회와 최근의 수많은 주석가들이 하나님이 아닌 그리스도께서 그러한 판결의 주인공이시라고 생각했다(초창기 참고서적들에 관해서는 Lightfoot, 187-89를 보고, 좀더 최근의 참고서적에 관해서는 Bruce, 238, 239를, 그리고 보다 신중한 내용은 Martin, *NCB*, 86, 87와 Hanson, *Studies*, 8-10 등을 보라). 이러한 이유로, 수정을 위하여 13절에서 하나님은 골로새인들에게 그리스도와 함께 생명을 주신 바로 그분이시므로 문장의 중간 부분에 있는 주어가 달라져야 한다(Hanson은 그 전환을 엑살레입사스〈*ἐξαλείψας*〉에 나타나는 것으로 본다; Lightfoot는 이것을 에르켄〈*ἦρκεν*〉까지 연기한다). 그럼에도 불구하고 이러한 해석은 Beasley-Murray, *Baptism*, 161이 인정하는 바와 같이 골로새서 2장과 3장에서 열쇠가 되는 단어 아페크뒤오마이(*ἀπεκδύομαι*, "벗어버리다"; 참조. 3:9 그리고 2:11에 있는 *ἀπέκδυσις*)와 같은 의미를 유지하는 장점을 가지고 있다.

3:9에서 이 동사의 중간태(*ἀπεκδυσάμενοι* – 아페크뒤사메노이)는 옷의 벗음과 같은 "벗음"을 나타낸다. 헬라 교부들은 2:15에서 그리스도 자신이 정사와 권세들의 옷을 벗게 하셨다고 생각했다. 이러한 적대적 세력들은 십자가에서 하나의 외계의 의복처럼 그에게 달라붙었다(Lightfoot, 188에서는 헬라 교부들이 다음과 같이 번역한 일반적인 입장에 동의했다: "그분의 비하 주위에 네수스〈Nesus, 헤르쿨즈에게 살해당한 반신반마〉 겉옷처럼 달라붙은 악의 세력들은 찢겨지고 영원히 던져졌다"). "그리스도께서 스스로 벗으신 것이 무엇인가?"라는 질문에 라틴 교부들은 다음과 같이 답했다: 육체가 악의 세력이 인간에 대한 횡포를 행사할 수 있었던 수단이었으므로 "육체"(참조. 11절, "육적 몸을 벗는 것")라는 것이다(참조. Robinson, *Body*, 41: "왕처럼 죽어 가는 예수께서는 그들 세력의 도구요 수단인 그 육체를 벗으시고 그로 말미암은 그들의 피루스의 승리(큰 희생을 치르고 얻은 승리 – 역자주)로 인하여 그들을 비웃으신다." 이러한 입장에서 볼 때, "정사와 권세"는 벗음에 의해서가 아니라 "전시"에 의해서 지배된다. 스코트(Scott, *Christianity according to St Paul*[Cambridge: University Press, 1927] 34-36)는 그리스도께서 자기를 공격했던 악의 세력들을 자신으로부터 벗으셨고, 또한 그분이 자기의 육체를 벗어버림으로써 그렇게 하셨다는 사실을 이해하면서 초창기의 두 가지 해석을 한데 묶었는데, 그 이유는 악한 세력들이 맹공을 퍼부었던 것이 이 후자 즉 그분의 연약한 육체였기 때문이다. 그러나 골로새서 2:15은 그리스도께서 "정사와 권세"로 옷을 입으셨다거나 혹은 이러한 존재들이 "육체의 몸"과 동일하다는 사실을 추론하도록 하는 어떤 암시도 주고 있지 않다.

신약성경 헬라어에서 어떤 동사들 중에는 능동태를 중간태로 대치하는 경향이 있었다(BDF, 항목 316 (1)은 아페크뒤오마이〈*ἀπεκδύομαι*〉를 이러한 경향의 한 실례로 열거한다. 참조. Robertson, *Grammar*, 804, 805). 그러므로 아마도 이 해석적 난점을 해결하는 가장 좋은 방법은 아페크뒤오사메노스(*ἀπεκδυσάμενος*)를 능동적 의미를 가진(="벗기다") 중간태로 보아 하나님께서 정사와 권세들의 지위와 능력을 그들에게서 완전히 벗겨내시면서 그들을 벗겨내셨다는 사실을 암시하는 것으로 해석하는 것이다(Lohmeyer, 119에서는 이 이미지가 하나의 군대가 "무장해제되는"〈RSV, 참조. Oepke, *TDNT* 2, 319, 그리고 BAG, 83〉 전쟁터로부터 이끌어온 것이 아니라 그들의 지위가 벗겨짐으로써 공적인 업무에서 면직되는 왕의 법정으로부터 이끌어 온 것이라고 주장했다. 참조. Martin, *NCB*, 87, Schlier, *TDNT* 2, 31, 그리고 Lohse, 112. 이것이 사실이든 그렇지 않든, 골로새서 2:15의 문맥은 정사들이 자기들의 수중에 빚의 증서를 잡고 있음으로써 인간들의 삶에 행사했던 권세나 권위를 제거한 것으로 우리가 이해하기를 요구하고 있나).

이러한 해석은 시종 같은 주제를 유지하고 있으며(그러나 그리스도께서 벗게 하는 행동의 주체시라고 생각하는 많은 사람들은 구속 사건들 가운데서 역사하셨던 분이 그리스도 안에 있는 하나님이셨으므로 바울에게는 그러한 전환이 가능할 수 있다는 사실을 우리에게 상기시켜 주고 있다는 사실을 지적해야 할 것이다. 우리는 아버지의 행동을 아들의 행동과 분리시키지 말아야 한다: Bruce, 239, E. Larsson, *Christus als Vorbild. Eine Untersuchungen zu den paulinischen Tauf-und Eikontexten*[ASNU 23; Uppsala: Gleerup, 1962] 85, Hanson, Studies, 10, 11), 반면에 엔 아우토(*ἐν αὐτῷ*) 단락의 마지막을 "그것(즉 십자가) 안에서"가 아니라 "그분 안에서"로 번역되도록 하여 "그분 안에서"와 "그 안에서(in whom)"란 문구가 하나의 후렴처럼 들리는 6-12절의 단락에 있는 이전의 언급과 일관성이 있게 된다.

"밝히 드러내시고"(*ἐδειγμάτισεν ἐν παρρησίᾳ* – 에데이그마티센 엔 파레시아). 십자가에서 지위와 권위의 정사와 권세를 폐하고 나서 하나님께서는 그들이 지극히 무익함을 만천하에 드러내셨다. 데이그마티조(*δειγματίζω*)는 헬라어 성경의 다른 경우에 단 한 번 마태복음 1:19에만 나타나는데, 거기서 이 단어는 요셉이 마리아를 공개적으로 소환하여 그녀를 드러내기를 원치 않았다는 언급과 함께 발견된다(참조. BAG, 172; Schlier, *TDNT* 2, 31; 이 구절에 있는 동사에 대한 구약성경의 배경에 관해서는 Hanson, *Studies*, 1-12를 보라). 여기서 이 단어는 그것들의 "실례를 들다"를 의미하지 않고(그것은 파라데이그마티조〈*παραδειγματίζω*〉일 것이다), "그것들의 진정한 성격을 보여 준다"를 의미한다. 그것들을 공개적으로 전시함으로써 하나님께서는 정사와 권세들을 우스꽝스러운 것으로 드러내셨다(참조. Meyer,

383). 이 공개적인 정사와 권세의 지위와 권위에 대한 폐지 표명은 그리스도의 무한한 우월성을 보다 명확하게 드러내 주는 역할만을 한다(Schlier, *TDNT* 5, 883, 884, 엔 파레시아〈*ἐν παρρησίᾳ*〉에 대한 언급과 함께; 참조. Lohse, 112).

"십자가로 승리하셨느니라"(*θριαμβεύσας αὐτοὺς ἐν αὐτῷ* – 드리암뷰사스 아우투스 엔 아우토). 드리암뷰오(*θριαμβεύω*)란 단어는 신약성경에서 이 곳과 고린도후서 2:14에만 나타난다. 이 동사의 배후에 있는 이미지는 군대의 승리를 축하하기 위하여 로마의 거리를 통과해 나가는 소란스러운 행진 이미지다(본문에 대한 Williamson의 세심한 검토, *Int* 22[1968] 317-32를 보라; 그리고 승리에 대한 화려한 기사에 관해서는 pp. 322, 323에 있는 그의 Plutarch, *Aemlius Paulus*, 32-34에 대한 길다란 인용문을 보라). 이 단어는 다음과 같이 번역되어야 한다. (1) 드리암뷰오(*θριαμβεύω*)가 절대형으로 사용되거나 전치사구가 뒤따라올 때 "승리 행진을 구가하다" 혹은 "승리를 축하하다"("승리하는" 혹은 "…에게 승리하는"과는 구별되는데, 그 이유는 이 단어들이 하나의 승리를 얻는다는 개념을 갖고 있고, 반면에 본문은 승리 자체가 아니라 로마인의 축하를 갖고 있기 때문이다). 혹은 (2) 인칭 직접 목적어가 뒤따라올 때(고후 2:14; 골 2:15에서처럼) "승리 행진에서 정복당한 대적을 이끌다." (최근에 R. B. Egan, "Lexical Evidenceon Two Pauline Passage," *NovT* 19[1977] 34-62에서는 어느 정도 장황하게 "드러내다"의 의미가 드리암뷰오〈*θριαμβεύω*〉란 동사가 바울 서신에서 사용된 두 경우 중 좋은 의미를 가지고 있다고 주장한다. 그러나 우리가 판단해 볼 때 이 경우는 입증되지 않았다. 첫째로, 이 단어에 대한 이러한 의미가 이런 식으로 바울이 그것을 사용하도록 충분히 일찍 널리 보급되어 있었고, 그 의미에 관해서 의심하지 않도록 고린도와 골로새에 있는 두 그룹의 바울의 독자들에게도 퍼져 있었는지는 의심스럽다. 더 나아가서 "드러내다"의 의미는 골로새서 문맥에도 그리고 다른 번역문에도 적절하지 않다).

고린도후서 2:14에서 바울은 승리의 행진에서 죄수다. 그는 승리에서 종이지만, 역설적으로 특권을 가진 사로잡힌 자로서 "그리스도의 종"이다. 이 표현이 승리한 군사들이나 혹은 승리의 행진 속에서 하급 관리에게 적용할 수 있었다는 사실을 암시할 충분한 증거는 없다(참조. Williamson, *Int* 22[1968] 325, 326, 그리고 Delling, *TDNT* 3, 160). 그렇지만 골로새서의 언급 가운데서 희생자들은 진짜 대적들이다. 하나님의 승리의 행진 속에서 정복되고 이끌려 온 "정사와 권세들"은 바울과 다른 그리스도인들이 그러했던 것처럼 하나님과 혹은 그리스도에게 연결되지 않았다. 하나님께서는 이 힘없는 "권세들"과 "정사들"을 모든 승리의 규모를 드러내기 위하여 행진하신다(Lohse, 112). 그들의 통치 시기는 끝났다. 그들은 승리자에게 경배하고 섬겨야 한다. 이러한 권위자들은 즐거이 항복하는 것으로 묘사되지 않고 자기들의 의지를 그들이 저항할 수 없는 권세에 복종하는 것으로 묘사되어 있다. 그들은 화목하게 되고(1:20), 정복되고, 화평하게 되었으나, 아직은 최종적으로 멸망되거나 잠재워지지는 않았다. 그들은 계속해서 존재하고 인간과 인간의 이익에 대적이 될 것이다(롬 8:38, 39). 그러나 그들은 궁극적으로 그리스도 안에 있는 사람들을 해칠 수 없으며, 비록 미래이기는 하지만 그들의 궁극적 파멸은 분명하고도 확실하다(고전 15:24-28).

"세상의 초등학문"(*στοιξεῖα τοῦ κόσμου*)에 대한 특별 부록

"세상의 초등학문"(*στοιξεῖα τοῦ κόσμου* – 스토익세이아 투 코스무)이라는 문구는 바울 서신에서 세 번 출현한다(골 2:8, 20; 갈 4:3; 9에서 평행적 표현인 "약하고 천한 초등학문"〈*τὰ ἀσθενῆ καὶ πτωξὰ στοιξεῖα* – 타 아스데네 카이 프톡사 스토익세이아〉이 사용되었다). 반면에 그것은 골로새에 있는 거짓 교사들이 제의한 이단과 그 거짓 가르침에 대한 바울의 답변에 관하여 이해하는 데 상당히 중요한데, 그 의미는 벤드스트라가 이러한 구절들에 대한 자신의 해석의 역사 속에서 보여 준 바와 같이 초대 교회 이후로 논란이 되어 왔다(Bandstra, *Law*, 5-30 특히 5-12).

스토익소스(*στοῖξος*는 원래 "열"을 의미하는 군대 용어임)로부터 유래한 것으로 보이는 명사 스토이케이온(*στοικεῖον*)은 "일렬" 혹은 "일련의 구성원"이라는 개념을 가졌다. 가장 일찍 알려진 언급은 시간이 계산되는 수단이었던 "그림자"였다(주전 5-4세기, Aristophanes in Ecclesiazusae, 651, Bandstra, *Law*, 31에 인용됨). 스토이케이온(*στοικεῖον*)은 본질적으로 영어 단어 element와 유사한 "공식적인"이란 단어였고, 다른 상황에 적용될 때는 새로운 의미들을 취하는 경향이 있었다. 그래서 아리스토텔레스(Aristotle)는 그것이 "글자들" 혹은 언어의 "현상들", 음계에서는 "음표", 정치에서는 "기본 원리들" 혹은 "규칙", 다른 명제들의 증거에 없어서는 안 될 기하학적 그리고 수학적 "명제" 등을 포함한다고 보았다.

초등학문으로 번역된 "element"는 철학자들이 모든 것이 이루어진 물질 혹은 요소들에 대해 말할 때 특별히 그들의 언어 속에서 사용된 통상적인 단어였다. 그래서 플라톤은 "우리와 우리 모두가 구성된 제1차 구성 요소들(*στοιξεῖα* – 스토익세이아)"에 대해서 언급했다. 제노(Zeno)는 하나의 요소를 "특별한 것들이 처음으로 태어나게 되는 근원 그리고 그것들이 최종적으로 용해되어 들어가는 그 곳"으로 정의했다. 그 다음에 "땅"(ὕλη – 휠레), "불"(πῦρ – 퓌르), "물"(ὕδωρ – 휘도르) 그리고 "공기"(ἀήρ – 아에르)가 모든 것을 이루는 기본 요소들로 언급되었다(*Diogenes Laertius* 7:136, 137). 이러한 "요소"의 의미는 헬레니즘 철학 학파들 가운데 널리 알려져 있었고 헬라화된 유대주의에서도 유행되었으나(마카비4서 12:13; 지혜 7:17; 19:18 등. 참고서적에 관해서는 Lohse, 97 참조), 후자(헬라화된 유대주의)에서 예상할 수 있는 바와 같이 그것은 독특한 신학적 왜곡이 제안되었다: Philo, *De Cher* 127, "the four elements"(τὰ τέσσαρα στοιχεῖα – 타 테싸라 스토익세이아)는 하나님께서 우주를 형성하신 "물질"(ὕλη – 휠레)이다.

이 시점에서 19세기와 20세기 동안 학자들은 갈라디아서와 골로새서에 있는 "세상의 초등학문"(στοιχεῖα τοῦ κόσμου – 스토익세이아 투 코스무)이라는 이 문구에 대한 바울의 용법을 이해하려고 노력하면서 자기들이 염두에 두고 있는 세 개의 주요 해석 계통을 제안했다는 사실을 살펴볼 필요가 있다. (a) 스토익세이온(στοιχεῖον)의 의미는 문맥에 따라서 상당히 달라진다(영어 단어 element도 거의 이와 같다). (b) 바울은 논쟁 가운데서 이 문구를 사용한다. (c) 갈라디아서와 골로새서에서 논쟁한 오류들은 한편으로 몇 가지 유사성들을 가지고 있지만(유대인의 규례들과 그리스도인의 자유로부터 몇몇 독단적인 체계로의 퇴보) 많은 점에서 차이가 있다. (d) 갈라디아서 4장에서 그리스도 밖의 유대인이나 이방인은 모두 "초등학문" 아래 있다(3, 9절). 개인적 차이와 함께 다음의 내용들이 주류를 이룬다(참조. Bandstra, *Law*, 15-30).

(1) 첫 번째 접근 방식은 "요소" 혹은 "원리"로서 스토익세이온(στοιχεῖον)으로부터 단서를 취하여 문제의 이 문구를 주로 그리스도에 앞서 인간성의 미성숙과 결합되어 있는 "종교적 가르침이나 교훈의 원리"로 이해한다. 이러한 일반적인 접근 방식에서 중요한 차이점들은 스토익세이아(στοιχεῖα)가 유대인의 율법만을 가리키는가(de Wette), 아니면 유대인과 이방인 신앙에 공통적인 원리를 가리키는가(Meyer, B. Weiss, Lightfoot)의 여부이며, 또한 코스모스(κόσμος, "세상")가 그리스도 밖에 있는 인간 전체를 나타내는가 아니면 외적 물질적 세상을 가리키는가의 여부다.

이러한 입장에 대한 20세기의 옹호자들 가운데 에발드(Ewald)는 지식에 있어서 기독교 밖 세상의 불완전에 주의를 집중했다. 스토익세이아(στοιχεῖα)는 소수의 세대를 가리키는 "지식의 요소들"을 나타냈다. 버튼(Burton)은 갈라디아서에 대한 자신의 주석에서 장황하게 기록한 다음에 이 문구가 "인류가 소유한 초보적인 종교적 가르침"을 의미한다고 결론지었는데, 이는 스트렉-빌러백(Strack-Billerbeck)의 결론과 유사하다. 모울(Moule)은 골로새서의 이 문맥에서 비록 악마적 세력들에 대한 믿음이 나타나 있기는 하지만, 후대에까지 이 단어 스토익세이아(*στοιξεῖα*)의 이러한 의미에 대한 신약성경 밖의 증거가 결핍되어 있으므로 "초보적인 가르침" 곧 유대인이나 이방인의 의식주의자들에 의한 가르침, "'이 세상'에서만 구속력이 있는 '물리적 가르침' 그리고 성령의 자유에는 상반되는 가르침"으로 번역하기를 선호했다(Moule, 92; 참조. BAG, 768, 769에서는 "기본적 원리들을 갈라디아서와 골로새서 둘 다에 들어 있는 문구의 의미로 열거한다).

이러한 일반적인 접근 방식 가운데 벤드스트라 자신은 스토익세이온(*στοιξεῖον*)의 의미를 "타고난 요소"로부터 시작한다. 이것과 풀 수 없이 묶여 있는 것이 "능력" 혹은 "세력"에 대한 개념이다. 코스모스(*κόσμος*, "세상")란 단어는 대부분의 현대 주석가들이 본문을 취급하는 것과 같이 "우주"(universe)의 의미로 이해되지 않으며, "무엇보다도 먼저 선천적으로 그리고 구조적으로 악한 것으로 생각되지 않은, 그러면서도 죄를 이기고…구원으로 이끌어 오는 데 비효과적인 그리스도와 그분의 구원에 대립되는 인간 활동의 전 영역"을 나타낸다(Bandstra, *Law*, 57). 스토익세이아(*στοιξεῖα*)는 이러한 활동 영역의 기본적인 요소들이다 – 벤드스트라는 갈라디아서 4장과 골로새서 2장을 검토한 다음에 결론짓기를 그것들은 율법과 육체라고 했다. 이것들은 "두 개의 기본적인 세상의 세력들"이었는데, 이것이 유대인과 이방인들을 모두 속박 가운데 붙잡았고, 이것으로부터 남녀 백성들이 그리스도의 죽음으로 말미암아 자유함을 얻어야 했다. 골로새서의 단락에 있는 몇몇 구절들은 유대인과 이방인 조항들을 모두 망라하기 위하여 선택된 것으로 보인다. 그래서 "인간들의 전승"은 "반드시 유대인이 가지고 있었던 조상들의 전승에 한정되지 않으며, 인류에게 공통적인 모든 종류의 전승을 포함할 수 있고"(Law, 70), 반면에 "철학"은 아마도 모세의 율법을 포함하지만 이보다 더 광범위하다.

스토익세이아(*στοιξεῖα*)를 그리스도 앞에서 역사하는 세상과 그분으로부터 떠난 세상에 있는 두 개의 기본적인 세력들인 "율법"과 "육체"(거듭나지 않은 인간 본성)로 해석하는 벤드스트라의 입장은 바울의 일반적인 가르침과 같은 노선으로 보일 수 있다. 그러나 여러 가지 논평이 주어질 수 있다. (a) 그의 주장은 갈라디아서에 대한 특별한 언급과 함께 진행되었으며, 골로새서에 있는 특징들을 충분히 살펴보지 않았다. (b) "율법"과 "육체"를 그리스도 밖의 기본적인 구조의 본질으로 말하는 것은 옳지 않다. (c) 스토익세이아(*στοιξεῖα*)를 "원리들"이라는 의미에서 "요소들"로 해석하는 이러한 접근 방식의 실질적인 약점은 바울이 오히려 인격적인 형태로(갈 4:3, 9에서 그것들은 천사적 세력들로 간주되는 것으로 보인다) 그리고 다른 인격적 존재나 세력들로 언급되는 문맥에서(골 2:10, 15에서는 사탄적 정사들이 인간 위에 자기들의 횡포를 행사하기를 원하고 있다) 그것들에 대해 말하고 있다는 것이다. (d) 마지막으로, 이 노선은 자연의 세력들 가운데서 다스리고 활동하는 천사들에 대한 신앙을 암시하고 있는 유대인의 자료로부터 나온 발전해 가고 있는 증거(널리 인정되어 있듯이 어떤 것은 주후 2세기 자료다), 이와 유사한 사상이 당시 이방과 제설통합주의 종교들에 나타나 있었다는 사실을 보여 주는 또 다른 증거 그리고 일반적으로 신약성경 사상 가운데 있는 영의 세계의 중요성에 대해서 충분한 검토를 하고 있지 않다.

(2) 두 번째 해석은 "우주론적" 입장으로 불려 왔다. 타 스토익세이아 투 코스무(*τὰ στοιξεῖα τοῦ κόσμου*)라는 문구에 들어 있는 코스모스(*κόσμος*, "세상")는 보이는 물질적인 세상을 가리키는 것으로 이해되었고, 반면에 스토이케이아(*στοιχεῖα*)는 세상의 기본 요소들을 나타냈다. 예를 들어, 잔(Zahn)은 바울이 이 표현을 "코스모스(*κόσμος*) 자체에 지나지 않고 또한 이것은 다중적, 물질적 요소들로 구성된 것으로 이해했다고 주장했으며, 반면에 쾨겔(Kögel)은 물질적인 것들에 묶인 것은 유대인의 율법과 이방 종교들의 관습을 준수하는 것 사이의 대조였다고 생각했다.

최근에 슈바이저(Scheizer, *Jews, Greeks and Christians*, 249-55; 참조. 그의 주석 100-107쪽)는 타 스토익세이아 투 코스무(*τὰ στοιξεῖα τοῦ κόσμου*, "세상의 초등학문")와 평행이 되는 성경 밖의 모든 평행구들은 다름아닌 요소들, 즉 땅, 물, 공기 그리고 불을 지칭하므로(참조. Blinzler, *Studiorum*, 438-41) 그것을 골로새서 2:8과 20에 있는 것과 다르게 이해하기가 어렵다고 주장했다. "초등학문"이라는 용어와 별들 혹은 그것들의 신들, 영들 혹은 악령들 간의 관계는 주후 2세기 이전에는 발견할 수 없다. 필로는 그의 독자들이 그 단어를 악마적 성격을 가리키는 어떤 부가적 의미가 없이 정상적인 물리적 이해로서 이해하기를 바랐다고 증거하고 있으며(Philo, *Her* 140; *Abr* 162, 등), 한편 슈바이저에 따르면 모든 바울 서신(혹은 후바울 서신)의 권세들, 보좌들, 능력들, 정사들, 주관자들 등의 목록들에 이 문구가 전혀 나타나지 않는다는 점은 이러한 방향을 입증해 주고 있다. 이 문구는 이것이 만일 악령들을 나타냈다면 골로새서 1:16; 2:10 혹은 2:15에서 예상되었을 것이다.

슈바이저는 더 나아가서 골로새의 "철학"이 우주의 공론(사색)을 이미 윤리 문제로 생각했던 피타고라스 사상의 영향을 받았다고 주장했다(골로새 철학의 성격에 대해 말한 서론을 보라). "요소들"(즉 초등학문)은 율법이 하는 것과 같은 방법으로 세력을 행사한다(위의 벤드스트라의 입장과의 접촉점들을 보라). 불결한 영혼은 가장 높은 신적 요소로 올라갈 수 없으므로 그것은 다시 더 낮은 요소들, 즉 공기, 바다, 땅으로 내려간다. 그래서 고기 등의 절제로 영혼을 정결케 하는 것이 생사의 문제였고, 무수한 율법주의적 요구들에 대한 일종의 노예가 되었다.

(3) 금세기 대다수의 주석가들은 갈라디아서와 골로새서에 있는 "세상의 초등학문"을 물리적, 천상적 요소들에 있는 인격적이고도 활동적인 것으로 여겨지는 영적 존재들을 나타내는 것으로 이해했다. 고대로부터 인간은 우주를 주관하는 것으로 생각되었던 별들과 세력들을 섬기고 제사를 드렸다. 헬라 시대 후기에는 이러한 경의가 인간이 우주의 요소들과 같은 요소로부터 만들어졌다는 지적을 통하여 정당화되었다.

우리가 살펴본 바와 같이 스토익세이아(στοιχεῖα)는 우주의 물리적 구성 요소들, 즉 땅, 불, 물, 공기에 적용되었다(Philo, *Quis* 134; 참조. 벧전 3:10, 12). 헬라 제설통합주의 종교에서는 요소들에 대한 가르침이 신화화되었으며, 그리하여 그것들이 영적 세력들의 주관 아래 있는 것으로 생각되었다. 별과 천체들과 함께 이것들은 인간의 운명을 좌우하는 것으로 믿어진 인격적 존재들로 묘사되었다. 후대에 솔로몬의 언약(*Testament of Solomon*)은 "요소들"을 "우주적인 흑암의 통치자들"(8:2)로 묘사하고, 반면에 우주와 특히 인간의 운명을 좌우했던 별자리의 각 별들은 "요소들"(στοιχεῖα; Ps-Calisthenes 1, 12, 1)이라고 이름지어졌다. 인간들은 이러한 요소들에 관한 지식을 소유해야 할 뿐만 아니라 사람의 생명에 지워진 규칙들과 법규들에 복종하는 이러한 정사와 권세들에 대한 경외심을 가져야 한다(골 2장에 있는 상황을 고찰한 결과 Lohse, 99와 다른 사람들은 전기 바울의 기록들에 있는 타 스토익세이아〈τὰ στοιχεῖα〉가 "자연의 영들"의 명확한 용법에 없는 것에 대해서 너무 무게를 두지 않아야 한다고 주장했다).

유대교에서는 예배가 참되신 하나님에게 드려지기는 했을지라도, 점점 더 천사들에게 예배하는 일이 두드러지게 되었다. 유대인 묵시문서는 이미 천사들을 하늘의 권세들과 긴밀하게 연결시켰다. 주빌리서 2:2에 따르면 각각의 요소들은 그것을 다스리는 천사들을 가지고 있었고, 반면에 에녹1서 60:11, 12에서는 이것을 여러 자연의 기본 요소들의 영들로 언급하고 있다(참조. 제1에녹 43:1, 2; 80:6; 제2에녹 4:1, 2 등). 신약성경에서 세 번(행 7:53; 갈 3:19; 히 2:2) 율법에 대한 천사의 중재와 관련된 유대인 전승(율법 전달에 대한 오경의 기사에는 없음)이 언급되며, 갈라디아서 4:3에서는 이러한 천사들과 스토익세이아(*στοιξεῖα*) 간의 긴밀한 관계(혹은 동일시)가 요구되었다.

골로새에서 주장되고 있는 제설통합주의에서는 이 스토익세이아(*στοιξεῖα*)가 천사들과 한 그룹을 이루고 있었고, 하늘 영역과 인간이 하나님의 존전으로 나아가는 과정을 주관하고 있는 것으로 나타난다. 그들을 달랠 수 있는 한 가지 방법은 하늘 광경을 환상을 통하여 보는 체험을 하고, 또한 그들 천사의 의식에 참여하도록 육체를 엄격하게 제어하는 것이었다(2:8의 "주석"을 보라). 이를 통하여 헌신자들은 구원의 충만함을 얻어냈고, 하나님의 존전에 도달했으며, 그러한 환상을 동반한 심오한 지식에 이르렀다. 그리스도께서는 결국 하나님과 인간 사이에 또 다른 중재자에 지나지 않게 되었다.

해설(2:8-15)

독자들이 "주 예수 그리스도를" 자기들의 전승으로 받았을 때 그들이 받았던 가르침 대로 신앙 생활을 계속해 나가라고 그리고 자기들의 신앙을 굳건히 하라고 독자들을 권하고 나서(6절과 7절), 바울은 공동체에 여러 경고들 가운데 첫 번째 경고를 하고 있다. 즉 그들이 진리로부터 오류의 종으로 떠나가지 않도록 자신을 보호해야 한다는 것이다. 공동체를 함정에 빠뜨리기 위하여 사용했던 이러한 영적 확신을 가로채는 사기꾼들이 사용하는 수단은 유혹하여 그릇된 길로 가게 했던 그들의 특별한 "철학"(8절)이었다. 그것은 모든 사람에게 한편으로는 권위, 존엄, 계시를 가지고 있다는 모양을 주었으나, 실상으로는 정사와 권세들(10, 15절), 즉 인간의 삶을 압제하려고 한 악한 인격적 세력들의 손에 들려 있는 도구들이었다. 무엇보다도 더욱 나쁜 것은 그것이 그리스도에게 정면으로 대항했다는 것이다.

사도는 1:15-20의 찬양으로부터 어휘를 취하여 왜 거짓 교사들의 철학이 그리스도를 따르고 있지 않은지를 설명한다(9절). 여기에는 두 가지 이유가 제시되고 있다. 첫째로, 이 그리스도께서는 신성의 온전한 충만이 육체로 거하시는 분이다. 오직 그분 안에서만 충만이 발견된다. 우주의 요소들 앞에 아첨함으로써 혹은 그들의 의무를 준수함으로써 얻어지지 않는다. 둘째로, 독자들은 이미 그리스도, 신성의 충만함이 거하시는 바로 그분, 모든 정사와 권세의 통치자시요 주님이신 분 안에서 충만케 되었다.

바울은 골로새인들이 그리스도 안에서 충만히 채워진다는 주제를 그분의 죽음, 장사지냄 그리고 부활에 참여함을 일련의 과거형으로 묘사하면서 자세히 설명한다: 너희가 그분의 할례 가운데서 할례를 받았다. 즉 너희가 그분의 죽음 가운데서 죽었다. 너희가 세례로 그분과 함께 장사되었다. 그리고 너희는 그분의 부활 안에서 그분과 함께 일으킴을 받았다. 고린도전서 15:3-5에서 입증된 바와 같이 사도의 메시지는 그리스도의 죽으심, 장사지냄 그리고 부활에 대한 것이었다. 여기서도 같은 요소들이 구원 역사 사건들과 골로새인들이 결합되었다는 언급과 함께 설명되고 있다. 그리스도와 함께 골로새인들의 부활은 이미 일어났다. 거짓 교사들의 주장은 신자들이 그리스도 안에서 완성되지 않았다는 것이었을 것이다. 그들은 의식과 금욕 준수라는 엄격한 훈련을 따르며, 동시에 그들이 "생명의 충만"의 길로 나아가야 한다면 영적 권세들을 충분히 계산해야 했다. 이에 대해서 사도는 리쿠스 계곡에 있는 신자들이 이미 그리스도와 함께 일으키심을 받았다고 주장한다.

언젠가 허물과 죄악된 본성으로 영적으로 죽은 저들을 하나님께서 살리셨다. 골로새인들은 죽으시고 다시 살아나신 그리스도와 함께 생명을 얻었다. 그렇다면 그들은 그분이 죽은 자 가운데서 살아나셨을 때 받은 새 생명을 나누어 가지고 있었다. 하나님께서는 바울과 다른 기독교인들과 함께 이방인인 그들의 모든 허물을 사하셨다. 실제로, 그분은 빚을 도말하셨을 뿐만 아니라 그것이 기록된 증서를 제하여 버리셨다. 그분은 이 일을 우리를 대항하여 저주를 내리고 있는 고소의 사슬을 파괴하시고 그리스도께서 죽으실 때 그것을 십자가에 못 박으셨다. 더 나아가서 그분은 이 증서를 소유함으로써 자기들의 손아귀에 우리를 쥐고 있었던 정사와 권세들을 벗겨내시고 그들에게서 그 위엄과 힘을 박탈하셨다. 하나님께서는 주님의 승리의 행진 가운데서 그리스도 안에서 그들을 인도하는 데 그들이 전혀 무능하다는 것을 만천하에 공개하셨다. 그분은 모든 세계가 그의 승리의 중대성을 볼 수 있도록 이 무능력한 "정사와 권세들"을 드러내셨다.

그러나 이러한 영적 세력들은 완전히 제거되지 않았다. 그 승리의 과정에서 그들은 보일 수 있게 되었다. 그들은 계속하여 존재하면서 인간에게 해를 가하며 그의 이익을 해친다(롬 8:38, 39). 그럼에도 불구하고 그들은 그리스도의 주재권 아래 살고 있는 그리스도인들을 해칠 힘이 없는 무능한 존재들이다. 그렇다면 골로새인들이 거짓 교사들이 원하는 대로 그것들이 마치 하나님과 인간 사이의 교제의 줄이라고 주장하기나 한 것처럼 이러한 약하고 천한 요소들 앞에 부복할 필요가 있다고 생각하는 것은 얼마나 어리석은가?

그리스도는 그들이 주님으로 받은 분이었다. 그들은 계속해서 그분 안에서 살아가야 하는데, 그 이유는 그분이 신성의 모든 충만이 거하며, 그들이 그 안에서 완전하게 되고, 그들이 그의 죽음, 장사지냄, 부활 가운데서 연합된 분이시기 때문이다. 그들이 일으키심을 받고 새 생명을 받은 것은 그분 안에서다. 그렇다면 실질적으로 중요한 것은 오직 그리스도뿐이다.

8. 율법으로부터의 자유(2:16-23)

참고문헌

Bandstra, A. J. *Dimensions*, 329-43. *Law*. ______. **Beasley-Murray, G. R.** *RevExp* 70(1973) 469-79. **Bornkamm, G.** *Conflict*, 123-45. **Carr, W.** *JTS* 24(1973) 492-500. **Dibelius, M.** *Conflict*, 61-121. **Francis, F. O.** *Conflict*, 163-207. **Hanssler, B.** "Zu Satzkonstruktion und Aussage in Kol 2, 23." *Wort Gottes in der Zeit. Festschrift für Karl Hermann Schelkle zum 65. Geburtstag*, ed. H. Feld and J. Nolte. Düsseldorf: Patmos, 1973, 143-48. **Hollenbach, B.** "Col. ii. 23: Which Things lead to the Fulfilment of the Flesh." *NTS* 25(1978-79) 254-61. **Hooker, M. D.** *Christ*, 315-31. **Kehl, N.** "Erniedrigung und Erhöhung in Qumran und Kolossä." *ZKT* 91(1969) 364-94. **Lähnemann, J.** *Kolosserbrief*, 125-49. **Reicke, B.** "Zum sprachlichen Verständnis vom Kol. 2, 23." *ST* 6(1952) 39-53. **Schweizer, E.** *Beiträge*, 147-63. ______. *ThBer* 5(1976) 163-91. **Zeilinger, F.** *Der Erstgeborene*, 56-60, 125-34.

본 문

16 그러므로 먹고 마시는 것과 절기나 월삭이나 안식일을 인하여 누구든지 너희를 폄론하지 못하게 하라

17 이것들은 장래 일의 그림자이나 몸은 그리스도의 것이니라

18 누구든지 일부러 겸손함과 천사 숭배함을 인하여 너희 상을 빼앗지 못하게 하라 저가 그 본 것을 의지하여 그 육체의 마음을 좇아 헛되이 과장하고

19 머리를 붙들지 아니하는지라 온몸이 머리로 말미암아 마디와 힘줄로 공급함을 얻고 연합하여 하나님이 자라게 하심으로 자라느니라

20 너희가 세상의 초등 학문에서 그리스도와 함께 죽었거든 어찌하여 세상에 사는 것과 같이 의문에 순종하느냐

16 Therefore, do not let anyone pass judgment on you with regard to food and drink or concerning a religious festival, a new moon celebration or a sabbath day.

17 These are a shadow of the things that were to come: the reality, however, is found in Christ.

18 Let no one condemn you, delighting in humility and the angelic worship [of God], which[a] he has seen upon entering. He is puffed up with idle notions from his unspiritual mind,

19 and he does not hold fast to the head, from whom the whole body, nourished and held together by its joints and ligaments, grows with a growth that is from God.

20 Since you died with Christ from the control of the elemental spirits of the world, how can you, as if you still lived in a worldly way, voluntarily

	place yourselves under the regulations:
21 곧 붙잡지도 말고 맛보지도 말고 만지지도 말라 하는 것이니	**21** "Do not handle! Do not taste! Do not even touch!"?
22 (이 모든 것은 쓰는 대로 부패에 돌아가리라) 사람의 명과 가르침을 좇느냐	**22** These are all destined to perish with use, for they are based on human commands and teachings.
23 이런 것들은 자의적 숭배와 겸손과 몸을 괴롭게 하는 데 지혜 있는 모양이나 오직 육체 좇는 것을 금하는 데는 유익이 조금도 없느니라	**23** Such regulations actually lead – though having a reputation for wisdom in the spheres of voluntary worship, humility and[b] severe treatment of the body, without any value whatsoever – to the gratification of the flesh.

원문주해

a. 하(ἅ, "which")란 독법은 P^{46}과 또한 본문에 대한 알렉산드리아와 서방의 많은 대표적인 본문들(a* A C D* 등)의 강력한 지지를 받는다. 바울의 관용어를 이해하지 못하여 부정형 "아니"(우크⟨οὐκ⟩ 혹은 메⟨μή⟩)를 덧붙인 것에 관해서 그리고 추측에 의한 수정들의 숫자에 관해서는 아래의 "주석"을 보라.

b. 카이(*καί*, "그리고")가 P^{46}, B 1739 Origenlat 그리고 다른 교부들의 저서에는 빠져 있으며, 이것은 강력하고 초창기의 외적 증거다. 따라서 아페이디아 소마토스(*ἀφειδίᾳ σώματος*)는 엔(*ἐν*, "안에") 뒤에 있는 일련의 여격들 가운데 세 번째가 아니라 앞의 전치사구를 수식하는 수단을 나타내는 여격("몸에 대한 가혹한 취급에 의하여")이다. 다른 한편, 이것은 a A C Dgr H 33 81 등에서 발견되므로 이것이 누락된 것은 우발적인 것이다.

양식/구조/배경

그리스도 안에서 하나님의 역사의 긍정적인 해석과 그분의 죽음, 장사, 부활 가운데 그분과 골로새인들의 연합에 곧이어 나오는 이 장황하고 복잡한 단락은 앞선 내용으로부터(*οὖν*, "그러므로") 온 것이다(Lohmeyer, 96, Lähnemann, *Kolosserbrief*, 136를 보라). 8절에 있는 "철학"에 관한 간략한 경고는 이 단락의 또 다른 금지 명령 속에서 발전된다. 메 운 티스 휘마스(*μὴ οὖν τις ὑμᾶς*, "그러므로…누구든지 너희를…하지 못하게 하라")와 8절 초두의 문구인 블레페테 메 티스 휘마스(*βλέπετε μή τις ὑμᾶς*, "누가…너희를…주의하라") 사이에는 형식상의 유사성이 있으며, 반면에 18절은 계속해서 이와 비슷한 서론적 공식 문구를 가지고 말하고

있다: 메데이스 휘마스…(*μηδεὶς ὑμᾶς*…, "누구든지…너희를…하지 못하게 하라").

첫 번째 문장(16, 17절)은 메 운 티스 휘마스 크리네토(*μὴ οὖν τις ὑμᾶς κρινέτω*, "그러므로…누구든지 너희를 폄론하지 못하게 하라")란 경고와 함께 시작된다. 그 다음 금지 명령에 포함되어 있는 다섯 개의 분야가 열거되고, 그것들 중 처음 세 개는 전치사 엔(*ἐν*, "안에" 즉 "…에 관하여")이 이끌고 있다.

> *ἐν βρώσει καὶ ἐν πόσει,*
> *ἢ ἐν μέρει ἑορτῆς ἢ νεομηνίας ἢ σαββάτων.*
>
> 먹고 마시는 것과
> 절기나 월삭이나 안식일을 인하여

바울의 비난의 이유를 설명하고 있는 17절은 날카로운 반명제로 구성되어 있다. 첫 번째 문장은 비평이고, 두 번째 문장은 기독론적 대조다.

> *ἅ ἐστιν σκιὰ τῶν μελλόντων,*
> *τὸ δὲ σῶμα τοῦ Χριστοῦ.*
>
> 이것들은 장래 일의 그림자이나
> 몸은 그리스도의 것이니라(그러나 실상은 그리스도 안에서 발견된다-NIV).

16절의 서론적 공식 문구와 유사한 형식을 갖추고 있는 18절에서 사도는 골로새 공동체 안에 울려퍼진 거짓 교사들의 주장 중 하나를 반박한다: 메데이스 휘마스 카타브라뷰에토(*μηδεὶς ὑμᾶς καταβραβευέτω*, "누구든지…너희 상을 빼앗지 못하게 하라"). 그 뒤에 곧바로 뒤따라오는 문구 델론 엔 타페이노프로쉬네…엠바튜온(*θέλων ἐν ταπεινοφροσύνῃ…ἐμβατεύων*, "일부러 겸손함과…본 것")은 문법적으로 카타브라뷰에토(*καταβραβευέτω*, "누구든지…빼앗지 못하게 하라")에 붙어 있는 것으로서 "철학"의 슬로건으로부터 인용구로 이해하는 것이 가장 좋으며 대적자의 교만한 태도의 근거를 암시한다. 뒤따라오는 두 개의 분사절 에이케 퓌시우메노스(*εἰκῇ φυσιούμενος*, "헛되이 과장하고", 18절)와 우 크라톤 텐 케팔렌(*οὐ κρατῶν τὴν κεφαλήν*, "머리를 붙들지 아니하는지라", 19절)은 바울의 거짓 교사들에 대한 가혹한 비판이다. 19절의 나머지 부분은 몸 전체의 성장에 대해서 말하고 있는 케팔레(*κεφαλή*, "머리")에 종속되어 있는 관계절(*ἐξ οὗ*-엑스 우, "그로부터")이다. 두 개의 전치사 에크(*ἐκ*, "…로부터")와 디아(*διά*, "…에 의하여")를 통하여 몸이 살아가는 유지의 원천과 영양분이 오는 통로가 언급되고 있다.

20-23절의 강력한 논쟁적 단락에서 사도는 자기 독자들에게 그분의 죽음으로 말미암아 그리스도와 연합되었음을 상기시키고(참조. 11절), 이 죽음이 그들을 세상의 기본 요소의 영들에게 결박된 사슬을 끊었다는 사실을 보여 주기 위하여 상황절로 시작하고 있다: 에이 아페다네테 쉰 크리스토 아포 톤 스토이케이온 투 코스무(*εἰ ἀπεθάνετε σὺν Χριστῷ ἀπὸ τῶν στοιχείων τοῦ κόσμου*) (이끄는 단어 에이〈*εἰ*〉는 의심을 표현하고 있지 않고 "사실이 그러할지라도", "…이므로"를 의미한다; 참조. 3:3). 적용이 되는 문장의 하반절은 수사학적 질문과 책망으로 이루어져 있다: 티 호스 존테스 엔 코스모 도그마티제스데(*τί ὡς ζῶντες ἐν κόσμῳ δογματίζεσθὲ*("어찌하여 세상에 사는 것과 같이 의문에 순종하느냐?").

그 다음 세 가지 부정적인 규칙들, 곧 정사와 권세들이 지워 준 종류들의 실례들이 찌르는 듯한 아이러니로 자기의 대적자들을 비웃는 것처럼 바울에 의하여 인용되었다: 메 합세 데메 규세 메데 디게스(*μὴ ἅψῃ μηδὲ γεύσῃ μηδὲ θίγῃς*, "붙잡지도 말고 맛보지도 말고 만지지도 말라", 21절). 두 개의 관계절을 통하여 이러한 종류의 규칙들에 대한 여러 가지 비판들이 이루어지고 있다: 하 에스틴 판타 에이스 프도란 테 아포크레세이(*ἅ ἐστιν πάντα εἰς φθορὰν τῇ ἀποχρήσει*, "이 모든 것은 쓰는 대로 부패에 돌아가리라", 22절). 그리고 하티나 에스틴…프로스 플레스모넨 테스 사르코스(*ἅτινά ἐστιν…πρὸς πλησμονὴν τῆς σαρκός*, "이런 것들은…육체 좇는 것을 금하는 데는 유익이 조금도 없느니라", 23절). 엄밀하게 말해서 관계사 하(*ἅ*, "which")를 가지고 있는 첫 번째 문장은 규칙들에 대한 목적격적인 진술을 하고 있고, 반면에 질의관계사 하티나(*ἅτινά*, "어떤 종류의 것들")를 가진 두 번째 문장은 21절의 교훈들과 그것들과 같은 다른 것들의 특성을 설명하고 또한 정죄하고 있다. 첫 번째 문장에 있는 전치사구(이것은 사 29:13 LXX의 말씀을 반영하고 있다) 카타 타 엔칼마타 카이 디다스칼리아스 톤 안드로폰(*κατὰ τὰ ἐντάλματα καὶ διδασκαλίας τῶν ἀνθρώπων*, "사람의 명과 가르침을 따라")은 이러한 금기 사항들이 단지 인간이 고안한 것들이라는 사실을 지적한다. 두 번째 관계절에서는 하나의 장황한 괄호가 발견된다(이것의 자세한 변호에 관해서는 "이런 것들은 자의적 숭배와 겸손과 몸을 괴롭게 하는 데 지혜 있는 모양이나 오직 육체 좇는 것을 금하는 데는 유익이 조금도 없느니라"〈*λόγον μὲν ἔχοντα σοφίας ἐν ἐθελοθρησκίᾳ καί ταπεινοφροσύνῃ καὶ ἀφειδίᾳ σώματος, οὐκ ἐν τιμῇ τινι* – 로곤 멘 에콘타 소피아스 엔 에델로드레스키아 카이 타페이노프로쉬네 카이 아페이디아 소마토스, 우크 엔 티메 티니〉에 관한 "주석"을 보라). 괄호 문장은 양보절 로곤 멘 에콘타…(*λόγον μὲν ἔχοντα*…, "…모양이나")로 이루어져 있다. 21절에 언급된 금지 사항들은 그 언급된 분야에서는 지혜의 평판을 가져다 준다(전치사 엔〈*ἐν*, "안에"〉이 카이〈*καί*, "그리고"〉로 연결되어 있는 세 개의 뒤따라오는 명사들을 수식하고 있다). 괄호 속에 있는 두 번째 문장은 양보절에 종속되어 있으며 또한 바울의 설명이다: "유익이 조금도 없느니라"(*οὐκ ἐν τιμῇ τινι* – 우크 엔 티메 티니).

주석

잘못된 신학은 잘못된 행위를 낳는다. 그리스도의 인격과 사역에 관한 거짓된 개념들은 2:8-15의 긍정적인 확언 속에서 바르게 수정되었는데, 실천적인 면에서 그들의 피할 수 없는 결과가 이러한 비정상적인 탈선 가운데 나타난다(Martin, *NCB*, 89). 메이쏜(Masson, 130)은 이 단락의 제목을 적절하게 "그리스도인의 자유에 대한 변호"라고 붙였는데, 그 이유는 여기서 사도가 하나님께서 그리스도 안에서 정사와 권세들로부터 그 권위와 위엄을 박탈하셨고(그리고 바울은 이미 그리스도께서 이 모든 정사들의 머리시라고 말한 바 있다, 2:1), 그렇다면 그분과 연합된 사람들은 "세상의 초등학문(기본 요소들)의 영들"의 결박으로부터 자유를 얻었다고 지적하고 있기 때문이다. 거짓된 행습과 규칙들의 배후에 있는 것으로 보이는(2:20) 악한 세력들은 그리스도 안에서 파멸당하고 공개적으로 실각되었다. 골로새인들은 자기들의 체험을 자랑하고 오만하게 다양한 규정들과 관련하여 독자들을 헐뜯는 판단을 내리는 사람들에 의하여 흔들리지 말아야 한다.

많은 주석가들이 말한 바와 같이 단편적이고도 간접적인 골로새 이단에 대한 우리의 지식은 대부분 이 구절에서 유래했다(서론 xxx-xxxviii에 있는 거짓된 가르침의 성격에 대한 더 자세한 논의를 보라). 이 단락은 논쟁적 스타일로 기록되었고 철학의 가르침과 슬로건에 대한 암시로 가득하다. 그러나 어떤 문장들은 꽉 짜여져 있어서(참조. 18, 21절 그리고 23절) 저자가 언제 대적자들에게서 말들을 취해 와서 그것들을 논쟁적으로 사용했는지 혹은 이 문구가 언제 그 자신의 형태로 되었는지 분명치 않다.

16 "그러므로…누구든지 너희를 폄론하지 못하게 하라"(*μὴ οὖν τις ὑμᾶς κρινέτω* – 메 운 티스 휘마스 크리네토). "그러므로"(*οὖν* – 운)는 이 구절을 앞의 구절과 연결시킨다(참조. 2:6; 3:1). 악한 세력들은 그리스도 안에서 현저하게 패배

당했다(15절). 골로새인들은 다음과 같은 관습과 의식들을 의무적인 것으로 준수해서는 안 되었는데, 그 이유는 이것이 이러한 권세들 즉 폐지된 바로 그 권세들을 통하여 주어졌다고 해서 그 권위를 계속해서 인정하는 것이기 때문이다. 이 문맥 속에서 크리노(*κρίνω*)는 백성들이 습관적으로 자기 동료 인간들의 삶과 행동을 판단하여(BAG, 452) 그들에게 영향을 주는 판단에 대해 사용되었으며, 또한 이 단어는 "사람을 책망하다"(Lightfoot, 191), "판단하다"(롬 2:1, 3; 14:3, 4, 10, 13; 고전 10:29 등)를 의미한다. 메데이스(*μηδείς*)가 아닌 메 티스(*μή τις*, 8절에서처럼)는 바울이 염두에 두고 있는 구체적인 사람들을 가리킬 수 있다(von Soden, 52, Abbott, 263). 또한 현재 명령형 "판단하지 못하게 하라"(*μή…κρινέτω* – 메…크리네토)는 아마도 이러한 판단의 자리에 앉는 일이 이미 몇몇 사람에 의하여 행해지고 있었다는 사실을 암시하는 것 같다. 그러나 이런 식으로 행동하는 사람은 누구든지 잘못하고 있는 것이다.

골로새인들을 책망하는 일이 두 가지 주요 영역에서 일어났다. (a) 음식과 관련하여: "너희가 먹고 마시는 것에 관해서"(*ἐν βρώσει καὶ ἐν πόσει* – 엔 브로세이 카이 엔 포세이), 그리고 (b) 거룩한 날들과 관련하여: "절기나 월삭이나 안식일을 인하여"(*ἐν μέρει ἑορτῆς ἢ νεομηνίας ἢ σαββάτων* – 엔 메레이 헤오르테스 에 네오메니아스 에 사바톤).

"너희가 먹고 마시는 것에 관해서"(*ἐν βρώσει καὶ ἐν πόσει* – 엔 브로세이 카이 엔 포세이). 바울은 아마도 토라가 소수의 특별한 경우를 제외하고는 마심에 관하여 어떤 금지 사항을 갖고 있지 않았으므로 구약성경의 음식법을 직접적으로 언급하고 있지 않은 것으로 보인다. (예를 들어, 성막에서 수종드는 제사장들에 대해서, 레 10:9; 부정한 그릇들에 있는 액체 식물에 대해서, 레 11:34, 36; 그리고 나실인의 서원에 대해서, 민 6:3; 그로시스〈*βρῶσις*, "먹음, 음식"〉에 대해서는 Behm, *TDNT* 1, 642-45, 그리고 포시스〈*πόσις*, "마심, 음료"〉에 대해서는 Goppelt, *TDNT* 6, 145-48를 보라). 또한 그는 이방인들이 자기들의 기독교인의 자유를 타협하지 않고 유대인 출신의 "약한 형제들"에게 친절하게 행동해야 했던 사도행전 15:23-29의 사도들의 편지에서 분부된 것들과 유사한 절제로 눈을 돌리고 있지도 않다. 그보다 이것들은 나실인의 규례에 따라 짐승의 고기, 포도주와 독주의 금지를 포함하는 금욕적 성격의 보다 엄격한 규칙들이다. 그들은 "몸을 괴롭게 하는"(23절) 요구를 따르고, 그로 말미암아 어떤 음식의 절제가 요구되었다(21절; 참조. 딤전 4:3).

왜 고대 세계에서 음식과 음료의 절제가 실행되었는지에 대해서는 다양한 이유들이 있다. 혼들의 이동에 대한 신앙이 사람으로 하여금 먹는 음식을 금지하도록 만들었을 수 있다. 몇몇 사람들은 금욕주의를 실행했는데, 그 이유는 그것이 자기들의 성결관과 결탁되었기 때문이다. 다른 사람들은 금식을 함으로써 신을 섬기고 그 분에게로 가까이 가게 하거나 신의 계시를 받는 사람들을 준비시킨다고 생각했는데, 이 점은 18절에 비추어 볼 때 중요한 사항이다(Behm, *TDNT* 4, 924-35, 특히 926, 여기에는 관련된 헬라 시대의 본문이 기록되어 있다). 골로새인의 "철학"에 있는 금기 사항과 성스러운 시기에 대한 준수는 "세상의 초등학문(요소)"에 대한 복종과 관련되어 있었던 것으로 보인다(참조. 20절).

사도는 기독교인의 자유의 원리를 규정하고 있다. 즉 누구든지 너희를 폄론하지 못하게 하라는 것이다. 고린도서와 로마서에서는 기독교인들이 먹는 것과 마시는 것 그리고 거룩한 절기를 지키는 것에 대해서 의심을 가졌는데, 바울은 한 사람의 기독교인의 자유에 대해 자발적인 제한을 지워 줄 수 있는 또 다른 원리를 소개하고 있다. 그것은 곧 "강한 자"는 자기들의 방식을 고수하지 말고 "약한 자"의 연약한 양심이나 혹은 주저하는 사람을 상하게 하지 말아야 한다는 것이다(롬 14:1-5:13; 고전 8-10). 그러나 골로새서에서는 주저하는 사람들이 회중의 다른 사람들에게 자기들의 고정된 원리들을 심어 주려고 위협하고 있었다. 기독교인의 자유가 그것을 해치려는 잘못된 시도들에 비추어 확실하게 확립될 필요가 있었다.

"누구든지 너희를 폄론하지 못하게 하라"(*ἐν μέρει ἑορτῆς ἢ σαββάτων* – 엔 메레이 헤오르테스 에 사바톤). 지시가 계속되고 있다: "먹고 마시는 것과 절기나 월삭이나 안식일을 인하여 누구든지 너희를 폄론(판단)하지 못하게 하라"는 것이다. 하나의 범주를 나타내고 있는 헬라어 문구 엔 메레이(*ἐν μέρει*)는 "…의 문제에 있어서", "…에 관하여는"을 의미하는 전문적 용어로 사용되었으며(참조. 고후 3:10; 9:3, 그리고 BAG, 506에 열거된 성경 밖의 실례들을 보라), 세 개의 명사들이 뒤따라 나오고 있다(소유격으로). "절기"(*ἑορτή* – 헤오르테), "월삭"(*νεομηνία* – 네오메니아), 안식일(*σάββατα* – 사바타)이란 단어들은 구약성경에서 하나님께 드려진 특별한 날들을 묘사하기 위하여 자주 등장한다(LXX 호 2:13; 겔 45:17; 대상 23:31; 대하 2:3; 31:3). 이스라엘에게 이러한 거룩한 날들을 준수하는 일은 하나님의 율법에 대한 순종의 증거였고, 열국들 가운데서 자신들이 선택되었다는 표시였다. 그러나 골로새서에서 거룩한 날들은 "세상의 초등학문(기본적 정신들)", 곧 별들의 운행의 방향을 정하고 달력의 순서를 규정하던 별들의 세력들이었기 때문에 지켜야 했다. 그래서 바울은 그러한 성스러운 날들 혹은 절기들의 사용을 비난하고 있지 않다. 이러한 날들을 준수하는 것이 "초등학문(기본적 정신들)"을 인정하는 것과 결탁되었을 때 잘못된 동기가 유발되었다.

유대인 혹은 이방인 골로새인의 "철학"에 무엇이 주된 영향을 주었느냐에 대한 질문에 관해서 그리고 거짓된 가르침과 쿰란에 증거된 바와 같은 비신봉자 유대교와의 관계에 대해서는 서론에 있는 학계의 의견을 요약한 부분을 보라.

17 "이것들은 장래 일의 그림자이나 몸은 그리스도의 것이니라"(*ἅ ἐστιν σκιὰ τῶν μελλόντων, τὸ δὲ σῶμα τοῦ Χριστοῦ* – 하 에스틴 스키아 톤 멜론톤, 토 데 소마 투 크리스투). 바울의 공격의 근거가 여기에 나온다(이 문장은 방금 말해진 내용의 근거를 설명하는 보족어적인 것이다. Meyer, 386에서 바르게 말했다). 그들은 이런 일로 판단 받아서는 안 되는데, 그 이유는 그들 모두가 일시적인 질서에 속했기 때문이다.

외적인 모양과 실질적인 본질 간의 대조가 플라톤에 의하여 가르쳐졌고(특히 그의 *Republic*, 514a 518b에 있는 동굴의 유명한 이미지), 또한 자주 헬라 시대에 취급되었다. 참 존재는 이데아 영역에 속해 있고, 그들이 이 세상에서 드리우고 있는 그림자요 또한 우리의 감각에 의하여 감지되는 그림자에 속하지 않는다(참조. Lohse, 116). 스키아(*σκία*, "그림자")와 에이콘(*εἰκών*, "형상", "이미지")은 대조를 묘사하기 위하여 가장 자주 사용되는 두 개의 용어이지만, 때때로 에이콘(*εἰκών*, "형상", "이미지") 대신에 소마(*σῶμα*, "몸")가 사용되었는데, 그 이유는 단순한 외모와는 구별되는 참 실체였기 때문이다(Lohse, 116; 참조. Zeilinger, *Der Erstgeborene*, 160, 161). (예를 들어 Philo, *Conf.* 190, DemigrAbr 12, 등을 보라; 참조. Schulz, *TDNT* 7, 394 97. Josephus에는 그가 이미 몸〈*σῶμα*〉을 사물화했을 때 통치의 그림자〈*σκία*, 스키아〉로 인하여 로마의 황제에게 호소하기 위하여 로마에 나타난 Archelaus의 자주 인용된 실례가 있다. J. W. 2.28.).

그러나 이러한 "그림자/본질"의 대조에 대한 플라톤의 그리고 필로의 용법과 바울의 용법 사이에는 두 가지 상당한 차이가 있다. 골로새서 2:17에서 대조의 첫 번째 기관 스키아(*σκία*, "그림자"; 초창기의 몇몇 주석가들이 주장한 스키아그라피아〈*σκιαγραφία*〉 혹은 스키아그라프메아〈*σκιαγράφημα*〉였을 "개요" 혹은 "밑그림"이 아니다)는 "장래 일"(*τῶν μελλόντων* – 톤 멜론톤, 직역하면 "오는 것들의")에 의해 수식을 받는다. 무시간의 형이상학적 국면의 골격 내에서가 아니라 두 세대 간의 대조로 이해된다(Schulz, *TDNT* 7, 398; Schweizer, 120). "그림자"는 하늘의 그리고 영원한 "이데아"의 한 부본이라는 플라톤적 의미라기보다는 다가오는 일을 미리 암시하는 의미로 사용되었다. 히브리서 10:1에는 같은 점이 나타나는데("그림자"⟨σκία⟩와 "형상"⟨εἰκών⟩이란 단어들을 사용하면서), 거기서 저자는 광야의 성막과 예루살렘 성전과 관련하여 제사장직과 희생제사 문제에 관한 법에 대해서 특별히 더 생각하고 있다(시간과 종말론과 관련하여 필로와 히브리서 간의 차이점에 관해서는 R. Williamson, *Philo and the Epistle to the Hebrews*[*ALGHJ* 4; Leiden: Brill, 1970] 142-59를 보라). "장래 일"(τὰ μέλλοντα – 타 멜론타)이란 표현은 저자의 관점에서 미래에 놓여 있는 것이 아니며(Meyer, 387에서 주장한 것처럼), 따라서 예를 들어 재림의 시기를 가리키는데, 그렇다면 스키아(σκία, "그림자")는 대치되지 않을 것이고 언급된 규정은 그 중요성을 보유할 것이다. 오히려 이 표현은 16절의 율법의 구속력이 명령되었을 그 시기로부터 해석되어야 한다. 그것은 구약성경의 관점에서 볼 때 미래에 속한다(참조. Williams, 105, Lähnemann, *Kolosserbrief*, 136, Schweizer, 120). 그리스도께서 오셨다. 본질은 이미 왔다. 그 규칙들은 일시적인 질서에 속했고, 그래서 모든 구속력이 사라졌다. 그런 까닭에 RSV의 "다가올 일들의 그림자"는 오해를 불러일으키지 않는다 할지라도 그 뜻이 모호하다. 보다 나은 번역은 NIV의 "다가왔던 일들의 그림자"다.

두 번째 차이는 기독론적이다. 즉 "몸(본질)은 그리스도에게 속한다"(τὸ δὲ σῶμα τοῦ Χριστοῦ – 토 데 소마 투 크리스투)는 것이다. 스키아(σκία, "그림자")와 대조되어 아마도 그림자를 만드는 몸인 소마(σῶμα)는 "물질 그 자체", "실체"(BAG, 799) 혹은 "본질"에 대해서 사용된다. 이것은 이 단어가 서신의 다른 곳에서 사용되는 의미가 아니고, 여기서 소마 투 크리스투(σῶμα τοῦ Χριστοῦ)를 "그리스도의 몸"으로 이해하기 위하여 사용된 것이다. 예를 들어, 로제(Lohse, 117)는 보다 자주 사용된 대안적 단어 에이콘(εἰκών, "형상")이 아닌 소마(σῶμα, "몸")가 사용되었으므로 저자는 분명히 이 "몸"이라는 단어를 강조하기를 원하고 있다고 본다. 로제는 다음과 같이 덧붙인다. "오직 그리스도와 함께 존재하는 실체는 몸의 구성원인 머리에 붙어 있는 사람들만 나누어 가지고 있다"(2:19). 이러한 진술은 옳지만, 이 진술이 살펴보고 있는 그 문구에서 나오는지, 아니면 그것을 거슬러 추상해서 간파해 내야 하는지가 문제다. 로마여(Lohmeyer, 123)는 다른 주석가들보다 더 나아가서 우주적인 그리스도의 몸으로 보지만 그럴 것 같지는 않다(위의 48-50쪽을 보라). 베노이(Benoit, *RB* 63[1956] 12; cf. Zeilinger, *Der Erstgeborene*, 161)는 소마(σῶμα)란 단어가 단순히 "본질"을 뜻하기 위하여 사용되고 있다고 주장한다. 바울이 오직 이것만을 의미했다면, 그는 토 데 소마 호 크리스토스(τὸ δὲ σῶμα ὁ Χριστός – "그리스도의 본질" – 주격; 참조. Schweizer, 121에서는 주격이 원본이겠지만 이를 지지할 만한 사본상의 증거가 없다고 생각한다)라고 썼을 것이다. 그 대신 지금의 이 표현은 생략 구문이고 완전한 기록 내용은 다음과 같다: 토 데 소마 에스틴 토 소마 투 크리스투(*τὸ δὲ σῶμα ἐστιν τὸ σῶμα τοῦ Χριστοῦ*, "본질은 그리스도의 몸이다"). 베노이(Benoit)에 따르면 소마(*σῶμα*)는 두 가지 의미를 가지고 있다. (1) 그림자와 대립되는 실체, 그리고 (2) 그리스도의 부활하신 몸 즉 교회.

비록 최근의 저자들(참조. Moule, 103, Martin, *NCB*, 91, 92)이 소마 투 크리스투(*σῶμα τοῦ Χριστοῦ*)를 그리스도의 몸을 나타내는 것으로 이해하기는 했지만, 이중적인 의미가 필요한지 어떤지는 의심스럽다. 이러한 입장에서 볼 때 소마(*σῶμα*)는 두 개의 다른 의미를 가지면서 동시에 두 번 나타나는 것으로 이해될 것을 요구한다. 그러나 이 문장은 보다 단순하게 그림자/본질을 가리키는 것으로만 이해될 수 있다(참조. Bruce, 245에서는 그리스도의 몸이라는 문구를 해석하려는 시도는 만족스럽지 못하다고 주장하고, 반면에 Best, *Body*, 121에서는 "우리가 바울이 이 단어를 사용할 때마다 그 단어에 신학적 저의를 넣어서 말하고 있다고 생각하는 오류에 빠져서는 안 된다고 주장한다 – 만약 그것이 그 신학적인 저의 없이 설명될 수 없다면").

그리스도와 그분의 새로운 질서는 그 이전의 규정들이 가리킨 완전한 실체다. 이러한 지나간 날들에 대한 규정들은 그림자일 뿐이었다. 그것들은 구속력을 잃어버렸다. 실체가 여기에 있으므로 그림자인 것들은 더 이상 판단의 표준이 되지 않는다(Bandstra, *Law*, 92).

18 이 구절은 언어와 내용에 있어서 가장 큰 문제들을 가지고 있는 것으로서 신약성경에서 가장 논란이 많은 구절들 가운데 하나로 평가되어 왔다(Percy, *Probleme*, 143). 그러나 프랜시스의 연구(*Conflict*; and subsequently Kehl, *ZKT* 91[1969] 364-94, and Bandstra, *Dimensions*, 329-43)가 이 구절의 배경과 또한 그 안에 들어 있는 보다 난해한 몇 가지 단어들의 의미에 빛을 던져 주었다. 비록 세부 사항에 있어서는 상당한 견해 차가 있기는 하지만(서론, xxxvi xxxviii을 보라), 바울 사상의 일반적인 흐름은 매우 분명해졌다. 우리의 해석 가운데서 우리는 보다 개연성 있는 가능성들만을 제한하여 취급할 것이며, 특별히 프랜시스의 두 논문에 주의를 기울일 것이다: "Humility and Angelic Worship in Col 2:18," *ST* 16(1963) 109-34, *Conflict*, 163-195, 그리고 "The Background of EMBATEUEIN(Col 2:18) in Legal Papyri and Oracle Inscriptions, *Conflict*, 197-207.

"아무도…을 빼앗지 못하게 하라"(*μηδεὶς ὑμᾶς καταβραβευέτω* – 메데이스 휘마

스 카타브라뷰에토). 비록 이와 다른 문구이기는 하지만, 16절에서처럼 사도는 대적자들이 골로새에서 말한 주장들 가운데 하나를 논박하고 있다: "아무도 너희를 비난하지 못하게 하라." 본동사 카타브라뷰오(*καταβραβεύω*)는 헬라 문서에서 드물게 발견된다(BAG, 409). 이것은 여기서 단순동사 브라뷰오(*βραβεύω*)의 제1차적 의미, 즉 "심판관 혹은 상을 주는 사람으로 행동하다"를 가지고 있는 것으로 생각되어 왔다(Stauffer, *TDNT* 1, 637-39를 보라). 그렇다면 이 단어의 의미는 "박탈하다", "부자격자로 여기다", "다른 사람의 이익을 잠식하다"일 것이다. 그러나 현대의 많은 주석가들은 그것을 "비난하다"를 의미하는 것으로 이해하는 것이 더 좋다고 생각할 것이며, 따라서 카타크리노(*κατακρίνω*)와 동일한 것이다(참조. F. Field, cited by Pfitzner, *Paul*, 156).

일련의 종속 분사설들이 뒤따라온다: "헛되이 가장하고"(*εἰκῇ φυσιούμενος* – 에이케 퓌시우메노스; 직역하면 "이유 없이 우쭐댄")와 "머리를 붙들지 아니하는지라"(*οὐ κρατῶν τὴν κεφαλήν* – 우 크라톤 텐 케팔렌)는 거짓 교사들에 대한 바울의 부정적 평가다. 그 뒤에 곧 뒤따라나오는 경고인 델론 엔 타페이노프로쉬네…엠바튜온(*θέλων ἐν ταπεινοφροσύνῃ…ἐμβατεύων*)은 그들의 위치와 교만한 태도의 근거를 가리킨다. 이러한 문구들, "겸손 가운데서 즐거워함", "천사들에 대한 숭배", "저가 그 본 것"은 그들의 행실에 대한 바울의 비판이나 반어적 논평이라기보다는 그 "철학"의 슬로건으로부터 가져온 인용문들로 이해하는 것이 가장 좋다(참조. Lohse, 117, 118, Francis, *Conflict*, 167-85; 그 반대로 Percy, *Probleme*, 169에서는 전체 문장을 비판적 논평으로 취급했다).

"일부러"(*θέλων ἐν* – 델론 엔). 이 표현은 히브리어 하페쓰 베(*ḥāpēṣ bᵉ*, "…을 기뻐하다")와 유사하며(삼상 18:22; 삼하 15:26; 왕상 10:9; 대상 28:4; 시 111:1; 146:10), 따라서 철학의 옹호자들이 기쁨을 얻는 행실들을 가리킨다(참조. Lightfoot, 193, Moule, 104, Schrenk, *TDNT* 3, 45, Percy, *Probleme*, 145-47; 이것은 "고의로"를 의미하는 델론〈*θέλων*〉이 카타브라뷰에토〈*καταβραβευέτω*〉를 수식하는 부사 절대형이라는 입장보다 더 개연성이 있는 것처럼 보인다: "아무도 일부러 너희 상을 빼앗지 못하게 하라." Dibelius Greeven, 34, and A. Fridrichsen, QELWN Col 2:18, *ZNW* 21, 1922, 135-37). 프랜시스(Francis, *Conflict*, 167)는 이 표현을 "힘을 쏟고 있는"(RSV는 "억지를 쓰고 있는")으로 본다.

"겸손함과 천사 숭배함"(*ἐν ταπεινοφροσύνῃ καί θρησκείᾳ τῶν ἀγγέλων* – 엔 타페이노프로쉬네 카이 드레스케이아 톤 앙겔론). (두 명사 타페이노프로쉬네〈*ταπει-*

νοφροσύνη〉와 드레스케이아〈*θρησκείᾳ*〉는 하나의 전치사 엔〈*ἐν*, "안에"〉에 의해 긴밀하게 연결되어 있다). 헬라어 타페이노프로쉬네(*ταπεινοφροσύνη*)는 신약성경에서 주로 "겸손"이라는 기독교인의 은혜의 좋은 의미로 사용되었다(참조. 3:12; 빌 2:3; 벧전 5:5). 그러므로 대부분의 주석가들은 여기에 나오는 거짓된 겸손은 말해지고 있는 것이라고 생각했고, 그래서 그것이 뒤따라오는 문구에 비추어 "천사 숭배"로 이해되어야 한다고 주장했다(Meyer, 393, Lightfoot, 194, Abbott, 268, and Scott 54). 그러나 만일 이 단어를 대적자들이 사용했다면 "고행", "금욕"과 같은 어떤 의미를 가져야 한다. 우리가 이보다 더 명확하게 설명할 수 있는가? 로제(Lohse, 118)는 이 단어의 두 번의 출현(18, 23절)이 예배 문맥 속에서 한 인간이 제의 규정들(= 섬기기 위한 준비)을 이루는 열망과 온순함을 가리킨다고 주장한다. 그는 이것이 제의 행위의 하나의 성향에 지나지 않는다고 이해한다.

프랜시스(Francis, *Conflict*, 167-71)는 다른 노선을 취했다. 그는 이 단어가 유대인과 기독교인의 문서에서 금식 및 다른 육체적인 가혹 행위를 나타내기 위하여 광범위하게 사용되었다고 주장했다(골 2:16-23에서 먹는 것과 마시는 것, 육체의 가혹 행위에 대한 언급들이 금식을 가리킨다는 사실을 유의하라). 유대인의 신비-경건 문서에서 이 금욕적 행실들은 하늘의 비밀 가운데 있는 환상을 받는 데 효과적이었다. 프랜시스는 "겸손"(환상을 받기 위해 없어서는 안 될)의 기술이 헬라 세계에서 널리 퍼져 있었을지라도 타페이노프로쉬네(*ταπεινοφροσύνη*)는 유대인/기독교인 자료들에서만 이렇게 적용된다고 본다(특히 Hermas, *Vis.* 3, 10, 6; *Sim.* 5, 3, 7, Tertullian, Philo, *Som.* 1.33 37; Mos 2.67 70; QE 2.39; 1 and 2 Enoch, 4 Ezra, *2-3 Apoc. Bar.*, etc; for references see *Conflict*, 167-71). 개연성 있게 보이는 프랜시스의 입장에 관해서(서론, xxxvi xxxviii을 보라) 사도는 골로새 "철학"의 옹호자들이 금욕적 행실들 속에서 하늘 환상의 수납에 대한 서막으로 즐거이 행했다고 주장한다.

"천사 숭배함"(*θρησκείᾳ τῶν ἀγγέλων* – 드레스케이아 톤 앙겔론). 이 문구는 주로 "천사들을 향한 예배"를 나타내기 위하여 취급되어 왔다(소유격은 목적격으로 간주됨). "숭배함"(*θρησκείᾳ* – 드레스케이아; 참조. 행 26:5; 약 1:26, 27)은 특별한 문맥에 따라서 긍정적 방법이나 혹은 부정적 방법으로 사용될 수 있다(Schmidt, *TDNT* 3, 157, 158). 천사 숭배에 관한 이러한 진술은 유대인 학파들 가운데 현존하는 천사에 관한 사색 너머로까지 나아가며 천사들에 대한 실질적인 제사 의식을 나타낸다. 정사와 권세들을 염두에 두었을 수도 있으나, 바울은 여기서 천사들을 하나의 부류(class)로 말하고 있다(Bruce, 247에 따르면, 이것은 "천사들" 앞에 있는 정관사 "그" 즉 톤 앙겔론〈*τῶν ἀγγέλων*〉으로부터 자연스럽게 추론한 것이다). 유대인들 가운데 있었던 천사 숭배에 관한 증거가 거의 없으며(참조. A. L. Williams, "The Cult of Angels at Colossae," *JTS* 10[1909] 413-38, Percy, *Probleme*, 149-55, Carr, *JTS* 24[1973] 496-500), 그래서 이 표현은 골로새 "철학"의 제설통합주의적 성격의 증거라고 주장되었다. 그것은 이방의 요소들과 혼합된 유대인의 사상이었다. 천사들은 우주의 과정을 결정했고, 그와 함께 인간의 상황을 미리 결정했다. 인간들은 규정된 행위를 시행함으로써 그리고 세워진 규칙들을 실천함으로써 제의 가운데서 천사들에게 복종했다(Lohse, 118에서는 대부분의 입장을 나타냄).

다른 한편, 프랜시스(*Conflict*, 176-81; 참조. Carr, *JTS* 24[1973] 499, 500)는 이 문구가 (소유격을 주어로 취급하면서) "천사들이 수행하는 예배"를 나타낸다고 주장했다. 자신이 금욕-신비 경건이라고 칭하는 내용을 나타내고 있는 광범위한 자료들을 사용하면서 프랜시스는 천사 숭배에 대한 많은 묘사들에 눈을 돌렸다. 그래서 이사야 7:13-9:33의 승천은 선지자가 보고 있는 천사 숭배에 대한 7중 묘사를 하고 있다. 레위기 3:4-8의 언약은 레위가 하늘로 들어가는 의식상의 절정을 자세히 기록하고 있다(하늘의 의식에 대한 요한의 환상을 기록하고 있는 계 4, 5장을 보라). 천사 숭배에 참여하는 것이 여러 자료들 가운데 자세히 열거되어 있다: 그래서 이사야는 다섯 번째, 여섯 번째, 일곱 번째 하늘의 예배에 참석하고 있다(Asc Isa 7:37; 8:17; 9:28, 31, 33), 반면에 욥의 딸들은 천사의 혀로 하나님을 찬양하고 그분에게 영광을 돌린다(Test Job 48-50). 쿰란 문서는 자주 하나님 앞에서 뿐만 아니라 천사들과의 교제 가운데서 제사를 드렸던 공동체의 구성원을 제사장들로 언급한다(참조. 1QSb 4:25, 26; 1QH 3:20-22 등; Kehl, *ZKT* 91[1969] 383-92). 그래서 프랜시스는 이 본문들이 "제설통합주의"의 입장이 제공하는 것보다 "천사 숭배"를 이해하는데 더 나은 배경을 제공한다고 주장한다 – 즉 입회자는 황홀경에 빠지고 천사들에 의하여 시행된 천상의 하나님 예배에 참여한다는 것이다.

로제(Lohse, 119)를 따라 마틴(Martin, *NCB*, 94)은 프랜시스의 입장에 치명적인 약점이 있다고 주장하는데, 말하자면 이 해석은 "'스스로 선택한 예배'(*ἐθελοθρησκία* – 에델로드레스키아)가 특별히 '예배'(*θρησκεία* – 드레스케이아) 개념이 인간들에 의하여 시행된 것으로 설명하고 있는 23절로 인하여 실패한다"(Lohse, 119)는 것이다. 그러나 "스스로 선택한 예배"(*ἐθελοθρησκία* – 에델로드레스키아; "스스로 만든 경건", 아마도 "자칭 경건"; BAG, 218)는 이 단어가 인간들에 의하여 시행된 제의를 상세히 설명하고 있지 않으므로 이 문구에 대한 두 번째 해석에 아무런 장애물을 제공하지 않는다. 다만 이 "철학"의 옹호자들이 "어떤 예배를 선택했다/열망했다/가장했다고 말할 수 있을 뿐이다…만일 우리가 로제의 번역을 받아들인다면, 우리는 골로새인들이 스스로 천사들이 시행한 예배를 선택했다고 말할 수 있다"(francis, *Conflict*, 182). 따라서 거짓 교사들은 자기들이 하늘의 영역에 들어갔을 때 하나님에 대한 천사들의 예배에 참석했다고 주장했고, 하나님의 비밀들에 대한 환상들을 받을 준비가 되었노라고 주장했다.

"저가 그 본 것"(*ἃ ἑόρακεν ἐμβτεύων* – 하 헤오라켄 엠바튜온; 직역하면 "그가 들어감을 본 것"). 그 "철학"의 슬로건으로부터 인용한 세 번째 인용문은 명확하지 않으며, 그 정확한 의미는 엠바튜온(*ἐμβτεύων*)의 의미에 따라 결정된다. 이 문구는 이해할 만한 단어로 적합시키기가 어려우므로 모든 종류의 변형들이 제안되어 왔다. (1) 이 표현의 뜻이 통하도록 하기 위한 가장 초창기의 시도들 가운데 하나는 부정형을 삽입하는 것이었다. 그런 까닭에 AV는 "그가 보지 않은 것들에게로 강제로 밀어넣음"이라고 번역했다. 자기들이 주장했던 체험의 실체를 부정하는 부정형 메(*μή*)는 바울의 관용어를 이해하지 못한 데서 나온 것이다(참조. Bruce, 246, Metzger, *Textual Commentary*, 623). (2) 켄엠바튜오(*κενεμβατεύω*, "공기를 밟다")로 읽도록 제안한 라이트푸트의 변형인 것으로 보이는 추측에 의한 수정들(Bruce, 248, n. 93에 있는 충분한 언급을 보라).

엠바튜오(*ἐμβατεύω*)는 (한 장소, 성읍, 성소 등)"…에 발을 들여놓다", "들어가다", "…을 소유하게 되다", "하나의 주제로 들어가다" 즉 "그것을 세밀히 조사하다"를 의미한다(참조. BAG, 254; Preisker, *TDNT* 2, 535). 이 문구의 의미를 밝혀내기 위한 주요 시도들(유익하지 못한 추측들은 제외하고)은 다음과 같다. (a) "어떤 것을 세밀히 조사하기 위하여 그것으로 접근하다"라는 엠바튜오(*ἐμβτεύω*)의 개념에 비추어(참조. 마카비2서 2:30; Philo, *De plant* 80) 프릭커(Preisker, *TDNT* 2, 535, 536)는 이 문구가 (하나님의 비밀들에 대한 보다 깊은 통찰력을 얻기 위하여) "그가 환상 가운데서 본 것, 그가 세밀히 조사하려고 한 것"을 의미한다고 주장했다. 이러한 입장에 관하여 바울은 골로새(그리고 다른 곳; 참조. 딤후 3:7; 요이 9절)에 있는 "철학"의 특성을 나타냈던 지식에 대한 진지한 문제를 논박하고 있다. 프릭케에 따르면 거짓 교사들은 황홀경적 환상을 기다리고 있었고, 그 다음에 자기들이 황홀경에서 보았던 내용을 애써 조사했다.

(b) 두드러진 해석은 엠바튜오(*ἐμβατεύω*, "들어가다")의 용법으로부터 출발하는 요점을 의식의 완성에 대한 신탁을 진단하기 위하여 성소에 들어가는 입회자들을

묘사하는 신비 종교들 가운데 있는 전문적인 표현으로 보는 것이다(참조. S. Eitrem, "*EMBATEYΩ*. Note sur Col 2, 18," *ST* 2[1948] 90-94). 첫째로 윌리암 램세이(1913년에 있었던 Athenaeum에 대한 한 서신 교환에서; 자세한 사항에 관해서는 Bruce, 249를 보라)와 그 다음에 디벨리우스(Dibelius, *Conflict*, 61-121)는 클라로스(Klaros)에 있는 아폴로 신전으로부터 나온 비문의 자료에 주목했다. 이러한 증거로부터 디벨리우스는 입회 시간은 입회의 절정이었고, 한편 내전(內殿) 혹은 신탁 동굴은 사람이 들어간 장소라고 주장했다. 신비 의식에서 있었던 한 요소로서 엠바튜오(*ἐμβατεύω*, "들어가다")란 단어에 대한 이러한 고정적인 사용에 의거하여 골로새 철학에서 어떤 제의 의식들이 시행되었다고 가정되었다. 우리가 살펴보고 있는 본문 하 헤오라켄 엠바튜온(*ἃ ἑόρακεν ἐμβατεύων*, "신비 의식이 진행되는 동안 그가 보았던 환상"으로 번역됨)은 입회 의식이 시행될 때 참여했던 사람이 우주의 비밀 환상을 경험했다는 사실을 암시한다. 제의 의식들은 실제로 천사들과 우주의 기본 요소들(개역성경은 "세상의 초등학문")에게 경배하기 위하여 시행되었다. 거짓 선생들의 가르침과 더 큰 체험들로 인하여 이 철학의 추종자들은 자기들이 회중의 구성원들보다 더 우월하다고 생각하면서 자랑했다(참조. Lohse, 118-21의 재구성은 디벨리우스의 주장을 거의 답습한다). 디벨리우스의 비판자들은 이 두 상황이 같지 않다고 말했으나(참조. Lyonnet, *Bib* 43[1962] 417-35, 그리고 *Conflict*, 147-61; Schweizer, 123, 124에서는 언어상의 평행 여부가 불확실하다고 주장한다), 이 입장의 옹호자들은 이것이 디벨리우스의 근본 모델을 뒤엎지 않는다고 주장했다.

(c) 신비적 언어와 관습이 골로새 교회에 침입해 들어왔다는 입장을 거절하면서 엠바튜오(*ἐμβατεύω*, "들어가다")가 디벨리우스와 다른 사람들이 주장한 일관성 있는 전문적 의미를 가지고 있지 않다고 주장되어 왔다.

프랜시스는 자기의 논문 가운데 첫 번째 것인 "Humility and Angelic Worship in Col 2:18"(*Conflict*, 163 95)에서, 그렇지만 "The Background of EMBATEUEIN(Col 2:18) in Legal Papyri and Oracle Inscriptions"(*Conflict*, 197 207; Lohse, 118 20, and Martin, *NCB*, 94, 95에 의한 프랜시스에 대한 비평은 후기 논문에 있는 이러한 발전을 계산에 넣지 않고 있다)에서는 보다 충분하게 이 동사가 디벨리우스가 그 단어에 부여한 것과 정확하게 같은 의미를 가졌는지의 여부에 의문을 제기했다. 이 단어는 구약성경에서 광범위하게 사용되었으며(수 19:49, 21), 파피리에서는 어떤 것"의 소유관계에 들어가다", 특히 재산의 소유를 나타내는 데 사용되었다(율법 파피리에서 주전 6세기경으로부터 3세기까지의 기간에 이 단어는 이러한 의미를 가졌다). 여호수아서에서 땅 분배는 하나님의 약속의 실현이었다. 그 땅을 소유한다는 것은 "그 땅에서 한 부분을 차지한다는 것"이었으며, 그래서 "그분을 예배할 권리를 갖는 것"이었다(참조. 수 22:24-26). 프랜시스는 골로새서에 엠바튜온(*ἐμβατεύων*, "들어가는")의 목적어가 표현되지 않았다는 사실의 근거는 "땅의 한 작은 구획이 아니라 여호와 안에서 가지는 한 몫"이라고 주장한다(Francis, *Conflict*, 199; 레위는 그 땅을 분배받지 못했으나 그들의 몫은 이스라엘 하나님 여호와였음을 참조하라). 그래서 그는 여기서 "들어감"이 "하늘의 영역"이라고 생각한다(*Conflict*, 197; 그는 또한 조상들 중 몇 사람이 엠바튜오〈*ἐμβατεύω*〉를 사용하면서 하늘을 그 대상으로 했다고 생각한다; 참조. Nemesius of Emesa, *De Nat Hom* Matt, 63-65). 종교적 배경들의 다른 역사를 묘사하고 있기는 하지만, 부셋(Bousset)은 골로새서 2:18이 영혼들의 하늘로의 여행과 관련하여 설명될 수 있을 것이라고 주장했고, 반면에 녹크(Nock)는 이 단어가 "하늘의 환상 입회에서 얻은 특별한 지식을 가졌다고 말하는 사람들을 가리킬 수 있다고 주장했다(A. D. Nock, The Vocabulary of the New Testament, *JBL* 52[1933] 131-39, 특히 133). 최근에 카아(Carr, *JTS* 24[1973] 492-500)는 신비적 금욕주의에서 이러한 엠바튜오(*ἐμβατεύω*, "들어가다")의 의미에 관한 프랜시스의 주장에 부가적 증거를 제시했다. 그는 골로새서 2:18이 환상 및 실질적인 종교적 체험 가운데 하나님과 만나는 것에 관심을 두고 있다고 주장한다. 천사들에 의하여 주관된 예배(Carr도 드레스케이아 톤 앙겔론〈*θρησκείᾳ τῶν ἀγγέλων*〉을 주격 소유격으로 이해한다)가 일어나고 이것이 예배자의 마음속에 나타나는 곳이 하늘 성소다. 그래서 골로새 교회에 침투해 들어오고 있었던 것은 신비 언어 혹은 관습이 아니었다. 그보다는 그것이 다른 곳에서 직면했던 내용과 유사한 문제였다: "신비적-금욕주의적 경건을 통한 보다 높은 종교적 경험에 대한 주장에 의하여 비준된 영적 우월성에 대한 주장"(Carr, *JTS* 24[1973] 500; cf. Bandstra, *Dimensions*, 329-32).

비록 우리가 이 문구의 정확한 의미에 대해서 확인할, 골로새에 있었던 특별한 배경에 관하여 거의 아는 것이 없다는 슈바이저의 말에 동의할지라도, 우리는 더 호소력이 강한 경우가 세 번째 입장(c)이라고 생각한다. 디벨리우스의 입장(b)은 심각한 약점을 가지고 있으며(그는 전문적 표현인 엠바튜오〈*ἐμβατεύω*, "들어가다"〉에 너무 많은 무게를 싣는다), 반면에 첫 번째 입장(a)은 가능하기는 하지만 프랜시스와 다른 사람들의 접근 방식과 같이 설득력이 있지 않다(서론을 보라).

옹호자들이 체험했다고 주장한 정확한 영적 체험이 무엇이든지 간에 이러한 체험들을 자기 자신들의 이익을 위하여 이용한 사실과 "낙원으로 이끌려 가서 말할 수 없는 말을 들었으니 사람이 가히 이르지 못할 말"(고후 12:4, NIV; cf. Bruce, 250)을 들었을 때 그에게 일어난 이례적인 일들에 대해 말한 바울 자신의 변명의 기사와는 대조된다.

"그 육체의 마음을 좇아 헛되이 과장하고"(*εἰκῆ φυσιούμενος ὑπὸ τοῦ νοὸς τῆς σαρκὸς αὐτοῦ* – 에이케 퓌시우메노스 휘포 투 누스 테스 사르코스 아우투). 만일 초창기의 문구들 속에서 바울이 철학의 슬로건으로부터 말을 인용했다면, 그는 이러한 말로 두 개의 상대방을 압도하는 비판들 중에 그 첫 번째 것을 제공하고 있는 것이다: "그의 신령하지 못한 마음이 무가치한 개념을 가지고 자신을 우쭐하게 만들고 있다." 우쭐해지는 것(수동형으로 되어 있는 퓌시오〈*φυσιόω*〉는 "우쭐해졌다", "자만심이 강해졌다"를 의미한다. BAG, 869)은 고린도 교인들의 입장이요 위험한 성격이었다(골 2:18과는 별도로 이 단어에 대한 신약성경의 모든 언급들이 고린도서에 나타난다: 고전 4:6, 18, 19; 5:2; 8:1; 13:4; 고후 12:20). 이 단어는 여러 가지 형태를 가지고 있다: 바울에 대한 자랑, 도덕적 무관심(5:2), 자기를 다른 사람보다 높임(4:6). 사도는 "지식은 교만하게 한다"(8:1)고 진술하고 있으며, 그것을 옹호하는 자들은 우쭐하게 되었다. 골로새에서 이러한 의기양양해지고 하늘의 체험을 했다고 주장하는 사람들은 누구나 교만에 빠졌다. 이러한 교만의 원인은 "그의 육체의 마음"(*ὑπὸ τοῦ νοὸς τῆς σαρκὸς αὐτοῦ* – 휘포 투 누스 테스 사르코스 아우투)이었는데, 이러한 표현은 육체로 말미암아 지배를 받는 옛 성품의 성격을 가진 태도나 견해를 의미하는 이례적인 표현이다(그렇지만 롬 8:7을 참조하라. "육체에 두어진 마음〈*φρόνημα* – 프로네마〉"). 누스(*νοῦς*, "마음", 참조. Behm, *TDNT* 4, 950-60)는 개화가 될 때 선과 악을 분별할 수 있고 하나님의 말씀을 인식하고 응답할 수 있는 인간의 정신이다(롬 7:21 25; 12:2). 이 마음은 사람이 육체를 따라(*κατὰ σάρκα* – 카타 사르카) 사는 한 옛 성품의 지배를 받을 수도 있다. 아마도 그 철학의 옹호자들은 자기들이 마음의 지배(*ὑπὸ τοῦ νοός* – 휘포 투 누스)를 받고 있다고 자랑했던 것으로 보인다(에이케〈*εἰκῆ*〉는 "이유 없이"를 의미한다). 바울의 대답은 "그렇다"는 것이다. 그러나 육체의 마음이다!(테스 사르코스〈*τῆς σαρκός*〉는 소유를 나타내는 혹은 특성을 나타내는 소유격이다). 보른캄(Bornkamm, *Conflict*, 140; 참조. Martin, *NCB*, 92)은 그들이 하나님의 "충만함"을 잘 알고 있고 지식(*γνῶσις* – 그노시스)에 충만되어 있다고 자랑하고 있었는데, 그들 모두가 충만할 때 그것은 그들 자신의 자랑이다.

19 "머리를 붙들지 아니하는지라"(*καί οὐ κρατῶν τὴν κεφαλήν* – 카이 우 크라톤

텐 케팔렌). 두 번째 비판은 더욱 결정적이다. 이 개인적인 종교적 체험에 대한 자만심과 교만은 머리이신 그리스도와의 지속적인 접촉에서 오지 않는다. 크라테오(*κρατέω*) – 다양한 방식으로 사용되는 동사(가끔은 포박에 대해서〈마 14:3; 21:46〉 혹은 한 사람을 강제로 사로잡는 데 대해서〈마 12:11; 18:28〉 사용되는 동사) – 는 여기서 "누군가를 단단히 붙잡는" 것에 대해서 사용되었고, 그래서 그와 긴밀히 연합되어 있는 상태에 대해서 사용되었다(참조. 막 7:3; 살후 2:15; 계 2:13, 14, 15; BAG, 448를 보라; Michaelis, *TDNT* 3, 910-12; 반의어는 아피에미〈*ἀφίημι*, 가게 하다〉, 참조. LXX 아 3:4, "그를 붙잡고〈*ἐκράτησα* – 에크라테사〉 내 어미 집으로, 나를 잉태한 자의 방으로 가기까지 놓지 아니했노라〈*οὐκ ἀφήσω* – 우크 아페소〉"). 거짓 교사들의 행실은 그가 그리스도를 단단히 붙잡고 있지 않다는 사실을 보여 준다(Best, *Body*, 126). 사실상 그것은 그가 머리를 거부하고 있다는 증거다(분사형을 가진 메〈*μή*〉 대신에 부정형 우(*οὐ*)를 사용한 것은 "그가 보내다, 혹은 거절하다"를 의미하는 긍정적 의미와 동일하다. Zerwick, *Greek*, 148; 참조. Dibelius-Greeven, 36, BDF, 항목. 430[3]). 공동체에 침입해 들어오려고 했던 사람들은 틀림없이 자기들이 기독교인들이라고 생각했을 것이다(Percy, *Probleme*, 142). 사실상 그들이 그 밖의 다른 어떤 방법으로 이러한 침입을 할 수 있었겠는가? 그러나 그들은 가장 치명적인 문제에 직면한다. 즉 그들은 생명과 통일의 원천이신 바로 그분으로부터 자기 자신들을 잘라내고 있다는 것이다.

"머리-몸" 관계가 이 구절에서 다시 사용되었다(참조. 1:18). 그리스도께서 만유 위에 계시므로, 그분은 2:10에서 "모든 정사와 권세의 머리"로 묘사되어 있다(비록 이러한 권세들이 그분의 몸의 일부분으로 말해지지는 않았을지라도). 이 곳 2:19에서는 두 개의 비유가 그분의 교회의 머리 되심과 관련되어 있다. 디벨리우스-흐리벤(Dibelius-Greeven, 36)은 1:18과 2:10에 대한 자신들의 주석에서 유사한 노선을 따라 "몸"은 여기서 우주를 나타내고, "머리"는 모든 정사와 권세의 통치를 나타냈다고 주장했다. 거짓 교사들은 머리이신 그리스도를 붙들지 않고 우주의 몸의 구성원들(즉 정사와 권세들)을 붙들고 있다. 그러나 이러한 해석의 노선은 그 주장 가운데 비바울적 요소들을 도입하고 있는 것이며(참조. Percy, *Probleme*, 382 84; Bruce, 251; 참조. Robinson, *Body*, 66), 이러한 입장은 부적절한 것으로 거부된다(소마〈*σῶμα*〉는 바울 사상에서 우주를 가리키지 않는다: 참조. Merklein, *Amt*, 29, 30, Bedale, *JTS* 5[1954] 214).

"온몸이 머리로 말미암아…"(*κεφαλὴν ἐξ οὗ πᾶν τὸ σῶμα* – 케팔렌 엑스 우 판

토 소마…). 비록 그가 명백하게 거론하지는 않았을지라도 그리스도는 머리이시다(참조. E. D. Roels, *God's Mission. The Epistle to the Ephesians in Mission Perspective* [Franeker: Wever, 1962] 107). 그러한 그분께서는(이 본문 가운데서 그리스도에 대해 너무나 집중하고 있으므로 "머리"를 의미하는 케팔레〈*κεφαλή*〉가 헬라어로 여성형임에도 불구하고 남성 관계대명사 엑크시 우〈*ἐξ οὗ*, "그로부터"〉가 사용된 것이다; Schweizer, 125를 포함한 많은 주석가들이 말함) 몸을 살리는 영양소의 원천(엑크〈*ἐκ*, "…로부터"〉는 원천을 의미하고 반면에 디아〈*διά*, "…를 통하여"〉는 영약분등이 들어오는 통로를 의미한다)이며 동시에 그 부분이 몸 전체의 일부분이 되는 통일의 원천이기도 하다(Best, *Body*, 127). 머리에 의한 지침이 명백하게 언급되어 있지 않다. 그러나 머리 되심이 이것을 암시한다고 말할 수 있다. 더 나아가서 본문의 문맥 속에는 몸의 각 마디가 머리의 지배 하에 있을 때만 정당하세 기능을 발휘할 수 있을 것이라는 암시가 드러나 있다. 만일 각 마디가 독단적으로 행동한다면 그 결과는 심각한 것이 될 수 있다. 거짓 교사들은 커다란 위험에 처해 있었고, 회중의 각 구성원들은 사도의 경고를 주의해야 할 것이다.

인간의 몸은 바울의 이러한 묘사에 유비를 제공하고 있으며, 여기서 사용된 이미지는 고대 생리학과 동일하다(Lightfoot, 196-98에 있는 고대의 의학 기록들로부터 나온 증거를 보라): 하파이(*ἁφαί*)는 "접합 부분(=마디)"(직역하면 "접촉점들"인데, 합토마이〈*ἅπτομαι*, "접촉하다"〉와 유사하다)이며, 반면에 쉰데스모이(*σύνδεσμοι*)는 "인대들(=힘줄)"인데(참조. BAG, 785; Fitzer, *TDNT* 7, 856 59) 이것들은 영양분(에피코레게오〈*ἐπιχορηγέω*〉는 Robinson, *Ephesians*, 186, 187에서 이 단어를 엡 4:16과 관련하여 "갖춘" 혹은 "무장된"으로 이해했을지라도, "제공된", "공급된"으로 취급하는 것이 더 낫다〈Lightfoot, 198, and note Moule's discussion, 107〉. 그러나 이러한 번역에 관하여 생리학이 마치 마디와 힘줄이 엄밀하게 공급의 통로였던 것처럼 말하고 있다고 억지로 해석해서는 안 될 것이다)을 공급하며 몸의 각 마디들을 "결합시킨다"(여기서 상징적으로 "결합하다", "짜맞추다"를 의미하는 것으로 사용된 쉼비바조〈*συμβιβάζω*〉의 다양한 의미에 관해서는 2:2을 보라). 우리가 호칭하고 있는 것과 같은 인대, 신경 혹은 근육에 관해 실례를 들어 말하면서, 바울은 몸이 지속적으로 머리로 말미암아 에너지와 영양을 공급받고 있으며(현재분사형을 유의하라) 또한 그 머리를 통해서만 하나로 통일된다는 사실을 말하고 있다(엡 4:16에서는 각기 서로간의 생명적 결합과 부분들의 응집을 강조하고 있으나, 여기서는 머리에 대한 계속적인 의존에 초점을 맞추고 있다). 신체적 언어는 상징적이다. 마디와 힘줄에 대해서는 에베소서 4:1-16을 주석하면서 목회자들을 교회의 평신도들과 구별하고 있는 매이쏜(Masson, 198)이나 혹은 교회 직분자들로 말하고 있는 슈네켄버그(Schnackenburg, Christus, Geist und Gemeinde[Eph 4:1-16], *Christ and Spirit in the New Testament. Studies in honour of Charles Francis Digby Moule*, ed. B. Lindars and S. S. Smalley[Cambridge: University Press, 1973] 290; cf. Merklein, *Amt*, 114, 115; so rightly Schweizer, 126)처럼 이해해서는 안 될 것이다.

"온몸이 머리로 말미암아 마디와 힘줄로 공급함을 얻고 연합하여 하나님이 자라게 하심으로 자라느니라"(*πᾶν τὸ σῶμα…αὔξει τὴν αὔξησιν τοῦ θεοῦ* – 판 토 소마…아욱세이 텐 아욱세신 투 데우). 각 마디에게 영양을 공급하고 그것을 연합시키는 머리에 전적으로 의존하고 있는 온몸(판 토〈*πᾶν τό*〉는 그 어떤 구성원도 제외되어서는 안 된다는 사실을 보여 준다)은 직역하면 "하나님의 자람과 함께 자란다"라고 말해진다. 후기 헬라어에서 "자라나게 하다"를 의미하는 아욱사노(*αὐξάνω*, 그리고 *αὔξω* – 아욱소)는 자동사적으로 "자라다", "증가하다"로 사용되었다(요 3:30; 행 6:7; 엡 4:15; BDF, 항목들. 101, 309[2]; BAG, 121). "하나님의 성장"(*τὴν αὔξησιν τοῦ θεοῦ* – 텐 아욱세신 투 데우)이란 표현은 아마도 최근의 많은 주석들 가운데서 하나의 내용이라는 대격으로 해석된 것으로 보인다(BDF, 항목. 153[1], F.-J. *Steinmetz, Protologische Heils-Zuversicht. Die Strukturen des soteriologischen und christologischen Den kens im Kolosser- und Epheserbrief.*[FTS 2; Frankfurt: Knecht, 1969] 128; Lohse, 122; 참조. 2:10; 엡 2:4). 그러나 소유격 "하나님의"(*τοῦ θεοῦ* – 투 데우)는 무엇을 의미하는가? 그리고 우리는 그 성장의 성격을 어떻게 이해해야 하는가? 즉 규모에서인가, 하니면 완전에서인가? 머리이신 그리스도께서 자라남의 원천(*ἐξ οὗ* – 엑스 우)이시므로 "하나님의"(*τοῦ θεοῦ* – 투 데우)라는 문구는 그 성격을 묘사해야 한다. 다시 말해서 그것은 성장의 신적 형식이라는 것이다. 그와 같이 성장은 그리스도로부터 오며, 그 질은 신적인 것이다(Best, *Body*, 128). 이것은 그 성장이 완전의 견지에서의 성장임을 시사한다. 그러나 이러한 성장이 내외적으로 숫자적인 성장을 포함하는가(Steinmetz, *Heils-Zuversicht*, 128에서 주장하는 바와 같이; Merklein, *Amt*, 94에서는 그것을 내포적-윤리적 그리고 외연적인 것으로 말한다)? 이 구절에 대한 분명한 언급과 함께 슈바이저는 구원사 현상으로서 선교가 몸의 성장이라는 개념으로부터 유래된다고 생각한다(*Neotestamentica*, 301, cf. 327, 328; Merklein, *Amt*, 94에서는 이것이 그러한 성장이 골로새인들의 특별한 관심이라는 사실을 지적하고 있다고 인정한다. 참조. 1:6, 10, 여기서 같은 동사 아욱사노〈*αὐξάνω*, "자라다">가 발견되며 특히 1:26, 27에 나타난다). 그러나 복음의 전 세계적 전파의 중요성을 부정하지 않으면서(1:6) 혹은 이방인들에게 비밀을 알게 함의 중요성(특히 1:24-29을 보라)을 부인하지 않으면서 완전으로의 성장에 관심을 두고 있다(1:6에서 성장은 숫적 성장이며, 반면에 1:10에서는 완전으로의 성장이다. 즉 "자라다"라는 단어에 대한 단순한 언급은 이 두 개념이 반드시 포함된다는 사실을 의미하지 않는다). 여기서 바울은 온몸(*πᾶν τὸ σῶμα* – 판 토 소마)의 신적 성장과 골로새 거짓 교사들의 개인적 성장 간의 대조를 묘사하고 있다(Best, *Body*, 128). 사실상 그들의 성장은 전혀 성장이 아니었다. 그것은 그들의 육체의 마음들(18절)에 의한 헛된 우쭐댐이다. 신자들은 홀로 완전으로 성장할 수 없다. "하나님의 성장"은 몸이 머리에 연합된 궁극적인 결과로서만 일어난다. 마디와 힘줄을 통하여 오는 성장과 연합은 "중간 과정"일 뿐이다(Best, *Body*, 128, following Lightfoot, 198).

골로새 상황으로의 적용은 분명하다. 즉 머리에 의존하지 않는 거짓 교사들이 생명과 공급의 원천과 전혀 접촉하지 않고 있으며 몸에 속하지 않았다는 것이다. 공동체는 자신들이 머리이신 그리스도와의 생생한 연합을 유지해야 한다는 사실을 깨달아야 한다. 그들로 하여금 하늘의 경험을 한다는 거짓 교사들의 호소에 의하여 다른 데로 눈을 돌리거나 유혹을 받지 않도록 하라.

20 바울은 자신의 독자들에게 이미 그들이 그리스도의 죽으심 안에서 그분과 연합되었다고 말한 바 있다(11절). 그는 이제 이것을 취하여 그것을 그들의 상황에 대한 특별한 언급과 함께 적용하고 있다.

"너희가 세상의 초등학문에서 그리스도와 함께 죽었거든"(*εἰ ἀπεθάνετε σὺν Χριστῷ ἀπὸ τῶν στοιχείων τοῦ κόσμου* – 에이 아페다네테 쉰 크리스토 아포 톤 스토이케이온 투 코스무). 골로새인들이 그리스도와 함께 십자가에서 죽었으므로(에이⟨*εἰ*⟩는 의심을 표현하는 것이 아니라 "만일", "사실이 그러한 것처럼", "…이므로"를 의미한다; 3:3을 보라. 그리고 BDF, 항목 372를 참조하라), 그 죽음이 그들을 "세상의 초등학문"에 묶어 놓았던 결박을 끊었다. 바울은 주로 아포드네스토(*ἀποθνήσκω*, "죽다")라는 동사 뒤에 죽음으로 말미암아 분리된 사람이나 물건에 대해서 여격을 사용한다(예를 들어, 갈 2:9, 그는 율법⟨*νόμῳ* – 노모⟩에 대해서 죽었고, 반면에 롬 6:2에서 그는 죄에 대해서 죽은 것에 대하여 말한다⟨*τῇ ἁμαρτίᾳ* – 테 하마르티아⟩; 참조. BAG, 91). 여기서 "…에게"로 번역된 전치사는 실제로 "…로부터"를 의미하는데, 곧 "…의 지배에서"를 의미한다(BDF, 항목 211은 여기서 아포⟨*ἀπό*⟩가 첨가된 분리 사상을 가진 분리 소유격으로 사용되었다고 생각한다). 로빈슨(Robinson, *Bo-*

dy, 43)은 자신의 번역 속에서 그 의미를 잘 표현하고 있다: "너희가 세상의 초등학문으로부터 그리스도와 함께 죽었다." 죽음이 자기의 통치자에게 소속되도록 묶는 결속을 끊은 것처럼 그리스도와 함께 죽는 죽음도 골로새인들을 정사와 권세들의 노예로 묶었던 결속을 끊는다(타 스토이케이아 투 코스무〈*τὰ στοιχεῖα τοῦ κόσμου*〉의 의미에 관해서는 129-132를 보라).

"어찌하여 세상에 사는 것과 같이 의문에 순종하느냐"(*τί ὡς ζῶντες ἐν κόσμῳ δογματίζεσθε* – 티 호스 존테스 엔 코스모 도그마티제스데). 수사학적 질문과 책망을 통하여 적용이 이루어지고 있다(참조. Martin, *NCB*, 96): "어떻게 너희가 아직도 이 세상적인 방식으로 살고 있는 것처럼 자원하여 너희 스스로를 법규들 아래 두느냐?" 코스모스(*κόσμος*, 엔 코스모〈*ἐν κόσμῳ*〉 안에 들어 있는 단어 "세상")는 "세상의 초등학문"(*τὰ στοιχεῖα τοῦ κόσμου* – 타 스코이케이아 투 코스무)을 이해하는 방식에 따라 다양한 방식으로 해석된다. 그래서 슈바이저(Schweizer, 126, 127)는 이 두 표현이 같은 것을 의미한다고 주장하는 반면, 벤드스트라(Bandstra, *Law*, 69)는 이것이 "인간 세상, 인간 활동의 전 영역"을 가리킨다고 주장한다. "초등학문(='기본 요소들')"이 정사와 권세들과 같은 인격적 세력들을 의미한다는 입장에서 볼 때, 이 문구는 세상이 인간의 존재, 옛 생활 방식을 지배하고 있는 상황을 묘사하고 있는 것으로 취급하는 것이 가장 좋다(Caird, 200에서는 이 문구를 "세상적으로"로 번역한다).

도그마티조(*δογματίζω*)는 "의견 혹은 교의를 나타내다 혹은 확언하다", "하나의 작정을 수립하다 혹은 발표하다", "하나의 칙령을 선포하다"를 의미한다(Kittel, *TDNT* 2, 231; 참조. LSJ, 441, Lohse, 123). 이 단어는 하나님 앞에서 우리가 빚졌다고 서명한 인정서와 결합된 처벌 문장들을 가지고 있는 규정들에 대해 2:14에서 복수형으로 사용된 도그마(*δόγμα*, "작정", "법령")와 유사하다. 여기서 금지 규정들은 특별히 맛보지 말고 만지지 말라는 법령을 가리키지만(21절은 그것들 중에 세 개를 열거한다), 우리는 이 동사가 특별히 이러한 것들에 제한되어 있다고 상상해서는 안 될 것이다. 이 동사의 수동형은 "자신을 되도록 허락하다"라는 개념을 가지고 있으며(몇몇 구 문법학자들은 이 동사를 같은 의미를 가진 중간태로 취급한다. 그래서 Robertson, *Grammar*, 807에서는 "아마도 직접 중간태일 것"이라고 한다. Abbott, 272, 참조. Turner, *Syntax*, 57), 따라서 직역하면 "네 스스로 통제를 받도록"이다(BDF, 항목 314; 참조. 고전 6:7). 요점은 골로새인들이 거짓 가르침에 희생물이 될 위기에 처해 있었으며, 그들은 자원하여 자기 자신들을 이러한 세력들로 말미암아 지워진 법규들 아래 두었던 것이다(Hooker, *Christ*, 317에서는 이 권고가 골로새 기독교인들이 이미 이 법규들에게 복종했다는 것을 의미하지 않는다고 생각한다). 이것은 그들이 과거에 이방인으로 있을 때 경험했던 노예 상태로 돌아가는 것과 동등한 것이었다(참조. 갈 4:3, 8, 9).

21 "붙잡지도 말고 맛보지도 말고 만지지도 말라"(*μὴ ἅψη μηδὲ γεύση μηδὲ θίγης* – 메 합세 메데 규세 메데 디게스). 바울은 정사와 권세들이 지워 준 법규의 종류들 가운데 세 개의 실례들을 인용하고 있다. 그것들은 모두 부정적이고 예외가 없음을 말하고 있다(구약성경의 명백한 법률들을 보라). 법규들이 여기에 인용된 형식으로 인하여 바울은 자기 대적자들이 세상과의 모든 접촉을 완전히 끊게 하려 하고 있다고 말하면서 그들을 비웃고 있다(Lohse, 123에서는 Chrysostorm의 글을 인용한다: "그가 마치 그들이 자기 스스로를 어떤 커다란 분제들로부터 떨어져 있었기나 한 것처럼 '그것들을 붙잡지 말라, 만지지 말라, 맛보지 말라'고 어떻게 비웃고 있는지를 주목하라")고 주장해 왔다(Caird, 200).

이 세 개의 동사들은 음식과 음료와 관련된 법규들을 취급하고 있는 것으로 보인다(참조. 16절). 그러나 첫 번째와 마지막 단어들은 실질적으로 동의어이고(참조. LXX 출 19:12), 그것들 가운데 어떤 차이를 정확하게 구별해 내기는 어렵다. 바우어(Bauer, BAG, 102, 103)는 합토마이(*ἅπτομαι*)가 "먹는 어떤 것"(우리의 "음식을 취하다"처럼)으로 번역될 수 있을 가능성을 주장했다. 따라서 세 개의 금지 조항들은 점강법 형태를 가졌을 것이다. 즉 "먹지 말라, 맛보지 말라, 만지지 말라!" 그러나 합토마이(*ἅπτομαι*)는 "먹다"보다 일반적인 의미를 가지고 있으며, 이러한 주장은 타당성이 없다. 그것이 성적인 암시와 함께 사용되고 있다는 근거에서(참조. 고전 7:1, "남자가 여자를 가까이 아니함이 좋으나"〈*γυναικὸς μὴ ἅπτεσθαι*, 귀나이코스 메 합테스다이〉), 리니는 거짓 교사들이 성관계를 금지했다고 주장했다(R. Leaney, "Colossians ii. 21 23. [The use of *πρός*]," *ExpTim* 64[1952 53] 92). 그러나 이것은 다음과 같은 몇 가지 이유로 인하여 타당하지 않다. 첫째로, 본 서신의 어디에서도 성관계의 금지에 대한 약간의 기미도 나타나지 않는다(딤전 4:3의 거짓 교사들은 혼인을 금하지만, 거기서 가메오〈*γαμέω*, "혼인"〉란 단어가 사용되었다). 둘째로, 합토마이(*ἅπτομαι*)가 이 개념으로 사용될 때, 동사의 목적어는 이것이 의미하는 바가 분명하다(참조. 20:4, 6; 잠 6:29; 고전 7:1). 이 동사는 그 자체로 광범위한 영역에 적용될 수 있다. 셋째로, 그 뒤에 뒤따라오는 단어(22절, "이 모든 것은 쓰는 대로 부패에 돌아가리라")는 음식과 음료와 같은 물질을 대상으로 한다. 즉 22절 상반절은 성관계를 의미한다면 적용되지 않는다.

만일 라이트푸트(Lightfoot, 201)와 다른 사람들이 주장해 온 바와 같이 합토마이(*ἅπτομαι*)가 특색이 없는 딩가노(*θιγγάνω*)보다 더 강한 뜻을 가질 수 있고, 그래서 그것을 소유할 속셈으로 어떤 것을 "잡는 것"을 의미한다면(Lohse, 123), 이 삼중적 금지는 등급이 다르기는 하지만 만지는 감각을 통하여 입게 되는 부정을 가리킬 수 있다: "붙잡지 말라, 맛보지 말라, 만지지도 말라."

22 거짓 교사들의 접근 방식에 대한 여러 가지 비판이 사도에 의하여 진술되었다. (1) "이 모든 것은 쓰는 대로 부패에 돌아가리라"(*ἅ ἐστιν πάντα εἰς φθορὰν τῇ ἀποχρήσει* – 하 에스틴 판타 에이스 프도란 테 아포크레세이). 금기로 뒤덮여진 것들은 그것이 낡아졌을 때 사라지기로 결정된 것으로서 물질 세상의 멸망할 물건들이다(에스틴 에이스〈*ἐστιν εἰς*〉란 표현은 임명을 의미한다=…하기로 되어 있다; 참조. 행 8:20; 벧후 2:12; Oepke, *TDNT* 2, 428). 바울은 배타적으로 음식물에 대해서만 생각하고 있는 것으로 보인다(참조. Harder, *TDNT* 9, 102). 프도라(*φθορά*)는 자연적인 용도로 사용되는 것들의 "물리적 죽음"(Abbott, 274)을 가리킨다(아포크레시스〈*ἀπόχρησις*, "소모하는", "써 버리는"〉, BAG, 102; 비록 이 단어가 때에 따라 "남용하다"라는 뜻을 가질 수 있을지라도, 이것은 정당하고 정상적인 방법으로 사용되는 물리적인 물건을 가리키고 있는 이 문맥에는 적합하지 않다). 만일 이러한 사물들이 일시적이고도 사멸하는 것이라면, 이 "철학"의 옹호자들은 그것들을 자기들의 가르침에 중심제로 삼음으로써 진정한 조화의 의미를 결여하고 있다. 음식과 음료 문제들은 경건에 관한 한 중요하지 않다(롬 14:17; 고전 6:13) –특히 시험이 그들의 금욕이나 향락에 적용될 때 그러하다(Martin, *Lord*, 96; 바울에게 폭식과 폭음으로 인도하는 방종은 우상에게 드려진 음식처럼〈고전 8장〉 또 다른 문제다. 고전 5:9; 엡 5:18). (R. J. Austgen, *Natural Motivation in the Pauline Epistles*. 2nd ed. [Notre Dame: University Press, 1969] 특히 5장, "Natural Motivation and Dietary Practices," 98-117를 보라). 로제(Lohse, 124)가 지적한 바와 같이 거짓 교사들의 거짓된 율법주의로 인하여 그 옹호자들은 하나님의 선하신 선물을 인식하는 데 실패했고, 또한 그것들을 주신 하나님의 목적 즉 예외 없이 모든 것(*πάντα* – 판타)이 적절한 사용을 통하여 소모되어야 한다는 사실을 인식하는 데도 실패했다.

(2) "사람의 명과 가르침을 좇느냐?"(*κατὰ τὰ ἐντάλματα καὶ διδασκαλίας τῶν ἀνυρώπων* – 카타 타 엔탈마타 카이 디다스칼리아스 톤 안드로폰). 바울의 두 번째 공격은 이러한 금기 사항들이 단순히 인간의 고안물이라는 것이다. 즉 그것들은 인

간의 법규와 교훈에 따른 것이라는 것이다. 이 문구의 배후에는 "그들이 나를 경외함은 사람의 계명으로 가르침을 받았을 뿐이라"(*ἐντάλματα ἀνθρώπων καὶ διδασκαλίας* – 엔탈마타 안드로폰 카이 디다스칼리아스)고 말하는 이사야 29:13(LXX)의 말씀이 놓여 있다. 원 문맥 가운데서 이사야 선지자는 이스라엘의 신앙이 하나님에 대한 개인적 지식이 아니라 틀에 박힌 수법으로 배운 관습적인 법칙일 뿐이라고 불평하고 있다. 이 본문은 "사람의 전승"(*ἡ παράδοσις τῶν ἀθρώπων* – 헤 파라도시스 톤 안드로폰)에 관해서 바리새인과 서기관들과 논쟁하는 가운데 복음서들에 있는 예수님이 인용하신 것인데, 이를 통하여 유대인들은 하나님의 말씀을 헛되게 만들었다. 그 전승은 "사람의 명과 가르침"과 유사한데, 골로새서 2장에서 흥미롭게도 병치되어 있어서 같은 두 개의 표현이 사용되고 있다: 8절의 "사람의 유전"(*ἡ παράδοσις τῶν ἀνθρώπων* – 헤 파라도시스 톤 안드로폰)과 이 곳의 본문이다. 두 번째 언급은 앞의 문구의 "구체화"로 간주될 수 있는데, 말하자면 사람의 전승이 인간이 만든 계명과 가르침 가운데 구체적으로 표현되어 있다는 것이다.

엔탈마타(*ἐντάλματα*, "계명들")는 신약성경에서 세 번만 나타나는데(마 15:9; 막 7:7; 골 2:22), 그것들은 각기 이사야서 본문의 반영이다(29:13). 골로새서의 본문 속에서 이 단어는 디다스칼리아이(*διδασκαλίαι*, "가르침들", 한 개의 정관사를 통하여)와 긴밀하게 연결되어 있다. LXX에 있는 복수형은 의미심장한데, 이는 그것이 절대성을 부여할 수 없는 인간의 가르침의 복잡성을 시사하고 또한 하나님의 뜻에 반대되기 때문이다(참조. Rengstorf, *TDNT* 2, 161). 바울은 여기서 톤 안드로폰(*τῶν ἀνθρώπων*, "사람의")이란 문구의 마지막 부분을 강조하면서 단순히 인간적인 법령들에 관한 같은 점을 분명하게 드러내고 있다: "너희가 그리스도와 함께 죽었고, 그럼에도 불구하고 너희는 아직도 사람들로부터 명령을 받는다!" 이러한 인간에게서 기원된 금기 사항들은 자유를 주는 메시지를 가지고 있는 하나님의 순수한 가르침을 무효로 만들어 버린다.

23 (3) 바울은 계속해서 거짓된 가르침에 대하여 공격한다. 이 구절은 사도가 대적자들의 슬로건을 인용하면서 자신의 해석을 가할 때는 언제나 불확실하므로 그 구조와 의미가 아주 모호하다(참조. Moule, 108-10, Masson, 137, and Schweizer, 128). 몇몇 주석가들은 이 본문이 매우 초창기에 마멸되었다는 사실을 가정하면서 추측에 의한 수정과 가필을 통하여 그것을 재구성하려고 했다(네슬〈Nestle〉은 "가혹"〈주격으로 되어 있는 *ἀφειδία* – 아페이디아〉, 참조. von Dobschütz; B. G. Hall, Colossians II. 23, *ExpTim* 36(1924-25) 285에서는 "잊음"이 원문이라고 생각하고, 반

면에 다른 사람들은 한 행을 덧붙인다. 세부 사항에 관해서는 Lohse, 125, n. 88을 보라). 그러나 이것들 중 그 어느 것도 어떤 필사본의 증거를 얻지 못하고 있는데, 그 이유는 필사본 전승이 "모호성들"이 있는 그대로 남아 있기 때문이다. 우리의 생각으로는 이 모호성들에 대한 가장 만족할 만한 해석은 라이케가 제공하고(Reicke, *ST* 6[1952] 39-53; cf. Bengel 2, 466) 홀렌바흐(Hollenbach, *NTS* 25[1978-79] 254-61)가 부가적 논증을 덧붙인 것이다. 구두법과 번역은 다음과 같다.

하티나 에스틴-로곤 멘 에콘타 소피아스 엔 에델로드레스키아 카이 타페이노프로쉬네 카이 아페이디아 소마토스, 우크 엔 티메 티니-프로스 플레스모넨 테스 사르코스(*ἅτινά ἐστιν' λόγον μὲν ἔχοντα σοφίας ἐν ἐθελοθρησκίᾳ καί ταπεινοφροσύνῃ καί ἀφειδίᾳ σώματος, οὐκ ἐν τιμῇ τινι' πρὸς πλησμονὴν τῆς σαρκός*. - "그러한 것들은 인도한다-자원하는 예배, 겸손과 육체의 가혹한 취급의 영역에서 지혜에 대한 평판을 가지고 있을지라도 아무런 가치가 없고-육체의 만족으로 〈인도한다"〉).

이 해석에서 에스틴(*ἐστιν*, 복수 주격 하티나〈*ἅτινά*, "그것들"〉로 인하여 "are"로 번역됨)은 하나의 우회적인 현재 시제를 이루기 위하여 에콘타(*ἔχοντα*, "가지는")와 연결되지 않고 주절의 술어로서만 존재한다. 즉 "그러한 것들은 실질적으로…육체의 만족으로 인도한다"(*ἅτινά ἐστιν…πρὸς πλησμονὴν τῆς σαρκός*-하티나 에스틴…프로스 플레스모넨 테스 사르코스). 바울 서신서들에서 정상적인 위치에 오는 접속사 멘(*μέν*, "일지라도")은 이 문장 로곤 멘 에콘타…(*λόγον μὲν ἔχοντα*…, "평판을 가지고 있을지라도")에서 두 번째 단어로 나타나며, 또한 종속절은 주절과 관계하여 양보를 나타내는 것으로 표시되어 있다. 그러므로 "…일지라도"로 번역되어야 할 것이다(참조. 롬 7:25b; 8:10). "…에게로 인도하다"를 의미하는 에스틴 프로스(*ἐστιν πρὸς*) 문장과 평행이 되는 문장이 요한복음 11:4에서 발견되며, 우크 에스틴 프로스(*οὐκ ἐστιν πρός*, "이 병은 죽을 병이 아니라") 또한 고린도전서 14:26에서 발견된다. "모든 것을 덕을 세우기 위하여 하라"(*πρὸς οἰκοδομὴ γινέσθω*-프로스 오이코도메 기네스도).

[Hollenbach, *NTS* 25, 1978-79, 255에서는 실질적으로 멘(*μέν*)의 매 출현마다 그 기능에 관계 없이 바로 뒤에 멘(*μέν*)이 부속되어 있는 문법상의 단위의 첫 번째 단어 뒤에 온다고 자세히 설명했다. 예외들에 대해서 그는 적절하게 설명한다. 즉 멘(*μέν*, "한편", "일지라도") 다음에는 주로 상관어 데(*δέ*, "다른 한편")가 뒤따라온다: Lightfoot, 203에서는 그러한 일부분을 삭제하는 표현들이 고대 작가들에게 일반

적인 일이었다고 지적했는데, 예를 들어 플라토가 그러했다는 것이다. 이어서 라이트푸트는 여기에 정확한 상관어가 새로운 형태인 우크 엔 티메 티니(*οὐκ ἐν τιμῇ τινι*, "어떤 유익이 없이")가 발견된다고 주장한다. 참조. Moule, 108, BDF, 항목, 477 [2], [3], Robertson, *Grammar*, 1152, Lohse, 126. Reicke, *ST* 6, 1952, 43에서는 그것이 생략 상관어가 아닌 멘(*μήν*, "실로", "그렇지만")처럼 독립적으로 나타나는 멘(*μέν*) 단독 용법의 한 실례라고 주장했다. 참조. Lähnemann, *Kolosserbrief*, 147. 그렇지만 데(*δέ*)가 주로 양보절이 종속절, 즉 하티나(*ἅτινα*, "이런 것들은=which things") 뒤에 있는 문장의 첫 번째 단어 다음에 나타났을 것이라고 생각하는 것이 가장 바람직하다. 그러나 양보절이 주절 내에 삽입되었으므로 멘(*μέν*)이 데(*δέ*)를 삽입하려는 적절한 장소에 기록되기까지. Hollenbach, *NTS* 25, 1978-79, 260].

하티나(*ἅτινα*, "이런 것들은=which things", 참조. 살 4:24; 5:19; 빌 3:7), 즉 질을 나타내는 관계사는 맷슨(Masson, 137)이 지적한 바와 같이 "계명과 교훈"(*τὰ ἐντάλματα καὶ διδασκαλίας* - 타 엔탈마타 카이 디다스칼리아스, 22절)을 가리킨 것이 아니라 도그마티제스데(*δογματίζεσθε*, "너희는 스스로 순종하게 한다") 아래 포함된 교훈 혹은 규정들을 가리키는데, 21절은 그 실례들을 담고 있다(Williams, 115): "붙잡지도 말고 맛보지도 말고 만지지도 말라." 그 관계사 하(*ἅ*, "which")를 가지고 있는 22절은 규정들에 관한 목적격 진술을 하고 있는 반면에, "이런 것들"(*ἅτινα* - 하티나)이라는 언급은 21절의 특별한 교훈들뿐만 아니라 같은 범주에 들어 있는 다른 규정들까지도 설명하고 또 비판하고 있다(Lightfoot, 203).

"지혜 있는 모양이나"(*λόγον μὲν ἔχοντα σοφίας* - 로곤 멘 에콘타 소피아스). 이러한 종류의 금지는 지혜가 있다는 평판을 가지고 있다. 로곤 에코(*λόγον ἔχω*)는 "…의 평판을 가지고 있다", "…로 생각되다"(함축되어 있는 다른 의미들에 관해서는 Lightfoot, 203, 204를 보라)를 의미하며, 로고스(*λόγος*)는 "평판", "신용"을 의미한다(LSJ, 1059). 이것은 본질을 가지고 있지 않고, 또한 알레데이아(*ἀληθεία*, "진리")와 대립되어 있다는 사실을 드러내기 위하여 사용되었다(이것은 뮈도스〈*μῦθος*, "소문", "신화"〉와 동의어이다. 참조. Stählin, *TDNT* 4, 770; Chrysostorm은 적절하게 설명했다: "능력도 없고 진리도 없는"). 그 법규들이 지혜롭다는 평판을 가지고 있을지라도, 그것들은 실체가 없다. 이 지혜는 허울뿐이다(2:8에 있는 "철학"〈*φιλοσοφία* - 필로소피아〉과 "지혜"〈*σοφία* - 소피아〉의 언어유희를 보라). 참 지혜는 그리스도 안에서만 발견된다(2:3; 참조. 1:9, 28; 3:16). 그 이유는 그분이 하나님의 지혜이시기 때문이다(1:15-20). 자일링거(Zeilinger, *Der Erstgeborene*, 128, 129)는 최근

"지혜 있는 모양이나"라는 문구 가운데 선재하는 토라(=지혜, *σοφία*)를 만물의 근거로 보았던 유대인의 견해(참조. Bar 4:1-4)에 대하여 저자가 가한 의도적 논박이 들어 있다고 주장했다. 겸손, 천사 숭배 그리고 금욕의 행습은 궁극적으로 지혜의 소유, 죽은 자의 부활 그리고 그와 함께 다가오는 시대에 생명의 소유로 인도한다는 것이다. 이에 반대하여 저자는 그리스도에게로부터 오는 구원이 이미 객관적으로 제공되었다고 주장한다. 즉 그리스도 안에서 종말 때의 선물이 이미 주어졌다는 것이다.

"자의적 숭배와 겸손과 몸을 괴롭게 하는데"(*ἐν ἐθελοθρησκίᾳ καὶ ταπεινοφροσύνῃ καὶ ἀφειδίᾳ σώματος* – 엔 에델로드레스키아 카이 타페이노프로쉬네 카이 아페이디아 소마토스). 지혜에 관한 거짓 교사들의 평판은 "자의적 숭배와 겸손과 몸을 괴롭게 하는" 영역 가운데서(ejn, Williams, 116, Schweizer, 128; Meyer, 410에서는 이 전치사를 조격으로 간주한다) 얻었다. 바울 서신 이전의 헬라어 가운데서는 전혀 나타나지 않은 에델로드레스키아(*ἐθελοθρησκία*)는 RSV에서 "헌신의 가혹 행위"로 번역되었다(BAG, 218, "인위적 신앙", 그러나 이것은 우리가 주장하는 바와 같이 바울이 이 철학의 슬로건을 실제로 인용하고 있을지라도 이런 식으로 번역될 수 없다). 에델로-(*ἐθελο-*)로 이루어진 복합 명사는 그 의미가 최소한 세 개의 영역으로 나누어진다(BDF, para. 118[2]는 이것을 필로-〈filo-〉라는 단어에 맞추어 만들어진 것으로 보고 첫 번째 요소가 두 번째 요소인 드레스케이아〈*θρησκεία*〉를 지배한다고 생각한다). (a) 자원함, 예를 들어 "자발적 예속"(*ἐθελοδουλεία* – 에델로둘레이아; MM, 181에서는 에델로드레스키아〈*ἐθελοθρησκία*〉를 이 단어의 유비에 대한 바울의 신조어로 생각한다), (b) 기쁨 혹은 노력을 포함하는 관심, 예를 들어 "관습을 목표로 삼는"(*ἐθελάστειος* – 에델라스테이오스), (c) "자칭 철학자"(*ἐθελοφιλόσοφος* – 에델로필로소포스, Francis, *Conflict*, 181)로 위장. 이 모든 경우에 분리된 뉘앙스들이 각기 다른 상황에서 의지의 행동을 가리킨다(그러므로 BDF는 복합 단어의 첫 번째 요소가 두 번째 요소를 지배한다고 말한 것이다. 항목 118[2]). 만일 이 단어가 다른 두 개의 단어와 함께 바울의 대적자들에 의하여 사용되었다면, 그것은 아마도 그들이 자유롭게 자기들이 참가한 제의에 선택하여 들어갔다는 사실을 의미했을 것이다. 그것은 우리가 "천사들이 시행하는 예배"라고 번역했던 18절의 드레스케이아 톤 앙겔론(*θρησκεία τῶν ἀγγέλων*)과 일치한다(위의 142, 143를 보라). 여기서 에델로드레스키아(*ἐθελοθρησκία*)란 단어는 그것이 사람들에 의하여 거행된 예배라고 명확하게 설명하고 있지 않고(Lohse, 119, and Martin, *NCB*, 94에서 자신들의 Francis, *Con-*

flict, 176-81에 대한 비평에서 주장한 바와 같이), 다만 그것이 자유롭게 선택한 예배라는 것이다. 만일 바울이 이 단어를 만들어 내지 않고 이것을 "철학"으로부터 취해 왔다면, 이 단어는 "자기 대적자들이 사용한 언어로부터 빌려온 비꼬는" 단어다(W. L. Knox, *St Paul and the Church of the Gentiles*[Cambridge: University Press, 1939, 171] cited by Martin, *NCB*, 98). 사도는 이 예배를 스스로 선택한 것이지만 잘못된 것으로 여기고 있다.

"겸손"(*ταπεινοφροσύνη*, 타페이노프로쉬네). 위의 18절을 보라. 거기서 이 단어는 금식이나 혹은 다른 육체의 가혹 행위와 관계가 있었다. 이것들과 같은 금욕적인 행습들은 일종의 "겸손 기술"이었고, 그래서 하늘 비밀의 환상을 받기에 효과적인 것으로 여겨졌다. 거짓 교사들이 지혜가 있다는 평판은 이러한 영역에서도 얻어냈었다.

"몸을 괴롭게 하는데"(*ἀφειδίᾳ σώματος* – 아페이디아 소마토스). 이 "철학"의 옹호자들은 자기들의 생활 방식을 "육체에 대한 엄격한(페이도마이〈*φείδομαι*〉와 유사한 '엄한') 취급"으로 규정했는데, 이러한 표현은 특히 규칙들이 요구한 금욕적 행동과 관련하여 가혹하고도 준엄한 생활 방식을 나타낸다(참조. 딤전 4:3, "혼인을 금하고 식물을 폐하라"). 금식과 금욕을 통하여 그들은 자기들 스스로 하나님의 충만과 환상을 받을 준비를 한다고 생각했다. 그러나 이것 역시 단순한 지혜의 모양에 지나지 않았다(*λόγον*···*σοφίας* – 로곤···소피아스).

"유익이 조금도 없느니라"(*οὐκ ἐν τιμῇ τινι* – 우크 엔 티메 티니). 위에 언급된 설명에 근거하여 이 문장은 앞의 문장에 종속된 것으로 여겨지며, 또한 바울의 언급으로 생각된다. 이 "철학"의 대적자들이 이 단어 티메(*τιμῇ*, "영예", "가치")를 하나의 슬로건으로 사용했든 그렇지 않았든 이러한 거짓 교사들의 행습이 자원적 예배, 겸손, 금욕적 처리 영역에서 지혜에 대한 평판을 가지고 있을지라도 전혀 무가치하다고 사도는 주장하고 있다.

많은 주석가들이 "유익이 조금도 없느니라"(*οὐκ ἐν τιμῇ τινι* – 우크 엔 티메 티니)는 문장을 그 직후에 뒤따라오는 "육체를 좇는 것을"(*πρὸς πλησμονὴν τῆς σαρκός* – 프로스 플레스모넨 테스 사르코스)과 한 문장으로 이루어지는 것으로 연결시킬지라도, 이것은 많은 난점들을 가지고 있다: 우크(*οὐκ*, "아니", "없음")의 위치가 비정상이고, 그래서 우리는 이 단어가 에스틴(*ἐστιν*, "이다", "있다")보다 앞서는 것으로 예상했다. 전체 문장의 의미와 특히 티메(*τιμή*)의 의미가 모호하다. 에스틴(*ἐστιν*)의 보어로서 엔 티메(*ἐν τιμῇ*, "영예로")의 선행사가 없다. 또한 뒤따라오는 프로스(πρός, "위하여")와 함께 나타나는 티메(τιμή)도 없다. 그리고 입증된 어떤 티메(τιμή)의 의미도 이 문맥에는 어울리지 않는다. Lightfoot, 204-206, Moule, 108-110, and Lohse, 126, 127의 시도와 Hollenbach의 비판, *NTS* 25(1978-79) 258, 259를 보라.

"이런 것들은…육체 좇는 것을"(ἅτινά ἐστιν… πρὸς πλησμονὴν τῆς σαρκός – 하티나 에스틴…프로스 플레스모넨 테스 사르코스). 다음의 내용들은 이 문장의 의미를 설명하려는 시도들 가운데 가장 중요한 내용들이다. 우리는 세 번째 제안을 선호하는 바이다.

(1) 많은 초대 교회 교부들은 뒷부분의 문구를 골로새인들의 금욕적 행습들에 대한 보다 자세한 묘사로 여겼다. 그들은 사르크스(σάρξ, "육체")를 소마(σῶμα, "몸")와 동일한 것으로 보아 이것을 긍정적인 의미로 취급하고 이 문구를 "합법적인 육신의 만족"을 의미하는 것으로 이해했다. 이러한 고대의 해석에 의하면 거짓 교사들은 육신에 빠지지 않았는데, 말하자면 그들은 하나님이 주신 그것을 존중하지 않았다. 그들은 그것을 만족스럽게 하기보다 박탈했다(참조. Delling's presentation, *TDNT* 6, 133). 그러나 이러한 해석에는 많은 난점들이 나타난다. (a) 이 문구를 "몸을 괴롭게 하는데"(ἀφειδίᾳ σώματος – 아페이디아 소마토스)와 연결시키기가 어색하다(Moule, 109). (b) 플레스모네(πλησμονή)는 사르크스(σάρξ, "육체", 18절)에 비추어 볼 때 "타당한 욕구" 혹은 "합당한 육신의 만족"으로 번역되기가 어려운데, 이 단어는 앞의 문장 가운데서 소마(σῶμα, "몸")와 대립되고 바울의 통상적인 의미인 "더 낮은 성품"으로, 하나님에게 반역했던 옛 아담의 성품으로 이해되어야 한다(Bruce, 256, and BAG, 673). (c) 이 고대의 입장에서 보면 바울의 비판은 지나치게 부드럽다. 그는 소심하게 그 법규가 그들이 충분히 영예로운 몸을 붙잡지 않았기 때문에 실패했다고 말하고 있지 않다. 그보다는 이 율법적인 생활 방식이 "육체의 만족으로" 인도할 뿐이라고 말한다.

(2) 라이트푸트(Lightfoot, 204-206, 참조. Moule, 108-110)는 마지막 문구를 앞의 문장과 연결하여 해석하고, 이 헬라어 문장을 "그러나 실질적으로 육체의 방종을 치료하는 데 실질적인 가치가 없다"고 번역했다. 이 문구들의 접속사에 관해서 이미 언급한 난점 이외에도 프로스(πρός)를 전투의 의미에서 "…에 대항하여"로 번역하는 것은 이례적인 일이며 다음의 입장과 같이 쉽게 읽을 수 없다.

(3) 골로새 대적자들의 율법주의적 생활 방식은 육체의 만족으로 인도할 뿐이다. 플레스모네(πλησμονή, "만족", "기쁨", BAG, 673, Delling, *TDNT* 6, 131-34)는 신약

성경 중에서 오직 이 곳에만 나타나는데 LXX에서 약 28회 나타났다. 이것은 "음식과 술로 인한 만족" 그리고 다른 형태의 즐거움으로 인한 만족을 나타내는 좋은 의미로 자주 사용되었다(음식물로 인한 만족에 대해서: 출 16:3, 8; 레 25:19; 26:5; 시 77:25; 학 1:6; 만족케 하시는 하나님의 선물에 대해서: 신 33:23). 그러나 이 단어는 죄와 하나님으로부터의 배교로 인도한 "폭음", "역겨운"을 나타내는 나쁜 의미로도 나타난다(겔 39:19; 호 13:6). 아마도 바울이 플레스모네(*πλησμονή*)란 단어를 사용한 배후에는 "충만함"이라는 단어와의 언어유희가 있는 것으로 보인다. 그들의 모든 노력의 목적과 목표(*πρός* – 프로스) – 엄격한 법규의 준수 – 는 만족이었다. 그러나 만족된 모든 것은 "그 육체"(*της σαρκός* – 테스 사르코스)였다. 이러한 인위적인 법규들은 실제로 육체에 선동을 가했다.

해설

스타일에 있어서 논쟁적이고 철학의 가르침과 슬로건에 대한 암시로 가득한 단락 속에서 바울은 실제로 무엇이 기독교인의 자유의 강령인지를 진술하고 있다. 2:8-15의 바울의 적극적인 확언들 속에서 수정된 "충만" 및 그리스도의 인격과 사역에 관한 잘못된 개념들이 실제적인 면에 관한 이러한 이상한 일탈을 그것들의 결과로 가지고 있다. 사도의 비판은 먼저 그의 과녁을 행습에 겨누고, 또 그것들 배후에 있는 거짓된 개념들로 향하고, 그 다음에는 거짓 교사들 자신에게로 향하여 비판을 가하면서 초토화시킨다.

골로새인들은 먹는 것과 마시는 것, 그리고 거룩한 날들에 대해서 "철학"의 추종자들이 지워 주는 임무를 지지 말아야 한다. "육체에 대한 가혹한 취급"(23절)에 대한 요구로부터 따라오는 금욕적 성격의 엄격한 법규들은 다가오는 일들에 대한 하나의 그림자였다. 그리스도와 그분의 새로운 질서는 이러한 초창기의 질서들이 가리켰던 완전한 실체였다. 거짓 교사들의 가혹한 규정들은 구속력을 가지고 있지 않다. 실체는 이미 왔고, 그림자였던 것들은 더 이상 심판의 표준이 아니다.

먹는 것과 마시는 것, 그리고 거룩한 날들의 준수에 관해서 가책을 가지고 있었던 고린도와 로마의 기독교인들에게 보낸 편지에서 바울은 그리스도인의 자유의 원리, 즉 "강한 자"는 부드럽고 약한 양심 혹은 가책을 가진 양심에 범죄하는 일을 피하는 방향으로 나가도록 소개한다(롬 14:1-15:13; 고전 8-10장). 그러나 이것은 골로새에서 있었던 문제는 아니었다: 가책을 느끼는 사람들이 회중의 나머지 부분에 대한 그들의 엄격한 원리들을 강요하려는 위협을 당하고 있었다. 그리스도인의 자유는 그것을 무너뜨리려는 잘못된 시도들에 대항하여 강력하게 옹호되어야 했다.

더 나아가서 만일 골로새인들이 거짓된 가르침에게 희생제물이 되고 자신들을 "붙잡지도 말고 맛보지도 말고 만지지도 말라"와 같은 정서와 권세들이 지워 준 규칙들과 법규들 아래 복종한다면 이것은 노예 생활로, 그리고 그들이 그리스도의 죽으심 안에서 그리스도와 함께 죽었을 때 자유를 얻었던 그 세상의 초등학문으로의 노예 상태로 돌아가는 것이다. 금기 사항들이 덮고 있었던 문제들은 물질 세계의 썩어질 대상들이요 그것이 다 사용되었을 때 지나가 버리도록 운명 지워진 것이었다. 이러한 금기 사항들은 단순히 인간의 고안물 즉 "사람의 명과 교훈"이었고, 이것은 자유케 하는 메시지를 가지고 있는 하나님의 순전한 가르치심을 좌절시키는 것이었다. (21절에 그 실례가 나타나 있는 대로) 금지 사항들이 자원적 예배, 겸손 그리고 몸을 괴롭게 하는 영역에서 지혜롭다는 평판을 가지고 있을지라도, 그것들은 전혀 무가치한 것이었다.

거짓 교사들에 관하여 사도의 말은 아주 가혹하다. 생생한 하나님의 계시에 대한 준비로서 고상한 하늘의 체험들 혹은 환상들을 했다고 주장하는 사람들은 우쭐댔다. 그들은 자기들이 마음의 지도를 받았다고 주장했으나, 그것은 육체의 마음이었다. 그들의 마음은 육체의 지배를 받은 옛 성품의 특성을 가지고 있었던 태도와 견해였다. 만일 그들이 하나님의 "충만"과 지식을 소유했다고 자랑했다면, 그들이 가진 모든 것은 그들 자신의 교만이었다. 자기들의 권위의 근거로서 자기 자신들의 개인적 체험을 사용하여 골로새에 있는 기독교인들에게 임무를 지워 주었던 모든 사람들 가운데 가장 나쁜 것은 실제로 그들의 머리, 곧 생명의 원천이요 그들의 몸이 살도록 하는 영양분이시고 교회가 유기적 통일체가 되게 하는 통일의 원천이신 그리스도를 거절했다는 것이다. 거짓된 가르침의 옹호자들은 다음과 같은 가장 심각한 정죄에 직면한다. 즉 그들은 생명과 통일체의 원천이신 그분으로부터 단절되었다는 것이다. 골로새인들에 대한 적용은 명확하다. 그들이 거짓된 가르침에 대한 호소를 통하여 떠나가지 않고 꾀임을 받지 말도록 해야 한다는 것이다.

9. 위엣것을 찾으라(3:1-4)

참고문헌

Dupont, J. *ΣΥΝ ΧΡΙΣΤΩΙ. L'union avec le Christ suivant saint Paul.* Paris: Desclée de Brouwer, 1952, 39-47. **Grässer, E.** *ZTK* 64(1967) 139-68. **Lincoln, A. T.** *The Heavenly Dimension. Studies in the Role of Heaven in Paul's Thought with Special Reference to His Eschatology.* University of Cambridge: Unpublished Ph.D. thesis, 1977, 198-217. **Merk, O.** *Handeln aus Glauben. Die Motivierungen der paulinischen Ethik.* Marburger Theologische Studien 5. Marburg: Elwert, 1968, 201-204. **Moule, C. F. D.** "'The New Life' in Colossians 3:1-17." *RevExp* 70(1973) 481-93. **Schnackenburg, R.** *Baptism*, 67-73. **Schrage, W.** *Die konkreten Einzelgebote in der paulinischen Paränese.* Gütersloh: Mohn, 1961. **Wulf, F.** "'Suchet, was droben ist, wo Christus ist, sitzend zur Rechten Gottes!'(Kol 3, 1)." *GuL* 41(1968) 161-64. **Zeilinger, F.** *Der Erstgeborene*, 60-63, 147-51.

본 문

1 그러므로 너희가 그리스도와 함께 다시 살리심을 받았으면 위엣것을 찾으라 거기는 그리스도께서 하나님 우편에 앉아 계시느니라	**1** Since then you were raised with Christ, seek the things above, where Christ is, seated at God's right hand.
2 위엣것을 생각하고 땅엣것을 생각지 말라	**2** Set your minds on the things above, not on earthly things,
3 이는 너희가 죽었고 너희 생명이 그리스도와 함께 하나님 안에 감취었음이니라	**3** For you died, and your life is hidden with Christ in God.
4 우리 생명이신 그리스도께서 나타나실 그 때에 너희도 그와 함께 영광 중에 나타나리라	**4** When Christ, who is our[a] life, is revealed, then you also will be revealed with him in glory.

원문주해

a. 골로새서 전체에 걸쳐서 1인칭과 2인칭 간의 정확한 독법이 어떤 것인지 문제가 되는 구절이 있다(참조. 1:7; 2:13 그리고 본문이다). 여기서 B D^c H K 326 $syr^{p,h}$ cop^{sa} 등의 지지를 받고 있는 헤몬(*ἡμῶν*, "우리의")은 서기관들에 의하여 휘몬(*ὑμῶν*, "너희의")으로 변형되었고, 1-4절 전체를 1인칭 대명사가 되게 했다. 그렇지만 휘몬(*ὑμῶν*, "너희의")이란

독법은 상당히 강력한 P^{46}을 위시하여 훌륭하고 대표적인 알렉산드리아와 서방 본문들의 지지를 받고 있다(a C D* F G P 31 81 it vg cop^{bo} 등; 참조. Metzger, Textual Commentary, 624). 따라서 만일 휘몬(ὑμῶν, "너희의")이 원문이라면 헤몬(ἡμῶν, "우리의")으로의 변형은 발음을 잘못 들었거나, 아니면 필사자가 그리스도께서 일반적인 기독교인의 생명이시고 단지 골로새에 있는 그리스도인들만의 생명이 아니시라는 지적을 유지시키기 위해서였기 때문일 수도 있다. 모든 것을 고려해 보면, 헤 조에 헤몬(ἡ ζωὴ ἡμῶν, "우리의 생명")이란 독법이 원문이었고, 매우 초창기 편지 가운데 이 단락의 2인칭 스타일로 일치시키기 위하여 변형되었다는 것이 더 타당해 보인다.

양식/구조/배경

에이 운 쉬네게르데테 토 크리스토(εἰ οὖν συνηγέρθητε τῷ Χριστῷ, "너희가 그리스도와 함께 일으키심을 받았으므로")로 시작하는 네 구절로 이루어진 간략한 단락은 본 서신에서 하나의 중요한 전환점으로서의 역할을 한다(참조. Grässer, *ZTK* 64 [1967] 146, Lähnemann, *Kolosserbrief*, 30, 31, Zeilinger, *Der Erstgeborene*, 60-62, Schweizer, 130, 131). 한편, 이 단락은 거짓 교사들의 "철학"에 반대한 저자의 논박(2:8-23)에 대한 결론으로서의 역할을 하면서, 또한 그 가르침의 참된 대안을 제공하면서 이전에 말해진 내용을 마무리하고 있다(Zeilinger, *Der Erstgeborene*, 61). 다른 한편, 이 단락은 믿는 자들의 행실에 대해서 앞선 내용의 결론을 계획적으로 설명하면서 새로운 시작을 표시하고 있다(Lähnemann, *Kolosserbrief*, 30). 그래서 운(οὖν, "그러므로"; 1절, 참조. 5, 12절)은 뒤따라오는 내용이 이전에 발전했던 사상의 흐름과 연결되어 있다(참조. 롬 12:1; 엡 4:1에 있는 접속사의 유사한 기능). 서론적인 단어 쉬네게르데테(συνηγέρθητε, "너희가…와 함께 일으키심을 받았다", 1절)를 통하여 사도는 2:12, 13의 쉬네게르데테(συνηγέρθητε, "너희가…와 함께 일으키심을 받았다")와 쉬네조오포이에센(συνεζωοποίησεν, "그가 너희를…와 함께 살리셨다")을 취급하면서 동시에 3:12의 "새 사람을 입으라"는 권고를 준비하고 있다. 아페다네테(ἀπεθάνετε, "너희가 죽었고", 3절)라는 단어를 가지고 바울은 "너희가 세상의 초등학문에서 그리스도와 함께 죽었거든"(ἀπεθάνετε σὺν Χριστῷ ἀπὸ τῶν στοιχείων τοῦ κόσμου, 아페다네테 쉰 크리스토 아포 톤 스토이케이온 투 코스무, 2:20)을 상기시키고 있으며, 2:11-13("너희가 할례를 받았으니…그리스도의 할례라…너희가 그리스도와 함께 장사한 바 되고")에 표현된 사랑을 취하여 권고적 단락에 있는 명령 "죽이라"(νεκρώσατε – 네크로사테, 3:5)의 기초를 놓고 있다. 승귀하신 그리스도께서 중심을 차지하고 계시는 초월적 하늘의 영역을 지칭하는 "위엣것"(*τὰ ἄνω* – 타 아노, 1, 2절)은 그리스도의 주재권에 관한 1, 2장에 주어진 요점들을 되풀이하고(참조. 1:15-20; 2:6-10), 동시에 새 사람을 위한 지침(3:10)의 요점을 제공하는 요약적 표현이다. "땅엣것"(*τὰ ἐπὶ τῆς γῆς* – 타 에피 테스 게스, 2절)은 이것이 무엇을 포함하고 있든 2:20-23을 가리키고 거짓 교사들의 교훈과 행습을 지칭한다. 동시에 이 문구가 취해져서 일반적으로 악덕의 목록을 묘사하기 위하여 사용되었다(3:5). 2:6, 7처럼 이 네 개의 구절들은 본서에서 하나의 중요한 중심축으로 서 있다.

구조적으로 이 단락은 두 부분으로 나누어질 수 있다. 즉 1, 2절과 3, 4절이다(Zeilinger의 분석, *Der Erstgeborene*, 60-62를 보라). 1절은 세 개의 문장을 포함하고 있는데, 하나의 서론적 상황절 "그러므로 너희가 그리스도와 함께 다시 살리심을 받았으면"(*εἰ οὖν συνηγέρθητε τῷ Χριστῷ* – 에이 운 쉬네게르데테 토 크리스토), 명령형으로 되어 있는 주절 "위엣것을 찾으라"(*τὰ ἄνω ζητεῖτε* – 타 아노 제테이테) 그리고 하나의 간접 의문절(현재 이 형태로서의 이 문장은 장소에 대한 부사절이다) "거기는 그리스도께서 하나님 우편에 앉아 계시느니라"(*οὗ ὁ Χριστός ἐστιν ἐν δεξιᾷ τοῦ θεοῦ καθήμενος* – 우 호 크리스토스 에스틴 엔 덱시아 투 데우 카데메노스). 2절은 짤막한 대조로 되어 있는 두 개의 명령형 문장을 포함하고 있다.

τὰ ἄνω φρονεῖτε
μὴ τὰ ἐπὶ τῆς γῆς
위엣것을 생각하고
땅엣것을 생각지 말라

부정적 진술이나 혹은 금지 명령이 앞에 나타나고 그 다음에 대조가 되는 긍정적 주장이 뒤따라오는 2:8, 16과 17, 18 그리고 19절의 대조와는 달리 여기서는 긍정적 권고가 맨 앞에 진술되어 있다.

이 단락의 두 번째 부분인 3절과 4절은 앞의 내용과 연결되어 있고(*γάρ* – 가르, "이는", 3절) 앞의 권고의 근거를 제공한다. 3절에서 말하는 방향은 과거인 반면에, 4절에서는 미래에 관해서 말하고 있다(사용된 동사들을 보라: 3절은 아페다네테〈*ἀπεθάνετε*, "너희가 죽었다"〉와 케크륍타이〈*κέκρυπται*, "감추어졌다"〉이나, 4절은 파네로데〈*φανερωθῇ*, 장차 "나타나다"〉와 파네로데세스테〈*φανερωθήσεσθε*, "너희가 나타날 것이다"〉. 그러나 이 두 구절은 다음과 같이 평행이 될 수도 있다(참조. Zeilinger, *Der Erstgeborene*, 61, 62).

3a *ἀπεθάνετε γὰρ*
b *καὶ ἡ ζωὴ ὑμῶν*
c *κέκρυπται σὺν τῷ Χριστῷ*
d *ἐν τῷ θεῷ*

4a *ὅταν ὁ Χριστὸς φανερωθῇ*
b *– ἡ ζωὴ ἡυῶν –*
c *τότε καὶ ὑμεῖς σὺν αὐτῷ ψανερωθήσεσθε*
d *ἐν δόξῃ*

3a 이는 너희가 죽었고
b 그리고 너희 생명이
c 그리스도와 함께 감춰었음이니라
d 하나님 안에

4a 그리스도께서 나타나실 그 때에
b – 우리 생명이신 –
c 그때에 너희도 그와 함께 나타나리라
d 영광 중에

주석

본서의 권고 단락은 골로새인들이 그리스도의 죽음 안에서 그분과 함께 죽었을 뿐만 아니라(2:20, 참조. 11, 12절) 그분과 함께 죽은 자 가운데서 일으키심을 받을 것이라고(2:12, *συνηγέρθητε* – 쉬네게르데테) 상기시켜 주면서 시작된다. 네 개의 구절로 이루어진 이 간략한 단락은 본서의 교리적 단락을 결론짓고 있는데, 그 이유는 이 단락이 사도가 앞에서 거짓 교사들의 "철학"에 반대하여 말해 온 내용을 그 가르침에 대한 대안을 제공해 주면서 마무리짓고 있기 때문이다(2:8-23). 즉 너희가 그리스도의 부활에 함께 동참했으므로 너희의 목표, 너희의 갈망, 실제적인 너희의 모든 전망을 그리스도 안에 두어야 하고, 하나님께서 그분을 높이신 가장 영광스러운 그 곳에 두어야 한다는 것이다. 3:1-4은 앞의 2:6, 7의 간략한 단락처럼 한편으로는 이미 언급한 주제를 함께 묘사하고(2:11, 12, 13, 20), 동시에 뒤따라오는 권고(명령형)의 신학적 근거(직설법)를 제공하면서 본서에서 하나의 중요한 다리 역할을 하고 있다.

바울이 직접적으로 거짓 교사들의 슬로건을 취급하고 있지는 않지만, 1-4절에 진술된 긍정적인 표현들은 여전히 논쟁이 계속되고 있음을 보여 준다고 생각하는 것이 가능하다(그러나 모든 공식적 표현들은 논쟁적인 것이라는 Grässer의 주장은 입증하기가 어렵다. *ZTK* 64[1967] 151; 보다 세심한 접근 내용에 관해서는 Lähnemann, *Kolosserbrief* 53를 보라).

1 "그러므로 너희가 그리스도와 함께 다시 살리심을 받았으면"(*εἰ οὖν συνηγέρθητε τῷ Χριστῷ* – 에이 운 쉬네게르데테 토 크리스토). "그러므로 너희가 그리스도와 함께 일으키심을 받았으므로"라는 주장과 함께, 사도는 의식적으로 긍정적인 2:20의 "너희가 그리스도와 함께 죽었거든"과 동등한 진술을 하고 있다(에이 운〈*εἰ*

οὖν〉은 2:20에 있는 에이〈εἰ〉의 요약 문구이고, 반면에 에이〈εἰ, "이므로"〉는 앞에서 진술했던 만큼의 의심을 나타내지는 않으며, 이는 우발적으로 3:3의 "이는 너희가 죽었고"(ἀπεθάνετε γάρ – 아페다네테 가르〉에 의하여 확증되는 점이다. 참조. Williams, 121, Delling, *TDNT* 7, 686). 그는 기독교인들이 악한 세력들의 통치로부터 자유를 얻었다는 부정적 진술로 끝마치지 않고, 그것과 밀접한 관련이 있는 그리스도와 함께 일으키심을 받았다는 사실에 관해서 긍정적인 주장을 하고 있다. 그렇다면 뒤따라오는 내용은 앞에서 발전된 사상의 흐름과 연결되어 있다(참조. Lohse, 132; 운〈οὖν, "그러므로", 참조. 5, 12절〉은 롬 12:1; 엡 4:1과 같은 기능을 한다). 즉 너희는 새 생명으로 인하여 그리스도와 함께 일으키심을 받았다는 것이다. 쉬네게르데테(συνηγέρθητε, "너희가 일으키심을 받았다")는 2:12에서 나타난 것과 같은 단어를 취하고 있으며(참조. 13절, "그〈하나님〉가 그〈그리스도〉와 함께 살리시고"), 반면에 정관사 토(τῷ, 크리스토〈Χριστῷ, "그리스도"〉 앞에 있는 정관사, 이는 새롭게 된 언급에 대한 관사의 경우다)는 그들이 일으키심을 받은 것이 그들이 함께 죽었던 바로 그분과의 연합 안에서였다는 사실을 명확하게 밝히고 있다(ἀπεθάνετε σὺν Χριστῷ – 아페다네테 쉰 크리스토, 2:20). 또다시 그리스도와 함께 일어난 골로새인들의 부활이 과거의 행위로 묘사되었다는 사실이 나타나 있다(2:12에 있는 논의를 보라; 부정과거 시제 쉬네게르데테〈συνηγέρθητε〉는 Grässer, *ZTK* 64[1967] 161에서 주장하는 바와 같이 저자가 완전주의를 주장하고 있다는 사실을 암시하지 않는다). 만일 그리스도와 함께 일어난 그들의 죽음이 옛질서로부터의 결박을 끊었다면, 그리스도와 함께 일어난 그들의 부활은 새로운 그리고 하늘의 질서로 그들을 연결시켰다(Bruce, 258).

"위엣것을 찾으라"(τὰ ἄνω ζητεῖτε – 타 아노 제테이테). 독자들이 그리스도와 함께 일으키심을 받았으므로 그들의 삶은 달라야 한다. 즉 그들의 생명이 그리스도의 생명이기 때문에 그들은 자기 자신의 생명을 가지고 있지 않다. 그러므로 그들의 관심은 그분의 관심이어야 한다. 로마서 6장에서 이 명령형은 그리스도와 함께 한 과거의 죽음에 근거하고 있다(2-4절). 여기서의 권면은 그리스도와 함께 한 과거의 부활에 기초하고 있다(참조. Tannehill, *Dying*, 47, Schweizer, 131). 사도는 앞에서 골로새 독자들이 "그(그리스도) 안에서 충만해졌다"는 사실을 힘써 지적했다. (이 편지에 있는 "실현된 종말론"의 강조에 대한 논의에 관해서는 119-121를 보라.) 그러나 이것은 만물이 완전히 실현되었다거나 혹은 최종 종말이 이미 도래했다는 사실을 의미하지는 않는다. 이 단락에는 미래의 요소가 언급되어 있다. 그들의 새로운 삶이 지금 하나님 안에서 그리스도와 함께 감추어져 있다는 것이다(3절). 그러나 그것은 파루시아 때에 확실히 드러날 것을 기다리고 있다(4절). "위엣것을 찾으라"는 계속되는 책임감에 대한 권고는 그들이 아직 완전하지 않다는 사실을 전제로 한다(Zeilinger, *Der Erstgeborene*, 149).

영어 단어 "찾다"와 같이 광범위한 의미를 가지고 있는 제테오(*ζητέω*)란 단어(BAG, 339를 보라)는 인간의 의지의 방향 감각에 대해 특별히 언급하고 있는데(Greeven, *TDNT* 2, 893), 이것은 무익한 목표들로 인도 받을 수도 있고(롬 10:3; 고전 1:22) 혹은 훌륭한 목적으로 지도 받을 수도 있다(롬 2:7). 여기서 독자들은 자기들의 행위를 위하여 명확한 지도를 받기 위해 위를 바라보라는 말씀을 듣는다. 현재 명령형은 자연적으로 일어나지 않는 어떤 것, 즉 계속적인 노력이 요구된다는 사실을 보여 준다. 바울은 제테이테(*ζητεῖτε*)를 여기서만 직접 명령으로 사용한다(이것은 고전 10:24에서는 간접적인 명령으로 나타난다; 참조. 고전 14:12; 10:33; 13:5; 빌 2:21; 살전 2:6). 그래서 그 의미는 환상 체험을 추구하면서 행한 거짓 교사들의 열정적인 행동에 대등한 긍정적인 행동 지침을 제공하기 위한 것일 수도 있다.(참조. Lincoln, *Dimension*, 202; Grässer, *ZTK* 64[1967] 151에서는 두 명령형 "찾으라", "생각하라"가 자신들의 금욕주의, 환상 등을 가지고 영적 세력들로부터 자유를 얻으려고 추구하는 거짓 교사들의 활동, 즉 저자가 "땅엣것을 찾는 것"〈*ζητεῖν τὰ ἐπὶ τῆς γῆς*－제테인 에피 테스 게스〉이라고 부르고 있는 활동과 대조되는 것이라고 주장한다.)

그리스도의 부활의 생명에 대한 현재의 소유 다음에 뒤따라오는 이 명령형은 공간적인 용어들로 표현되어 있다(참조. Grässer, *ZTK* 64[1967] 154 59, Steinmetz, *Heils-Zuversicht*, 30, 31, 43, 44, and Lincoln, *Dimension*, 200-206): "위엣것을 찾으라"(*τὰ ἄνω ζητεῖτε*－타 아노 제테이테). 바울은 이미 "하늘(들)"(*οὐρανός*－우라노스: 1:5, 16, 20에서는 복수형으로; 1:23에서는 단수형으로 되어 있음을 유의하라; 참조. 4:1)이란 단어를 사용한 바 있으며, 여기 1, 2절에서는 복수형 "위엣것들"(*τὰ ἄνω*－타 아노)로 대치되어 있다. 이 문구(실명사 용법, 참조. Robertson, *Grammar*, 547, Turner, *Syntax*, 14)는 바울 서신의 다른 곳에서는 나타나지 않고 다만 "위에 있는 예루살렘"(*ἡ ἄνω Ἰερουσαλήμ*－헤 아노 예루살렘, 갈 4:26)과 "위에서 부르신 부름"(*ἄνω κλῆσις*－아노 클레시스, 빌 3:14)에 대한 문구만 언급되어 있다. 공간적인 대조는－마치 하나님과 예수 그리스도께서 위에 속해 있으면서 낮은 부분이 물리적이고 물질적이기 때문에 악한 더 낮은 곳과는 관계가 없는 것처럼－하나의 비유적인 것이 아니다. 바울은 다른 곳에서 강력한 부정적 어조가 없이 게(*γῆ*, "땅")와 에피게오스(*ἐπίγειος*, "땅의")란 단어를 사용하지만(참조. 고전 15:47; 고후 5:1, 2; 빌 2:10), 빌립보서 3:19에서처럼 골로새서 3:2, 5에서는 하늘과 땅의 대조가 죄의 특별한 무대로 간주되는 땅과 함께 도덕적으로 지향되고 있다(창 3:17에 비추어 볼 때 땅이 저주를 받았다〈*ἐπικατάρατος ἡ γῆ* – 에피카타라토스 헤 게〉, 땅이 일차적으로 타락한 피조물의 무대로 간주되어야 한다는 것은 이해할 만하다. 참조. Lincoln, *Dimension*, 204-207에서는 더 나아가서 바울의 대적자들이 적극적으로 "위엣것들"에 집착했고, 사도는 이러한 용어들을 사용하여 자신의 대적자들을 그들 자신의 근거에 따라 하늘 영역에 관한 그들의 관심을 완전히 헐뜯지 않고 오히려 그 방향을 바꾸면서, 동시에 율법의 외적인 준수와 같은 것을 통하여 이 영역에 접촉하는 일에 관해서 그 거짓된 전제들을 폭로하면서 철저하게 치욕을 주고 있다. 바울은 바꾸어서 자신의 대적자들에게 보복을 가하고 있는데 "그리스도의 배타성과 완전성을 지적하기 위하여 공간적 용어를 취하여…보복을 가하고 있다… 그 이유는 바울이 하나님 우편이라는 하늘의 최고의 위치에 있는 그분을 아무도 능가할 수 없다고 보기 때문이다"[Lincoln, *Dimension*, 206]).

구약성경 자체가 이미 오르고 내리는 하늘과 땅의 공간적 용어를 사용한 바 있다(참조. 창 11:5; 출 19:20; 24:9, 10; 시 14:2; 겔 1:26; 단 7:13). 반면에 윗 세상의 개념은 묵시문학과 헬라 유대주의에서 통상적인 것이었다(참조. Schweizer, 103). 랍비 유대주의에서 두 세대 간의 대조(현 세상과 오는 세상)는 아랫 세상과 윗 세상의 개념과 평행을 이룬다(참조. *b. Ḥag.* 2.1, "내 열조는 아래를 위하여 보물들을 모았고, 나는 위를 위하여 보물들을 모았다…내 열조는 이 세상에 있는 보물들을 모았고, 나는 미래의 세상을 위하여 보물들을 모았다." Str-B 1, 395, 977; 참조. 2, 116, 133, 430, 431). 그리고 쿰란 문서에는 뛰어나게 빛과 어두움 간의 윤리적인 대조가 위와 아래 영역들 간의 유사한 장소적 의미를 가지고 기록되어 있다(참조. Lincoln, *Dimension*, 201). 바울은 두 세대에 대한 종말론적 도식에 해당하는 두 영역을 묘사하기 위하여 질적인 방법으로(Zeilinger, *Der Erstgeborene*, 149) 장소적 범주들을 사용하고 있다. 여기서 타 아노(*τὰ ἄνω*)는 하늘 세계와 새로운 시대를 나타내고 있다. 이것은 궁극적으로 본질적이고 초월적인 그리고 하나님에게 속하는 것과 관계가 있고(Moule, 111), 또한 "위엣것을 찾는다는 것"은 구체적인 윤리적 의미를 가지고 있기는 하지만(사도가 나중에 명확하게 밝히고 있는 바와 같이) 타 아노(*τὰ ἄνω*)는 윤리적인 범주에만 한정되지 않는다. 골로새 기독교인들은 이미 다가올 시대에 참여했으며, 새 시대의 능력이 그들에게 입혀졌고, 그들은 이미 그리스도의 부활의 생명에 참예했다. 그러므로 그들의 목표, 갈망, 그들의 전체 방향은 이 영역을 향하고 있어야 한다.

"거기는 그리스도께서 하나님 우편에 앉아 계시느니라"(*οὗ ὁ Χριστός ἐστιν ἐν δεξίᾳ τοῦ θεοῦ καθήμενος* – 우 호 크리스토스 에스틴 엔 덱시아 투 데우 카데메노스). 하늘 영역을 찾아야 할 근본적인 이유는 이 곳이 "그리스도께서 계시는 곳"이기 때문이다. 이 문장은 문법적으로 장소와 "위"(*ἄνω* – 아노, 참조. Schweizer, 132)의 성질을 묘사하고 있으나, 동시에 그리스도인들이 위엣것을 찾아야 하는 근거와 동기를 제공하고 있다(von Soden, 58). 바울은 어떤 세상의 지리학에 대한 관심을 말하거나 혹은 자기 자신을 위하여 "위에 있는 것"에 대한 추구를 격려하고 있지 않다. 부활 존재의 영역과 깊이 관련되어 있는 이 영역의 중요성은 승귀하신 그리스도께서 그 중심부에 계신다는 것이다.

"하나님 우편에 앉아 계시느니라"(*ἐν δεξιεᾳ τοῦ θεοῦ καθήμενος* – 엔 덱시아 투 데우 카데메노스; 대부분의 주석가들과 함께 에스틴〈*ἐστιν*, "…이다, 있다"〉은 카데메노스〈*καθήμενος*, "앉아 있는"〉와 연결되어야 하며, 그리하여 우회적 의미를 만들고 있지만 콤마로 분사형과 분리되어 있다. 두 개의 독립절이 있으며, 2:3, 에이신…아포크뤼포이〈*εἰσιν…ἀπόκρυφοι*〉와 관련되어 있는 유사한 설명이 있다)는 문구는 시편 110:1에 대한 암시다. 바울은 하나님의 우편에 그리스도께서 앉으심에 대해 말하기 위하여, 그리하여 골로새인들의 노력의 목표가 되는 위에 있는 영역을 정의하기 위하여 초대 교회에서 통상적이었던 이 시편에 대한 기독론적 해석을 취하고 있다(참조. J. Daniélou, La Session à la droite du Pàre, *Studia Evangelica*. ed. K. Aland and others[TU 73; Berlin: Akademie, 1959] 689-98, D. M. Hay, *Glory at the Right Hand. Psalm 110 in Early Christianity*[SBLMS 18; Nashville: Abingdon, 1973], M. Gourges. *A la droite de Dieu*[Paris: Gabalda, 1978] 57-63, and W. R. G. Loader, "Christ at the right hand Ps. cx. 1 in the New Testament," *NTS* 24[1977-78] 199-217).

하나님 우편으로의 그리스도의 승천은 신약성경 전체에 걸쳐서 퍼져 있는 초대 교회의 사도적 가르침 중에서 본질적이고도 통상적인 요소였다(행 2:33 35; 5:31; 7:55, 56; 롬 8:34; 엡 1:20; 히 1:3, 13; 8:1; 10:12; 12:2; 벧전 3:22; 계 3:21). 이것은 시편 110:1에 대한 메시아적 해석으로 거슬러 올라간다. "여호와께서 내 주에게 말씀하시기를 내가 네 원수로 네 발등상 되게 하기까지 너는 내 우편에 앉으라

하셨도다." 예수께서는 예루살렘에 있는 산헤드린 공회 앞에 끌려오셨을 때 이 말씀이 자신을 두고 하신 말씀이라고 주장하셨다(마 26:64; 막 12:36; 눅 20:41-44). 그분이 부활하시고 승천하신 다음에 사도들은 이러한 보좌에 앉으신 사건이 일어났다고 선포했다. 그리스도께서는 하나님의 오른편에서 통치하셨고, 그분의 대적이 완전히 그분에게 복종하기까지 계속하여 통치하실 것이다(고전 15:25).

해이(Hay, *Glory*, 15)에 의하면 시편 110편(1절과 4절)에 대한 23회의 인용 혹은 암시가 신약성경 전체에 걸쳐서 산재해 있다(주전 2세기 중반 이전에 출간된 다른 기독교 문서들에서 이 구절들은 7회 이상 발견된다). 이것들은 다음의 문맥들에서 나타난다. (*a*) 예수 혹은 그리스도께서 하나님의 오른편에 앉아 계시는 것으로 지적하는 곳(롬 8:34; 엡 1:20; 2:6; 골 3:1; 막 14:62; 막 26:64; 눅 22:69; 행 2:33-35; 5:31; 벧전 3:22; 계 3:21; 히 1:3, 13; 8:1; 10:12; 12:2), (*b*) 시편 110:1이 "주님"(행 2:33-36; 막 16:19), "인자"(막 14:62; 마 26:64; 눅 22:69; 행 7:56; 참조. Barn 12:10, 11), "하나님의 아들"(히 1:3, 13; 참조. 고전 15:25, 28; 클레멘1서 36:4), "다윗의 자손"(막 12:35 37; 마 22:41-45; 눅 20:41-44; 참조. Barn 12:10, 11)과 같은 기독론적 호칭에 대한 지지 구절로 사용되는 곳, (*c*) 그리스도에게 주어진 권세에 복종하라는 확증이 주어지는 곳(고전 15:25; 엡 1:20; 히 10:12, 13; 벧전 3:22; 계 3:21; 참조. 1 Clem 36:5, 6; Pol *Phil* 2:1; Apoc Pet 6), 그리고 (*d*) 예수의 중재 간구와 제사장적 직분과 관련하여 진술되는 곳(롬 8:34; 참조. 히 7:25 벧전 3:22). 하나의 인용이라기보다는 시편 110:1에 대한 암시인 골로새서 3:1은 승귀되신 그분의 움직임을 강조하고 있지 않다(참조. Steinmetz, *Heils-Zuversicht*, 85; 행 2:33-36; 5:31에서 히브리서에 있는 구절들 그리고 계시록 3:21에서의 관심은 승귀의 과거의 시기에 집중되어 있지만, 각 구절들은 현재와 미래까지의 승귀의 계속성을 가정하고 있다. Hay, *Glory*, 90). 그보다는 그분의 승귀의 현재 사실이 강조되고 있다(명령형이나 정형 동사와는 구별되는 분사형 카데메노스〈*καθήμενος*, "앉아 있는"〉는 하나의 상태 혹은 상황을 나타낸다; Steinmetz, *Heils-Zuversicht*, 85에 따르면 그리스도는 영원히 올리우신 분이다).

사도들은 하나님 오른편으로의 그리스도의 승귀에 대해서 말했을 때 자기들이 상징적 언어를 사용하고 있었다는 사실을 잘 알고 있었다. 그들은 우리가 생각하는 바와 같이 문자적으로 하나님의 우편에 있는 보좌에 대해서 생각하지 않았다. 고대 유대인들과 이방인들은 공통적으로 오른편과 오른손의 위치를 영광과 행운의 상징으로 여겼다(Hay, *Glory*, 90, cf. 52 58). 시편이 초대 교회 저자들에 의하여 사용되었을 때, 그것은 "구원을 이루신 예수의 최상의 영광, 하나님의 초월성을 명확하게 표명하기 위한" 것이었다(Hay, *Glory*, 155). 골로새서 3:1에서 시편에 있는 "하나님 우편에 앉아 계신"(*ἐν δεξιᾷ τοῦ θεοῦ καθήμενος* – 엔 덱시아 투 데우 카데메노스)을 언급한 이 문구는 하늘 영역에서 그리스도의 중심성과 최상의 지위를 지적하고 있다. 혹은 또 다른 방식으로 설명하기 위하여 사도들은 승귀하신 그리스도의 견지에서 위의 영역을 묘사하려고 시편을 언급하고 있다. 이 하늘의 영역은 그들이 함께 일으키심을 받은 그분을 중심으로 하고 있다. 그분이 최상의 권세의 자리에 있으므로 그 어떤 정사와 권세도 그들이 이 영역과 하나님의 임재로 나아가는 것을 가로막을 수 없다. 그러므로 그들은 계속해서 위에 있는 것을 목표로 하고 그 중심부에 계시는 그분을 목표로 해야 한다.

2 "위엣것을 생각하고 땅엣것을 생각지 말라"(*τὰ ἄνω φρονεῖτε, μὴ τὰ ἐπὶ τῆς γῆς* – 타 아노 프로네이테, 메 타 에피 테스 게스). 그리스도의 하늘의 최상의 지위권에 비추어서 바울은 자신의 권면을 반복한다: "위엣것을 생각하고 땅엣것을 생각지 말라." 여기서는 동사가 차이가 있으며(1절의 제테이테〈*ζητεῖτε*〉 대신에 프로네이테〈*φρονεῖτε*〉), 또한 권면은 "땅엣것을 생각지 말라"(*μὴ τὰ ἐπὶ τῆς γῆς* – 메 타 에피 테스 게스)는 대조를 통하여 한층 고조되어 있다(Lincoln, *Dimension*, 203). 프로네오(*φρονέω*; 프렌〈*φρην-*〉이란 어간으로부터 파생된 여러 단어들 중에 하나)는 신약성경에서 26회 출현하는 가운데 바울 서신에 23회나 나타난다. 다소 애매모호한 단어인 이것은 관련된 문맥에서 그 의미를 파악해야 하며 "생각하다", "판단하다", "…에게 마음을 주다"와 같은 광범위한 의미를 가지고 있다(참조. Goetzmann, in *NIDNTT* 2, 616). 그러나 바울 서신의 여러 문장에서(예를 들어, 롬 8:5-8, 여기서 프로네마〈*φρόνημα*, "사고방식", "목표"〉란 어원이 같은 단어가 출현한다) 사람이 생각하는 방식은 그 사람이 살아가는 방식과 긴밀하게 연관되어 있다는 사실을 밝히고 있다. "한 사람의 생각과 노력은 그의 삶의 전체적인 방향과 분리되어 나타날 수 없다. 후자는 그가 스스로 정한 목표 가운데 반영되도록 되어 있다"(Goetzmann, *NIDNTT* 2, 617). 그러므로 프로네오(*φρονέω*)는 단순히 지능의 활동만이 아니고 의지의 운동이기도 하다. 그것은 그것들 아래 깔려 있는 목표와 동기와 관계가 있다. 그러므로 위에 언급된 의미들 이외에도 "…에 마음을 두다", "…에 몰두하다", "마음을 두다 혹은 의향이 있다"(참조. BAG, 866)도 포함되어야 한다("…에게 네 애정을 두어라〈set your affection〉"로 번역하고 있는 AV/KJV는 오늘날 오해를 하게 만드는 번역인데, 그 이유는 이 동사가 일차적으로 한 인간의 감정 상태와 관계가 있다는

인상을 심어 주기 때문이다). 사도는 로마의 기독교인들에게 마땅히 생각할 그 이상의 생각을 품지 말고 하나님이 주신 믿음의 분량대로 생각하라고 권한다(롬 12:3, 프로네오〈φρονέω〉란 단어의 4중적 사용을 유의하라: 휘페르프로네오〈ὑπερφρονέω, "오만하게 되다", "자신을 지나치게 높게 생각하다"〉, 소프로네오〈σωφρονέω, "분별력이 있는 혹은 합리적인", "머리를 지키다"〉 그리고 프로네오〈φρονέω〉 두 번). 다른 곳에서 그는 자신의 독자들에게 "같은 마음을 품으라"고 권하고 있는데(롬 12:16; 15:5; 고후 13:11; 빌 2:2; 4:2; 참조. 갈 5:10; 빌 3:15), 이 권면은 기독교인들이 단독으로 생각하는 것을 묵살하려고 의도된 것이 아니고 혹은 그들로 하여금 부차적인 문제들에 대하여 다른 의견들을 가지는 것을 금하는 것도 아니고, 다만 그들로 하여금 그들의 행실의 기본적인 목표, 방향 그리고 지침에 있어서 하나가 되라고 권면하려고 의도된 것이다. 만일 빌립보서 2:5에 대한 AV/KJV의 번역이 이러한 논란이 되는 구절에 대한 바른 해석을 표현하고 있다면("너희 안에 이 마음을 품으라 그것은 그리스도 예수의 마음에도 있었다"; Käsemann을 따르고 있는 Martin, *Carmen Christi*, 290, 291 등은 모범적인 것에 대한 "케류그마적" 해석을 선호한다. 후자의 입장, 즉 윤리적 해석에 대한 재진술과 지지에 관해서는 C. F. D. Moule, Further Reflexions on Philippians 2:5-11, *Apostolic History and the Gospel. Biblical and Historical Essays Presented to F. F. Bruce*, ed. W. W. Gasque and R. P. Martin [Exeter: Paternoster, 1970] 264-76, 특히 269, 270, American edition[Grand Rapids, MI: Eerdmans, 1970]을 보라; 참조. I. H. Marshall, "The Christ-Hymn in Philippians 2:5- 11," *TB* 19[1968] 104 127, and M. D. Hooker, "Philippians 2:6-11." *Jesus und Paulus. Festschrift für Werner Georg Kümmel zum 70.* Geburtstag. 2nd ed., ed. E. E. Ellis and E. Grässer[Göttingen: Vandenhoeck undRuprecht, 1978] 151-64) 그리스도의 자기 비하는 그리스도인의 유사한 태도의 모델이 되며, 반면에 로마서 12:2(참조. 3절)은 이러한 생각이 "마음을 새롭게 함"을 동반한다는 사실을 시사한다(*ἀνακαίνωσις τοῦ νοῦς* – 아나카이노시스 투 누스, 참조. Lohse, 133). 골로새서 3:2에 있는 프로네이테(*φρονεῖτε*)는 이 땅에 마음을 두지 말고 하늘에 마음을 두라는 권면이다. 앞의 같은 권면 제테이테(*ζητεῖτε*, "찾으라"; Meyer, 418, 419는 프로네이테〈*φρονεῖτε*〉가 노력뿐만 아니라 사상과 기질 전체를 표현하는 것으로 제테이테〈*ζητεῖτε*〉보다 더 포괄적인 단어라고 어느 정도 타당성을 가지고 주장했다)처럼 이것은 회중 전체에게 주어진 권면이다. 이 명령에 복종하려면 커다란 노력이 필요할 것이다. 건전한 생각과 군건한 목적이라는 함축된 의미가 제시되었을 수도 있는데, 아마도 하늘의 비밀에 대한 환상을 통한 체험과 대조되어 있다.

"위엣것"(*τὰ ἄνω* – 타 아노)과 "땅엣것"(*τὰ ἐπὶ τῆς γῆς* – 타 에피 테스 게스; 부정어 메〈*μή*, "아니"〉가 앞에 나온 이 후자의 표현은 앞의 문구를 보다 정확하게 규정하고 있다고 주장되어 왔다, Lohse, 133) 사이의 날카로운 대조에는 다음 단락(5-7절)이 명시하고 있는 바와 같이 강력한 윤리적 내용이 주어져 있다. 슈바이저(Schweizer, 33; 참조. Lincoln, *Dimension*, 203)는 "위"와 "땅의"가 정당한 지형학적 정의가 아니라 사람이 살 수 있는 영역을 나타내며(빌 3:19을 보라. 거기서 바울은 "시민권이 하늘에 있는〈*πολίτευμα ἐν οὐρανοῖς* – 폴리튜마 엔 우라노이스〉" 사람들과 반대로 "땅의 일을 생각하는〈*οἱ τὰ ἐπίγεια φρονοῦντες* – 호이 타 에피게이아 프로눈테스〉" 그리고 저희의 배를 신으로 삼고 있는 자신의 대적자들을 비판하고 있다), 이러한 대조는 바울이 다른 곳에서 "육체"와 "영"의 영역들로 묘사하는 사실과 아주 유사하다고 올바르게 주장한다. 로마서 8:5, 6에서는 프로네오(*φρονέω*) 및 이 단어와 어근이 같은 프로네마(*φρόνημα*, "사고방식", "마음〈=둠〉", 그러나 여기서는 "목표", "열망", "노력", BAG, 866)를 모두 사용하면서 "육체"와 "영"이라는 범주들의 날카로운 대조가 드러나 있다: "육신을 좇는 자는 육신의 일을(*τὰ τῆς σαρκὸς φρονοῦσιν* – 타 테스 사르코스 프로누신), 영을 좇는 자는 영의 일(*τὰ τοῦ πνεύματος* 〈*φρονοῦσιν*〉 – 타 투 프뉴마토스 〈프로누신〉)을 생각하나니 육신의 생각은 사망이요 영의 생각은 생명과 평안이니라." 바울은 땅에 있는 한 인간으로서 "몸 안에" 사는 것을 말할 때 "육체 가운데" 사는 것을 거부하지 않는다. 그러한 육체는 하나님의 선하신 창조의 일부분이다. 그보다 그는 기독교인이 더 이상 속해 있지 않은 옛 질서인 육체를 향한 삶의 방향을 거절한다.

3 "이는 너희가 죽었고 너희 생명이 그리스도와 함께 하나님 안에 감취었음이니라"(*ἀπεθάνετε γὰρ καὶ ἡ ζωὴ ὑμῶν κέκρυπται*… – 아페다네테 가르 카이 헤 조에 휘몬 케크륍타이…). 땅엣것을 생각지 말고 위엣것을 생각하라는 바울의 권면의 근거(*γάρ* – 가르; 이 단어는 단순히 "사실상"을 의미하지 않는다. Hugedé, 162를 따르는 Zeilinger, *Der Erstgeborene*, 147가 이렇게 주장함)는 이중적이다. (1) 너희가 구질서에 대해서 죽었다. (2) 너희의 새 생명이 그리스도 안에서 하나님 안에 감추어져 있다. 아페다네테(*ἀπεθάνετε*)는 "너희가 죽었다"로 번역되어야 할 것인데, 그 이유는 이것이 그들이 그리스도의 죽음 가운데서 그리스도와 함께 연합된 특별한 경우를 돌이켜 지적하고 있기 때문이다(그보다는 RSV처럼 "you have died" 혹은 "you are dead"). 이것은 2:20의 진술 "너희가 세상의 초등학문에서 그리스도와 함께 죽었

거든(ἀπεθάνετε – 아페다네테)"이라는 진술을 취하고 2:11, 12에 표현된 "너희가 손으로 하지 아니한 할례를 받았으니… 그리스도의 할례니라 너희가 …그리스도와 함께 장사한 바 되고…"라는 진술을 상기시키고 있으며 동시에 권고적 단락에서 "죽이라"(3:5)는 명령형의 근거를 제공하고 있다. 이 그리스도와 함께 죽음은 초등학문(기본 요소 영들)에 대해 죽는 것을 포함하며, 암시적으로 그 내용이 "땅엣것들"(τὰ ἐπὶ τῆς γῆς – 타 에피 테스 게스)로 지칭되고, 그 내용은 최소한 부분적으로 2:16-23의 금욕적인 법규들, 환상 체험들 그리고 그와 같은 것들과 함께 설명된다.

그러나 골로새인들은 그들이 그리스도와 함께 옛 질서에 대해서 죽었을 뿐만 아니라 또한(καί – 카이) 그분과 함께 일으키심을 받아 그분의 부활 생명에 참여했으므로 하늘의 것을 생각하라고 권면 받고 있다. 사도는 마지막 날에 받게 될 그리고 죽음으로부터 그리스도의 부활을 통하여 신자들에게 현재의 실체가 된 오는 시대의 생명을 묘사하기 위하여 "생명"(ζωή – 조에)과 "살다"(ζάω – 자오: 참조. ζωοποιέω – 조오포이에오, "살게 하다", "…에게 생명을 주다")라는 단어들을 자주 사용한다(ζωή – 조에: 롬 6:4, 22, 23; 8:2, 6, 10; 고후 4:10, 11, 등; ζάω-자오: 롬 1:17; 6:11, 13; 8:13; 고후 13:4; 갈 2:19, 20, 등; 참조. ζωοποιέω – 조오포이에오: 롬 8:11). 이 곳 골로새서 3:3, 4에서는 현재적인 면과 미래적인 면이 모두 결합되어 있다: 3절에서는 생명(믿는 자 자신의 생명으로 묘사됨, ἡ ζωὴ ὑμῶν – 헤 조에 휘몬)이 이미 그리스도와 함께, 그렇지만 감추어진 방식으로 나타났다(참조. Steinmetz, *Heils-Zuversicht*, 30). 4절에서 미래의 생명은 이 생명(이것은 그리스도와 너무 깊이 연결되어 있어서 그분 자신이 믿는 자의 생명으로 불릴 수 있다〈원문주해를 보라〉)이 실질적으로 재림시에 드러날 것이라는 사실이 주장되면서 실감이 난다(Grässer, *ZTK* 64[1967] 161, 162에서는 이것이 일률적으로 미래의 생명을 가리킨다고 생각하지만, 3절이 현재의 존재에 대하여 말하고 있다는 사실은 고사하고, 감추어짐에도 불구하고 하나님께서 이미 골로새인들을 그리스도와 함께 살게 하셨다는 2:13의 주장은 그들이 그분과 함께 과거에〈2:12; 3:1〉 일으킴을 받았다는 진술과 함께 사도가 현재의 면과 미래의 나타남을 염두에 두고 있다는 사실을 보여 준다. 참조. Bultmann, *TDNT* 2, 861-75).

"그리스도와 함께 하나님 안에 감취었음이니라"(κέκρυπται σὺν τῷ Χριστῷ ἐν τῷ θεῷ – 케크뤕타이 쉰 토 크리스토 엔 토 데오). 케크뤕타이(κέκρυπται, "감추어진")란 동사는 앞의 부정과거형 아페다네테(ἀπεθάνετε, "너희가 죽었다"는 그들이 그리스도와 함께 죽은 특별한 경우에 주의를 집중하고 있다)와는 대조적으로 완료 시제이며, 계속적이고도 영구적인 효과를 강조한다: 너희 생명이 하나님 안에 그리스도와 함께 감추어져 있고 그러한 방법이 계속되고 있다. 이것이 가끔 그리스도 안에 있는 그리스도인들의 새 생명이 회심하지 않은 자들에게 비밀이라는 사실을 의미하는 것으로 취급되어(그리고 부분적으로 그들 자신들에게까지도 비밀로 되어 있다. 벵겔의 자주 인용된 진술을 보라: "세상은 그리스도와 그리스도인들을 모르고 그리스도인들 자신까지도 자신들을 충분히 모른다", 2, 467) 끝날까지 드러나지 않은 상태로 남아 있다. 모울(Moule, 112)은 2:3의 아포크뤼포이(ἀπόκρυφοι, "저장된")와의 어떤 관련성이 의중에 들어 있는지의 여부에 대해서 의문을 제기한다. 그리스도께서는 믿는 자의 새 생명을 포함하여 모든 하나님의 비밀의 저장고이시다. 그분은 위에 계시고 그리스도인의 새 생명이 그분 안에 감추어져 있으므로 그것은 이미 하늘에 있다(Tannehill, *Dying*, 48에서 바르게 설명하는 바와 같이: "믿는 자의 생명은 이미 하늘의 생명이다"; 참조. Mussner, *Christus*, 93에서는 이 생명이 승귀하신 그분의 인격과 분리될 수 없으므로 그것은 초월적인 영역에 속해 있다고 설명한다). 에베소서 2:6은 그리스도인들이 그리스도와 함께 하늘에 앉힌 바 되었다고 밝힘으로써 골로새서 3:3, 4에 이미 암시된 내용을 분명하게 밝히고 있다(참조. A. T. Lincoln, "A Re-Examination of 'The Heavenlies' in Ephesians," *NTS* 19[1972-73] 473, 474). (이 동사 케크륍타이〈κέκρυπται〉를 선택한 것에 대하여 몇몇 사람은 죽음이 한 사람이 땅에 감추어져 있다 – 죽은 자와 이미 간 사람 – 는 사실을 암시한다는 이방 사상에 대한 암시일 수도 있다고 주장해 왔다. 그리스도인들은 진실로 감추어져 있지만 그리스도 안에 감추어져 있다고 주장한다. 참조. Moule, 112; Schweizer, 133; 다른 사람들은 이 단어가 감추어짐에 대한 개념을 가리키기 위하여 거짓된 가르침의 옹호자들 편의 바람에 의하여 사용된 것으로 생각했는데, 그 이유는 비밀스러운 지식이 친근한 사람에게만 속해 있기 때문이라는 것이다. 참조. 1:26, 27; 2:2, 3; Lincoln, *Dimension*, 208, 209.)

믿는 자의 생명은 "하나님 안에서 그리스도와 함께"(*σὺν τῷ Χριστῷ ἐν τῷ θεῷ* – 쉰 토 크리스토 엔 토 데오) 감추어진 것으로 말해졌다. "하나님 안에서"란 표현은 물질적인 것이나 보이는 것들과 정반대가 되는 것으로서 바울이 가끔 사용한 것이며, 하나님 안에 있는 믿는 자들과 정확하게 일치가 되는 유일한 경우는 데살로니가전서 1:1과 데살로니가후서 1:1이다(롬 2:17; 5:11에서 이 문구는 하나님 안에서 즐거워한다〈*καυχάομαι* – 카우카오마이〉는 사실을 염두에 두고 사용된다; 참조. 살전 2:2; 엡 3:9). "하나님 안에서"란 문구는 "생명"(*ζωή* – 조에)과 바로 앞의 단어

"그리스도와 함께"(*σὺν τῷ Χριστῷ* - 쉰 토 크리스토; 바울 서신의 다른 곳에서 이 문구는 〈그 단어에 전치사를 사용하면서; 이것은 쉰〈*σύν*〉을 가진 복합동사와는 다르다〉 미래의 존재에 대해서만 나타난다. 참조. Moule, *RevExp* 70, 1973, 485; 이러한 표현의 의미에 관해서는 다음의 내용을 보라)를 모두 수식하고 있다. 우리의 생명은 그리스도와 함께 감추어져 있는데, 왜냐하면 우리는 그분과 함께 죽었고 그분과 함께 새 생명으로 일으키심을 받았기 때문이다. 그리스도 자신이 하나님 안에 계심으로 인하여 그리고 그리스도에게 속하는 사람들 역시 "하나님 안에" 존재하고 있는 것이다(참조. Bruce, 261; Grundmann, *TDNT* 7, 785). 하나님 안에 자리잡고 있다는 것은 감추어진 생명이 안전하고 또한 다른 사람이 만질 수 없다는 것을 의미한다.

4 우리의 하늘 생명은 그것을 실육화하신 그리스도께서 자신의 파루시아 때 나타내실 그 모든 영광 중에 완전히 나타내실 것이다. 그분의 생명에 참여한 우리 역시 그분의 영광스러운 현현에 참여할 것이다. 그리스도께서 나타나실 때 지금은 비밀스럽게 존재하고 있는 것이 드러날 것이다.

"우리 생명이신 그리스도께서 나타나실 그 때에"(*ὅταν ὁ Χριστὸς φανερωθῇ, ἡ ζωὴ ἡμῶν* - 호탄 호 크리스토스 파네로데, 헤 조에 헤몬). 바울의 진술은 충격적이고도 생생하다. 그는 카이(*καί*, "그리고")나 데(*δέ*, "그러나") 같은 접속사를 삽입하고 있지 않은데, 그 결과 표현의 갑작스러운 단절은 소망에 대한 확신을 보다 생생하게 강조하는 데 도움을 준다(Williams, 124; 참조. Abbott, 249, Bengel 2, 467, Meyer, 422). 공간적 범주가 사용된 문맥 속에서 시간을 나타내는 표현은 충격적이며(참조. 두 문장 호탄 …토테〈*ὅταν…τότε*, "때에…그 때에〉의 균형을 보라), 이 연대기적 주장의 중요성이 몇몇 사람이 주장한 것처럼 질이 낮아지는 것은 아니다(아래 168, 169쪽을 보라; Steinmetz, *Heils-Zuversicht*, 30에서는 그릇되게 시간에 대한 언급은 호탄〈*ὅταν*〉 가운데 강하게 들어 있지 않다고 생각하지만, 미래의 최종 완성, 곧 정한 중요성에 대한 강조가 들어 있는 토테〈*τότε*〉와 균형을 이루고 있다는 사실을 파악하지 못하고 있다).

많은 구절들에서처럼 "그리스도"(*ὁ Χριστός* - 호 크리스토스)란 이름이 네 번째로 나타난다(참조. 2절, *τῷ Χριστῷ, ὁ Χριστός* - 토 크리스토, 호 크리스토스; 3절, *τῷ Χριστῷ* - 토 크리스토). 대명사 "그"(혹은 "그에게")가 보다 자연스럽겠지만 바울이 계속해서 진정한 그리스도인의 존재가 "그리스도와 함께"를 통해서만 발견된다는 사실을 강조하려는 그의 방식에서 벗어나는 것처럼 덜 강조적이다(Lightsootm 208; 참조. Williams, 124). 동사 파네로오(*φανερόω*, "드러내다", "알게 하다", "보여 주다", BAG, 852, 853; 참조. Bultmann/Lührmann, *TDNT* 9, 3-6)는 사도가 자주 동의어적으로 사용하고 있는 아포칼륍토(*ἀποκαλύπτω*, "드러내다"; 참조. 그리스도 안에서 하나님의 의의 계시에 관해서는 롬 1:17; 3:21, 세대에게는 감추어질 비밀의 계시에 관해서는 엡 3:5; 골 1:26)는 1:26에서처럼 이미 일어난 표명에 대해서 말하지 않고(Brown, *NIDNTT* 3, 322에서는 이에 반대함), 다만 우리 눈에 감추어진 것이 밝은 빛 가운데서 비치도록 베일이 벗겨진 파루시아를 가리킨다(Lohse, 134). 이 단어는 자주 바울 서신에서 복음 혹은 비밀의 선포 속에서 일어나는 계시를 나타낸다(롬 3:21; 16:26; 고후 2:14; 11:6; 골 1:26; 참조. 4:4). 그러나 여기서 이 단어는 현재 감추어진 사실과 대조되어(케크륍타이〈*κέκρυπται*〉와 파네로데〈*φανερωθῇ*〉/ 파네로데세스데〈*φανερωθήσεσθε*〉는 그 의미가 "숨기다"와 "알게 하다"로 서로 다른 것처럼 그리고 시제가 암시하고 있는 것처럼) 서로 날카로운 대조를 이루고 있다. 마지막 날에 그리스도 자신의 미래의 출현(참조. 요일 2:28; 3:2)과 신자들(*φανερωθήσεσθε* – 파네로데세스데)의 출현을 의미한다(참조. 고전 4:5에서는 파네로오〈*φανερόω*〉가 지금 감추어진 내용을 알게 하는 것을 지적하는 미래의 심판을 언급하고 있음).

그리스도 사건이 그분의 백성의 사건과 너무나 긴밀하게 연결되어 있으므로, 그분은 그들의 생명이라고 말해진다(*ὁ Χριστός⋯ἡ ζωὴ ἡμῶν* – 호 크리스토스⋯헤 조에 헤몬, 즉 "그리스도⋯우리의 생명"). 이 문구는 앞의 진술에 대한 이중적 발전을 드러낸다(참조. Lightfoot, 208). 첫째로, 그 생명이 단순히 그리스도와 함께 나누어 얻어지게 될 것이라고 말해지지 않았다는 것이다. 즉 "생명이 그리스도이시다"라는 것이다. 둘째로, 만일 "우리의 생명"(*ἡ ζωὴ ἡμῶν* – 헤 조에 헤몬)이 원문이라면(위의 내용 157쪽을 보라), 사도는 이 놀라운 축복을 받는 사람들 가운데 자기 자신과 다른 믿는 자들을 포함시키는 방식에서 벗어난 것이다. 빌립보 교인들에게 글을 쓰면서 그는 "이는 내게 사는 것이 그리스도니"라고 말할 수 있었다(빌 1:21; 참조. 롬 8:2, 10; 고후 4:10; 갈 2:19, 20). 그러나 그는 이것이 자신에게만 해당되는 것으로 말하지 않았다. 그리스도는 믿음으로 말미암아 그분에게 연합된 모든 사람, 곧 그분의 몸의 구성원들의 생명이시다. 그분에게 속하는 사람은 누구나 요한의 어투를 사용하자면 사망에서 생명으로 옮겨졌다(요 5:24, 25; 11:25, 26; 참조. 요일 5:12).

"그 때에 너희도 그와 함께 영광 중에 나타나리라"(*τότε καὶ ὑμεῖς σὺν αὐτῷ φανερωθήσεσθε ἐν δόξῃ* – 토테 카이 휘메이스 쉰 아우토 파네로데세스데 엔 독세). 그리스도는 지금 하늘의 하나님 오른편에 앉아 계신다. 그분께서 마지막 날 파루시아 때 나타나시면 그분의 소유 된 자들이 그분과 함께 있다는 사실이 명확하게 드러날 것이다. 바울이 자신의 "그 때에"(τότε – 토테, 이것은 같은 시기를 강조하면서 호탄〈ὅταν〉 문장 가운데 구체적으로 밝혀져 있는 때, 즉 그리스도가 나타나시는 때를 지적하면서 강조되어 있다)란 단어와 추가적 문구 "너희도"(καὶ ὑμεῖς – 카이 휘메이스) 그리고 그리스도와 신자 자신들에게 적용하기 위하여 같은 동사 "나타나다"(φανερόω – 파네로오)란 단어로 분명하게 밝힌 바와 같이, 하나님의 아들의 계시의 날은 하나님의 아들들의 계시의 날이 될 것이다(쉰 아우토〈σὺν αὐτῷ〉의 위치가 "너희"와 "그분" 사이의 관계의 긴밀성을 강조하고 동시에 엔 독세〈ἐν δόξῃ〉가 마지막 강조의 위치를 유지하면서 강조되어 있다. Williams, 124). 그 나타남은 "영광 중에"(ἐν δόξῃ – 엔 독세) 일어날 것이다. "영광"은 바울의 서신들에서 그러하듯 그것이 하늘의 존재와 긴밀하게 결합되어 있었던 묵시 사상 가운데서 독특한 주제였다. 여기서 신자들에게 예고된 바 장차 영광 중에 나타난다는 것은 그리스도의 모습으로 화하는 것(참조. 요일 3:2, "사랑하는 자들아 우리가 지금은 하나님의 자녀라 장래에 어떻게 될 것은 아직 나타나지 아니했으나 그가 나타내심이 되면 우리가 그와 같을 줄을 아는 것은 그의 계신 그대로 볼 것을 인함이니")과 또한 영광스러운 부활체를 받는 것과 같다. 그것은 사도가 빌립보 교인들의 주의를 환기시켰던 내용과 같은 소망이었다: "오직 우리의 시민권은 하늘에 있는지라 거기로서 구원하는 자 곧 주 예수 그리스도를 기다리노니 그가 만물을 자기에게 복종케 하실 수 있는 자의 역사로 우리의 낮은 몸을 자기 영광의 몸의 형체와 같이 변케 하시리라(σῶμα τῆς δόξης αὐτοῦ – 소마 테스 독세스 아우투)"(빌 3:20, 21 NIV; 참조. 고전 15:42, 43; 고후 5:1, 2).

이것은 다만 골로새서에 있는 명확한 미래의 종말론적 언급일 뿐이고(3:24과 4:11에 그 힌트가 나타나 있다), 또한 이 "감추어진-드러난" 모티프의 사용은 이전의 바울 서신 가운데 유래가 없다고 주장되어 왔다. 공간적 개념들은 1:26, 27; 3:3, 4에서 우위를 차지하기 위하여 말해졌고, 반면에 그 어떤 전형적인 바울의 종말론 사상 – 파루시아, 죽은 자의 부활, 세상에 대한 심판 – 도 골로새서에는 나타나지 않는다. 더 나아가 1:5, 23, 27에서 "소망"은 더 이상 연대순으로 생각되지 않고 소망에 대한 하나의 초자연적 성격이 되었다고 주장되었다(참조. 특히 Bornkamm, *Geschichte und Glaube* 2, 206-213). 그래서(Grässer, *ZTK* 64[1967] 165)는 바울의 종말론적 실존의 논법이 초월적 실존의 논법으로 대치되었다고 생각한다. 저자는 더 이상 바울처럼 죽은 자의 부활에 관하여 묵시적 언어로 말하지 않고 그 대신 "생명"을 종말론적 선물로 말한다는 것이다(Grässer, *ZTK* 64[1967] 161). 더 나아가서 누군가가 그리스도와 함께 일으키심을 받았다고 주장하는 것은 당연히 또 다른 부활이 있을 수 없다는 것을 의미한다는 것이다. 그 동안 로제는 위에 언급된 주장들을 모두 시인하면서도 골로새서의 달라진 종말론을 바울 저작권에 반대하는 자신의 결정의 이유들 가운데 하나로 본다. 종말론은 배경 속으로 물러난다. 골로새서에서 권면의 근거는 세례이고, 반면에 종말론적 주제들은 바울 서신에서 동기를 제공한다(Lohse, 180).

이에 답하여, 우리는 이미 골로새서에 실현된 종말론이 들어 있다는 사실을 살펴보았다. 바울 서신의 "이미-아직"이라는 긴장에서는 전자가 강조되고 의심할 여지도 없이 이 편지의 특별한 상황에 의해서 이 점이 상기된 것이다(xxx xli, 120를 보라). 그러나 이것은 바울의 긴장 가운데서 "아직 아니"라는 시점이 결핍되어 있다는 것을 의미하지는 않는다. 3:4, 6(미래의 하나님의 종말론적 진노에 대한 언급), 24절(미래의 기업을 받음이 밝혀져 있는 곳) 그리고 우리의 계산에 의하면 파루시아 때에 모든 사람이 완전한 사람으로 나타난다는 사실을 염두에 두고 있는 1:22, 28에는 미래의 종말론이 포함되어 있다. (위의 68, 69, 89, 90를 보라; Steinmetz, *Heils-Zuversicht*, 31, 324:11에서도 미래의 종말론의 흔적이 있다고 설명한다). "감추어진-계시된" 모티프와 영광(4절에 있는 엔 독세〈*ἐν δόξῃ*〉를 보라) 모두가 중요한 종말론적 특징이고, 반면에 영적 개념들("위엣것", "땅엣것")이 종말론을 돕는 데 사용되었다. 하늘 영역을 말한다는 것은 헬라 제설통합주의의 분위기 속에서는 의미심장하며, 반면에 이와 같은 범주들은 유대인의 묵시 사상 세계에서 이미 나타났다. 바울은 자신의 다른 편지들에서 이미 그러한 모티프를 사용한 바 있으며, 골로새서에서는 두 세대에 주의를 집중하도록 하기 위하여 사용했다: "이 세대"와 "오는 세대"(참조. Zeilinger, *Der Erstgeborene*, 149). 그래써의 종말론적 전망과 초월적 전망 간의 대조(Grässer, *ZTK* 64[1967] 165)는 이 둘이 논란이 되지 않은 바울의 편지와 골로새서 3:1-4에서 함께 발견되므로 잘못된 것이다. 더 나아가서 죽은 자의 부활의 묵시적 개념은 1:18에서 그리스도에 대해서 사용된 호칭인 "죽은 자들 가운데서 먼저 나신 자"(*πρωτότοκος ἐκ τῶν νεκρῶν* – 프로토토코스 에크 톤 네크론, 참조. 고전 15:20) 가운데서 발견되며, 또한 비록 저자가 전통적인 자료를 이어받고 있을지라도(여러 가지 주장에 관해서는 40-42쪽을 보라) 그는 이 용어에 대해서 승인하고 있음이 분명하다. 18절은 부활에 있어서 그리스도의 탁월성으로 이해될 수 있다(자세한 해석에 관해서는 50, 51쪽을 보라). 논란이 되지 않은 바울의 편지 속에서 죽은 자의 부활의 개념과 종말론적 삶은 상호 교차적으로 사용되고 있으며(롬 4:17; 5:17, 18,

21; 6:22, 23; 8:11; 고전 15:45), 그리스도와 함께 일으키심을 받은 사람은 누구든지 미래의 부활에 참여하지 못할 것이라는 그래써(Grässer, *ZTK* 64[1967] 161)의 설명은 그가 "이미-아직 아니"라는 긴장을 파악하지 못했다는 사실을 드러내 주고 있다.

로제에 반대하여 골로새서에 종말론적 동기가 들어 있다고 주장될 수 있다. 그 주제는 두드러진 주제는 아니지만 그럼에도 불구하고 드러나 있다. "그러므로 지체를 죽이라"(*νεκρώσατε οὖν*-네크로사테 운, 3:5)는 권면은 1-4절에 근거하고 있으며(단순히 3절이 아니라), 이들 중 마지막 것이 종말론적인 강조점을 가지고 있다(3:6; 2:4, 그리고 4:5과 비교하라). 동시에 일반적으로 바울의 서신으로 받아들여진 서신 속에는 권면을 위한 다른 근거들이 있다. 이 문제는 단순히 강조 가운데 하나다. 바울이 하나님께서 독자들을 자기 아들과 연합시키면서 행하신 내용(실현된 종말론의 면 혹은 긴장 중 "이미"의 면)을 골로새서의 윤리적인 권면의 근거로 강조하는 충분한 이유가 있었다. "그리스도인의 삶의 근거를 은혜로부터 율법의 준수, 지식, 환상 체험으로 옮겨 버린 사람들에 대항하여 바울은 하나님께서 이미 필요로 하는 모든 일을 그리스도 안에서 행하셨다고 주장한다(Lincoln, *Dimension*, 217; 212-17에 있는 그의 신중한 분석을 유의하라. 골로새서에 있는 소망에 대한 보른캄의 이해에 대한 비판에 관해서는 위의 xlvi, 11을 보라. 그리고 실현된 종말론의 강조로 인하여 본서의 바울 저작권에 반대하는 주장에 관해서는 xlvi-xlvii을 보라).

"그리스도와 함께"란 표현에 대한 특주

"그리스도와 함께"(*σὺν Χριστῷ*-쉰 크리스토)는 바울 서신에서 "그리스도 안에서"(*ἐν Χριστῷ*-엔 크리스토)보다 훨씬 덜 자주 나타나는데, 단지 12회만 나타난다(이것들 가운데 네 번이 골 2:13, 20; 3:3, 4에 나타난다). "그리스도와 함께 있음"(*σὺν Χριστῷ εἶναι*-쉰 크리스토 에이나이)이 빌립보서 1:23에 한 번 나타나지만 이와 관련된 진술도 나타난다: "우리가 주와 함께 있으리라"(*σὺν κυριῳ ἐσόμεθα*-쉰 퀴리오 에소메다, 살전 4:17), "우리로 하여금 그와 함께 살게 하려"(*σὺν αὐτῷ ζήσωμεν*-쉰 아우토 제소멘, 5:10). 골로새서에 있는 구절들은 별도로 하고 다른 동사들을 사용하고 있는 다섯 개의 다른 표현들이 발견된다: "하나님이 저(예수)와 함께 데리고 오시리라"(*σὺν αὐτῷ*-쉰 아우토, 살전 4:14), "그가 예수와 함께 우리도 다시 살리사"(*σὺν Ἰησοῦ*-쉰 예수, 고후 4:14), "저와 함께 살리라"(*σὺν αὐτῷ*

-쉰 아우토, 고후 13:4), "그리스도와 함께 죽었으면"(*σὺν Χριστῷ*-쉰 크리스토, 롬 6:8), "어찌 그 아들과 함께 모든 것을 우리에게 은사로 주지 아니하시겠느뇨?" (*σὺν αὐτῷ*-쉰 아우토, 롬 8:32). 이러한 구절들을 간략하게 살펴보면 단 하나의 표현도 다른 것과 완전하게 어울리지 않는다는 사실, 그렇지만 전치사(긴밀한 교제 혹은 따라다니는 상황을 가리키는 데 더 적합한 메타〈*μετά*, "함께"〉가 아니라; 예를 들어, 살전 3:13; 참조. Harris, in *NIDNTT* 3, 1206, 1207) 쉰(*σύν*, "함께")이 다양한 문맥 속에서 그리스도, 주님, 예수 혹은 그(he)와의 친밀한 연합관계를 표현하기 위하여 어울려진다는 사실이 드러난다. 이러한 다양성으로 인하여 여러 사람들이 "그리스도와 함께"를 하나의 공식 문구로 말하는 것은 옳지 않다. 그보다 이것은 수많은 다른 방법으로 표현될 수 있는 모티프 혹은 주제다(Tannehill, *Dying*, 87, 88, Lohse, 104, 105; 참조. J. Gnilka, *Der Philipperbrief*[HTKNT 10/3; Freiburg: Herder, 1968] 76; 이에 대해서 Grundmann, *TDNT* 7, 782에서는 반대함).

이러한 전치사구 외에도 바울은 신자들의 그리스도와의 연합을 묘사하고 있는 쉰(*σύν*, "함께")과 혼합된 수많은 단어들을 사용하고 있는데, 그 중에서 가장 중요한 것들이 쉬스타우로오(*συσταυρόω*, "…와 함께 못 박히다", 롬 6:6; 갈 2:20), 쉰다프토(*συνθάπτω*, "…와 함께 장사되다", 롬 6:4; 골 2:12), 쉼프쉬토스(*σύμφυτος*, *συμφύομαι*, 롬 6:5로부터 파생된 "함께 자란"을 의미하는 형용사), 쉬자오(*συζάω*, "…와 함께 살다", 롬 6:8; 딤후 2:11), 쉉클레로노모스(*συκληρονόμος*, "공동 상속인", 롬 8:17; 참조. 히 11:9; 벧전 3:7), 쉼파스코(*συμπάσχω*, "…와 함께 고난을 당하다", 롬 8:17), 쉰독사조(*συνδοξάζω*, "과 함께 영광을 받다", 롬 8:17), 쉼모르포스(*σύμμορφος*, "와 같은 형상을 가지다", 롬 8:29; 빌 3:21), 쉼모르피조(*συμμορφίζω*, "같은 형상을 부여하다", 빌 3:10). 세부 사항에 관해서는 Grundmann, *TDNT* 7, 786, 787를 보라.

그리스도와 함께 혹은 주님과 함께 하는 것(빌 1:23; 살전 4:17)은 미래를 가리키고 다가올 완전을 상징한다(Dupont, *SGNCRISTWI*, 39-47 등은 두 문구를 구별한다: "주님과 함께 하다 혹은 살다"〈살전 4:17; 5:10〉는 그분의 부활 이후 그리스도께서 누리신 하나님 나라의 종말론적 축복을 신자들이 나누어 갖는 것을 강조하고, 반면에 빌 1:23〈"그리스도와 함께 있다"〉, 고후 5:8〈"그리스도와 함께 거하다"〉에서는 그분의 나라에서의 왕과의 친밀한 교제를 강조하고 있다〈참조. Harris, in *NIDNTT* 3, 1207〉). 그러나 몇 개의 복합 단어들을 통하여 사도는 그리스도와의 이러한 친밀한 인격적 관계가 이미 실현되었다고 지적한다(미래를 가리키고 특히 개념의 배경에 비추어 현재에 관해서 말하고 있는 이 진술들〈"그리스도와 함께", "주와 함께" 등〉의 관계에 대해서는 Schnackenburg, *Baptism*, 170-77와 또한 Lohse, 104, note 76에서 인용한 문서를 보라). 신자는 그리스도의 죽으심과 부활 가운데서 그분과 이미 연합되었다. 그래서 로마서 6장에 의하면 우리는 "그분과 함께 장사되었고"(4절), "그의 죽으심을 본받아 연합한 자가 되었으며"(5절), "우리 옛 사람이 그분과 함께 십자가에 못 박혔다"(6절). 8절은 "우리가 그와 함께 살 것이라"고 말하고 있고, 같은 서신의 뒷부분에서 바울은 고난을 통하여 알게 되는 그리스도의 연합에 관해서 말하고, 그렇지만 그리스도인이 미래의 영광을 바라보고 참는다고 말하고 있다: "우리가 그와 함께 영광을 받기 위하여 고난도 함께 받아야 될 것이니라"(*εἴπερ συμπάσχομεν ἵνα καὶ συνδοξασθῶμεν* – 에이페르 쉼파스코멘 히나 카이 쉰독사스도멘, 8:17).

골로새서에서 바울은 자주 "그리스도와 함께"라는 문구를 사용한다. 우리가 다른 곳에서 살펴본 바와 같이, 실현된 종말론에 대한 강조와 일관성 있게 이 "그리스도와 함께"란 표현 – 구원의 "이미" – 이 이미 일어난 그리스도의 죽으심과 부활 안에서 그분과의 연합에 대해서 말하고 있다. 그래서 독자들은 세례로 그리스도와 함께 장사되었고(*συνταφέντες αὐτῷ* – 쉰타펜테스 아우토, 2:12), 또한 "그와 함께 살아나게 되었다"(*συνεζωοποίησεν σὺν αὐτῷ* – 쉬네조오포이에센 쉰 아우토, 2:13). 세상의 초등학문에 대해서 그분과 함께 죽은 그들(*ἀπεθάνετε σὺν Χριστῷ* – 아페다네테 쉰 크리스토, 2:20)은 그분과 함께 일으키심을 받았으며(*συνηγέρθητε* – 쉬네게르데테, 3:1) 그리고 그 결과로 그들의 생명이 그분과 함께 하나님 안에 감추어져 있다(*κέκρυπται σὺν τῷ Χριστῷ* – 케크륍타이 쉰 토 크리스토, 3:3). 다른 한편, 미래적인 면이 완전히 결여되어 있지 않다. 구원의 "아직 아니"가 3:4에 나타나 있는데, 그 곳에서는 이렇게 진술되어 있다: "우리 생명이신 그리스도께서 나타나실 그 때에 너희도 그와 함께 영광 중에 나타나리라(*σὺν αὐτῷ φανερωθήσεσθε* – 쉰 아우토 파네로데세스데)."

"그리스도와 함께"란 문구는 "그리스도 안에"란 표현처럼 하나의 공식 문구는 아니지만 신자와 그리스도의 친밀한 인격적 연합을 표현하는 다양한 방법으로 사용된 모티프다. "그리스도와 함께 있을 것이다"라는 표현(빌 1:23) 혹은 그와 동일한 표현들(살전 4:17; 고후 4:14; 13:4)은 죽음 이후 혹은 파루시아 이후 그리스도인의 운명이 보여지게 될 때인 미래를 내다보고 있다. 쉰(*σύν*, "함께")이라는 전치사가 어떤 동사와 결합될 때 그것은 과거의 사건들과 관련되어 있으며, 이 그리스도와의 긴밀한 연합이 이미 현재의 실체가 되도록 현재의 체험이 된다. 이 문구와 또한 이와 관련된 동사는 골로새서에서 과거의 사건으로서 그리스도와 함께 한 죽음과 부활을 묘사하고, 또한 그리스도인에게 새로운 존재로 결과가 되는 것을 묘사하기 위하여 사용되었다. 그것은 그리스도와 함께 하는 그분의 생명이다. 그리스도의 생명처럼 그분의 생명은 하나님 안에 감추어져 있다. 그리스도인이 기다리고 있는 것은 그리스도의 출현, 말하자면 영광 가운데서 그분이 감추어짐으로부터 나타나시는 것 그리고 그들이 그분과 함께 나타나는 것(*σὺν αὐτῷ*－쉰 아우토, 3:4)이다. 이것은 죽은 자의 부활이라고 불리지 않고 감추어진 생명의 나타남이라고 불린다(Grundmann, *TDNT* 7, 785, 786).

해설

사도가 그리스도께서 통치하시는 하늘 영역에 속하는 것들을 추구하라고 골로새 교인들을 권면하고 있는 이 간단한 단락은 본 서신 가운데서 중심 축을 이루는 중요한 위치를 차지하고 있다. 직설법과 명령법을 모두 포함하고 있는 이 단락은 바울이 거짓 선생들의 "철학"을 공격하는 단락을 결론짓고 잘못된 가르침에 대한 참 대안을 제공해 주고 있다. 3:1-4에 진술된 긍정적인 표현들은 논쟁이 아직도 바울이 앞에서 언급한 주제들(2:11-13, 20)을 한데 모으면서 여전히 고려하고 있을 가능성이 있다. 동시에 뒤따라오는(3:5-4:6) 권면("명령형")의 신학적 기초("직설법")가 진술되어 있다.

땅엣것이 아니라 위엣것을 목표로 삼으라는 바울의 권면의 근거는 이중적이다(1, 3절). 첫째, 골로새 교인들이 그 초등학문들(2:20), 그 금욕적인 얽어매는 법규들, 환상 체험들 그리고 쓸모 없는 자의적 숭배를 가진 옛 질서에 대해서 죽었다는 것이다. 둘째, 이미 그리스도와 함께 일으키심을 받은 그들은 지금 그분의 부활 생명에 참예하고 있다. 그래서 그들의 삶은 달라야 한다. 그들의 관심은 그리스도에게 초점을 맞추어야 한다. 그들의 마음, 목표, 갈망, 실제로 그들의 전체 전망이 그분이 다스리시고 그들의 생명이 진정으로 속해 있는 하늘 영역에 중심을 두고 있어야 한다는 것이다. 마음을 두라고 요구된 계속 진행되는 노력은 자동적으로 오지 않는다. 부지런히 위엣것을 찾아야 하는데(골로새 "철학"의 주창자들이 추구한 하늘의 체험에 대한 거짓된 추구와 대조되게), 그 이유는 이 곳이 그리스도께서 영광의 자리에 왕으로 앉아 계시는 곳이기 때문이다.

잠시 동안 그들의 하늘의 생명은 하나님 안에 그리스도와 함께 간수되어 감추어져 있다. 그리스도 안에 있는 그리스도인으로서 그들의 새로운 생명은 다른 사람들에게 보이지 않고 어느 정도 그들 자신들에게도 감추어져 있다. 그것은 그 생명을 구현하시는 그리스도께서 자신의 파루시아 때 나타나실 때에야 충만하게 나타날 것이다. 사실상 하나님의 아들의 계시의 날은 하나님의 아들들의 계시의 날이 될 것이다. 그 나타남은 "영광 중에" 일어날 것인데, 그 이유는 그것이 그리스도의 모습을 나누어 가지고 영광스러운 부활체를 받는 것을 포함할 것이기 때문이다.

우리가 이미 살펴본 바와 같이 골로새서에는 실현된 종말론에 대한 강조가 나타나 있다. "이미-그러나 아직"이라는 긴장 속에서 전자(=이미)가 강조되고 후자(=아직 아니)의 상황에 의하여 위엣것을 찾고 마음을 하늘 영역에 두어야 하는 근거는 그리스도께서 그 중심부에 계시는 곳에 그분의 죽으심과 부활 가운데서 그리스도와 함께 독자들을 연합케 하시는 하나님의 능하신 행동이 자리잡고 있기 때문이다. 구원의 "이미"는 하늘 영역에 관심을 두었던 사람들에 대하여 그리고 율법 준수, 지식, 환상 체험이나 그와 같은 것들을 통하여 도달할 수 있을 것으로 믿고 있는, 하늘 영역에 대하여 잘못된 개념들을 가졌던 사람들에게 대항하여 반복적으로 주장되어야 할 필요가 있었다. 궁극적으로 은혜의 교리가 위험에 처해 있었다. 그러므로 독자들은 그들이 그리스도와 함께 죽었고, 그분과 함께 일으키심을 받았으며, 그분과 함께 새 생명을 받았다는 사실을 가르침 받아야 할 필요가 있었다. 그리스도께서 그들이 필요로 한 모든 일을 행하셨다. 그래서 그들은 승귀하신 그리스도에게 중점을 둔 새로운 질서의 것들을 열심히 추구해야 했다.

그러나 만일 "이미"의 극점이 강조되었다면, 구원의 "아직 아니"도 마찬가지로 언급되어야 하며, 이 곳 4절에서 우리는 명확한 미래에 대한 언급을 발견하게 된다. 그리스도께서는 지금 안목으로부터 감추어져 있다. 그러므로 그들의 생명 역시 감추어져 있는데, 그 이유는 그들이 그분과 함께 감추어져 있기 때문이다. 마지막 날은 그분이 나타나실 때 올 것이다. 그리고 그들은 그분과 함께 나타날 것이다. 즉 그들은 그분과 같이 될 것이고 부활체를 입을 것이다.

10. 과거의 죄를 버리라(3:5-11)

참고문헌

Bouttier, M. "*Complexio Oppositorum*: sur les Formules de 1 Cor. xii. 13; Gal. iii. 26-8; Col. iii. 10, 11." *NTS* 23(1976-77) 1-19. **Easton, B. S.** "New Testament Ethical Lists." *JBL* 51(1932) 1-12. **Jervell, J.** *Imago*, 231-56. **Kamlah, E.** *Die Form der katalogischen Paränese im Neuen Testament.* WUNT 7. Tübingen: Mohr, 1964. **Larsson, E.** *Christus*, 188-223. **Merk, O.** *Handeln*, 204-212. **Moule, C. F. D.** *RevExp* 70(1973) 481-93. **Schnackenburg, R.** "Der neue Mensch - Mitte christlichen Weltverständnisses(Kol 3, 9-11)." *Schriften zum Neuen Testament. Exegese in Fortschritt und Wandel.* Munich: Kösel, 1971, 392-413. **Schrage, W.** *Einzelgebote.* **Schweizer, E.** "Die Sunde in den Gliedern." *Abraham Unser Vater. Juden und Christen im Gespräch über die Bibel. Festschrift für Otto Michel zum 60. Geburtstag*, ed. O. Betz, M. Hengel and P. Schmidt. AGSU 5. Leiden: Brill, 1963, 437-39. ______. "Gottesgerechtigkeit und Lasterkataloge bei Paulus(inkl. Kol und Eph)." *Rechtfertigung. Festschrift für Ernst Käsemann zum 70. Geburtstag*, ed. J. Friedrich, W. Pöhlmann and P. Stuhlmacher. Göttingen: Vandenhoeck und Ruprecht, 1976, 461-77. ______. "Traditional ethical patterns in the Pauline and post-Pauline letters and their development(lists of vices and house-tables)." *Text and Interpretation. Studies in the New Testament presented to Matthew Black*, ed. E. Best and R. McL. Wilson. Cambridge: University Press, 1979, 195-209. **Vögtle, A.** *Die Tugend- und Lasterkataloge im Neuen Testament, exegetisch, religions- und formgeschichtlich untersucht.* NTAbh 16. Münster: Aschendorff, 1936. **Wibbing, S.** *Die Tugend- und Lasterkataloge im Neuen Testament und ihre Traditionsgeschichte unter besonderer Berücksichtigung der Qumrantexte.* BZNW 25. Berlin: Töpelmann, 1959. **Zeilinger, F.** *Der Erstgeborene*, 63-66, 151-60.

본 문

5 그러므로 땅에 있는 지체를 죽이라 곧 음란과
부정과 사욕과 악한 정욕과 탐심이니 탐심은 우

5 Therefore put to death what belongs to your
earthly nature: sexual immorality, impurity, lust,

상 숭배니라

6 이것들을 인하여 하나님의 진노가 임하느니라

7 너희도 전에 그 가운데 살 때에는 그 가운데서 행하였으나

8 이제는 너희가 이 모든 것을 벗어버리라 곧 분과 악의와 훼방과 너희 입의 부끄러운 말이라

9 너희가 서로 거짓말을 말라 옛사람과 그 행위를 벗어버리고

10 새 사람을 입었으니 이는 자기를 창조하신 자의 형상을 좇아 지식에까지 새롭게 하심을 받는 자니라

11 거기는 헬라인과 유대인이나 할례당과 무할례당이나 야인이나 스구디아인이나 종이나 자유인이 분별이 있을 수 없나니 오직 그리스도는 만유시요 만유 안에 계시니라

evil desire and covetousness which is idolatry.

6 Because of these things the wrath of God is coming.[a]

7 You too used to walk in these ways in the life you once lived.

8 But now put them all away: anger, rage, malice, slander and filthy language from your lips.

9 Stop lying to one another since you have put off the old man with his practices,

10 and have put on the new man which is being renewed in knowledge after the image of his creator.

11 Here there is no longer Greek and Jew, circumcised and uncircumcised, barbarian, Scythian, slave and free, but Christ is all and in all.

원문 주해

a. 에피 투스 휘우스 테스 아페이데이아스(*ἐπὶ τοὺς υἱοὺς τῆς ἀπειθείας*). 이 "순종치 아니하는 자식들에게"라는 문구를 포함하고 있는 보다 긴 독법을 지지하는 광범위한 초창기의 증거 본문들이 있기는 하지만(א A C D F 등, 대부분의 소문자 사본들, it vg cop^bo^ 그리고 여러 다른 역본들), 이 문구는 엡 5:6로부터 이 본문으로 들어왔음을 나타내고 있으며, 그래서 P^{46} B cop^sah^ 그리고 여러 교부들의 글에는 빠져 있다. 이 문구는 "불순종하는 백성"을 의미하는 히브리적 표현이며, 그들의 삶이 하나님의 율법에 대한 도전으로 특징지어지는 사람들을 의미한다(반대되는 구절 벧전 1:14, "순종하는 자식").

양식/구조/배경

만약 앞의 단락(3:1-4)이 이 편지 속에서 거짓 교사들의 "철학"에 대한 바울의 논박에 관한 결론으로서의 기능을 하고 또한 그 가르침에 대한 참 대안을 제공하는 중요한 하나의 전환점 역할을 하고 있다면, 이 단락은 3:5-4:6의 길다란 충고적 단락을 시작하고 있다. 초대 교인의 교리교육 중 네 개의 특별한 항목들이 각 단락의 첫머리에서 발견된다: "죽이라"(3:5-11; 또한 참조. 벗어버리라, 8절), "입으라"(3:12-17), "복종하라"(3:18-4:1) 그리고 "깨어 기도하라"(4:2-6).

이것들 가운데 그 첫 번째 단락인 5-11절은 "부정적 권고"로 불리는데(Zeilinger,

Der Erstgeborene, 63), 그 이유는 이것이 두 개의 악덕 목록(5, 8절)과 함께 금지 명령 "죽이라"(*νεκρώσατε* – 네크로사테, 5절)와 "벗어버리라"(*ἀπόθεσθε* – 아포데스데, 8절)를 가지고 있기 때문이다. "그러므로"(*οὖν*, 운)로 시작된 첫 번째 금지 명령 "죽이라"(*νεκρώσατε* – 네크로사테)와 "땅에 있는 지체"(*τὰ μέλη τὰ ἐπὶ τῆς γῆς* – 타 멜레 타 에피 테스 게스)는 앞에 기록된 내용을 상기시켜 주기 위하여 의도된 것이다(5절의 "주석"을 보라). "죽이라"는 명령의 특별한 대상으로서 다섯 개의 악덕이 열거되어 있다(그것들은 문법적으로 "땅에 있는 지체"〈*τὰ μέλη τὰ ἐπὶ τῆς γῆς* – 타 멜레 타 에피 테스 게스〉와 동격으로 되어 있다).

5절: *πορνείαν* – *ἀκαθαρσίαν*(포르네이안 – 아카다르시안)
πάθος – *ἐπιθυμίαν*(파도스 – 에피뒤미안)
καὶ τὴν πλεονεξίαν ἥτις ἐστὶν εἰδωλολατρία(카이 텐 플레오넥시안 헤티스 에스틴 에이돌롤라트리아)

5절: 음란과 부정과
사욕과 악한 정욕과
탐심이니 탐심은 우상 숭배니라.

마지막 것인 "탐심"(*πλεονεξία* – 플레오넥시아)은 특별히 카이(*καί*, "그리고": 이것은 이 목록 가운데서 다른 것들과 분리시키기 위하여 사용되지 않았다)와 정관사 텐(*τήν*, "그": 이 정관사는 다른 명사들 앞에는 나타나지 않는다) 그리고 관계절 헤티스 에스틴 에이돌롤라트리아(*ἥτις ἐστὶν εἰδωλολατρία*, "이는 우상 숭배니라")로 강조되어 있다. 직설법으로 되어 있는 동사들을 가진 또 다른 세 개의 관계절이 뒤따라오고 있으며, 그것들은 앞에서 언급된 악행들과 관련하여 독자들이 이방인으로 있을 때인 과거를 묘사하고 있다(6, 7절).

"그때-지금"이라는 대조(1:21, 22, 2:13을 보라)를 통하여 골로새 교인들은 그들이 어떻게 지금 그들의 과거의 행실과 대조되게 행동해야 하는지를 교훈 받는다(7, 8절). 이러한 도식적인 형식은 악행의 두 번째 목록을 첫 번째 목록과 묶어 주기 위하여 사용되었다(엔 호이스〈*ἐν οἷς*, "그 안에서", 7절〉의 선행사는 악행들의 첫 번째 목록이고〈5절〉, 반면에 타 판타〈*τὰ πάντα*, "모든", 8절〉는 두 번째 명령형의 목적어이며, 두 번째 목록으로 보다 자세하게 규정되어 있다). (이 두 문장의 교차적인 구조에 관해서는 아래 186쪽을 보라). 또다시 다섯 개의 죄악들이 언급되고 있다: 그것들은 타 판타(*τὰ πάντα*, "모든")와 동격이고 첫 번째 목록에서처럼 여기서도 마지막 요소가 하나의 첨가 문구를 통하여 강조되어 있다.

8절: *νυνὶ δὲ ἀπόθεσθε καὶ ὑμεῖς τὰ πάντα*
(뉘니 데 아포데스데 카이 휘메이스 타 판타)
ὀργήν – θυμόν(오르겐 – 뒤몬)
κακίαν – βλασφημίαν(카키안 – 블라스페미안)
αἰσχρολογίαν ἐκ τοῦ στόματος ὑμῶν
(아이스크롤로기안 에크 투 스토마토스 휘몬).

8절: 이제는 너희가 이 모든 것을 벗어버리라
분과 노와
악의와 훼방과
너희 입의 부끄러운 말이라.

9절의 처음 문구는 계속해서 일련의 명령을 말하고 있으며, 그것들은 가장 자연스럽게 앞의 비방과 독설이라는 주제와 연결되어 있다: 메 프슈데스데 에이스 알렐루스(*μὴ ψεύδεσθε εἰς ἀλλήλους*, "너희가 서로 거짓말을 말라"). 두 개의 평행적 부정과거 분사절은 악한 길을 버리는 이중적 이유를 제공하고 있다.

9절: *ἀπεκδυσάμενοι τὸν παλαιὸν ἄνθρωπον*(아페크뒤사메노이 톤 팔라이온 안드로폰)
σὺν ταῖς πραξέσιν αὐτοῦ(쉰 타이스 프락세신 아우투)
10절: *καὶ ἐνδυσάμενοι τὸν νέον τὸν ἀνακαινούμενον*(카이 엔뒤사메노이 톤 네온 톤 아나카이누메논)
εἰς ἐπίγνωσιν κατ! εἰκόνα τοῦ κτίσαντος αὐτόν(에이스 에피그노신 카트 에이코나 투 크티산토스 아우톤)

9절: 옛 사람과…을 벗어버리고
그 행위를
10절: 새 사람을 입었으니 이는 자기를 창조하신 자의 형상을 좇아 지식에까지 새롭게 하심을 받는 자니라

11절에 의하면, 새 사람의 이 영역 내에서는(*ὅπου*, "where") 백성을 상대방으로부터 나누었던 장벽들이 폐지되었다. 하나의 강한 부정(*οὐκ ἔνι*, "거기에…이 없다") 다음에 네 쌍으로 된 버금 인류 가족 단위가 뒤따라오고, 그 중 앞의 두 개는 카이(*καί*, "그리고")로 연결되어 있다. 마지막으로, 승리에 찬 문구가 그리스도의 중앙의

위치를 세상에 있는 백성을 분리시키는 구분과 대조시키고 있다(*ἀλλά* – 알라, "그러나"; 마지막 단어인 크리스토스〈*Χριστός*, "그리스도"〉를 강조하고 있는 점을 유의하라).

11절: *ὅπου οὐκ ἔνι*(호푸 우크 에니)
Ἕλλην καὶ Ἰουδαῖος(헬렌 카이 유다이오스)
περιτομὴ καὶ ἀκροβυστία(페리토메 카이 아크로뷔스티아)
βάρβαρος, Σκύθης(바르바로스 스퀴데스)
δοῦλος, ἐλεύθερος(둘로스 엘류데로스)
ἀλλὰ [τὰ] πάντα καὶ ἐν πᾶσιν Χριστός(알라 〈타〉 판타 카이 엔 파신 크리스토스)

11절: 거기는…없나니
헬라인이나 유대인이나
할례당이나 무할례당이나
야인이나 스구디아인이나
종이나 자유인이
오직 그리스도는 만유시요 만유 안에 계시니라

주석

"위엣것을 찾으라"와 "위엣것을 생각하라"는 권면은 뒤따라오는 명령 가운데서 그 구체적인 표현과 적용을 발견하게 된다: "죽이라"(*νεκρώσατε* – 네크로사테, 5절), "벗어버리라"(*ἀπόθεσθε* – 아포데스데, 8절; 참조. "거짓말을 말라"〈*μὴ ψεύδεσθε* – 메 프슈데스데〉, 9절), "입으라"(*ἐνδύσασθε* – 엔뒤사스데, 12절). 하늘에 마음을 두는 것은 구름 속에서 사는 것을 의미하지 않는다. 위엣것에 목표를 두라는 사도의 명령에 순종하는 신자는 하늘 아래 여기서 죄악된 성향과 추구를 죽이고 새로운 성품으로 하여금 경건한 삶 속에서 외향적인 표현을 나타내기까지 계속적으로 영적 전쟁에 휘말릴 것이다. 그들은 그리스도 안에서 새로운 사람이 되었으므로 새로운 사람처럼 살아야 할 것이다. 거짓된 금욕주의의 주장(2:20-23)을 드러내고 비판하고 나서, 사도는 이제 강력하게 방종에 반대되는 절제라는 긍정적인 노선을 따라 행하라고 권하고(5-8절), 창조주의 형상인 그리스도 자신과 일치되는 생활 스타일을 권고하고 있다(10, 11절; 참조. Martin, *NCB*, 102).

5 "그러므로 땅에 있는 지체를 죽이라"(*νεκρώσατε οὖν τὰ μέλη τὰ ἐπὶ τῆς γῆς*

－네크로사테 운 타 멜레 타 에피 테스 게스). 이 충고적인 단락에 들어 있는 바울의 첫 번째 명령의 말씀은 자신이 본 서신의 앞부분에서 기록한 내용을 상기시키기 위하여 고안되었다. 즉 "그러므로"(*οὖν*－운)는 2:20-3:4의 일반적인 상황, 특히 3-4절을 상기시켜 주는데, 거기에는 신학적인 근거가 제시되어 있고(참조. Lohmeyer, 135; Zeilinger, *Der Erstgeborene*, 63; W. Nauck, "Das *οὖν*－paräneticum," *ZNW* 49 [1958] 134, 135), "죽이라"(*νεκρώσατε*－네크로사테)는 그리스도의 죽으심 안에서 그분과의 연합을 상기시켜 주고 있다(2:20; 3:3; 참조. 2:11, 12). "땅엣것"(*τὰ ἐπὶ τῆς γῆς*－타 에피 테스 게스)은 2절의 어투인 "땅엣것(을 생각지 말라)"을 취하여 말하고 있으며, 반면에 "지체"(*μέλη*－멜레)는 "육적 몸"(*τὸ σῶμα τῆς σαρκός*－토 소마 테스 사르코스, 2:11)이라는 배경에 반대되는 것으로 이해하는 것이 가장 좋은데, 이것은 그리스도의 할례 가운데서 벗겨졌다. 바울의 명령은 앞에서 하나님께서 자기 아들 주 예수 그리스도 안에서 행하신 일을 설명하고 있는 직설법에 기초하고 있다.

"죽이다"(*νεκρόω*－네크로오; 참조. BAG, 535; Bultmann, *TDNT* 4, 894)는 로마서 4:19과 히브리서 11:12에서 문자 그대로의 의미로 사용되었는데(이 두 구절은 "낡아 버린", "죽은 자와 똑같은"을 의미하면서 아브라함에 대해서 완전 수동태로 사용된), 이것이 여기서 바울에 의하여 상징적으로 사용되었다(대부분의 주석가들이 그렇게 말한다; 참조. Bultmann, *TDNT* 4, 894; 형용사 "죽은"〈*νεκρός*－네크로스〉의 상징적 용법에 관해서는 2:13을 보라; 또한 눅 15:24, 32; 롬 6:11; 7:8; 8:10; 엡 2:1, 5; 골 2:13; 히 6:1; 9:14; 약 2:17, 26; 약 3:1에서도 그렇게 사용됨; 그리고 명사(substantive)로 사용되는 경우: 마 8:22; 눅 9:60; 요 5:25). 이것은 로마서 6:11에 있는 "너희 자신을 죄에 대하여는 죽은 자…로 여길지어다"(*λογίζεσθε ἑαυτοὺς νεκρούς*－로기제스데 헤아우투스 네크루스; 참조. 롬 8:13에 있는 직설법, "너희는 죄에 대하여 죽는다"〈*θανατοῦτε*－다나투테〉, 롬 8:13)라는 바울 자신의 용법과 유사하다: 골로새서에 있는 금지 명령에서 부정과거 시제는 확립된 태도를 이끄는 결정적인 첫 번째 행동을 가리키고 있다(로마서에서 현재 시제로 표현된 것과 같이).

죽게 된다는 사실이 다소 비정상적으로 묘사되어 있다: "땅에 있는 지체"(*τὰ μέλη τὰ ἐπὶ τῆς γῆς*－타 멜레 타 에피 테스 게스), 그리고 "음란"(*πορνείαν*－포르네이안)으로 시작되는 다섯 개의 악행들의 목록과 동격으로 되어 있다. 멜로스(*μέλος*, "지체", "부분", "수족", BAG, 501, 502; 참조. Horst, *TDNT* 4, 555-68, Schütz, NIDNTT

1, 229-32, Schweizer, *Abraham*, 437-39)는 고대 세계에서 광범위한 의미를 가지고 있었고, 광범위하게 적용되었으며, 세속 헬라어에서는 "몸의 지체"(Homer는 인간과 동물 모두에게 적용했다: *Od* 18, 70; 24, 368), "하나의 기관"(생각과 관련하여, Parmenides, *Fr* 16, 3가 그렇게 적용함) 혹은 "멜로디"나 "노래"의 의미로(Plato, *Rep* 3, 398d) 사용되었다. LXX에서 이 단어는 인간들의 몸의 지체(예를 들어, 삿 19:29; 욥 9:28) 그리고 짐승들의 지체(예를 들어, 출 29:17)를 나타내며 노래나 멜로디를 의미하기도 했다(기쁨의 노래이든: 전 32:6, 혹은 애가로: 겔 2:10; 미 2:4; 멜로스〈*μέλος*〉는 신약성경에서 이러한 의미로 사용되지 않았다). 신약성경에서 이 단어는 문자 그대로 인간 몸의 여러 부분에 대해서 사용되었다(마 5:29, 30; 롬 6:13, 19; 약 3:6 등). 그러나 바울은 여기서 인간의 몸의 실질적인 지체를 가리켜 말하고 있지 않고(Meyer, 423에서 생각하는 바와 같이) 또한 예수께서 손이나 발이 범죄케 하거든 찍어 버리고 눈이 범죄케 할 때 뽑아 버리라고 말씀하시면서 온몸이 지옥 불에 던지우지 않는 것이 유익하다고 말씀하셨을 때 의도하셨던 것(마 5:29, 30; 18:8, 9; 막 9:43-47)과 같은 의미로 말하고 있지 않다. 요점은 지체와 동격으로 되어 있는 악행들의 목록에서 분명하게 드러난다.

그러나 "지체"라는 단어를 가지고 있는 이 목록의 접속사가 다소 돌발적이고, 그래서 이러한 난점을 해결하기 위하여 여러 가지 시도가 있어 왔다. 예를 들어, 라이트 푸트(Lightfoot, 209)는 "땅"(*γῆς*–게스) 다음에 마침표를 찍었고, 그 다음에 나오는 명사들(즉 "음란"〈*πορνείαν*–포르네이안〉, "부정"〈*ἀκαθαρσίαν*–아카다르시안〉…)을 8절에 있는 것처럼 "벗다" 혹은 "벗어버리다"(*ἀπόθεσθε*–에포데스데)와 같은 동사의 지배를 받는 "미래 직접목적격"으로 간주했다. 따라서 바울은 이러한 직접목적어들을 직접적으로 "벗다"에 종속되도록 의도한 것이지만, 그는 문장의 구조 가운데서 하나의 전환으로 인도한 삽입 문장을 도입했다는 것이다. 비록 이러한 파격이 바울 서신에서 이례적인 것은 아닐지라도, 그가 이러한 사실을 의도했다면, 그는 아마도 명사들의 목록 앞에 이 명령형을 두었을 것이다(참조. Bruce, 267, 그러나 Moule, 116를 보라). 난점을 제거하기 위하여 매이쏜은 "지체들"을 호격으로 이해해야 한다고 주장했고, 또한 그리스도인을 그리스도의 몸의 지체를 가리키는 것으로 이해했다(Masson, 142; 그는 지지를 얻기 위하여 BDF, 항목 147[2]에 호소한다; 참조. Turner, *Insights*, 104, 105). 그러나 이러한 주장은 학자들의 추천을 받지 못했다("지체들"〈*μέλη*–멜레〉의 독립적 용법은 그리스도의 몸의 지체들이 직접 관련된 문맥 속에서 분명하게 밝혀졌을 때만 가능할 것이라고 주장되었다: Dibelius-Greeven 41, Bruce, 268에서 그렇게 주장함).

로제는 이 곳에 나오는 "지체들"을 인간의 몸의 지체들로 해석하는 것이 불가능하다고 동의했다. 즉 이란인의 사상 가운데서 인간의 지체들은 그들의 하늘의 자아가 구성된 것에서 나온 선하고 악한 행실들이었고, 그래서 그의 다른 세상의 운명이 결정되었다(Lohse, 137, 그는 Richard Reitzenstein을 따르고 있음. 그의 *Mystery-Religions*, 338-51를 보라. 참조. Dibelius-Greeven, 41, Conzelmann, 150). 다섯 개의 덕목과 다섯 개의 악행들이 이란 전승에 있는 각각의 실례 가운데서 언급되었다. 악행들의 두 목록(3:5, 8)과 덕목의 목록(3:12)은 이 목록에 근거하고 있다. 로제에 의하면, 저자는 종교 관계의 역사에 대한 의식이 없이(케제만이 주장한 바와 같이 다섯 개의 지체를 가진 두 우주적 "인간들"에 대한 신화는 더욱 아님) 이 전통적인 방법으로 "지체들"을 사용했고, 기독교인에게 요구된 종류의 삶을 설명하기 위하여 이미 존재하고 있는 5중적 도식을 채택했다.

그러나 페르시아인의 추론을 주시할 필요는 없다(이에 대해서는 아래의 논의를 보라). 바울은 전적으로 구약성경과 유대인의 범주 내에서 기록해 가고 있는데(참조. Schweizer, *Abraham*, 437-39에서는 죄가 지체들 속에 자리잡고 있었던 바 "지체들"과 "죄"의 긴밀한 병치가 *2 Apoc. Bar.* 49:3와 같은 유대인의 본문에 포함되어 있을 수 있다고 주장했는데 그 본문은 다음과 같다: "이러한 속박하는 지체들, 이것들은 지금 악행들에 내포되어 있고 그 지체들 속에서 악행들이 완성된다"〈Charles의 번역〉; 그의 *Commentary*, 138를 더 읽어 보라). 로마서 6:13, 19에서 사도는 독자들의 육신의 지체들이 한편으로는 악행과 부정의 도구로서 죄에게 제공될 수 있거나 혹은 다른 한편으로 의와 거룩의 도구로서 하나님께 드려질 수 있다고 지적한다. 같은 로마서 7:23에서 그는 "내 지체 속에 있는 죄의 법"(*ἐν τοῖς μέλεσίν μου* – 엔 토이스 멜레신 무)을 말한다. 골로새서 3:5에서 바울은 더 나아가서 실질적으로 독자들의 지체들을 그 구성원들이 범한 죄들과 동일시한다. 그것들은 옛 생활 속에서 죄의 도구로 사용되었다(이것은 한정 문구 "땅엣것"〈*τὰ ἐπὶ τῆς γῆς* – 타 에피 테스 게스〉의 요점이다. 이것은 각 사람의 영 혹은 혼이 이미 "위에서" 살고 있다는 헬라인의 입장과는 전혀 관계가 없으며, 반면에 죄가 지금도 역사하는 지체들이 "아랫것"을 굳게 붙잡고 있는 것으로 말해진다. 참조. Philo, *Det Pot Ins* 85에서는 사람의 발들이 땅에 뿌리를 내리고 있으며, 반면에 그의 마음과 감각은 이미 창공과 하늘의 부분과 연결되어 있다고 생각했다). 그러므로 "지체들"(*μέλη* – 멜레)이라는 단어는 "그것들의 수단을 통하여 저질러진 여러 종류의 죄 그리고 '육체'(옛 성품)가 그 성품 자체를 적극적으로 표현한 것"으로 이해하도록 그 정상적인 의미 너머로 확대된다(Bruce, 268). 여기서 독자들의 육신의 활동과 힘이 옛 생활에 드려졌던 그 관습과 태도가 드러난다(Moule, 115에서는 전체 문구 "땅에 있는 지체"〈*τὰ μέλη τὰ ἐπὶ τῆς γῆς*－타 멜레 타 에피 테스 게스〉를 "'너희 지체를 땅의 목적들에 두어' 너희 지체들〈기관들〉을 육욕을 위하여 사용하는 것을 의미하는 것"으로 본다. 참조. 고전 6:15, 그리고 Gundry, *Soμma*, 42를 보라. 그는 이와 아주 유사한 결론에 도달하여 다음과 같이 말한다. "우리는 지체를 땅의 '옛 사람'을 이루고 있는 죄에 대한 상징적 표현으로 취급해야 할 것이다〈9절〉"). 의미의 유사한 확장이 관련된 단어 "몸"(*σῶμα*－소마)과 관련하여 나타난다: "죄의 몸"(롬 6:6), "이 사망의 몸"(7:24) 그리고 "너희 몸은 죄로 인하여 죽은 것이나"(롬 8:10). 이러한 구절들에서는 육신의 몸만을 가리켜 말하고 있지 않다. 그보다 소마(*σῶμα*)는 "하나님에 대한 반역을 위하여 조직되고 이를 위하여 준비된 전 인격"을 의미한다(Robinson, *Body*, 31).

옛 성품을 물려받은 그러한 지체들을 죽이는 것은 전통적으로 이해해 온 "육체의 죽임"과 같은 것이 아닌데, 그 이유는 모울(Moule, 114)이 지적한 바와 같이 "육체의 죽임"은 오랜 역사 동안 고행을 통하여 실행된 채찍질을 가지고 스스로 가한 육신의 고통을 의미하거나 혹은 몸을 제어하거나 혹은 유익을 얻기 위하여 한 사람이 즐기는 일을 절제하는 형태의 자기 부인을 뜻하는 부수적 의미를 가졌다고 여겨졌기 때문이다. 그러나 골로새서 3:5의 문맥 가운데서 진정한 "죽임"은 의지의 변화, 새로운 마음의 태도(참조. 롬 6:11), 인격의 중심 자체가 자아에서 그리스도에게로의 급격한 이동과 관계가 있는데 그러한 이기주의에 대한 죽음은 결코 지나치게 강렬하지 않은 묘사다.

"음란과 부정과 사욕과 악한 정욕과 탐심이니"(*πορνείαν, ἀκαθαρσίαν, πάθος, ἐπιθυμίαν κακήν, καὶ τὴν πλεονεξίαν*⋯－포르네이안, 아카다르시안, 파도스, 에피뒤미안, 카켄, 카이 텐 플레오넥시안⋯). 다섯 개의 죄들은 땅의 지체들과 동일시되었다: 음란, 무정, 사욕, 악한 정욕 그리고 일반적인 탐욕이다. 이것들은 죄의 외적인 표명으로부터 마음의 내적 갈망으로 옮겨가는데, 곧 부도덕과 부정의 행위들로부터 그것들의 내적 근원으로 옮겨간다.

이것은 악행에 대한 두 개의 목록 가운데서 그 첫 번째 것이고, 두 번째 것인 다섯 개의 악행 목록은 8절에 나타나는데 "분노, 악의 훼방, 부끄러운 말"이며, 그 다음 12절에서는 다섯 개의 은혜가 뒤따라오는데 "긍휼, 자비, 겸손, 온유, 오래 참음"이며 이것들은 독자들이 새 옷처럼 입어야 한다.

신약의 윤리 목록에 대한 특주

(1) 배경

신약성경, 특히 바울 서신 가운데서 우리는 덕목들과 악행들의 목록(롬 1:29-32; 고전 5:9-11; 6:9, 10; 갈 5:19-23; 빌 4:8; 딤전 3:1-13; 딛 1:5 9; 벧전 4:3 등)을 발견하게 된다. 그것들은 이방 도덕주의자들의 주장에 포함되어 있는 통상적인 형태를 띠고 있으며, 최소한 악행들에 관한 한 유대인 포교주의자들의 반(反) 이방 논박 내용들 가운데 들어 있다. 몇몇 사람은 신약성경에 들어 있는 이러한 목록들은 교회가 신 레위인 공동체로서의 자기 이해에 필요한 윤리적 기질들의 목록을 취하게 되었을 때 유대인 개종자들에게서 빌려온 것이라고 주장했다(P. Carrington; G. Klein). 이러한 기원에 대한 주장은 최근에 도전을 받았는데, 특히 그러한 목록의 기원이 스토아주의에게서 유래했다고 본 사람들(Easton, *JBL* 51[1932] 1; Vögtle *Lasterkataloge*) 혹은 쿰란 공동체와 같은 유대인의 한 종파를 통하여 들어온 이란인의 영향을 받았다고 생각한 사람들에 의하여 도전을 받았다(Wibbing, *Lasterkataloge*). 기독교인들이 그러한 목록을 스토아주의에게서 빌려왔다는 것은 편협한 생각이다. "성령의 열매"와 같은 바울이 밝히고 있는 덕목들은 스토아주의에서와는 같지 않다(갈 5:22, 23). 네 개의 가장 중요한 덕목들(지혜, 담대함, 절제, 의) 그리고 그와 대응하는 악행들(어리석음, 두려움, 무절제, 불의)은 신약성경의 목록에 나타나지 않는다(참조. Wibbing, *Lasterkataloge*, 86). 그리고 신약성경의 목록들에 있는 소위 덕목들이라는 것은 스토아주의에서는 악행으로 간주되었다. 예를 들어, "겸손"(*ταπεινοφροσύνη* -타페이노프로쉬네)은 헬라 사상에서 불명예스러운 단어였다(Grundmann, *TDNT* 8, 2). 반면에 쿰란 문서(1QS 5:3, 4; 참조. 1QS 2:24; 4:3, 4; 5:25)와 바울 서신에서(참조. 빌 2:3; 골 3:12) 이것은 "다른 백성들이 그들 역시 하나님 앞에 나타날 때 위엄과 존귀를 받는 그러한 방식으로 하나님 앞의 공동체 가운데서 함께 사는 실습…그리스도의 겸손이 하나의 모델이 된다"를 의미했다(Martin, *NIDNTT* 3, 928).

캄라(Kamlah, *Form*)는 신약성경의 목록이 이란으로부터 기원했다는 것에 대한 웹빙(Wibbing)의 주장을 두 개의 형태를 구별지음으로써 수정했는데, 부분적으로 동등처벌법, 즉 "멸망시키는 사람을 멸망으로"(갈 5:19-23)라는 방식(참조. E. Käsemann, "Sentences of Holy Law in the New Testament." *New Testament Questions of Today*. Tr W. J. Montague[London: SCM, 1969] 66-81)에 근거하여 구원에 대한 약속과 멸망에 대한 위협과 유사한 하나의 "설명적" 목록과, 또한 자신이 헬라 신비 종교의 제설통합주의로까지 그 기원을 밟아 올라갔던 것으로서 새 사람을 입기에 앞서서 옛 생활을 벗어버리라는 "권고적인" 것(예를 들어, 골 2:20-3:17)으로 구별지었다. 그러나 슈뢰더(Schroeder, *IDBSup*, 546)는 이에 반대하여 신약성경의 목록들이 구약성경, 특히 축복과 저주를 포함하고 있었던 묵시적 약속들과 위협이라는 윤리적 이원론을 나타내고 있다고 주장했다(신 27-30장) – 결론적 호소를 유의하라: "보라 내가 오늘날 생명과 복과 사망과 화를 네 앞에 두었나니…내가 생명과 사망과 복과 저주를 네 앞에 두었은즉 너와 네 자손이 살기 위하여 생명을 택하고"(신 30:15, 19; 참조. 렘 21:8; 겔 18:5-9, 15-17).

덕목들과 악행들의 목록은 "두 가지 방법" 체계로 디다케 1-5; Barb 18-20; Hermes, *Man* 6:1; 참조. Ignatius, *Magn* 5; 2 Clem 4에서 계속 나타난다. 이 배후에는 진리와 오류의 영이 지배를 하는 빛으로 가는 길과 어두움으로 가는 길을 포함하고 있는 유대인 개종자 문답교육서가 있다고 주장되어 왔다(test Levi 19:1; Test Judah 20:1; 그리고 특히 1QS). 두 길 중에서 행하는 인간들의 대조는 전형적으로 구약성경의 것이다(시 1:6; 16:11; 119:33; 신 5:33; 11:22; 수 22:5; 잠 8:13; 렘 21:8; 슥 1:4; 참조. Martin, *NIDNTT* 3, 929).

(2) 바울의 윤리 목록의 특성들

바울 서신의 목록의 여러 가지 특징들은 다음과 같은 내용들일 것이다. *(a)* 상당한 다양성이 그 형식과 내용 가운데 존재한다는 사실이 분명하다. 그 어떤 가설적인 원 목록도 존재해 오지 않았던 것으로 보인다(Easton, *JBL* 51[1932] 7). 그 항목의 수에 있어서 뿐만 아니라 그것들의 순서에 있어서 너무나 많은 다양성이 있다는 것은 그것들의 논리적 구성에서 어떤 고정된 일반적 법칙들이 있었다는 것을 암시한다(Wibbing, *Lasterkataloge*, 81-83; 참조. Kamlah, *Form*, 176에서는 그것들이 그 내용과 형식에 있어서 여러 가지 형태가 있었다고 주장한다).

(b) 그러나 열거된 죄나 덕목들이 그것들이 나타나는 문맥과는 거의 혹은 전혀 관계가 없다고 말하는 것은 지나치게 멀리 나아가는 것이다(참조. Lohse, 137, 138). 특별히 언급된 목록들은 자주 함축적이거나 모범적인 것이며(참조. 골 3:5, 8 그리고 아래를 보라), 또한 상황에 따라 변할 수 있다(Schweizer, *Rechtfertigung*, 476). 대부분의 경우에 그것들은 완전한 혹은 전체를 망라한 목록이 아닌데, 이 점은 갈라디아서 5:19-21에 있는 악행 목록의 결론부에 명시되어 있다: "…투기와 술 취함과 방탕함과 또 그와 같은 것들이라"(*καὶ τὰ ὅμοια τούτοις* – 카이 타 호모이아 투토이스).

(c) 바울의 악행 목록은 자주 하나님의 심판과 마지막 날이라는 골격 내에 자리 잡고 있다. 그러므로 악행하는 자들, 불의한 자들 그리고 그러한 죄를 짓는 자들은 고린도전서 6:9, 10과 갈라디아서 5:21 그리고 에베소서 5:5에 따르면 하나님의 나라를 유업으로 받지 못할 것이다. 반면에 로마서 1:29-31은 이러한 죄악들을 범하는 사람들과 그러한 일을 행하도록 다른 사람을 부추기는 사람들은 죽임에 해당한다고 말한다. 골로새서 3:5에 있는 이방인의 악행 목록 다음에 사도는 이러한 일들로 인하여 하나님의 진노가 임한다고 주장하는 데로 나아가고 있다(6절).

(d) 이러한 목록들은 죄를 피하거나 열거된 덕목들을 행하는 것이 의를 이루거나 공적을 얻는 방향으로 인도하는 윤리적 의미로 혹은 어떤 종류의 새로운 법으로 이해되어서는 안 된다는 것이다. 오히려 그것들은 그리스도인의 행실을 묘사하고 있다(롬 1:29-31은 이방인의 악행들의 목록이다). 그래서 스스로 그리스도의 은혜 곧 긍휼, 자비, 겸손 등으로 옷 입은 사람들은 "하나님의 택하신 거룩하고 사랑하신 자처럼"(골 3:12) 옷 입은 자들이다. 그들은 이미 그리스도와 함께 일으키심을 받았고(3:1, 3), 새 사람을 입었다(10절). 그들의 삶 가운데 나타난 은혜들은 하나님의 성령의 열매들이다(갈 5:22 23; 참조. 엡 5:8 11; 약 3:13-18, 특히 18절; 마 7:16-20; Kamlah, *Form*, 182에서는 이러한 구절들 가운데 시편 1:3의 영향을 식별해 낼 수 있다고 주장한다). 마찬가지로, 그들은 그리스도인이 되기 전 과거로부터 행해 온 음란과 우상 숭배와 같은 이방인의 행실을 거절해야 하는데(골 3:5; 참조. 고전 6:9, 10; 벧전 4:3, "너희가 음란과 정욕과 술취함과 방탕과 연락과 무법한 우상 숭배를 하여 이방인의 뜻을 좇아 행한 것이 지나간 때가 족하도다"), 그 이유는 그들이 이미 그리스도의 죽음 안에서 그분과 연합되었기 때문이다(골 2:11, 12, 20; 3:3). 혐오감을 일으키게 하는 모든 행실들에서 벗어나는 것(낡은 옷을 벗어버리는 것과 같이), 곧 분과 악의와 훼방과 너희 입의 부끄러운 말을 버리는 것은 그들이 이전의 모습이었던 "옛 사람"을 그 이전에 빠지기를 좋아했던 행습들과 함께 벗어버렸기(*ἀπεκδυσάμενοι* – 아페크뒤사메노이) 때문에 그 결과로 나타난 것이다(3:8, 9). 죄를 거절하기 위하여 사도의 금지 명령에 순종하고 그리스도의 은혜로 옷 입는 것은 그리스도를 통하여 하나님과 새로운 관계를 맺은 사람들과 하나님의 새로운 피조물이 된 사람들에게는 필수적인 것이다(Wibbing, *Lasterkataloge*, 123-27).

열거된 다섯 개의 죄악들은 그들이 이방인으로 있었던 과거에 속했던 행실들이다(7절). 이것들은 유대인들이 특별히 이방인들을 질책했던 악행들이었다(참조. Wisd

14; Easton, *JBL* 51[1932] 1-12에서는 헬라 유대인의 변증서들의 전제 조건에 주의를 환기시켰는데, 그는 이것을 신약성경의 덕목과 악행들의 목록에서 발견할 수 있다고 생각한다).

목록 중에서 첫 번째로 언급된 "음란"(*πορνεία* - 포르네이아, 모든 종류의 불법적인 성관계의 "매춘", "음란", "간통", BAG, 693)은 언제나 강력하게 금지되었다. 바울은 정규적으로 이방인 그리스도인들에게 포르네이아(*πορνεία*)와 하나님 나라의 상반성에 대해서 주시하도록 해주었다. "성적으로 부도덕한 사람(*πόρνος* - 포르노스)"은 아무도 하나님의 나라를 유업으로 받지 못하므로(고전 6:9; 참조. 5:9-11; 엡 5:5) 그것은 믿는 자들이 끊어야 할(살전 4:3) 혹은 멀리해야 할(고전 6:18) 육신의 일(갈 5:19) 중 첫 번째 항목이다. 포르네이아(*πορνεία*)란 단어는 신약성경에서 혼외정사(살전 4:3)로부터 불법적 근친 관계 내에서 결혼을 하는 데 이르기까지를 포함하는 다양한 의미를 담고 있다(행 15:20도 그런 의미겠지만, M. Simon, "The Apostolic Decree and its Setting in the Ancient Church," *BJRL* 52 [196970] 437-60에서는 이 사도 회의의 판결을 주로 레 16-18장에 근거한 레위인의 순결에 대한 압축된 법으로 이해하지만, 출 34:15-16에서는 혼합된 결혼으로 보고 있다: 포르네이아〈*πορνεία*〉는 모든 종류의 성적 부정 행위들을 포함하는 일반적인 용어로 이해되어야 할 것이다). 이 단어는 어떤 종류의 불법적 성관계를 의미하며(참조. BAG, 693; Hauck/Schulz, *TDNT* 6, 579-95; Reisser, *NIDNTT* 1, 497-501; 그러나 이것은 B. Malina, "Does *Porneia* Mean Fornication?" *NovT* 14[1972] 10-17에 의하여 의문시되었다; 그러나 J. Jensen, "Does Porneia Mean Fornication? A Critique of Bruce Malina." *NovT* 20[1978]: 161-84를 보라. 그는 이 단어 및 이 단어와 어근이 같은 단어가 신약성경에서 음란을 포함한 무절제한 성행위를 묘사한다고 주장한다), 또한 이 단어군은 LXX에서(히브리어 zānâh를 번역하면서) 부정, 매춘, 음란을 묘사하기 위하여 사용되었다(창 34:31, 38:15; 레 19:29; 신 22:21). 후기 랍비 문서에서 제누트(z^{e}nûṯ=*πορνεία*)는 매춘과 어떤 종류의 혼외정사('Aboṯ 2:8)뿐 아니라 랍비 율법에 의하여 금지된 모든 친척들 간의 결혼까지도 포함하는 것으로 이해되었다(참조. Str-B 2, 729, 730). 근친상간(Test Rub 1:6; Test Jud 13:6; 참조. 레 8:6-18)과 모든 종류의 부자연스러운 성관계(예를 들어, Test Ben 9:1)는 간음(*πορνεία* - 포르네이아)으로 여겨졌다. 그것에 빠지는 자는 궁극적으로 그가 하나님과의 관계를 깨뜨렸다는 사실을 가리킨다(Wisd 14:27, 28; 참조. Reisser, *NIDNTT* 1, 499). 헬라 세계에서 만연되었던 행실이 나쁜 삶과는 반대로, 신약성경 특히 바울 서신의 가르침은 간음에 대한 금지에 대해 무조건적인 복종을 가르친다(참조. Vögtle, *Lasterkataloge*, 223-25, Hauck/Schulz, *TDNT* 6, 593, 594, Lohse, 138).

아카다르시아(*ἀκαθαρσία*, "부정", 즉 도덕적 부정은 경우에 따라 의식적 부정을 말하기는 했다: 마 23:27; 참조. 민 19:13)는 자주 포르네이아(*πορνεία*, "음란")와 함께 등장하며 부도덕적 성행위를 나타내고, 바울의 금지 명령을 강조하고 있다(Schweizer, 143 그리고 *Rechtfertigung*, 475에 따르면, 첫 번째 항목 포르네이아⟨*πορνεία*, "음란"⟩는 뒤따라오는 세 개의 항목을 통하여 발전된다. "음란"처럼 "부정"은 육체의 일이며(갈 5:19), 성령의 생활과는 공존할 수 없는 것이다(살전 4:7, 8, "하나님이 우리를 부르심은 부정케 하심⟨*ἐπὶ ἀκαθαρσίᾳ* – 에피 아카다르시아⟩이 아니요 거룩케 하심이니 그러므로 저버리는 자는 사람을 저버림이 아니요 너희에게 그의 성령을 주신 하나님을 저버림이니라"; 고후 12:21; 롬 1:24; 엡 5:3, 5; 참조. Hauck, *TDNT* 3, 427-29). 이 목록에 들어 있는 다른 항목들처럼 이것은 기독교인이 되기 이전의 부도덕한 상태, 자연인으로서의 욕망에 자신을 위탁함으로써 그 행실들이 결정되었던 사람의 행실을 지적하고 있다. 그렇지만 모든 이방인들은 너무나 쉽게 회심하기 이전의 생활 방식으로 돌아가기가 쉬웠다. 그런 까닭에 권고를 하고 있는 것이다.

파도스(*πάθος*, "사욕")는 스토아인들에 의해서 자신의 감정의 지배를 받도록 허용하고, 그러므로 "침착함"을 이룰 수 없는 사람을 묘사하기 위하여 사용되었다(침착함=아파데이아⟨*ἀπάθεια*⟩; 참조. Vögtle, *Lasterkataloge*, 208-210). 신약성경의 참고구절들 중에서 그 모든 것이 바울 서신에 나타나는데(롬 1:26; 골 3:5; 살전 4:5), 이것이 이러한 스토아 사상의 의미로는 나타나지 않는다. 오히려 이 단어는 성적 무절제로 인도하는 부끄러운 욕망을 나타낸다(살전 4:5; 롬 1:26에서는 동성애의 악행; Michaelis, *TDNT* 5, 928를 보라).

에피뒤미아(*ἐπιθυμία*, "정욕", "욕망", "열망")는 기독교 공동체를 보기를 바라거나(살전 2:17) 혹은 그리스도와 함께 떠나거나 그분과 함께 있기를 간절히 바라는 것을 포함하여(빌 1:23; 참조. 눅 22:15; 동사 에피뒤메오⟨*ἐπιθυμέω*, "바라다"⟩는 좋은 의미로도 사용될 수 있다: 마 13:17; 눅 17:22; 딤전 3:1; 히 6:11; 벧전 1:12; 참조. Büchsel, *TDNT* 3, 168-71) 다양한 목적을 묘사하는 긍정적인 방식으로 사용되었다. 여기서 정욕은 카켄(*κακήν*, "악한")이라는 형용사의 첨가와 함께 부정적 의미로 사용되어서 악한 정욕을 묘사하고 있다(Büchsel, *TDNT* 3, 170, 171에서는 이 명사와 동사는 주로 간절히 바라는 대상에 대해서 확대될 수 있는 악한 욕망을 가리킨다

고 지적한다: 마 5:28, 여인; 막 4:19, 다른 것들; 고전 10:6, 악한 일들; 혹은 갈 5:17에서는 성령에 대항하는 방향; 혹은 수단이나 기원: 롬 1:24, 마음; 롬 6:12, 몸; 갈 5:16; 엡 2:3; 요일 2:16; 벧후 2:18, 육체 등). 악한 정욕은 자연인 가운데 거하여 그를 조종하는 죄의 표명이다. 그것은 그의 육욕(갈 5:16, 24), 그가 하나님으로부터 분리되었다는 것 그리고 그가 하나님의 진노를 받게 되어 있다는 것(롬 1:18-24)을 드러낸다.

목록의 마지막 항목인 "탐심"(*πλεονεξία*－플레오넥시아, 직역하면 "좀더 가지기를 바람"이며, 따라서 "탐욕", "불만족", "헛된 욕망", BAG, 667; Delling, *TDNT* 6, 266-74, 그리고 Selter, *NIDNTT* 1, 137, 138를 보라)은 특별히 총체적인 죄로 강조되고 있다: "탐심은 우상 숭배니라"(BDF, para. 258[1]는 관계절 헤티스…〈*ἥτις*…〉의 첨가는 앞의 명사를 한정하는 관사를 사용하도록 하고 있다고 설명한다; 참조. Zeilinger, *Der Erstgeborene*, 64; Schweizer, 143, 144). 이것은 성적 비행으로부터 보다 일반적인 탐욕의 죄로 눈길을 돌림으로써 그 진행을 단절시키고 있다(Martin, *NCB*, 103). 물론 몇몇 본문들에서 탐심은 성적 탐심의 어조를 가질 수 있다(참조. 살전 4:6에 있는 어근이 같은 단어 플레오넥테오〈*πλεονεκτέω*〉; 이 명사는 성적 욕망을 포함시키기 위하여 플라톤과 아리스토텔레스에 의하여 사용되었다). 그러나 이것은 주로 탐욕의 죄, 물질적인 것들에 대해 손을 대려는 끝없는 욕망을 가리킨다. 이 단어군은 때때로 LXX에만 나타나는데, 주로 부정직한 소득과 불법적 수단(렘 22:17; 겔 22:27; 합 2:9)에 의한 정치적 세력을 이용한 치부에 대한 선지자들의 비난과 경고 가운데 나타난다. 불경건과 전반적인 탐심의 악한 성격은 LXX의 구절들에서 사용되었다(참조. 제2마카비 4:50). 따라서 시편 기자는 그것으로부터 간수해 줄 것을 기도한다(시 119:36[LXX 118:36]). 그레코-로마 세계에서까지도 탐심은 거부당했다. 이러한 죄악은 정의롭고 공정한 사회에서 있을 곳이 없다.

신약성경은 반복하여 탐심에 대해서 경고하고 있고, 특히 안정의 수단으로 말하고 있다(눅 12:15, "삼가 모든 탐심〈*ἀπὸ πάσης πλεονεξίας*－아포 파세스 플레오넥시아스〉을 물리치라 사람의 생명이 그 소유의 넉넉한 데 있지 아니하니라"). 악행 목록 가운데서 탐심은 하나님에 대한 지식이 없는 삶의 표시였다(롬 1:29; 참조. 고전 5:10, 11; 6:10, 11; 엡 5:3). 다른 모든 종류의 악행들과 함께 이 탐심이 출현하고 있는 것은 바울에 의하면 인간관계를 파괴하는 죄의 권세의 증거요(Delling, *TDNT* 6, 272) 또한 하나님께서 사람들에게 부패한 마음에게 넘겨주셨다는 표시였다(롬 1:28). 하나님의 말씀의 사역에 종사하는 그리스도인들에게는 특별히 탐욕의 위험이 있다. 한 사람의 지위를 악용하고 개인의 이익을 위하여 하나님의 말씀 전파를 이용하려는 유혹은 초대 교회에서도 예외가 없었던 위험이었다. 바울은 자신과 자신의 동역자들이 자기들의 사역을 통하여 스스로 부유해지기를 바라면서 고린도에서 어떤 사람을 이용했다는 주장을 비판한다(참조. 고후 7:2과 12:17에서 사용된 같은 어근을 가진 단어 플레오넥테오〈*πλεονεκτέω*, "속이다", "속여 빼앗다"〉). 다른 곳에서처럼 데살로니가의 사역에서 이타적으로 보이는 행동의 배후에 숨겨진 이기적인 동기(살전 2:4, 5)에서 벗어났을 뿐만 아니라 탐심으로부터도 벗어났다. 그는 복음을 전파할 때 스스로 부하려는 숨겨진 목적을 가지고 있지 않았다("아첨의 말이나 탐심의 탈을 쓰지 아니한 것〈*οὔτε ἐν προφάσει πλεονεξίας*－우테 엔 프로파세이 플레오넥시아스〉", 5절; 참조. Delling, *TDNT* 6, 273). 이러한 비난이 바울의 경우에는 해당되지 않았는데, 그 이유는 그러한 탐심이 전혀 발견되지 않았으나, 자기들의 탐욕을 만족시키기 위하여 자기의 지위를 남용한 다른 사람들이 있었기 때문이다: 고린도에 있는 바울의 대적자들은 "하나님의 말씀을 혼잡하게 하는 사람들"(*καπηλεύοντες τὸν λόγον τοῦ θεοῦ*－카펠류온테스 톤 로곤 투 데우, 고후 2:17)이었고, 반면에 베드로후서 2:3, 14에 따르면 거짓 교사들은 물질을 얻으려는 자신들의 탐욕으로 말미암아 회중들을 속여 빼앗았다－사실상 그들은 탐욕에 숙달된 사람들로 말해지고 있다. 그러나 탐욕의 유혹을 받은 사람들은 하나님의 말씀의 사역자들게만 해당되지 않았다. 이 곳 5절에 있는 바울의 권면은 모든 독자들에게 주어진 것이었다. 그리스도와 함께 죽고 그리스도와 함께 일으키심을 받은 모든 사람은 부도덕과 부정처럼 탐심에 대해서도 죽어야 하는 것이다.

탐심의 위험이 특별히 강조되어 있는데, 그 이유는 그것이 우상 숭배와 긴밀히 연결되어 있기 때문이다: 아주 놀랍게도 탐심은 우상 숭배와 동일시되고 있다(*τὴν πλεονεξίαν ἥτις ἐστὶν εἰδωλολατρία*－텐 플레오넥시안 헤티스 에스틴 에이돌로라트리아). 이 두 죄는 유대인의 권면들 속에서도 함께 나타나며 이방 종교에 대한 증오의 일부분으로 비판 받았다. 유다의 언약서(19:1)에 따르면, 탐욕은 한 인간의 절제심을 마비시키고, 하나님으로부터 그 사람을 멀리 떠나게 하며, 그를 우상 숭배의 포로가 되게 했다: "돈을 사랑함이 우상 숭배로 이끌어 간다. 왜냐하면 돈을 통하여 잘못된 길로 들어섰을 때 사람들은 신이 아닌 것들을 신이라고 부르기 때문이다." 유대인의 사상의 다른 곳에서 탐욕은 심하게 비난을 받았다(Philo, *Spec. Leg.* 1:23-27에 의하여; 참조. Delling, *TDNT* 6, 270; 랍비들의 실례에 관해서는 Str-B 3, 606, 607를 보라; 그리고 쿰란 공동체의 글들 가운데서 소유에 관한 부정적 판단을 유의

하라: 1QpHab 6:1; 8:11, 12; 1QS 10:19, 11:2 등). 한 사람이 한 주인만을 섬길 수 있으므로, 그는 거짓 신들을 숭배하면서 한 분이신 참 하나님을 버린다(Lohse, 139; Schweizer, *Text*, 200에서는 적절하게 설명한다: "사람이 하나님을 잃어버렸을 때, 그는 만물에게 자비를 구한다. 왜냐하면 자신의 탐욕이 하나님의 지위를 대신 차지하기 때문이다"). 자신의 목표와 방향을 승귀하신 그리스도께서 그 중심부에 계시는 위엣것에 두는 대신, 이 사람은 아랫것을 구하고 있다. 그는 창조주가 아닌 피조물을 경배하고 섬긴다(롬 1:25). 로마서 7:7, 8에 있는 사도의 말씀은 계명이 어떻게 이 교묘한 죄악이 아주 치명적이라는 사실을 그에게 알게 했는지를 설명한다. 이것은 많은 덕망이 있어 보이는 형태를 가장할 수 있으므로 더욱 위험하다.

6 "이것들을 인하여 하나님의 진노가 임하느니라"(*δι' ἅ ἔρχεται ἡ ὀργὴ τοῦ θεοῦ* 〈*ἐπὶ τοὺς υἱοὺς τῆς ἀπειθείας*〉 – 디 하 에르케타이 헤 오르게 투 데우 〈에피 투스 휘우스 테스 아페이데이아스〉). 이것들은 남녀 인간들로 하여금 하나님의 보응의 형벌을 받게 만드는 것들이다. 악행들에 대한 여러 신약성경의 목록들은 죄에 대한 하나님의 진노를 언급하면서 말을 맺는다. 그래서 로마서 1:18-32에 있는 이방세계에 대한 큰 심문 가운데 사도는 하나님의 진노라는 맥락 속에서 악행에 대한 자신의 길다란 목록을 제시하고(18절) 이러한 일들을 행하는 사람들이 사형에 해당한다고 결론짓는다(32절). 성적 부도덕(*πορνεία* – 포르네이아, 3절)과 탐심(*πλεονεκτέω* – 플레오넥테오, 6절)과 관련된 문제들을 취급하면서 데살로니가전서 4장에서 바울은 "이 모든 일에 주께서 신원하여 주심이니라"(6절)고 진술하고 있으며, 한편으로 고린도전서 5:13에서 악행 목록의 결론부에서 하나님의 심판에 대한 기록이 다시 등장한다. 이와 유사한 모티프가 이 목록과 연결하여 고린도전서 6:9, 10과 갈라디아 5:21(참조. 엡 5:5, 6)에 나타나는데, 이번에는 하나님의 나라를 물려받지 못하는 이방인의 길에서 살고 있는 백성들에 대해서 말하고 있다. 이러한 악행을 행하는 사람들에 대한 하나님의 심판은 기독교인 회중에게 기록되었으며, 계속하여 이전의 이방인의 길로 행하는 그들에게 장차 일어날 일에 대해서 엄숙하게 상기시켜 주는 역할을 한다. 그리고 비록 명백하지는 않을지라도 간접적으로 하나의 덧붙여진 이유가 이러한 죄들을 피하도록 하기 위하여 제시되었는데, 이는 땅에 있는 지체를 죽이도록 하기 위한 것이다.

"하나님의 진노"(*ἡ ὀργὴ τοῦ θεοῦ* – 헤 오르게 투 데우)란 표현은 죄에 대한 하나님의 거룩한 진노와 그 결과로 나타나는 심판을 묘사하기 위하여 구약과 신약성경에 모두 나타난다(참조. 살전 1:10; 2:16; 특히 Stählin, *TDNT* 5, 419-47의 논문을 보라. 그는 신약성경의 구절들 가운데 나오는 오르게〈*ὀργή*〉가 하나님의 사역 혹은 진노의 심판이기는 하지만〈참조. 롬 2:5; 3:5; 12:19 등〉 하나님의 실질적인 태도 개념은 많은 신약성경 구절들 가운데서 "사랑"과 "은혜"의 경우에 가능한 것 이상으로 논의될 수 없다고 인정한다. 요약해서 말하자면, 구약처럼 신약성경은 오르게〈*ὀργή*〉를 "악에 대한 하나님의 불쾌감, 그분에게 대항하는 모든 의지에 대한 그분의 열정적인 대적 그리고 그에 대한 그분의 사법적 공격"〈Stählin, 425〉을 나타낸다). 고대 세계의 이방신들에게 돌려졌던 진노와는 달리, 이 문구와 또한 이 문구와 동일한 문구는 하나님의 형벌적 진노를 나타내거나 혹은 그분의 욕망의 격발을 나타내지 않는다(뒤모스〈*θυμός*, "열정", "진노", "분노"〉는 롬 2:8에서 하나님의 진노와 관련하여 나타나지만, 이것은 오르게〈*ὀργή*〉와 동의어로 사용된다. 때때로 그러한 단어들이 함께 모여 있는 것〈롬 2:8, 9; 참조. 계 16:19〉은 고삐가 풀려서 의롭지 못한 보응을 하는 경우를 묘사하는 역할을 하는 것이 아니라, 하나님의 진노의 실체에 대한 산산이 부숴뜨리는 인상을 강화시켜 주는 역할을 한다. 참조. Stählin, *TDNT* 5, 422). 바울 서신의 구절들 가운데 여러 구절들이 "하나님의"(〈*τοῦ*〉 *θεοῦ* – 〈투〉 데우)라는 한정 소유격이 없이 단순한 "진노"(*ὀργή* – 오르게)에 대해서 말하고 있다: 롬 2:5[2회], 8; 3:5; 4:15; 5:9; 9:22[2회]; 12:19; 13:4, 5; 엡 2:3; 살전 1:10; 2:16; 5:9; 이와 반대로 롬 1:18; 엡 5:6; 골 3:6에는 한정소유격이 나타난다). 따라서 바울 서신에서 "진노"는 하나님께서 마치 인격화된 세력인 것처럼 독립적으로 활동하시는 것으로든 아니면 하나님의 인격과 긴밀하게 연결되지 않은 하나의 보응의 원리로든 하나님과 나란히 나타나는 독자적인 실재라는 주장이 제기되어 왔다. 전자의 대안과 관련하여, 이 진노의 인격화는 진노를 보내고 그것이 닥치고 지나가는 데 대한 많은 그림 같은 인상들과 더불어 진노의 수단들을 언급했던 구약성경에 예시되었다고 주장되었다(예를 들어, 사 10:6; 26:20; 참조. 사 63:5: "내 분이 나를 붙들었음이라"; 참고서적에 관해서는 Stählin, *TDNT* 5, 414, 424를 보라). 유대주의는 이러한 노선을 더욱 발전시켜서 신약성경에 있는 이러한 "절대적" 입장은 이와 같은 발전의 연속이다. 다드(Dodd)는 이와 긴밀히 관련되어 있기는 하지만 후자의 대안에 대한 열정적 옹호자였다. 그는 바울이 주어가 되시는 하나님이 "화가 나셨다"는 동사를 사용하지 않았다고 지적하면서 진노는 "하나님의 사람에 대한 태도가 아니라…, 도덕 세상에서 피할 수 없는 원인과 결과의 과정"을 의미했다고 주장한다(C. H. Dodd, *The Epistle of Paul to the Romans*[London: Hodder, 1932] 23; 참조. G. H. C. Macgregor의 논문, "The Concept of the Wrath of God in the New Testament,"

NTS 7[1960-61] 101-109).

그러나 이러한 두 변형에 반대하여 다음 사항들이 주장되어야 할 필요가 있다. 첫째로, 위에서 언급된 참고구절들 가운데 헤오르게(ἡ ὀργή, "그 진노")와 관사가 없는 오르게(ὀργή, "진노")는 결정적으로 하나님의 거룩한 분노를 가리킨다(유도키아〈εὐδοκία, "선한 기쁨"〉처럼 델레마〈θέλημα, "뜻"〉도 선한 기쁨 혹은 하나님의 뜻이라는 자격증 없이 사용될 수 없다). 둘째로, 사람은 여러 상징적인 구절에 근거하여 하나님 자신에 대하여 진노를 구체적으로 표현할 수 없다. 구약성경과 신약성경에서 이것은 확고불변하게 하나님과 관련된다(참조. H. C. Hahn, *NIDNTT* 1, 107-13). 셋째로, 하나님의 진노가 하나님의 사랑 및 은혜와 날카롭게 대조되지 않아야 할 것이다. 그러나 진노와 사랑은 상호 배타적이지 않다. 구약에서와 마찬가지로 신약성경에서 선지자들과 사도들 안에서처럼 예수 안에서도 하나님의 은혜에 대한 선포는 그분의 진노에 대한 선포가 동반된다. 거룩하신 하나님께서는 인간들이 불의하게 행동하여 율법을 범하고, 그들의 창조주이신 자신을 경멸하거나 자신의 사랑과 은혜를 냉대할 때 한가하게 서 있지 않으신다. 그분은 지금 그리고 특별히 마지막 날에 죄를 벌하는 의로운 태도로 행동하신다. 그렇지만 하나님께서도 죄인을 사면하기도 하시며, 그분의 진노의 크심에 대해서 이해하는 사람만이 그분의 자비의 크심을 통하여 훈련 받을 것이다. 그 반대 역시 사실이다. 하나님의 자비의 크심을 경험한 사람만이 그 진노가 얼마나 클지를 이해할 수 있다(Stählin, *TDNT* 5, 425).

7 너희도 이 같은 악을 행해 왔고, 그 때문에 하나님의 진노가 너희에게 닥치고 있다. 사실상 그것들이 너희의 삶의 특징이었다. 7절과 8절에서 "그때-지금"이라는 대조는, 독자들(참조. 강조어 "그리고 너희", 7절)이 지금 얼마나 그들의 과거와는 대조적으로 행동해야 하는지를 가르침 받고 있는 것처럼 반복되고 있다(1:21, 22; 2:13을 보고, Tachau, *Einst*, 123-25를 유의하라). 앞의 두 문맥(1:21, 22; 2:13)에서 반대적 진술은 그들의 과거의 잃어버려진 상태와 지금 그들이 그리스도 안에 서 있는 위치를 묘사한 바 있다. 그러나 여기서는 "그때-지금"이라는 대조가 다소 다르게 기능을 하고 있다. 과거의 행실은 직설법으로 그 특징이 설명되었으나(페리에파테사테〈περιεπατήσατε, "너희가 행했다"〉 그리고 에제테〈ἐζῆτε, "너희가 살았다"〉, 7절), 그 다음에 사도는 그들의 현재의 위치를 묘사하기 위하여 또 다른 직설법을 사용하지 않고 그리스도 안에서 그들의 새로운 책임을 설명하기 위하여 "벗어버리라"(ἀπόθεσθε－아포데스데, 8절; 참조. 롬 6:15-23; 7:4-6; 갈 4:8-11; 엡 5:8)는 명령형을 사용하고 있다. 동시에 악행들(5, 8절)의 두 개의 목록들은 "그때-지금"이라는

도식("그 안에서", 7절의 선행사는 악행의 첫 번째 목록〈5절〉이고, 반면에 타판타〈τὰ πάντα, "모든", 8절〉는 두 번째 목록을 통해 보다 세밀하게 규정되어 있다)이 두 문장 가운데 결합되어 있는데 그것이 교차적으로 이루어져 있다(참조. Tachau, *Einst*, 124).

ἐν οἷς καὶ ὑμεῖς	*περιεπατήσατέ*
	ποτε⋯
νυνὶ δὲ ἀπόθεσθε	*καὶ ὑμεῖς τὰ πάντα*

직역:

너희도 그 안에서	그 때에는 행했다
그러나 지금은 벗어버려라	(너희도) 그것들 모두를

"너희도 전에 그 가운데 살 때에는 그 가운데서 행했으나"(*ἐν οἷς καὶ ὑμεῖς περιεπατήσατέ ποτε*−엔 호이스 카이 휘메이스 페리에파테사테 포테). 만일 바울이 전통적인 악행의 목록을 묘사하고 있었다면(위를 보라), 그는 그들이 기독교인이 되기 이전의 모습을 상기시키면서 독자들에게(*καὶ ὑμεῖς*−카이 휘메이스, "너희도") 그것들을 적용시키고 있는 것이다(Vögtle, *Lasterkataloge*, 19, Jervell, *Imago*, 235, Lohse, 140, Martin, *NCB*, 104; 엔 오이스〈*ἐν οἷς*〉는 중성〈"그것 안에서"〉인데, 만일 6절의 더 간략한 독법을 따른다면〈위의 173쪽의 설명을 보라〉 하나님의 진노가 나타나는 5절의 악행들을 지칭한다. 그러나 만일 6절의 "불순종의 아들들에게"〈*ἐπὶ τοὺς υἱοὺς τῆς ἀπειθείας*−에피 투스 휘우스 테스 아페이데이아스〉로 읽는다면 엔 오이스〈*ἐν οἷς*〉는 "그들 가운데"를 의미하는 남성이 될 것이다. 더 간략한 독법이 여러 가지 이유로 인하여 더 낫다). 골로새 사람들은 악행을 하면서(참조. 1:21) 살아왔다(바울 서신에서 자주 사용되는 비유로서 구약성경과 유대인 전승으로부터 이끌어 온 생활 방식에 대해 말하고 있는 동사 페리파테오〈*περιπατέω*〉에 관해서는 위의 1:10과 2:6을 보라). 그들의 외적 행실들은 그들이 정했던 태도와 생각과 일치했고(Caird, 205; 호테〈*ὅτε*, "그때"〉 문장이 앞의 내용을 확대하고 있다. 즉 동사 자오〈*ζάω*, "살다"〉의 미완료 시세는 고정된 태도들의 계속적인 상태로 주의를 기울이게 하며, 반면에 엔 투토이스〈*ἐν τούτοις*, "그들 안에"〉는 예상된 엔 아우토이스〈*ἐν αὐτοῖς*〉보다 더 강조적이고 비난조이다. Lightfoot, 211). 그들은 자기들의 죄로 인하여 죽었다(참조. 2:13).

8 "이제는 너희가 이 모든 것을 벗어버리라"(*νυνὶ δὲ ἀπόθεσθε καὶ ὑμεῖς τὰ*

πάντα···-뉘니 데 아포데스데 카이 휘메이스 타 판타···). 그러나 하나의 변화가 일어났으며("그때-지금"이라는 대조에 관해서는 7절을 보라; 참조. Stählin, *TDNT* 4, 1121), 그들은 이제 한 벌의 낡은 옷처럼 옛날의 혐오스러운 행실들을 벗어버려야 한다. "벗어버리다"를 의미하는 아포티데미(*ἀποτίθημι*)는 사도행전 7:58에서 의복과 관련하여 문자 그대로 사용되었고(참조. 2 Macc 8:35; Jos *Ant* 8, 266), 로마서 13:12; 에베소서 4:22, 25; 히브리서 12:1; 야고보서 1:21; 베드로전서 2:1에서는 상징적이고 윤리적인 의미로 사용되었다. 하나의 의복으로서 행위나 성품을 나타내는 의미에 관해서는 욥기 29:14; 시편 35:26; 109:29; 132:9; 이사야 11:5; 59:17; 61:10; 로마서 13:12, 14; 데살로니가전서 5:8을 보라. 이 개념은 (지상의) 낡은 부분을 잘라 버리고 (천상의) 새로운 것을 입는 것으로 확대된다(고전 15:53, 54; 고후 5:2-4; 참조. Bruce, 271). 골로새서 3장에서 9절까지에는 옛 사람을 벗어버림에 관해서 특별한 언급이 나타나 있지 않으나, 8절의 벗어버리는 대상은 모든 것(*τὰ πάντα*-타 판타)이며 모든 죄악된 성품을 가리키는 것으로 이해하는 것이 가장 낫다(참조. Kamlah, *Form*, 183, and Lohse, 140; 히 12:1; 약 1:21; 벧전 2:1에서 같은 동사 "벗다"가 "모든"과 연결되어 있다). 독자들(카이 휘메이스〈*καὶ ὑμεῖς*〉는 그들이 과거에 어떤 사람들이었는지와 대조되면서 강조되고 있다)은 옛 사람과 관련된 모든 것을 벗어버려야 한다.

"분('분'과 '노')과 악의와 훼방과 너희 입의 부끄러운 말이라"(*ὀργήν, θυμόν, κακίαν, βλασφημίαν, αἰσχρολογίαν ἐκ τοῦ στόματος ὑμῶν*-오르겐, 뒤몬, 카키안, 블라스페미안, 아이스크롤로기안 에크 투 스토마토스 휘몬). 이 "모든"(*τὰ πάντα*-타 판타)의 내용은 5중적인 악행 목록 가운데 설명되어 있다(이것은 많은 사람들이 주장하는 바와 같이 전통적인 자료로부터 취해 온 것일 수도 있으나 소개된 구체적인 상황과 전적으로 부합했다. 참조. Moule, *RevExp* 70[1973] 488). "모든"은 각기 뒤따라오는 다섯 개의 악행 목록을 내다보고 있으며(Moule, 118, 그렇지만 그의 다음 논문을 참조하라. *RevExp* 70[1973] 488; Zeilinger, *Der Erstgeborene*, 64, and Lohse, 140, 5절에서 방금 언급된 모든 악행을 되돌아보면서 그것들에 다른 죄들을 덧붙이는 것은 아니다[참조. Lightfoot, 212, Williams, 128, Meyer, 429]). 벗어버려야 할 죄들은 분, 노, 악의 및 이것들을 동반하는 언어, 훼방, 불결한 말이다. (Caird 〈205〉와 같은 주석가들은 "너희 입의"라는 문구를 다섯 개의 악행들의 마지막 명사와 함께 난폭한 언어가 아닌 "벗어버리다"라는 동사에 속하는 것으로 생각한다. 그러나 이러한 의견에는 난점이 있다. 첫째로, "진노(분)", "격정(노)" 그리고 "악의"

는 혀로 짓는 죄에 한정되어야 한다. 참조. Williams, 128; 그리고 둘째로, "너희 입의"란 표현은 "벗어버리다"란 동사와 거리가 멀다.)

오르게(ὀργή, "분")와 뒤모스(θυμός, "노")는 함께 서로 붙어다니는 단어이지만 스토아 사상가들은 이것들을 둘로 구별하여 하나는 증오가 다소 고정된 감정을 나타내고, 다른 하나는 흥분된 격정의 폭발을 나타낸다고 하는데(참고서적들에 관해서는 Lightfoot, 212를 보라), 이 두 단어 사이에는 거의 차이가 없는 것으로 보인다: 성질의 폭발을 나타내는 이 단어들은 인간관계의 조화를 파괴시키며(참조. Büchsel, *TDNT* 3, 168; Moule, 118), 둘 다 벗어 던져 버려야 하는 것들이다(참조. 엡 4:31). (신약성경에 있는 인간의 분노에 대한 전적인 부정적 판단에 관해서는 Stählin, *TDNT* 5, 420, 421를 보라; 엡 4:26에 있는 예외적 표현을 보라. "분을 내어도 죄를 짓지 말며".) 분노의 격발(복수형은 뒤모이〈θυμοί〉)은 "육체의 일"에 속하며(갈 5:19, 20) 그리스도의 사람들 가운데서는 발견되어서는 안 된다(고후 12:20).

이것들과 함께 "악의"(κακία – 카키아)도 벗어 던져야 하는데, 왜냐하면 이것은 관계를 파괴하는 악한 의도이기 때문이다. 이 단어는 "고통"(도덕적인 의미가 없음, 마 6:34)으로부터 시작하여 "악"에 대한 명백히 비난받을 만한 태도에 이르기까지 광범위한 단어다(참조. BAG, 397, Grundmann, *TDNT* 3, 482-84). 이것은 마술사 시몬을 붙잡고 있었던 욕망(행 8:22)과 같은 단순한 죄를 나타낼 수도 있고 혹은 보다 일반적으로 사람들이 서로간에 행하는 악에 대해서도 사용된다. 마틴은 이것을 말로 짓는 죄들 가운데 하나라고 결론짓고 있으나(*NCB*, 104, 105; 그는 고전 5:8; 14:20; 롬 1:29; 엡 4:31에서 이것이 악한 말을 함으로써 인간 사회에 주는 파괴를 나타낸다고 주장한다), 이 단어는 여기서 "악의" 즉 "비방"과 "독설"과 같은 악한 말을 통하여 표현된 것으로서 이웃을 해치려는 고의적인 의도로 보는 것이 바람직하다.

"훼방"(βλασφημία – 블라스페미아, "비방", "명예 훼손", "신성 모독", BAG, 143; 참조. Beyer, *TDNT* 1, 621-25)은 성경 헬라어에서 가장 자주 "신성 모독 죄"로 언급되었는데 공격의 대상이 인간이었을 때도 이 단어는 주로 하나님의 대리자로서의 의미로 사용되었다(왕하 6:22; 19:4; 사 52:5; 겔 35:12, 13; 마카비2서 8:4; 9:28; 10:4, 34; 참조. Moule, 118; Währisch/Brown, *NIDNTT* 3, 341, 342). 신약성경 시대에 "신성 모독 죄"는 하나님을 향한 것이었고(계 13:6; 16:11, 21), 하나님의 이름에 대한 훼방이기도 했으며(롬 2:24; 딤전 6:1; 계 16:9), 따라서 율법에 있는 계시의 수납자에 대한 것이기도 했다(행 6:11; Beyer, *TDNT* 1, 622, 623). 성경 밖의 헬라어에서 이 단어는 자주 "욕설" 혹은 "비방"을 의미했으며, 또한 아마도 하나님을 향한 신성 모독의 말이라기보다는 윤리적 목록에 있는 인품에 대한 비방의 의미를 가지고 있는 것으로 보인다(다른 한편 Martin, *NCB*, 105, Lohse, 140, Schweizer, 145; Beyer, *TDNT* 1, 624를 포함한 최근의 매우 많은 주석가들은 하나님을 향한 신성 모독의 개념이 분명하게 언급되어 있지는 않을지라도 이 범죄의 목록에 두드러지게 포함되어 있다고 주장한다: 막 7:22; 막 15:19; 엡 4:31; 골 3:8; 딤전 6:4; 딤후 3:2; 이런 일은 그리스도인들이 박해를 당하고 있을 때나 혹은 조소하는 비기독교인들의 무리 가운데 있을 때 일어날 수 있었던 것으로 보인다). 따라서 이것은 거짓말이나 험담을 통한 형태의 인간에 대한 비방을 포함한다. 그리스도인은 "아무도 비방하지 말라"는 명령을 받았다(딛 3:2).

다섯 개의 악행들 가운데 마지막 것으로서 이전의 목록에 들어 있는 마지막 악행("탐심", 5절)과 같은 "부끄러운 말"(*αἰσχρολογία* – 아이스크롤로기아)은 "너희 입의"라는 부가적인 문구에 의하여 특별히 강조되고 있다(참조. Zeilinger, *Der Erstgeborene*, 44; 몇몇 주석가들은 이 문구를 "비방"과 "부끄러운 말" 모두에 적용되는 것으로 취급한다. 예를 들어 Abbot, 283; 다른 사람들은 우리가 위에서 살펴본 바와 같이 이 문구를 "벗어버리다"란 동사와 연결시킨다). 아이스크롤로기아(*αἰσχρολογία*)는 신약성경에서는 이 곳에만 나타나지만, 성경 밖에서는 불쾌한 말 혹은 비방하는 말의 개념을 포함하고 있다(Lightfoot, 212에서는 "불결한 말"과 "악한 말"에 대한 두 개념이 여기에 포함되어 있는 것으로 생각한다; 참조. BAG, 25). 그러나 언어는 우리 입에서 나오기 이전에 차단되어야 한다.

9 너희는 거짓말이 마치 행하기에 자연스러운 일인 것처럼 서로간에 거짓말을 해 오곤 했다. 더 이상 거짓말을 하지 말라(이것은 아마도 현재 이 본문에 나타난 말의 의미일 것이다. Bruce, 272, 그러나 Moule, *Idiom Book*, 20, 21를 참조하라). "너희가 서로 거짓말을 말라"(*μὴ ψεύδεσθε εἰς ἀλλήλους* – 메 프슈데스데 에이스 알렐루스)는 일련의 명령을 잇고 있으며, "비방"과 "부끄러운 말"이라는 앞의 개념과 아주 자연스럽게 연결되어 있다. 마틴(Martin, *NCB*, 105)이 바르게 지적한 바와 같이 이 금지 명령은 점강법적 표현으로 온 것이 아니다. "무가치한 약속과 맹세의 사회적 결과는 엄청나다." "서로"(*εἰς ἀλλήλους* – 에이스 알렐루스)라는 표현은 이 권면이 기독교인 공동체 내에서 관련된 신자들에 대한 특별한 언급임을 보여 준다. 물론 이것은 결코 기독교인들이 진리 문제를 교회 밖의 사람들에게 말할 때 덜 진지하게 말할 수 있다는 사실을 의미하지는 않는다. 사도는 단순히 기독교인들이 자기들의 동료 신자들을 정규적으로 만날 때 "진실, 온전한 진실, 오직 진실만을" 말해야 한다

는 사실을 주장하고 있다.

이러한 악한 길을 버려야 하는 이중적 이유가 여기에 제시되어 있다. (1) 너희가 그 행위와 함께 옛 사람을 벗어버렸다. (2) 너희가 새 사람을 입었다(10절). 많은 주석가들은 이 두 개의 부정과거 분사 아페크뒤사메노이(*ἀπεκδυσάμενοι*, "벗어버리고", 9절)와 엔뒤사메노이(*ἐνδυσάμενοι*, "입었으니", 10절)가 명령의 의미로 이해되어야 하며, 그리하여 결국 바울이 "거짓말을 말라"는 지시로 시작된 호소를 계속해 나가고 있다고 생각한다. 따라서 독자들은 옛 성품을 그 행위와 함께 벗어버리고 그 대신 새 사람을 입으라고 권면을 받고 있다는 것이다. 문법적으로 이러한 해석은 가능하며(참조. Merk, *Handeln*, 205), 명령을 위하여 분사형을 사용하는 것이 헬라 사상의 발전(Moulton, *Grammar* 1, 180-83)에서 사실이었고 신약성경에도 그 예가 있다(롬 12:9). 한편, 이러한 현상의 실례는 랍비들의 용례 가운데도 통상적으로 들어 있었다(D. Daube가 이러한 사실을 밝혀냈다. 참조. "Participle and Imperative in 1 Peter," in E. G. Selwyn, *The First Epistle of St Peter*[London: Macmillan, 1947] 467-88; 또한 E. Lohse, "Paränese und Kerygma im 1. Petrusbrief," *ZNW* 45[1954] 75, 76, 그리고 그의 주석, 141를 보라). 그러나 이 두 동사를 독자들이 이미 악한 길을 버리는 근거로서 옛 성품을 벗어버리고 새 성품을 입은 과거의 사건을 묘사하고 있는 진짜 분사들로 취급하는 대안이 더 나은데, 그 이유는 이 대안이 골로새서의 다른 부분에 있는 바울의 가르침과 더 잘 어울리기 때문이다(엡 4:22-24에 있는 같은 단락은 그 곳에서 지적된 점이 분사가 아닌 부정사를 사용하면서 다소 다르기는 하지만 명령형으로서의 번역임을 지지한다). 골로새서의 권고 단락에서 사도는 골로새 교인들이 그리스도 안에서 연합되었을 때 독자들에게 이미 일어났던 내용 가운데서 자신의 권면의 근거를 놓고 있다(2:6, 7과 2:16-3:4; Jervell, *Imago*, 236에서는 이 점을 강력하게 논증하고 있다; 참조. Abbott, 283; Masson, 143; Larsson, *Christus*, 198; Maurer, *TDNT* 6, 644; Merk, *Handeln*, 205; Martin, *NCB*, 106). 바울은 독자들의 삶이 변화된 사건을 자주 되돌아보면서 언급한다. 그는 부정과거 분사 혹은 부정과거 직설법을 통하여 그렇게 하고 있다(1:6, 7, 13, 22; 2:6, 7, 11 15, 20; 3:1, 3). 그러므로 9절과 10절의 분사형들은 독자들이 그리스도의 죽으심 가운데서 세례를 받았고 또한 새 사람으로 옷 입었음을 가리키는 유사한 방법으로 여기는 것이 자연스럽다. 그렇다면 그리스도(혹은 하나님)의 은혜를 옷 입으라는 권면을 하는 12절은 그들이 새 사람을 입었다는 사실에 근거하고 있다.

옷을 입음과 벗음이라는 그림은 고대 세계에서 널리 퍼져 있었으며 입회 행동과 관련해서는 신비 종교 가운데서 사용되었다. 옷 입음은 그 입회를 성별시켜 주었으며, 그리하여 그는 세상의 권세들로 채워지고 신의 생명에 참여했다. 영지주의 본문들 가운데서 옷 입음은 구속의 결과로 완전해지는 그 구속이 왔다는 사실을 가리킨다(Käsemann; Lohse, 141에 언급됨). 그러나 "옛 사람을 벗어버림"과 "새 사람을 입음"이라는 표현의 배경은 영지주의나 신비 종교가 아니다. 옷 입음이라는 비유는 히브리어 문서와 헬라어 문서에서는 통상적이었지만, 사람이 목적어가 되지는 않았다. [Apuleius in his *Metamorphoses* XI, 23f.에서 묘사하고 Lohse, 141에서 인용한 이시스(Isis) 신비 종교로의 입회 배경에 반대하여 세 개의 대상이 나타났다. (a) 인용된 그 어느 평행적 표현도 기독교 이전의 것이 아니다. (b) 대부분의 평행적 표현들은 다른 개념 영역에 속한다. (c) 문자 그대로의 평행적 표현, 즉 하나의 "사람"을 입거나 벗는다는 표현은 아직 발견된 바 없다]. 구약성경에서 도덕적 · 종교적 기질로 옷을 입는다는 개념이 발견되는데, 예를 들어 힘(사 51:9; 52:1), 의(시 132:9; 욥 29:14), 위엄(시 93:1), 존귀와 권위(시 104:1; 욥 40:10), 구원(대하 6:41). 참조. 욕(시 109:29), 저주(시 109:18). 반면에 랍비 문서는 영적 · 윤리적 기질을 가진 옷 입음을 언급하는데, 예를 들어 겸손과 경외를 가지고 토라를 입음을 말하고 있으며('*Abot*; 6:1; 또 다른 참고서적들을 위해서는 Str-B 2, 301를 참조하라), 이것은 골로새서 3:12과 3:8과 유사하다(논의에 관해서는 P. W. van der Horst, "Observations on a Pauline Expression," *NTS* 19[1972 73] 181-87를 보라.)

그러므로 바울의 이러한 표현은 문자 그대로 일치하는 본문이 없다. 또한 "옛 사람"(*τὸν παλαιὸν ἄνθρωπον*-톤 팔라이온 안드로폰)이라는 문구와 "새 (사람)"(*τὸν νέον*-톤 네온)이라는 문구는 단순히 한 개인의 상태(예를 들어, 한 사람의 나이, 나쁜 성격 그리고 새로운, 그리스도인의 성격)를 묘사하는 것이 아니라 존재의 구 질서와 새 질서를 나타내는 공동의 관계를 담고 있다(Moule, 119, 120; 참조. Tannehill, *Dying*, 25, 50-54; Martin, *NCB*, 107; Jervell, *Imago*, 240에서는 "이 독특한 개념과 평행이 되는 그 어떤 문구도 비기독교 문서에서 발견되지 않았다"고 진술한다 〈그의 자세한 연구 내용에 관해서는 240-48를 참조하라〉. 영지주의 문서에도 유대교 문서에도 옛 사람과 새 사람 간의 대조에 관한 사상이 없다-아래를 보라). 여기서 로마서 6:6과 에베소서 4:22에 있는 것과 같은 "옛 사람"은 사람이 죄의 지배를 받았을 때 그 사람의 전 인격을 지칭한다. 동시에 그것은 아담 안에서 그가 옛 인간성에 속했음을 뜻한다(참조. Larsson, *Christus*, 197, and Zeilinger, *Der Erstgeborene*, 197). 9절은 벗어버려야 하는 "행실을 가지고 있는"(*σὺν ταῖς πράξεσιν αὐτοῦ*-쉰

타이스 프락세신 아우투) 옛 사람에 대해서 말한다. 이 행실들(프락시스〈πρᾶξις〉에 관해서는 BAG, 697, 698; Maurer, *TDNT* 6, 642-44를 보라)은 분명히 5절과 8절에 있는 두 악행의 목록을 포함한다. 옛 사람과 이러한 악행들 간의 결합이 5절에서 또 다른 방식으로 표현되었는데, 그 곳에서 악행들의 목록은 "땅의 지체들"(*τὰ μέλη τὰ ἐπὶ τῆς γῆς* – 타 멜레 타 에피 테스 게스; 참조. Tannehill, *Dying*, 50)과 동격으로 되어 있다. 음란, 탐심 그리고 그와 같은 것들은 옛 사람의 지체들이다(12절의 덕목들이 새 사람의 "지체들"로 적절하게 묘사될 수 있는 것과 같다). 옛 사람과 그 행위가 그리스도의 죽음 안에서 벗겨진 것처럼, 독자들은 거짓된 말이나 다른 어떤 역겨운 행실을 다름 사람에게 심어 주어서는 안 된다.

10 "(그리고) 새 사람을 입었으니"(*καὶ ἐνδυσάμενοι τὸν νέον* – 카이 엔뒤사메노이 톤 네온). 새 사람이 옛 사람 대신 입혀졌다. 헬라어 형용사 네오스(*νέος*, "새"; 참조. BAG, 535, 536; Behm, *TDNT* 4, 896-901)는 팔라이오스(*παλαιός*, "옛")와 대조되어 있고, 카이노스(*καινός*, "새")와 같은 의미를 가지고 있다(참조. BAG, 394; Behm, *TDNT* 3, 447-54; 고전 주석학자들〈특히 R. C. Trench, *Synonyms of the New Testament*, Grand Rapids: Eerdmans, 1969=1880, 219-25〉은 네오스〈*νέος*〉를 일차적으로 "젊은"을 의미하는 시간을 나타내는 형용사로 보고, 반면에 카이노스〈*καινός*〉를 질적 개념을 가진 것으로 보았다. 즉 "새" 것인 이것이 옛 것을 실질적으로 보충하고 질적인 방법으로 옛 것에 의문을 제기한다는 것이다. 그러나 이러한 구별은 성립되기가 어렵다: 이 두 단어는 시간의 의미와 함께 질적인 의미를 모두 함축할 수 있다. 여기서 톤 네온〈*τὸν νέον*, 다음에 카이노스〈*καινός*〉의 복합어 – *τὸν ἀνκαινούμενον*, "새로워지는 것" – 가 뒤따라 나오며 단순하게 스타일상의 다양성을 위하여 선택했을 수 있다. 엡 4:23, 24의 평행 본문에서는 그와 반대로 동사가 네오스〈*νέος*〉를 보유하고 있으며, 형용사는 카이노스〈*καινός*〉다; 참조. R. A. Harrisville, "The Concept of Newness in the New Testament," *JBL* 74[1955] 69-79; Larsson, *Christus*, 200; Moule, 119).

또 다른 기독교인 그룹에게 바울 사도는 다음과 같이 말한다. "누구든지 그리스도와 합하여 세례를 받은 자는 그리스도로 옷 입었느니라"(갈 3:27; 롬 13:14의 동일한 명령 "주 예수 그리스도로 옷 입고"를 유의하라). 여기서 "새 사람"은 그 반대 개념을 가진 "옛 사람"처럼 이중적 의미를 가지고 있는데 곧 단수와 단체의 의미다. 한편, 이 단어는 개인을 언급하면서 골로새인들이 이미 입었고 또한 창조주의 형상을 따라 계속해서 새로워지고 있었던 새로운 성품을 지칭하고 있다(현재 분사 아나

카이누메논〈*ἀνακαινούμενον*〉은 하나의 계속되는 과정을 의미한다. 참조. 롬 12:2). 새 사람의 새로워짐에 관한 요점은 날마다 새로워짐(*ἀνακαινοῦνται* – 아나카이눈타이)이기도 한 고린도후서 4:16의 "속사람"(*ὁ ἔσω ἄνθρωπος* – 호 에소 안드로포스)에 관해서 바울이 하고 있는 내용과 비교되어야 할 것이다. 에베소서 3:16에 따르면, 유사한 과정을 통하여 편지를 받는 사람들은 하나님의 성령에 의하여 "속사람을 위하여"(*εἰς τὸν ἔσω ἄνθρωπον* – 에이스 톤 에소 안드로폰, 참조. 롬 7:22) 능력으로 강력하게 무장한다. 다른 한편, "새 사람"이라는 표현은 그리스도 안에서 새로운 인간성을 지칭하는 단체적인 언급이다. "옛 사람"이 그들이 이전에 "아담 안에" 있었던 내용인 것처럼, 새 사람도 그들이 지금 그리스도 안에 있는 내용 즉 새 인간의 구현이다. 인종적, 종교적, 문화적 그리고 사회적 장벽의 폐기에 관한 진술을 하고 있는 11절은 이 단체적인 면을 강조한다(참조. Schnackenburg, *Schriften*, 392-411; 그리고 이러한 단체적인 강조의 면에서 강력하게 말하고 있는 진술에 관해서는 Robinson, *Body*, 58-67; Tannehill, *Dying*, 25를 보라). 새로워짐은 단순히 성품의 개인적인 변화만을 가리키지 않고 창조주의 형상 안에서 인간성의 단체적인 재창조도 가리킨다. 그리스도는 골로새 교인들이 입은 "새 사람"이시다. 그분은 제2아담이시요 새 창조의 머리이시다(참조. 고후 5:17; 갈 6:15).

"이는 자기를 창조하신 자의 형상을 좇아 지식에까지 새롭게 하심을 받는 자니라"(*τὸν ἀνακαινούμενον εἰς ἐπίγνωσιν κατ' εἰκόνα τοῦ κτίσαντος αὐτόν* – 톤 아나카이누메논 에이스 에피그노신 카트 에이코나 투 크티산토스 아우톤). 문법적으로 전치사구 "창조하신 자의 형상을 좇아"(*κατ' εἰκόνα τοῦ κτίσαντος αὐτόν* – 카트 에이코나 투 크티산토스 아우톤)는 "새롭게 하심을 받는"(*τὸν ἀνακαινούμενον* – 톤 아나카이누메논)을 수식하는 것으로 보는 것이 가장 좋을 것으로 보인다(참조. Larsson, *Christus*, 198; 이것은 "지식"〈*ἐπίγνωσιν* – 에피그노신〉에 붙어 있는 것이 더 나을 것이다: 이에 대한 논의와 다른 대안에 관해서는 Jervell, *Imago*, 248, 249, 그리고 Merk, *Handeln*, 205를 보라). 결국 창조하신 자의 형상은 새 사람의 새로워짐의 모델 혹은 원형으로서의 역할을 한다. 즉 독자들이 참된 지식 안에서 점차 증가해 나가는 새로워짐의 모델이다(엡 4:24은 새 사람의 창조에 관해서 말하고 있고, 골 3:10에서처럼 지속적인 새로워짐에 대해서는 말하고 있지 않다).

"창조하신 자의 형상을 좇아"(*κατ' εἰκόνα τοῦ κτίσαντος αὐτόν* – 카트 에이코나 투 크티산토스 아우톤). 이 문구는 하나의 명백한 성서의 인용구는 아니지만 창세기 1:27에 대한 암시임에 틀림없는데, 거기서 첫 아담은 "자기 형상으로"(*κατ' εἰκόνα* θεοῦ – 카트 에이코나 데우) 하나님에 의하여 창조된 것으로 기록되어 있다. 그러나 첫째 아담은 이제 신자들이 새 사람을 입어야 하는 내버려진 "옛 사람"으로 간주된다. 크리소스톰과 다른 현대 저술가들이 투 크티산토스(τοῦ κτίσαντος)를 창조주로서의 그리스도를 지칭하는 것으로 보았을지라도 사실은 하나님에 대한 묘사다(참조. 엡 4:24; 여기서 새 사람이 "하나님을 따라"⟨κατὰ θεόν – 카타 데온⟩ 혹은 RSV가 번역한 바와 같이 "하나님의 모습을 따라" 창조되었다고 진술되었다. 바울 서신과 신약의 나머지 부분에서 하나님은 "창조하다"⟨κτίζω – 크티조⟩의 주어이시다: 롬 1:25; 엡 3:9; 참조. 고전 11:9; 엡 2:10; 4:24; 딤전 4:3; 마 19:4; 막 13:19; 벧전 4:19; 계 4:11; 10:6. 반면에 우리가 이미 살펴본 바와 같이 골 1:16에서는 하나님께서 수동 동사 "창조되었다"⟨ἐκτίσθη – 엑티스데와 ἔκτισται – 엑티스타이⟩의 논리적 주어이시다. 참조. Moule, 120, Jervell, *Imago*, 249, 250, G. Delling, "Partizipiale Gottesprädikationen in den Briefen des Neuen Testaments," *ST* 17[1963] 25, Merk, *Handeln*, 207, Lohse, 143, Martin, *NCB*, 107). 그러나 그리스도께서 하나님의 "형상"(εἰκών – 아이콘)으로 찬양 받으시는 찬양 단락에 비추어 그리고 다른 곳에 있는 바울의 기독론적 가르침(롬 8:29; 고전 15:49; 고후 4:4; 빌 2:6)에 비추어 새 사람이 "하나님의 형상을 따라" 새로워져 가는 것으로(1:15; 42-44쪽을 보라) 말하는 것은 하나님의 인간 창조가 하나님의 절대적인 모습이신 "그리스도의 모양으로"(in the pattern of Christ)라는 사실을 의미한다(Moule, 120). 이것은 그리스도인이 그리스도의 형상으로 변화된다고 말하고 있는 바울의 다른 곳에서의 진술과 다른 것이 아니다(롬 8:29; 고전 15:49; 고후 3:18; 빌 3:21). 왜냐하면 전자는 구속받은 자가 "새 사람" 혹은 "새 피조물"(καινὴ κτίσις – 카이네 크티시스)이 되었다는 사실 곧 아담이 잃어버린 하나님의 형상이 회복된 사람이 되었다는 사실을 분명히 하고 있고, 후자는 이 하나님의 형상의 회복이 다름아닌 그리스도의 형상으로의 변화라는 사실을 밝히고 있기 때문이다(Kim, *Paul's Gospel*, 406, 참조. 295, 296). "그를 창조하신 그"(아우톤⟨αὐτόν⟩은 "새 사람"을 가리킨다)라는 표현은 그리스도께서 신자들이 입은 새 사람이기는 하지만 그분이 피조된 존재라는 사실을 의미하지는 않는다: "피조된 새 사람은 각각의 신자들이 생명의 원천이 그리스도이신 새로운 피조물의 한 구성원으로 거듭날 때 되어지는 새로운 인격이다"(Bruce, 273; 참조. Larsson, *Christus*, 209).

"지식에까지"(εἰς ἐπίγνωσιν – 에이스 에피그노신; 직역하면 "지식 안에서")는 여기서 빌립보서 1:9에서처럼 절대적 의미로 나타난다: "너희 사랑을 지식과 모든 총명으로 점점 더 풍성하게 하사." 새 사람의 새로워짐은 하나님의 뜻과 명령을 인식하는 능력에 있어서(참조. Col 1:9; Lohse, 143를 보라) 옛 사람이 소유하지 못했던 독자들의 점진적인 증가를 염두에 두고 있다(참조. von Soden, 61). 이러한 진정한 지식은 창조자의 뜻과 일치하는 행실로 인도한다.

11 이 새로운 인간(장소를 나타내는 불변화사 호푸〈*ὅπου*〉는 여기서 전에="새 사람의 영역 가운데서", 무슨 일이 일어났는지의 상황 혹은 전제를 나타내기 위하여 상징적으로 사용되었다. Dibelius-Greeven, 42) 내에서 사람을 다른 사람으로부터 나누었던 장벽들—즉 인종, 종교, 문화적 사회적 장벽—이 제거되었다(Lightfoot, 214에서는 우크 에니〈*οὐκ ἔνι*〉가 다음과 같은 의미를 가지고 있다고 주장한다: "구별이 존재하지 않을 뿐만 아니라 존재할 수도 없다." 참조. Martin, *NCB*, 108; 반대 의견에 관해서는 Abbott, 285를 보라). 그 신학적 이유는 "모든 사람이 유대인이나 헬라인이나 종이나 자유자나(고전 12:13) 한 몸으로 세례를 받았다"는 것이다. 바울 서신의 다른 곳에 인류 가족에 대해 그와 유사한 분류가 되고 있다. 예를 들어, 갈라디아서 3:28에서 바울은 그리스도에게로 세례를 받은 자와 그리스도로 옷 입은 자들에게는 "유대인이나 헬라인이나 종이나 자주자나 남자나 여자 없이 다 그리스도 예수 안에서 하나이니라"고 말한다(참조. 롬 1:14). 여기서 골로새 교인들의 필요에 따라 갈라디아서의 가르침이 반복되고 확대되었음에 틀림없다(Lightfoot, 214, 215, Jervell, *Imago*, 251, 그리고 Martin, *NCB*, 108. 이에 반대하여 Lohse, 143에서는 이 구절을 전통적인 구절로 여긴다. Bruce, 275에서는 갈 3:28에 있는 대조는 하나님께서 자신을 이방인, 종 혹은 여인으로 만들지 않으셨다는 사실을 하나님께 감사하면서 매일 아침 한 경건한 유대인이 상기하고 있는 세 가지 특권을 뒤집어 엎으려는 입장을 가지고 선택된 것이라고 주장한다). 더 나아가서 여기에 언급된 사회적 구분 목록은 기독교 신앙이 극복해야 했던 일종의 마찰에 빛을 던져 준다(Moule, 121).

"헬라인과 유대인이나 할례당과 무할례당이나"(*Ἕλλην καὶ Ἰουδαῖος, περιτομὴ καὶ ἀκροβυστία*—헬렌 카이 유다이오스, 페리토메 카이 아크로뷔스티아). 인류 전체를 묘사하기 위하여 헬라인들과 유대인들이 가장 먼저 언급되었다(참조. 고전 1:24; 10:32; 12:13; 갈 3:28; 헬라인들은 이방인들을 뚜렷하게 대표하는 자들로 언급되어 있다; 바울 서신에 나오는 "유대인"에 관해서는 Gutbrod, *TDNT* 3, 380-82를 보고, "헬라인"에 관해서는 Windisch, *TDNT* 2, 512-16를 보라). 유대인들은 구원사에서 그들이 가진 특권의 표시로서 주로 맨 앞에 나타난다. 이 곳에 나오는 순서는 거꾸로 되어 있는데, 이는 아마도 독자들의 대다수가 이방 기독교인들이었기 때문일 것이다(참조. 1:21, 22; 2:13). 그리스도 안에서 유대인과 이방인 간의 옛 구별은 제거되었는데, 이것은 복음의 현저한 성취다. 그러므로 "할례"(Meyer, *TDNT* 6, 82, 83; Hahn, *NIDNTT* 1, 307-12)와 "무할례"(Schmidt, *TDNT* 1, 225, 226)가 그 의미를 잃어버렸다. 중요한 것은 "새 피조물"(*καινὴ κτίσις*-카이네 크티시스, 갈 6:15)이다(갈라디아서와 골로새서에서 바울이 계산에 넣고 있었던 그 가르침의 유대인의 흔적에 비추어 유대인과 이방인 간의 구별의 폐지를 강조하는 것이 그에게는 필요했다, Bruce, 275).

"야인이나 스구디아인이나"(*βάρβαρος, Σκύθης*-바르바로스, 스퀴데스). 용어들의 목록이 다소 겹치고 있다. "야만인"(Windisch, *TDNT* 1, 546-53)과 "스구디아인"(Michel, *TDNT* 7, 447-50)은 "헬라인"과 "유대인" 혹은 "종"과 "자유인"처럼 대조되어 있지 않다. 이들은 헬라인들이 문화적인 의미에서 사용되었을 때 그 헬라인과 대조되어 있다. "야만인"(참조. 롬 1:14; 고전 14:11; 행 28:2, 4)은 헬라어를 사용하지 않았던 비헬라계 사람들이었다(헬라인 자신들은 인류를 두 부류로 나누었는데, 곧 헬라인과 야만인으로 나누었다). 그러나 바울의 사도로서의 사역은 그들 모두를 향한 것이었다(롬 1:14, *Ἕλλησίν τε καὶ βαρβάροις*-헬레신 테 카이 바르바로이스, "헬라인이나 야만…에게 다 내가 빚진 자라"). 스구디아인은 역시 노예였던 것으로 보이는 야만인들로서 가장 낮은 계층의 사람들이었다. 이 단어는 비참한 노예 계층의 사람들을 이끌어 왔던 흑해 연안의 부족들에게 적용되었다(Lightfoot, 216, 참조. BAG, 758; Michel, *TDNT* 7, 449, 450에서는 스구디아인이 골로새에서 어떤 지위를 차지하고 있었기 때문에 이들이 야만인들과 구별되어 언급되었을 가능성이 있다고 생각한다. 그러나 이에 대한 반론에 관해서는 Lohse, 144를 보라). 요세푸스(Josephus, *Ap* 2, 269)는 다음과 같이 말했다. "그들은 야생 짐승들과 거의 다름이 없었다"(그들은 거친 생활 방식과 언어 때문에 때때로 헬라의 희극에서 우스개의 인물이었다. 참조. Bruce, 276). 그러나 복음은 이러한 문화적 장벽들을 무너뜨렸고, 스구디아인이 다른 사람들에게 끼쳤던 부자연스러운 문화적 관습을 초월하도록 만들어 주었다.

"종이나 자유인"(*δοῦλος, ἐλεύθερος*-둘로스, 엘류데로스). "새 사람의 영역에서"와 같이(Dibelius-Greeven, 42) 사회적 지위의 구별은 부적절하다. 고대 세계에서 노예는 합법적으로 말하자면 하나의 인간이 아니라 소유의 일부요 아리스토텔레스에 의하면 "살아 있는 연장"이었다(오네시모에 대한 바울의 취급에 관해서는 아랫부분을 보라). 그러나 그리스도인 공동체에서 종은 자유자와 함께 그들을 위하여 그리스도께서 죽으신 형제였다. 사도는 모든 인간의 본래적 질을 말하고 있지 않으며, 모든 인간을 묶어 주고 있는 도덕성에 관해서 말하고 있지도 않다. 갈라디아서 3:28에서 그는 그리스도 안에서 "남자와 여자가 없다"고 말할 때 남자와 여자의 특별한 기능이나 수용성이 제거되었다는 의미로 말하고 있지 않은데, 그 이유는 그들이 헬라인과 유대인, 종과 자유인들처럼 계속해서 그 단어가 그들에게 부여하는 바와 같은 다양한 역할을 하면서 살아가고 있기 때문이다(Bouttier, *NTS* 23[1976-77] 1-19를 보라). 그러나 그리스도 안에서는 한 남성(여성)이 여성(남성)에게 종속되어 있지 않고, 또한 한 계층이 다른 계층에 종속되어 있지 않다. 지극히 다양한 근본을 가진 남자와 여자들은 그들의 주님과의 공통된 연합을 통하여 그리스도 안에서 통일체를 이룬다. 그들 사이에 영적 신분의 차이는 없다.

"오직 그리스도는 만유시요 만유 안에 계시니라"(*ἀλλὰ* 〈*τὰ*〉 *πάντα καὶ ἐν πᾶσιν Χριστός*–알라 〈타〉 판타 카이 엔 파신 크리스토스). 결론적인 최종적 말 "그리스도는 만유시요 만유 안에 계시니라"는 세상에서 백성들을 분리하는 구별과 그리스도의 중심성을 대조시키고 있다. 이와 유사한 표현이 고린도전서 15:28("하나님이 만유의 주로서 만유 안에 계시려 하심이라")과 에베소서 1:23("만물 안에서 만물을 충만케 하시는 자")에서 발견되는데, 이 두 곳 중에 전자에서 최소한 그리고 아마도 후자에서도 하나님 자신과 우주의 관계가 나타나 있다. 그러나 여기서 이 문구는 그리스도에게 적용된다. 카이(*καί*, "그리고")는 이 문구의 상·하반부가 모두 중요하다는 사실을 시사한다(엡 4:6을 보라). 상반부는 그리스도께서 "완전히 만유(모든 것)이시다"(Moule, 121, 122를 보라) 혹은 "그 물체 모두(all that matters)이시다"는 사실을 강조하여 진술하고 있고, 또한 11절의 앞의 진술에 비추어 볼 때 그가 "만유 안에 계시니라(*ἐν πᾶσιν*–엔 파신)"는 문구는 중성이 아니라 만성으로 간주되어야 할 것이며, 그가 인종이나 계급 혹은 배경에 관계 없이 새 사람의 모든 지체 가운데 침투해 계시고 내주하신다는 사실을 의미한다(참조. Schnackenburg, *Schriften*, 408, 그리고 Zeilinger, *Der Erstgeborene*, 159; 그러나 Lohse, 145를 보라). 그리스도께서는 믿는 자들 가운데 거주하신다(참조. 골 1:27; 갈 2:20; 4:19).

해설

그리스도의 죽으심과 부활 안에서 그분과의 연합에 근거하여 골로새 교인들에게 위엣것을 찾으라고 말한 바울의 이전의 권면(3:1-4)은 다음과 같은 지시 가운데서 그 구체적인 표현과 적용을 발견하게 된다: "죽이라"(5절), "벗어버리라"(8절; 참조. "거짓말을 하지 말라", 9절), "입으라"(12절). 이 명령들 중에 그 첫 번째 것("죽이라")은 그리스도의 죽으심 가운데서 그분과의 연합을 상기시켜 준다(2:20; 3:3; 참조. 2:11, 12). 왜냐하면 그들은 그분과 함께 죽었고, 그렇다면 그들은 지상의 성품에 속해 있었던 모든 것을 죽여야 하기 때문이다. 다섯 개의 죄들이 이러한 땅의 지체들로 밝혀져 있는데, 사도는 가장 먼저 죄악의 외적인 표시("성적 부도덕" 혹은 음란)를 묘사하고, 그 다음에 마음의 내적인 갈망("무자비한 탐욕"), 즉 부도덕성의 행동과 그것들의 내적인 근원을 묘사하고 있다. 여기서 바울은 이방 도덕주의자들과 유대인 선전자들의 반 이방인 논박에서 발견되는 것들과 유사한 두 악행 목록 가운데 그 첫 번째 것을 사용하고 있다(악행들에 대한 두 번째 목록은 8절에 나타나고, 반면에 독자들이 새 옷과 같이 입어야 하는 다섯 개의 은혜들은 12절에 뒤따라온다). 여기서 다른 곳에서처럼 이방인의 죄의 목록은 하나님의 심판이라는 문맥 가운데 위치해 있다. "이것들을 인하여 하나님의 진노가 임하느니라"(6절). 7절과 8절의 "그때 – 지금"의 대조라는 설교 형태를 통하여 독자들은 그들이 어떻게 지금 자신들의 과거의 행실과 반대로 행동해야 하는지에 대한 지시를 받는다. 그들은 부당한 언어라는 혐오감을 일으키는 옛 행실을 낡은 옷처럼 벗어버려야 한다. 악한 길을 벗어버려야 하는 이중적 이유가 있는데, (a) 그들은 이미 옛 사람을 그 행실과 함께 벗어버렸다(9절). (b) 그들은 이미 창조자의 형상으로 새로워지는 새 사람을 입었다(10절). 옛 사람과 새 사람이라는 표현은 개인적 개념과 단체 개념을 모두 가지고 있다. 전자는 그가 죄의 통치를 받을 때 사람의 인격 전체, 동시에 아담 안에서 옛 인간성에 속하는 것을 상징한다. 후자는 골로새 교인들이 이미 입었고 또한 창조자의 형상을 좇아 계속해서 새로워지는 새로운 성품을 지칭한다. 그와 동시에 새 사람은 그리스도 안에 있는 새로운 인간성을 지칭하는 단체적 언급을 가지고 있다. 이러한 새 사람의 영역 가운데는 한 사람이 다른 사람에게 종속되는 계급이 없다. 지극히 다양한 기원을 가진 남녀 백성들이 그리스도 안에서 하나가 되었으며 주님과의 공통된 연합을 나누어 가지고 있다. 그리스도는 모든 것이시다. 그분께서는 인종이나 계급이나 배경에 관계 없이 자기 몸의 모든 지체들에게 스며들어 내주하고 계신다.

11. 그리스도의 은혜를 입어라(3:12-17)

참고문헌

Jervell, J. *Imago*, 249-256. **Larsson, E.** *Christus*, 210-23. **Merk, O.** *Handeln*, 210-14. **Schrage, W.** *Einzelgebote*. **Zeilinger, F.** *Der Erstgeborene*, 66-68.(See also the bibliography to 3:5-11 concerning the New Testament lists of sins and graces.)

본 문

12 그러므로 너희는 하나님의 택하신 거룩하고 사랑하신 자처럼 긍휼과 자비와 겸손과 온유와 오래 참음을 옷 입고	**12** Therefore, as God's chosen ones, holy and dearly loved, clothe yourselves with heartfelt compassion, kindness, lowliness, gentleness and longsuffering.
13 누가 뉘게 혐의가 있거든 서로 용납하여 피차 용서하되 주께서 너희를 용서하신 것과 같이 너희도 그리하고	**13** Bear with one another and forgive each other if one has a complaint against another: as the Lord[a] has graciously forgiven you, so you should also forgive one another.
14 이 모든 것 위에 사랑을 더하라 이는 온전하게 매는 띠니라	**14** In addition to all these graces put on love which is the bond that leads to perfection.
15 그리스도의 평강이 너희 마음을 주장하게 하라 평강을 위하여 너희가 한 몸으로 부르심을 받았나니 또한 너희는 감사하는 자가 되라	**15** Let Christ's peace rule in your hearts. It was also to this peace that you were called in one body. And be thankful.
16 그리스도의 말씀이 너희 속에 풍성히 거하여 모든 지혜로 피차 가르치며 권면하고 시와 찬미와 신령한 노래를 부르며 마음에 감사함으로 하나님을 찬양하고	**16** Let the Word of Christ[b] dwell in you richly as you teach and admonish one another in all wisdom by means of Spirit-inspired psalms, hymns and songs, singing thankfully to God[c] with your whole being.
17 또 무엇을 하든지 말에나 일에나 다 주 예수의 이름으로 하고 그를 힘입어 하나님 아버지께 감사하라	**17** And whatever you do in word or deed, do everything in the name of the Lord Jesus, giving thanks to God the Father[d] through him.

원문 주해

13. a. P^{46}과 더불어 가장 훌륭한 알렉산드리아와 서방 본문들(A B D* G it^{d,g} vg 등) 모두의 강력한 지지를 받고 있는 퀴리오스(*κύριος*, "주님")는 필사자들에 의하여 아주 정

확하게 크리스토스(*Χριστός*, "그리스도")로 번역되었다. 그러나 후자(그리스도)는 원본이 아니다. 또한 서기관들이 에베소서에 융합시키려는 것으로 보이는 다른 이문(*θεός*, "하나님", 그리고 *θεὸς ἐν Χριστῷ*, "그리스도 안에서 하나님")도 원본이 아니다(Metzger, *Textual Commentary*, 625; cf. Moule, 123, and Lohse, 148).

16.b. 이례적 표현인 "그리스도의 말씀" 대신에 여러 증거 본문들은 보다 통상적인 "하나님의 말씀" 혹은 "주님의 말씀"으로 대치하고 있다. 게다가 크리스투(*Χριστοῦ*, "그리스도의")가 P^{46} $\aleph^{c}$ B C^{2} D G 등의 강력한 지지를 받는다.

16.c. 엡 5:19과 일치되게 일반적으로 받아들여진 본문은 토 퀴리오(*τῷ κυρίῳ*, "주님에게")로 되어 있다. 그러나 초대 교회와 널리 알려진 필사본의 증거는 토 데오(*τῷ θεῷ*, "하나님에게")로 되어 있다: P^{46} ℵ A B C^{*} D^{*} 등).

17.d. P^{46} (명백히) ℵ A B C 81 등의 지지를 널리 받고 있는 토 데오 파트리(*τῷ θεῷ πατρί*, "아버지 하나님에게")는 필사자들에 의하여 수정되었는데, 그들은 카이(*καί*, "그리고")를 덧붙여서 엡 5:20과 함께 구절 가운데 삽입했다(1:3과 12을 보라).

양식/구조/배경

13c절까지 문장 구조를 지배하고 있는 12절의 첫 명령형 엔뒤사스데(*ἐνδύσασθε*, "입으라")와 함께 긍정적인 권면이 시작된다. 이 단어는 역시 부정과거 명령형(*νεκρώσατε*, "죽이라"), 접속사 운(*οὖν*, "그러므로") 그리고 다섯 개의 항목으로 이루어진 목록으로 시작한 앞 단락 5-11절과 반의대구법을 이루고 있다. 이 긍정적인 권고 자료는 자연스럽게 두 단락으로 나누어진다. (a) 12-14절과 (b) 15-17절이다. 첫 단락에서 명령형으로 된 문장은 앞 단락(5, 8절)의 5중적 악행 목록과 대조되는 5중적 덕행 목록(12절)을 담고 있다. 두 개의 평행적 분사절(13a절, *ἀνεχόμενοι ἀλλήλων* – 아네코메노이 알렐론, "서로 용납하여", 그리고 13b절, *χαριζόμενοι ἑαυτοῖς* – 카리조메노이 헤아우토이스, "피차 용서하되")에서 계속되며 이것이 상황절(13c절, *ἐάν τις πρός τινα ἔχῃ μομφήν* – 에안 티스 프로스 티나 에케 몸펜, "누가 뉘게 혐의가 있거든")과 연결되어 있다. 균형을 이루는 카도스…후토스(*καθώς … οὕτως*, "…처럼…도")와 함께 13절의 나머지 부분은 상호 용서의 동기를 진술하고 있는데, 그 동기는 먼저 그들을 용서하신 주님의 행동이다. 마지막으로, 첫 번째 명령형인 엔뒤사테(*ἐνδύσασθε*, 12절의 "입으라")에 종속된 것으로 보이는 14절은 완전으로 인도하는 띠(끈)가 되는 아가페(*ἀγάπη*, "사랑")에 대해서 말한다. 그 구조는 다음과 같이 분석될 수도 있다.

12a *ἐνδύσασθε οὖν ὡς ἐκλεκτοὶ τοῦ θεοῦ*
b *σπλάγχνα οἰκτιρμοῦ*
c *χρηστότητα – ταπεινοφροσύνην*
d *πραΰτητα – μακροθυμίαν*
13a *ἀνεχόμενοι ἀλλήλων*
b *καὶ χαριζόμωνοι ἑαυτοῖς,*
c *ἐάν τις πρός τινα ἔχῃ μομξήν.*
d *καθὼς καὶ ὁ κύριος ἐχαρίσατο ὑμῖν –*
e *οὕτως καὶ ὑμεῖς.*
14a *ἐπὶ πᾶσιν δὲ τούτοις τὴν ἀγάπην,*
b *ὅ ἐστιν σύδεσμος τῆς τελειότητος.*

12*a* "그러므로 하나님의 택하신 자들처럼…옷 입으라
b 긍휼
c 자비 – 겸손
d 온유 – 오래참음
13*a* 서로 용납하여
b 피차 용서하되,
c 누가 뉘게 혐의가 있거든
d 주께서 너희를 용서하신 것과 같이
e 너희도 그리하고.
14*a* 이 모든 것 위에 사랑을 더하라,
b 이는 온전하게 매는 띠니라.

15-17절을 구성하고 있는 두 번째 단락은 하나의 단일 단위다. 15절은 각기 카이(*καί*, "그리고")가 이끄는 세 개의 문장을 포함하고 있다: 권고 문장 "그리스도의 평강이…주장하게 하라"(*καὶ ἡ εἰρήνη τοῦ Χριστοῦ βραβευέτω*… – 카이 헤 에이레네 투 크리스투 브라뷰에토…, 15a절), 종속 관계절 "너희가…부르심을 받았나니"(*εἰς ἣν καὶ ἐκλήθητε* – 에이스 헨 카이 에클레데테, 15b절) 그리고 간략한 명령형 독립절 "또한 너희는 감사하는 자가 되라"(*καὶ εὐχάριστοι γίνεσθε* – 카이 유카리스토이 기네스데, 15c절). 16절은 앞 구절처럼 권고 문장 "그리스도의 말씀이… 거하여"(*ὁ λόγος τοῦ Χριστοῦ ἐνοικείτω* – 호 로고스 투 크리스투 에노이케이토)로 시작된다. 그 다음에 세 개의 분사형 디아스콘테스, 누데툰테스, 아돈테스(*διδάσκοντες, νουθετοῦντες, ᾄδοντες*, "가르치며, 권면하고, 노래하며")가 뒤따

라온다. 결론적 구절은 하나의 관계절(*πᾶν ὅ τι* – 판 호 티, "무엇이든"), 삽입된 상황(*ἐὰν ποιῆτε* – 에안 포이에테, "네가 하려면"), 하나의 분사절(*πάντα* ⟨*ποιεῖτε*⟩ *ἐν ὀνόματι* – 판타 ⟨포이에이테⟩ 엔 오노마티, "다 …의 이름으로 하고") 그리고 하나의 분사 구문(*εὐχαριστοῦντες τῷ θεῷ* – 유카리스툰테스 토 데오, "하나님께 감사하라")을 담고 있다. 15-17절은 다음과 같이 분석될 수 있다.

15*a* *καὶ ἡ εἰρήνη τοῦ Χριστοῦ βραβευέτω*
b *εἰς ἣν καὶ ἐκλήθητε*
c *καὶ εὐχάριστοι γίνεσθε*
16*a* *ὁ λόγος τοῦ Χριστοῦ ἐνοικεῖτω*
b *ἐν πάσῃ σοφίᾳ διδάσκοντες καὶ νουνετοῦντες*
c *ἐν τῇ χάριτι ᾄδοντες*
17*a* *καὶ πᾶν ὅ τι ἐὰν ποιῆτε*
b *πάντα ἐν ὀνόματι τοῦ κυρίου Ἰησοῦ*
c *εὐχαριστοῦντες τῷ θεῷ πατρὶ δι' αὐτοῦ.*

15*a* 그리스도의 평강이 너희 마음을 주장하게 하라
b 으로 부르심을 받았나니
c 또한 너희는 감사하는 자가 되라
16*a* 그리스도의 말씀이…거하여
b 모든 지혜로 피차 가르치며 권면하고
c 감사함으로 찬양하고
17*a* 또 무엇을 하든지
b 다 주 예수의 이름으로 하고
c 그를 힘입어 하나님 아버지께 감사하라
(참조. Zeilinger, *Der Erstgeborne*, 66-68).

주석

12 "그러므로 옷 입으라"(*ἐνδύσασθε οὖν* – 엔뒤사스데 운). 이미 새 사람을 입은 하나님의 택하신 자들처럼(10절) 그들은 그의 성격의 특징을 나타내는 은혜를 입어야 한다. 앞 단락에서 사도는 부정적인 권면들로 되어 있는 "죽이라"(5절) 그리고 "벗어 버리라"(8절)는 요구를 진술했다. 여기서 그는 앞에서 말했던 내용의 직접적 결과(*οὖν* – "그러므로")로 뒤따라오는 "그러므로"(*οὖν* – 운)를 포함하고

있는 5절의 지시와 같은 긍정적 권면을 말하고 있다. 그들이 입어야 하는 은혜는 하나님 혹은 그리스도에 대해서 수식된 기질들이다(Larsson, *Christus*, 210-20; Jervell, *Imago*, 251, 252의 글들을 보라). 그러므로 바울이 로마 그리스도인들에게 "주 예수 그리스도로 옷 입으라(*ἐνδύσασθε* – 엔뒤사스데)"(롬 13:14)고 권고했던 것은 이례적인 것이 아니다. 명령형 "입으라"(*ἐνδύσασθε* – 엔뒤사스데)는 5절(*νεκρώσατε* – 네크로사테, "죽이라")과 8절(*ἀπόθεσθε* – 아포데스데, "벗어버리라")과 짝을 이루는 것으로서 하나의 정리된 태도를 이끄는 결정적인 첫 행위를 의미하는 부정과거 시제다(Schweizer, 153).

"하나님의 택하신 거룩하고 사랑하신 자처럼"(*ὡς ἐκλεκτοὶ τοῦ θεοῦ, ἅγιοι καὶ ἠγαπημένοι* – 호스 에클렉토이 투 데우, 하기오이 카이 에가페메노이). 공동체의 지체들은 승귀된 호칭들을 통하여 소개된다. 즉 그들은 택함 받고, 거룩하고, 사랑받는 하나님의 백성이다. 이러한 묘사들은 그것들이 하나님 자신의 소유된 백성인 이스라엘에 대해서 사용되었기 때문만이 아니라 – 또한 Lightfoot, 219에서 말한 바와 같이, 이제 하나님의 새로운 백성인 골로새 교인들에게 전환되었다 – 또한 그것들이 그리스도에 대해서 지칭되었으므로 이를 통하여 그리스도와 유사성을 가진 그리고 그리스도와 동일시된 점을 강조하고, 그들이 그분의 은혜를 입도록 격려를 받고 있는 문맥 속에서 더욱 의미심장하다는 사실을 묘사하고 있기 때문에 중요하다. 에클렉토스(*ἐλεκτός*, "선택받은", "뽑힌"; BAG, 242, Schrenk, *TDNT* 4, 181-92; 참조. G. Delling, "*Merkmale der Kirche nach den Neuen Testament*," *NTS* 13[1966-67] 305)는 LXX에서 구원 역사상 하나님의 사람들에 대해서(민 11:28; 시 105:23 등), 팔레스틴 땅(렘 3:19; 슥 7:14), 예루살렘 성읍(Tob 13:13) 그리고 하나님의 백성으로서 이스라엘(사 43:20; 65:9, 15, 23; 시 104:43; 105:5 등; 참조. Schrenk, *TDNT* 4, 182, 183)에 대해서 사용되었다. 이 단어-그룹(에클레고마이〈*ἐκλέγομαι*, "택하다"〉, 그리고 에클렉토스〈*ἐκλεκτός*, "택함받은"〉를 포함하여)이 LXX에 비해서(LXX에서는 에클레고마이〈*ἐκλέγομαι*, "선택하다"〉와 에클렉토스〈*ἐκλεκτός*, "뽑힌"〉가 245회 나타난다) 신약성경에서는 비교적 자주 나타나지 않지만(바울 서신에서 에클렉토스〈*ἐκλεκτός*, "뽑힌"〉가 롬 8:33; 16:13; 골 3:12; 딤전 5:21; 딤후 2:10; 딛 1:1에서 발견되고; 에클로게〈*ἐκλογή*, "선택"〉가 롬 9:11; 11:5, 7, 28; 살전 1:4에서; 그리고 에클레고마이〈*ἐκλέγομαι*, "선택하다"〉가 고전 1:27, 28; 엡 1:4에서 발견된다), 에클렉토스(*ἐκλεκτός*)는 "택하신 자"이신 그리스도에 대해서(눅 23:35; 참조. 9:35; 요 1:34; 벧전 2:4, 6) 또한 그리스도인 공동체에 대해서도 사용된다: "오직 너희는 택하신 족속(*γένος ἐκλεκτόν* – 게노스 에클렉톤)이요 왕 같은 제사장들이요 거룩한 나라요 그의 소유 된 백성이니"(벧전 2:9).

믿는 자들은 "하나님의 선택받은 자"(*ἐκλεκτοὶ θεοῦ* – 에클렉토이 데우)들이며, 이들에 대해서 하나님은 결코 죄를 묻지 않으시는데, 그 이유는 그들을 의롭다고 하시는 분이 바로 하나님 자신이시기 때문이다(롬 8:33). 이 단어는 이와 유사한 다른 단어들과 함께(예를 들어, "부르심"과 관련된 칼레오〈*καλέω*〉 그룹) 남녀 백성들을 자기에게로 이끄시는 하나님의 은혜로운 주도권을 강조하고 있다(쿰란 공동체는 그것 자체를 선택받은 자들의 총회로 간주했다: 1QpHab 10:13, 하나님의 선택; 참조. 5:4; 1QH 14:15; &4QpPs; 37.2.5, "그분의 선택의 공동체"). 평행이 되는 단어 하기오이(*ἅγιοι*, "거룩한")와 에가페메노이(*ἠγαπημένοι*, "사랑을 받은")는 에클렉토이(*ἐκλεκτοί*)의 수식어로 취급하는 것이 가장 바람직할 것이다(*ἐκλεκτοί*, "뽑힌"; Lohmeyer, 145의 주장에 반대하여, 에클렉토이〈*ἐκλεκτοί*〉는 하늘의 "성도들" 곧 "천사들의 교제"를 지칭하지 않으며 호스〈*ὡς*, "처럼"〉는 골로새 교인들을 그들로부터 구별하는 또 다른 그룹을 의미하지 않는다. 그것은 단순히 골로새 교인들의 정체를 뽑힌 자로 강조하고 있다. Larsson, *Christus*, 210, Lohse, 146, Martin, *NCB*, 109): 그분이 선택하신 영혼들은 그분이 자기를 위하여 구별하시고 그들에게 자기의 사랑을 부어 주신 자들이다(Abbott, 286, Procksch, *TDNT* 1, 107; 참조. Delling, *NTS* 13[1966-67] 305; Lohse, 146). 또다시 하기오스(*ἅγιος*, "거룩한", 1:2을 보라)는 "거룩하신 자"로서 예수님에게 사용되었고(막 1:24; 눅 4:34; 요 6:69; 참조. 행 4:27, 30), 반면에 아가페토스(*ἀγαπητός*, "사랑을 받은 자"는 선택의 문맥 가운데서 살전 1:4과 살후 2:13에 나타나고 기독교인을 "하나님의 사랑을 받은 자"로 묘사하고 있는 드물게 나타나는 아가페메노스〈*ἀγαπημένος*〉와 유사하다)는 복음서 가운데서 예수님에 대한 메시아적 호칭으로 나타난다(마 3:17과 평행절들; 12:18; 17:5 그리고 평행절들).

"긍휼과 자비와 겸손과 온유와 오래 참음"(*σπλάγχνα οἰκτιρμοῦ χρηστότητα, ταπεινοφροσύνην, πραΰτητα, μακροθυμίαν* – 스플랑크나 오이크티르무 크레스토테타, 타페이노프로쉬넨, 프라우테타, 마크로뒤미안). 5절부터 8절에는 두 개의 목록들이 열거되어 있는데, 옛 사람과 함께 벗어버려야 할 다섯 개의 악행들을 열거하고 있다. 앞의 악행들과는 정면으로 대조되지 않는 다섯 개의 덕행은 입어야 할 것들이다. 이것들은 다른 곳에서 하나님 혹은 그리스도의 은혜와 행위들로 지칭되었다.

스플랑크나 오이크티르무(*σπλάγχνα οἰκτιρρμοῦ*)는 "긍휼"을 의미하고(BAG, 561; 직역하면 "긍휼의 그릇들"을 의미하고, 오이크티르무〈*οἰκτιρμοῦ*〉는 기질의 소유격이다) 가장 먼저 나타나 있다. LXX에서 오이크티르모스(*οἰκτιρμός*; Bultmann, *TDNT* 5, 159-61, Esser, *NIDNTT* 2, 598)는 긍휼히 여기시는 분으로 묘사된 하나님에 대해서 무엇보다 먼저 묘사되어 있다: 그분은 자기 백성을 위하여 자비롭게 그리고 긍휼히 행동하셨다(LXX 시 24:6; 50:1; 102:4; 144:9; 참조. 느 9:19, 27, 28 등; 복수형은 주로 혹은 아마도 부분적으로 긍휼의 구체적인 행동을 묘사하기 위하여 사용되었지만〈BDF, 항목. 142; Robertson, *Grammar*, 408〉, 틀림없이 히브리어 락하밈〈*raḥamîm*〉의 영향으로 말미암는다. 단수에 있어서도 차이가 없다. 또한 참조. LXX 출 34:6; 대하 30:9; 느 9:17, 31; 시 85:15; 102:8; 110:4; 144:8; 욜 2:13; 욘 4:2. 여기서 형용사 오이크티르몬〈*οἰκτίρμων*, "긍휼히 여기는", "자비로운"〉은 하나님의 은혜로운 행위에 관해서 같은 점을 말하고 있다). 비록 구약성경에서처럼 이 단어는 하나님의 뜻에 따라 사는 경건한 사람을 가리킬 수 있지만(특히 하나님의 새 백성의 행실을 묘사하고 있는 덕목 가운데서 1QS 4:3을 보라; 참조. 대하 30:9; 시 106:46) 쿰란 문서에서 "자비"(히브리어 *raḥamîm*)는 무엇보다도 하나님의 긍휼을 묘사한다(1QS 1:22; 1QH 1:31; 1QM 11:4). 신약성경에서 오이크티르모이(*οἰκτιρμοί*, "자비들")는 하나님의 긍휼을 묘사한다. 로마서 12:1에서 이 단어는 자기 아들 안에서 행하신 하나님의 구체적인 자비 행위를 나타내고, 반면에 고린도후서 1:3에서는 "자비의 아버지"(*πατὴρ τῶν οἰκτιρμῶν*, 파테르 톤 오이크티르몬)이신 "긍휼의 아버지"이시며(기질의 소유격), "모든 긍휼이 나오는 아버지"(근원의 소유격)이시다. 참조. O' Brien, *Introductory Thanksgivings*, 241, 242; 또한 눅 6:36; 약 5:11을 보라.

스플랑크논(*σπλάγχνον*; 복수형에서는 거의 언제나 문자적으로는 "내적인 부분"을 의미한다. BAG, 763; 참조. Köster, *TDNT* 7, 548-59, Esser, *NIDNTT* 2, 599, 600)은 감정 즉 "마음"의 좌소에 대해 상징적으로 사용되었다. 사실상 다른 신인동형적 단어들과 같이 이 단어는 바울 서신에서 특별히 그의 사랑의 수용성에 있어서 가장 깊은 수준에 있는 인격과 관련된 내용을 강력하게 표현하고 있는 전인에게서 발견된다(Köster, *TDNT* 7, 555; 몬 7, 12, 20절에 있는 참고구절들을 보라). LXX에서 스플랑크나(*σπλάγχνα*)에 관한 소수의 참고구절들과 이와 어근이 같은 동사 스플랑크니조마이(*σπλαγχνίζομαι*, "동정심을 가지다", "동정심을 느끼다")

는 히브리어 기원이 아닌 후기의 책들에서 나타난다. 두드러진 의미인 "자비로운", "자비를 보이다"는 열두 족장의 언약서에서 발견되며, 이것이 신약성경의 용법을 위한 길을 준비하고 있다. 하나님의 사랑은 명사를 통하여(*T. Levi* 4:4, *T. Zeb* 8:2; *T. Napht.* 4:5) 그리고 동사를 통하여(*T. Zeb* 8:1) 이 언약서들 가운데 나타나 있다. 신약성경에서는 두 용어가 하나님 혹은 그리스도에 대해 사용되는 경향이 있다. 그래서 공관복음서들에서 동사 스플랑크니조마이(*σπλαγχνίζομαι*)는 (a) 그분의 행동의 신적 성격을 나타내는 예수님의 태도(마 9:36; 14:14; 막 1:41; 9:22; 눅 7:13), (b) 예수님의 세 개의 비유 가운데 나오는 중요한 인물들의 행동(마 18:27; 눅 10:33; 15:20)을 묘사하고 있는데, 그들은 하나님의 무한한 자비를 분명하게 보여 주고 있으며, 반면에 빌립보서 1:8에서는 이 명사가 사용되었는데(*ἐν σπλάγχνοις Χριστοῦ Ἰησοῦ* – 엔 스플랑크노이스 크리스투 예수, "예수 그리스도의 심장으로"), 그리스도께서는 "사도의 전 인격을 포용하고 또 사도의 소유권을 주장하는 사랑의 원천"으로 나타난다(Esser, *NIDNTT* 2, 600; 참조. 빌 2:1; 또한 눅 1:78, "이는 우리 하나님의 긍휼"〈*διὰ σπλάγχνα ἐλέους* – 디아 스플랑크나 엘레우스〉을 인함이라"). 골로새서의 본 문맥 가운데서 두 단어가 연결되어 표현된 이 문구는 "긍휼히 여기는 마음" 혹은 "자비로운 긍휼"을 의미한다(빌 2:1의 "긍휼과 자비"〈*σπλάγχνα καὶ οἰκτιρμοί* – 스플랑크나 카이 오이크티르모이〉의 문학적 독립 단위로 상상할 필요는 없다. 거의 동일한 문구인 "자비의 마음"이 눅 1:78에서 사용되었다. 참조. *T. Zeb* 7:3).

크레스토테스(*χρηστότης*, "선량함", "친절", "너그러움", BAG, 886; Weiss, *TDNT* 9, 483-92; Beyreuther, *NIDNTT* 2, 105, 106)는 하나님 자신이 구체적인 행동으로 나타내시는 하나의 기질이다. 명사형과 또한 어근이 같은 형용사(*χρηστός* – 크레스토스, "선한", "친절한")는 모두 LXX에서 하나님의 언약 백성들 – 사실상 그분의 피조물들인 모든 인간들 – 에게 나타내시는 그분의 선하심의 풍성을 나타내는 친숙한 단어들이다. 그분의 끝없는 자비와 돕고자 하시는 그분의 성품은 시편뿐만 아니라(예를 들어, 시 25[LXX 24]:7; 31[30]:19; 65[64]:11; 68[67]:10; 85[84]:12), 하나님의 선하심이 자기 백성들의 죄를 대면하여 더욱 놀랍게 나타나는 선지서들(렘 33[LXX 40]:11; 참조. 24:2, 3, 5)의 본질적인 주제다. 쿰란 문서에서 그 종파는 그 지체들이 각기 하나님으로부터 받은 친절을 나타냄으로써 서로간에 자비를 보여 주도록 했다(1QH 7:30; 10:16; 11:6, 9, 31; 12:21; 13:16; 1QS 4:3). 이 단어-그룹에 대한 신약성경의 언급들 가운데 두드러지게 많은 구절들이 바울 서신들에 나타나는데(형용사 크레스토스〈χρηστό", "자비로운", "선한"〉가 마 11:30; 눅 5:39; 6:35에 나타난다. 다른 모든 경우는 바울 서신에 나타난다) 거기서 반복해서 이해할 수 없는 하나님의 친절하심(사랑)을 말하고 있다: 크레스토테스(χρηστότης)는 하나님의 은혜로우신 태도와 죄인들을 향한 행위들을 나타낸다. 그분은 죄인의 죽음이 아니라 그의 구원을 바라시며(롬 11:22; 엡 2:7; 딛 3:4), 반면에 그의 친절과 오래 참으심은 완고한 사람을 회개로 인도하기 위하여 의도된 것이다(롬 2:4). 하나님의 은혜로우신 친절(자비)에 대한 하나의 반응으로서 새 사람, 주 예수 그리스도를 입은 사람은 다른 사람들에게 친절을 보여야 한다. 이것은 자연적으로 일어나지 않는다. 이것은 사람의 선천적인 능력으로부터 나올 수도 없다. 이것(자비)은 "인내"와 함께 성령의 열매이며(갈 5:22), 고린도전서 13:4에 따르면 이것은 사랑의 직접적인 결과다(그것 자체가 성령의 열매임) – "사랑은 오래 참고 온유하며."

타페이노프로쉬네(ταπεινοφροσύνη, "겸손")는 "금욕", "자기 부정" 혹은 하늘의 비밀들에 대한 환상을 받기 위한 준비로서 금식과 같은 금욕적인 행습을 나타내기 위하여 골로새 대적자들이 사용했던 것으로 본 서신에서는 두 번 사용된 바 있다(2:18, 23; 142, 153쪽을 보라). 그러나 여기서의 겸손은 "겸양", "겸손"의 은혜를 의미한다(BAG, 804; 참조. Grundmann, *TDNT* 8, 21-23, Esser, *NIDNTT* 2, 259-64). 통속적인 헬라 문서에서 이 단어는 지극히 소수의 경우에만 나타나고, 그렇다면 주로 비굴, 심약 혹은 부끄러운 겸양에 대한 품위를 손상시키는 의미로 나타난다는 점은 이미 잘 알려진 사실이다. 구약성경에서는 명사 타페이노프로쉬네(ταπεινοφροσύνη, "겸손")가 나타나지 않고 타페이노스(ταπεινός, "초라한", "굴욕적인")와 또한 이와 어근이 같은 단어들이 약 270회 나타난다. 특히 의미심장한 것은 그것들이 역사 속에서 교만하고 오만한 자를 낮추고 천한 자를 낮추기 위하여 행하시는 주님의 행위를 가리킨다는 것이다. (a) 선지자들은 이 단어를 심판의 경고 가운데서 표현하고 있다(암 2:6, 7, 13; 8:6, 7; 참조. 사 2:9, 11, 17; 5:15; 습 2:3; 3:12 등), (b) 역사서들은 사건들과 관련하여 이 단어들을 사용한다(삿 4:23; 6:15; 삼상 1:11, 16; 7:13; 삼하 22:28 등). (c) 시편 기자들은 자기들의 기도 가운데서 이 주제들을 표현한다(시 10:17, 18[LXX 9:38, 39]; 25:18[24:18]; 31:7[30:8] 등). 반면에 (d) 지혜 문서들 중 잠언에서는 "겸손"이 경험의 열매로 그리고 생명의 법칙으로 말해졌다(욥 5:11; 잠 3:34; 11:2; 15:33, 어떤 필사본들에서는 "겸손"이 "여호와 경외"와 평행이 되고 있다; 16:2, 19 등; 더 참고하려면 Esser,

NIDNTT 2, 260, 261를 보라). 신약성경에서 타페이노프로쉬네(ταπεινοφροσύνη)는 사람이 그리스도를 섬기는 "겸양"을 의미하거나(행 20:19) 혹은 다른 그리스도인들에게 순종하는 것이다(엡 4:2; 빌 2:3; 벧전 5:5). 그 패턴 혹은 모델은 백성들을 자신에게 오라고 초청하는 마음이 온유하고 겸손하신(ταπεινός - 타페이노스) 예수님이시다(마 11:29). 구약성경 자료에 있는 비하와 승귀라는 두 주제는 빌립보서 2:6-11의 찬양 가운데 가장 분명하게 드러나 있는데, 그 곳에는 예수께서 자신을 십자가에 죽기까지 낮추시고(ἐταπείνωσεν ἑαυτόν - 에타페이노센 헤아우톤, 8절) 하나님께서 그분을 높이시고 모든 이름 위에 뛰어난 이름을 주셨다는 사실이 진술되어 있다. 이 찬양은 그 앞의 권면(빌 2:1-5)의 근거를 제공하고 있으며, 그리스도께서 스스로 낮추신 행동은 겸손 가운데서(τῇ ταπεινοφροσύνῃ - 테 타페이노프로쉬네, 3절) 각각 자기보다 남을 낫게 여기고 다른 사람의 이익에 관심을 두어야 하는 신자들의 모범이다(4절).

"온유"(πραΰτης - 프라우테스, "관대", "겸손", "온유" BAG, 699; 참조. Hauck/Schulz, *TDNT* 6, 645-51, Bauder, *NIDNTT* 2, 256 59)는 신약성경에서 바울 서신에 대략 여덟 번 나타나지만(고전 4:21; 10:1; 갈 5:23; 6:1; 엡 4:2; 골 3:12; 딤후 2:25; 딛 3:2; 그 외에도 약 1:21; 3:13; 벧전 3:15에 나타난다), 어근이 같은 형용사 프라우스(πραῦς, "온유한", 이것은 마 5:5; 11:29; 21:5; 벧전 3:4에 나타난다)는 바울 서신에 나타나지 않는다. 앞의 단어들과 같이 이 단어 그룹은 구약성경의 배경 속에서 이해되어야 할 것이다. LXX에서 이 단어들은 이스라엘 가운데 가난한 자들, 땅을 갖지 않고 그들 중 많은 사람들이 비양심적인 착취의 희생자들이었던 사람들을 지칭하기 위하여 사용되었다(사 32:7; 시 37:14; 욥 24:4). 가난한 자(히. *'ānî*)는 보호자가 없고 권리가 없는 자들이며, 압제받고 속임을 당하고 착취를 당하는 사람들이다(참조. 시 9, 10편). 그러나 야웨께서는 권력이 없는 자들의 하나님이시다(시 25:9; 149:4; 34:2). 그분은 자기들의 동료 인간들로부터 자비를 얻지 못한 사람들을 위로하시며(사 29:19; 욥 36:15), 결국에는 그들을 대적하는 모든 자들을 반전시키신다(사 26:6; 시 37:11; 147:6). "가난한 자"라는 단어는 깊은 곤궁 속에서 야웨 한 분으로부터 오는 도움을 구하는 자들에게 적용되었다(예를 들어, 시 40:17; 습 2:3; 3:12; 사 41:17 등). 스가랴 9:9에서 프라우스(πραῦς, "온유한")란 단어는 메시아에게 주어진 영광스러운 호칭이다. "온유"는 예수님의 다스리심의 표시들 중에 하나다. 그분께서는 무력을 사용하지 않고(마 21:5 =슥 9:9) 스스로 온유한 분으로 묘사하면서(πραῦς - 프라우스, 마 11:29) 구원을 가져다 주시는 메시아 왕의 역할을 이루신다. 바울은 "그리스도의 온유"(*πραΰτης …τοῦ Χριστοῦ* – 프라우테스…투 크리스투, 고후 10:1)를 지상에 사시는 동안 인간들을 향한 예수님의 행위의 특징으로 말하고 이 모범에 근거하여 고린도 교인들을 권하고 있다. "온유"는 범죄한 동료 신자들과 관련하여(갈 6:1, 2, 다른 사람의 짐을 나누어 짐으로써 그들은 그리스도의 법을 이룬다; 딤후 2:25, 참조. 고전 4:21), 외인들과 관련하여(딛 3:2; 참조. 빌 4:5) 그리스도인의 삶의 특징을 나타내 주어야 한다. 그것은 성령의 열매이며(갈 5:23), 그리스도인의 사랑의 구체적 표현인 은혜 가운데 나타난다(참조. 딤후 6:11; 벧전 3:4). 이 온유는 연약과 혼동하지 말아야 하고(당시 헬라 사상이 이해한 바와 같이), 다만 (a) 다른 사람들에 대한 고려, (b) 사람의 권리를 기꺼이 버리려는 마음의 요소들을 포함하고 있다(참조. Martin, *NCB*, 111).

"오래 참음"(*μακροθυμία* – 마크로뒤미아). (1:11에 있는 논급 이외에 Horst, *TDNT* 4, 374 87, Falkenroth and Brown, *NIDNTT* 2, 768-72를 보라). 이것은 분노하는 방향으로 나아가거나 혹은 보복을 바라기보다 잘못된 일을 참고 다른 사람들의 분노하게 하는 행위를 참는 "오래 참음"을 나타낸다(참조. L. H. Marshall, *The Challenge of New Testament Ethics*[London: Macmillan, 1947] 294, cited by Martin, *NCB*, 111).

하나님의 선택이 입혀져야 하는 다섯 개의 은혜는 그리스도인이 다른 사람들, 특히 동료 신자들을 대하면서 어떻게 행동해야 할 것인지를 보여 준다.

13 이 권면은 두 개의 분사 아네코메노이(*ἀνεχόμενοι*, "용납하다, 참다")와 카리조메노이(*χαριζόμενοι*, "용서하다"; 이 분사형의 명령법에 관해서는 3:9을 보라)와 함께 계속되며, 반면에 그러한 권고적 태도에 대한 이유 혹은 정당성은 "주께서 너희를 용서하셨다"는 것이다. 그리스도인 "서로"(*ἀλλήλων* – 알렐론, 감정이라는 동사 뒤에 나오는 소유격으로 되어 있음, BDF, para. 176[1]; Robertson, *Grammar*, 508에서는 회중의 다른 지체들에 대해서 참는 것을 염두에 두고 있다고 말한다)의 참음의 실천(아네코마이〈*ἀνέχομαι*〉는 "견디다", "참다", "용납하다"를 의미한다, BAG, 65)은 "오래 참음"(*μακροθυμία* – 마크로뒤미아, 12절; Lohmeyer, 146에 따르면 12절의 5중 목록이 13절의 두 개의 권면과 묶여 있는 단일체다)으로 옷 입는 결과로 나타난다. 그 참음(용납)은 계속되어야 하고(아네코마이〈*ἀνέχομαι*〉는 하나의 서언적 개념을 가지고 있으며, 한편 현재 시제는 그것이 계속되는 것을 보여 준다) 상호적이어야 한다(참조. 엡 4:2; 또한 고후 11장을 보라. 그 곳에

서 서로 참음이라는 기록이 여러 번 나타난다: 1[2회], 4, 19, 20절; 참조. Falkenroth and Brown, *NIDNTT* 2, 765, 766). 그 외에도 신자들 서로간의 관계(바울이 마음속에 골로새 교회에 있었던 구체적인 상황을 염두에 두고 있었을 가능성이 있기는 하지만, 이것은 보다 일반적인 상황을 가리킬 것이다. 참조. Lohse, 147, 148, 그리고 Martin, *NCB*, 112)는 서로간(*ἑαυτοῖς* – 헤아우토이스; 구 주석가들은 여기서 "서로"〈*ἀλλήλων* – 알렐론〉와 "각기"〈*ἑαυτοῖς* – 헤아우토이스〉 사이에 구별을 지었으나 그 구별의 의미는 다양했다. 그러나 의미상의 차이가 있는 것으로 보이지는 않는다. 변화는 스타일의 다양성으로 인한 것이라는 것이다. 참조. BDF, 항목 287, 그리고 Robertson, *Grammar*, 690)의 용서로 특징지어져야 할 것이다. 카리조마이(*χαρίζομαι*, "거저 주다" 혹은 "호의로 은혜롭게 주다", "주다"="면제하다", "용서하다", "사면하다", BAG, 876, 877, 그리고 Conzelmann, *TDNT* 9, 372-402를 보라)는 사면 혹은 용서(이것은 아피에미〈*ἀφίημι*, "말소하다", "사면하다" 혹은 "용서하다"〉다)에 대한 통상적인 단어가 아니고 용서의 은혜로운 성격을 강조하는 보다 풍성한 내용 가운데 하나다(두 빚진 자에 대한 우리 주님의 비유 가운데 눅 7:42에서 AV는 이 단어를 "숨김없이 용서했다"〈frankly forgave〉로 번역한다. 이 단어가 바울 서신의 다른 곳에서는 하나님의 은혜로운 주심 혹은 용서하심에 대해 롬 8:32; 고전 2:12; 갈 3:18; 엡 4:32; 빌 1:29; 2:9; 골 2:13에서 발견된다. 또한 2:7, 10; 12:13; 몬 22절을 보라). 이 동사 카리조메노이(*χαριζόμενοι*)의 현재 시제는 이 용서가 지치지 않고 끊임없이 계속되어야 한다는 사실을 드러내고 있으며(이 점은 예수께서 일곱 번씩 일흔 번이라도 용서하라고 말씀하면서 가르치셨던 점이다. 마 18:22; 참조. 21-35절), 반면에 상황절인 "누가 뉘게 혐의가 있거든"(*ἐάν τις πρός τινα ἔχῃ μομφήν* – 에안 티스 프로스 티나 에케 몸펜)은 회중 가운데 때때로 다른 사람을 고통스럽게 하는 일이 있을 것이라는 사실을 인정하고 있다(몸페〈*μομφή*, "비난", "불평의 원인", BAG, 527, 참조. Grundmann, *TDNT* 4, 571-74〉는 헬라어 성경에서 여기에만 나오고 드물게 시가서에만 나온다). "누가 뉘게"(*τις πρός τινα* – 티스 프로스 티나)는 공동체의 한 사람이 다른 사람에 대해서 법적인 소송을 걸 수도 있다는 사실을 암시하는 일반적인 언급이다. 그러나 이러한 불상사가 일어날 때 독자들은 언제나 용서해야 한다.

이러한 반응의 근거와 동기는 가장 높은 질서를 가지고 있다: "주께서 너희를 용서하신 것과 같이 너희도 그리하고"(*καθὼς καὶ ὁ κύριος ἐχαρίσατο ὑμῖν οὕτως καὶ ὑμεῖς* – 카도스 카이 호 퀴리오스 에카리사토 휘민 후토스 카이 휘메이스).

위에 언급된 이 문장의 두 부분은 "…처럼…도"(*καθὼς καὶ…οὕτως καί* – 카도스 카이…후토스 카이)라는 구조로 균형이 잡혀 있는데, 이것은 다른 바울 서신 가운데서도 나타난다(롬 15:7, 8; 엡 5:2, 25, 29; 참조. 롬 15:3; 막 10:45; 벧전 2:21; 3:18). 이것은 십자가에서 그리스도의 희생의 완전한 효력이 신자가 "따르는" 생활 스타일의 패러다임으로 진술된 그의 "순응" – 교훈으로 묘사되어 있는 부분이다 – 즉 이것은 단순히 그분의 지상 생활을 따름으로써(후대의 경건의 "모방") 그분을 닮아야 하는 인간으로서의 그리스도의 삶이 아니다. 참조. Dahl, *Jesus*, 34, 35, 그리고 Martin, *NCB*, 112. 그리스도께서 우리를 용서하셨으므로 우리도 서로 용서해야 한다. 퀴리오스(*κύριος*, "주님")는 보다 잘 입증된 독법이며(위를 보라), 하나님보다는 그리스도 자신을 가리킨다(Lohse, 148; Ernst, 228에서는 이에 반대함. 그리고 Merk, *Handeln*, 211에서는 퀴리오스〈*κύριος*〉가 하나님을 가리킨다는 입장을 지지하면서 1:10에 호소하고 있는데, 이는 옳지 않다). 어쨌든 이 단어는 단수로 표현되어 있는데, 주로 용서하시는 것으로 말해진 분이 하나님이시기 때문이다: 골로새서 2:13과 또 이와 평행구절인 에베소서 4:32은 "하나님이 그리스도 안에서 너희를 용서하셨다"고 말한다. 분명한 것은 그리스도의 능하신 화목케 하는 사역(1:22)이 죄사함이 제공되는 근거라는 것이다. 그리고 여기서 사도는 하나님의 우리에 대한 죄 용서와 우리의 다른 사람에 대한 용서가 긴밀하게 연결되어 있다는 예수님의 주장을 재진술하고 있다(참조. 주기도, 마 6:12; 눅 11:4).

14 마지막으로 "사랑"은 새 사람이 자신을 구별하는 옷의 일부분으로 입어야 하는 최고의 은혜다(아가펜〈*ἀγάπην*, "사랑"〉은 12절의 명령형 엔뒤사스데〈*ἐνδύσασθε*, "입어라"〉의 또 다른 목적어다). 만일 앞에 언급된 각각의 은혜가 하나님 혹은 그리스도의 특징으로 나타난다면, 하나의 용어 사전이 보여 주는 바와 같이 아가페(*ἀγάπη*, "사랑")는 특별히 더 그러하며, 그리스도의 성품을 너무나 분명히 반영하고 있는 사랑에 관한 이러한 진술을 지지하고 있는 고린도전서 13:4만을 가리킬 필요가 있을 것이다(Larsson, *Christus*, 221, 222). "이 모든 것 위에"(*ἐπὶ πᾶσιν δὲ τούτοις* – 에피 파신 데 투토이스)는 다른 "옷 품목 모두의 정상에"(Moule, 123. BDF, 항목. 235[3]; Robertson, *Grammar*, 605에서는 여기서 여격을 가지고 있는 전치사 에피〈*ἐπί*〉가 "게다가"를 의미한다고 동의한다)의 개념을 가지고 있다. 다른 곳에서 사도는 "사랑"이 믿음의 동기를 부여하는 능력이라고 주장한다(갈 5:6). 고린도전서 13:13에 따르면 사랑은 그리스도인의 최고의 은혜이며, 반면에 로마서 13:9, 10에서는 모든 계명이 한 계명 "네 이웃을 네 자신과 같이 사랑하라 하신 그

말씀 가운데 다 들었느니라"는 명령 안에 요약되어 있다고 본다. "사랑"은 율법의 완성(*πλήρωμα νόμου* – 플레로마 노무)인데, 그 이유는 사랑이 이웃에게 선만을 행하기 때문이다.

그러나 다음과 같은 설명적 문장 "이(사랑)는 온전하게 매는 띠니라"(*σύνδεσμος τῆς τελειότητος* – 쉰데스모스 테스 텔레이오테토스)는 무슨 뜻인가? (설명적 문구 호 에스틴〈*ὅ ἐστιν*, "이는〉은 하나의 특별한 관용어로서 선행사〈*ἡ ἀγάπη*, 헤 아가페〉 혹은 술어〈*σύνδεσμος*, 쉰데스모스〉의 성이나 수와 관계없이 사용되었다. Robertson, *Grammar*, 411, 703; BDF, 항목. 132[2]; 또한 1:24, 27; 2:10, 17을 보라). 쉰데스모스(*σύνδεσμος*, 무엇인가를 함께 묶는 "띠"〈BAG, 785〉가 골 2:19에서 몸의 힘줄에 대해 사용되었다)는 몇몇 사람에 의하여 앞의 12절에서 언급된 은혜를 모두 결합시키고 묶어서 그리스도인의 삶을 충만하게 하는 연결고리로 취급되어 왔다. 이것은 하나의 유기체를 이루도록 하기 위하여 다른 모든 덕목들을 연결시키는 "온전한 띠"(테스 텔레이오테토스〈*τῆς τελειότητος*, "완전의…"〉는 질적 혹은 묘사적 소유격으로 간주된다)라는 것이다. 이러한 노선을 옹호하는 주석가들은 피타고라스 학파가 "우정"(*φιλία* – 필리아)을 이와 똑같은 방식으로 보았다는 사실을 지적한다. 이것은 "모든 덕목들의 띠"(*σύνδεσμον… πασῶν τῶν ἀρετῶν* – 쉰데스몬…파손 톤 아레톤, *Epictet*, p. 208에 있는 Simplicius의 말; "덕의 띠"〈*σύνδεσμος ἀρετῆς* – 쉰데스모스 아레테스〉에 대해서는 Plato, *Polit* 310a 참조. Fitzer, *TDNT* 7, 859에서는 이것이 골 3:14과 유사성들을 가지고 있다고 주장한다. 또한 BAG, 785; Moule, 123, 124; Bruce, 281를 보라)로 불리면서 다른 어떤 기질보다 훨씬 더 귀한 것으로 인정받았다. 그러나 이것이 사도가 의미하는 말인지에 대해서는 의심스럽다. 다른 어느 곳에서도 그는 사랑을 다른 덕목들을 결합시키는 힘으로 보지 않았고, 이러한 사상은 사랑에 관한 다른 신약성경의 진술 가운데서도 발견되지 않는다. 게다가 성경 밖에 있는 같은 표현들의 적실성에 관해서 의문점들이 일어났다(Du Plessis, *Perfection*, 201에서는 바울이 사랑을 최고 혹은 지배적인 원리라고 생각했던 덕목 계급의 제1인자가 아니었다고 말한다. 참조. Percy, *Probleme*, 407, and Schmauch, 80-82). 결국 하나의 대안적 해석이 제공되었는데, 곧 "완전의…"(*τῆς τελειότητος* – 테스 텔레이오테토스)라는 소유격을 목적어 중에 하나로 보아 사랑이 완전으로 이끄는 "띠"를 의미한다는 것이다(A. Fridrichsen, "Charité et perfection. Observation sur Col. 3, 14," *SO* 19[1939] 41-45, Percy, *Probleme*, 407, Dibelius-Greeven, 44. 여러 사람들은 이 소유격을 목적어로 생각하지만 그 의미는 같다. 곧 "완전을 낳는 띠"다. BDF, para. 163, Turner, *Syntax*, 212, Delling, *TDNT* 8, 79, Du Plessis, *Perfection*, 201, Larson, *Christus*, 221. 충분한 논의를 위해서는 Schmauch, 80-82를 보라). 사랑은 회중의 각 지체들(앞에서 언급된 은혜들이 아님)을 그리스도의 몸으로 연합시키도록 묶어서(*τῆς ἑνότητος* – 테스 헤노테토스, "연합의…"; 그 이차적인 의미가 사도의 사고를 사로잡고 있었을지라도) 완전에 이르게 한다(Lohse, 149). 바울은 독자들의 연합된 삶에 관심을 두고 있으며, 그가 그들 앞에 제시하고 있는 완전은 편협한 개인주의적인 것이 아니다. 그것은 그리스도인들이 교제를 하는 가운데 서로간에 사랑을 나타내 줌으로써만 달성된다. 그분의 몸이 세워지는 것은 그리스도의 은혜들 가운데 하나인 이 사랑에 의해서다.

15 바울은 사랑으로부터 평강으로 넘어가며(엡 4:3에서는 사랑이 아닌 평강이 성령의 하나 됨이 유지되도록 하는 "띠"〈*σύνδεσμος* – 쉰데스모스〉다), 또한 그렇게 함으로써 본 장 9절 이하의 사상에서 중심적 위치를 차지했던 옛 사람과 새 사람이라는 모티프들을 떠나간다. 평강을 위한 기도는 바울 서신에서 자주 나타난다(예를 들어, 빌 4:7, "모든 지각에 뛰어난 하나님의 평강이 그리스도 예수 안에서 너희 마음과 생각을 지키시리라"; 참조. 서신의 인사말을 열고 닫는 부분〈위를 보라〉, 그리고 갈 6:16; 살후 3:16; 또한 롬 16:20; 고후 13:11; 빌 4:9; 살전 5:23; 그리고 Wiles, *Prayers*를 보라). 여기서 평강은 독자들이 서로간에 관계를 맺고 어울릴 때 그리스도의 평강이 그들의 삶을 완전히 주장하도록 권고(Lohse, 149가 주장하는 바와 같이)하고 있다(11, 13, 14절의 문맥을 보라). 독특한 문구 "그리스도의 평강"(*ἡ εἰρήνη τοῦ Χριστοῦ* – 헤 에이레네 투 크리스투)은 그분이 구현하고 있고 가져다 주는 평강을 지칭한다(참조. 요 14:27). "평강의 주님"(*κυριος τῆς εἰρήνης* – 퀴리오스 테스 에이레네스; 다른 곳에서 하나님은 "평강의 하나님"으로 불리신다. 롬 15:33; 16:20; 고전 14:33; 고후 13:11; 빌 4:9; 살전 5:23)으로서 그분은 믿는 자들에게 평강을 주신다(살후 3:16). 사실상 그분 자신이 그 평강이시다(엡 2:14).

"주장하다"(*βραβεύω* – 브라뷰오)는 신약성경에서 여기에만 나타나는데(골 2:18에서는 복합동사 카타브라뷰오〈*καταβραβεύω*, "비난하다"〉가 사용되었다) 원래 경기에서 상급을 주관하고 수여했던 심판관(*βραβευτής* – 브라뷰테스)의 기능을 가리켰다(이러한 증거는 주전 5세기 유리피데스 시대로부터 나온 것이다. 참조. Stauffer, *TDNT* 1, 637, 638, BAG, 146, Pfitzner, *Paul*, 155, Field, *Notes*, 196). 그러나 이 동사는 주로 "재판하다", "결정하다", "주관하다", "통치하다"라는 보다 일반적인 의미로 사용되었다는 사실을 보여 주는 상당한 증거가 있다(BAG, 146; 예를 들어, Field, *Notes*, 196를 보라. 이에 반대하여 Lightfoot, 221에서는 심판관으로서 행동하시는 그리스도의 평강에 대한 점을 강조한다: "결정과 상급 개념이 이 단어 가운데 두드러져 있다"). "너희 마음을"(*ἐν ταῖς καρδιαις ὑμῶν* - 엔 타이스 카르디아이스 휘몬)은 영혼의 사사로운 그리고 내적인 평강이나 혹은 영의 평화로운 기질을 가리키지 않는다. 그보다 "마음"은 관례적으로 의지, 감정, 사상 그리고 애정의 원천으로서 한 사람의 인격의 중심을 나타내는 구약성경의 의미로 사용되었다(참조. Behm, *TDNT* 3, 611-13, 2:2을 보라). 그리스도의 평강은 독자들이 서로간에 관계할 때 그들의 삶을 온전히 주장해야 한다(참조. D. Wiederkehr, *Die Theologie der Berufung in den Paulusbriefen*[Studia Friburgensia, NS 36; Freiburg, Schweiz: Universitätsverlag, 1963] 196; "너희 마음"(*ἐν ὑμῖν*)이란 문구는 16절에서 "너희 속에"란 문구로 다시 취급되고 있다). 그리스도 자신이 그들 가운데서 나타나고 다스리셔야 할 것이다.

"너희가 한 몸으로 부르심을 받았나니"(*εἰς ἕν και ἐκληθητε ἐν ἑνι σωματι* - 에이스 헨 카이 에글레데테 엔 헤니 소마티). 골로새 교인들이 그리스도의 평강으로(또한 복음을 통하여) 부르심을 받았다고 말해지고 있으므로, 후자의 표현은 새 사람이 지금 살고 있는 영역 혹은 공간을 지칭해야 한다. 그래서 포스터(Foerster, *TDNT* 2, 414)는 이것을 "믿는 자가 보호를 받은 한 왕국"으로 부른다(참조. Lohse, 150). 사실이 그러하듯, 이것은 구원과 거의 동의어다(Masson, 146, and E. Biser, "Die Idee des Friedens nach den paulinischen Gefangenschaftsbriefen," *GuL* 27 [1954] 165-70를 보라). "한 몸으로"(*ἐν ἑνι σωματι* - 엔 헤니 소마티)는 믿는 자의 부르심의 목적을 가리키지 않고 소명의 방식 혹은 양식을 가리킨다(Masson, 147, Schmauch, 82; 참조. Turner, *Syntax*, 264). 그들이 "한 단일체의 몸의 지체들로" 부르심을 받은 것은 그리스도의 평강으로의 부르심이다(Moule, 124). 이 문구는 정관사 "그"(*τῷ* - 토)나 그리스도에 대한 명확한 언급(*Χριστοῦ* 혹은 *αὐτοῦ* - "그의")을 포함하고 있지 않으므로, 그 그룹 곧 골로새에 있는 지역 회중의 단일성을 나타내는 "너희가 단 하나의 기관에 속하여 있으므로"(Moule, *Origin*, 76)를 우선적으로 의미하는 것으로 해석되어야 한다(Moule, *Origin*, 76, 77에서는 엡 2:15, 16의 평행적 구절을 유사한 방식을 따라 "단 하나의 몸 안에" 하나의 서로 밀착되어 있는 기관을 나타내는 것으로 해석한다). 따라서 하나님과 화목한 사람들(1:20, 21), 곧 그리스도를 통하여 그분과 화평케 된 사람들은 그들 자신 가운데 있는 평강을 나타내 보여야 한다. 그러나 공동체 생활에 대한 암시 이상의, 몸 비유에 대한 지나가는 말 이상의 언급이 들어 있는가? 대부분의 주석가들이 생각하는 바와 같이 바울이 그리스도의 몸이 이 기관임을 암시하고 있으며 평강의 장소로 묘사했다는 것은 가능하다(Ernst, 228에서는 평강과 몸이라는 모티프의 연결은 골로새서의 찬양⟨1:15-20⟩을 상기시켜 주는 것이라고 주장한다. 그리스도는 몸의 머리이시며 평강과 화목의 기관이시다. 그는 거기서는 세계적인 상황에서 나타난 모습이고, 여기서는 특별한 교회와 그 교회의 문제들을 위하여 현실적으로 묘사되어 있다고 주장한다). 그 안에서 남녀 모두가 서로 그리고 하나님과 화목되었다: 그것은 구속의 공간이다(Best, *Body*, 154; 참조. W. Bieder, *Die Berufung im Neuen Testament*, ATANT 38; Zürich: Zwingli, 1961, 77-79; Schweizer, 156에서는 앞의 몇몇 구절들⟨1:18, 24; 2:19⟩에 비추어 이 문구를 그리스도의 몸을 가리키는 것으로 이해하지만, 그는 그것이 단순히 그룹의 단일성을 가리킬 수 있다는 사실을 인정한다).

"또한 너희는 감사하는 자가 되라"(*καὶ εὐχαριστοι γινεσθε* – 카이 유카리스토이 기네스데). 또다시 본 서신에서 감사에 대한 언급이 갑자기 나타난다(참조. 1:3, 12; 2:7; 3:17; 4:2). 이 헬라어는 단순히 감사하는 태도나 혹은 감사의 의향을 – 비록 이 점이 분명히 포함되기는 했지만 – 가리키지 않는다(그래서 "감사하다"는 요점을 잘 파악한 것이 못된다). 바울 서신에서 유카리스테오(*εὐχαριστεω*)라는 단어 그룹은 통례적으로 감사로 외적인 표현을 하는 사의를 나타낸다. 바울 서신에는 감사의 공적인 면에 대한 강조가 들어 있다. 하나님께서 자기 아들 안에서 은혜롭게 행하신 일을 언급함으로써 다른 그리스도인들 역시 그분을 찬양하도록 자극 받게 되었다. 감사가 풍성한 만큼 하나님께서 그만큼 영광을 받으신다(고후 4:15; 참조. 1:11; 이 주제에 관해서는 P. T. O Brien, "Thanksgiving within the Structure of Pauline Theology," *Pauline Studies in Honour of Professor F. F. Bruce*, ed. D. A. Hagner and M. J. Harris[Grand Rapids: Eerdmans, 1980] 50-66를 보라). 이 일반적인 권면을 볼 때(참조. 17절; 15b절이 문답식 교육의 다음 주제로 가는 일종의 주해⟨제명⟩라는 입장에 관해서는 아래 부분을 보라) 감사가 그리스도인의 삶에서 필수적인 부분이라는 사실이 명백해진다(유카리스토스⟨*εὐχάριστος*, "감사하는"⟩는 헬라어 성경에서 이 곳과 잠 11:16에만 나온다. Meyer, 446에 따르면 에스테⟨*ἐστε*, "있어라"⟩가 아닌 명령형 기네스데⟨*γίνεσθε*, "되어라"⟩는 "이 고상한 목표를 아직 달성하지 못한 어떤 것으로 지속적으로 추구하는 일"에 주의를 집중시키고 있다. 사실상 하나님을 향하여 정규적으로 감사드리는 일은 그리스도인이 되는 것과 거의 동일한 것이다(A. Hamman, *La Prière. I. Le Nouveau Testament*[Tournai: Desclée, 1959] 291, 292를 보라). 대조적으로, 하나님에 대한 지식에 관해 미숙한 자료들을 소유하고 있는 이방인들은 그분의 피조물들로서 자기들의 창조주이신 그분에게 영광과 감사를 돌리려는 경향이 있었다(롬 1:21). 즉 그분의 주재권을 인정하고 감사하고 복종하며 살려는 경향이 있었다. 그러나 그들이 소유한 지식이 이끌어 내야 했던 그 감사가 없었고(참조. 마지막 날에 있을 사람들의 성품을 묘사하고 있는 딤후 3:2의 "감사치 않은"〈ἀχαριστοι – 아카리스토이〉), 원래 가졌던 하나님의 형상이 손상되었다(Merk, *Handeln*, 213). 이 곳 15절에는 감사의 근거들이 나타나 있지 않지만, 앞에서 본서의 독자들은 흑암의 권세에서 구원하여 그의 사랑의 아들의 나라로 들어가게 하신 일로 인하여 하나님을 찬양하라고 권고를 받은 바 있다(1:12-14). 바울 서신의 다른 곳에서는 감사의 근거들이 다양하지만 그리스도 안에서 복음으로 말미암아 구원을 가져다 주시는 하나님의 능하신 일을 크게 강조하고 있다. 창조에서 하나님의 활동은 때때로 감사 표현의 근거로 언급되었다(참조. 롬 1:21 그리고 음식에 대한 감사: 롬 14:6; 고전 10:30; 딤전 4:3, 4). 그러나 바울의 언급들은 대다수가 그리스도 안에서 주어진 하나님의 은혜라는 문맥 가운데 들어 있다(고전 1:4; 참조. 고후 9:15 그리고 8:9과 함께; 롬 1:8; 고후 1:11; 엡 1:16; 빌 1:3 등). 골로새서 3:15에서 그 몸에 참예한 사람들에 대해 되풀이하여 가르쳐진 그러한 감사가 독자들이 "시와 찬미와 신령한 노래를 부르는"(16절) 것과 같이 드려질 것이다. 그러나 감사가 "범사에"(ἐν παντι – 엔 판티, 살전 5:18) 드려져야 하는 것처럼 이렇게 연합된 경우에만 해당되지 않고(17절에서 아버지 하나님에 대한 감사는 모든 활동이 동반되어야 한다), 하나님의 성령으로 충만히 받은 사람들의 적절한 반응이다(엡 5:18-20).

16 골로새인들은 그리스도의 평강이 그들의 삶을 주관하게 하라는 권면을 받았던 것처럼(15절), 이제 그리스도의 말씀(호 로고스 투 크리스투〈ὁ λόγος τοῦ Χριστοῦ〉는 헤 에이레네 투 크리스투〈ἡ εἰρηνη τοῦ Χριστοῦ, "그리스도의 평강"〉와 평행이 되어 있다)이 그들 가운데 풍성하게 거하도록 하라고 권면을 받는다. "그리스도의 말씀"(ὁ λογος τοῦ Χριστοῦ – 호 로고스 투 크리스투)이란 표현은 여기서 "그 말씀"(ὁ λόγος – 호 로고스, 4:3), "하나님의 말씀"(ὁ λόγος τοῦ θεοῦ – 호 로고스 투 데우, 1:25) 혹은 "주의 말씀"(λόγος κυρίου – 로고스 퀴리우, 살전 4:15; 살후 3:1) 대신 사용되었다. "하나님의" 혹은 "주님의"로부터의 변화는 골로새 교인의 상황으로 인한 것일 수도 있다. 이러한 표현은 분명히 그리스도의 인격

과 사역에 대해 강조하고 있는 이 편지의 나머지 부분과 어울린다(von Soden, 64; Abbott, 290). "그리스도의"(*τοῦ Χριστοῦ* – 투 크리스투)라는 소유격적 표현은 그 말씀이 선포될 때 그리스도 자신이 화자시라는 사실을 암시하면서 주어가 될 수도 있는 반면에(참조. Lightfoot, 222, Meyer, 447, Bruce, 283), 이 문구는 그리스도에게 중심을 두고 있는 메시지 곧 에바브라가 처음으로 그들에게 복음을 전파한 때부터 골로새 교인들에게 와서 그들의 삶 속에 굳건히 자리를 차지했던 진리의 말씀 혹은 복음의 말씀(*ὁ λόγος τῆς ἀληθείας τοῦ εὐαγγελίου* – 호 로고스 테스 알레데이아스 투 유앙겔리우, 1:5; 참조. 갈 1:7; 고전 9:12; 고후 2:12)을 가리키는 목적어일 것이다. 그러한 말씀은 규범적이면서도 그들의 삶을 지배해야 한다.

그 말씀은 그들 안에 풍성히 거해야 한다. 에노이케오(*ἐνοικέω*, "안에 살다", "안에 거주하다", "내주하다"; BAG, 267)는 신약성경에서 상징적 의미로만 나타난다(여섯 번 출현하는 경우 모두 바울 서신에 나타난다). 그렇게 하여 하나님 자신이 자기 백성 가운데 거하시게 될 것이며(고후 6:16은 레 26:11, 12을 인용하고 있음), 성령께서 신자들 가운데 거주하신다(롬 8:11〈참조. 9절〉; 딤후 1:14; 참조. 고전 3:16). 그리스도의 말씀뿐만 아니라 믿음(딤후 1:15) 역시 하나님의 백성 가운데 거주하시는 것으로 말해질 수 있다(내주하는 죄와 관련된 롬 7:17과는 대조적으로). 엔 휘민(*ἐν ὑμῖν*, "너희 안에")은 "너희 마음속에"(Lightfoot, 222에서는 이 진술을 "내적인 모니터로서 그리스도의 임재"를 가리키는 진술로 이해한다), "너희 가운데"(Masson, 147; 참조. Schrage, *Einzelgebote*, 91) 혹은 "너희 안에", 말하자면 "그 말씀이 영속적인 활동과 다스림의 본거지로서 자리를 가지고 있는 하나의 집에 비유되는 너희 교회 전체 가운데"를 의미하는 것으로 취급되어 왔다(Meyer, 448; 참조. Abbott, 290). 브루스(Bruce, 283)는 바울이 너무나 강력하게 "너희 안에"(개인 그리스도인) 아니면 "너희 가운데"(그리스도인 공동체)라는 대안에 고정되기를 원하지는 않았을 것이라고 주장한다. 그러나 그는 "만일 이 둘 중 하나를 받아들여야 한다면, 문맥에 비추어 볼 때 집단적 의미가 더 나은 것으로 보인다"고 덧붙인다. 플루시오스(*πλουσίως*, "풍성히", "풍부하게")는 말씀의 내주의 방법을 묘사한다. 서신들 가운데 다른 곳에서 이 부사는 하나님의 은혜롭고 풍성한 은사의 부여를 묘사하고 있는 진술에서 발견된다: 디모데전서 6:17에서 이 단어는 "이 세상에서 부유함"과 대조되게 "우리에게 모든 것을 후히(*πλουσίως* – 플루시오스) 주사 누리게 하시는 하나님"에 대해서 사용된다. 디도서 3:6에서는 "성령을 우리 구주 예수 그리스도로 말미암아 우리에게 풍성히(*πλουσίως* – 플루시오스) 부어 주사"라고 되어 있는 한편, 베드로후서 1:11에서는 "우리 주 곧 구주 예수 그리스도의 영원한 나라에 들어감을 넉넉히(*πλουσίως* – 플루시오스) 너희에게 주시리라"고 되어 있다. 이 곳 골로새서에서 "풍성히"(*πλουσίως* – 플루시오스)는 하나의 권고 속에서 나타난다. 즉 복음이 그들의 삶 가운데서 그 은혜롭고 영광스러움을 나타내는 것이다. 만일 엔 휘민(*ἐν ὑμῖν*)의 이중적 의미("너희 안에"와 "너희 가운데")를 고려한다면, 이 풍성한 내주는 그들이 함께 모여 그들에게 전파되고 설명될 때 그리스도의 말씀에 귀를 기울여 듣고(Schrage, *Einzelgebote*, 91, Ernst, 229, *Schweizer*, 157를 보라) 그 권위에 복종할 때 일어날 것이다. 이러한 방법을 통하여 그리스도의 통치가 그들의 삶 속에서 시행될 것이다. 하나님의 성령이 믿는 자들 가운데 내주하는 것처럼(롬 8:9, 11; 딤후 1:14; 참조. 고전 3:16) "그리스도의 말씀"도 그들 가운데 풍성히 거하여 큰 축복을 가져다 주어야 할 것이다(참조. Ernst, 229, Lohse, 150).

"모든 지혜로 피차 가르치며 권면하고"(*ἐν πάσῃ σοφίᾳ διδάσκοντες καὶ νουθετοῦντες ἑαυτούς*… – 엔 파세 소피아 디다스콘테스 카이 누데툰테스 헤아우투스). 하나님의 말씀이 골로새 교인들 가운데 풍성히 거하는 것처럼 그 말씀의 활동을 통하여 그들은 "모든 지혜로 피차 가르치며 권면하고 시와 찬미와 신령한 노래를 부르며 마음에 "감사함으로 하나님을 찬양"할 것이다(이 길다란 문장은 앞의 내용에 대한 형식상의 설명을 제공한다. Meyer, 448). "가르치며 권면하고"(*διδάσκοντες καὶ νουθετοῦντες* – 디다스콘테스 카이 누데툰테스; 어떤 주석학자들은 이 종속 분사들이 명령적 의미와 함께 나타난다고 생각한다. Lightfoot, 222, Lohse, 150 등; 만일 그것들이 참으로 분사들로 취급된다면 주어 호 로고스 투 크리스투〈*ὁ λόγος τοῦ Χριστοῦ*, "그리스도의 말씀"〉에 뒤따라오는 주격 복수들은 의미에 따라 구성되었다〈Turner, *Syntax*, 230, 참조. Meyer, 448〉. 그리고 2:2에 있는 유사한 경우를 보라 – 어느 경우든 모든 지혜로 가르치고 권하는 것은 말씀의 내주로부터 생겨난다. 참조. Delling, *TDNT* 8, 498, Ernst, 229, Dunn, *Jesus*, 237)는 앞에서 바울과 그의 동역자들의 활동으로 언급된 바 있는데, 이는 그리스도를 주님으로 공적으로 선포하는 일이 효과가 나타나는 것은 그러한 가르침과 권면으로 말미암기 때문이다(1:28을 보라). 그러나 여기서 서로 가르치고 권하는 자들(헤아우투스〈*ἑαυτούς*, "너희 자신들"〉는 실질적으로 두 분사를 함께 묶는 상호 의미로 재귀적인 알렐루스〈*ἀλλήλους*, "너희 서로"〉와 다르지 않다〈Robertson, *Grammar*, 690, BDF, para. 287, Turner, *Syntax*, 43〉)은 회중의 지체들이다(Behm, *TDNT* 4, 1022〈참조. 롬 15:14;

살전 5:14〉을 포함하여 대부분의 주석가들이 이렇게 주장한다. 그러나 Schrage, *Einzelgebote*, 137에서는 이에 반대한다). "모든 지혜로"(*ἐν πάσῃ σοφίᾳ* – 엔 파세 소피아)란 문구는 가르치고 권면하는 일이 일어나야 하는 방법(비록 Lightfoot, 221, 222에서 1:9; 엡 1:8; 5:18, 19에 근거하여 이 문구를 앞 문장과 함께 취급해야 한다〈참조. AV, RV〉고 주장했지만, 가르치고 권면하는 일이 모든 지혜 가운데서 일어난다고 하는 1:28의 의미에 의하여 다른 대안이 더 나으며, 또한 이것이 "은혜로 혹은 감사함으로 하나님을 찬양하고"〈*ἐν χάριτι ᾄδοντες* – 엔 카리티 아돈테스〉와 균형을 이룬다. ARV, RSV, NEB, NIV가 이같이 번역한다. 참조. Bruce, 283, Lohse, 151, Schweizer, 157), 말하자면 사려 깊고 재치 있는 방법(Bruce, 283; 또한 Bratcher and Nida, 90를 보라)을 의미하는 뒤따라오는 문구에 덧붙여진다.

지혜(*σοφία* – 소피아) 모티프는 골로새서에서 여러 경우에 나타난다. 그래서 바울은 골로새 교인들이 하나님의 뜻에 대한 지식으로 채워지도록 기도하고, 그 뜻의 인식은 모든 지혜(*ἐν πάσῃ σοφίᾳ* – 엔 파세 소피아) 그리고 영적 차원에서 모든 종류의 지식 가운데 내재한다(1:9). 1:28에서 사도의 권면과 가르침의 사역은 "모든 지혜 가운데서"(*ἐν πάσῃ σοφίᾳ* – 엔 파세 소피아) 효과가 나타난다. 그리스도 안에 지혜와 지식의 모든 보화들이 감추어져 있고(2:3), 반면에 거짓 교사들이 제출했던 금기 사항들은 지혜의 모양만을 가지고 있는 단순한 인간의 고안물이었다(2:23, *λόγον⋯σοφίας* – 로곤⋯소피아스). 4:5에서 "지혜"는 그리스도인이 회중 밖의 사람들을 대함에 있어서 실천적이고 실질적인 행위와 관계가 있다. 이 곳 3:16에서 "모든 지혜"(*ἐν πάσῃ σοφίᾳ* – 엔 파세 소피아)란 문구는 1:28에서처럼 지혜에 대한 이단의 주장과 대조되어 있을 가능성이 있다. 동시에 바울이 앞에서 기도한 이 참된 지혜는 그 자체가 실질적인 방법으로 나타난다: 가르침과 권면이 사려 깊고도 재치 있는 방법으로 제공된다는 것이다.

"시와 찬미와 신령한 노래"(*ψαλμοῖς, ὕμνοις, ᾠδαῖς πνευματικαῖς* – 프살모이스, 휨노이스, 오다이스 프뉴마티카이스). 이 상호 교육과 경고는 "시와 찬미와 신령한 노래라는 수단을 통하여" 일어나야 한다. ARV는 이 문장을 이러한 노선을 따라 강조하고 있으며(참조. AV와 RV), RSV는 헬라어 본문을 "그리고 너희가 시와 찬미와 신령한 노래를 너희 마음으로 하나님에게 감사와 더불어 부를 때"로 번역하여(참조. NIV) 이 세 개의 명사들을 뒤따라오는 분사 아돈테스(*ᾄδοντες*, "노래부름")와 연결시킨다. 이것은 어느 것이 정확한 해석인지가 분명치 않으며, 그래서 주석가들은 역본들이 다른 것처럼 나뉘어진다(예를 들어, Delling, *TDNT* 8, 498,

Lohse, 136, 151, Schweizer, 153, Barrels, *NIDNTT* 3, 675에서는 명사를 뒤따라오는 분사들과 연결시키고, 반면에 Meyer, 448, Lightfoot, 222, Percy, *Probleme*, 395, Bruce, 283, 284에서는 다른 대안을 택한다). 필자가 "시와 찬미와 신령한 노래"를 "피차 가르치며 권하고"와 연결시키는 것은 다음의 네 가지 이유로 인한 것이다. (a) 두 개의 분사절 "모든 지혜로 가르치며…"(*ἐν πάσῃ σοφίᾳ διδάσκοντες*… – 엔 파세 소피아 디다스콘테스…)와 "감사함으로(혹은 은혜로) 찬양하고…"(*ἐν* 〈*τῇ*〉 *χάριτι ᾄδοντες*…〈테〉 카리티 아돈테스…)는 각 문장의 앞에 있는 전치사구(모두 엔〈*ἐν*, "안에"〉으로 시작함)와 그 직후에 뒤따라오는 분사들과 대칭적으로 균형으로 이룬다(참조. Meyer, 448). 이와 반대로 프살모이스…(*ψαλμοῖς*…, "시와…")를 뒤따라오는 내용에 덧붙이는 다른 대안은 마지막 분사절에 대해 지나치게 무게를 더해 준다(Bruce, 284에서 이에 대해 비평함). (b) RSV는 "노래부름"(*ᾄδοντες* – 아돈테스, NIV) 앞에 "그리고"의 삽입을 필요로 하지만, 이것은 원본에는 나타나지 않는다(참조. Schweizer, 157, against Delling, *TDNT* 8, 498). (c) 에베소서 5:19에 있는 평행적 본문(흥미롭게도 RSV는 이 본문을 "서로 시와 찬양과 신령한 노래로 말하면서〈*λαλοῦντες* – 랄룬테스〉, 너희 온 마음으로 주님에게 노래하면서 그리고 멜로디를 울리면서"로 번역하는 것으로 만족한다)은 우리의 해석과 같은 일반적인 의미를 제공한다. (d) 서로간의 가르침과 권면은 이러한 시와 찬미와 신령한 노래 속에서는 일어나지 않을 것이라는 반대는 타당하지 않다. 만일 사도가 교회 모임 가운데서 상호 교훈을 위하여 응답송이나 혹은 독창을 염두에 두었다면(Bruce, 284) 서로간의 가르침과 권면은 당연히 가능했을 것이다. 더 나아가서 신약성경의 찬송가에 대한 최근의 연구 결과(1:15-20의 참고서적을 보고, 또한 R. P. Martin, "Approaches to New Testament Exegesis," *New Testament Interpretation. Essays on Principles and Methods*, ed. I. H. Marshall[Exeter: Paternoster, 1977] 235-41 American edition (Grand Rapids, MI: Eerdmans, 1977를 보라)는 초대 교회 그리스도인의 찬송 가운데 교훈적 그리고 권고적 요소가 특징을 이루었다는 사실을 입증해 주었다.

이 세 개의 "시", "찬미", "신령한 노래" 각 단어들 사이의 명확한 구별은 가능하지 않다(최근의 대부분의 주석가들이 그렇게 주장함. 참조. Schlier, *TDNT* 1, 164, 그리고 Lohse의 논문, 151; Lightfoot, 222, 223는 이에 반대한다). 프살모스(*ψαλμός*, "찬미의 노래", "시", BAG, 891; 참조. Delling, *TDNT* 8, 489 503; Bartels, *NIDNTT* 3, 668-76)는 누가에 의해 구약성경의 시편에 대해 사용되었으나(눅 20:

42; 24:44; 행 1:20; 13:33) 이것이 보다 일반적으로 찬양의 노래에 대해 사용되었는데(고전 14:26; 엡 5:19), 구약성경의 시편들은 아마도 영적 모델로 간주되었을 것이다("〈머리를〉 뽑다", 활줄을 "퉁기다" 그리고 하프를 "타다" 혹은 어떤 다른 현악기를 "타다"라는 프살로〈*ψάλλω*〉의 원 의미에 근거하여 몇몇 사람은 프살모스〈*ψαλμός*〉가 필연적으로 현악기를 동반하여 부른 노래를 의미했다고 생각했다. 그러나 이러한 제한은 불필요하다. 참조. Bruce, 284; Delling, *TDNT* 8, 499). 고린도전서 14:26에서 프살모스(*ψαλμός*)는 새로 만들어진 단어로서 성령으로 말미암아 터져 나온, 그리고 회중의 한 사람이 기뻐하면서 감사하며 부른 "찬양의 노래"일 수도 있다. 바르텔즈(Bartels, *NIDNTT* 3, 671, 672)는 그러한 찬양의 노래가 "반복된 의식상의 단편들과 함께 자유로운 문장을 내포하고 있었을 것이며…, 또한 새로운 그리스도인의 노래들(이것들은 구약성경의 시편과 후기 유대주의의 시들의 모델이 되었을 수 있다), 이를테면 계시록의 여러 노랫말들을 통해서 알고 있는 바와 같은 것들을 포함하고 있었을 것이다"라고 주장한다. 성경 문서 가운데 일반적 단어인 휨노스(*ὕμνος*)는 "축제의 찬양 찬송"을 나타내지만(LXX 사 42:10; 마카비1서 13:51; 참조. 행 16:25; 히 2:12) 신약성경에 출현하는 두 번의 경우(이 곳과 엡 5:19) 중에서 이 단어는 하나님 혹은 그리스도에 대한 찬양의 표현을 가리킨다. 오데(*ᾠδή*, "노래", BAG, 895)는 신약성경에서 하나님의 행위가 찬양을 받고 영광을 받으시는 노래에 대해서 사용되었다(참조. 계 5:9; 14:3; 15:3). 비록 이 단어들 사이를 확고하게 구별지을 수 없고, 또한 신약성경의 찬양에 대해서 차이가 나는 단어들을 근거로 하여 정확한 분류를 할 수도 없지만(Delling, *TDNT* 8, 499, 그리고 *Worship in the New Testament*. Tr P. Scott[London: Darton, Longman and Todd, 1962] 86, 87, and Martin, *NCB*, 116) 이 세 개의 "시", "찬미", "노래"라는 단어들은 함께 "성령께서 감동하시는 모든 범위의 노래"를 묘사한다(Lohse, 151; 헬라어 용법과 일치하는 형용사 프뉴마티카이스〈*πνευματικαῖς*, "성령으로 자극된"〉는 마지막 단어 오다이스〈*ᾠδαῖς*, "노래들"〉와 문법적으로 어울리는 반면에 세 개의 모든 단어를 가리킨다). 그리스도의 말씀이 공동체의 지체 가운데 내주하고 그들을 주장하는 것처럼, 그들 역시 성령의 감동을 받은 시와 찬미와 노래로 가르치고 권면한다(정확한 음악적 형태가 무엇인지에 대해서는 W. S. Smith, *Musical Aspects of the New Testament*[Amsterdam: Have, 1962]를 보라).

"(너희의) 마음에 감사함으로 하나님을 찬양하고"(*ἐν* "*τῇ χάριτι ᾄδοντες ἐν ταῖς καρδίαις ὑμῶν τῷ θεῷ* – 엔 〈테〉 카리티 아돈테스 엔 타이스 카르디아이스 휘몬 토 데오). 이 문장은 그리스도의 말씀이 풍성히 내주하는 또 다른 결과를 설명하고 있거나(Meyer, 450에서는 이 문장이 선행사와 동격으로 취급되는 이러한 해석을 선호한다) 혹은 앞에 언급된 가르침과 권면을 동반해야 하는, 다시 말해서 골로새 교인들이 서로간에 시와 찬미와 성령에 감동된 노래로 가르치는 것처럼 그들이 또한 온 마음을 다하여 하나님에게 감사의 노래를 불러야 하는 태도나 기질을 나타낼 수도 있다[이러한 입장에서 볼 때 분사절 엔 (테) 카리티 아돈테스(*ἐν* 〈*τῇ*〉 *χάριτι ᾄδοντες*, "감사함으로 찬양하고")는 앞의 내용에 종속된다; von Soden, 64; Abbott, 292의 논의를 보라]. 확실히 말하기는 어렵지만, 이것이 노래부름과 노래를 통하여 가르침을 연결시켜 주고 있으므로 우리는 후자를 선호한다. 만일 분사절이 동격이었다면 카이(*κιά*, "그리고)가 삽입되었어야 했을 것이다. 문맥을 볼 때, 그것을 동반해야 하는 교육과 기질이 모두 말씀의 풍성한 내주로부터 나타난다.

엔 (테) 카리티(*ἐν τῇ χάριτι*, "감사함으로")는 "감사함으로"(즉 감사를 가지고), "(하나님의) 은혜로" 혹은 "(하나님의) 은혜(영역) 안에서"(참조. Moule, 125, 126)를 의미할 수 있으며, 관사 테(*τῇ*, "그")가 있느냐 없느냐는 문제는 필사본들이 나누어져 있어서 문제를 결정할 수 없다(Moule, 125, 126, and *RevExp* 70, 1973, 493; 이에 반대하여 Lohse, 152에서는 정관사가 카리스〈*χάρις*〉를 "믿는 자에게 생명을 주시는 하나님의 은혜의 부여"로 설명해 준다고 주장한다). 엔 (테) 카리티(*ἐν* 〈*τῇ*〉 *χάριτι*)란 문구는 독자들에게 솔라 그라티아(sola gratia, "오직 은혜")를 상기시켜 주는데, 이것은 존재의 유일한 근거요 그리스도인의 생명이 존재하고 발전할 수 있는 영역을 창조한다(참조.. Dibelius-Greeven, 45; Schmauch, 82). 이 각각의 번역문들은 카리스(*χάρις*, "은혜"; 참조. BAG, 877, 878; Schweizer, 158)의 의미들의 범위에 포함되며, 아마도 그것들 사이를 너무 날카롭게 구별하지 말아야 할 것이다. 그러나 감사에 대한 언급은 15-17절에 나타나는 이 단락에서 중요한 주제다. 감사, 곧 하나님의 은혜에 대한 우리의 정당한 반응인 감사를 또다시 의중에 두고 있을 가능성이 있다. 엔 타이스 카르디아이스 휘몬(*ἐν ταῖς καρδίαις ὑμῶν*)은 마치 사도가 "너희의 목소리로"와 대조되는 묵상 예배(silent worhip)에 대해서 말하고 있는 것처럼 어떤 내적인 기질을 설명하지 않는다. 15절에서처럼 카르디아(*καρδία*, "마음")가 한 사람의 전인을 가리키기 위하여 사용되었다. "사람은 입술로만 하나님을 찬양하지 말아야 할 것이다. 전인이 찬양의 노래로 충만되어야 할 것이다"(Lohse, 151).

17 여러 가지 지시를 담고 있는 이 단락은 범위에 있어서 우주적이고 또한 삶의 모든 면을 포함하고 있는 하나의 권면 가운데 요약되어 있다(참조. Bujard, *Untersuchungen*, 98). 로마여(Lohmeyer, 151)가 말하는 바와 같이, 이것은 결코 "특징이 없는" 것이 아니다. 신약성경에는 이와 같이 포괄적인 소수의 권면들이 있다(참조. 고전 10:31, "그런즉 너희가 먹든지 마시든지 무엇을 하든지 다 하나님의 영광을 위하여 하라"). 모든 행동은 주 예수에 대한 순종 가운데서 행해져야 하며, 그분을 통하여 하나님께 드리는 감사가 동반되어야 한다. 만일 독자들의 삶 속에 그리스도의 말씀이 풍성히 거하는 것이 골로새 교인들이 하나님께 감사의 노래를 부를 때 상호간의 가르침과 권면 가운데 나타나야 한다면, 그것은 또한(*καί* – "그리고") 이러한 포괄적인 방법으로 이 활력 넘치는 임재를 보여 주어야 할 것이다.

"또 무엇을 하든지 말에나 일에나"(*πᾶν ὅ τι ἐὰν ποιῆτε ἐν λόγῳ ἢ ἐν ἔργῳ* – 판 호 티 에안 포이에테 엔 로고 에 엔 에르게). "또 무엇을 하든지 말에나 일에나"는 수사학적으로 강조적인 곳에 위치해 있고, 또한 구문론적으로 독립적인 위치에 있는 절대형 주격이다(참조. Meyer, 452, 453; Abbott, 292; Lohmeyer, 151). "무엇이든지"라는 표현(판 호 에안〈*πᾶν ὅ τι ἐάν*〉은 K. Beyer, *Semitische Syntax im Neuen Testament*[SUNT 1; Göttingen: Vandenhoeck und Ruprecht, 1962] 169, BDF, para. 466[3]와 Lohse, 152에 따르면 셈족어구다)이 이 문장을 이끌고 있으며, 주절을 시작하고 있는 "모든"(*πάντα* – 판타)이란 단어로 다시 취급되고 있다. 이런 방식으로 그리스도인의 삶 전체가 주 예수에 대한 순종 가운데 생활화되어져야 한다는 요점을 강하게 잘 인식시키고 있다. "말에나 일에나"(*ἐν λόγῳ ἢ ἐν ἔργῳ* – 엔 로고 에 엔 에르게)는 첫 번째 단어 "모든"(*πᾶν*, 판)이라는 단어를 설명하고 있으며, 그리하여 이 권면이 예배라는 상황에만 제한되지 말아야 한다는 사실을 분명히 하고 있다(이 포괄적 권면 속에는 "말"과 "행동"의 의미가 "설교"하고 주의 성만찬을 거행하는 의식상의 관행에 제한되어야 한다는 의도가 포함되어 있지 않다). 자신의 모든 행동에 있어서 믿는 자는 "영적 예배"가 되도록 해야 한다(롬 12:1, 2. 참조. E. Käsemann, "Worship in Everyday Life: a note on Romans 12," *New Testament Questions of Today*, 188-95).

"다 주 예수의 이름으로 하고"(*πάντα ἐν ὀνόματι κυρίου Ἰησοῦ* – 판타 엔 오노마티 퀴리우 예수). 이 분사절에는 동사가 삽입되어야 하지만, 그 삽입된 단어가 명령형 포이에테(*ποιεῖτε*, "하라")가 되어야 한다는 사실이 문맥을 통하여 드러난다(그래서 대부분의 주석가들은 올바르게 그것이 분사형 포이운테스〈*ποιοῦντες*〉

를 가리킨다고 생각한다). 그렇다면 뒤따라오는 유카리스툰테스(*εὐχαριστοῦντες*, "감사하라")가 명령형에 종속된다. "주 예수의 이름으로"(*ἐν ὀνόματι κυρίου Ἰησοῦ* – 엔 오노마티 퀴리우 예수)는 다른 곳에서 세례 문맥 가운데 사용되었다(행 10:48). 예수 안에서 계시된 구원의 모든 내용은 그분의 이름 안에 포함되어 있다(행 4:12; 고전 6:11). 예수님의 이름, 즉 그분의 메시아적 사역에 대한 믿음(요 3:18)은 하나님의 명령이다. 그러므로 그 이름을 믿는 자는 누구나 죄사함을 받고(행 10:43; 요일 2:12) 영생을 얻었으며(요 20:21; 요일 5:13) 심판에 이르지 않는다(요 3:18). "예수의 이름으로"라는 공식 문구는 성령을 보내시는 하나님(요 14:26)과 감사의 제사(엡 5:20)와 관련하여 사용되었다. 예수의 제자들은 예수의 이름으로 이적들을 행하고 귀신을 쫓아내기도 했다(눅 10:17; 막 9:38, 39), 반면에 바울은 그분의 보내심을 받아 그분의 권위를 가진 사람으로서 주 예수의 이름으로 권면할 수 있었고(살후 3:6; 고전 1:10), 그분의 이름으로 판단했다(고전 5:4; Bietenhard, *NIDNTT* 2, 654; 좀더 자세한 사항에 관해서는 그의 논문 *TDNT* 5, 270-81를 보라). 이 곳 골로새서 3:17에서 브틴하르드가 적절하게 말하고 있는 바와 같이 "그리스도인의 삶 전체가 예수의 이름 아래 있다"(*TDNT* 5, 274. Lohse, 152, Martin, *NCB*, 117, 그리고 다른 사람들은 Rabbi Jose〈c.. a.d. 100〉의 말을 인용하면서 랍비 문서의 평행적 본문에 주의를 기울였다: "당신의 모든 행동이 하늘을 위한〈직역하면 하늘의 이름으로; Danby의 번역〉 행동이 되게 하라." 그리스도인이 되면서 신자는 예수를 주님으로 부르며(롬 10:9) 그리스도의 권위 아래로 들어간다. 그는 전적으로 그분에게 속한다. 그러므로 그가 말하거나 행하는 모든 것은 예수께서 자기 주님이시라는 사실에 비추어서 이루어져야 한다. 그의 행실은 예수님의 성품과 전적으로 일치해야 하며(Merk, *Handeln*, 214에서는 Schrage, *Einzelgebote*, 240, 241를 따라서 이 단수로 되어 있는 표현 "주 예수의 이름으로"가 역사적 예수를 가리킨다고 주장한다), 또한 이것은 그리스도의 말씀이 그 사람 안에 그리고 회중의 다른 지체들 안에 풍성히 거할 때 일어나게 된다(16절).

"그를 힘입어 하나님 아버지께 감사하라"(*εὐχαριστοῦντες τῷ θεῷ πατρὶ δι' αὐτοῦ* – 유카리스툰테스 토 데오 파트리 디 아우투). 감사가 그리스도로 말미암아 아버지께 드려지면서 모든 행실과 동반하여 드려져야 한다(이 문장은 "한편으로 동시에 감사를 드리면서"라는 한정적 내용을 동반하고 있다. 참조. Meyer, 453). 우리는 이미 골로새서의 다른 곳에서 감사가 아버지로서의 성품을 가지신 하나님에게 드려진다는 사실을 살펴본 바 있다(1:3, 12을 보라; 그리고 W. Marchel, *Abba,*

Père! La prière du Christ et des chrétiens. 2nd ed.[AnBib 19A; Rome: Pontifical Biblical Institute, 1971] 190-97를 보라). 또다시 이러한 찬양이 올라가지만, 여기서는 그것이 특별히 "주 예수로 말미암아"(디 아우투〈*δι' αὐτοῦ*, 즉 모든 이름이 그분의 이름으로 말해지고 행해지는 그분; 참조. 엡 5:20, "우리 주 예수 그리스도의 이름으로 항상 아버지 하나님께 감사하며"). 로제(Lohse, 153에서는 Oepke, *TDNT* 2, 68, 69를 따르고 있음)는 여기서 예수 그리스도께서 하나님에게 드려지는 감사의 중재자로 간주되고 있다는 개념을 거절하고("그리스도로 말미암아"라는 공식 문구는 요구에 관한 동사들과는 결코 연결되지 않는다는 근거에서) 이 문구가 "그리스도인의 삶 전체에 주는 그리스도의 본질적인 의미에 풍부한 표현을 제공한다"고 주장한다(Oepke, *TDNT* 2, 69; Lohse, 153에서 이를 인용함; 그는 또한 W. Thüsing, *Per Christum in Deum. Studien zum Verhältnis von Christozentrik und Theozentrik in den paulinischen Hauptbriefen.* 2nd ed.[NTAbh, NS 1; Münster: Aschendorff, 1969] 164-237를 인용하는데, Thüsing은 중요한 바울 서신들로부터 유사한 구절들을 따라 적절한 구절들을 연구해 나가고 있다). 그리하여 로제는 다음과 같이 주장한다. "그리스도께서는 신자들의 삶의 기초를 제공하고, 그들의 삶을 위한 목표를 설정해 주신다."

그러나 바울 서신들 가운데서 감사드림의 궁극적인 근거가 복음을 통하여 구원을 가져다 주시는 그리스도 안에 있는 하나님의 능하신 사역이라는 사실을 부정하려는 바람은 없지만(O Brien, *Studies*, 50-66, 특히 62), 그 근거는 여기에 진술되어 있지 않다(H. Greeven, *Gebet und Eschatologie im Neuen Testament*[Gütersloh: Bertelsmann, 1931] 180에서는 그 근거가 명확하게 진술되지 않은 바울의 감사에 대한 간략한 권면 형식은 가장 의미심장한 것이라고 생각한다). 만일 바울이 이것을 제공하려고 의도했다면, 우리는 그가 디 아우톤(*δι' αὐτόν*, "그로 말미암아", 즉 소유격적인 표현이 아닌 직접목적어 격인 디아〈*διά*, "…로 말미암아"〉를 썼을 것이라고 예상했을 것이다). 그 대신 "그를 통하여"(*δι' αὐτοῦ* – 디 아우투)는 그리스도께서 감사의 중재시라는 사실을 의미하는데, 이러한 개념은 로마서 1:8; 7:25(그리고 아마도 고전 15:57; 형제들을 권면하면서〈롬 5:30〉, 하나님 안에서 즐거워하는 일과 관련하여〈롬 5:11〉, "우리 주 예수 그리스도로 말미암아"와 같은 디아〈*διά*〉 구문들의 사용에 관해서는 W. Kramer, *Christ, Lord, Son of God.* Tr B. Hardy[SBT 50; London: SCM, 1966] 84-89; 참조. O Brien. *Introductory Thanksgivings*, 204-206를 보라)에 나타나 있다. 이것은 대제사장이신 그리스도께서 각각의 기도를 아버지께 드리거나 혹은 전달해 드리고 있었던 사실을 의미하는 것으로 이해해서는 안 되지만(O. Cullmann, *The Christology of the New Testament.* Tr S. C. Guthrie and C. A. M. Hall. 2nd ed.[London: SCM, 1963] 107: 1st American edition[Philadelphia: Westminster, 1959]. Kramer, *Christ*, 88에서는 바르게 말하기를 이 본문과 같은 권면 구절들은 승귀하신 주님이 하시는 "대제사장적 사역" 개념을 가지고 있지 않다고 한다. 참조. Deichgräber의 주석, *Gotteshymnus*, 40), 아버지의 존전으로 들어가는 문을 열어 놓으신 중재자이신 그분을 통하여 지금 하나님께 감사가 전달될 수 있다. 그리스도의 죽으심이 하나님께로의 직접적인 접근을 가로막았던 휘장을 찢어놓았으므로, 독자들은 확신을 가지고 이 감사의 일을 할 수 있었던 것이다(Harder, *Paulus*, 163-99에서는 "그리스도를 통하여"는 그리스도인의 기도, 특히 감사의 구별시키는 중요한 표시들 가운데 하나라고 주장했다).

해설

골로새 그리스도인들은 특권이 부여된 호칭들을 통하여 소개된다. 즉 그들은 하나님이 택하신 거룩하고 사랑하시는 자들이다. 다시 말하면, 그들은 하나님께서 자신을 위하여 구별지으시고 자신의 사랑을 부으신 그분의 택하신 백성들이다. 이러한 묘사는 구약성경에서 이스라엘 백성들에 대해서 사용되었을 뿐만 아니라, 신약성경에서는 그리스도 자신에 대해서 사용되었다. 그러므로 독자들이 그리스도와 유사하고 동등하다는 점이, 그들이 이미 새 사람을 입었다고 말해지는 문맥(10절)과 따라서 그리스도의 성품인 은혜를 입어야 한다는 문맥에서 강조되었다. 사실상 여기에 열거된 소위 다섯 개의 덕목들(5, 8절에 있는 두 개의 악행 목록들을 보라)은 다른 곳에서 하나님 혹은 그리스도를 수식하고 있다: "긍휼과 자비와 겸손과 온유와 오래 참음." 독자들이 입어야 하는 이 각각의 은혜들은 그들이 하나님의 선택받은 자로서 어떻게 다른 사람들, 특히 동료 그리스도인들을 대해야 할 것인지를 보여 주고 있다. 그들은 "오래 참음"으로 옷 입게 된 결과 계속적으로 피차간에 용납의 모습을 보여 주어야 한다. 더 나아가서 서로간의 그들의 관계는 상호 용서로 그 특징이 나타나야 한다. 주께서 그들을 거저 용서하심같이 서로간에 혐의(노여움)가 일어날 때 용서해야 한다. 사랑은 새 사람이 자기 자신을 다른 사람과 구별시키는 표시로서 입어야 하는 최상의 은혜인데, 그 이유는 사랑이 완전하게 만드는 띠이기 때문이다.

독자들이 서로 관계할 때 그리스도의 평강이 그들의 삶의 모든 면을 지배해야 한다. 다시 말해서, 평강의 주님이신 그리스도 자신이 그들 가운데 임재하시고 다스리셔야 한다. 그리고 골로새 교인들이 그리스도의 평강 속으로 부르심을 받았다고 말해지고 있으므로(곧 복음을 통하여) 그리스도의 평강은 새 사람이 지금 살고 있는 영역(평강)으로 지칭되어야 한다. 독자들은 또한 그리스도의 말씀 – 그리스도에게 그 중심을 맞추고 있는 복음 메시지 – 이 그들 가운데 은혜롭고 영광스러운 방법으로 거하게 하라고 권면받고 있다. 만약 이러한 일이 일어난다면 그 회중의 지체들은 신중하고도 재치 있게 서로간에 가르치고 권면할 것이다. 그러한 상호간의 교육과 권면은 골로새인들이 온 영혼을 다하여 하나님께 감사를 드릴 때 성령의 감화를 받은 시와 찬미와 노래들로 일어날 것이다.

권면을 하고 있는 이 단락은 그 범위가 우주적이면서도 삶의 모든 영역을 포함하는 권면 가운데 요약되어 있다. 모든 활동이 주 예수에 대한 복종 속에서 행해져야 하고 예수를 통하여 하나님께 감사드림이 동반되어야 한다. 만일 독자들의 삶 가운데 그리스도의 말씀의 풍성히 거하는 것이 골로새인들이 하나님께 감사할 때처럼 상호간의 가르침과 권면 가운데 드러나야 한다면, 역동적인 임재도 이러한 포괄적인 방법으로 보여 주어야 할 것이다.

12. 그리스도인 가정 내에서의 행실(3:18-4:1)

참고문헌

Austgen, R. J. *Motivation*, 116-20. **Crouch, J. E.** *The Origin and Intention of the Colossian Haustafel*. FRLANT 109. Göttingen: Vandenhoeck und Ruprecht, 1972. **Goppelt, L.** "Jesus und die 'Haustafel'-Tradition." *Orienterung an Jesus. Zur Theologie der Synoptiker. Für Josef Schmid*, ed. P. Hoffmann, with N. Brox and W. Pesch. Freiburg: Herder, 1973, 93-106. **Hinson, E. G.** "The Christian Household in Colossians 3:18-4:1." *RevExp* 70(1973) 495-506. **Kamlah, E.** "'Ὑποτάσσεσθαι in den neutestamentlichen Haustafeln." *Verborum Veritas. Festschrift für Gustav Stählin zum 70. Geburtstag*, ed. O. Bocher and K. Haacker. Wuppertal: Brockhaus, 1970, 237-43. **Lillie, W.** "The Pauline House-tables." *ExpTim* 86(1974-75) 179-83. **Martin, R. P.** "Virtue." *NIDNTT* 3, 928-32. **Merk, O.** *Handeln*, 214-23. **Rengstorf, K. H.** "Die neutestamentliche Mahnungen an die Frau, sich dem Manne unterzuordnen." *Verbum Dei manet in Aeternum. Festschrift für O. Schmitz*, ed. W. Foerster. Witten: Luther, 131-45. **Schrage, W.** *Einzelgebote*. ______. "Zur Ethik der neutestamentlichen Haustafeln." *NTS* 21(1974-75) 1-22. **Schroeder, D.** "Lists, Ethical." *IDBSup*,: 546, 547. **Schweizer, E.** *Text*, 195-209. ______. "Die Weltlichkeit des Neuen Testamentes: die Haustafeln." *Beiträge zur alttestamentlichen Theologie, Festschrift für Walther Zimmerli zum 70. Geburtstag*, ed. H. Donner, R. Hanhart and R. Smend. Göttingen: Vandenhoeck und Ruprecht, 1977, 397-413. **Zeilinger, F.** *Der Erstgeborene*, 68, 69.

본 문

18 아내들아 남편에게 복종하라 이는 주 안에서 마땅하니라	**18** Wives, be subject to your husbands, as is fitting in the Lord.
19 남편들아 아내를 사랑하며 괴롭게 하지 말라	**19** Husbands, love your wives and do not be embittered with them.
20 자녀들아 모든 일에 부모에게 순종하라 이는 주 안에서 기쁘게 하는 것이니라	**20** Children, obey your parents in all things for this is pleasing in the Lord.
21 아비들아 너희 자녀를 격노케 말지니 낙심할까 함이라	**21** Fathers, do not provoke your children, lest they become discouraged.

22 종들아 모든 일에 육신의 상전들에게 순종하되 사람을 기쁘게 하는 자와 같이 눈가림만 하지 말고 오직 주를 두려워하여 성실한 마음으로 하라

23 무슨 일을 하든지 마음을 다하여 주께 하듯 하고 사람에게 하듯 하지 말라

24 이는 유업의 상을 주께 받을 줄 앎이니 너희는 주 그리스도를 섬기느니라

25 불의를 행하는 자는 불의의 보응을 받으리니 주는 외모로 사람을 취하심이 없느니라

4:1 상전들아 의와 공평을 종들에게 배풀지니 너희에게도 하늘에 상전이 계심을 알지어다

22 Slaves, give entire obedience to your earthly masters, not with eye-service in order to please men, but with sincerity of heart as you reverence the Lord.

23 Whatever you do, work at it with all your heart, as working for the Lord not for men.

24 For you know that you will receive an inheritance from the Lord as a reward. Serve the Lord Christ.

25 For anyone who does wrong will be repaid for his wrong, and there is no favoritism.

4:1 Masters, treat your slaves justly and fairly, since you know that you too have a Master in heaven.

특별 부록 : 가족을 위한 규정

서론

골로새서 3:18-4:1은 아내들과 남편들, 자녀들과 아비들, 종들과 상전들에게 연속적으로 주어진 일련의 권면을 담고 있다. 이 단락은 어떤 접속사 없이 도입되었고 독립절, 자기 충족적인 권고 단위로 이루어져 있다. 루터는 이러한 가족 의무들의 배열을 "가족을 위한 규칙들의 목록"을 의미하는 하우스타펠른(Haustafeln)이라고 이름지었으나, 이것은 영어로 주로 "가족-법전"(house-table)으로 번역되었다. 그리스도인 가정 내에서 행동 양식을 관리하기 위하여 형성된 규칙들은 슈뢰더(Schroeder, *IDBSup*; 546, 참조. 그의 *Haustafeln*[Hamburg: unpublished doctoral dissertation, 1959])에 의하여 아주 적절하게 "신분-법전"(station-codes)으로 묘사되었는데, 그 이유는 그리스도인들이 삶에 있어서 그들의 신분에 따라 말씀을 받기 때문이다. 각 편이 거론되어 있으며(예를 들어, "아내들아"), 하나의 명령이 주어지고(명령형으로 되어 있는데, 예를 들어, "너희 남편들에게 복종하라") 또한 행동을 위한 동기가 진술되어 있다(예를 들어, "이는 주 안에서 마땅하니라"). 이와 같은 내용이 에베소서 5:22-6:9; 디모데전서 2:8-15; 6:1, 2; 디도서 2:1-10; 베드로전서 2:18-3:7 그리고 사도 시대 교부들의 글들(Did 4:9 11; Barn 19:5-7; 1 Clem 1:3; 21:6-9; Ignatius, *Poly* 4:1-6:2; Polycarp, *Phil* 4:2-6:1) 가운데 나타난다.

그러나 후자의 구절들 가운데 대부분의 내용에서(에 15:22-6:9은 예외) "가족-법전"의 독특한 표시인 상호 의무가 결핍되어 있고, 그것들은 가족 상황에서 나오지 않는다(Schrage, *NTS* 21[1974-75] 2 가족-법전〈*Haustafel*〉은 후자의 목록을 묘사하는 데 완전히 적절하지 않으며, 반면에 Schroeder, *IDBSup*, 546에서는 딤전 2:8-15; 6:1, 2; 딛 2:1-10; 클레멘트1서 21:6-9 등을 "교회-질서 규례들"로 분류한다). 그러므로 "가족-법전"이란 용어는 쌍으로 되어 있고 상호 의무들로 되어 있는 골로새서 3:18-4:1(참조. 에베소서 평행절)의 독특한 형태로 주어진 권면들에 한정되어야 한다(Lillie, *ExpTim* 86[1974-75] 180; 같은 이유로 인하여 Crouch〈*Origin*〉는 자신의 연구를 골로새서의 *Haustafel*에 제한하고 있다).

배경

신약 학자들은 "가족-법전"의 기원과 배경에 관하여 일치된 견해를 보이지 않았다. 다양하고도 논쟁적인 이론들이 한편으로 다른 곳에서 일찍이 기록되었던 윤리적 가르침과 양식상의 그리고 자료상의 유사성들을 설명할 수 없었고, 다른 한편으로는 가장 오래된 현존하는 "가족-법전"인 골로새서 3:18-4:1과의 의심할 수 없는 차이들을 설명할 수 없었다. 그래서 자신의 역사적 개요의 말미에서 크루취는 다음과 같이 결론지었다: "그리스도인의 '가족-법전'에 대한 역사적 연구는 막다른 골목에 처해 있다"(Crouch, *Origin*, 32). 다음은 보다 중요한 대안들 가운데 몇 가지 사항이다.

i. 헬라 법전

처음으로 배경 문제에 진지하게 관심을 가졌던 학자인 마틴 디벨리우스(Dibelius-Greeven, 48-50)는 그리스도인의 "가족-법전"의 기원이 헬라 시대, 특히 스토아 학파, 도덕 철학 가운데서 발견되어야 한다고 주장했다. "이것이 옳으니라"(*ἀνῆκεν* – 아네켄, 골 3:18), "(하나님을) 기쁘게 하는 것이니라"(*εὐάρεστον* – 유아레스톤, 20절)와 같은 중요한 표현들은 그것들이 스토아 학파의 문서 가운데서 자주 발견되었으므로 이를 지지하기 위하여 호소되었는 데 반하여 "주 안에서"(*ἐν κυρίῳ* – 엔 퀴리오, 20절)란 표현은 그리스도인이 첨가한 것으로서 느슨하게 붙어 있는 것으로 말해졌다.

디벨리우스의 제자인 바이딩게르(K. Weidinger)는 자기 스승의 가르침을 옹호하고 확대했다. 그는 "가족-법전"(*Haustafel*) 도식이 "기록되지 않은 법"(*νόμιμα ἄγραφα* – 노미마 아그라파)의 응용이었던 것으로 의무(*καθῆκον* – 카데콘)에 대한 스토아 학파의 개념에 근거했다고 설명했다: 신들에 대한 두려움, 부모들을 향한 영예, 죽은 자에 대한 정당한 돌봄, 친구들에 대한 사랑 그리고 나라에 대한 충성(참조. Weidinger, *Die Haustafeln: Ein Stück urchristlicher Paränese*[UNT; Leipzig: J. C. Hinrichs, 1928] 27-34, 41, 42). 스토아 학파, 헬라 유대주의 그리고 기독교 형태의 법전들 사이에 본질적인 차이는 없다. 여러 저자들은 일람표 형태로 되어 있는 비슷한 의무들을 언급하고 있다(예를 들어, Aristotle, *Pol.* 1, 2; Seneca, *Ep* 94; Plutarch, *LibEd 10*; Epictetus, *Dissertationes*, 2, 10, 3, 7). 임박한 파루시아에 대한 희미한 관심과 또한 그들이 세상과 타협할 필요가 있었던 그리스도인들에 의한 점증하는 의식이 그리스도인으로 하여금 그러한 개요를 채택하게 한 이유였다(디벨리우스에 의하면). 바이딩게르가 보기에는 비열광적, 비종말론적 근거에서 교회의 내적 생활을 단속할 필요가 있었다(*Haustafeln*, 9; 참조. Martin, *NIDNTT* 3, 931).

비록 이 이론은 대중의 인기를 차지하고 어떤 부류 가운데서는 공리적인 것이기는 했지만, 그리스도인과 비그리스도인 간의 내용에 있어서 상당한 차이와 다른 동기들 그리고 스토아적 글들에 있는 특별한 규정들의 유례 없는 배경을 고려하지 못했다. 후자의 본문들 중에서 지위들은 직접적으로 소개되지 않았고, 명령형이 사용되지도 않았다. 지위의 거론은 적절한 행동을 나타내는 데는 충분하다(참조. Schroeder, *IDBSup*, 546).

ii. 그리스도인의 법전

그리스도인의 법전 영역 중 또 다른 결론부에서 렝스토르프(K. H. Rengstorf, *Mann und Frau im Urchristentum*)는 그리스도인의 "가정-법전"을 독특하게 그리스도인의 것으로 설명하려고 노력했다. 그가 보기에 그리스도인의 "가정-법전"과 헬라와 유대인의 평행 본문들 간의 차이점들은 그것들이 비기독교인의 지시 부분들을 살짝 기독교화한 본문들이라는 결론을 거부한다. "가정-법전"에서는 말씀을 받은 모든 사람들이 가족 구성원들이므로 그것들의 형성에 있어서 주요 욕구(추진력)는 가족(*οἶκος* – 오이코스)에 대한 초대 기독교인의 관심이다. 성적인 차이나 계급에 있어서의 구별보다는 전 가족의 머리인 아버지가 강조되고 있다. 렝스토르프에 따르면, 가정-법전의 관심들 가운데 본질적으로 그리스도인의 성품은 세례자 요한과 예수의 가정 생활이 기록되어 있는 누가복음 1, 2장의 예수님의 어린 시절에 대한 기록에 나오는 유사한 요소들과 비교될 수 있다. 사가랴와 같이 요셉은 가정의 머리이며 소년 예수는 순종하신다(*ὑποτάσσομαι* – 휘포타소마이, 눅 2:51에서 "순종하다"; 이것은 서신서들에서 중요한 단어이며, 아내의 의무에 대한 지시는 특별히 그리스도인의 고안물이다. 아래를 보라).

슈뢰더(Schroeder, *Haustafeln*; *IDBSup*, 546, 547)가 볼 때 신약성경의 지위 법전은 다양한 전승의 영향을 반영하고 있다. 형식적으로 그것들의 직접적인 호칭, 명령형, 동기 진술을 가지고 있는 이 법들은 구약성경의 명백한 율법(apodictic law, 참조. 신 5:16)에서 빌려왔다. 그 내용은 근본적으로 구약성경과 유대인 전승으로부터 이끌어 온 것이지만 헬라("이것이 옳으니라")와 기독교(*ἀγάπη* – 아가페) 개념이 덧붙여졌다. 슈뢰더에 따르면, 신약성경의 신분에 대한 기본적인 윤리 개념은 우리를 예수님 자신의 가르치심과 모범으로 이끌어 간다. 가정-법전을 고안한 이유는 복음 선포 그 자체였고, 삶의 정황은 사도들의 교육 활동이었다. 특별히 바울은 이것을 그리스도 안에 있는 모든 사람들의 동등성에 대해 자신이 선포한 내용으로부터 생겨난 문제로 인하여 고안한 것이다(갈 3:28).

위의 두 가지 견해는 모두 다음에 나오는 배경을 선호한 크루취(Crouch, *Origin*, 24-31 등)에 의하여 자세하게 비판을 받게 되었다.

iii. 헬라 유대인 법전

몇몇 다양한 최근의 학자들은 골로새 그리스도인 가정-법전과 정확하게 일치하는 것이 이 자료 가운데서 발견된다는 의미에서가 아니라, 가정 법전이 형성된 자료가 헬라 유대주의 자료들로부터 나왔다는 의미에서 헬라 유대주의 기원을 밟아 거슬러 올라갔다(Crouch, *Origin*, Lohse, 154-57, 참조. Schrage, *NTS* 21[1974-75] 7). 마틴(Martin, *NIDNTT* 3, 931)은 먼저 유대인의 권고들 가운데 나타나고(Lohmeyer, 152-55) 헬라 유대주의에 의하여 이방인 포교 사역에서 사용된 사료들을 포함시키기 위하여 확장된, 하나님의 뜻에 대한 복종 사항들로 시작하는 일단의 견해들에 대해서 말한다(Crouch, *Origin*, 84-101). 주요 자료들은 필로(Philo, *Hypothetica* 7:1-9; 참조. *Decal* 165-67), 요세푸스(Josephus, *Ap* 2, 190-219) 그리고 알렉산드리아 유대인 포사일리데스(*Ps Phocylides* 175-227)다. 크루취를 따르면서 마틴은 이 저자들이 "이방인의 행실들이 기본적인 윤리 문제에 있어서 지배를 받아야 할 소위 노아 시대의 법들(부도덕, 우상 숭배, 음식 섭취 규칙들에 관하여)에 대한 몇몇 힌트를 보여 준다"고 지적한다(*NIDNTT* 3, 931). 이 노아 시대의 법들과 "기록되지 않은 법들"(*νόμιμα ἄγραφα* – 노미마 아그라파)과 헬라인들의 기본 도덕 및 가정의 의무 사이에는 관련이 있다.

릴리(Lillie, *ExpTim* 86[1974-75] 180, 181)는 가정 법전과 헬라인들의 가르침 간의 유사성을 인정하는 한편, 특히 아내들과 자녀들과 종들은 순종해야 한다는 훌륭한 충고가 헬라인들과 후기 로마 시대 스토아주의자들이 행하기를 좋아했던 것이었다고 주장한다. 더 나아가서 대중화시키기 위하여 희석된 스토아주의의 가르침들은 바울 및 다른 신약성경 저자들이 영향을 받은 후기 헬라 세계의 통속적인 문화의 일부분이었다. 그러므로 릴리는 유대주의와 구약성경의 영향이 훨씬 더 중요한 것으로 보인다고 주장한다(참조. 엡 6:2, 3에서 자녀들에 대한 권면 가운데 제5계명의 인용과 벧전 3:6에서 아내들에게 주어진 남편에게 복종하라는 권면에서 사라의 태도를 예로 든 점). 릴리는 가르침의 이 가정-법전 패턴을 사용하기 위하여 1인칭이 어떤 교육을 받은 유대인이 가지고 있었던 헬라 세계와 구약성경과 유대인 전승들 가운데 널리 보급되어 있는 도덕성에 대한 전통적인 입장들을 알게 할 필요가 있었다고 결론짓는다.

이 주제에 대하여 광범위하게 저술했던 슈바이저(Schweizer, 159-171 그리고 Festschrift für Zimmerli, 397-413, *Text*, 195-209)는 헬라적 패턴들이 헬라 유대인들에 의하여 중재된 신약성경에 도달했다는 일반적인 노선을 따른다. 그러나 그는 헬라주의의 법과 헬라 유대주의(참조. *Text*, 201, 202) 간의 차이점들을 인정했다. 첫째로, 먼저 자기 아내들, 자녀들, 종들에게 어떻게 행동해야 하는지에 대해서 교육을 받고 있는 사람은 남자, 성인이다. 그러나 헬라 유대주의 법전, 예를 들어 구약성경의 영향을 받은 필로의 글은 약한 자, 소수민 그리고 부자유한 자의 편을 들고 있다(이와 같이 이스라엘 백성들은 애굽에서 그들이 종이 되었던 것을 기억하라는 권면을 받고 있으며, 이웃의 결혼 생활이 보호를 받아야 하고, 자녀들에 대한 부모의 권위가 제1계명을 통하여 제한 받는다). 둘째로, 헬라 윤리 규칙들의 목표가 아랫사람들과 그들의 궁핍에 대해 바른 태도를 가져야 하는 개개인의 자기 보호였던 반면에(이것이 실질적으로 자기의 유익을 위한 것이었고 우주에 대한 하나님의 전 포괄적인 질서와 조화를 이루었으므로), 구약성경에 의하여 형성된 윤리적 법전들의 중추적인 관심은 약하고 도울 자가 없는 이들에 대한 보호였다. 그래서 배우자는 언제나 진지하게 대우를 받게 되고, 모든 인류는 남자든 여자든 그리고 아이들이든 종들이든 윤리적으로 책임성 있는 인물들로 대우를 받게 된다.

골로새서 3:18-4:1, 즉 첫 번째 그리스도인의 "가족-법전"을 다루면서 Schweizer, *Text*, 202-204에서는 이것과 앞의 모델들 간의 중요한 차이점들을 몇 가지 정리했다. 그래서 아내들과 자녀들 그리고 종들은 자기들의 남편과 아비들과 주인들과 동등하게 권면을 받는다. 비록 이것이 완전히 새로운 것은 아니지만, 상호간의 의무에 대한 이러한 강조를 하고 있는 골로새서 3:18-4:1과 같이 철저한 것은 그 어떤 현존하는 실례가 없다. 아내들, 자녀들 그리고 종들은 남편들, 아비들 그리고 주인들처럼 옳은 일을 행해야 할 윤리적 책임이 있다. 더 나아가서 독자들은 "주 안에서" 권면을 받는다. 이것은 단순한 암호문도 아니고 단순히 느슨하게 덧붙여진 부가적인 문구도 아니다(Dibelius-Greeven, 49과 Weidinger, *Haustafeln*에 반대하여; Moule, 129과 Schweizer, *Text*, 203에서 바르게 이와 같이 말한다. 이 문구의 중요성에 관해서는 Schrage, *NTS* 21[1974-75] 11, 19-22과 또한 아래의 해석을 보라). 자연 질서와 일치되게 살기보다 독자들은 자기의 삶을 그리스도의 주재권 아래 두어야 하며, 그분의 뜻에 일치시켜야 한다. 마지막으로 골로새서의 "가족-법전"은 3:17에 이어서 나오고 있으며, 예수를 통하여 하나님 아버지께 감사드리면서 주 예수의 이름으로 행해져야 하는 말과 행실에 대한 구체적인 사항들 가운데 진술되어 있다. 이것이 자연스럽게 왜 바울이 여기서 이러한 지시를 해야 할 필요성을 발견했을지를 묻도록 이끌어 간다.

근거

가족-법전은 교리적 그리고 윤리적 자료의 보다 큰 구조, 즉 마음으로 쉽게 배워지고 새 신자에게 주어졌던 초대 교회 기독교인 교리문답서의 일부분일 수도 있었다. 그러나 우리는 이에 대한 직접적인 증거를 가지고 있지 않다. 더 나아가서 만일 가족-법전 구성이 초대 기독교인 교리 문답서에 절대적으로 필요한 것이었다면, 어째서 데살로니가서와 로마서 혹은 이러한 형태의 내용이 지극히 필요했던 고린도전서에는 이에 대한 증거가 없는가? 또한 가족 법전(*Haustafeln*)이 왜 야고보서(논란의 여지가 없이 권고적인 성격을 가진), 공관복음 전승 혹은 요한 문서에는 나타나지 않는가? (Seeberg, Carrington, Selwyn에 의하여 약간 수정되어 출판된 것으로서 이 입장에 대한 비판에 관해서는 Crouch, *Origin*, 9-18를 보라).

디벨리우스는 그리스도인이 가족 법전을 채용한 것이 임박한 파루시아에 대한 경고 가운데서 발견된다고 생각한 반면에, 바이딩게르(Weidinger)는 이것을 비열정적이고 비종말론적인 근거에서 교회의 내적 생활을 규정하기에 필요한 면에서 이해했다(위를 보라). 그러나 소위 파루시아의 연기가 모든 신약성경의 글들의 형성에 어떤 역할을 했는지에 대한 보다 광범위한 문제는 별도로 하고, 종말론적 열정에 대한 항의로서 가족 법전을 설명하려는 시도는 믿을 만하지 못하다(참조. Schrage, *NTS* 21[1974-75], 9, 10).

다른 사람들(Crouch, *Origin*, 120-51 그리고 Martin, *NIDNTT* 3, 931, 932를 포함하여)은 고린도전서 7:17-24 그리고 14:33-38에서 바울이 그리스도 안에서 사회적 평등주의의 기미가 있었다는 인상에 대해서 갈라디아서 3:27-29에 있는 사도의 가르침에 대한 오해에 근거하여 고린도에서 영지주의화되어 가고 있는 열광주의를 교정하기 위하여 노력했던 것처럼, 이 곳 골로새서 3:18-4:1의 가족-법전도 이 규제를 묶는 띠로서 확언하고 있다고 주장했다. 그리하여 "영지주의의 교화와 허가라는 명목으로 고삐 풀린 자유를 주장하는 잘못된 주장에 의하여 그것을 무너뜨리려는 혁명적 시도에 대항하여 교회의 훌륭한 질서"를 예방하려 하고 있다(Martin, *NIDNTT*, 3 932). 비록 바울의 자유의 교리를 과도하게 열정적으로 받아들인 사실이 – 고린도에서 드러났던 것처럼 – 가족-법전으로 이끌어 가는 요인이었을 수도 있기는 하지만, 자녀들의 해방이 거기서 현안 문제였던 유일한 것이 될 수는 없다(Schweizer, *Text*, 202; 또한 Schrage의 비판, *NTS* 21[1974-75] 4-6를 보라).

특별히 골로새서에 있는 가족에 관한 법규들 중에 중요한 것은 "주님"(*κύριος* – 퀴리오스)에 대한 언급이다. 명령들은 "주 안에서"(*ἐν κυρίῳ* – 엔 퀴리오)라는 동기와 함께 제공되고 있다. 그래서 독자들은 "이는 주 안에서 마땅하니라"(*ὡς ἀνῆκεν ἐν κυρίῳ* – 호스 아네켄 엔 퀴리오, 18절), 그리고 "이는 주 안에서 기쁘게 하는 것이니라"(*τοῦτο γὰρ εὐάρεστόν ἐστιν ἐν κυρίῳ* – 투토 가르 유아레스톤 에스틴 엔 퀴리오, 20절)는 말씀으로 권면을 받는다. 바울은 그들로 하여금 "주를 두려워하여"(*φοβούμενοι τὸν κύριον* – 포부메노이 톤 퀴리온, 22절) 그리고 그들의 행실은 주를 위하여(*ὡς τῷ κυρίῳ* – 호스 토 퀴리오, 23절) 행한 것으로 간주된다. 주님의 심판에 대해서 언급되어 있는 반면에(24, 25절; 4:1), 그들은 "주 그리스도를 섬기라"(*τῷ κυρίῳ Χριστῷ δουλεύετε* – 토 퀴리오 크리스토 둘류에테, 3:24)고 권면을 받는다. 만일 "주 안에서"란 문구가 동기를 제공한다면, 다른 참고 구절들은 신자들의 모든 생활, 사상과 동기(참조. 17절)가 예수 그리스도의 주재권(lordship)에 복종해야 한다는 사실을 보여 준다(Lohse, 156, 157; Schrage, *NTS* 21[1974-75]

19-22, Schweizer, *Text*, 203). 그러한 가족 법규들은 이러한 복종이 구체적으로 표현되는 방법을 보여 주고 있으며, 그것은 골로새에 있는 거짓된 가르침에 헌신하는 자들이 현세적이고 가사와 관련된 일들에는 무관심했기 때문일 수도 있다. 아마도 금욕적인 관습들에 대한 관심과 하나님의 비밀들에 대한 천상의 예배와 환상을 가지고 거짓 교사들은 가능한 한 세상과의 모든 접촉으로부터 피하기를 원했던 것으로 보이며, 바울은 이러한 가르침의 해로운 특성과 가정 생활의 단순한 의무들을 그들에게 상기시켜 주어야 했다. 이것은 놀라운 것으로 보일 수 있는데, 왜냐하면 사도가 이미 자기 독자들에게 "위엣것을 생각하라"(2절)고 권면한 바 있기 때문이다. 그러나 그리스도께서 통치하고 계시는 위로부터 지도를 받은 생활에 대한 그의 사상은 엄밀하게 말해서 결혼, 부자관계 그리고 일상 생활에서의 삶의 방식이다 (Schweizer, *Text*, 204). 이것이 이상이 아닌 구체적인 진술 가운데 표현된 삶이며, 그러한 삶이 17절에서 이어지면서 또한 그 지시를 설명한다. "또 무엇을 하든지 말에나 일에나 다 주 예수의 이름으로 하고 그를 힘입어 하나님 아버지께 감사하라."

양식/구조/배경

골로새서 3:18-4:1은 세 쌍의 상호간의 권면을 이루고 있는 독립된 권고적 단위다. 각각의 권면은 한 구성원이 다른 구성원에게 보여 주어야 하는 적절한 태도나 행동을 취급하고 있다. 먼저 언급된 사람은 상대방에게 복종하거나(18절) 순종하라고(20, 22절) 권면을 받는다. 관계들은 가장 자연스러운 순서로 진술되어 있으며 가장 가까운 관계 – 즉 아내와 남편 – 부터 시작되고 종과 상전 간의 관계로 마친다 (참조. Crouch, *Origin*, 9). 각 부분은 하나님의 호칭으로 시작되며(예를 들어, "아내들아", 18절; 참조. 19, 20, 21, 22절; 4:1), 명령형으로 된 권면(예를 들어, "너희 남편들에게 복종하라", 18절; 참조. 19, 20, 21, 22절; 4:1)과 또한 행실의 이유와 동기가 나온다(예를 들어, "이는 주 안에서 마땅하니라", 18절; 참조. 20, 22절; 4:1; 남편과 아비들에 대한 권면에는 아무런 동기가 진술되어 있지 않다). 가족-법전의 문장 구조는 본 서신의 앞의 두 장이 그런 것처럼 길거나 복잡하지 않다(참조. Percy, *Probleme*, 36, 그리고 Bujard, *Untersuchungen*, 102, 103).

종에 대한 권면(22-25절)은 확대되어 있고 문장을 다소 끊어 놓는다. 22절은 앞의 네 개의 권면들보다 길고 다음과 같이 구성되어 있다.

22a οἱ δοῦλοι ὑπακούετε κατὰ πάντα τοῖς κατὰ σάρκα κυρίοις,

b μὴ ἐν ὀφθαλμοδουλίᾳ ὡς ἀνθρωπάρεσκοι,
c ἀλλ' ἐν ἁπλότητι καρδίας φοβούμενοι τὸν κύριον.

a 종들아 모든 일에 육신의 상전들에게 순종하되,
b 사람을 기쁘게 하는 자와 같이 눈가림만 하지 말고,
c 오직 주를 두려워하여 성실한 마음으로 하라.

종에 대한 권면의 나머지 부분(23-25절)은 세 개의 종속절을 담고 있는데(23a, 24a, 25a절), 각각의 권면 다음에 하나의 주절이 뒤따라온다(23*b*, 24*b*, 25*b*절): 참조. Zeilinger, *Der Erstgeborene*, 69.

주석

이 가족 법전에서 바울은 추상적인 명령이 아니라 고대 오이코스(*οἶκος*, "집) 내에서의 구체적인 인간관계를 다루고 있다. 이 지시들 가운데 첫 번째 쌍은 아내와 남편에게 관심을 두고, 그 다음으로 자녀와 아비 그리고 마지막으로 종과 상전에 관해서 말한다. 각각의 경우에 종속된 편이 먼저 언급되고 복종하라(*ὑποτάσσομαι* – 휘포타쏘마이) 혹은 순종하라(*ὑπακούω* – 휘파쿠오)고 권면을 받는다. 아내, 자녀 그리고 종들은 그들의 남편, 아비 그리고 종들과 동등하게 권면의 말을 듣는다. 그들 역시 윤리적으로 남자나 아비 그리고 자유인들이 그러하듯 "주 안에서 마땅한 일"을 해야 할 책임을 가진 동반자들이다. 그러나 종속된 자에 대한 권면만 나타나 있지는 않다. 그 다음에 즉시 각 쌍의 두 번째 사람이 부름받고 자신의 책임이 무엇인지를 상기하도록 소개받는다. 이중적인 권면이 함께 나오고, 그래서 첫 번째 권면이 두 번째 권면 없이 따로 떼어져서 해석되어서는 안 된다(Rengstorf, *Mann*, 46, Schroeder, *Haustafeln*, 123, 199, and Schrage, *NTS* 21[1974-75] 12에서 이를 바르게 지적한다; Crouch, *Origin*, 31는 이에 반대함). 가정 혹은 가족의 각 구성원은 창조 질서 내에서 자신의 위치를 지켜야 하며(고전 11:9에서 바울은 창조 질서를 분명하게 언급한다), 또한 어떤 책임들을 가지고 있다.

18 "아내들아 남편에게 복종하라"(*αἱ γυναῖκες ὑποτάσσεσθε τοῖς ἀνδράσιν* – 하이 귀나이케스 휘포타쎄스데 토이스 안드라신). 아내들은 자기 남편에게 복종해야 한다. 여기서 호칭 가운데 호격 대신 정관사를 가진 주격(*αἱ γυναῖκες* – 하이 귀나이케스, "아내들")을 사용한 것은 슈뢰더(Schroeder, *Haustafeln*, 93, 94; 참조. Lohmeyer, 156)에 의하여 가족 법전이 구약성경으로부터 도입되어 온 것이라는 또

다른 증거로 간주되었는데, 그 이유는 LXX에서 한정적인 셈어 호격이 정관사를 가진 주격을 통하여 표현되기 때문이다(참조. 호 5:1). 그러나 호칭 가운데서 정관사를 가진 주격의 사용이 헬라어에서는 유례가 없으므로 이를 근거로 하여 확실한 이론을 세울 수는 없다(BDF, 항목 147[3], Dibelius-Greeven, 45; 참조. Merk, *Handeln*, 214).

명령의 정확한 성격은 신약성경 주석가들 사이에 약간의 논쟁거리가 되어 왔다. 그래서 예를 들어, 로제(Lohse, 157, 158)와 메르크(Merk, *Handeln*, 215)는 그리스도인 아내들이 당시 행해지고 있었던 사회 질서에 맞추어 행동하도록 명령을 받고 있다고 주장한다. "복종하다"(*ὑποτάσσομαι* – 휘포타쏘마이)는 특별히 기독교인의 단어로 이해되어서는 안 되고(Rengstorf, *Mann*, 23, 24, 30에서 주장하는 바와 같이), 또한 그 문제에 있어서 아내들로 하여금 자유로운 결정을 하도록 요구되지도 않는다고 주장했다(이와 반대로 E. Kähler, *Die Frau in den paulinischen Briefen* [Zurich/Frankfurt: Gotthelf, 1960] 156에서는 복종하는 것이 "예수 그리스도 안에서 하나님의 말씀을 통하여 수립된 질서를 인정하는 자유로운 행동"이었다고 생각하고, 또한 이 단어 가운데 강요한 흔적이 없다고 생각했다). 그보다는 이 표현은 당시 세계의 그러한 관계에서 통상적이고도 적절했던 것으로 더하지도 않고 덜하지도 않은 복종의 차원을 의미한다고 주장되었다(Merk, *Handeln*, 215에서는 여기서 Käsemann을 따르고 있다). 그리고 크루취(Crouch, *Origin*, 109-111)가 볼 때 아내가 자기 남편에게 복종하는 것은 유대인의 주장 가운데 하나의 주된 관심으로서 (PhiloHyp 7.3; Josephus, Ap 2.201) 여인이 하위에 속하는 것으로 여겨졌음을 보여 준다.

그러나 이러한 통속적인 해석의 노선은 여러 가지 점에서 의문의 여지를 남겨 놓고 있으며, 이것을 평가함에 있어서 그 동사의 정확한 의미를 검토할 필요가 있다. 비교적 후대의 유대인의 문서 가운데 나타난 휘포타쏘(*ὑποτάσσω*)는 능동태로 "…의 아래 두다", "경시하다", 그리고 중간태로는 두려움으로 말미암아 "스스로 굴복하다" 혹은 "자진하여 복종하다"를 의미했다. LXX에서 이 단어는 잘 알려지지 않은 단어이지만 능동태로 피조물들을 인간에게 복종하도록 만드신 하나님에 대해서(시 8:7) "…아래 두다", "…의 아래에 놓다"를 의미하고 다윗에게 복종하는 백성(시 143:2), 열국들에게 복종하는 백성(17:48) 그리고 이스라엘 백성에게 복종하는 열국들에 대해서(46:4) 사용되었다. 동사의 중간태는 "스스로 복종하다", "묵종하다" 그리고 야웨와 그의 백성의 "지배 혹은 세력을 인정한다"는 것을 의미한다

(대상 22:18). 이 단어는 "하나님에게 항복하다"(시 36:7; 61:2, 6) 그리고 "그분 앞에서 스스로 낮추다"(2 Macc 9:12; 세부 사항에 관해서는 Delling, *TDNT* 8, 40를 보라)라는 의미로 사용되었다.

비록 반대 인상이 주어지기는 하지만(Lohse, 157), 이 단어 "복종하다"는 결혼을 취급하고 있는 헬라 문서 가운데서 널리 유행되거나 평범한 것은 아니었다(Rengstorf, *Verbum Dei*, 131-45에서는 단지 두 개의 실례만을 발견해 냈는데, Plutarch, *Conjugalia praecepta* 33, 그리고 Ps-Callisthenes 1, 22, 4이며, 이 본문들은 다른 주석가들에 의해서도 자주 인용되었다). 그렇다면 바울은 여기서 이 단어를 어떤 의미로 사용했는가? 이 동사는 바울 서신에서 대략 23회 나타나며(타그마⟨*τάγμα*, "질서", "구분"⟩와 디아타게⟨*διαταγή*, "법령", "지시"⟩가 각기 한 번씩 나타나고, 탁시스⟨*τάξις*, "명령"⟩가 두 번 그리고 휘포타게⟨*ὑποταγή*, "복종", "종속"⟩가 네 번 나타난다) 질서와 관계가 있다. 바르트(M. Barth, *Ephesians. Translation and Commentary on Chapters* 4-6[AB 34A; Garden City, NY: Doubleday, 1974], 4-6, 709-715; 참조. Delling, *TDNT* 8, 41-45)는 두 그룹으로 구별한다. (*a*) 능동태 휘포타쏘(*ὑποτάσσω*, "복종하다")가 사용될 때(혹은 소위 하나님에게 사용된 수동태) 복종시키는 능력은 하나님에게만 속한다(고전 15:24 28; 롬 8:20; 엡 1:21, 22; 빌 3:21; 참조. 롬 13:1; 히 2:8; 벧전 3:22; 눅 10:17, 20). (*b*) 사도는 휘포타쏘마이(*ὑποτάσσομαι*) 동사의 중간태, 분사 혹은 명령형들(Robertson, *Grammar*, 807에서는 이것이 직접 중간태일 수도 있다고 생각한다)을 하나님에 대한 그리스도의 복종, 회중의 구성원들 간의 복종, 예언 은사들을 가진 신자, 혹은 아내들, 자녀들, 종들을 거느린 신자들을 묘사하기 위하여 사용한다(고전 15:28; 엡 5:21; 고전 14:32; 엡 5:22 등). 신약성경에서 거의 40회 정도 나타나는 이 동사는 권위와 복종 혹은 종속의 의미를 가지고 있다. 이 곳 골로새서 3:18에서는 슈바이저(Schweizer, 164)가 주장하는 바와 같이 이 단어는 그리스도께서 하나님 아버지에게 스스로 복종하신 것과 같은 스스로의 복종을 나타낸다(고전 15:28). 그리스도인들 간에 상호 복종하라는 요구(엡 5:21)는 휘포타쏘마이(*ὑποτάσσομαι*, "복종하라")가 델링(Delling, *TDNT* 8, 45)과 카믈라(Kamlah, *Verborum Veritas*, 237-43)가 주장한 바와 같이 그리스도인의 타페이노프로쉬네(*ταπεινοφροσύνη*, "겸손")와 긴밀하게 연결되어 있다는 사실을 보여 준다. 하나의 동사가 지배적인 위치에 있든 아니면 종속적인 위치에 있든, 모든 그리스도인에게 요구된 태도를 묘사하기 위한 명령 가운데서 사용될 수 있다는 사실은 하위 계급이라는 개념이 그 단어에 나타날 필요가 없다는 사실을 보여 준다(이 점은 고전 15:28에서 그리스도에 대한 언급과 더불어 확인된다; 참조. E. Kähler, "Zur 'Unterordnung' der Frau im Neuen Testament," *ZEE*[1959] 1-13, *Frau*, 7. Crouch, *Origin*, 110에서는 종교 역사를 설명하려는 그의 관심 속에서 평행적 내용들이 바울이 이 단어를 다른 용법으로 사용한 것에 대해서는 관심을 두지 않았다). 슈레지(Schrage, *NTS* 21[1974-75] 12)와 다른 사람들은 신약성경에 있는 아내들의 남편에 대한 복종의 근거, 동기 그리고 강조가 고대 세계의 다른 곳에서 있었던 그와 유사한 명령과는 차이가 있다고 주장한다. 복종하라는 권면은 자기 아내를 사랑하라는 남편들에 대한 권면과 균형을 이루고 있다. 이 권면은 결코 노예적인 복종에 지나지 않는 인간의 의지를 배제하거나 꺾으면서 하는 것이 아니라 자원하여 조심함으로써 될 수 있는 자유롭고도 책임성 있는 행위자에 대한 호소다(Barth, *Ephesians 4-6*, 609). 또한 마지막으로 그 동기는 "주 안에서"이다(아래를 보라).

"이는 주 안에서 마땅하니라"(*ὡς ἀνῆκεν ἐν κυρίῳ* – 호스 아네켄 엔 퀴리오). 바울은 여기서 여인이 자연적으로 혹은 영적으로 남자보다 하위에 있다거나 혹은 아내가 남편에게 종속된다는 사실을 암시하고 있지 않다. 그러나 그는 다른 곳에서 창조 질서에는 하나님이 세우신 제도가 있으며, 이 질서 안에서 아내는 자기 남편의 권위에 따른다고 말한다(고전 11:3, 7-9 아내의 복종을 위한 제도적 논증은 엡 5:23, 24의 "이는 남편이 아내의 머리 됨이 그리스도께서 교회의 머리 됨과 같음이니 그가 친히 몸의 구주시니라 그러나 교회가 그리스도에게 하듯 아내들도 범사에 그 남편에게 복종할지니라"는 말씀 속에 보다 명확하게 묘사되어 있다. 참조. Bruce, 289; 특히 G. W. Knight III, *The New Testament Teaching on the Role Relationship of Men and Women*[Grand Rapids: Baker, 1977] 그리고 J. B. Hurley, *Man and Woman in Biblical Perspective. A study in role relationships and authority* [Leicester: Inter-Varsity, 1981]을 보라; 또한 다른 접근 방식에 관해서는 P. K. Jewett, *Man as Male and Female: A Study in Sexual Relationships from a Theological Point of View*[Grand Rapids: Eerdmans, 1975]를 보라). 그리스도인 아내는 이러한 제도 안에서 자신의 종속적인 위치를 인정하고 받아들여야 한다. "이것이 옳으니라." 이 문구 호스 아네켄(*ὡς ἀνῆκεν*; 토 아네콘〈*τὸ ἀνῆκον*〉은 적절한 것, 즉 한 사람의 의무를 의미한다. 참조. BAG, 66; Schlier, *TDNT* 1, 360)은 이것에 관한 스토아주의적 느낌을 가지고 있으며, 헬라 시대에 회당을 통하여 그리스도인의 권면 안으로 들어온 것으로 보인다(비슷한 표현인 토 카데콘〈*τὸ καθῆκον*, "적합"〉을 보라. Schlier, *TDNT* 3, 437-40; 여기서 미완료형 아네켄⟨ἀνῆκεν, "그것이 옳다"⟩은 통상적인 현재 시제 대신 사용되었다. 참조. BDF, 항목 358[2], Turner, *Syntax*, 90). 그러나 그 동기는 스토아의 이상과는 다른 기반에 근거를 두고 "주 안에서"라고 말한다(엔 토 퀴리오⟨ἐν κυρίῳ⟩는 20절의 평행절이 보여 주는 바와 같이 휘포타쎄스데⟨ὑποτάσσεσθε, "복종하라"⟩보다는 호스 아네켄⟨ὡς ἀνῆκεν, "이것이 옳으니라"⟩과 어울린다: von Soden, 65, Abbott, 293, Bruce, 289, 290). 이러한 표현은 주 예수께서 옳은 표준이시라는 사실을 의미하거나(참조. Schweizer, 165), 혹은 "그리스도를 주님으로 삼은 사람들의 새로운 교제 내에서" 적절한 태도와 행실을 지칭한다고 보는 것이 더 타당하다(Bruce, 289; 참조. Best, *Body*, 4, Moule, 129; 이 가족 법전 가운데서 퀴리오스⟨κύριος, "주님"⟩의 의미에 관해서는 219쪽을 보라).

19 자기 남편에 대한 아내의 종속은 자기 아내를 사랑해야 하는 남편의 의무에 해당한다. 이것은 단순히 애정의 문제나(이러한 애정에 대해 좀더 그 성격을 잘 나타내 주는 동사는 필레오⟨φιλέω, "애정을 느끼다 혹은 보이다"⟩였다) 혹은 성적 매력(이러한 애정을 말하려면 에라오⟨ἐράω, "성적 욕망을 가지고 사랑하다"⟩라는 단어가 사용되어야 한다)의 문제가 아니다. 오히려 그것은 그의 끊임없는 돌봄과 그녀의 모든 행복을 위한 사랑스러운 봉사를 함축한다. 문맥과는 관계없이 아가파오(ἀγαπάω, "사랑하다")와 아가페(ἀγάπη, "사랑")가 나타나는 곳에서는 어디서나 이 단어들이 그리스도인의 사랑을 지칭한다는 입장을 거부하는 크루취(Crouch, Origin, 112; 참조. Merk, *Handeln*, 216)는 이 곳 19절에서 "정상적인 자기 아내에 대한 남편의 인간적인 사랑"을 염두에 두고 있다고 주장한다. 아가파오(ἀγαπάω, "사랑하다")와 이 단어와 어근이 같은 명사가 다른 문맥 가운데서 한 여인에 대한 한 남자의 사랑에 대해 사용되었으므로 이 명령에 관해서 특별히 그리스도인의 색채는 없다(*Origin*, 111-13). 어쨌든 비록 이 단어들이 기독교 이전의 고대에 다양한 의미로 사용되기는 했을지라도(참조. BAG, 4 6, Merk, *Handeln*, 216), 그것들은 가족들을 위한 성경 밖의 헬라 법규들에는 나타나지 않는다(H. Greeven, "Zu den Aussagen des Neuen Testaments über die Ehe," *ZEE* 1[1957] 122, Schrage, *NTS* 21 [1974-75] 12, 13, Lohse, 158). 더 나아가서 바울은 이미 이 서신 속에서 "사랑"에 대해 언급한 바 있으며(2:2; 3:14), 또한 이 서신의 첫 번째 수신자들은 새 사람의 은혜들 가운데 하나로서 "사랑"을 입으라고 권면을 받은 단락의 결론부에서 공개적으로 읽혀진 이 가족 법규들을 들었을 것이다. 자기 아내들을 사랑하라는 남편들에

게 준 명령은 최소한 부분적으로 앞의 권면에 비추어 이해되어야 한다. 마지막으로, 비록 이 명령에 신학적인 근거가 덧붙여져 있지는 않지만 이러한 범위까지도 로제의 주석은 적절하다: "이 명령은 칭의를 필요로 하지 않는다. 그 이유는 사랑의 계명이 절대적으로 타당하기 때문이다"(158) – 교회에 대한 그리스도의 사랑이 자기 아내에 대한 남편의 사랑의 원형으로 나타나 있는 평행적 구절인 에베소서 5:25-33의 자세한 설명은 저자가 그 "사랑"이 무엇을 의미했는지를 암시해 주고 있다. 그것은 그 자체를 무시하는 희생적 사랑인데, 이것은 행동으로 분명하게 나타났다(비록 두 서신의 저작권이 다르다고 할지라도 둘 다 바울 학파로부터 나왔고 같은 관점을 반영하고 있다고 해야 한다. 에베소서의 구절에 관해서는 J. P. Sampley, "And the Two Shall Become One Flesh." *A Study of Traditions in Ephesians* 5:21-33[SNTSMS 16; Cambridge: University Press, 1971] 또한 Barth, *Ephesians 4-6*, 607-753를 보라).

만일 남편이 이 사도적인 명령을 순종한다면, 그는 위압적인 태도로 행동하지 않을 것이다. 결혼 생활의 모든 영역이 이 자기를 내어주는 사랑과 용서로 특징지어질 것이다(참조. 3:13). 죄와 자기 중심에 의하여 어지러워지고 에로스와 성의 노예라는 횡포로 막을 내린 창조주의 원 질서(참조. 3:5)는 사랑과 용서 안에서 되살려져야 한다(참조. Schrage, *Einzelgebote*, 259).

"괴롭게 하지 말라"(*καί μὴ πικραίνεσθε πρὸς αὐτάς* – 카이 메 피크라이네스데 프로스 아우타스). 긍정적인 명령이 이제 부정적인 방식으로 주어진다. 즉 남편들은 자기들의 아내들에 대해서 괴롭게 하지 말아야 한다. 피크라이노(*πικραίνω*, "쓰라리게 만들다", "괴롭게 하다", BAG, 657, Michaelis, *TDNT* 6, 122-25)는 신약성경의 윤리적 문맥 가운데서 오직 이 곳에만 나타나기는 하지만(참조. 엡 4:31에 있는 악행 목록에 나오는 피크라〈*πικρία*, "쓰라림"=악독〉), 플라톤 이후로 고전 저술가들에 의하여 자주 사용되었다(LXX에 있는 단어 그룹의 실례에 관해서는 Michaelis, *TDNT* 6, 122, 123를 보라). 그리스도인 남편들은 생각이나 말이나 행동에 있어서 자기 아내들에게 화를 내거나 분노해서는 안 된다. 전치사 프로스(*πρός*, "…에 대항하여)는 LXX이나 필로의 저술 가운데서는 입증되지 않으며, 마이클리스(*TDNT* 6, 125; 참조. Lohse, 158)는 특별히 이것이 그녀로 말미암아 야기되지 않았을지라도 아내에게 발산된 악독을 염두에 두고 있다고 생각했다. 모든 일들 중에서 악독을 피함이 사랑하라는 계명에 대한 순종의 표현이다.

20 그 다음으로 자녀와 부모 상호간의 의무들이 뒤따라온다. 첫째로, 자녀들은

모든 일에서 자기들의 부모에게 순종하라는 명령을 받는다. 타 테크나(*τὰ τέκνα*, "자녀", 정관사를 가진 주격이 호칭을 위하여 다시 사용되고 있음을 보라. 위의 23을 보라)는 아마도 지금 자라나고 있는 중에 있고 부모들의 보호 하에 살고 있는 자녀를 가리키고(참조. 엡 6:4, "양육하라") 이미 성장한 자녀를 가리키지 않는 것으로 보인다(이러한 해석의 증거가 드러나 있지는 않지만, Lohse, 158를 보라). 그들은 회중 가운데서 책임 있는 자들로 소개되는데(Schweizer, 156; 참조. Oepke, *TDNT* 5, 650) 이 점은 주목할 만하다. 종들에 대한 명령처럼 자녀들에 대한 명령은 아내들에 대한 명령보다 다소 강력하게 진술되고 있다. 후자가 중간태(*ὑποτάσσομαι*, 휘포타쏘마이, "순종하다")로 표현되어 자원적 복종을 암시해 주고 있는 반면에, 자녀들과 종들에 대한 권면은 절대적인 명령을 암시하는 능동태 명령형으로 되어 있다(참조. Hinson, *RevExp* 70[1973] 499, 500). 이 명령의 절대성은 "범사에"(*κατὰ πάντα* – 카타 판타, 참조. 22절)란 문구를 통하여 강화된다. 또한 가끔씩만 순종한다는 의미를 가질 수 있는 휘포타쏘마이(*ὑποτάσσομαι*)가 아닌 "순종하다"라는 동사 휘파쿠오(*ὑπακούω*)가 사용되었다. 바울 서신에서 전자는 특별히 그리스도에게, 복음에 그리고 사도적 가르침에 대한 한 인간의 순종을 가리켰다(롬 6:17, 10:16; 빌 2:12; 살후 1:8, 3:14; 참조. 마 8:27; 막 1:27; 4:41; 눅 8:25; 행 6:7; 히 5:9; 11:8; 참조. 휘파코에〈*ὑπακοή*〉, 롬 1:5; 5:19; 6:16; 15:18; 16:19, 26; 고후 10:5, 6). 그리스도인 자녀들의 부모에 대한 순종은 뒤따라오는 말씀이 밝히고 있는 바와 같이 그리스도에 대한 복종과 완전히 일치한다. 자녀들에 대한 이러한 권면의 절대적 성격은 구약성경을 생각나게 한다. 십계명에서 그들은 부모를 공경하라고 명령 받고 있으며, 장수에 대한 약속이 덧붙여져 있다(출 20:12; 신 5:16; 이 계명이 엡 6:1-3에서 어떻게 취급되고 있는지를 보라). 확대된 출애굽기의 법전(21:15)은 부모를 때리는 자식에 대해서는 사형에 처하라고 명령했다. 유대교와 초대 기독교에서 나이든 부모를 돌보는 일은 신앙적 의무로 여겨지고(딤전 5:4), 그들을 돌보지 않는 것은 이방인보다 더 나쁜 행실이라고 여겨진다(5:8; 참조. Hinson, *RevExp* 70[1973] 500). 그러나 고대에는 일반적으로 비기독교인 문서에서는 순종보다는 부모를 영예롭게 하도록 되어 있다(예를 들어, Crouch, *Origin*, 114를 참조하라).

"이는 주 안에서 기쁘게 하는 것이니라"(*τοῦτο γὰρ εὐάρεστόν ἐστιν ἐν κυρίῳ* – 투토 가르 유아레스톤 에스틴 엔 퀴리오). 주어진 동기(*γάρ* – 가르, "이는")는 "이는 주 안에서 기쁘게 하는 것이니라"는 것이다. 유아레스톤(*εὐάρεστον*, "기뻐하는", "받아들일 만한")이 성경 밖에서 본래 백성들이 정당하게 생각했던 사실(Dibelius-Greeven, 46에서는 이것이 "분명히 하나의 수립된 사회적 평가"를 가리킨다고 생각했다)을 지칭하기 위하여 널리 사용되었고(참조. Foerster, *TDNT* 1, 456, BAG, 318; Merk, *Handeln*, 216), 특히 비문들 가운데서 사용되기는 했으나(Priene, 114, 115; Nisyros), 신약성경에서 이것은 거의 일괄적으로 하나님에게 받아들여질 만한 행위를 말한다(딛 2:9에서 유아레스토스〈*εὐάρεστος*〉는 사람들에게 받아들여질 만한 사실을 말한다). 바울에게 이 단어는 그리스도인의 생활 전체의 목표와 동기를 지칭할 수 있다(롬 12:1, 2; 14:18; 고후 5:9; 엡 5:10; 빌 4:18; 참조. 골 1:10에서 이와 유사한 단어 아레스케이아〈*ἀρεσκεία*〉가 골로새 교인들을 위한 사도의 목표인, 보든 면에서 주를 기쁘시게 하는 것에 대해서 사용되었다). 통상적으로 "기뻐하는", "받아들일 만한"이란 표현 다음에 "주님에게"(*τῷ κυρίῳ* – 토 퀴리오; 참조. Turner, *Syntax*, 263; manuscript 81 al Clement of Alexandria[cf. Eph 5:10]는 이 독법을 가지고 있다. RSV는 이것을 "이것이 주를 기쁘시게 한다"로 번역한다)라는 여격이 뒤따라오지만, 여기서 부가적 문구는 "주 안에서"(*ἐν κυρίῳ* – 엔 퀴리오)이다. 이것은 다음과 같이 여겨져 왔다. (a) 불필요한 첨가라는 것. (b) "진실로 그리스도인의 동기의 수준에서 볼 때 자녀들의 순종이 주 안에서(*ἐν Κυρίῳ*)라는 사실"을 의미하는 일종의 상황절이라는 것(Moule, 130은 고전 7:39; 빌 2:19을 언급하면서 망설이면서 이같이 주장한다). (c) "그리스도인의 표준에 의하여 판단된 바와 같은"을 의미한다는 것(Lightfoot, 225). 그리고 보다 나은 주장은 (d) 부모에 대한 순종은 그리스도인이 지금 살아가고 있는 영역 안에서, 즉 그리스도를 주님으로 모신 사람들의 새로운 관계 안에서 알맞고도 적절하다는 것(이러한 입장에 관해서는 18절과 평행된다는 사실이 보여 주고 있다고 주장되었다. 몇몇 주석가들이 주장하는 바와 같이, 이러한 말을 덧붙임으로써 전통적인 원칙에 대해 의식적으로 그것을 정당화하고 있는 것일 수도 있다: Weidinger, *Haustafeln*, 51, Lohse, 159, Merk, *Handeln*, 217, Martin, *NCB*, 120). 바울이 그리스도인의 가정을 염두에 두고 있었으므로(*ἐν κυρίῳ* – 엔 퀴리오), 그는 부모의 명령이 그리스도의 법에 반대될 수도 있다는 상황을 예견하고 있지 않다. 이 점에서는 분명히 그리스도의 법이 선행되어야 하며, 자녀들은 사람들보다는 하나님께 순종해야 했을 것이다(참조. 행 5:29).

21 "아비들아 너희 자녀를 격노케 말지니 낙심할까 함이라"(*οἱ πατέρες, μὴ ἐρεθίζετε τὰ τέκνα ὑμῶν, ἵνα μὴ ἀθυμῶσιν* – 호이 파테레스, 메 에레디제테 타 테크나 휘몬, 히나 메 아뒤모신). 만일 자녀들이 자기들의 부모에게 순종하라고 권

면을 받는다면, 부모들 특히 아비들은 자기 자녀들이 낙심하여 소심하게 되지 않도록 자녀들을 화나게 하거나 자극시켜서는 안 된다고 명령을 받는다(Bengel 2, 470에서는 다음과 같이 해석한다: "낙심은 젊은이의 독이다"). 자녀들이 아버지와 어머니 모두에게 순종해야 하는(*γονεῦσιν* – 그뉴신, 20절) 반면에, 아비들은 그들을 향하여 특별한 책임을 가지고 있다. 비록 여기서 호이 파테레스(*οἱ πατέρες*, "부모들")를 의미한다는 사실이 인정된다고 할지라도(그 부모가 "모세를 석 달을"〈*ὑπὸ τῶν πατέρων αὐτοῦ* – 휘포 톤 파테론 아우투〉 숨겼다고 진술하고 있는 히 11:23에서처럼 참조. BAG, 635) 일차적으로 염두에 두고 있는 것은 분명히 아비들이다. 당시 사회에서 로마인 *patria potestas*, 즉 가정의 우두머리의 권위와 권세는 자기 자녀들에 대한 무제한적인 권세를 아비들에게 주었고, 이 법은 헬라 문화 전반에 걸쳐서 상당한 영향력을 행사했다(참조. Schrenk, *TDNT* 5, 950, 951). 헬라 유대주의에서는 불순종한 자녀들에게 가혹한 형벌이 부여되었다(필로가 부모 편에서 엄격을 요구한 것은 이러한 영향 탓이다: Philo, *Hyp* 7.2; Philo, *Spec. Leg.* 2.232; 참조. Josephus, *Ap* 2.206, 217; *Ant* 4.264, 그리고 Crouch, *Origin*, 114-116를 보라). 그러나 이것은 로마 시대에 가정에서 부드러운 사랑의 증거가 전혀 없었다는 사실을 의미하지는 않는다(Moule, 129에서는 "그것을 유아 살해와 결손 가정이라는 두려운 말로만 묘사하는 것은 이교 정신에는 부당했을 것이다… 그리고 더 분명한 사실은 유대교가 그러한 행복의 눈부신 실례들을 보여 주기에 가능했다"고 주장한다). 그러나 "주 안에서"(*ἐν κυρίῳ* – 엔 퀴리오) 관계가 새로운 모든 사람들을 위하여, 그리고 이 가족 법전 안에서 아비들은 자기들의 자녀들에 대한 처분권에 관해서 아무것도 들은 바가 없다. 그 대신 그들의 의무가 진술되어 있다(참조. Schrage, *NTS* 21[1974-75] 15) – 즉 그들은 자녀들을 격노케 하거나 혹은 화나게 하지 말아야 한다. 고린도후서 9:2에서 하나의 격려의 실례라는 좋은 의미로 사용된 에레디조(*ἐρεθίζω*)가 여기서는 그들을 들볶음으로써 혹은 그들의 노력을 비웃음으로써 괴롭히는 것을 의미한다(Lohse, 159, Martin, *NCB*, 120, BAG, 308에서는 Epictetus, *Enchiridion* 20에 있는 "누군가가 너를 괴롭힐〈*ἐρεθίσῃ* – 에레디세〉 것"이라는 표현이 "너를 욕하고 때리는 사람"〈*ὁ λοιδορῶν ἢ ὁ τύπτων* – 호 로이도론 에 호 튀프톤〉을 가리킨다고 지적한다. LXX에서 그것은 민 14:8; 신 21:20; 잠 19:7; 25:23 등에 나타난다).

아비들은 그들 자녀들이("너희"〈*ὑμῶν* – 휘몬〉가 자녀들이 자기들에게 속해 있다는 사실을 아비들에게 상기시켜 주기 위하여 삽입되었는가? 참조. von Soden,

65) 일상적인 가정 생활 가운데서 부모들을 기쁘시게 하려는 일이 쓸모 없는 일이라고 낙심하거나 생각하지 않도록 하기 위하여 이 명령에 순종해야 한다(아뒤메오 〈*ἀθυμέω*, "낙심하다", "소심해지다"〉는 신약성경에서 여기에만 나타나지만, LXX에는 자주 나타난다: 예를 들어, 신 28:65; 왕상 1:6, 7, 15:11; 왕하 6:8; 대상 13:11 등; 그리고 주전 5세기 이후로부터 사용되었다. 참조. BAG, 21). 에베소서 6:4에 있는 평행구절은 아비들로 하여금 자기 자녀들을 "주의 교양(*παιδεία* – 파이데이아)과 훈계(*νουθεσία* – 누데시아)로 양육하라"는 권면을 하면서 긍정적인 입장에서 진술하고 있다. 견고한 지도가 있어야 하지만 노예 상태가 되어서는 안 된다.

22 그리스도인 종들이 그 다음으로 부름을 받고 있으며, 처음 권면은 자녀들을 향한 명령과 평행을 이룬다. 여기에 나오는 가족 법규 목록 가운데서 그리고 에베소서(6:5-9)에서 종들을 향한 권면은 주인들을 향한 권면보다 광범위하며 또한 그들을 향한 특별한 격려를 하고 있다. 이것은 한편으로 이러한 교회들의 사회적 구조를 반영하고 있다(참조. Bruce, 293; 벧전 2:18-3:8의 가족 법전에는 종들을 향한 권면이 주인과 상호 관련이 없다). 많은 주석가들은 이러한 확대된 종들에 대한 권면을 4:9에 언급되어 있는 오네시모의 경우와 연결시킨다. 분명한 것은, 빌레몬을 향한 동반된 편지가 그리스도인의 교제 내에서 종과 상전 간의 상호 의무들에 관하여 빛을 던져 주고 있으며, 또한 "그들의 요구 관계에 대한 이러한 친교의 변화시키는 효과"에 빛을 던져 주고 있지만, 이 구절에서 바울이 특별히 오네시모를 염두에 두고 생각할 만한 근거는 없다는 것이다(Bruce, 293; 또한 Lohse, 159를 보라). 여기서 사도는 당시 유행하고 있었던 관습에 대한 사회적 언급을 하고 있지 않다. 그는 자신을 그리스도인 지도자들에게 소개하고 있다. 문제는 헬라-로마 문명의 법과 그 구조에 의하여 재가를 받은 하나의 법령을 받아들이는 것이 아니었다. 또한 그 폐지에 대한 요구에 어떻게 응답하느냐의 문제도 아니었다(이러한 문제들에 대한 빌레몬서의 의미에 관해서는 아랫부분을 보라). 그보다는 그리스도인에게 주어진 자유(참조. 3:11)와 그리스도인 종들이 자기들의 지상의 상전들을 계속해서 섬겨야 하는 "종으로서의 신분" 간의 긴장에 관심을 두었다(참조. 고전 7:21-24).

바울이 가족 법전에 있는 헬라 사상 혹은 헬라 유대주의로부터 자료를 취하여 기독교화했다고 강력하게 주장해 온 주석가들까지도 이러한 명령들이 특별히 그리스도인의 지침으로 새롭게 형성된 사실을 용인하고 있다. 예를 들어 Dibelius-Greeven, 47에서는 다음과 같이 말한다. "앞의 단락과는 달리 이 전체 단락은 원래 그리스도인의 사상으로부터 형성된 것이다"(참조. Crouch, *Origin*, 116, 117).

"종들아 모든 일에 육신의 상전들에게 순종하되"(*οἱ δοῦλοι, ὑπακούετε κατὰ πάντα τοῖς κατὰ σάρκα κυρίοις* – 호이 둘로이, 휘파쿠에테 카타 판타 토이스 카타 사르카 퀴리오이스). 신자가 된 종들은 종으로서 자기의 신분을 받아들여야 하며, 모든 일에 있어서 지상의 상전들에게 순종해야 한다. "육신의 상전들에게"(*οἱ κατὰ σάρκα κύριοι* – 호이 카타 사르카 퀴리오이; 직역하면 "육신을 따라 너희 주인들에게")란 표현은 부정적으로나 혹은 비판적으로 이해되어서는 안 되며, 하늘에 계시는 주님과 대조되어 지상의 영역, 즉 인간관계의 영역 내에서 그들이 유일한 주인이라는 사실을 보여 주어야 한다(참조. 4:1; Bruce, 293에서는 카타 사르카 〈*κατὰ σάρκα*, "육체를 따라"〉라는 표현이 종과 주인의 관계가 임시적인 현 세상 질서와 특별한 관계가 있다는 사실을 암시한다고 지적한다).

"사람을 기쁘게 하는 자와 같이 눈가림만 하지 말고"(*μὴ ἐν ὀφθαλμοδουλίᾳ ὡς ἀνθρωπάρεσκοι* – 메 엔 옵달모둘리아 호스 안드로파레스코이). 종들이 자기들의 상전들에게 해야 하는 순종은 먼저 부정적으로 기록되고(*μὴ ἐν* – 메 엔, "…으로 하지 말고"), 그 다음에 긍정적으로 기록되었다(*ἀλλ᾽ ἐν* – 알 엔, "…으로 하라"). 바울의 글들(이 곳과 엡 6:6) 이전에는 발견되지 않은 단어 옵달모둘리아(*ὀφθαλμοδουλία*, "눈가림", BAG, 599, Rengstorf, *TDNT* 2, 280; 이 단어의 형성에 관해서는 BDF, 항목. 115[1] 그리고 Moulton-Howard, *Grammar* 2, 271를 보라)는 사도 자신에 의하여 주조되었을 수도 있다. 이 단어는 일 그 자체를 위해서나 하나님을 기쁘시게 하거나 자신의 양심을 위해서가 아닌 다만 주의를 끌기 위해서만 하는 봉사 – 그러므로 외관상의 섬김 – 를 의미했다(Moule, 130; Eph 6:6, 7에 대한 Theodoret의 해석을 보라. 이를 Lohse, 160에서 인용함: "그는 눈가림을 진실한 마음으로부터 나오지 않고 단순히 외적인 모양으로 만족하는 봉사의 형태라고 부른다.") 이 곳 골로새서 3:22에서 복수형이 올바른 독법이라면, 이것은 이 정직하지 못한 태도에서 나오는 행동들을 규정하고 있다. 그러한 사람들은 "사람을 기쁘게 하는 자"(안드로파레스코스〈*ἀνθρωπάρεσκος*〉는 LXX의 시 52:6; PsSol 4:7, 8, 19 그리고 신약의 엡 6:6에서 발견된다; BAG, 67를 보라), 즉 하나님 보다는 상관의 위치에 있는 다른 사람들을 기쁘게 하려는 사람들이다(참조. Foerster, *TDNT* 1, 456).

"오직 주를 두려워하여 성실한 마음으로 하라"(*ἀλλ᾽ ἐν ἁπλότητι καρδίας, φοβούμενοι τὸν κύριον* – 알 엔 하플로테티 카르디아스, 포부메노이 톤 퀴리온). 그와 대조적으로(*ἀλλά* – 알라), 그리스도인 종들은 양심적으로 순수한 동기에서 섬

겨야 한다: "그러나 너희가 주를 두려워하는 것처럼 마음의 진실함으로 하라." 엔 하플로테티 카르디아스(*ἐν ἁπλότητι καρδίας*)는 "전심으로"를 의미하며(BAG, 85, 86, Bauernfeind, *TDNT* 1, 386, 387, and Lohse, 160; 대상 29:17; Wisd 1:1; Test Reub 4:1; Test Sim 4:5; Test Levi 13:1에 있는 유사한 표현을 보라) 단순하고도 진실한 인간의 내면을 나타낸다. 그러나 그의 행동은 거짓된 이면의 동기에 의하여 지도를 받지 않고, 주님을 경외하는 가운데 행하게 될 것이다. 이 후자의 문구 "주를 두려워하여"(*φοβούμενοι τὸν κύριον* - 포부메노이 톤 퀴리온)는 여기서 사람이 구약성경에서(그리고 계 15:4에서) 하는 것처럼 하나님에 대한 언급이 아니라 그리스도에 대해서 언급하고 있다. 구약성경에는 두려움과 사랑의 동기가 나란히 존재한다. 위대하시고 능하시고 두려우신 하나님(신 10:17, 18; 참조. 대상 16:25)은 인간에게 은혜로우시다(신 6:5, 13). 그러므로 우리는 신약성경에서도 계속되어 나오는 남녀 백성들에게서 다음과 같은 말씀을 자주 듣게 된다: "두려워 말라"(창 15:1; 삿 6:23; 사 44:2 등). 그러나 하나님의 은혜와 호의는 이 말씀에 있는 엄숙성을 제거하지 않으며, 여호와 경외의 동기가 오경의 율법 가운데서 의미심장하고(레 19:14, 32; 신 13:11; 17:13 등) 일반적으로 구약의 경건에서 결정적인 요인이 된다(참조. 시 103:11, 13, 17; 잠 1:7; 23:17 등). 신약성경에서 포보스(*φόβος*) 및 그와 어근이 같은 단어들은 하나님 혹은 그리스도 앞에서의 두려움, 경외감, 존경심의 의미로 사용되었다(예를 들어, 행 9:31; 고후 7:1; 엡 5:21; 특히 벧전 1:17에서 두려움 속에서의 삶은 이전의 생활로부터 심판과 구원의 심각성으로 말미암아 지배를 받으며, 반면에 3:6은 하나님에 대한 두려움이 인간의 모든 위협을 제거한다는 사실을 밝혀 주고 있다. 이러한 경외는 일반적이거나 기본적인 의미에서뿐 아니라 권위라는 구조 내에서 구체적인 삶의 상황에서도 그리스도인의 행동의 동기와 방법 모두에 영향을 미친다(눅 18:2, 4; 벧전 2:17; 계 11:18). 그러므로 두려움의 동기가 가족 법전 가운데서 대략 일곱 번이나 나타난다(골 3:22; 엡 6:5; 벧전 2:17, 18; 3:2, 6; 참조. 엡 5:33). 그리스도인 종들은 무엇보다도 그리스도의 종들이며, 따라서 그들은 첫째로 그리고 무엇보다도 그분을 기쁘시게 하기 위하여 일해야 한다. 세상의 상전들에 대한 두려움이 아니라 주 그리스도에 대한 경외심이 그들의 일차적인 동기가 되어야 한다.

23 공동체의 모든 구성원들에게 주어진 17절에 있는 포괄적인 권면("또 무엇을 하든지 말에나 일에나 다 주 예수의 이름으로 하고")이 여기서 다시 취해져서(호 에안 포이에테〈*ὃ ἐάν ποιῆτε*, "무슨 일을 하든지"〉는 카타 판타〈*κατὰ πάντα*, 22

절의 "모든 일에"〉와 동일하다. 신약성경의 다른 곳에서 명령되거나 금지된 것은 포이에오〈ποιέω, "하라"〉와 함께 대명사나 관계절로 진술된다: 고전 10:31; 빌 2:14; 딤전 4:16; 벧후 1:10; 참조. 막 7:13; 눅 3:19; 요 4:29, 39; 7:51; 행 16:18; 21:33; 롬 1:32; 2:3, Braun, *TDNT* 6, 479) 보다 구체적으로 그리스도인 종들에게 적용된다. 즉 자기들에게 할당되는 일은 무엇이든지 전심으로 해야 한다는 것이다. 문자 그대로는 "영혼으로부터"를 의미하는 에크 프쉬케스(ἐκ ψυχῆς)는 여기서 "전심을 다한 수고로"를 의미하며(이 문구는 실제로 에크 카르디아스〈ἐκ καρδίας, "마음으로부터"〉와 동의어다: 막 12:30, "네 마음을 다하고 목숨을 다하고 뜻을 다하고 힘을 다하여 주 너의 하나님을 사랑하라"; 참조. LXX 잠 11:17; Ecclus 6:26; 7:29; 14:4; 19:16; 37:12; Test Gad 2:1 등. Lohmeyer, 158) 사도는 분명히 종들의 직무를 기쁨으로 하도록 하기 위하여 의무적인 필요성의 수준으로 올리려는 목적을 가지고 있다(참조. Martin, *NCB*, 122에서는 어느 길이든 종은 선택의 여지가 없다고 올바르게 덧붙인다. 즉 그는 일을 하거나 그렇지 않으면 불순종이나 게으름으로 인하여 형벌을 받아야 한다. 에르가제스데(ἐργάζεσθε, "일을 하다")는 포이에테(ποιῆτε, "하다")에 대한 하나의 발전인데, 그 이유는 행해진 것들이 "일들"(ἔργα – 에르가)이기 때문이다(Abbott, 294. Braun, *TDNT* 6, 478에서는 이 동사들을 동의어로 보며, 비록 에르가조마이〈ἐργάζομαι, "일을 하다"〉가 단순히 포이에오〈ποιέω, "하다"〉의 스타일상의 변형이기는 하지만, 이것이 언급하는 것은 17절과는 다른데, 17절에서는 후자의 동사가 단순히 주절 가운데 언급되었다. 여기서는 하나의 새로운 동사가 약간 다른 의미로 삽입되어 있다).

"주께 하듯 하고 사람에게 하듯 하지 말라"(ὡς τῷ κυρίῳ καὶ οὐκ ἀνθρώποις – 호스 토 퀴리오 카이 우크 안드로포이스). 이러한 그리스도인 종들이 행해야 하는 신실한 섬김과 사도가 여기서 요구하고 있는 섬김은 분명히 그들의 상전들을 이롭게 할 것이다. 그러나 종들은 자기들의 행실의 궁극적 이유 혹은 동기에 대해서 일깨움을 받는다(호스〈ὡς, "하듯"〉는 자주 일어나는 어떤 일의 이유 혹은 동기를 가리키기 위하여 하나의 분사와 함께 나타난다. 그러나 고대 헬라어처럼 신약성경은 축약된 표현으로 문맥을 통하여 그것이 무엇을 의미하는지 분명할 때는 이 분사를 삭제한다: 예를 들어, 살후 2:2, Robertson, *Grammar*, 1140를 보라; BDF, 항목. 425 [4]): 그들은 주님을 섬기고 있으며 단순한 사람을 섬기고 있지 않다(퀴리오스〈κύριος, "주님"〉와 안드로포이〈ἄνθρωποι, "사람들"〉 간의 대조를 보라). 그들은 자기들의 상전들을 위하여 온 마음을 다하여 일할 때 바로 그러한 행동으로 그들의 하늘의 주님을 섬기고 있는 것이다.

24 바울의 윤리적 명령이 그 다음에 미래의 보상과 형벌 문맥에서 진술되고 있다(Steinmetz, *Heils-Zuversicht*, 31에서는 이 서신에서 미래 종말론의 소수의 흔적들 가운데 하나가 여기서 발견된다고 말한다). "앎이니"(*εἰδότες* – 에이도테스, 이 곳과 4:1)는 사도가 그리스도인들에게 알려진 한 형태의 가르침을 상기시키고 있다는 사실을 시사한다. 즉 그들이 그들의 보상으로 받을 기업은 하늘의 주님으로부터 온다는 것이다. "상"이라는 단어(*ἀνταπόδοσις* – 안타포도시스, BAG, 73, Büchsel, *TDNT* 2, 169)는 투기디데스 시대로부터 입증된 것으로서 LXX, 파피리 그리고 비문 가운데서 주로 "충분한 보응"을 나타내는 나쁜 의미로 나타난다(하나님의 심판에 대해서, 예를 들어, 시 68:22). 그러나 신약성경에서 유일하게 나타나는 이 단어(여기서 관련된 단어 안타포도마〈*ἀνταπόδομα*, "갚음"〉는 눅 14:12과 롬 11:9에 나타난다)는 긍정적 의미로 사용되었는데, 그 이유는 뒤따라오는 단어 "유업의"(*τῆς κληρονομίας* – 테스 클레로노미아스)가 그 보상의 내용을 긍정적으로 설명하고 있기 때문이다(대부분의 주석가들과 문법학자들은 이 소유격이 동격 혹은 한정 소유격이라는 데 동의한다. 예를 들어, Robertson, *Grammar*, 498를 보라). 즉 그것은 "기업으로 이루어져 있다"(참조. LXX 삿 9:16). 바울은 이미 영원한 기업이 하늘에 골로새 교인들을 위하여 준비되어 있다고 언급한 바 있다(1:5, 12, 27; 3:1-4; 유업이라는 주제에 관해서는 1:12과 그 곳에 인용된 참고서적을 보라). 그는 이제 종들이었고, 그래서 로마법 아래서 그 어느 것도 유업으로 받을 수 없었던 교회 회중의 구성원들에게 그들의 하늘의 주님(아포 퀴리우〈*ἀπὸ κυρίου*, 직역하면 "한 주님으로부터"〉가 강조되어 맨 앞에 나오고 있다. Lightfoot, 226는 이 문구 앞에 정관사가 없는 것은〈참조. 4:1〉 매우 특이한데, 그 이유는 그것이 다른 곳 22-24절의 문맥에 조심스럽게 삽입되어 있기 때문이라고 본다. 그러므로 자신의 덧붙인 설명 속에서 그는 이러한 생략의 의미를 깨닫게 하려고 시도하고 있다. "너희가 세상의 상전들에게 어떤 취급을 받든지 너희에게는 너희에게 갚아 주실 한 주인이 계신다")이 마지막 날에 자신의 보상을 주시리라고 믿을 수 있다는 사실을 강조하고 있다. 보복은 종들이 주로 자기 세상의 주인으로부터 받게 되는 것이다. 이 주님은 다가올 시대에 영원한 생명의 기업을 보상으로 주시는, 그들과는 다른 분이시다(자신의 신실한 자들에게 보상하시는 하나님의 공의로우심에 대한 랍비들의 가르침을 보라〈m. 'Abot̲ 2:16, "신실한 사람은 그대에게 그대의 수고의 보상을 지불하실 그대의 감독자이시다. 그리고 의인에 대한 상급의 보상은 다가오는 시대를 위한 것임

을 알고 있다〉 그리고 Martin, *NCB*, 123를 보라).

외관상으로 보응과 형벌과 같은 보수를 목적으로 하는 용어들을 사용하면서 사도는 하나님과 우리의 관계를 말하고 있다: 상급은 이 곳에 하나님의 임재 가운데서의 삶과 관련되어 있는 기업이라는 말로 묘사되어 있고, 반면에 형벌은 그분과의 교제의 박탈과 그분의 임재로부터의 축출을 말한다(Moule, 131).

아무도 불순종을 통하여 이러한 값진 선물을 박탈당하기를 원치 않으므로(Lohse, 161) 바울은 그들에게 "주 그리스도를 섬기느니라"(*τῷ κυρίῳ Χριστῷ δουλεύετε* – 토 퀴리오 크리스토 둘류에테; 이 곳과 롬 16:18에서 다소 특이한 표현인 "주 그리스도"라는 표현으로 사도는 그리스도를 다른 주인들과 대조되게 주님으로 언급하고 있다; Moule, 131)고 말한다. 이 간단한 문장은 하나의 직설법일 수도(Lightfoot, 227; 참조. RSV, NIV) 혹은 명령법일 수도 있는데(Moule, 131, Merk, *Handeln*, 218, Lohse, 161, Ernst, 237, Martin, *NCB*, 123; 참조. NEB), 그 이유는 동사 둘류에테(*δουλεύετε*, "너희가 섬긴다")가 이 둘 중 하나가 될 수 있기 때문이다. 하지만 우리는 후자 편을 택하는 바이다(a. 가장 좋은 본문들은 AV에 나타난 바와 같이 앞에 가르〈*γάρ*, "왜냐하면"〉를 덧붙이지 않는다. 만일 "왜냐하면"이 덧붙여진다면〈참조. 비잔틴 본문〉 직설법이 옳을 것이며, 이 문장은 앞의 내용의 동기로 간주된다. b. 이 명령은 23절의 명령형 에르가제스데(*ἐργάζεσθε*, "하라")로 다시 시작된다. c. 그렇다면 뒤따라오는 연결 접속사 가르(*γάρ*, "이는")는 이 권면의 이유를 설명한다. 이와 같이 종들에 대한 강력한 명령들(22-25절)은 이러한 포괄적인 권면으로 결론을 내린다. "주 그리스도를 섬겨라."

25 이제 그리스도를 모든 것의 주님으로 섬기라는 명령에 순종할 근거(*γάρ* – 가르, "이는")가 진술되고 있다(Baumert, *Sterben*, 425에서는 올바르게 지적하기를 25절은 단지 유업을 받아들임에 관한 앞의 진술과 대조시키는 부정적 표현이 아닌데, 그 이유는 이것이 반의어 "그러나"〈*δέ* 혹은 *ἀλλά*; 그 대신에 이것이 바로 앞선 명령에 종속되었다, 24*b*절〉를 필요로 했을 것이기 때문이다: "이는 악을 행하는 자가 자기가 행한 악을 다시 받을 것이기 때문이다"(*ὁ γὰρ ἀδικῶν κομίσεται ὃ ἠδίκη* – 호 가르 아디콘 코미세타이 호 에디케). 그러나 이 단어가 누구를 가리키는지가 전혀 분명하지 않으므로 고대와 현대의 주석가들은 이것이 종에게 적용되는지 아니면 상전들에게 적용되는지, 그것도 아니면 모두에게 적용되는지에 대해서 의견이 나누어진다. 이 일반적이고도 눈에 보이지 않는 원리는 지은 죄에 대해 정확하게 그대로 갚아 주라는 동등처벌법과 같다(아디콘〈*ἀδικῶν*, "불의를 행하는 자"〉과 호

에디케센⟨ὅ ἠδίκησεν, "그가 행한 불의"⟩의 일치를 보라. 이러한 "성결법의 판결들"에 대한 다른 실례들은 고전 3:17; 14:38; 16:22a; 갈 1:9이다. 참조. Käsemann, in *Questions*, 66-81, 그리고 K. Berger, "Die sogenannten 'Sätze heiligen Rechts' im Neuen Testament. Ihre Funktion und ihr Sitz im Leben," *TZ* 28[1972] 305-330에서는 그것들이 율법의 표준과는 관계가 없는 지혜의 출처에 대한 상황적 관계절이라고 생각한다). "가져오다"를 의미하는 코미조(κομίζω)는 여기서 "(자신을 위하여) 갖다", "받다"는 의미의 중간태로 사용되었다(BAG, 442, 443). 바우메르트(Baumert, *Sterben*, 410-31)는 이 단어에 대한 철저한 검토를 하고 나서 여기서 이 용법은 책임을 짊어지고 있다는 표현과 함께 LXX 배경 가운데 하나를 생각나게 한다고 주장했다(레 20:17; 겔 16:52, 54, 58). 따라서 이 단어는 불법을 행한 자가 자기 행위에 대한 죄책과 수치를 당하고 주 그리스도의 심판의 보좌 앞에서 책임을 져야 한다는 것을 의미한다(*Sterben*, 424).

여기에 종으로부터 상전으로의 전환이 있다는 입장에 찬성하여 바울이 사용하고 있는 연결사 가르(γὰρ, "이는")에 무게가 주어지고, "불법을 행하다"(ἀδικέω – 아디케오, 인류 혹은 하나님의 법에 대한 어떤 위반을 나타내는 단어, 참조. BAG, 17, Schrenk, *TDNT* 1, 157-61)라는 동사는 종에게보다는 주인(상전)에게 훨씬 더 잘 어울리며(법적 권한이 없는 종이 어떻게 자기의 주인에게 부당하게 행동할 수 있느냐는 문제가 일어났다), 또한 4:1에서 계속되는 종을 소유한 주인으로 하여금 자기 종들에게 정당(τὸ δίκαιον – 토 디카이온)하고 공정한 일을 하라는 사도의 교훈을 염두에 두고 있음을 암시한다고 주장되어 왔다. 그래서 이 문구는 모든 불의에 대해 하나님의 심판대 앞에서 책임을 져야 할 것이라고 사실 그대로 상기시켜 주고 있을 뿐만 아니라(Martin, *NCB*, 124), 동시에 종들에게는 자신을 그리스도의 종으로 여기라고 격려하고, 그리하여 마지막 법정 앞에서는 인간의 고하를 돌아보지 않을 것이라는 사실을 알고 부당한 대우를 받으면서 낙심하지 말 것을 격려하고 있다(Abbott, 295; Meyer, 459, 460과 Martin, *NCB*, 123, 124에서는 이를 강력하게 주장했다). 그러므로 이러한 해석은 상전들이 "그들의 주님과 너희들의 상전이신 그분께서 하늘에 계신다는 사실과 그분에게는 편벽됨이 없으시다는 사실을 알고"(Conzelmann, 153) 자기들의 종들을 친절하게 대하라고 권면을 받고 있는 에베소서 6:9과 일치한다.

주인들(κύριοι – 퀴리오이)이 4:1에 가서야 언급된다고 주장하는 두 번째 접근 방식은 25절이 종들을 가리키고 있다는 주장이 더 개연성이 있다고 생각한다. 이러한 입장에 대해서 널리 인정하고 있는 바와 같이, 첫 번째 해석을 주장하는 몇몇 사람들이 주장하는 아디케오(*ἀδικέω*, "불의를 행하다")란 단어에 난점이 있다는 사실은 "편파"(*προσωπολημψία* – 프로소폴렘프시아)라는 단어와 함께 종들에게보다는 주인들에게 훨씬 더 어울린다. 그러나 아디케오(*ἀδικέω*, "불의를 행하다")란 동사는 율법의 위반 혹은 불법적 행위를 지칭하는 상당히 일반적인 단어이며, 상전들에게만 제한되지 않아야 한다. 사실상 같은 단어가 사도에 의하여 빌레몬의 종 오네시모와 관련하여 빌레몬에게 보낸 편지 속에서 사용되었다(18절, "저가 만일 네게 불의를 했거나"〈*εἰ δέ τι ἠδίκησέν σε* – 에이 데 티 에디케센 세〉는 반드시 오네시모가 도망하면서 자기 주인으로부터 무엇인가를 도적질했다는 사실을 의미하지만은 않는다. 그는 단순히 도망함으로써 비록 어떤 것을 훔치지는 않았을지라도 이미 빌레몬의 재산에 손해를 입혔다. 아래의 내용을 보라). 다른 사람들은 골로새서 3:25에 있는 이 단어를 사람의 교활함을 덮는 것으로서의 어떤 반항(참조. Ernst, 237)이나 아첨에 대한 간접적인 경고로 취급했다(Baumert, *Sterben*, 425). 아마도 이러한 생각은 지나치게 구체적인 것이며, 만일 이것을 종들에게 적용한다면 이 명령은 모든 불의에 관한 보다 일반적인 경고일 것이다. 그들은 자기들이 종들이기 때문에 악한 행실들이 하나님 앞에서 별 의미가 없다고 생각한다거나 상황을 참작하여 너그러이 대해 줄 것이라고 생각해서는 안 된다(참조. Schlatter; Masson, 150 그리고 Lohse, 161에서 이를 인용함). 의로운 행실은 종들뿐만 아니라 주인들에게도 요구된다(이것은 4:1에 있는 토 디카이온〈*τὸ δίκαιον*, "이것이 옳으니라"〉의 단어-일치로 설명할 수 있을 것이다. 그러므로 엡 6:9에서 하나님께서는 외모로 사람을 취하는 일이 없으시다는 말을 듣는 사람이 상전인 반면에, 여기서는 그 말씀을 듣는 사람이 종이다. 참조. Percy, *Probleme*, 401, Schrenk, *TDNT* 1, 160, Bruce, 295, Merk, *Handeln*, 218, Caird, 209, 또한 Chrysostom과 Bengel 같은 고대 주석가들). 하나님의 심판대에서는 "외모로 취하심" 혹은 "편견"이 없다(*προσωπολημψία* – 프로소폴렘프시아, 이 단어는 신약성경에서 처음으로 나타나는 반면에 〈참조. 롬 2:11; 엡 6:9; 약 2:1〉, 헬라 유대주의에서 이미 사용된 바 있으며 구약성경에서 사람들에 대한 존중을 나타내는 데 자주 발견된 히브리 사상을 가진 람바노 프로소폰〈*λαμβάνω πρόσωπον*, "얼굴을 일으키다"〉으로부터 형성된 것이다: 레 19:15; 신 1:17; 16:19; 참조. BAG, 720; Lohse, *TDNT* 6, 779, 780). 그분은 편견이 없을 뿐만 아니라 외모의 영향을 받지도 않으신다.

모든 것을 고려해 볼 때 우리는 해석의 두 번째 노선을 택하게 되는데, 곧 25절이 종들에게 향한 말씀이라는 것이다. 몇몇 사람은 두 가지 대안 가운데 하나를 선택하기가 어렵다는 사실을 인정하면서 이 문구가 종들과 상전 모두를 향한 말씀이라고 생각한다. 슈바이저(Schweizer, 168; 참조. Lightfoot, 227)는 이 문장이 양자 모두에게 적용되도록 의도적으로 문을 개방해 놓고 있다고 생각하고, 반면에 언스트(Ernst, 237)는 우리가 여기서 하나의 성결법 문장(원래 카리스마적 선지자들에 의하여 선포된)을 가지고 있다는 입장에 동의하면서, 이것이 가족 법전에 의하여 강조된 법정적 성격을 띈 일반적으로 타당한 명백한 문장이라고 주장한다.

윤리적인 명령들은 24절과 25절에서 상급과 형벌이라는 문맥 가운데 진술되어 있으며, 또한 불순종에 대한 심판이 충성에 대한 보상처럼 확실하다. 성경은 일반적으로, 특히 바울은 구원이 은혜에 의한 것인 반면에 심판은 언제나 신자든 불신자든 똑같이 선한 일이나 악한 일에 따라 이루어진다고 분명하게 밝히고 있다. 그래서 사도는 그리스도인들에게 다음과 같이 기록하고 있다. "이는 우리가 다 반드시 그리스도의 심판대 앞에 드러나 각각 선악간에 그 몸으로 행한 것을 따라(*ἵνα κομίσηται* – 히나 코미세타이, 골 3:25에 있는 것과 같은 단어임) 받으려 함이라"(고후 5:10; 참조. 롬 14:10-12; 고전 3:12-15; 4:4, 5). 브루스(Bruce, 295)는 다음과 같이 해석한다.

> 은혜로 말미암아 그리스도 안에서 하나님의 구원받은 사람이 여전히 하나님의 법정에서 "또다시 그가 행한 불의를 보응 받는다"는 사실을 어떻게 이해해야 할지 어렵다고 생각된다. 그러나 전반적인 성경의 가르침에 따라 심판이 "하나님의 집으로부터 시작되어야" 한다는 것이다. 그리고 비록 법정이 하나님의 가족 구성원을 위하여 구원받은 자들 가운데서 이루어지는 것일지라도 그것은 엄숙한 실체다.

4 1 가족 법전의 결론 부분에서 종들을 향한 권면은 상전들에 대한 간략한 메시지와 균형을 이루고 있다(*οἱ κύριοι* – 호이 퀴리오이). 아마도 골로새 회중의 회심자들 가운데는 종들보다는 노예 소유자들이 더 적었을 것이다. 그러나 노예 소유자들도 역시 자기들의 책임을 가지고 있었다. 만일 오네시모와 같은 종들이 자기들의 의무들을 가지고 있었다고 한다면, 빌레몬과 같은 상전들은 상호간의 책임들을 가졌다. 즉 그들은 자기들의 종을 정당하고 공정하게 취급해야 했다(*τὸ δίκαιον και τὴν ἰσότητα τοῖς δούλοις παρέχεσθε* – 토 디카이온 카이 텐 이소테타 토이스 둘로이스 파레케스데). 이 권면은 헬라와 유대인의 윤리 가운데서 그 평행적인 내용이 발견된다. 헬라 편에서 볼 때, 이것들은 일찍이 플라톤(Plato, *Leges* 6.776d-

788a)과 아리스토텔레스(Aristotle, *Politica* 1260b.6)의 글에 나타나며, 반면에 로마 시대 세네카가 종들에 대한 인륜적인 취급을 가장 열렬하게 옹호했다(특히 Lucilius에게 보낸 그의 47번째 편지를 보라; 참조. J. N. Sevenster, *Paul and Seneca* [NovTSup 4; Leiden: Brill, 1961] 185-92; Crouch, *Origin*, 117-19). 그는 그러한 노예 제도에 대한 공격을 하지 않고, 그것을 존재하고 있었던 사회 질서의 일부분으로 받아들였다. 그는 종들에 대해 큰 긍휼을 느끼고 있으며, 그들이 취급 받는 방식에 대해서 민감한 견책을 표하고 있다. 또한 몇몇 종들이 결코 흠이 없다고 인정하고 있기는 하지만, 모든 종류의 경멸할 만한 일들로 인하여 종들의 남용을 책망하고 있다(참조. Sevenster, *Paul*, 186). 그러나 가끔 스토아 철학 법전은 종들에 대한 주인들의 관계를 언급하고 있다. 팔레스틴 유대교는 노예 제도를 받아들였으며, 종들은 그들 주인들의 재산으로 여겨졌다(Str-B 4, 717). 헬라 유대인 계층에서는 주인들에게 자기들의 종들을 정당하게 다루라는 호소들을 알고 있었고 그것들을 사용했다(Ecclus 4:30에서는 "당신의 가정에서 사자처럼 되지 말고, 당신의 종들에게 가혹하고 두려운 사람이 되지 말라"고 기록하고 있다. 또한 참조. 7:20, 21; 33:31; Philo, *Spec. Leg.* 2:66-68, 89-91; 3:137-43; *Ps Phocylides* 224; 또 다른 실례들은 Crouch, *Origin*, 118, 119를 보라).

사도는 종의 주인들에게 자기들의 종들을 놓아 주라고 명하지 않지만, 그는 분명히 "종들의 운명의 개선을 지적한다"(Martin, *NCB*, 124). 즉 그들은 그들을 의롭고도 공평하게 취급해야 한다는 것이다. "의롭거나 옳은 것"(*τὸ δίκαιον* – 토 디카이온; BAG, 196에서는 다음과 같이 설명하다: "이 중성 명사는 공의의 확실한 요구들 편에서 의무적인 것을 나타낸다"; 참조. Schrenk, *TDNT* 2, 187, 188; Hinson, *RevExp* 70[1973] 505에서는 Hugedé, 197를 따라 이것이 월급을 가리킬 수도 있다고 생각한다. 정직한 보상 개념이 공평의 개념 가운데 암시되어 있을 수 있는데, 특히 "취급"으로 번역된 파레코마이〈*παρέχομαι*〉가 자역하여 "공평"을 의미하는 것과 같다. BAG, 626를 보라)은 "공평한 것"(*τὴν ἰσότητα* – 텐 이소테타, BAG, 381, Stählin, *TDNT* 3, 354, 355)과 동일하다. 이 양자간의 관계는 대중 철학의 도덕적 가르침과 교훈 가운데서 자주 논란이 되었다(이 두 단어는 자주 동의어로 취급되었다: Philo는 *Rer div her* 141-206에서 "공평"〈*ἰσότης* – 이소테스〉에 대해서 세부적인 설명을 하고 있는데, 그는 이것을 "정의의 어머니"〈*μήτηρ δικαιοσύνης* – 메테르 디카이오쉬네스〉라고 부르고 있다, Despecleg 4, 231; 참조. Stählin, *TDNT* 3, 354, 355, Lohse, 162). 여기서 두 번째 단어(=공평)는 "의무라는 글자와는 별개의 것으로서 공명정대의 정신"을 나타내면서 첫 번째 것을 보강한다(Radford, 296; Hinson, *RevExp* 70[1973] 505에서 이를 인용함; Lightfoot, 228를 보라. 라이트푸트는 "이 단어는 자연적으로 공평한 취급, 공정한 대우를 의미한다"고 말한다. 그리고 Abbott, 296에서는 이것을 "긍정적인 규칙들 아래로 가져올 수 없는 것, 그렇지만 공평한 마음의 판단에 따르는 것"으로 기술한다. 참조. Stählin, *TDNT* 3, 355; 이에 반대하여 Meyer, 461, 462와 다른 사람들은 그 종들이 동등하게 취급되어야 한다는 사실을 의미하지만, 이것은 그러한 종류의 사상을 표현하는 애매한 방식이라고 생각한다). 그래서 도울 사람이 없는 위치에 있는 사람들에 대한 억압 혹은 괴롭힘의 어떤 가혹 행위(Martin, *NCB*, 124)가 분명히 제거된다(참조. 엡 6:9).

"너희에게도 하늘에 상전이 계심을 알지어다"(*εἰδότες ὅτι καὶ ὑμεῖς ἔχετε κύριον ἐν οὐρανῷ* – 에이도테스 호티 카이 휘메이스 에케테 퀴리온 엔 우라노). NIV는 "너희도 너희가 하늘에 한 주님이 계심을 알고 있기 때문이다"로 번역한다. 이러한 의롭고 공평한 대우의 동기는 자신의 주인에게 복종한다는 점에서 종들의 동기와 근본적으로 같다(24절; 에이도테스〈*εἰδότες*, "앎"〉의 반복을 유의하라). 상전들 역시(*καὶ ὑμεῖς* – 카이 휘메이스, "너희도 역시") 그들의 종들처럼 하늘에 계신 더 큰 주인들에게 복종해야 한다(퀴리오스 엔 우라노〈*κύριος ἐν οὐρανῷ*, "하늘에 있는 상전"〉를 통하여 3:1-4의 말씀을 상기하게 된다 – 즉 그리스도께서 하늘의 영광의 자리인 아버지의 오른편에 앉아 계신다는 것이다). 이 한 주님이시요 재판장께서 지상의 상전들이 참으로 의롭고 공평한 일을 행했는지의 여부를 결정하실 것이다. 그분의 뜻이 참으로 영향력 있는 평가다. 상전들과 종들 간의 관계는 근본적인 변화를 겪었다. 양자가 모두 한 주인에게 복종해야 하는 입장에 있으며, 따라서 이 양자가 모두 서로를 향한 자기들의 행실에 참된 표준을 가지고 있다(참조. Sevenster, *Paul*, 192; 그들 모두가 뚜렷하게 닮았기 때문에 바울과 세네카가 의견을 달리하는 곳이 바로 이러한 동기의 지점이다.

해설

그리스도인 가족 내에서 행동 양식을 규정하는 명령들을 담고 있는 이 단락은 17절의 "또 무엇을 하든지 말에나 일에나 다 주 예수의 이름으로 하고 그를 힘입어 하나님 아버지께 감사하라"는 명령에 이어 뒤따라오고, 동시에 이를 전개해 나가고 있다. 특히 중요한 것은 "주님"에 대한 여러 차례의 언급이다. 즉 여러 명령들은 "주 안에서"(18, 20절)란 동기로 주어져 있고, 반면에 "주를 두려워하여"(22절)란 언급이 나오고 있는데, 이는 주님을 위하여 행하는 행실(23절, 주님의 상급 심판(24, 25; 4:1)로 인한 행위다. 생각과 행실 모두를 포함한 삶 전체가 예수 그리스도에게 복종되어야 한다. 삶의 어떤 분야도 그분의 다스리심 밖에 있지 않다. 그러므로 성과 속 사이의 궁극적인 구별이 없다. 그렇지만 가족 법규들은 이러한 순종이 어떻게 구체적으로 표현되느냐를 암시하고 있다. 아마도 골로새에 있었던 거짓된 가르침에 헌신한 자들은 현세와 가정에서의 일을 무시했을 것이다. 만일 그렇다면, 바울은 회중에게 이러한 가르침이 해롭다는 것과 또한 골로새 교인들이 가정생활의 단순한 의무들을 상기해야 한다는 사실을 가르쳐 주어야 했다. 사도는 이미 자기 독자들에게 "위엣것을 생각하라"(3:2)고 권면한 바 있는데, 그 이유는 그리스도께서 통치하고 계시는 위로부터 통치를 받는 삶은 정확하게 말해서 결혼, 부자관계 그리고 일상 생활에서의 삶이기 때문이다. 이러한 분야에서 올바른 행실은 위엣것을 찾는 일의 정당한 완성이다.

이 법전 혹은 "직위 법전"에서 바울은 추상적인 법규가 아니라 그리스도인 가족 내에서 구체적인 인간관계를 다루고 있다. 일련의 권면들이 아내와 남편, 자녀와 아비들, 종들과 상전들에게 차례로 주어진다 – 즉 가장 가까운 관계로부터 가장 먼 관계로 이어진다. 각각의 경우에 종속되는 편이 먼저 언급된다: 아내, 자녀 그리고 종들이 "주 안에서 마땅한 일", 즉 남편들, 아비들 그리고 상전들처럼 정당한 일을 행해야 하는 윤리적으로 책임이 있는 편으로 소개되고 있다. 그러나 종속되는 자들에 대한 권면만 있는 것이 아니다. 그 즉시 각 쌍의 두 번째 편에 해당하는 사람들이 호출을 받고 자기 책임들을 듣는다. 이중적 권면들이 함께 나타나 있으며, 첫 번째 것이 두 번째 것으로부터 분리되어 해석되어서는 안 된다.

아내들을 향한 권면은 자기 남편에게 스스로 자원하여 복종해야 하는 자유롭고도 책임성 있는 대리자에게 주어진 호소인데, 그 이유는 이것이 그리스도를 주로 삼은 사람들의 새로운 관계 내에서 전적으로 정당한 것이기 때문이다. 자기 편에서 남편은 아내의 행복을 위하여 끊임없는 돌봄과 사랑의 봉사를 해주어야 한다. 이 명령에는 아무런 신학적 근거도 덧붙여지지 않았는데, 그 이유는 "사랑의 명령이 절대적으로 타당하기" 때문이다(Lohse). 또한 교회를 향한 그리스도의 사랑이 아내에 대한 남편의 사랑의 원형으로 묘사된 평행적 구절(엡 5:25-33)에 있는 자세한 설명은 저자가 "사랑"을 통하여 무엇을 의미했는지를 암시해 준다.

그리스도인 자녀들은 모든 일에 있어서 자기 부모들에게 순종하라고 명령을 받는다. 그러한 순종은 다음의 말이 보여 주고 있는 바와 같이 그리스도에 대한 그들의 순종과 일치된다: "이는 주 안에서 기쁘게 하는 것이니라." 동시에 부모들, 특히 아비들은 가정 생활에서 자녀들이 낙심하거나 혹은 아비들을 기쁘게 하는 것이 쓸모없는 것이라고 생각하지 않도록 자기 자녀들을 괴롭히거나 화가 나도록 자극하지 말아야 한다. 거기에는 예속이 아닌 견실한 안내가 있어야 한다(참조. 엡 6:4).

권면들 가운데서 가장 광범위한 부분에서 신자가 된 종들은 자기들의 종으로서의 신분을 받아들여야 하며 모든 일에서 세상의 상전들에게 복종해야 한다. 그들의 섬김은 외모로 하거나 눈길을 끌기 위해서만 해서는 안 된다. 그 반대로, 그리스도인 종들은 순수한 동기에서 양심적으로 섬겨야 한다. "마음을 다하여 주께 하듯 하고"(23절). 그들은 자기들의 상전들을 위하여 전심으로 일을 하는 것처럼 모든 행실에 있어서 자기들의 하늘의 주님을 섬기고 있는 것이다. 그들은 계속해서 초월적인 목적을 마음에 두고 있어야 한다. 즉 종은 마지막 날에 세상의 주인으로부터 보복 받을 것을 예상할 수 있다. 이 하늘의 주인은 다른데, 이는 그분께서 다가오는 시대에 영원한 생명의 유업을 그분의 은혜로운 상급으로 주시기 때문이다. 이제 간략하고도 엄숙한 권면이 상전들에게 주어진다. 그들은 자기들의 종을 자유롭게 해주라는 명령을 받지 않고, 다만 그들을 의롭고 공평하게 대하라고 명령을 받는다. 이러한 행동의 동기는 자기의 상전들에게 복종해야 하는 종들의 동기와 근본적으로 같다. 둘 다 함께 하늘에 더 크신 주인을 모시고 있다는 것이다. 둘 다 하늘의 주님에게 복종해야 할 의무를 가지고 있다. 그리고 그러한 그들 서로간의 관계는 이러한 사실에 비추어서 이해되어야 한다.

13. 마지막 권고: 기도와 외인에게 의로운 행실을 계속하라(4:2-6)

참고문헌

Brown, R. E. *Background*, 52-56. **Lövestam, E.** *Spiritual Wakefulness in the New Testament*. LUÅ 55/3 Lund: Gleerup, 1963, 75-77. **Merk, O.** *Handeln*, 224. **Pope, R. M.** "Studies in Pauline Vocabulary. Of Redeeming the Time." *ExpTim* 22(1910-11) 552-54. **van Unnik, W. C.** "Die Rücksicht auf die Reaktion der Nicht-Christen als Motiv in der altchristlichen Paränese." *Judentum, Urchristentum, Kirche. Festschrift für Joachim Jeremias*, ed. W. Eltester. BZNW 26; Berlin: Töpelmann, 1964, 221-34. **Zeilinger, F.** *Der Erstgeborene*, 70, 71, 94-116.

본 문

2 기도를 항상 힘쓰고 기도에 감사함으로 깨어 있으라	**2** Persevere in prayer as you watch for the Lord's return, and be thankful.
3 또한 우리를 위하여 기도하되 하나님이 전도할 문을 우리에게 열어 주사 그리스도의 비밀을 말하게 하시기를 구하라 내가 이것을 인하여 매임을 당하였노라	**3** Intercede for us, too, that God may open a door for our message, so that we may proclaim the mystery of Christ, for which I am in chains,
4 그리하면 내가 마땅히 할 말로써 이 비밀을 나타내리라	**4** that I may make it known, as I should.
5 외인을 향하여서는 지혜로 행하여 세월을 아끼라	**5** Be wise in your behavior toward outsiders by snapping up every opportunity that comes.
6 너희 말을 항상 은혜 가운데서 소금으로 고루게 함같이 하라 그리하면 각 사람에게 마땅히 대답할 것을 알리라	**6** Your speech should always be gracious, seasoned with salt, so that you may know how you should answer everyone.

양식/구조/배경

이 간략한 결론적 권면 단락은 데살로니가전서 5:12-22; 갈라디아서 5:25-6:6 그리고 빌립보서 4:8, 9과 유사하게 편지의 권고적인 단락으로 마친다. 다양한 신분을 가진 공동체 구성원들을 향한 명령들을 담고 있는 가족 법전 다음에 뒤따라오는 중재와 선교적 책임에 대한 권면들은 회중 전체에게 주어져 있다. 사실상 기도하라는 첫 권고는 3:17의 주제를 다시 받아서 시작하고 있는데, 거기서 골로새 교인들은 그리스도를 통하여 아버지 하나님에게 감사하라는 격려를 받았다("은혜"와 "말씀"이 3:16, 17과의 특별한 연결고리다).

이 단락은 세 개의 문장을 담고 있다: 기도, 감사, 중재 기도를 하라고 권면하고 있는 2-4절, 그리고 골로새 교인들이 외인들과의 관계에 있어서는 어떻게 행동해야 하는지에 대한 지침들을 담고 있는 5절과 6절. 2절과 5절은 각기 도입 권면을 담고 있고(*προσκαρτερεῖτε* – 프로스카르테레이테, "항상 힘쓰고", 2절, *περιπατεῖτε* – 페리파테이테, "행하여", 5절) 또한 뒤따라오는 분사형을 담고 있는데(*γρηγοροῦντες* – 그레고룬테스, "깨어 있으라", 2절, *ἐξαγοραζόμενοι* – 엑사고라조메노이, "세월을 아끼라", 5절) 이것은 3절과 4절에 있는 사도 개인의 사역과 운명에 대한 언급을 위한(참조. Schweizer, 171) 하나의 골격을 제공한다(Zeilinger, *Der Erstgeborene*, 70에서는 이 구절들을 하나의 교차 구조의 예로 간주한다). 이러한 후자의 구절들 내에서 분사절 다음에 일련의 독립절이 뒤따라오는데 이를 다음과 같이 정리할 수 있다.

3*a* (*ἐν εὐχαριστίᾳ*) *προσευχόμενοι ἅμα καὶ περὶ ἡμῶν*
b *ἵνα ὁ θεὸς ἀνοίξῃ ἡμῖν θύραν τοῦ λόγου*
c *λαλῆσαι τὸ μυστήριον τοῦ Χριστοῦ*
d *δἰ ὃ καὶ δέδεμαι*
4*a* *ἵνα φανερώσω αὐτό*
b *ὡς δεῖ με λαλῆσαι*

3*a* (감사로). 또한 우리를 위하여 기도하되
b 하나님이 전도할 문을 우리에게 열어 주사
c 그리스도의 비밀을 말하게 하시기를
d 내가 이것을 인하여 매임을 당했노라
4*a* 그리하면 (그것을) 나타내리라
b 내가 마땅히 할 말로써.
(cf. Zeilinger, *Der Erstgeborene*, 70)

마지막 문장인 6절은 문법적으로 앞부분에 붙어 있지 않다. 아무런 정형동사도 나타나지 않으며, 따라서 3인칭 명령형 혹은 권고형이 덧붙여져야 한다. 예를 들어, 호 로고스 휘몬 판토테 (에스토) 엔 카리티(*ὁ λόγος ὑμῶν πάντοτε* 〈*ἔστω*〉 *ἐν χάριτι*, "너희 말이 항상 은혜롭게 되도록 하라").

그 다음 문장 할라티 에르튀메노스(*ἅλατι ἠρτυμένος*, "소금으로 고루게 한")는 로고스(*λόγος*, "말")와 동격으로 되어 있으며, 반면에 마지막 문구 에이데나이 포스…(*εἰδέναι πῶς*…, "그리하면…알리라)는 결과를 나타낸다. 분사들(2, 3, 5, 6절), 독립 관계절(3절), 히나(*ἵνα*) 문장(3, 4절), 부정사들(3, 4, 6절) 그리고 상황구들(2, 5, 6절)을 가지고 있는 이 단락은 전형적인 저자의 스타일이다(참조. Percy, *Probleme*, 34, and Bujard, *Untersuchungen*, 99, 120).

주석

자신의 여러 서신들 가운데서 사도는 자기의 독자들에게 정규적으로 기도하고 중재 기도를 해 달라고 권면하고 있다. 비록 이러한 권면들이 주로 간략하고도 간결하기는 하지만, 그것들은 자신이 세운 교회들을 향한 정규적인 가르침의 일부분을 형성했다(롬 12:12; 엡 6:18; 빌 4:6; 골 4:2; 살전 5:17; 딤전 2:1). 그 외에도 그는 진지하게 자기 독자들에게 자신의 중대한 복음 전파 사역을 위하여 중재 기도를 해 줄 것을 요구하고 있다(롬 15:30 32; 고후 1:11; 엡 6:19; 빌 1:19; 골 4:3; 살전 5:25; 살후 3:1, 2; 몬 22절). 골로새서와 에베소서(6:18-20)에서 계속하여 기도하라는 권면에 이어 사도 자신을 위하여 기도하라는 요구가 뒤따라온다(참조. 살전5:17, 25). 바울은 분명히 자신과 자신의 회심자들 간의 상호 중재 기도에 대단히 큰 중요성을 부여했다. 그는 끊임없이 그들 모두를 위하여 기도할 뿐만 아니라 도고 기도를 하면서 자신을 돕는 보다 광범위한 기도의 책임을 그들에게 지워 주고 있다(참조. Wiles, *Prayers*, 283). 그들이 그를 위하여 중재 기도를 할 때, 그것은 어떤 인습의 완성이 아니라 그와의 실질적인 협력이요 기도로 그를 돕는 것이었다(고후 1:11; 참조. 빌 1:19). 그는 진지하게 이방 선교에 있어서 다른 사람들은 물론이고 자기가 설립한 교회들이 자신의 복음을 위한 싸움에 기도로 참여할 것을 바라고 있다(롬 15:30-32; 골 4:3, 4). 그러한 중재 기도는 일반적인 문제들에 제한되지 않았다. 선교 당시에 일어나는 특별한 필요와 관심을 거론하고(Delling, *Worship*, 127), 또한 그 선교 사역의 열매가 예루살렘에 있는 성도들에게서 받아들여지도록 그리고 복음의 대적자들로부터 구원받도록 하는 요구를 포함시키고 있으며(롬 15:30-32; 살후 3:2), 하나님의 비밀인 그리스도를 담대히 선포하도록 기도해 달라고 구한다(엡 6:19; 골 4:2).

[2] "기도를 항상 힘쓰고"(*τῇ προσευχῇ προσκαρτερεῖτε* – 테 프로슈케 프로스카르테레이테). 회중은 계속해서 기도하도록 권면을 받는다. "…에 집착하다" 혹은 "관철하다"를 의미하는 동사 프로스카르테레오(*προσκαρτερέω*)는 누군가를 항상 기다리는 배에 대해서 사용되거나(막 3:9), 혹은 한 사람이 직업에 종사하거나 헌신한 활동에 대해(행 1:14; 롬 12:12; 골 4:2; 참조. 행 2:42, 46) 그리고 말씀 사역에 대해 사용되었다(행 6:4; 이 단어 및 동족어 프로스카르테레시스〈*προσκαρτέρησις*, "인내", "참음"〉에 관해서는 BAG, 715, Grundmann, *TDNT* 3, 618-20, 그리고 R. Kerkhoff, *Das unablässige Gebet. Beiträge zur Lehre vom immerwährenden Beten im Neuen Testament*[Munich: Zink, 1954] 39, 40를 보라). 여기에 나오는 명령은 포기하거나(눅 11:5-13) 지치지 않고(눅 18:1-8) 기도하려는 결심을 가리킨다. 이 기도(*τῇ προσευχῇ* – 테 프로슈케)의 내용이 특별히 언급되어 있고, 그래서 가끔 모든 종류의 기도가 이 단어 가운데 포함되어 있다고 생각되어 왔다. 프로슈케(*προσευχή*, "기도")는 때에 따라 구약과 신약성경에서 일반적인 기도에 대해서 사용되지만, 이 단어는 탄원 기도를 의미한다(삼상 7:27; 참조. 29절; 왕하 19:4; 20:5; 시 4:1; 6:9 등; 막 9:29; 행 10:31; 12:5; 롬 1:10; 15:30; 약 5:17; 헬라어 성경에 들어 있는 많은 경우에 프로슈케〈*προσευχή*, "기도"〉와 이와 어근이 같은 동사 프로슈코마이〈*προσεύχομαι*, "기도하다"〉가 기도에 대한 일반적인 의미를 가지고 있다고 주장되어 왔는데, 그래서 "간청 기도"라고 번역된 것으로 보인다). 이러한 의미는 본 문맥에 잘 들어맞는다. 감사가 이러한 기도 활동과 동반되어야 하므로 감사 자체(*ἐν εὐχαριστίᾳ* – 엔 유카리스티아)는 프로슈케(*προσευχή*, "기도")란 단어 가운데 포함되지 않는다(Conzelmann, *TDNT* 9, 414에서는 이에 반대함). 또한 바울이 자기 자신과 다른 복음 전파자들을 위해서 골로새 교인들에게 기도를 요청한 내용을 말하고 있는 뒤따라오는 분사 프로슈코메노이(*προσευξόμενοι*, "기도"; 3절)는 특별한 간청 기도, 즉 중재 기도로 우리의 눈을 돌리게 한다. 골로새 그리스도인들은 끊임없이 중재 기도를 해야 한다.

특별히 의미심장한 것은 2절의 남아 있는 다른 문구, 즉 그레고룬테스 엔 아우테 엔 유카리스티아(*γρηγοροῦντες ἐν αὐτῇ ἐν εὐχαριστίᾳ*, "기도에 감사함으로 깨어 있으라")이다. 분사형 그레고룬테스(*γρηγοροῦντες*, "깨어 있으라")는 깨어 있는 연습을 하는 올바른 방법으로서 기도 혹은 좀더 타당성이 있는 의미인 끊임없는 기도가 동반된 것으로(참조. Meyer, 463, Abbott, 296, Martin, *NCB*, 125) 하나의 독립된 명령으로 간주되어 왔다(Lohmeyer, 161, Lohse, 164). 예수께서는 겟세마네 동산에서(막 14:38)와 자신의 종말론 강화에서(눅 21:34-36; 막 13:32-37) 제자들에게 깨어 있어 기도하라고 명령하셨다. 여기서 바울은 단순히 그리스도인들이 언제나 깨어 기도해야 하는 결과에 대한 신자들의 일반적인 경우를 묘사하고 있지 않다(Lohse, 165). 뿐만 아니라 단순히 기도에 대해 집중하면서 실제로 기도하는 일을 단조롭고도 혼수 상태에서 하는 기도에 반대된 것으로 말하고 있지 않다(Abbott, 296, Lightfoot, 229, Williams, 155, Moule, 132에서 주장하는 바와 같이; 참조. NEB, "깨어 있는 마음으로"). 교리 문답식 문맥에서 정규적으로 사용되어 온 것으로 보이는 단어(참조. Selwyn, *1 Peter*, 439-66)인 그레고레오(*γρηγορέω*, "깨어 있으라")는 마음을 그리스도의 오심과 소망의 완성을 향해 가지고 있으면서 깨어서 세상의 어두움의 잠을 포기하는 빛의 자녀들에 대해서 전문적인 의미로 해석되어 왔다(Lövestam, *Wakefulness*, 75-77에서는 Lohmeyer, 161과 Benoit, 69를 따르고 있음. 또한 Greeven, *Gebet*, 139, 140를 참조하라. 그리고 보다 최근에는 Martin, *Lord*, 135, 136이 Conzelmann, 155를 따라 이러한 입장으로 기울어지고 있다). 분명한 것은 "조심하라"는 상징적 의미를 가지고 있는 그레고레오(*γρηγορέω*)가 주께서 갑자기 그리고 예기치 않게 오시는 날인 파루시아를 언급하는 문맥 가운데서 나타난다는 것이다(살전 5:6; 참조. 마 24:42; 25:13; 막 13:35, 37; 눅 12:37; 계 3:3; 16:15; 참조. Oepke, *TDNT* 2, 338). 로제(Lohse, 164, 165)와 슈바이저(Schweizer, 172) 모두 주의 날에 대한 언급에 의하여 경계가 동기가 되어 있지 않다고 생각한다. 그러나 이 단락의 문맥이 분명한 종말론적 암시를 가지고 있지 않는 반면에("때"〈*καιρός* – 카이로스〉를 사라는 언급을 하고 있는 5절을 참조하라), 깨어 있음에 대한 개념이 종말론적 특성을 가지고 있으며(특히 Lövestam의 논문, *Wakefulness*을 보라), 또한 사도가 여기서 주의 오심에 대한 기대에서 자기의 독자들에게 방심하지 않고 있어야 한다고 격려하고 있다고 생각하는 것이 정당화될 수 있다(Conzelmann, 155). 따라서 그들이 계속해서 해야 하는 기도는 하나님 나라의 도래를 위한 것이다. 기도 마라나타("우리 주여, 오소서", 고전 16:22; 참조. 계 22:20)는 그들이 그리스도의 영광스러운 나타나심을 바라볼 때 그들의 입술에 그리고 그들의 마음속에 있어야 하는 것이다(골 3:4). 동시에 감사가 이 기도와 함께 동반되어야 한다(*ἐν αὐτῇ ἐν εὐχαριστίᾳ* – 엔 아우테 엔 유카리스티아). 즉 이미 그들을 자유롭게 하여 자신의 아들이 붙잡고 계시는 나라로 들어가게 하시고, 그들에게 빛 가운데서 성도의 유업을 받게 하신 아버지 하나님에 대한 감사의 표현이 되어야 한다(1:12 14).

3 끊임없이 기도하라는 사도의 권면 다음에 곧바로 골로새 교인들로 하여금 자신과 자기의 동역자들을 위하여 중재 기도를 해 달라는 요구가 뒤따라온다. 그는 정규적으로 그들을 위하여 기도하고 있으며(1:3, 9), 이제는 그들이 하나님 나라의 도래를 위하여 기도하면서 동시에(하마〈ἅμα〉는 동시에 두 가지 행위의 동시 발생을 나타낸다. BDF, 항목. 425[2], BAG, 42) 이 은혜의 보좌 앞에서 계속해서 자기를 기억하라(*προσευχόμενοι* – 프로슈코메노이, 즉 "기도하면서"는 계속되는 중재 기도 활동을 시사한다)고 요청하고 있다. 그는 분명히 다른 곳에서도 이러한 기도의 요청을 호소하고 있으므로 이방 선교에서 자기 회심자들과 다른 그리스도인들에 의한 정규적인 상호 중재 기도에 큰 중요성을 부여했다(롬 5:30 32; 엡 6:19; 빌 1:19; 살전 5: 25; 살후 3:1, 2; 몬 22절). 그는 자신의 복음을 위한 투쟁에 있어서 그들의 이해와 도움을 진지하게 바랐으며, 중재 기도를 통한 것보다 이것을 표현할 더 좋은 방법이 없었던 것이다. 그 기도 요구는 그들이 "우리를 위하여" 기도할 수 있었다는 것인데("우리를 위하여"〈*περὶ ἡμῶν* – 페리 헤몬〉는 1:8의 페리 휘몬 프로슈코메노이〈*περὶ ὑμῶν προσευχόμενοι*, "너희를 위하여 기도하노라"〉와 일치한다. 참조. 9절 그리고 살후 3:1과 1:11에 있는 이와 유사한 일치된 표현을 보라. Riesenfeld, *TDNT* 6, 54, Wiles, *Prayers*, 259-84를 보라), 이러한 표현은 틀림없이 본 장의 뒷부분에 언급된 복음의 사자들이었던 바울의 친구들과 동역자들을 포함하는 것이다(디모데〈1:1〉와 에바브라〈4:12, 13〉를 특별히 염두에 두고 있다. Lightfoot, 229). 그러나 바울은 이 문장의 뒷부분에서 1인칭 단수형으로 자신을 집어넣고 있기 때문에 일차적으로 자기 자신을 생각하고 있음이 분명하다("내가 이것을 인하여 매임을 당했노라 그리하면 내가 마땅히 할 말로써 이 비밀을 나타내리라", 3b, 4절).

"하나님이 전도할 문을 우리에게 열어 주사"(*ἵνα ὁ θεὸς ἀνοίξῃ ἡμῖν θύραν τοῦ λόγου* – 히나 호 데오스 아노익세 헤민 뒤란 투 로구). 기도의 내용(히나〈*ἵνα*, "곧"〉로 표현됨; 참조. 롬 15:31; 엡 6:19; 살후 3:1)은 바울 자신이나 그의 동료들의 이익을 위한 것이 아니고 다만 복음 전파다. 즉 하나님께서 우리 메시지를 위한 문을 열어 주시는 것이다. 문을 연다는 이미지는 헬라 사상(에픽테투스는 이것을 다른 곳으로 가도록 자유롭게 된 인간에 대한 의미로 사용한다. "열려진 문"은 또한 문학적 활동에 대한 하나의 상징이다. 참조. Jeremias, *TDNT* 3, 174)뿐만 아니라 후기 유대주의에서 나타나는데, 그 곳에서 한 사람은 하나님께 회개함으로써 문을 열어 드리고 한편으로 하나님께서는 중재 간구나 회개할 기회들을 그에게 제공함으로써 또는 은혜를 내려 줌으로써 사람에게 문을 열어 주신다(Str-B 1, 458; 2, 728; 3, 484, 485, 631; Jeremias, *TDNT* 3, 174). 신약성경에서 문을 연다는 묘사는 선교 문맥 가운데 사용되는 것으로서 기회의 준비를 나타낸다. 하나님께서는 선교사에게 사역지를 주심으로써 문을 여시며(고전 16:9; 고후 2:12), 또한 그분께서는 이방인들에게 믿을 수 있도록 신앙의 문을 열어 주신다(행 14:27; 다른 곳에서는 아노이고〈*ἀνοίγω*〉가 눈을 연다〈뜬다〉는 데 대해서 사용된다. 눅 24:31; 행 26:18; 이해의 열림, 눅 24:45; 마음이 열림, 행 16:14; 그리고 성경을 깨달음, 눅 24:32; 행 17:3). 골로새서 4:3에서는 말씀의 문이 열리도록 하나님께 기도하고 있는데(고대와 현대의 여러 주석가들은 엡 6:19에 근거하여 이 본문을 우리의 설교, 즉 우리의 입의 문을 의미하는 것으로 취급한다. 참조. Beza, Bengel; 또한 Lohmeyer, 161에서는 이것을 바울이 말해야 할 바른 일로의 접근으로 이해한다. 그러나 이러한 해석은 타당성이 적다), 물론 이것 역시 말씀의 사자들을 위한 문을 의미하지만, 여기서 강조점은 역동적인, 거의 인격적인 말씀의 성격에 있다(참조. 살후 3:1의 기도 요청, "종말로 형제들아 너희는 우리를 위하여 기도하기를 주의 말씀이 너희 가운데서와 같이 달음질하여 영광스럽게 되고"). 바울은 효과적인 복음 전도의 기회에 관심을 가지고 있다. 그리고 그가 그들에게 자신이 감옥에서 석방되도록 기도해 달라고 요구하고 있다는 것도 가능하다(여러 주석가들; 참조. 몬 22절, 그리고 바울의 투옥에 관해서는 xlix-liv을 보라). 다른 한편, 그가 자유로워졌을 때까지도 그에게 그러한 문이 자동적으로 열리지 않았고(고전 16:9; 고후 2:12), 사도는 투옥을 자신의 선교 사역에 대한 심각한 방해로 생각하지 않았다(빌 1:12, 13; Caird, 210). 사도행전의 결론 부분에서(28:30, 31) 누가는 로마에서 바울 앞에 문이 열렸다고 기록하고 있다. 그 기회들은 특별한 지혜가 요구되었음에도 불구하고 상당히 많았다(참조. Bruce, 298).

사도는 진지하게 "그리스도의 비밀을 말하게 하시도록"(*λαλῆσαι τὸ μυστήριον τοῦ Χριστοῦ* – 랄레사이 토 뮈스테리온 투 크리스투; 부정사 랄레사이〈*λαλῆσαι*, "말하다", "선포하다"〉는 둘 사이에 좋은 것을 구별짓는 것이므로 목적에 동일한 결과나 혹은 의도된 결과 가운데 하나일 수 있다. 참조. Robertson, *Grammar*, 1089, 1090; 또한 Lightfoot, 229, Abbott, 297, Meyer, 465, Lohmeyer, 161를 보라) 하나님께서 말씀의 문을 열어 주시기를 바라고 있다(그리고 골로새 교인들에게도 이러한 노선을 따라서 기도하도록 요청하고 있다). 골로새서에서는 또다시 "비밀"이라는 단어가 그리스도 안에 자리잡은 하나님의 구원 계획을 나타내기 위하여 사용되었고 이방인에 대한 특별한 언급을 담고 있다(참조. 1:26; 2:2 그리고 이 구절들을 보라. 롬 16:25과 골 1:26에서처럼 여기서도 "비밀"이 복음 메시지 혹은 말씀과 긴밀히 연관되어 있는데, 그 이유는 비밀이 알려지는 것이 복음에 대한 효과적인 전파와 가르침 가운데서 일어나기 때문이다. 참조. Brown, *Background*, 55; 소유격 투 크리스투〈*τοῦ Χριστοῦ*, "그리스도의"〉는 그리스도 자신이 비밀이거나〈Feuillet, *Christ*, 292〉, 혹은 목적격적 의미인 "메시아 안에서 계시된 것으로서의 비밀"을 의미하는 것으로 해석될 수 있다: Zeilinger, *Der Erstgeborene*, 113에서는 둘 다 가능하다고 주장한다).

"내가 이것을 인하여 매임을 당했노라"(*δί ὅ καὶ δέδεμαι* – 디 호 카이 데데마이). 바울이 감옥에 갇힌 것은 이 비밀을 알게 하는 그의 사도적 활동으로 인한 것이었다(투옥을 의미하는 데오〈*δέω*, "묶다"〉의 사용에 관해서는 마 14:3; 27:2; 막 6:17; 행 9:2, 14, 21; 12:6 등을 보라. 참조. Büchsel, *TDNT* 2, 60,; BAG, 177, 178). 바울이 이 동사를 문자 그대로의 의미로 사용한 것은 이 곳이 유일한 곳이지만, 그는 빌립보서 1:7, 13, 14, 17; 골로새서 4:18 그리고 빌레몬서 10, 13절(참조. 딤후 2:9)에서 자신의 "묶임" 혹은 "속박"에 대해서 데스모이(*δεσμοί*)를 사용하고, 빌레몬서 1, 9절(참조. 엡 3:1; 4:1; 딤후 1:8)에서 데스미오스(*δέσμιος*, "죄수, 갇힌 자")를 사용한다. 단수형으로의 전환은 자연스러운데, 그 이유는 그가 자신과 다른 사람들에게 공통적인 내용으로부터 자신에게 일어난 특별한 일로 옮겨가고 있기 때문이다(그의 투옥에 관해서는 서론 부분을 보라).

4 동사 파네로오(*φανερόω*, "계시하다", "알게 하다", "보여 주다", 참조. BAG, 852, 853, Bultmann/Lührmann, *TDNT* 9, 3-6, 그리고 1:26을 보라)는 비밀의 드러남과 함께 사용될 때(1:26; 롬 16:26; 딤전 3:16) 주로 하나님의 계시를 나타낸다. 여기서 하나님은 골로새 교인들이 문을 열어 달라고 구하고 있는 대상이 되시는 분이지만, 이전에 감추어졌던 하나님의 목적을 드러내라는 말을 들은 사람은 바울 사도다(히나〈*ἵνα*〉-절, 즉 4절의 "그리하면…"은 앞의 3절의 "하나님이…열어 주사"〈*ἵνα ὁ θεὸς ἀνοίξῃ* – 히나 호 데오스 아노익세〉의 종속절이다. Lightfoot, 229, Abbott, 297. Von Soden, 67에서는 이 문장을 데데마이〈*δέδεμαι*, "내가 매임을 당했노라"〉의 종속절로 만들어서 재판을 기다리고 있었던 바울이 그가 무엇을 전파하고 있으며 왜 그가 그것을 전파해야 하는지에 대해서 자기의 재판장들에게 분명히 밝히기를 바랐다고 주장한다). 더 나아가서 이와 같은 동사 "계시하다"가 다른 곳에서는 사도적 선포를 지칭하기 위하여 사용되지 않았다(그것은 주로 "알리다"〈*κα-*

ταγγέλλω – 카탕겔로〉, 고전 2:1; "설교하다"〈εὐαγγελίζομαι – 유앙겔리조마이〉, 엡 3:8; "말하다"〈λαλέω, 랄레오〉, 고전 2:7; 골 4:3, 4; "선포하다"〈κηρύσσω, 케뤼쏘〉, 고전 1:23 등이다). 그래서 바울의 활동이 비밀을 알리는 것으로 묘사되었을 때 하나님의 계시의 선포가 됨의 독특한 의미가 강조되었다(Lohse, 165). 다른 곳에서는 하나님의 사역이라고 불린 것이 바울의 활동이라고 말해졌는데, 이는 틀림없이 이방인을 포함시키고 있는 하나님의 계획에서 바울의 중추적인 역할로 인한 것이다. 그의 사역은 구원 역사적 의미를 가지고 있다. 게다가 세계에 문을 열어 달라고 요청을 받으신 분이 하나님이시고, 바울로 하여금 그 비밀을 공개적으로 그리고 바울이 해야 하는 방법으로 알리도록 힘을 주시는 분이 오직 그분이시므로, 그럼에도 불구하고 그것은 모두를 위한 하나님의 계시다. 즉 마지막 문장 호스 데이 메 랄레사이(ὡς δεῖ με λαλῆσαι)는 설교의 필요성(그러므로 데이〈δεῖ〉의 의미를 엄격하게 유지하면서)을 가리킬 수 있으며, "내가 매인 바 된 이후로 그것을 말하고 있다"로 번역될 수 있거나(고전 9:16; 행 23:11; Meyer, 466를 보라), 그렇지 않으면 선포의 방법을 가리킬 수 있다(그렇다면 정직은 "사도가 말하라고 소명을 받은 어떤 주어진 상황"과 관련하여 고려된다. Moule, 133, 참조. Dibelius-Greeven, 50, Schweizer, 172). 그래서 "내가 그것을 말해야 하는 그것이 올바르다는 방법으로"로 바꾸어 썼다는 것이다. 흘끗 보기에 첫 번째 대안만이 데이(δεῖ, "그것이 필요하다")에 그에 해당하는 무게를 실어 주는 것처럼 보인다. 그러나 "어떤 상황에서 한 사람이 올바르게 행해야 한다면 필요로 하는 것은 실질적으로 한 사람이 해야 하는 내용이다"(Moule, 133). 그러므로 우리는 두 번째 대안을 선호한다.

결국 골로새 교인들은 주의 재림을 바라보면서 동시에 이방인 선교가 하나님의 목적들 안에서 하나의 구원 역사적 의미를 가지고 있는 바로 그 일을 하고 있는 사도를 위하여 중재 기도를 하면서 끊임없이 기도를 해야 한다. 바울을 통하여 하나님께서는 그리스도 안에서 이방인들을 위한 자신의 신적인 축복의 목적을 드러내신다.

5 그 다음 명령 속에서 바울은 자신의 개인 상황으로부터 돌이켜서 그리스도인의 행위의 원리로 돌아서서 자기의 독자들에게 비그리스도인들을 향하여 지혜롭게 행하도록 권면하고 있다: "외인을 향하여서는 지혜로 행하여"(ἐν σοφίᾳ περιπατεῖτε πρὸς τοὺς ἔξω – 엔 소피아 페리파테이테 프로스 투스 엑소). 우리가 살펴본 바와 같이 "지혜"(σοφία – 소피아)는 골로새서의 여러 중요한 문맥에서 나타난다(1:9, 28; 2:3; 3:16; 이 구절들을 보라). 사도가 진술하고 있는 지혜는 거짓

교사들이 제안한 것과는 근본적으로 다르다. 거짓 교사들이 제안한 것은 지혜의 모양만을 보여 주는 텅 빈 것이다(*λόγος…σοφίας* – 로고스…소피아스, 2:23). 여기서 하나님의 뜻에 대한 지식(1:9) 및 주님에게 합당하게 행하는 것(1:10; 참조. Wilckens, *TDNT* 7, 523)과 관계가 있는 "지혜"는 본질적으로 실천적이고도 실질적인 것이다. 빌립보 교인들처럼(빌 2:15, "너희가 흠이 없고 순전하여…하나님의 흠 없는 자녀로 세상에서 그들 가운데 빛들로 나타내며") 골로새 독자들도 경건하게 행하여 근거가 확실한 비판을 받을 이유를 제공하지 말아야 한다(참조. 고전 10:32, "유대인에게나 헬라인에게나 하나님의 교회에나 거치는 자가 되지 말고"). 그들은 한편으로 지혜가 있어야 하고, 다른 한편으로 외인들에게는 그리스도인의 증거에 있어서 담대해야 한다(von Soden, 68, Moule, 133, 그리고 Ernst, 239를 포함한 여러 주석가들은 전후 문맥에 비추어서 사도가 선교적 책임들을 염두에 두고 있다고 생각한다. Merk, *Handeln*, 224에서는 van Unnik, *Judentum*, 228를 따라 거기에 명확한 근거가 언급되어 있지 않다고 인정하면서도 그 동기가 선교적 책임이라는 상황에서 나왔다고 생각한다). "외인들"이라는 표현(호이 엑소〈*οἱ ἔξω*〉은 랍비들의 하히쏘님〈*ha-ḥîṣônîm*, "밖에 있는 자들"〉, 곧 이단들이거나 "그 땅에 있는 자들"과 일치한다. 참조. 2 Macc 1:16; Thucyd. 5, 14, 3, 그리고 Str-B 3,362, Behm, *TDNT* 2, 575, 576, BAG, 279를 보라)은 반 전문적 의미를 가지고 있으며, 일반적으로 비그리스도인들 특히 이방인들을 가리킨다(고전 5:12, 31; 살전 4:12; 참조. 딤전 3:7; *2 Clem* 13:1). 신약성경의 권면의 내용을 담고 있는 다른 곳에서 믿는 자들에 대한 비그리스도인의 반응은 중요한 역할을 한다. (a) 믿는 자들은 하나님의 이름이 모욕을 받지 않는 방식으로 살아야 한다. (b) 실족하게 하는 어떤 이유에서든 남녀 인간들이 구원받는 일을 가로막게 될 것이다(고전 10:32, 33; 빌 2:14, 15; 골 4:5; 살전 4:11, 12; 딤전 3:7; 6:1; 딛 2:8; 벧전 2:15; 3:1, 16; 참조. van Unnik, *Judentum*, 221-34).

"세월을 아끼라"(*τὸν καιρὸν ἐξαγοραζόμενοι* – 톤 카이론 엑사고라조메노이). 또다시 분사형이 명령형의 의미를 가진 것으로 여겨져 왔다(="가장 많은 시간을 만들어라", Lohse, 167, 168에서는 이 명령이 행함에 대한 앞의 명령과 직접적으로 연결되어 있지 않다고 생각한다. 그러나 Bruce, 299에서는 이 문구를 권면으로 이해하여 그것들이 자기들의 불신 이웃들에 대한 독자들의 의무에 대한 특별한 적합성을 가지고 있으며, 반면에 엡 5:16, 16의 평행 본문은 그리스도인의 사려 분별의 의무에 대한 보다 일반적인 언급을 하고 있는 것으로 보인다고 정확하게 지적한다). 다른 한편, 이 분사형을 말하자면 “다가오는 모든 기회를 재빠르게 붙잡음”으로써 스스로 지혜롭게 행동하라는 독자들에 대한 명령이 실천되는 수단을 설명하고 있는 것으로 취급하는 것이 아주 자연스럽다. 동사 엑사고라조(*ἐξαγοράζω*, “사다”, “사들이다”, “구속하다”)는 시장(*ἀγορά* – 아고라)의 상업적 용어에서 차용한 것이며, 그 접두사인 전치사 에크(*ἐκ*)는 하나의 철저한 행위, 이용할 수 있는 가능성들을 모두 사용하는 구입을 의미한다(Büchsel, *TDNT* 1, 128; 많은 주석가들이 이를 따른다; 주어의 개인적 이익을 상징하는 것으로서 중간태에 관해서는 von Soden, 68, and Robertson, *Grammar*, 810를 보라). 여기서 카이로스(*καιρός*, “시간”)란 단어는 시간의 구체적인 시점을 의미하지 않고(갈 6:9; 벧전 1:5; 5:6), 구원 역사에서 시간의 특별한 기간을 의미하지도 않으며, 다만 사람의 뜻대로 되는 소수의 시간을 암시한다(참조. 고전 7:29, “때가 단축하여졌다”〈*ὁ καιρὸς συνεσταλμένος*, 호 카이로스 쉬네스탈메노스〉, 그리고 갈 6:10, “기회〈*καιρόν* – 카이론〉 있는 대로…착한 일을 하되”). BAG, 271에서 이 문구의 가능한 의미는 “시간을 가장 많이 만들다”인데, 그 이유는 이것이 “파루시아가 가까우므로 또한 다른 이유로 인하여 엄격하게 제한되었기” 때문이라고 인정한다. Robinson, *Ephesians*, 202에서는 에베소서 5:16과 이 곳에 있는 같은 동사를 현재 처한 악한 상황으로부터 시간을 “구출하다”라는 신약성경의 보다 일반적인 의미로 이해했다(에베소서의 평행구절은 그 이유를 말하고 있다: “때가 악하니라”). 그러나 이것은 지극히 의심스럽다(참조. Moule의 비판, 134). 골로새서 문맥은 “충분히 사용하다”, “이용하다”와 같은 의미를 요구하는 것으로 보인다(참조. Martin, *NCB*, 127, 또한 Pope, *ExpTim* 22[1910-11] 552-54를 보라).

6 마지막으로, 독자들은 외인들을 향하여 바울이 자기 자신의 발언을 위하여 바라는 은혜와 지혜를 모두 나타내는 말을 하도록 권면을 받는다(Bruce, 299). “너희 말”(*ὁ λόγος ὑμῶν* – 호 로고스 휘몬)은 3절에 있는 사도의 말씀(*λόγος* – 로고스)의 전파에 대한 의도적인 반향으로 보이며, 사사로운 대화와 공적 선포를 모두 포함한다. 그 말은 항상(판토테〈*πάντοτε*〉는 습관적 성격을 의미하며, 반면에 명령형 에스토〈*ἔστω*, “되라”〉가 덧붙여져야 한다. Meyer, 467, von Soden, 68, Moulton, *Grammar* 1, 183, Robertson, *Grammar*, 396; 참조. 마 27:19; 고후 8:16) “은혜 가운데서”(*ἐν χάριτι* – 엔 카리티) 되어져야 하는데, 이 표현은 다음과 같은 의미로 취급되어 왔다. (a) “은혜로운”, “매력적인”(직역하면 “은혜로움을 가지고”, BAG, 877, 그리고 Meyer, 467, Lightfoot, 230, Dibelius-Greeven, 51를 포함하는 많은 주

석가들, 특히 Dibelius-Greeven, 51에서는 이 문장의 표현은 일반적으로 당시에 유통되던 관용어적 표현에 근거했음에 틀림없다고 주장한다. Moule, 135, Bruce, 299, Lohse, 168, Conzelmann, *TDNT* 9, 397, Schweizer, 173를 보라; 참조. 눅 4:22; Epict 3, 22, 90의 "은혜로운 말"〈*οἱ λόγοι τῆς χάριτος* – 호이 로고이 테스 카리토스, 하나의 기질의 소유격임), (b) "감사함으로"(Ernst, 240에서는 그리스도인의 말이 감사로 충만해야 하는데, 그 이유는 그것이 한 사람의 삶 전체에 침투되어야 하기 때문이라고 덧붙인다. 같은 표현인 엔 카리티〈*ἐν χάριτι*〉는 3:16에서 감사를 가리키는 것으로 취급되어 왔다. 210쪽을 보라), (c) 실질적으로 복음을 가리키는 "(하나님의) 은혜로"(Haupt는 하나님의 은혜가 그리스도인들이 자기들의 신앙에 관하여 외인들에게 말할 때 청중들에게 직접 주어진다고 생각한다. Schweizer, 173에서는 관사의 생략은 그것을 하나님의 은혜로 이해하기 어렵게 만들며, 바울 서신 가운데서 관사가 없는 카리스〈*χάρις*〉가 하나님의 은혜를 가리키는 곳이 있다고 주장한다. 참조. 엡 2:5, 그리고 8절). 문맥에 근거하여 "은혜"와 "은혜로운"이 친밀하게 연결되어 있고, 또한 그것들을 분리시키기가 어렵다는 사실을 기억해야 함에도 불구하고, 우리는 (a) 항목이 더 낫다고 생각한다(참조. Martin, *NCB*, 128). 여기서 바울은 믿는 자들이 외인들에게 영향을 줄 때 말의 내용뿐 아니라 태도도 중요하다는 사실을 말하고 있다. 이와 같이 베드로전서 3:15, 16에서 그리스도인들은 자기들의 신앙을 "온유와 두려움으로" 변호하라고 권면을 받고 있다.

"소금으로 고루게 함"(*ἅλατι ἠρτυμένος* – 할라티 에르튀메노스). 이것은 헬라어를 문자 그대로 직역한 것인데, 골로새 교인들의 언어에 대해 요구된 두 번째 특성이다. 그들의 말은 무디거나 무미건조해서는 안 되고 흥미 있고도 신중하게 선택되어야 할 것이다. 소금은 음식의 맛는 내는 데 사용되었으며 부패를 방지했다. 부패 방지 기능은 에베소서 4:29에 있는 동일한 권면을 설명할 수 있을 것이다: "무릇 더러운 말은 너희 입 밖에도 내지 말고 오직 덕을 세우는 데 소용되는 대로 선한 말을 하여 듣는 자들에게 은혜를 끼치게 하라." 세상의 소금인 그들(마 5:13; 막 9:49, 50; 눅 14:34)은 그들의 언어에 어떤 맛을 가지고 있어야 했다. 이것은 소금이 이방인의 용법에서 이러한 의미를 가졌으므로, 골로새 교인들의 말이 재치가 없으면 품위를 떨어뜨리거나 교양 없이 되었을 수 있는 대화에서의 건전한 영향을 행사하도록 하는 "재치"(외관상으로 소금의 자극하는 힘으로부터 나온 것으로 보인다) 혹은 "매력 있는"을 의미하는 것으로 취급될 수도 있다. 그러나 지혜로서의 소금에 대한 상징적 용법을 사용하는 랍비들의 작품의 평행구절에 주의를 기울여 왔고(참조. W. Nauck, "Salt as a Metaphor in Instructions for Discipleship," *ST* 6 [1952] 165-78; Origen[*Hom in Gen* 5:12]을 포함하는 여러 교회 교부들은 소금을 지혜의 이러한 의미로 취급했다. "토라는 소금과 같다"는 랍비들의 작품들 가운데서 발견된 공통적인 비교다. 참조. Str-B 1, 232-36; 2, 21 23; 3, 631), 반면에 랍비적 배경들과 함께 헬라적 배경들 가운데서 소금은 연설에서 사용된 적당한 단어를 묘사하고 있다(Plutarch, *De garrulitate* 23[514, 515]에서는 말로써 살맛 나게 하는 삶에 대해서 말한다. 또 다른 실례들에 대해서는 Moule, 135, Lohse, 168를 보라). 바울의 이 진술은 특별히 아마도 그리스도인의 신앙과 행위와 관련하여 공동체에 대하여 질문하는 사람들에게 그리스도인이 옳은 말로 대답하는 것을 가리킨다("대답" 〈*ἀποκρίνομαι* – 아포크리노마이〉은 바울 서신의 다른 곳에서는 발견되지 않는다). 그러므로 이 서신을 받는 자들의 대화는 시기에 관해서는 적절해야 할 뿐만 아니라, 사람과 관련해서는 잘 들어맞아야 한다("서로"〈*ἑνὶ ἑκάστῳ* – 헤니 헤카스토〉란 표현을 보라. 참조. Caird의 해석, 210: "모든 사람은 그 사람 자신에게 궁극적 목적이 있는 것으로 취급되어야 하며, 하나의 축적된 질책에 희생당하지 말아야 한다." 참조. Lightfoot, 231, Abbott, 298, von Soden, 68). 베드로의 말을 빌리자면, 그들은 "너희 마음에 그리스도를 주로 삼아 거룩하게 하고 너희 속에 있는 소망에 관한 이유를 묻는 자에게는 대답할 것을 항상 예비하되 온유와 두려움으로 하고"(벧전 3:15).

해설

본 서신의 권면 부분을 마감하는 권면들을 담고 있는 이 간략한 단락은 신분 법전들을 알고 있는 가족-법전과 같지 않게 온 회중에게 말한다. 골로새 교인들은 계속해서 간구의 기도를 해야 한다. 특히 마라나타("우리 주여, 오시옵소서")라는 부르짖음이 영광스러운 재림을 기대하여 앞을 바라볼 때 그들의 입술과 그들의 마음 속에 있어야 한다(3:4). 그들을 위하여 그분의 아들 안에서 너무나 영광스럽고도 또한 결정적으로 행하심에 대해서 아버지 하나님에 대한 사의가 들어 있는 외적 표현인 감사가 이러한 간구에 동반되어야 한다. 자신이 기도할 때마다 정규적으로 기억하고 있었던(1:3, 9-14) 사도는 그들에게 자신과 자신의 동료 사역자들을 은혜의 보좌 앞으로 이끌어 가서 하나님께서 복음의 메시지를 전할 문을 열어 주실 것과 그와 함께 갇혀 있는 자신의 석방을 포함하여 복음 전파자에게 문을 열어 주실 것을 기도해 달라고 요구한다. 이방인의 사도로서 바울은 이전에 감추어져 있었던 하나님의 비밀을 알게 하는 큰 특권을 가졌는데, 그로 말미암아 이방인들이 유대인들과 동일한 근거에서 메시아에게로 연합되게 하려는 목적에서였으며, 그는 이제 골로새인들로 하여금 살아 계신 하나님에게 하나님의 비밀을 명백하고도 명확한 방법으로 알리도록 자신에게 힘을 주실 것을 기도해 달라고 요구한다.

자신의 개인적 상황으로부터 그리스도인의 행위의 일반적인 원리로 돌아서면서 바울은 독자들에게 비그리스도인들을 향하여 지혜롭게 행동할 것을 권한다. 골로새 교인들은 기회가 있을 때마다 자기들의 때가 제한되어 있다는 사실을 인식하면서 그리스도인으로서 증거를 할 때 지혜롭고도 담대해야 한다는 것이다. 마지막으로, 외인들을 향해서는 지혜롭게 행하는 사람들로서 그들은 바울 자신이 그렇게 말하기를 바라는 바로 그 은혜로움과 지혜를 그들의 언어 가운데서 나타내도록 권면을 받는다. 그들은 하나님의 은혜를 받은 자들이다. 그들이 말하는 언어 가운데서 은혜가 나타나게 하라는 것이다. 그들의 대화는 무뚝뚝하고 무미건조해서는 안 된다. 오히려 그들은 자기들의 신앙과 행위에 관해서 그들이 묻는 비그리스도인들에게 대답하면서 옳은 말을 선택하여 사용해야 한다.

14. 사적인 인사와 교훈(4:7-18)

참고문헌

Anderson, C. P. "Who Wrote 'the Epistle from Laodicea'?" *JBL* 85(1966) 436-40. **Ellis, E. E.** *Prophecy*, 3-22. **Ladd, G. E.** "Paul's Friends in Colossians 4:7-16." *RevExp* 70(1973) 507-514. **Lähnemann, J.** *Kolosserbrief* 57, 58, 177-81. **Lohse, E.** *Veritas*, 189-94. **Ollrog, W.-H.** *Paulus*, 238-40. **Zeilinger, F.** *Der Erstgeborene*, 71, 72. ______. "Die Träger der apostolischen Tradition im Kolosserbrief." *Jesus in der Verkündigung der Kirche*, ed. A. Fuchs. Freistadt: Plöchl, 1976, 175-90.

본 문

7 두기고가 내 사정을 다 너희에게 알게 하리니 그는 사랑을 받는 형제요 신실한 일꾼이요 주 안에서 함께 된 종이라

8 내가 저를 특별히 너희에게 보낸 것은 너희로 우리 사정을 알게 하고 너희 마음을 위로하게 하려 함이라

9 신실하고 사랑을 받는 형제 오네시모를 함께 보내노니 그는 너희에게서 온 사람이라 저희가 여기 일을 다 너희에게 알게 하리라

10 나와 함께 갇힌 아리스다고와 바나바의 생질 마가와 (이 마가에 대하여 너희가 명을 받았으매 그가 이르거든 영접하라)

11 유스도라 하는 예수도 너희에게 문안하니 저희는 할례당이라 이들만 하나님 나라를 위하여 함께 역사하는 자들이니 이런 사람들이 나의 위로가 되었느니라

12 그리스도 예수의 종인 너희에게서 온 에바브라가 너희에게 문안하니 저가 항상 너희를 위하여 애써 기도하여 너희로 하나님의 모든 뜻 가운데서 완전하고 확신 있게 서기를 구하나니

13 그가 너희와 라오디게아에 있는 자들과 히에

7 Tychicus, my beloved brother, faithful minister and fellow-servant in the Lord, will tell you all the news about me.

8 I am sending him to you for this purpose that you may know how we[a] are, and that he may strengthen your hearts.

9 [He is coming] with Onesimus, the faithful and beloved brother, who is one of you. They will tell you everything that is happening here.

10 Aristarchus, my fellow-prisoner, sends you his greetings, as does Mark, the cousin of Barnabas. (You have already received instructions about him: if he comes to you, welcome him.)

11 Jesus who is called Justus also sends his greetings. These are the only Jewish Christians among my fellow-workers for the kingdom of God, and they have been a comfort to me.

12 Epaphras, who is one of you and a slave of Christ Jesus, sends his greetings. He is always striving [for the gospel] in prayer for you, that you may stand forth perfect and be filled with everything that is God's will.

13 For I can vouch for him that he works

라볼리에 있는 자들을 위하여 많이 수고하는 것을 내가 증거하노라

tirelessly for you and those at Laodicea and Hierapolis.

14 사랑을 받는 의원 누가와 또 데마가 너희에게 문안하느니라

14 Our dear friend Luke, the doctor, and Demas greet you.

15 라오디게아에 있는 형제들과 눔바와 그 여자의 집에 있는 교회에 문안하고

15 Give my greetings to the brothers at Laodicea as well as to Nympha[b] and the church in her house.

16 이 편지를 너희에게서 읽은 후에 라오디게아인의 교회에서도 읽게 하고 또 라오디게아로서 오는 편지를 너희도 읽으라

16 After this letter has been read among you, see that it is also read in the congregation at Laodicea, and that you in turn read the one from Laodicea.

17 아킵보에게 이르기를 주 안에서 받은 직분을 삼가 이루라고 하라

17 Tell Archippus: "See to it that you complete the ministry you have received in the Lord."

18 나 바울은 친필로 문안하노니 나의 매인 것을 생각하라 은혜가 너희에게 있을지어다

18 I, Paul, write this greeting in my own hand. Remember my bonds. Grace be with you.

원문주해

a. 히나 그노테 타 페리 헤몬(*ἵνα γνῶτε τὰ περὶ ἡμῶν*, "우리가 어떤 사람인 것을 너희가 알기를")은 필사본의 강력한 지지를 받고 있으며(예를 들어, A B D* G P 등, 말하자면, 알렉산드리아, 서방과 동방 본문들 가운데서 대표적인 본문들이다), 또한 이것은 다른 본문들의 기원을 가장 잘 설명해 준다. 더 나아가서, 이 독법은 두기고의 방문의 목적에 대해서 기록자가 말하고 있는 내용과 일치한다(7, 9절). 보다 자세한 사항에 관해서는 Metzger, *Textual Commentary*, 626를 보라.

b. 텐 카트 오이콘 아우테스 에클레시안(*τὴν κατ' οικον αὐτῆς ἐκκλησίαν*, "눔바와 그녀의 집에 있는 교회"). 님파(여성형인 눔바) 혹은 님파스(남성형인 눔바스)의 성의 불확실성이 뒤따라오는 소유대명사 가운데서 아우테스(*αὐτῆς*, "그녀")와 아우투(*αὐτοῦ*, "그의") 간의 변화를 일으키게 했다. Lightfoot, 241에서는 원래 독법이 아우톤(*αὐτῶν*, "그들의", 그래서 ℵ A C P 33 81 Bohairic, Coptic 등이 그렇게 되어 있음)이었고, 또한 원래 본문은 "눔바와 그의 친구들"이었는데, 이것을 후대의 필사자들이 그것이 통상적인 고대의 문장 구조임을 깨닫지 못한 채 개조했다고 주장했다. 그러나 이것은 최근의 주석가들에 의하여 거절되었는데(Mussner, *ad loc.*은 예외적인데, 그는 이 두 이름이 결혼한 한 쌍의 이름으로서 그들의 집이 기독교인 예배의 모임 장소였다고 생각한다), 필사본의 증거가 충분히 설득력이 없다는 근거에서였다(Moule, 28; 참조. Metzger, *Textual Commentary*, 627: "아우톤〈*αὐτῶν*, '그들의'〉을 가진 독법은 필사자들이 언급된 본문 가운데 아델푸스〈*ἀδελφούς*, '형제들'〉를 포함시켰을 때 일어났다"). 현대의 여러 역본들(RSV,

NEB, JB, NIV)은 여성형 눔바를 선택하고 우리의 번역본인 "그녀의 집에 있는 교회"라는 표현으로 번역했다(이것은 주로 B 6 424[c] 1739 1877 1881 등에 근거한 UBS Greek New Testament가 선택한 본문이다. Metzger, *Textual Commentary*, 627에서 이같이 주장함). 라이트푸트(Lightfoot, 241)는 여성형이 도리아식 형태로 되어 있으므로 "지극히 개연성이 희박하다"고 주장했으나, 몰톤(Moulton, *Grammar I*, 48)에 의하여 반박되었는데, 몰톤은 이 이름에 들어 있는 것을 장모음 알파를 가지고 있는 도리아식 형태가 아니라 단모음 알파를 가지고 있는 아테네식 형태로 보았다. 몇몇 서기관들이 여기서 다소 비정상적으로 여인에 대해 언급하고 있다고 생각하고 "그녀의"를 "그의"로 변형시켰을 가능성이 있다. 모울(Moule, 28)과 매이쏜(Masson, 156)이 강력하게 남자 이름인 눔바스(Nymphas)라고 주장하기는 했으나, 모든 것을 고려해 볼 때 이 고유명사는 여성형으로 보고 다음과 같이 번역하는 것이 더 나을 것 같다: "눔바와 그녀의 집에 있는 교회."

양식/구조/배경

자신의 다른 편지들에서서처럼(고전 16:19-24; 롬 16:1-23; 몬 23-25; 빌 4:21-23; 엡 6:21-24을 보라) 바울은 자신의 골로새 교인들에게 보내는 서신을 사적인 인사와 교훈으로 마감한다. 이 결론적 단락은 세 개의 단락으로 구성되어 있다: 이 편지를 골로새로 가지고 갈 전달자에 대한 언급(7-9절), 골로새 교회와 친분이 있는 자신의 여러 조력자들이 보내는 일련의 인사(10-14절) 그리고 자신의 인사와 간략한 교훈(15-17절). 마지막 인사는 바울의 친필로 기록되었으며, 자기의 매인 것을 기억하라는 요구와 함께 은혜가 있으라는 기도를 포함하고 있다(18절).

주석

자신이 골로새 교인들에게 말하기를 원했던 내용의 요지를 기록하는 일을 마치고, 바울은 그 회중에 속한 여러 사람들에게 메시지와 인사를 보낸다. 두기고와 오네시모는 당연히 바울과 그 회중의 설립자인 에바브라가 어떻게 감옥에 갇히게 되었는지를 알려는 열렬한 관심을 가지고 있었을 골로새 교인들에게 바울의 개인적인 형편에 대한 소식들을 가지고 갈 것이다. 고대 세계에서는 말로 전달하는 내용이 더 많았는데, 편지가 보다 긴급하고 교훈적인 내용들을 담고 있었겠지만, 일반적인 설명은 입으로 전달되도록 하기 위해서였다.

7 두기고가 바울의 사정(타 카트 에메〈*τὰ κατ' ἐμέ*, "사정을"〉는 한 개인의 형편을 묘사하는 통상적인 표현이다: 예를 들어, Herodotus 7, 148; 1 Esd 9:17;

Tobit 10:9; 2 Macc 3:40; 행 24:22; 25:14; 특히 빌 1:12, 엡 6:21을 보라. 참조. Turner, *Syntax*, 15; 이 문구는 다음 구절들 가운데서 에바브라에 관하여 말하면서 다시 사용된다. 8절에서 타 페리 헤몬〈*τὰ περὶ ἡμῶν*, "우리 사정을"〉, 그리고 9절에서 타 호데〈*τὰ ὧδε*, "여기 일을"〉)을 알리기 위하여(그노리조〈*γνωρίζω*, "알게 하다"〉는 하나님이 비밀을 알게 하신다는 데 대해서 사용되었는데〈골 1:27을 보라〉 여기서〈7, 9절〉는 LXX에서 간혹 그러하듯 LXX 왕상 1:27; 느 8:12; 잠 9:9; Bultmann, *TDNT* 1, 718를 보라〉 세속적인 의미로 사용되었다) 바울의 사자로 가게 될 것이다. 이 문장은 에베소서 6:21, 22의 문장과 거의 동일하며, 두기고가 라오디게아에게 보내는 편지와 함께 그 편지도 전달한 사람이었을 가능성이 있다(16절을 보라). 그는 이 당시 사도가 에베소 사역 기간에 설립했던 아시아 지역의 교회들에게 바울의 특별한 사자였을 것이다. 사도행전 20:4에서 두기고(그의 이름은 소아시아에서 발견된 비문들에서는 통상적인 이름이었다. BAG, 831)가 아시아 출신으로 헬라에서 바울과 함께 있었고, 3차 전도 여행이 끝날 무렵에 그와 함께 드로아로 여행한 것으로 언급되고 있다. 그는 바울이 이방인 교회들로부터 모은 헌금을 예루살렘에 있는 가난한 유대인 형제들에게 전달할 때 사도와 함께 예루살렘까지 동행했다. 디모데후서 4:12에 의하면 바울은 그를 갑작스러운 임무를 가지고 에베소로 보냈으며, 반면에 후에 바울은 두기고나 아데마 가운데 한 사람을 디도의 자리를 메꾸기 위하여 그레데로 보낼 계획을 세웠다(딛 3:12). 그는 여러 다른 사람들과 함께 바울의 마지막 선교 기간 동안 바울과 긴밀한 관계를 유지하고 있었던 것으로 보인다 (Ladd, *RevExp* 70[1973] 507; Ellis, *Prophecy*, 4, 5에서는 두기고가 다른 여덟 명의 동역자들과 함께 바울 사도의 생애 마지막 기간 동안 사도와 긴밀한 관계를 유지하고 그에게 순종하면서 – 에라스도, 마가, 디모데 그리고 디도가 했던 것처럼 – 그를 돕고 그의 가르침에 순종했다고 주장한다).

그는 "사랑을 받는 형제요 신실한 일꾼이요 주 안에서 함께 된 종이라"(*ὁ ἀγαπητὸς ἀδελφὸς καὶ πιστὸς διάκονος καὶ σύνδουλος ἐν κυρίῳ* – 호 아가페토스 아델포스 카이 피스토스 디아코노스 카이 쉰둘로스 엔 퀴리오)는 칭찬을 받는다. 1:1에서 디모데와 관련하여 언급된 것처럼 "형제"(*ἀδελφός* – 아델포스)는 사도의 조력자 혹은 동역자를 묘사하는 데 사용될 수도 있다. 이 단어 "형제들"(*ἀδελφοί* – 아델포이)은 사도가 편지를 쓰고 있는 공동체 구성원과 관련하여 바울이 자주 사용하는 단어였고, 하나님의 가족 구성원인 그리스도인 간에 존재하는 매우 실제적인 관계를 표현하는 단어였다(특히 고전 15:58; 롬 15:14; 빌 3:1; 4:1; 엡 6:10을 보라. 바울의 가족 은유에 대한 연구에 관해서는 Banks, *Idea*, 61-71를 참고하고, 또한 R. P. Martin. *The Family and the Fellowship. New Testament Images of the Church*. Exeter : Paternoster ; Grand Rapids, MI : Eerdmans, 1979, 123-25를 보라). 두기고는 특별히 사도에게 사랑을 받은 "형제"였음에 분명하다. 이 표현 가운데서 바울이 두기고가 특별히 귀중한 동료였다는 생각을 덧붙이고 있다는 것도 가능하다. 어쨌든 이러한 사실은 이전에 에바브라에 대해서 사용되었던 "신실한 일꾼" (*πιστὸς διάκονος* – 피스토스 디아코노스)이라는 뒤따라오는 문구 가운데서 나타난다(1:7을 보라. 우리가 사용하는 "집사"라는 호칭이 유래한 디아코노스〈*διάκονος*, "종"〉. 그렇지만 이 문맥 가운데는 이 단어가 이러한 전문적인 의미로 사용되었다고 생각할 만한 것이 전혀 없다. Moule, 136, 참조. Lohse, 171에서도 역시 바울의 사역을 설명하고 있다. 1:23, 25). 두기고는 바울에게, 골로새 교회에게 혹은 그리스도에게 신실한(*πιστός* – 피스토스) 봉사를 했다. "주 안에서 함께 된 종" (*σύνδουλος ἐν κυρίῳ* – 쉰둘로스 엔 퀴리오)으로서 두기고는 아리스다고(10절)와 에바브라(몬 23절)처럼 감옥에 갇힌 자였을(최소한 갇혀 왔을) 가능성이 있다. 그러나 이 단어 쉰둘로스(*σύνδουλος*, 직역하면 "동료-종")를 1:7에서 에바브라에게 적용한 것을 볼 때(15쪽을 보라) 이러한 주장은 의심스럽다. "주 안에서"(*ἐν κυρίῳ* – 엔 퀴리오)는 TEV에서 "주의 사역에"로 번역되었고, 전체 문구인 "주 안에서 함께 된 종"은 "우리와 함께 주님을 섬기는 자"를 의미하는 것으로 취급되었다(Bratcher and Nida, 103 ; 참조. 브루스의 번역, 302, "주님을 위한 그의 섬김에 있어서 〈한 신실한 동료요〉 조력자"). 달리 표현하면 이것은 그가 자기의 임무를 "주 안에 있는" 사람으로서, 즉 그리스도인으로서 시행한다는 것을 의미할 수 있다(엔 퀴리오〈*ἐν κυρίῳ*, "주 안에서"〉란 문구에 대해서는 3:18-4:1의 가족-법전에 관한 "주석"을 보라. Lohse, 171에서는 바르게 설명하기를 이 문구가 아델포스〈*ἀδελφός*, "형제"〉와 디아코노스〈*διάκονος*, "일꾼"〉와 함께 질적으로 연결되어야 한다고 말한다).

8 바울은 두기고를 자신의 편지(*ἔπεμψα*, 에펨프사는 대부분의 주석가들이 이해하는 바와 같이 서한적인 부정과거형으로 이해되어야 하는데, 다시 말해서 그들이 그 편지를 읽어 보는 수신자의 입장에서 그 행동을 바라보고 있으며, 그래서 "나는 보내고 있다"로 번역되어야 할 것이다. RSV는 "나는 보냈다"〈현재완료형〉로 번역한다)와 함께 자기의 모든 소식을 그들에게 전하도록("명확한 목적을 위하여" 〈*εἰς αὐτὸ τοῦτο* – 에이스 아우토 투토〉는 사도의 목표 혹은 의도를 의미하는 결

정적인 표현이며, 7절의 "그〈두기고〉가 말할 것이다"를 가리킨다. Oepke, *TDNT* 2, 429; 참조. 요 18:37; 행 9:21; 26:16; 롬 9:17; 14:9; 고후 2:9; 엡 6:22; 벧전 4:6) 골로새 교인들에게 보낸다. 편지 자체는 바울이 어떻게 개인적으로 지내고 있는지 그리고 회중이 그의 일이 어떻게 되고 있는지 알기를 원하는지에 대해 언급하지 않는다. 그러나 두기고가 그들에게 모든 일을 자세히 말해 줄 수 있을 것이다(*ἵνα γνῶτε τά περὶ ἡμῶν* – 히나 그노테 타 페리 헤몬: 위의 245의 "원문주해"를 보라). 동시에 바울의 동료요 동역자로서 그는 회중에게 주는 바울의 가르침을 인상 깊게 해줄 것이며, 그렇게 하여 그들의 심령을 강화시켜 줄 것이다(2:2에 있는 같은 표현을 보라. 강화시켜 주는 일은 감옥에 있는 바울에 관한 정보 전달을 통해서만이 아니라 바울의 가르침을 가지고 회중을 권면하는 수단을 통해서도 이루어질 것이다. 참조. Zeilinger, *Jesus*, 179).

9 바울은 두기고와 함께 "신실하고 사랑을 받는 형제"(*ὁ πιστός καὶ ἀγαπητὸς ἀδελφός* – 호 피스토스 카이 아가페토스 아델포스)라고 불리는 오네시모를 보낸다. 비록 몇몇 사람이 이 오네시모를 빌레몬서 10절에 명시된 오네시모와 동일시할 만한 이유가 없다고 주장하고 그 이름("유익한"을 의미함)은 분명히 당시 노예들 가운데 흔한 이름이었다고 주장했지만(참조. BAG, 570), 그 이름이 한 사람을 지칭하고 같은 사람을 지칭한다는 흔히 있는 추측은 이 양자가 문자 그대로 긴밀한 관계를 맺고 있고 두 편지에 공통되는 이름들이 주어진 것으로 타당한 것이다(Lohse, 171: "이 이름은 한 사람이요 같은 오네시모를 의미한다고 생각해야 한다." 참조. Schweizer, 176). 그의 도망과 바울이 그에게 집으로 돌아가도록 어떻게 설득했는지에 관해서는 관련된 세부 사항들이 언급되어 있지 않다(회중에게 읽혀져야 하는 하나의 편지 가운데서 그 세부 사항들은 적절하지 않다). 그를 "신실하고 사랑을 받는 형제"로 묘사함으로써 바울은 그에게 두기고와 에바브라와 같은 속성들을 붙여 주고 있으며(비록 그가 디아코노스〈*διάκονος*, "일꾼"〉 혹은 쉰둘로스〈*σύνδουλος*, "함께 된 종"〉로 불려지지는 않을지라도), 그리고 이것은 종 오네시모가 어떤 그리스도인 방문객에게 베풀어지는 것과 같은 따뜻한 인사를 골로새 교회로부터 받아야 한다는 사실을 시사한다. 골로새 출신의 한 사람으로서(*ὅς ἐστιν ἐξ ὑμῶν* – 호스 에스틴 엑스 휘몬) 그는 사도로부터 이방인들에게 보내는 추천서를 가지고 온다(개인적으로 빌레몬과 불편한 관계였으므로 그가 이전에 종이었던 오네시모를 용서하도록 격려하는 사적인 편지가 빌레몬에게 보내져야 할 것이다. Bruce, 302). 그 역시 두기고와 함께 "여기 일을 다"(*πάντα⋯τὰ ὧδε* – 판타⋯타

호데) 바울의 친구들에게 알려 줄 것이다(복수형 그노리수신〈*γνωρίσουσιν*, "그들이 알게 할 것이다"〉으로의 전환을 유의하라).

10 이제 문안 인사는 그 글을 기록하고 있을 당시 바울과 함께 있었던 여섯 명의 동료로부터 골로새 회중에게 보내지고 있다: 세 명은 유대인 출신이고(아리스다고, 마가, 예수 유스도) 세 명은 이방인 출신이다(에바브라, 누가, 데마). 이러한 인사 목록은 놀라울 정도로 길고 로마서 16장과 비교될 만하지만, 로마서의 인사는 주로 그리고 대부분이 바울로부터 로마에 있는 여러 개인들에게 보내는 것이고(로마서 16장이 로마서의 진짜 편지의 일부분인가의 여부에 관해서는 Kümmel, *Introduction*, 314-20, 그리고 보다 최근에는 H. Gamble Jr, *The Textual History of the Letter to the Romans*[SD 42; Grand Rapids: Eerdmans, 1977]를 보라. 이 둘 다 편지를 자세히 검토한 후에 이 편지의 문학적 통일성을 옹호한다), 반면에 여기 10-14절에 있는 골로새인들에 대한 문안 인사는 바울의 친구들이 전체 회중에게 보내는 것이다(바울 자신의 문안 인사는 15절과 18절에 나타난다).

아리스다고(이 이름은 통상적인 이름이다. BAG, 206를 보라)는 골로새 교인들에게 문안 인사를 전하는 첫 번째로 언급된 사람이다(아스파조마이〈*ἀσπάζομαι*, "인사하다"〉는 "포옹하다"로 보이는 기본적인 의미로서 신약성경에서 문안 인사에 대해서 주로 사용되는 단어다. 60회 출현하는 가운데 47회가 서신의 공식 문구로 사용되었다. 이것은 거의 모든 편지들 가운데 두 가지 형태로 나타난다. [1] 기록자가 멀리서 독자들에게 자신의 문안 인사를 전하라는 명령형인데 골 4:15에서는 "눔바와 그 여자의 집에 있는 교회에 문안하고〈*ἀσπάσασθε*〉"라고 되어 있고, 롬 16:3-16에서도 그와 같다. 혹은 공동체의 모든 구성원들에게 문안 인사를 보내고 있는데, 예를 들어 골 4:15에서 "라오디게아에 있는 형제들"에게 문안한다. 빌 4:21; 히 13:24; 참조. 롬 16:16; 고전 16:20; 고후 13:12; 살전 5:26; 벧전 5:14에서는 거룩하게 입맞춤이 문안 인사의 일부분이다. [2] 아스파제타이〈*ἀσπάζεται*〉 등을 가지고 있는 직설법 문안 인사는 동료 그리스도인들이 기록하고 있을 당시 없을 경우에 나타난다. 즉 그들의 이름이 명시되어 있거나〈골 4:10, 12, 14; 롬 16:21-23; 고전 16:19; 몬 23, 24; 딤후 4:21〉 혹은 총체적으로 언급되어 있다〈고전 16:20; 빌 4:21; 딛 3:15〉. 이러한 문안 인사는 독자들에게 그 편지가 기록된 상황에 대한 분명한 모습을 제공해 주고 있으며, 그가 독자들과 함께 누리는 교제 안에서 사도의 친구들과 동역자들을 포함시키고 있다. 또한 빌 4:22; 히 13:24; 요이 13절; 요삼 15절에서는 회중 가운데 있는 그룹들이 자기들의 문안 인사를 보내고 있는데,

이는 아마도 그들과의 특별한 관계로 인한 것으로 보인다. 바울의 독특한 문안 인사에 관해서는 18절을 보라. 부차적인 문서에 대한 파피루스 예문들과 참조구절들에 관해서는 Windisch, *TDNT* 1, 4960 502, Gamble, *History*, 59, 60, 73-75, BAG, 116, 117를 보라).

아리스다고는 사도행전의 설화에서 데살로니가 출신이고 바울의 여행 동료로 나타난다(행 19:29; 20:40). 그가 그리스도인이 된 것은 바울의 데살로니가 전도 사역으로까지 거슬러 올라간다(행 17:1-9). 그는 에베소에서 사도와 함께 있었고, 극장에서 있었던 폭동 때문에 위기에 처하기도 했다(19:29). 나중에 그는 데살로니가 교회의 두 명의 대표 중 한 사람으로서 바울과 함께 예루살렘으로 갔고(20:4), 바울이 누가와 함께 가이사랴에서 로마로 배를 타고 여행을 할 때 그들과 함께 동행했다(27:2). 그가 바울과 함께 내내 로마로 같이 동행했는지에 대해서는 사도행전이 분명히 밝히고 있지 않으나 아마도 그렇게 했으리라고 생각된다(그는 무라 성까지만 바울과 함께 가고, 거기서 바울과 누가가 배를 갈아타고[27:5, 6], 그 다음에 데살로니가로 돌아왔다고 주장되어 왔다). 분명한 것은 만일 골로새서가 로마로부터 기록되었다면(서론 xlix-liv을 보라) 본문에 있는 아리스다고에 대한 언급은 그가 계속해서 바울과 함께 여행했으며, 로마에 도착한 후에도 함께 있었음을 의미하는 것으로 취급될 수 있다. 그는 호 쉬나이크말로토스 무(*ὁ συναιχμάλωτός μου*)로 묘사되어 있는데, 이를 문자 그대로 번역하면 "싸움 중에서 나의 동료 죄수"를 의미하며, 아마도 우리는 그가 실제로 바울과 함께 옥에 갇혔을 것이라고 이해해야 할 것이다(몬 23절에서 아리스다고가 같은 문장 가운데 언급되어 있기는 하나 에바브라가 이러한 호칭을 받고 있고, 반면에 롬 16:7에서는 안드로니고와 유니아가 "나와 함께 갇혔던" 사람으로 불리는데, 이는 아마도 에베소 선교여행 동안 바울과 함께 구금을 당했기 때문인 것으로 보인다). 아리스다고가 자원하여 바울과 함께 포박을 당했을 수도 있다고 주장되어 왔다(램세이는 그가 바울의 종으로서 지냈을 수 있다고 주장했다. 참조. Bruce, 305. 반면에 다른 사람들은 바울의 조력자들이 오히려 그와 함께 투옥당했을 수 있다고 추측했다. Abbott, 300를 보라). 이 단어는 또한 "그리스도의 포로", 즉 그리스도께 사로잡혀서 그리스도인이 되고 바울의 동역자가 되었다는 사실을 의미하는 상징적 의미로 사용되었을 수도 있다(엄격하게 말해서 바울은 "전쟁의 포로"가 아니었다고 주장되어 왔는데, 곧 그가 갇혀 있는 가운데 자신을 아이크말로토스〈*αἰχμάλωτος*, "포로"〉로 묘사하지 않고 언제나 데스미오스〈*δέσμιος*, "갇힌 자"〉로 묘사하고 있으며, 또한 일반적으로 그가 군대 이미지를 사용하기를 좋아하고 이러한 단어 그룹에 들어 있는 다른 단어들도 사용하기를 좋아한다는 사실〈롬 7:23; 고후 10:5; 참조. 엡 4:8; 딤후 3:6에서 그와 같이 말함〉은 여기서 상징적 의미를 가지고 있음을 시사한다. Kittel, *TDNT* 1, 196, 197, Moule, 136, 137, T. da Castel, Sunaicmavlwto": "Compagno di Prigionia o Conquistato Assieme?" *Studiorum Paulinorum Congressus Internationalis Catholicus.* 2 vols. Rome: Pontifical Biblical Institute, 1963, 2. 417-28; 그러나 Dibelius-Greeven, 51에서는 그것이 "동료 그리스도인 혹은 동역자"를 의미한다고 생각한다. 그리고 Masson, 155를 보라). 이에 응답하여 Lohse, 172에서는 "함께 갇힌 자"라는 용어가 어떤 다른 조건(엡 3:1; 4:1에 있는 것과 같은 "그리스도의"나 또는 그와 동등한 표현)이 없이 나타나므로 이 단어를 글자 그대로 취급하는 것이 더 나을 것이라고 주장한다. 더 나아가서 자기 자신을 예수 그리스도의 군사로 여긴("함께 군사 된 자"〈*συστρατιώτης*—쉬스트라티오테스〉란 단어를 몬 2절에서 아킵보에게 그리고 빌 2:25에서 에바브로디도에게 적용한 점을 유의하라) 바울에게는 자신이 포박되어 있는 동안 자신을 전쟁의 포로로 생각하는 것이 부자연스러운 것이 아니었다(Bruce, 305; 또한 참조. Ollrog, *Paulus,* 76).

바나바의 생질 마가(호 아네프시오스〈*ὁ ἀνεψιός*〉는 KJV/AV에 있는 것처럼 "조카"나 "누이의 아들"이 아니라 "사촌"을 의미한다. BAG, 66를 보라)가 아리스다고와 함께 문안 인사를 보내고 있다. 이 이름은 의심할 여지없이 예루살렘 출신으로서(행 12:12, 25) 첫 번째 선교 여행에서 바울과 바나바와 함께 구브로까지 여행을 갔던 마가 요한을 가리킨다. 그들이 아시아 본도에 있는 버가에 이르렀을 때, 마가는 이탈하여 예루살렘으로 돌아갔다(행 13:13). 이것을 마가의 약점으로 판단한 바울은 그 다음 선교 여행에서 그를 함께 데려가기를 거절했다. 바나바와 바울은 이 문제로 날카롭게 대립하여 바나바는 자기의 젊은 사촌을 데리고 구브로로 가고, 바울은 실라와 함께 출발했다(행 15:36-41). 바나바의 세심한 지도 아래서 마가는 자기의 평판을 회복하고, 결국 여기서 그와 그의 이방인 사도는 다시 친근한 관계를 맺게 되었는데, 이는 마가가 바울이 투옥당했을 때 같이 있었음으로 인한 것이다. 그는 빌레몬서 24절에서 다시 바울의 "동역자"(*συνεργός*—쉬네르고스)로 언급되고, 반면에 디모데후서 4:11에서 화해의 분명한 표시로서 그는 주저 없이 신실한 그리스도의 사역자로 추천을 받는다. 다른 곳에서 마가는 베드로의 동료로 나타난다(벧전 5:13; 마가가 베드로의 수행원이었고, 두 번째 복음서 곧 베드로의 가르침의 본질인 마가복음의 저자였다는 전승을 보라: Eusebius, *H.E.* 3. 39).

바울은 바나바가 마치 골로새에서 잘 알려져 있었던 것처럼 말하고 있다. 아마도 이 단계에서 마가는 바울이 세운 교회들에서 자신의 평판을 서서히 되돌려놓기 시작했을 것이며, 바울의 특별한 변호를 필요로 했던 것으로 보인다(Martin, *NCB*, 131). 어쨌든 이 공동체는 이미 그에 관해서 명을 받았었다. 만일 그가 온다면, 그들은 그를 환영해야 할 것이다(데코마이〈*δέχομαι*〉는 손님 혹은 방문자에 대한 친절한 영접에 적절한 단어다: 마 10:14, 40, 41; 막 6:11; 눅 9:5, 53; 10:8, 10; 요 4:45; 히 11:31). 누가 이러한 명령들(*ἐντολαί* – 엔톨라이)을 전해 주었는지에 대해서는 진술되어 있지 않다. 만일 그들이 바울 자신으로부터 보냄 받았다면 마가에 대해 올바른 영접을 해주라는 말은 그들이 전한 요점을 제공해 준다. 그러나 이것이 더 타당해 보이는데, 만일 골로새 교인들이 다른 어떤 사람(베드로나 바나바 같은 사람)으로부터 마가에 관한 서한을 받았다면, 바울은 여기서 친히 "그 명령들"에 대한 확언을 해주고 있는 것이다. 그러나 우리는 이를 확인할 길이 없다. 뿐만 아니라 골로새에 왔는지 그렇지 않은지도 알지 못한다.

11 문안 인사를 보내는 세 번째 인물은 유스도라는 별명이 붙은 예수였다. 그는 바울과 함께 있었던 유대인 그리스도인이라고 본문에 언급되어 있는 것 이외에는 우리에게 거의 알려져 있지 않다(몬 23절에서는 "예수의"〈*Ἰησοῦ* – 예수〉 대신에 "예수"〈*Ἰησοῦς* – 예수스〉라는 이름으로 읽혀져야 한다고 주장되어 왔다. 이 독법에 의하면 거기서 이 곳 골로새서에 언급된 예수 유스도에 대한 문안 인사가 있다는 것이다. 307쪽을 보라). "예수"(*Ἰησοῦς* – 예수스)는 유대인 이름이며("여호수아" 혹은 "예수아"의 헬라어 형태) 회당과 교회 간의 충돌로 인하여 이 이름이 하나의 고유명사로서 사라지는 주후 2세기까지 유대인들 사이에서는 흔한 이름이었다(행 13:6; Foerster, *TDNT* 3, 284-93, 특히 285, 286; 이 이름이 널리 사용된 것에 대한 세부적인 사항들에 관해서는 BAG, 373, 374를 보라). 히브리어와 아람어 이름과 유사한 헬라화된 로마식 이름(이러한 관습은 바울 자신의 경우에 잘 예증되어 있다. 행 13:9)을 가졌던 많은 다른 유대인들을 따라서 이 예수는 자신을 유스도라고 불렀다(이 이름은 유대인들과 개종자들이 통상적으로 가지고 있었던 이름이다: 행 1:23; 18:7; Lightfoot, 236를 보라. 이중적인 이름에 관해서는 BAG, 380, Deissmann, *Bible Studies*, 315, 316를 보라).

이 세 사람은 하나님의 나라를 위하여 바울의 신실한 동역자들로 남아 있었던 유일한 유대 기독교인으로 말해지고 있다("저희는 할례당이라"〈*οἱ ὄντες ἐκ περιτομῆς* – 호이 온테스 에크 페리토메스〉는 뒤따라오는 "이들만"〈*οὗτοι μόνοι* – 후토이 모노이〉과 연결되어야 한다. Abbott, 301, Meyer, 473; 그리고 Moule의 논문, 137를 보라). "저희는 할례당이라"(*οἱ ὄντες ἐκ περιτομῆς* – 호이 온테스 에크 페리토메스)는 표현은 일반적으로 유대 그리스도인으로 취급된 사람들을 말한다(대부분의 주석가들과 Meyer, *TDNT* 6, 81). 그러나 엘리스(E. E. Ellis, "The Circumcision Party and the Early Christian Mission," *Prophecy*, 116-28, 본래 "'Those of the Circumcision' and the early Christian Mission," *SE* 4[1968] 390-99으로 출판되었음)는 하나의 흥미로운 대안을 제시했다. 즉 그는 일반적으로 받아들여진 정의가 이 구절에서 자증된 것도 아니고 다른 곳에서 이 문구의 의미와 일치하는 것도 아니라고 주장한다(이러한 표현은 신약성경에서 여섯 번 출현한다: 행 10:45; 11:2; 롬 4:12; 갈 2:12; 딛 1:10, 그리고 본문이 포함됨. 이것은 LXX이나 신구약 중간의 문서에는 나타나지 않는 반면에, Justin의 *Dialogiue with Trypho* 1, 3에 나타나는 표현이 교부들의 기록 중에서 가장 이른 시기의 것이다. Ellis, *Prophecy*, 116). "저희는 할례당이라"는 이중적인 디아스포라 선교의 구조 내에서 이해되어야 할 것이다(Cullmann, Schmithals 그리고 다른 사람들을 따르고 있는 Ellis, *Prophecy*, 117-19에 따르면, 사도행전에서 "히브리인들과 헬라인들"이라는 표현은 유대인의 종교와 관습을 향한 유대인의 독특한 태도를 가리킨다. 즉 "히브리인들은 엄격하고 의식주의자의 관점을 가진 유대인들을 지칭했다. 헬라인들은 유대인의 법과 종교를 향하여 보다 자유로운 태도를 가진 사람들이다"[118, 119]. 히브리인들과 헬라인들 모두가 기독교 이전 팔레스틴 유대교 가운데 존재했고, 이들은 모두 처음부터 예수를 따르는 자들 가운데 나타났다. 엘리스는 이 두 그룹 사이의 의식과 규율에서의 이러한 차이점들이 초대 교회 선교의 구조에서 중대한 관계를 가졌는데, 이중적 성격을 가졌던 디아스포라에 대한 선교였다고 본다). 이러한 가설에 근거해 볼 때, 우리가 살펴보고 있는 본문은 그들이 유대인들을 복음화할 때 율법에 대해서 비개종자의 태도를 가지고 바울과 함께 일했던 유대 그리스도인 설교자들을 언급하고 있다. "바울과 어떤 히브리인들은 협력적인 스타일로 자기들의 독특한 선교를 추구하고 있었다"(Ellis, *Prophecy*, 124에서는 이 "에큐메니칼 기독교로의 모험"은 안디옥에서도 일어났을 것이며〈행 11:20〉, 반면에 고린도후서의 바울의 히브리인 대적자들은 그 반대였을 것이라고 말한다. 바울이 골 4:11에서 "이들만"〈*οὗτοι μόνοι* – 후토이 모노이〉이라고 말해야 했던 것은 협력 선교가 실패하고 있었다는 사실을 암시한다). 마틴(Martin, *NCB*, 143)은 이러한 협정에 대한 묘사는 약간 지나치게 현대적인 것으로 생각된다고 주장하고, 반면에 래드(Ladd, *RevExp* 70, 1973, 510)는 하나님의 나라에 대한 언급에 있어서 특별한 유대인의 강조점을 이해하기가 어렵다고 생각한다.

어쨌든 사도는 그들이 신실하게 함께 있음으로 인하여 감사하고 있다. 즉 그들은 "하나님 나라를 위하여 함께 역사하는 자들"(*συνεργοὶ εἰς τὴν βασιλείαν τοῦ θεοῦ* – 쉬네르고이 에이스 텐 바실레이안 투 데우)이며, 그들은 바울에게 위로(*παρηγορία* – 파레고리아)가 되었다. 쉬네르고이(*συνεργοί*)는 "돕는 자들" 혹은 "함께 일하는 자들"이다(BAG, 787, 788). 이 단어는 일반적인 신자들에 대해서는 사용되지 않았고(고전 3:9; 고후 1:24 그리고 8:23에서 그들은 분명히 회중으로부터 두드러진 자들이다) 하나님의 동역자들(고전 3:9; 살전 3:2), "그리스도 안에서" 동역자들(롬 16:3, 9), 바울의 동역자들(롬 16:21; 빌 2:25; 몬 1, 24절) 그리고 그리스도인 공동체를 위한 동역자들(고후 8:23; 참조. 고전 3:9; 고후 1:24)을 말하며, 사람의 일이 그에게 적절하다는 사실을 암시하는 자격 있는 자들, 그 일이 효과적으로 나타나는 신분과 동료 그리고 그 일의 유익을 받는 자들을 말한다(Ellis, *Prophecy*, 6; 참조. Bertram, *TDNT* 7, 871-76, 그리고 몬 1절을 보라). 이러한 사람들이 자신과 함께 일하고 있다는 사실을 말하지 않고, 그 대신 사도는 그들이 "하나님 나라를 위하여 함께 역사하는 자들"이라고 말한다. 바울에게 있어서 일반적으로 하나님 나라는 다가올 시대에 믿는 자가 받을 기업을 지칭하는 미래적 개념을 가지고 있으며(고전 6:9, 10; 15:50; 갈 5:21; 살전 2:12), 그는 "그리스도의 나라"란 표현을 현재적인 면으로 말한다(1:13을 보라). 그러나 로마서 14:17에서는 하나님의 나라가 현재적인 면을 가지고 있으며, 이것이 이 본문의 의미인 것으로 보인다. 사도행전 28:30, 31에 따르면, 바울은 로마에서 "하나님 나라를 전파하며 주 예수 그리스도에 관한 것을 가르치면서" 2년을 보낸 것으로 기록되어 있다. 그 동안 이 세 명의 유대 그리스도인들이 도왔고(혹은 엘리스의 해석이 옳다면 자기들의 사역을 했음) 그에게 큰 위로(파레고리아〈*παρηγορία*, "위안", "위로"〉는 신약성경에서 여기에만 나타난다. 참조. 4 Macc 5:12; 6:1. 이 단어는 무덤 비문들에 나타난다. 예를 들어, *Epigr Graec* 204, 12, "너는 나에게 죽은 자 가운데서도 하나의 위로〈*παρηγορίην* – 파레고리엔〉가 되었다. 또한 261, 19 등은 죽음의 현실에 직면하여 위로가 사용됨. 또 다른 실례들에 관해서는 BAG, 626, MM, 494, 그리고 Lohse, 173를 보라)가 되어 주었다(호티네스〈*οἵτινες*〉는 질의관계사로서 그들의 성품을 의미한다).

12 에바브라 역시 회중에게 특별한 문안 인사를 보낸다. 사도는 이미 이 편지의

앞부분에서 골로새인들이 복음 진리를 배웠던 사람으로 언급한 바 있다(1:7). 골로새 출신으로서(*ὁ ἐξ ὑμῶν* – 호 엑스 휘몬) 그는 자신의 고향에서 복음을 전하는 자였으며 또한 라오디게아와 히에라폴리스에서도 복음을 전하는 자였는데, 아마도 거기서 바울에 의하여 파송되었던 것으로 보인다(1:7을 보라). 바울은 에바브라를 "그리스도 예수의 종"(*δοῦλος Χριστοῦ* 〈*Ἰησου*〉 – 둘로스 크리스투 〈예수〉)으로 부르고 있는데, 이 호칭은 그가 다른 곳에서 자기 자신에게만(롬 1:1) 그리고 디모데에게만(빌 1:1) 붙인 호칭이다. 에바브라는 바울처럼 섬김에 있어서 그의 주님에게 순종하는 종이라는 영예로운 호칭을 받았다(1:7에서 그는 쉰둘로스〈*σύνδουλος*, "함께 된 종"〉라고 불리는데, 이 단어는 두기고에게도 붙여진다. 4:7). 사실상 사도는 자신의 사역과 에바브라의 사역 간의 밀접한 일치를 강조하는 쪽으로 나아가고 있다. 둘 다 복음을 위한 투쟁에 연루되어 있다(아래를 보라). 둘 다 그 투쟁의 일부분으로서 중재 기도가 긴급히 요청된다고 부탁 받는다(1:9-11). 반면에 둘 다 골로새와 리쿠스 계곡에 있는 그리스도인들의 완전과 성숙에 관심을 가지고 있다(1:28, 29; 2:1-5).

"항상 너희를 위하여 애써 기도하여"(*πάντοτε ἀγωνιζόμενος ὑπὲρ ὑμῶν ἐν ταῖς προσευχαῖς* – 판토테 아고니조메노스 휘페르 휘몬 엔 타이스 프로슈카이스). 에바브라는 회중의 사정을 익히 잘 알고 있었다. 그는 다른 사람과는 달리 거짓된 가르침의 파괴적 성격을 잘 알았고, 정규적으로 긴급한 중재 기도를 했다. 아고니조메노스(*ἀγωνιζόμενος*, "애써")란 동사는 이미 바울 자신의 복음의 투쟁으로 생각된 귀중한 사도적 선교에 대해서 사용된 바 있다(1:29; 참조. 어근이 같은 명사 아곤〈*ἀγών*, "투쟁"; 2:1〉; Pfitzner, *Paul*, 109, 110). 빌립보서 1:30에서 빌립보에 있는 신자들은 사도와 같이 복음으로 인하여 같은 싸움(*τοὺ αὐτὸν ἀγῶνα ἔχοντες* – 톤 아우톤 아고나 에콘테스)에 연루되어 있다는 말을 듣는다(참조. 롬 15:30-32). 여기서는 에바브라가 같은 싸움에 종사하고 있다고 말하고 있으며(아고니조메노스〈*ἀγωνιζόμενος*, "애씀"〉는 바울의 동료와 관련하여 나타난다. 둘로스 크리스투 예수〈*δοῦλος Χριστοῦ Ἰησοῦ*, "그리스도 예수의 종"〉는 그의 사역과 바울의 사역을 서로 묶어 주고 있는 것으로 보인다. 골로새에 있는 그의 동료 신자들을 위한 투쟁의 목적은 바울 자신의 활동들의 목표와 유사한 어투로 묘사되고 있다. 1:28; 2:2; 반면에 13절의 포노스〈*πόνος*, "수고"〉는 그를 바울과 나란히 두고 있다. Pfitzner, *Paul*, 125) 이 점이 그의 고향 사람들을 위한 긴박하고도 끊임없는 중재 기도를 하게 하고 있는 것이다(판토테〈*πάντοτε*, "언제나"〉는 엔 타이스 프로슈카이스

〈*ἐν ταῖς προσευχαῖς*, 직역하면 "기도들 가운데"〉와 함께 독자들을 위하여 드려지는 정규적인 기도를 가리킨다. 1:3의 복수형으로 되어 있는 "우리가 감사하노라"와 1:9의 "우리가 기도하노라"는 골로새 그리스도인을 위하여 바울과 그의 동료들이 기도하려고 정규적으로 함께 모인 사실에 눈을 돌리게 했다는 것은 이미 살펴본 바 있다. 1:3, 9을 보라). 비록 피츠너(Pfitzner, *Paul*, 128)가 바울의 투쟁이 "지칠 줄 모르는 고생과 수고, 격한 씨름 그리고 그의 사역의 목표로서 믿음의 전파와 성장, 그리고 강화를 위한 투쟁"이라는 사실을 인정함에 있어서는 옳을 수 있겠으나, 그러한 투쟁이 에바브라의 기도 가운데 표현되어 있다.

또 다른 차원에서 바울은 틀림없이 중재 기도의 열정을 잘 알고 있었으며(계속적이고도 끊임없는 중재 기도의 필요성에 대한 잦은 언급을 보라), 그러한 개념은 이 구절에 나오는 그의 사상 속에 있는 것으로 보인다(그는 야곱의 잘 알려진 하나님과의 투쟁에 근거를 둔 유대인의 기도에 대한 이해에 관해서 잘 알고 있었음에 틀림없다. 창 32:24-32; 또한 신약성경에서 중심이 되는 실례, 곧 겟세마네 동산에서의 예수님의 투쟁을 보라: "힘쓰고 애써〈*ἀγωνία* – 아고니아〉 더욱 간절히 기도하시니", 눅 22:44).

"너희로 하나님의 모든 뜻 가운데서 완전하고 확신 있게 서기를"(*ἵνα σταθῆτε τέλειοι καὶ πεπληροφορημένοι ἐν παντὶ θελήματι τοῦ φεοῦ* – 히나 스타데테 텔레이오이 카이 페플레로포레메노이 엔 판티 델레마티 투 데우). 에바브라의 중재 기도의 본질(Robertson, *Grammar*, 991, Du Plessis, *Perfection*, 204, 그리고 기도의 내용을 묘사하기 위하여 채용된 다른 용어들에 관해서는 O'Brien, *Introductory Thanksgivings*, 30를 보라: 예를 들어, 목적, 주제, 본질, 요지)은 골로새 교인들이 "하나님의 모든 뜻 가운데서 완전하고 확신 있게 서는 것"이다. 스타데테(*σταθήτε*, "너희로 서기를")는 수동태이며 하나님의 행동을 가리킨다. 완전(*τέλειος* – 텔레이오스)에 대한 언급은 회중의 각 구성원들이 그리스도를 통해서보다는 거짓 교사들을 통하여 금욕적인 실천, 환상 체험 그리고 특별한 계시를 가진 자기들의 철학을 통하여 성숙 혹은 완전을 추구하라고 권고를 받았던(2:8) 골로새에 있었던 중요한 문제들 가운데 하나를 다루고 있다. 그러나 에바브라의 관심은 바울의 관심과 같은데, 말하자면 "모든 사람에게 그리스도 안에서 완전(*τέλειος* – 텔레이오스)"을 제공하는 것이다(1:28을 보라). 이러한 목적에서 바울은 "이를 위하여 나도 내 속에서 능력으로 역사하시는 이의 역사를 따라 힘을 다하여 수고하노라(*ἀγωνιζόμενος* – 아고니조메노스)"고 하면서 애쓰고 있으며, 이러한 목적으로 에바브라는 기도에 힘쓰고 있다.

그리스도 안에서 성숙 혹은 완전은 이어지는 표현을 통하여 한층 더 잘 규정되고 있다. "하나님의 모든 뜻 가운데서 완전하고"(*πεπληροφορημένοι ἐν παντὶ θελήματι τοῦ θεοῦ* – 페플레로포레메노이 엔 판티 델레마티 투 데우). 이례적인 동사 플레로포레오(*πληροφορέω*, BAG, 670, Delling, *TDNT* 6, 309, 310를 보라. 어근이 같은 명사 플레로포리아〈*πληροφορία*, "충만"〉는 2:2에 나타난다)는 "충분히 납득시키다"(이 뜻은 롬 4:21과 14:5의 의미다) 혹은 "채우다", "이루다"(딤후 4:5, 17)를 의미할 수 있다. 모울(Moule, 138)은 전자의 뜻을 선호하고 그 문구 "하나님의 모든 뜻 가운데서"를 동사에 붙은 것으로 이해한다. 그래서 그는 전체 표현을 다음과 같이 번역한다. "너희 하나님의 모든 뜻 가운데서 굳게 서도록…성숙하고 완전하도록(혹은 확신하도록)"(또한 Dibelius-Greeven을 보라). 이러한 입장에서 에바브라는 독자들이 바울의 복음 진리에 대해 완전히 확신을 얻고 확고히 되기를 기도하고 있다. 그러나 우리의 판단에는 동사를 보다 자주 사용된 동의어 플레로오(*πληρόω*, "채우다", "이루다"; 1:9, 19; 2:9, 10; BAG, 670에서는 다른 곳에서처럼 이 본문에서 몇몇 필사본들이 앞의 동사를 보다 통상적인 플레로오〈*πληρόω*〉로 대치하고 있다고 말한다). 여기 나오는 분사는 이단 가운데 그리고 바울의 교정 내용 가운데 넘쳐흐르는 "충만"(*πλήρωμα* – 플레로마)에 대한 가르침을 우리에게 상기시켜 준다(참조. Delling, *TDNT* 6, 310, Martin, *NCB*, 134, and Ladd, *RevExp* 70 [1973] 511). 결국 하나님에게 드려진 기도는 "철학"에 대한 논박을 상기시켜 준다. 그리스도는 신성의 충만이 육체로 거하시는 분이다(2:9). 그분 안에서만 충만이 발견된다. 그리고 독자들은 그리스도 안에서 충만케 되었다(2:10). 바울의 동역자는 지금 그들이 하나님의 모든 뜻 가운데서 충만케 될 때 일어나는 종말론적 완전인 "완전한" 사람으로 굳게 서기를 기도한다(전치사 엔〈*ἐν*, "안에"〉이 분사 뒤에 따라오며, 사람이 "…으로 채워진다"를 의미한다. BDF, 항목, 172, Lohse, 173. 그리고 하나님의 뜻은 다양한 상황 속에서 역사하는 완전으로 이해된다. 참조. Delling, *TDNT* 8, 75, Schrage, *Einzelgebote*, 169). 또다시 그리스도 안에서 이미 이루어진 일에 대해서 편지의 강조점은 결코 그분 안에서 자라갈 필요성을 제거하지 않는다. 독자들은 이미 그리스도 안에서 충만케 되었다. 에바브라는 지금 그들이 여기서 진행해 나갈 때 종말론적인 완전과 마지막 날에 그분 안에서 충만을 이루도록 간절히 기도하고 있다.

13 바울은 탈선하여 에바브라가 리쿠스 계곡에 있는 회중들을 위하여 지칠 줄

모르고 일하고 있다는 분명한 증거를 덧붙인다. 왜 그가 그렇게도 열심히 일해야 했는지(ἔχει πολὺν πόνον – 에케이 폴륀 포논)는 암시되어 있지 않지만, 그럼에도 불구하고 모든 종류의 상상들이 제시되어 왔다: 그가 이단들의 주장에 대응하기 위하여 최선을 다하고, 그 다음에 골로새 교인들이 이단의 선전을 어떻게 처리하는지에 대해서 바울의 충고를 받으라고 남겨 놓았다는 것(Lohmeyer, 169). 혹은 그가 이단의 주장에 대응하는 데 부적격하여 실패한 다음 자기 직위를 포기하고 이제 자기의 행동들을 바울을 통하여 정당하다고 인정받을 필요가 있었다는 것(Masson, 156). 그러나 후자의 재구성을 주장할 만한 아무런 근거가 없으며, 바울의 증거는 너무나 열심히 일한 사람에 대한 실로 지극한 칭찬이다. 포노스(πόνος, "고된 수고", "힘씀"; "고통", "고민", "고난", BAG, 691)는 신약성경에서 오직 네 번만 나타나며, 이들 가운데 세 번이 요한계시록에 나타난다("고통", "고민"이라는 의미로, 16:10, 11; 21:4). 이 단어는 전쟁에서의 투쟁에 대한 통상적인 단어이며, 여기서는 아곤(ἀγών, "투쟁")이라는 단어 그룹처럼(12절을 보라) 바울과 에바브라의 복음을 위한 수고와 관련되어 있다.

"너희와 라오디게아에 있는 자들과 히에라볼리에 있는 자들을 위하여"(ὑπὲρ ὑμῶν καὶ τῶν ἐν Λαοδικείᾳ καὶ τῶν ἐν Ἱεραπόλει – 휘페르 휘몬 카이 톤 엔 라오디케이아 카이 톤 엔 히에라폴레이). 세 이름들의 접속사들을 볼 때, 에바브라는 이 모든 세 지역 회중들의 복음 전도자였을 가능성이 있다. 그는 바울에 의하여 "철학"의 위험이 전 영역에 영향을 미치고 있었고, 하나님 아래서 그가 다시 그 곳에 있어야 할 필요가 있을 것이므로 리쿠스 계곡에서의 그의 미래의 사역을 위하여 이 세 지역의 회중들에게 추천을 받는다. 우리는 히에라폴리스와 라오디게아 교회의 성격에 관해서는 아는 바가 거의 없다(히에라폴리스라는 이름은 "성스러운 도시"를 의미하며〈BDF, 항목, 115(2)를 보라〉 골로새 북서쪽 약 12마일 지점에 있고, 라오디게아는 주전 3세기경 안티오커스 2세에 의하여 설립되었고 골로새보다는 리쿠스 계곡 훨씬 아래쪽에 자리잡고 있다). 요한계시록에 있는 일곱 개의 편지들 가운데 하나가 라오디게아에 보내졌다(계 3:14-22). 외관상으로 볼 때, 이 두 도시에는 잘 건축된 교회들이 있었고, 하나님의 은혜 아래 에바브라가 그들의 생명과 성장에 지대한 공헌을 했던 것으로 보인다. 15, 16절을 보라.

문안 인사 목록 가운데 에바브라의 이름이 특별히 강조되어 있으며(참조. 1:7), 왜 이러한 강조가 이 편지의 기원과 목적에 들어맞는지에 대해서 의문을 일으켜 왔다. 맥슨(Marxsen, *Introduction*, 177-86)은 "일종의 목회 서신"(Marxsen, 180)인이 문서의 중요한 이유들 가운데 하나는 에바브라의 가르침이 바울의 마음을 나타낸다는 사실을 알려 주어서 에바브라에게 사도적 권위를 부여해 주기 위해서였다고 주장했다. 이 편지는 후바울 시대에 나타났다는 것 – 바울 자신은 이러한 방식으로 이단을 공격하지는 않았으리라는 것 – 이다. 에바브라는 사도가 살아 있지 않은 지금 사도의 후계자로 서 있다. 맥슨에 따르면, 이러한 특징들은 속사도 시대의 "초기 카톨릭주의"의 표시들을 지니고 있다.

그러나 본문 가운데 있는 진술은 그렇게 멀리까지 나아가는 재구성의 근거를 제공하고 있지 않다. 그 어떤 구절도 골로새서가 맥슨이 주장한 노선을 따라 "일종의 목회 서신"이라는 주장을 입증할 수가 없다. 에바브라의 직분의 상징적인 성격은 아무데도 언급되어 있지 않으며, 에바브라 이외에도 다른 사람들이 특별히 언급되어 있다는 사실을 간과하지 말아야 할 것이다(참조. Tychicus, 4:7). "그리스도 예수의 종"이라는 영예로운 호칭은 직분상의 어조를 풍기고 있지 않으며(참조. 디모데와 관련하여 빌 1:1), 반면에 진행중인 권위 혹은 사도의 계승이 단 한 사람에게 묶여 있다는 암시가 없다. 그보다는 형제 간의 섬김에 대한 의식이 나타나 있다(사실상 바울은 자신을 일꾼〈deacon, 1:24〉으로 부르고 있으며, 에바브라를 두기고와 함께 그리스도 안에서 함께 된 종으로 여긴다. 4:7). 에바브라는 그 교회를 설립했고(1:7), 다른 누구보다도 이단의 파괴적인 성격을 잘 알고 있었으며(에바브라가 그 상황을 보고해 준 바울을 제외하고), 분명히 자기 동료 그리스도인에 대한 뿌리 깊은 관심을 가졌고, 그들의 완전과 충만을 위하여 계속해서 간절히 기도했다. 결국 에바브라는 바울이 특별히 언급하고 있는 "그들 가운데 한 사람"이었다(12절에서 에바브라의 이름 다음에 곧 "너희 중 한 사람"〈ὁ ἐξ ὑμῶν – 호 엑스 휘몬〉이 뒤따라 나온다). 이러한 실질적인 배경이 에바브라에게 주어진 특별한 관심을 만족할 만하게 설명해 줄 수 있다(맥슨의 재구성에 대한 비평에 관해서는 특히 Ernst, 242-44, 또한 Martin, *NCB*, 135를 보라. 또한 맥슨의 방법에 관한 Lohse의 변형된 주장들〈175-77, 그리고 *Veritas*, 189-94〉 그리고 Ollrog의 세심한 비평〈*Paulus*, 238-40〉을 보라. 서론 xlvii xlix을 보라).

14 누가와 데마가 문안 인사를 덧붙인다. 이 두 이름은 빌레몬서 24절과 디모데후서 4:10, 11에서 바울의 동역자로 나타난다. 여기서만 누가(루카스〈Λουκᾶς〉란 이름에 관해서는 BAG, 480를 보라)가 "사랑을 받는 의원"(ὁ ἰατρὸς ὁ ἀγαπητός – 호 야트로스 호 아가페토스)로 불리며, 이것은 바울이 감옥에 있는 동안 그가 의사였다는 생각을 하도록 만들었다. 그러나 이에 대한 증거는 없다. 누가의 직업이

특별한 것이어서 바울이 언급하고 있지만, 다른 강조 내용은 없다.

누가가 이방 그리스도인으로 여겨졌던 것은 주로 그를 유대 그리스도인으로부터 분리시키는(*οἱ ὄντες ἐκ περιτομῆς* – 호이 온테스 페리토메스, 11절) 이 구절에 근거한다. 이것은 가능하기는 하지만 불확실하며, "저들이 할례당이라"는 말이 유대 그리스도인들을 가리키지 않고 이중적인 디아스포라 선교 내에 있는 한 그룹을 가리킨다는 위의 엘리스의 주장이 옳다면, 그는 헬라화된 유대인이었을 가능성이 있다(E. E. Ellis, *The Gospel of Luke NCB*; London: Nelson, 1966, 52, 53를 보라. 그리고 위의 주석 내용을 보라. Deissmann, *Light from the Ancient East*, 437, 438에서는 그를 롬 16:21의 루기오와 동일시하기를 좋아했다).

데마에 관해서는 알려진 바가 거의 없다. 디모데후서 4:10에서는 그에 대해서 다음과 같이 언급하고 있다. "데마는 이 세상을 사랑하여 나를 버리고 데살로니가로 갔고." 이러한 진술은 어떤 세속적 관심이 바울의 이 동역자를 사로잡았고(몬 24절) 사도와 같이 있어 주어야 할 중요한 때에 데살로니가로 떠나갔다는 사실을 암시하는 것처럼 보인다(Bruce, 308).

15 "라오디게아에 있는 형제들…에 문안하고"(*ἀσπάσασθε τοὺς ἐν Λαοδικεία ἀδελφούς* – 아스파사스데 투스 엔 라오디케이아 아델푸스). 바울은 이제 골로새 교인들에게 자기의 문안 인사를 서쪽으로 10마일이나 떨어져 있는 라오디게아에 있는 그들의 형제 그리스도인들에게 전해 달라고 요구한다. 어째서 사도가 다음 구절에 의하면 자신이 그 교회로 또 다른 별도의 편지를 보내고 있는 이때 라오디게아에 있는 형제들에게 특별한 문안 인사를 보내야 했는지는 불분명하다(Meyer, 477에서는 충분한 증거 없이 그 형제들〈*οἱ ἀδελφοί* – 호이 아델포이〉이 라오디게아로부터 구별된 하나의 교회였지만, 같은 집에서 모이는 하나의 부자관계에 있다고 생각했다. Lightfoot, 241: 그 형제들은 아마도 라오디게아에 거주하는 그리스도인 가족일 것이다). 디벨리우스-흐리벤(Dibelius-Greeven, 52)은 그가 이런 방법으로 두 교회 간의 관계를 언급하기를 원했다고 주장했다.

"눔바와 그 여자의 집에 있는 교회"(*καὶ Νύμφαν καὶ τὴν κατ' οἶκον αὐτῆς ἐκκλησίαν* – 카이 눔판 카이 텐 카트 오이콘 아우테스 에클레시안). "눔바"(*Νύμφαν* – 눰판)에 대한 문안 인사가 한 남자(눰파스〈*Νυμφᾶς*〉는 눰포도로스〈*Νυμφόδωρος*〉의 축약형임. 참조. 에바브로디도의 축약형인 에바브라)를 가리키는지, 그렇지 않으면 "눔바"(*Νύμφα* – 눰파)라고 이름한 한 여인을 가리키는지는 확실하게 결정할 수가 없다. 가장 초창기 필사본들이 남성형인지 여성형인지를 구별할 수 있는 엑센트를 가지고 있지 않았으므로 유일한 고대의 증거물은 뒤따라오는 인칭대명사에 놓여 있다: "그녀/그의/그들의 집 안에"(*κατ' οἶκον αὐτῆς/αὐτοῦ/αὐτῶν* – 카트 오이콘 아우테스/아우투/아우톤) – 필사본들은 상당히 다양하지만 모든 것을 고려해 볼 때 한 여인을 가리키는 것으로 이해하는 것이 더 나을 것으로 보이며, 전체 문구를 "눔바와 그녀의 집 안에 있는 교회"로 번역하는 것이 좋을 것 같다.

집-교회(에클레시아〈*ἐκκλησία*〉의 의미와 용법에 관해서는 57-61쪽을 보라)는 신약성경의 서신들에서 자주 언급되고 있다. 때때로 한 도성에 있는 전체 회중이 그 구성원들 중 한 사람의 집에서 모일 수 있을 만큼 장소가 충분히 크지 않았을 수도 있고, 그래서 예배 목적을 위하여 초대 기독교회가 재산을 소유한 것이 제3세기 중반에 가서야 가능했다는 사실을 기억해야 할 것이다(O. Cullmann, *Early Christian Worship*. Tr A. S. Todd and J. B. Torrance[SBT 10: London: SCM , 1953] 9, 10를 보라). 다른 곳에서는 집-교회들이 더 큰 그룹 내에 보다 작은 교제 그룹들을 가지고 있었던 것으로 보인다. 라오디게아에 있는 눔바의 집 이외에도 우리는 골로새에서 빌레몬의 집이 모임 장소로 사용되었다는 사실을 알고 있다(몬 2절). 빌립보에서는 루디아의 가정이 이런 방법으로 이용되었던 것으로 보이며(행 16:15, 40), 반면에 고린도에서는 가이오가 "온 교회의 식주"(롬 16:23, "온"〈*ὅλη* – 홀레〉이라는 한정사는 고린도에 있는 그리스도인들이 다만 언제나 단일 그룹으로 모였다면, 그리고 보다 작은 그룹들도 그 성읍 가운데 존재했다는 사실을 암시한다면 불필요할 것이다. 참조. 고전 14:23). 아굴라와 브리스길라는 자기들의 가정을 제공하는 것을 자기들이 살았던 여러 도시들 가운데 있는 집들로까지 확대해 나갔는데, 예를 들어 에베소(고전 16:19)에서 그리고 로마(롬 16:5)에서 그러했다. 이러한 집-교회들에 대한 세부 사항들에 관해서 우리는 거의 아는 바가 없다(Banks, *Idea*, 45-50를 보라. 그리고 보다 자세한 참고서적에 관해서는 226, 227쪽을 보라).

16 바울의 그 다음 지시는 의미심장하다. 첫째로, 그는 이 편지의 내용들을 회중 가운데서 큰소리로 읽으라고 말한다. 에피스톨레(*ἐπιστολή*, "편지", "서신", BAG, 300, 301)는 신약성경에서 대략 24회 나타나는 단어인데, 여기서는 본 서신을 가리킨다(롬 16:22; 살전 5:27; 살후 3:14에서처럼: 이러한 서신들의 구절들은 후기의 성격으로 되어 있다. Abbott, 304). 고전 헬라어에서 "정확하게 알다", "다시 알다", "인정하다"를 포함하여 광범위한 의미를 가졌던 아나기노스코(*ἀναγινώσκω*)는 신약성경에서 "읽다", "크게 읽다"는 의미로만 나타난다. 주로 구약성경의 낭독을 의미했는데(참조. 13개의 공관복음서 구절들, 행 8:28 등), 특히 회당 예배에서의(눅

4:16; 행 13:15, 27; 15:21; 고후 3:14, 15) 낭독을 의미했으나 여기서는 이 단어가 하나의 편지의 낭독에 대해서 사용되었으며(행 15:31; 고후 1:13; 3:2) 특히 회중 가운데서의 낭독에 대해서 사용되었다(파르 휘민〈παρ' ὑμῖν, "너희 가운데서"〉은 엔 에클레시아〈ἐν…ἐκκλησίᾳ, "모임 가운데서"〉와 거의 동일한 것으로 언급된다. Riesenfeld, *TDNT* 5, 732). 신약성경의 서신들은 일차적으로 그리스도인의 모임 가운데서 큰 소리로 읽혀지도록 의도되었고(그것들이 구약성경과 동일한 위치를 차지했다는 사실을 보여 줌), 이 점은 자기 편지를 모든 형제들에게 큰 소리로 읽어 들려주라고 명령하면서 강력한 어조를 사용하고 있는 바울의 가장 초창기 서신들 가유데 하나에서 입증된다(살전 5:27; Martin, *NCB*, 137에서는 바울 서신의 공개적인 낭독이 속사도 기독교회의 표식이었고, 그러므로 골로새서가 우내의 후-바울 서신이라는 막센의 보다 자세한 주장〈*Introduction*, 185〉은 무너진다고 올바르게 주장한다).

둘째로, 골로새 교인들은 그 다음에 이 편지를 전하거나 혹은 그 부본을 전해서 라오디게아에 있는 회중 가운데서 읽혀지도록 해야 한다(포이에오 히나〈ποιέω ἵνα〉는 "되도록 …하다"를 의미한다. 참조. 요 11:37; 계 13:15).

셋째로, 그들은 라오디게아로부터 온 어떤 편지를 받고 그것을 골로새 교회에서 공개적으로 읽어야 한다. 이 "라오디게아로부터 온 편지"(τὴν ἐκ Λαοδικείας – 텐 에크 라오디케이아스)가 실제로 무엇이었는지를 결정하기 위하여 많은 글들이 기록되었으나 전혀 보람이 없었다. (a) 여러 초대 교회 교부들(크리소스톰, 몹슈스티아의 데오도르 그리고 데오도렛)은 베자를 포함한 후대의 여러 저자들과 함께 이것을 라오디게아로부터 바울에게 기록하여 보낸 편지인 것으로 생각했다. 그러나 분명히 이 문구의 가장 개연성 있는 의미는 골로새 교인들이 라오디게아로부터 오는 하나의 편지를 받으리라는 것이며(Robertson, *Grammar*, 600, BDF, 항목. 437), 이것이 분명히 문맥이 입증한 해석이다(Dibelius-Greeven, 52에서는 이 표현이 골로새 교인들의 입장에서 기록된 것이라고 생각한다. 그리고 Abbott의 주석, 304, 305를 보라. 히나 카이 휘메이스〈ἵνα καὶ ὑμεῖς, "너희도 역시"〉는 앞의 히나 카이〈ἵνα καί, "또한"〉와 일치하는데, 이것은 라오디게아 교인들이 골로새서를 읽는 것을 가리킨다. 이 평행구는 골로새 교인들처럼 라오디게아 교인들이 하나의 편지를 받을 것이라는 사실을 의미한다. 참조. Moule, 138, Bruce, 310, Loymeyer, 170, Anderson, *JBL* 85[1966] 436, 437, Lohse, 174, 175, Martin, *NCB*, 138, and Schweizer, 179). (b) 말시온은 이 편지를 에베소서와 동일시했다(John Mill은 1707년에 이러한 결부를 시켰고, Lightfoot, 272-98로부터 많은 지지를 받았다. 또한 J. Rutherford, "St. Paul s Epistle to the Laodiceans," *ExpTim* 19[1907-08] 311-14를 보라). 그러나 에베소서는 거의 분명히 골로새서 다음에 기록되었고, 또한 단순하게 아시아 지방에 있는 한 교회에 보낸 것이 아니다. 만일 이것이 골로새서 다음에 기록되었다면 골로새서에 언급되었을 것 같지는 않으며, 또한 4:16이 후대의 가필이 아니라면 역시 골로새서에 언급되지 않았을 텐데 이에 대한 증거가 없다(말시온의 사도적 정경은 에베소서에 "라오디게아인들에게"라는 호칭을 붙였는데, 이는 아마도 이것이 첫 구절 가운데 "에베소에"라는 문구를 빠뜨렸기 때문일 것이며, 그가 골 4:16에서 그 도착지에 대한 암시인 것으로 보이는 내용을 발견했기 때문일 것이다. Souter를 따르고 있는 Bruce, 310, 311). (c) 빌레몬서가 "라오디게아로서 오는 편지"와 동일시되어 왔으나(J. Knox, *Philemon among the Letters of Paul.* 2nd ed. [London: Collins, 1960] 38-47), 이 편지는 개인 서한이며(이 점에 대한 충분한 논의를 보라) 이러한 주장의 타당성은 바울이 그것을 공식석상에서 읽혀지도록 지시했다는 사실과 비교할 때 무너진다. 더 나아가서 빌레몬은 골로새에 살고 있었고(골 4:9에 따르면 오네시모는 골로새에 있는 빌레몬의 종이다) 라오디게아에는 없었다. (d) 그 어떤 현존하는 바울 서신도 이러한 묘사에 들어맞지 않으며, 그래서 우리는 라오디게아인들에게 보낸 편지가 현존해 있지 않다는 결론과 함께 이 문제를 마무리하고자 한다(후대에 정경 가운데 명확하게 포함되지 않은 편지에 대한 언급은 외경 "라오디게아인들에게 보내는 바울의 편지"의 제작으로 이끌어 갔는데, 그것은 바울의 다른 편지들로부터 모아진 문장들로 되어 있다. Lightfoot, 272-98, Hennecke-Schneemelcher 2, 128-32의 자세한 내용을 참조하라).

아마도 이것은 우연히 사라진 것으로 보이며(P. N. Harrison, Onesimus and Philemon, *ATR* 32[1950] 268-94에서는 주후 60-61년의 리쿠스 계곡에 있었던 지진 기간에 사라졌을 수도 있다고 주장했다. Lohmeyer의 주석, 85에 대한 헌사 〈*beiheft*〉에서 Schmauch는 이 편지가 골로새에 거주했던 라오디게아 교회의 분파 그룹을 위하여 의도되었으며, 일단 라오디게아 교회가 연합되자 폐기되었다고 생각한다. 그러나 이에 대한 증거는 없다), 이것이 유실된 바울의 유일한 편지는 아니었다(고후 5:9에 대한 가장 자연스러운 해석에 따르면, 바울은 고린도전서 이전에 현존하지 않은 한 편지를 기록했다).

아마도 라오디게아 교회는 골로새서와 유사한 노선의 한 편지를 요구했을 것이다. 그러나 이 둘은 바울에게는 각각의 편지가 다른 교회에서 읽혀져야 하는 방향과는 상당히 달랐다(Anderson, *JBL* 85[1966] 436-40에서는 에바브라가 리쿠스 계곡으로 돌아오는 길에 두기고와 함께 동반하기 어려웠으므로 라오디게아 교인들에게 편지를 기록했다는 입장을 제기했다. 앤더슨은 바울이 두 번째 편지를 기록하는 충분한 동기를 발견할 수 없다고 주장한다. 그러나 이것은 그러한 동기가 존재하지 않는다는 것을 의미하지 않으며, 더 나아가서 바울이 왜 그것이 에바브라의 편지라고 말하지 않는지를 의미하지 않는다. 골로새에서 유포되고 있었던 철학 사상은 아마도 리쿠스 근처에서 매우 성행하고 있었던 것으로 보이며, 그래서 이 양자간의 교환이 중요했다.

이러한 권면을 볼 때, 바울의 편지가 어떻게 초창기에 복사되고 살포되고 수집되었는지를 이해할 수 있다(Lohse, 175).

17 "아킵보에게 이르기를 주 안에서 받은 직분을 삼가 이루라고 하라"(*καὶ εἴπατε Ἀρχίππῳ Βλέπε τὴν διακονίαν ἣν παρέλαΒες ἐν κυρίῳ ἵνα αὐτὴν πληροῖς* – 카이 에이파테 아르킵포 블레페 텐 디아코니안 헨 파렐라베스 엔 퀴리오, 히나 아우텐 플레로이스). 마지막 말은 회중 가운데 한 사람, 즉 아킵보를 향하고 있다. 아킵보(아르킵포스〈*Αρχιππος*〉는 고유명사로 널리 사용되었다. BAG, 113)는 빌레몬서 2절에서 바울에 의하여 "우리와 함께 군사 된 자"로 불리는데(*ὁ συστρατιώτης ἡμῶν* – 호 쉬스트라티오테스 헤몬; 그는 빌레몬의 가족 중 한 사람인데 아마도 빌레몬과 압비아의 아들일 것이다: 273쪽을 보라), 스스로 복음을 섬기는 일에 헌신한 사람들에 대하여 상징적으로 사용된 호칭이다(빌 2:25). 디모데후서 2:2, 3에 따르면 사도들의 가르침에 충실하라는 문맥 가운데서 디모데는 "그리스도 예수의 좋은 군사로"(*ὡς καλὸς στρατιώτης Χριστοῦ Ἰησοῦ* – 호스 칼로스 스트라티오테스 크리스투 예수) 고난을 견디라는 격려를 받는다. 대부분의 주석가들은 아킵보의 임무가 무엇이었는지 정확하게 결정하는 일의 어려움을 인정한다. 녹스(Knox, *Philemon*)는 아킵보가 종 오네시모의 주인이었고, 또한 빌레몬서가 실질적으로 아킵보에게 보내진 것이라고 생각했다. 이 경우, 아킵보의 "직분"은 오네시모를 형제로 받아들이는 것이다. 그러나 이러한 입장은 그 임무가 오네시모의 돌아옴으로 인하여 빌레몬을 만족시켜 주거나 혹은 평안하게 하는 것이었다는 굿스피드의 주장과 함께 거부되어야 할 것이다(아래 266-268의 비평을 보라). 그의 직분(*διακονία* – 디아코니아)이 집사라는 암시가 없으며(디아코니아〈*διακονία*〉는 집사 직분의 이행이 아니라 직분의 해제를 의미한다. Beyer, *TDNT* 2, 88), 또한 그가 수집해야 했던 것을 의미하지도 않는다.

메르클라인(Merklein, Amt, 337-40; 참조. Zeilinger, *Jesus*, 185-88)은 디아코노스(*διάκονος*, "사역자")와 디아코니아(*διακονία*, "사역")를 고린도전서 내에서 전통적인 용어로 이해하고 복음 전파 사역이 아킵보가 이루어야 할 직분인 것으로 생각한다. 이것이 그가 주 안에서 받은 사역이며(*παρέλαβες ἐν κυρίῳ* – 파렐라베스 엔 퀴리오; 파라람바노〈*παραλανβάνω*〉는 하나의 전승의 물려받음에 대해서 사용된다. 2:6을 보라) 바울 복음의 선포를 포함한다(Merklein과 Zeilinger 둘 다 이와 관련하여 사용된 단어군〈群〉에 주의를 기울인다: 파라람바노〈*παραλαμβάνω*, "받다"〉, 2:6; 플레로오〈*πληρόω*, "이루다"〉, 1:25; 그리고 디아코노스〈*διάκονος*, "사역자〉, 1:23, 25). 이러한 사람인 아킵보는 사도의 복음을 받은 골로새 회중에게는 보증인이었다(에바브라에 대한 특별한 언급과 함께 전통적인 용어들에 대한 이러한 접근 방식의 필요 조건에 관해서는 서론 xlvii-xlix을 보라).

18 본 편지의 결론은 간략하다. 말하기를 마치고 나서 바울은 친필로 개인적인 문안 인사를 덧붙인다. 편지의 명확한 승인이 없는 곳에서까지도 사도는 언제나 자신의 편지를 자서전적으로 맺는다(Gamble의 최근의 논문과 최근의 서신 문서와의 상호작용, History, 76-80, 그와 함께 살후 3:17에 대한 그의 글을 보라). 그의 개인 서명은 자주 나타나며(고전 16:21; 고후 10:1; 갈 6:11; 골 4:18; 살후 3:17; 몬 19절) 1세기의 통상적인 서신의 수법이었다(Deissmann, *Light from the Ancient East*, 158, 159). 바울은 특별한 의미를 가지고 자필을 사용한 것으로 보인다. 즉 자기 이름으로 된 날조된 편지들이 교회들이나 개인들에게 보내질 수 있었으므로(살후 2:2), 자기의 개인 인증을 담은 준-법적 위탁을 제공하려고(몬 19절), 혹은 말해진 내용에 대해 특별히 강조하려고(그래서 갈 6:11에서 "큰 글자"에 대한 언급이 나온다).

"나의 매인 것을 생각하라"(*μνημονεύετέ μου τῶν δεσμῶν* – 므네모뉴에테 무 톤 데스몬). "나의 매인 것을 생각하라"는 그 간결성과 단순성을 가지고 지적하는 호소다. 므네모뉴오(*μνημονεύω*, "기억하다")란 동사는 "인식하다" 혹은 "인정하다"라는 개념을 가지고 있으며(Michel, *TDNT* 4, 682, 683), 그래서 여러 사람들은 사도가 골로새 교인들로 하여금 자기의 권위를 존중하도록 요구하고 있다고 주장했다(Lohse, 177, Martin, *NCB*, 141; 몬 9절은 우리가 판단할 때 주로 의심스럽게도 이 개념을 옹호하여 기록되었다는 것이다. 아래 290쪽을 보라). 그러나 이것이 문제의 실질적인 요점은 아니다. 바울은 그것이 예상되었을 수 있는 편지 전체를 통하여 자기의 권위를 주장하지 않았는데 지금은 왜 그렇게 하는가? 그보다 므네모뉴오(*μνημονεύω*)의 한 성경적 의미는 하나님의 기억에 어떤 것을 상기시키는 것이거나 혹은 기도 중에 그분에게 어떤 것을 언급하는 것이다(LXX 삼하 14:11; 시 62:6; 참조. 시 6:5; 신약성경에서 기도 중에 므네이안 포이우마이〈*μνείαν ποιοῦμαι*, "언급하다"〉를 사용하는 것을 유의하라: 롬 1:9; 엡 1:16; 살전 1:2; 몬 4절; 참조. 딤후 1:3; Bartels, *NIDNTT* 3, 232, 242, BAG, 525를 보라). 따라서 이러한 말은 본질적으로 그들로 하여금 계속해서 자기를 위하여 기도할 것을 요구하는 것이다(3, 4절을 보라; Bruce, 313, 참조. Wiles, *Prayers*, 260에서는 그러한 기도의 요구들은 바울 서신 중 편지의 마감 구절들에서 발견된다고 본다: 롬 15:30-32; 엡 6:18-20; 살전 5:25; 살후 3:1-3; 몬 22절; 참조. 히 13:18. Gamble, *History*, 81에서는 "기도와 기억은 바울의 편지들 가운데서 긴밀하게 묶여 있다"고 말한다). 그러나 그것은 그러한 기억이 예를 들어 흥미를 가지다, 관심을 가지다 등과 같은 다른 형식들(Meyer, 483, Abbott, 307, 308를 보라)을 취할 수 없다는 사실을 시사하지는 않는다.

"은혜가 너희에게 있을지어다"(*ἡ χάρις μεθ ὑμῶν* – 헤 카리스 메드 휘몬). 서신의 첫 문안 인사 혹은 바울 서신들의 축원이 상당히 판에 박혀 있는 것처럼 "은혜"(*χάρις* – 카리스) 역시 바울 서신의 결론부에서 자주 그리고 형식적으로 일치하는 요소다(롬 16:20, 24; 고전 16:23; 고후 13:13; 갈 6:18; 엡 6:24; 빌 4:23; 골 4:18; 살전 5:28; 살후 3:18; 딤전 6:12; 딤후 4:22; 딛 3:15; 몬 25절; 참조. 히 13:25; 계 22:21). 그러한 축원은 그 서신을 결정적 결론으로 이끌어 가며 형식적으로 세속 편지의 마지막 소원과 동일하다(*ἔρρωσο* – 에로소, 작별 인사; 참조. Gamble, *History*, 65-67). 마지막 축원은 바울이 골로새 교인들이 자기들이 서 있는 하나님의 은혜(참조. 롬 5:2)를 보다 충분히 이해하기를 바라는 서론의 문안 인사(1:2)를 다시 취하고 있다. 동시에 확신에 대한 언급 역시 인상 깊다(누락된 동사가 직설법 에스틴〈*ἐστιν*, "이다"〉인지 그렇지 않으면 기원문 에이에〈*εἴη*, "되어라"〉인지에 대한 문제는 Gamble, *History*, 66, 67를 보라. 갬블은 축복으로서 "은혜-축원"은 하나의 바람도 아니고 하나의 진술도 아니고 양자의 혼합된 면들이라고 주장한다: "그 소원적 성격은 그것의 효력에 대한 확신이 한정되어 있을지라도 고스란히 남아 있다"). 하나님의 은혜가 공동체를 지탱해 줄 텐데, 이는 그들이 서 있는 것은 오직 은혜를 통해서일 것이기 때문이다.

해설

바울은 골로새서를 자신의 개인 문안 인사와 지시를 가진 일상적인 방법으로 마친다. 첫째로, 그는 편지를 가지고 가는 사람들인 두기고와 오네시모를 언급하고 있는데, 그들은 바울과 그 교회의 설립자인 에바브라가 어떻게 감옥에 갇히게 되었는지에 관심을 두었을 회중에게 자신의 개인적인 소식들을 들려줄 것이다. 그 다음으로 그는 그 회중이 알고 있었던 자기의 동역자들 가운데 여섯 사람의 문안 인사를 보낸다: 세 사람은 유대인 출신이고(아리스다고, 마가, 유스도라는 예수), 세 사람은 이방 배경을 가진 사람들이다(에바브라, 누가, 데마). 처음 세 사람은 하나님 나라를 위한 자기의 동역자들 가운데 유일한 유대 그리스도인들이며, 바울은 그들이 신실하게 함께 해준 데 대해서 감사하고 있다. 다른 세 사람의 그룹 가운데서 사도는 특별히 언급하기 위하여 에바브라를 뽑아낸다. 골로새 출신으로서 그는 자신의 고향에서 복음 전도자였다(라오디게아와 히에라폴리스에서도). 그는 바울처럼 복음을 위하여 투쟁해 왔으며, 이것이 그들로 하여금 그리스도 안에서 완전하고 성숙하게 되도록 골로새 교인들을 위하여 긴급한 중재 기도를 하게 했다는 특별한 표현을 하고 있다. 그런 다음에 바울은 자기 자신의 문안 인사와 간략한 지시를 덧붙이고 있다. 그는 이 편지의 내용을 회중 가운데서 크게 낭독하기를 바라고 있다. 그러고 나서 골로새 교인들은 그것이 라오디게아의 회중 가운데서도 읽혀질 수 있도록 그 편지, 어쩌면 그 부분을 전달해야 하며, 반면에 라오디게아로 갔던 편지가 골로새 교회에서도 공개적으로 읽혀져야 한다. 회중의 한 구성원인 아킵보는 주 안에서 받은 사역을 완성하라는 말을 듣는다. 마지막 인사는 바울의 친필로 쓰고 있으며, 자기가 갇힌 것을 기억하라는 요구와 함께 하나님의 은혜를 위한 축원을 내포한다.

빌레몬서

빌레몬서 서론

참고문헌

Bruce, F. F. *Paul,* 393-406. **Gayer, R.** *Die Stellung des Sklaven in den paulinischen Gemeinden und bei Paulus. Zugleich ein sozialgeschichtlich vergleichender Beitrag zur Wertung des Sklaven in der Antike.* Bern: Lang, 1976. **Greeven, H.** "Prüfung der Thesen von J. Knox zum Philemonbrief." *TLZ* 79(1954) 373-78. **Guthrie, D.** *Introduction,* 247-54. **Hainz, J.** *Ekklesia. Strukturen paulinischer Gemeinde-Theologie und Gemeinde-Ordnung.* BU 9, Regensburg: F. Pustet, 1972, 199-209. **Harrison, P. N.** *ATR* 32(1950) 268-94. **Jang, L. K.** *Der Philemonbrief im Zusammenhang mit dem theologischen Denken des Apostels Paulus.* Bonn: unpublished thesis, 1964. **Knox, J.** *Philemon.* **Kümmel, W. G.** *Introduction,* 348-50. **Suhl, A.** "Der Philemonbrief als Beispiel paulinischer Paränese." *Kairos* 15(1973) 267-79. **Wickert, U.** "Der Philemonbrief - Privatbrief oder apostolisches Schreiben?" *ZNW* 52(1961) 230-38.

서신의 성격

빌레몬서는 모든 바울 서신 가운데서 가장 짧은 서신이며(헬라어 원어로 겨우 335개의 단어로 구성되어 있다), 당시의 통상적인 사사로운 서신과 개인 서신들과 더욱 긴밀하게 연결되어 있다. 즉 공동체 혹은 공동체 그룹들에게 보낸 바울의 다른 서신들과 같은 방식으로 연결되어 있지 않은 서신이다(대부분의 학자들은 빌레몬서가 고대의 개인 서신과 가깝다고 인정해 왔다: 예를 들어, P. Wendland, *Die urchristlichen Literaturformen.* 3rd ed.[Tübingen: Mohr, 1912] 280, 281; 또한 참조. Doty, Letters, 22에서는 J. L. White의 작품으로부터 인용하고 있음). 어쨌든 이러한 사실은 본 서신이 개인 서한의 일부분이라는 사실을 의미하지는 않는다(참조. Roller, *Formular,* 147). 큄멜(Kümmel, *Introduction,* 249)은 빌레몬서가 "바울의 보다 긴 개인 서신들처럼…개인 서한이 아니라 초대 교회 선교 사역의 도구다"라고 말한다(참조. Suhl, *Kairos* 15[1973] 267-79).

빌레몬서의 정확한 성격과 그것이 정경에 포함된 점은 얼마 동안, 즉 최소한 1935년 존 녹스(John Knox)가 자신의 중요하고 작은 책 *Philemon among the Letters of Paul*(개정판이 25년 후에 나타났다)을 출판한 이후로 학자들 사이에서 논란의 주제가 되어 왔다. 녹스는 본 서신이 바울 서신의 출판에 중요한 역할을 했던 한 사람에 의하여 바울 서신에 포함되었다고 생각했는데, 그 사람은 전승에 의하면 훗날 에베소 감독이 된, 이 편지 안에 언급된 도망친 종인 오네시모라는 것이다.

수신자

본 서신의 수신자는 바울의 "사랑을 받는 자요 동역자"(1절)인 빌레몬이다. 인사 가운데 언급된 다른 이름들은 자매 압비아, 함께 군사 된 아킵보 그리고 빌레몬의 집에서 모인 공동체다(2절). 골로새서가 오네시모(4:9)와 아킵보(4:17)가 골로새 교회에 속해 있다고 분명하게 언급하고 있으므로, 오네시모가 피하여 도망친 집의 빌레몬 역시 그 곳에서 살았다고 가정할 수 있다. 바울을 통하여 – 아마도 에베소에서 – 그리스도인이 된 것으로 보이는 빌레몬(19절을 보라)은 성도들을 향한 자신의 사랑을 구체적으로 표현해 준 바 있다(5, 7절). 특별히 브루기아인의 이름을 가지고 있고 빌레몬의 이름과 나란히 언급되고 있는 압비아는 그의 아내였던 것으로 보인다. 아킵보가 몇몇 사람들에 의하여 빌레몬과 압비아의 아들인 것으로 생각되어 오기는 했지만, 이것이 사실인지 그렇지 않은지는 확실히 알 길이 없다.

녹스(Knox, *Philemon*)에 의하면, 본 서신은 오네시모의 주인 아킵보에게 보내졌다. 수신자는 본 서신의 4절부터 24절까지에서 2인칭 단수형으로 언급되는 빌레몬보다는 아킵보인데, 그 이유는 교회 공동체가 모인 곳이 아킵보의 집이었기 때문이다. 빌레몬은 리쿠스 계곡에 있는 교회들의 감독이었다. 그는 라오디게아에 살고 있었고, 바울은 이 편지가 먼저 빌레몬에게 전달되어야 할 것이라고 예상했다. 빌레몬은 아킵보와 함께 영향력을 발휘하여 오네시모가 노예 신세에서 자유함을 얻어 자유롭게 바울의 사역을 돕도록 허락해 주었을 것이다.

녹스의 꿰뚫는 듯한 통찰력에도 불구하고(특히 본 서신이 정경 가운데 포함된 이유에 관한 그의 설명, 그리고 오네시모를 위한 혹은 그에 관한 바울의 요구가 받아들여졌는지 그렇지 않은지에 관한 그의 설명), 그의 주장은 신약성경 학자들 사이에 널리 받아들여지지 않았으며(Knox는 Greeven, *TLZ* 79[1954] 373-78에 의하여 부분적인 동의를 얻었다), 또한 큄멜(Kümmel, *Introduction*, 349)에 의하면 "빌레몬서 1, 2절과 골로새서 4:17에 대한 자연스러운 해석에 상충된다." 빌레몬이라는 이름은 1절에서 가장 먼저 나타나는데, 이것은 "네 집에 있는"(*κατ οἶκόν σου*—카트 오이콘 수, 2절)이란 문구와 함께 아킵보를 일차적인 수신자로 보는 주장을 반증한다(다른 여러 사람들 중에서도 Moule, 16, 17; 자신의 두 번째 판에서도 녹스는 그의 재구성에 대한 이러한 비판에 대해서 효과적으로 답변하지 못했다).

본 서신을 쓴 이유

본 서신을 쓴 이유는 몇몇 세부 사항들이 모호하기는 하지만 그 내용으로부터 추론해낼 수 있다. 오네시모라는 한 종이 골로새에 살고 있었던 그리스도인이요 자신의 주인인 빌레몬에게 잘못을 저지르고(1, 2; 참조. 골 4:9, 17) 도망을 쳤다. 오네시모는 어떤 방법으로 바울 사도와 접촉하게 되었는데, 아마도 같이 옥에 갇혔던 것으로 보인다. 그러나 만일 당국자들에게 그가 그러한 인물이라는 사실이 알려지고 감옥에 들어갔다면 그를 다시 그의 주인에게 보내 주어야 하는 것이 그들의 책임이었을 것이다. 아마도 그는 바울의 일행 가운데서 도피처를 구하려고 했을 텐데, 그 이유는 그가 자신의 그리스도인 주인의 집에서 언급된 바울의 이름을 들었고 곤경 가운데서 도움을 얻기 위하여 그에게 급히 갔기 때문이다.

오네시모가 저지른 범죄의 정확한 성격은 확실치 않으며 이해를 위하여 우리는 부분적으로 18절의 의미에 의존하게 된다. 일반적으로 오네시모는 자기 주인의 돈을 훔치고 도망친 것으로 생각된다(다양한 확신들을 가지고 주장하는 사람들 가운데서도 Caird, 222, 223와 Stuhlmacher, 49가 이같이 주장함). 다른 한편, "저가 만일 네게 불의를 했거나 네게 진 것이 있거든"(18절)이라는 문구가 단순히 그가 도망친 것을 가리킨다면, 그가 자기 주인에게 종이 해야 할 노동력을 빚진 것을 의미했을 가능성이 있다(참조. Lohmeyer, 190, Lohse, 204, Suhl, *Kairos* 15[1973] 269, Martin, *NCB*, 167, Gayer, *Stellung*, 230). 브루스(Bruce, *Paul*, 400)는 그의 주인이 어떤 임무를 수행하라고 그를 보냈는데 오네시모가 출발한 후에 지나치게 지체한 것은 아닌지에 대해서 의문을 제기한다(전체의 논의에 대해서는 18절을 보라).

그러나 오네시모가 도망친 정확한 이유가 무엇이든, 우리는 바울 당시 로마 세계에서 종들이 자주 도망친 사실을 알고 있다. 그들은 강도들과 도적들 그룹에 합세했고, 대도시의 이문화 집단 속에서 자취를 감추려고 했으며, 노동 인구에 흡수될 수 있는 곳으로 멀리 도망치거나 혹은 신전 안에서 도피처를 구하려고 했다(참조.

Stuhlmacher, 22, 23 그리고 그 곳에 인용된 참고서적들을 보라). 오네시모는 이러한 도피 방법들을 택하지 않았다. 그 대신 그는 감옥에 갇힌 사도와 함께 체류하려고 했다. 바울은 그에게 관심을 가졌고, 오네시모는 결국 그리스도인의 신앙으로 회심하게 되었다(10절). 사도는 분명히 그에 대한 큰 애정을 가지게 되었고(그는 12절에서 그를 "저는 내 심복이라"〈*τα ἐμα σπλάγχνα* – 타 에마 스플랑크나〉고 말한다) 그의 사역과 도움을 통하여 유익을 얻었다. 바울은 그를 사랑하여 자기 곁에 두고 그로 하여금 복음을 섬기게 하는 가운데 자기 옆에서 빌레몬을 대신하여 일하기를 바랐다. 그러나 그는 오네시모를 머물게 할 권리가 없었다. 바울이 이런 식으로 행동하는 것은 불법일 뿐만 아니라(특히 12절을 보라), 바울 자신과 빌레몬 간에 그리스도인의 교제에 금이 가게 하는 일이었다(참조. Bruce, *Paul*, 406). 그래서 그는 편지 한 통과 함께 그를 되돌려 보냈던 것이다.

10절에서 사도는 빌레몬에게 오네시모를 위한 자신의 요청을 언급한다. 그러나 그 요청의 내용은 17절에 가서야 말하게 되는데, 거기서 그는 빌레몬에게 도망친 종을 자기 자신을 받아들이는 것처럼, 말하자면 "사랑받는 형제로"(16절) 용납하라고 요구하고 있다. 사도는 어떤 보상에 대한 요구로 말미암아 빌레몬과 오네시모 간의 화해가 깨어지기를 원치 않았고, 그래서 그는 오네시모의 도망(혹은 그의 사라짐)으로 말미암은 두드러진 손실을 자기에게 회계하라고 요구하고 있다. 결국 빌레몬이 바울을 통하여 회심했으므로 빌레몬 자신은 바울에게 빚을 지지 않았겠는가? 그러나 그는 빌레몬에게 어떤 명령을 하거나(8, 9절에 관한 논의를 보라) 또는 빌레몬에게 주어진 자유를 강요하는 것을 금하고 있다. 결정은 전적으로 빌레몬에게 달렸고, 바울은 그로 하여금 위압적인 방식으로 또는 그 결정에 관여하는 방식으로 그에게 압력을 가하기를 거절한다(14절). 사도는 빌레몬이 하나님의 뜻에 순종하고 "자기가 한 말보다 더 행할 줄을"(21절) 확신하고 있다. 이 말은 괴롭히는 말이며, 우리는 이 구절들을 읽을 때 "더"를 오네시모가 복음을 섬기기 위하여 자기에게로 돌아오기를 바라는 사도의 바람으로 해석하는 것이 가장 바람직할 것으로 보인다(21절을 보라).

오네시모를 위한 담대한 요구는 간청의 어조를 띤 부드러운 언어를 사용하면서 저자에 의하여 주의 깊게 준비되었고, 그 다음에 빌레몬의 자발적인 협력과 동의를 구하는 호소로 이끌어 가며(14절), 그리고 마지막으로 자신의 선교 사역을 기록하여 오네시모가 입혔을 수도 있는 어떤 빚을 기꺼이 받아들일 것을 암시하고 있다(19절). (8-20절의 세심하게 구성된 단락을 보라. 284-287쪽.)

녹스(Knox)는 빌레몬서(그는 이것을 골 4:16의 "라오디게아로서 오는 편지"로 취급한다)가 오네시모의 주인(녹스에 의하면 아킵보; 위의 서론을 보라)에게 압력을 가하기 위하여 골로새 교회에서 큰 소리로 읽혀져야 했다고 주장했다. 그러나 이것은 불가능하다. 그 주인에 대한 편지 속에서 바울은 어떤 권위를 행사하기보다는 은혜롭게 말하면서 직접적이고도 재치 있게 자신의 요구를 했다. 또한 이 편지가 골로새에 있는 회중에게 읽혀졌다고 생각하는 것은 이러한 재치 있는 요구 방식과 전혀 일관성이 없다(Lightfoot, 279에서는 이러한 문제를 명확하게 말하고 있다: "이렇게도 친밀감을 가지고 있는 편지가 어떻게 라오디게아에서뿐 아니라 골로새에 있는 교회 안에서 사도의 명백한 명령에 의하여 공개적으로 읽혀질 수 있는가? 오네시모를 위한 바울 사도의 재치 있고 우아한 호소가 공적인 요구로 말미암은 충격으로 수포로 돌아갔을 것이다." 참조. Harrison, *ATR* 32[1950] 280; Bruce, *Paul*, 404, 405). 더 나아가서 인사(1, 2절)와 축원(3, 25절) 가운데 그리스도인들의 다른 이름들이 포함된 것은 바울의 공손함으로 인한 것이다. 본 서신의 본론은 개인에게 주어진 것이다.

비케르트(Wickert, *ZNW* 52[1961] 230-38)는 바울이 단순히 빌레몬에게 사사로운 개인적 편지로 기록한 것이 아니라 하나의 사도로서 기록한 것이라고 정확하게 지적한다. 그러나 그가 바울이 자신의 사도적인 권위를 주장하고 빌레몬으로 하여금 자기의 요구에 응하도록 만들었다고 생각하는 것은 오류다. 이것은 바울이 행하지 않는 바로 그 방식이다(8, 9절의 해석을 보라).

바울이 빌레몬에게 오네시모에 관한 요청을 한 것이 받아들여졌다는 사실은 이 편지가 정경 가운데 포함되었다는 사실로부터 추론하는 것이 이치에 맞는다. 만약 그렇지 않으면, 이 편지는 아마도 폐기되었을 것이다. 브루스(Bruce, *Paul*, 406은 Knox, *Philemon*을 따르고 있음)는 "이것이 빌레몬에 관한 한 그 목적대로 실현되었기 때문만이 아니라 오네시모가 그것을 자신의 특별 자유 증서로 소중히 간직했기 때문에" 보존되었다고 주장한다. 만일 오네시모가 훗날 에베소의 감독이 되고 바울 서신의 편집과 출판에 관해서 알았다면, 그는 자신에 관한 바울의 서신을 그 모음집에 삽입하도록 했을 것이다.

본 서신의 구조

바울의 서론적 인사(1-3절) 다음에 사도가 오네시모를 위한 자신의 요구를 전개해 가는 편지의 본론 부분(8-20절)으로 이끌어 가는(7절) 감사 단락(4-7절)이 뒤따라 나온다. 간략한 인사(23, 24절)와 축원(25절) 목록이 결론부를 이룬다.

빌레몬서에서 사도는 자신이 다른 서신들에서 사용하는 것과 같은 기본 구조를 사용한다. 통상적인 서론에 뒤따라 나오는 감사 단락(4-7절)은 비교적 간단하고 서론적 감사에 대한 첫 번째 형태 중 간단한 형태다(골 1:3-8을 보라). 이 단락은 뒤따라오는 요구의 기초가 되고 있는데, 이러한 사실은 일반적인 강조점과 감사가 예상하도록 만들어 주는 특별한 단어들의 반복 가운데서 드러나기 때문이다. 오네시모를 위한 중재가 기록되어 있는 본 서신의 본론 부분(8-20절)은 세심하게 구성되어 있어서 독자는 점진적으로 실제 요구 사항으로 빠져들어 간다(8-20절의 "양식" 부분을 보라). 바울은 자신의 요구의 기초를 암시하면서 그리고 오네시모가 자신에게 얼마나 사랑하는 자가 되었는지를 강조하면서 자신의 상황을 간략하게 묘사하고 있다(8-12절). 그 다음에 그는 한 종이 도피처를 구하면서 자신에게 왔던 때를 되돌아보고 있으며(13, 14절), 왜 자신이 계속해서 오네시모를 자기 곁에 두지 않고 보내는지를 말한다(참조. 15, 16절). 이 주요 단락의 결론 부분에 가서야 그는 자신의 요구 사항을 처음으로 거론한다: "저를 영접하기를 내게 하듯 하고."

기록 장소와 연대

바울은 갇힌 자로서 글을 쓰고 있으며(1, 9, 10, 23절), 또한 본 서신의 이름들과 골로새서 4:7-17의 이름들을 세심하게 비교해 보면 이 서신은 골로새서를 보낸 장소와 같은 곳에서 보냈다는 사실이 드러난다(위의 xlix-liv을 보라). 이 편지를 전달하도록 위임받은 두기고가 리쿠스 계곡을 여행하면서 오네시모를 동행자로 데리고 갔는데, 빌레몬에게 보낸 이 편지에서 언급된 오네시모와 같은 이름이다(12절).

골로새서를 기록할 당시 바울이 투옥된 곳이 정확하게 어디인지가 골로새서 서론 부분에서 논의되었으며(xlix-liv을 보라) 세 개의 가능한 도시들 – 로마, 가이사랴, 에베소 – 중에서 로마가 가장 가능성 있는 곳으로 여겨진다는 사실은 이미 살펴보았다. 이 두 편지의 가장 개연성 있는 시기는 바울의 (첫 번째) 로마 투옥, 즉 주후 60-61년과 같은 상당히 이른 시기다.

진정성

지금까지 바울이 본 서신의 저자라고 생각되어 왔다. 가장 극단적인 부정적 비평주의자들만이 과거에 본 서신의 바울 저작권에 대해서 논란을 벌여 왔다. 2세기에 속한 것으로 생각되었던 골로새서와의 밀접한 관계로 인하여 튀빙겐 학파는 본 서신의 진정성을 부정했으나, 바우어(Baur)만이 그것이 고상한 그리스도인의 정신을 가지고 있다고 인정했다. 네덜란드의 급진적인 매넨(W. C. van Manen) 역시 이 노선을 취했으나, 그러한 접근 방식은 신약성경 학계의 편협성으로 인한 것으로 볼 수 있다. 본 서신은 이미 말시온의 정경에 포함되었고, 우리가 이 서신에서 바울이 사용했던 진짜 어조를 읽을 수 있다고 생각할 만한 충분한 이유들이 있다. "본 서신은 사도의 고결한 부드러움을 풍기고 있으며, 지극히 어려운 상황을 취급하고 있는 이러한 모습은 저자가 사회 문제들을 취급함에 있어서만은 경험을 가지고 있는 사람임을 지적해 준다(Guthrie, *Introduction*, 250, 251).

빌레몬서와 노예 문제

본 서신은 초대 기독교회에서의 노예 문제 전반에 생생한 초점을 맞추도록 만든다. 골로새서 3:18-4:1(참조. 엡 6:5-9; 고전 7:21-23; 딤전 6:1-2; 딛 2:9, 10; 벧전 2:18-21)의 "가족 법전"으로부터 우리는 바울이 다음과 같은 점들을 말하고 있다는 것을 살펴보았다. (a) 종들은 "그리스도를 섬기는" 일에 연루되어 있다. (b) 상전들은 "하늘에 있는 상전"을 모시고 있다. (c) 하나님께서는 상전과 종을 편파적으로 취급하지 않으신다. 그리고 (d) 이 둘은 모두 그리스도에게 예속된 종들이다. 빌레몬서에서 바울은 노예 문제를 노예 상태 그 자체로서나 혹은 노예 상태의 특별한 경우로 취급하지 않는다. 16절과 17절의 그가 세심하게 선택한 문장 속에서("이후로는 종과 같이 아니하고 종에서 뛰어나 곧 사랑받는 형제로 둘 자라 내게 특별히 그러하거든 하물며 육신과 주 안에서 상관된 네게랴 그러므로 네가 나를 동무로 알진대 저를 영접하기를 내게 하듯 하고") 그는 형제 사랑의 문제와 함께 취급한다. 그는 오네시모가 그리스도인 형제로 대우받기를 바라고, 또한 자기 자신처럼 대우받기를 바라고 있다. 그는 빌레몬이 오네시모를 자유인처럼 다시 받아들이거나 그가 돌아갔을 때 즉시 자유를 주기를 요구하고 있지는 않다(Jang *Philemon-*

brief, 15; 16절을 보라).

그럼에도 불구하고 브루스(Bruce, *Paul*, 401)는 다음과 같이 말한다. "이 편지가 의미하는 것은 법령이 시들어 죽을 수 있었던 분위기로 우리를 이끌어 가는 것이다." 빌레몬과 마찬가지로 오네시모는 그리스도의 몸에 참예했으며, 따라서 존속하고 있는 구조의 문맥에서 종과 주인의 관계는 그들이 함께 같은 주인에게 속해 있다는 빛 속에서 처리되어야 할 것이다. 이 두 사람의 관계는 깊어져서 어떤 의미에서는 "종"과 "주인"이라는 단어를 초월한다. 그리고 비록 오네시모의 세상에서의 자유가 긍정적인 가치를 가질 수 있기는 하지만, 그것이 그가 종이냐 아니면 자유인이냐에 대해서는 그리스도인인 그에게는 아무런 궁극적인 의미도 가지지 않는다. 결국 문제가 되는 것은 하나님의 부르심을 받아들여서 그분을 따르는 것이다(참조. 고전 7:21-24, 그리고 몬 16절을 보라).

빌레몬서 분석

1-3절 서론적 인사
4-7절 감사와 빌레몬을 위한 중재 기도
8-20절 오네시모를 위한 바울의 호소
21-25절 마지막 부탁과 인사

1. 서론적 인사(1-3절)

참고문헌

(골 1:1, 2의 참고서적을 보라)

본 문

1 그리스도 예수를 위하여 갇힌 자 된 바울과 및 형제 디모데는 우리의 사랑을 받는 자요 동역자인 빌레몬과	1 Paul, a prisoner of Christ Jesus, and Timothy our brother. To Philemon our dear friend and fellow-worker,
2 및 자매 압비아와 및 우리와 함께 군사 된 아킵보와 네 집에 있는 교회에게 편지하노니	2 to Apphia our sister, Archippus our fellow-soldier and to the church that meets in your house.
3 하나님 우리 아버지와 주 예수 그리스도로 좇아 은혜와 평강이 너희에게 있을지어다	3 Grace and peace to you from God our Father and the Lord Jesus Christ.

양식/구조/배경

바울의 서론의 구조는 저자(그리고 그의 동역자들)의 이름, 수신자 그리고 인사를 담고 있는 그의 서신들의 다른 곳에서 발견되는 형식을 따르고 있다(골 1:1, 2을 보라).

주석

1 "그리스도 예수를 위하여 갇힌 자 된 바울"(*Παῦλος δέσμιος Χριστοῦ Ἰησοῦ* – 파울로스 데스미오스 크리스투 예수). 바울(이름에 관해서는 골 1:1을 보라)은 다른 곳에서는 자신의 편지들을 "그리스도 예수의 종"(롬 1:1; 참조. 빌 1:1; 딛 1:1) 그리고 "사도로 부르심은 받은"(롬 1:1; 참조. 고전 1:1; 갈 1:1, 2) 혹은 "그리스도 예수의 사도"(고후 1:1; 엡 1:1; 골 1:1; 딤전 1:1; 딤후 1:1)라는 호칭들과 함께 시작하고 있는 반면에, 빌레몬서 1절에서는 자신을 "그리스도 예수를 위하여 갇힌 자"(*δέσμιος Χριστοῦ Ἰησοῦ* – 데스미오스 크리스투 예수)로 지칭한다. 이같이 이례적인 표현은 후대의 필사본 전승 가운데서 통상적인 바울의 시작

문구를 덧붙이고 있으나, 이 본문이 원문임에 틀림없다(이러한 사상이 반복되고 있는 9절과 13절을 보라). 데스미오스(*δέσμιος*, "죄수", 또한 엡 3:1; 4:1; 딤후 1:8; 몬 9절, 또한 빌 1:7, 13, 14, 17; 골 4:18; 딤후 2:9에서는 데스모스〈*δεσμός*, "갇힌 자"〉임)는 비유적인 구금(E. R. Goodenough, Paul and Onesimus, *HTR* 22 [1929] 181-83) 혹은 하나의 종교적 구금(Reitzenstein은 그 의미를 신정에서 헌신자가 자신의 신에 의하여 붙들림을 받는 신비 종교로부터 파생된 평행구와 같은 의미로 설명하려고 했다. 이에 대한 비판에 관해서는 Lohse, 189를 보라)이 아닌, 바울이 곧 풀려나기를 바라고 있는(22절) 글자 그대로의 투옥으로 이해하는 것이 가장 바람직하다(Kittel, *TDNT* 2, 43에서는 다음과 같이 주장한다: 〈이러한 언급들의〉 용법을 강조하고 있는 곳이라면 어디에서나 바울이 실질적인 구금을 강조하고 있다는 사실을 의심할 여지가 없다. 또한 Lohse, 189, Martin *NCB*, 158, Jang, *Philemonbrief*, 22, Hainz, *Ekklesia*, 200, Stuhlmacher, 29, Gayer, *Stellung*, 228를 보라). 이와 같이 그는 처음부터 사도 자신의 상황을 언급하고 있는 것이다. 즉 바울이 "복음을 위하여 갇힌 중에" 있다는 것이다(*ἐν τοῖς δεσμοῖς τοῦ εὐαγγελίου* – 엔 토이스 데스모이스 투 유앙겔리우, 13절; "그리스도 예수를 위하여 갇힌 자 된"이라는 표현에 들어 있는 그리스도 예수〈*Χριστοῦ Ἰησοῦ* – 크리스투 예수〉란 소유격은 대부분의 주석가들과 함께 바울이 "그리스도를 위하여" 갇힌 자가 되었다는 사실을 의미하는 것으로 이해하는 것이 가장 바람직하다. von Soden, 73에서는 이 소유격이 그리스도께서 그 죄수의 소유자요 그의 구금의 원인이라는 사실을 보여 준다고 덧붙인다). "사도"라는 권위 있는 칭호가 떨어져 나갔는데, 이것은 바울이 갑자기 사도이기를 그쳤기 때문이 아니라 그가 자기의 사도적 권위에 호소하려는 의도를 가지고 있지 않았기 때문이다. 그는 명령보다는 빌레몬에게 간청하기를 바라고 있으며(8, 9절), "사도"라는 호칭 대신에 "자기 친구의 마음을 감동시키려는 하나의 칭호"로 대치하고 있다(Lightfoot, 331, 참조. Caird, 218; 바울의 갇힘에 대한 언급은 수많은 대륙의 학자들이 주장하는 바와 같이 사도의 권위를 강조하려는 것이 아니다).

"우리 형제 디모데"(*Τιμόθεος ὁ ἀδελφός* – 티모데오스 호 아델포스). 바울은 또다시 문안 인사에서 디모데를 자신과 연결시킨다(골 1:1을 보라). 바울이 서신 가운데서 자신을 다른 사람들과 연결시킬 때는 주로 그 편지가 보내지는 교회와 그들의 관계로 인한 것이다. 디모데는 에베소 사역의 대부분 동안 그의 일행이었고(참조. 행 19:22; 고후 1:1) 또한 그 곳에서는 빌레몬과 친분을 갖게 되었던 것으로 보인다. 디모데의 이름에 대한 언급은 결코 그가 이 편지의 공동 기록자임을 암시하지 않으며(대부분의 주석가들이 이렇게 주장한다), 빌레몬에 대한 바울의 요구가 일반 그리스도인의 관심의 대상이거나(다른 사람들 중에서도 Jang〈*Philemonbrief*, 22〉이 이렇게 주장함. von Soden〈73〉은 올바르게 디모데라는 이름의 첨가는 이 글이 공식적 성격을 띄었다는 사실을 의미하지 않는다고 주장한다) 혹은 빌레몬에 대한 압력의 수단이었기 때문은 더욱 아니다(위의 논의를 보라).

"우리의 사랑을 받는 자요 동역자인 빌레몬"(*Φιλήμονι τῷ ἀγαπητῷ καὶ συνεργῷ ἡμῶν* – 필레모니 토 아가페토 카이 쉬네르고 헤몬). 빌레몬(이 이름의 빈도에 관해서는 예를 들어 BAG, 859, Lightfoot, 301, 302를 보라)이란 이름이 가장 먼저 등장하는데, 이는 그가 이 편지의 실질적인 수신사라는 뜻이다(아킵보가 이 편지를 일차적으로 전달받은 사람이라는 녹스의 입장에 관해서는 서론 부분을 보라). 그는 "사랑을 받는 자"(*ἀγαπητός* – 아가페토스)로 불리는데, 이 단어는 바울이 다른 곳에서 로마에 있는 성도들(롬 1:7), 고린도(고전 10:14; 15:58; 고후 7:1; 12:19)와 빌립보(빌 2:12; 4:1; 참조. 살전 2:8)에 있는 공동체를 지칭하기 위하여 사용하는 단어다. 여기서 이 호칭은 특별한 의미를 가지고 있다: 바울과 그의 동료들에게 특별히 귀중한 존재라는 것이다(이 헬라어 표현은 정관사 "그"〈*τῷ* – 토〉와 소유대명사 "우리의"〈*ἡμῶν* – 헤몬〉를 포함하고 있는데, 이것은 명사들인 "사랑을 받는 자"〈*ἀγαπητός* – 아가페토스〉와 "동역자"〈*συνεργῷ* – 쉬네르고〉에게 적용된다). 즉 그가 서로 사랑하는 공동체에 속하며 과거에 그의 사랑(*ἀγάπη* – 아가페)을 보여 주었다는 것이다(5, 7절). 바울은 이제 "사랑을 인하여"(*διὰ τὴν ἀγάπην* – 디아 텐 아가펜, 9절) 빌레몬이 자기 요구를 들어주어서 오네시모를 "사랑하는 형제"(*ἀδελφὸς ἀγαπητός* – 아델포스 아가페토스, 16절)로 받아 주기를 기대하고 있다. 본서의 초두에 나오는 그리스도인의 사랑에 대한 언급이 본 서신의 나머지 전체에 반영되어 있다(아래 276쪽 등을 보라). 더 나아가서 빌레몬은 바울의 "동역자"(*συνεργος* – 쉬네르고스, 골 4:11을 보라)로 불린다. 올로그(Ollrog, *Paulus*, 63-72)는 최근에 "동역자"(*συνεργος* – 쉬네르고스)란 단어가 어쩌면 "사역자들"(*διάκονοι* – 디아코노이)과 같은 다른 사람들을 포함하는 일반적이고도 포괄적인 호칭이었다고 주장했는데, 그 이유는 그들이 복음 선교 사역에 하나님의 위임을 받은 자로서 바울과 함께 일했기 때문이다(올로그는 더 나아가서 이 단어에 대한 바울의 용법은 독특하며, 이방인들을 향한 복음 전파에 대한 특별한 성격과 결탁되어 있다고 주장한다. *Paulus*, 67). 처음으로 사용된 경우에 이 단어(참조. 고전 3:4-9)는 한 사람이 같이 일했던 사람들과의 관계가 아니라 일(*ἐργον* – 에르곤)의 성격을 묘사한다. 바울은 자신의 친구 관계를 자기 동역자들로 표현하기를 원할 때마다 이것을 특별히 “나의” 혹은 “우리의”(이 곳과 몬 1절)와 같은 대명사를 첨가하여 기록했다. 동역자들은 자신의 개인적인 일을 위하여 데려온 사도의 조력자가 아니었다. 그보다 그들은 복음 전파 사역을 위하여 하나님에 의하여 사명을 받은 사람들이었다. 바울을 통하여 회심한 것으로 보이는 빌레몬은 바울이 에베소서에서 사역하는 동안 처음으로 사도를 만났던 것으로 보인다. 아마도 골로새로 돌아오기에 앞서서 그는 거기서 복음 전파에 일익을 감당했을 것이다. 어쨌든 바울은 그를 귀중한 동료요 사랑하는 친구로 여겼다.

2 바울은 압비아, 아킵보 그리고 빌레몬의 집에서 모이는 교회(“네”〈*σου* – 수〉는 단수형이고 빌레몬을 가리킨다)에게도 문안을 하고 있다. 그들은 편지의 수신자인 빌레몬과 함께 거론되지 않았다. 바울이 취급하고 있는 문제는 빌레몬하고만 관련되어 있는 개인적인 문제이고 결론지어야 할 것은 공동체 전체의 관심사가 아니다. 이 인사와 축원 가운데 다른 그리스도인이 포함된 것은(복수형 “너희”〈*ὑμῖν*과 *ὑμῶν*〉가 나타나는 3, 25절) 사도의 예의 바른 태도로 말미암은 것이며, 편지의 본내용(4-22절)은 개인에게 주어진 것이다(바울이 거론된 사람들로 하여금 그 편지를 알게 하고, 그리하여 오네시모의 주인에게 압력을 가하기를 바랐으므로 이 편지 가운데 다른 사람들을 거론하고 있다는 널리 보급된 입장에 대한 비평에 관해서는 서론 267, 268쪽을 보라). 압비아(*Ἀπφία* – 압피아)는 특별히 브루기아의 이름이다(Lightfoot, 304-306, 그리고 MM, 73에 의하여 인용된 실례들을 보라). 디벨리우스-흐리벤(Dibelius-Greeven, 111)은 골로새에서 나온 압비아에 관한 하나의 흥미있는 무덤 비문을 인용한다: “Hermas가 골로새 태생 Tryphon의 딸, 자신의 아내 압비아를 기념하여.” 압비아는 “자매”(*ἀδελφή* – 아델페)로 불리며 빌레몬처럼 그리스도인이었다(“믿는 자매”, BAG, 15). 그녀의 이름이 빌레몬의 이름 다음에 뒤따라 나오고 있으므로, 아마도 정확하게 말하자면 초대 교회 이후로부터 그녀는 빌레몬의 아내였다고 생각되어 왔다(Theodoret이 이렇게 말함: “바울은…남편의 이름에…아내의 이름을 덧붙인다.” Lohse, 190에서 인용함). 가족사에 연루되었던 사람으로서 그녀는 오네시모에 관해서 알기를 원했을 테지만, 인사 속에서 그녀를 언급하고 있는 점은 정중한 표현이다. 바울의 요구는 빌레몬에게 주어진다.

아킵보(*Ἄρχιππος* – 아르킵포스: 4:17을 보라)가 그 다음에 언급되고, 그는 바울의 “함께 군사 된 자”(*συστρατιώτης* – 쉬스트라티오테스, BAG, 795와 Bauernfeind, *TDNT* 7, 701-713를 보라)라고 불리고 있다. 바울은 그리스도인들에 대해서 전반적으로 "군사 된 자"로 말하지 않고, 에바브로디도와 같이(빌 2:25) 자신의 선교 사역의 수고 가운데서 자기를 도와주는 데 중요한 역할을 하고 박해와 재판을 받는 동안 어쩌면 옥에 갇히기까지 하면서 신실하게 바울의 편에 서 있었던 사람들을 지칭하는 자기 자신과 자신의 동역자들에 대해서만 이 단어를 사용한다(Pfitzner, *Paul*, 161; 또한 Ollrog, *Paulus*, 77를 보라). 로마여(Lohmeyer, 175)처럼 이 단어가 특별한 직임을 가지고 있는 교회에서 임명된 지도자를 의미한다고 주장할 수는 없다. 아킵보는 아마도 빌레몬과 압비아의 아들로서(그렇지만 우리는 이를 확인할 만한 자료가 없다) 골로새에 거주했던 것으로 보이는데, 그는 그가 주 안에서 받은 사역(*διάκονια*)을 이루도록 특별한 권면을 받았다(골 4:17, 259쪽을 보라).

"(그리고) 네 집에 있는 교회에게"(*καὶ τῇ κατ' οἶκόν σου ἐκκλησίᾳ* – 카이 테 카트 오이콘 수 에클레시아). 사도가 문안한 사람들의 목록은 빌레몬의 집에서 모이는 공동체에 대한 언급으로 끝난다(단수 대명사 수〈*σου*, "너의"〉는 빌레몬이 이 편지의 실질적인 수신자라는 사실을 분명하게 보여 준다; Knox, *Philemon*, 54에서는 이에 반대함. 266쪽을 보라). 가정-교회에 관해서는 골로새서 4:15과 그 곳에 인용된 참고서적을 보라.

3 "은혜와 평강…"(*Χάρις ὑμῖν καὶ εἰρήνη*…-카리스 휘민 카이 에이레네…). 바울의 서신들에서 처음 인사에 관해서는 1:2을 보라. 여기서 문안 인사(혹은 이것이 가끔 불리는 바와 같이 축원 혹은 축복)는 "그리고 주 예수 그리스도로 좇아"(*καὶ* 〈*ἀπὸ*〉 *κυρίου Ἰησοῦ Χριστοῦ* – 카이 〈아포〉 퀴리우 예수)라는 덧붙이는 말을 포함하고 있으며, 이러한 보다 긴 형태가 일반적인 문안 인사법이다. 바울의 문안 인사는 빌레몬, 압비아, 아킵보 그리고 빌레몬의 집에서 모이는 교회가 자기들이 받아 누리고 있는 하나님의 은혜 및 하나님께서 자신의 아들 예수 그리스도 안에서 그들과 세우신 평강의 관계를 보다 충만히 이해하고 감사하기를 깊이 기도하는 마음으로 가지고 있는 관심을 암시해 주고 있다.

해설

바울은 빌레몬에게 보내는 편지를 통상적인 방법으로 시작한다. 보내는 사람인 자신의 이름을 언급한 다음에 그는 에베소 사역의 대부분의 기간 동안 자신의 동역자였고 거기서 빌레몬과 친분을 갖고 있었던 디모데의 이름을 거론한다. 바울의 사랑하는 친구요 동역자였던 빌레몬은 이 편지의 특별한 수신인이다(4절 등). 압비아, 아킵보 그리고 빌레몬의 집에서 모인 교회가 바울의 문안 인사 가운데 포함되어 있기는 할지라도(참조. 25절), 이것은 예의상 언급한 것일 뿐 본서의 본론 부분(4-22절은 단수형으로 되어 있다)은 빌레몬 한 사람을 향한 것이다.

바울의 문안 인사는 빌레몬과 그의 친구들이 자신들이 받아 누리고 있는 하나님의 은혜 및 하나님께서 자신의 아들 예수 그리스도 안에서 그들과 세우신 평강의 관계를 보다 충만히 이해하고 감사할 수 있도록 깊이 기도하는 마음으로 가지고 있는 관심을 암시해 주고 있다.

2. 감사와 빌레몬을 위한 중재 기도(4-7절)

참고문헌

In addition to the bibliography to Colossians 1:3-8 note also: **Suhl, A.** *Kairos* 15 (1973) 267-79. **Wiles, G. P.** *Prayers*, 215-25. **Zmijewski, J.** "Beobachtungen zur Struktur des Philemonbriefes." *BibLeb* 15(1974) 273-96.

본 문

4 내가 항상 내 하나님께 감사하고 기도할 때에 너를 말함은	**4** I always thank my God when I mention you in my prayers,
5 주 예수와 및 모든 성도에 대한 네 사랑과 믿음이 있음을 들음이니	**5** because I hear of your love for all the saints and your faith in the Lord Jesus.
6 이로써 네 믿음의 교제가 우리 가운데 있는 선을 알게 하고 그리스도께 미치도록 역사하느니라	**6** I pray that your generosity, which arises from your faith, may lead you effectively into a deeper understanding and experience of every blessing which belongs to us[a] as fellow-members in the body of Christ.
7 형제여 성도들의 마음이 너로 말미암아 평안함을 얻었으니 내가 너의 사랑으로 많은 기쁨과 위로를 얻었노라	**7** For I have derived much joy and comfort from your love, because the hearts of the saints have been refreshed by you, my brother.

원문주해

a. 엔 헤민(*ἐν ἡμῖν*, "우리 가운데")이라는 문구는 Textus Receptus와 다른 중요한 필사본들(P[61] a G P 33 등)에 나타나는 엔 휘민(*ἐν ὑμῖν*, "너희 가운데")만큼 필사본 전승(A C D K y 등) 가운데서 지지를 받고 있지 못하다. 그러나 전자(="우리 가운데")가 더 나은데, 그 이유는 이것이 바울을 수신자들과 묶어 주는 보다 의미심장한 것이며, 또한 필사자들이 이 단락에 있는 다른 2인칭 대명사들과 정렬시키기 위하여 헤민(*ἡμῖν*, "우리")을 휘민(*ὑμῖν*, "너희")으로 전환시켰을 가능성이 있기 때문이다.

양식/구조/배경

바울의 편지 형식의 두 번째 주요 단락(Doty, *Letters*, 27-33를 보라. 그리고 골 1:3-8을 보라)인 빌레몬에게 보낸 편지의 감사 단락(4-6절)은 바울 서신에서 가장 짧은 것이다. 이것은 단지 47개의 단어로 구성되어 있고, 또한 이것은 형식적, 기능적으로 당시의 통상적인 사사롭고 개인적인 서한문들과 보다 긴밀하게 연결되어 있으므로(위에서 살펴본 바와 같이 파피루스 편지들에 있는 감사 단락들은 바울의 것들보다 더 짧다) – 어떤 면에서 공동체나 혹은 공동체 그룹들에 보내진 바울 서신의 다른 편지들 가운데 있는 방식과 연결되지 않는다.

바울의 감사 단락들에 언급된 문장 구조의 기본적인 두 가지 형태(8, 9쪽을 보라) 중에서도 골로새서와 짝을 이루고 있는 빌레몬서는 첫 번째 형태의 서론적 감사 형식을 내포하고 있다. 그러나 이것은 형식상 아무런 대명사구(항목 4; 휘페르 수〈*ὑπέρ σου*, "너희를 위하여"〉와 같은)를 가지고 있지 않은 이러한 범주에 속하는 다른 실례들보다 더 짧으며, 반면에 여기에는 단 하나의 원인을 나타내는 분사절(*ἀκούων σου τὴν ἀγάπην*… – 아쿠온 수 텐 아가펜…, "너희 사랑…을 듣고")이 있고, 다만 중재 기도의 한 대상만이 있다(6절). 이 단락의 기본 구조는 다음과 같다. (1) 감사한다는 동사(*εὐχαριστῶ* – 유카리스토스, "내가 감사하노라", 4절), 그 다음에 (2) 감사를 받는 자를 암시하는 대상(*τῷ θεῷ μου* – 토 데오 무, "내 하나님께", 4절), (3) 감사가 드려지는 빈도를 나타내는 시간 부사(*πάντοτε* – 판토테, "항상", 4절), (4) 대명사구가 누락되어 있지만 그 자리에 수(*σου*, "너")가 자리잡고 있다. (5) 시간을 나타내는 부사구를 가진 시간 분사절(*μνείαν σου ποιούμενος ἐπὶ τῶν προσευχῶν* – 므네이안 수 포이우메노스 에피 톤 프로슈콘, "기도에 너를 기억할 때", 4절) – 이러한 표현은 앞의 부사(*πάντοτε* – 판토테, "항상")의 의미를 설명해 준다. 원인을 나타내는 분사절 (6) 아쿠온 수 텐 아가펜…(*ἀκούων σου τὴν ἀγάπην* – "네 사랑…을 들음이니")은 바울의 감사 기도에 동기를 부여하는 이유를 제공하며, 반면에 이 단락의 마지막 부분은 (7) 빌레몬을 위한 바울의 기원을 설명하고 있는 6절의 호포스(*ὅπως*)-문장이며 이것은 다음과 같이 바꾸어 쓸 수 있을 것이다: "(내가 기도하노라) 너의 믿음으로부터 일어나는 너의 너그러움이 너를 효과적으로 그리스도의 몸 속에 있는 동료 구성원인 우리에게 속하는 모든 축복에 대해 더 깊은 이해와 경험으로 인도할 수 있기를"(자세한 해석에 관해서는 아래를 보라).

대부분의 주석가들은 4절부터 7절까지 연장된다는 비평 하에서 이 구절을 취급한다(예를 들어, Dibelius-Greeven, 101, Vincent, 177, Friedrich, 192, Carson, 105, Moule, 140, and Lohse, 192). 비록 우리는 편리를 위하여 이러한 구분을 따를 수 있지만, 감사 구조가 4절부터 6절까지 확장되어 있으며, 6절의 호포스(*ὅπως*)-문장에서 절정에 이르고 있다. 빌레몬이 성도들을 향하여 보여 주었던 사랑을 한 번 더 언급하고 있는 7절은 감사 단락으로부터 이 편지의 주요 목적으로 가는 부드럽고도 효과적인 전환점이 되는데, 바울은 그 목적을 8절에서 신속하게 진술한다(Schubert, *Form*, 5, Lohse, 192. Lohmeyer, 192에서는 그 감사 단계를 6절 끝에서 결론지었다고 올바르게 관찰했다: "이러한 말과 함께 엄밀한 의미에서 감사는 끝난다." 또한 술(Suhl, *Kairos* 15[1973] 271)도 정확하게 말한다. 7절은 빌레몬을 위한 바울의 기도에 대한 기록이 아니고, 왜 그가 평안함과 위로를 받았는지를 독자들에게 말하고 있는 진술이다(Sanders, *JBL* 81[1962] 358에서 7절의 "기쁨"이 그 감사 단계를 끝마친 결론적 감사와 동일했다는 사실을 보여 주려는 시도는 감사 단락을 기도서 형태로 맞추려는 시도 가운데서 그 증거를 과도하게 잡아당기려는 것으로 잘못된 것이다).

이 전체 단락은 뒤따라오는 요구의 근거를 준비하고 있는데, 이 점은 그 일반적인 강조점에서뿐만 아니라 편지의 나머지 전체를 통하여 감사로부터 나온 특별한 문장의 반복 가운데서도 식별될 수 있다(Wiles, *Prayers*, 219). 이는 녹스(Knox, *Philemon*, 19)가 적절하게 논평한 바와 같다. "이것은 나중에 다르게 들려질 각각의 주제들, 아마도 좀더 특별하게 말하면 문맥이 미리 예상하여 들려 주는 전주곡이다." 기도(*προσευχή* – 프로슈케, 4절, 참조. 22절), 사랑(*ἀγάπη* – 아가페, 5절, 참조. 9절), 교제(*κοινωνιὰ* – 코이노니아, 6절, 참조. 17절), 선(*ἀγαθός* – 아가도스, 6절, 참조. 14절), 마음(*σπλάγχνα* – 스플랑크나, 7절, 참조. 12, 20절), 평안함(*ἀναπαύω* – 아나파우오, 7절, 참조. 20절) 그리고 형제(*ἀδελφέ* – 아델페, 7절, 참조. 20절)와 같은 단어들(혹은 같은 어원을 가진 단어들)이 본 서신의 본론 부분에 다시 나타난다. 사도는 자신의 동료 그리스도인과 그 종의 주인 사이의 아름다운 관계를 칭찬한 바 있다. 바울 역시 이러한 사랑을 통하여 격려를 받은 바 있으며, 그는 이제 하나의 호의를 구하고 있다. 그래서 그는 오네시모에 관한 요구로 이끌어 가고 있는데, 이것이 본 서신을 기록하게 한 주제다.

주석

4 "내가 항상 내 하나님께 감사하고 기도할 때에 너를 말함은"(*εὐχαριστῶ τῷ θεῷ μου πάντοτε μνείαν σου ποιούμενος ἐπὶ τῶν προσευχῶν μου* – 유카리스토 토 데오 무 판토테 므네이안 수 포이우메노스 에피 톤 프로슈콘 무). 바울은 또다시 편지의 수신자, 곧 빌레몬으로 인하여 하나님께 감사를 드린다는 사실을 언급하면서 본 서신을 시작하고 있다(골 1:3을 보라). 그러나 여기서는 단수형 유카리스토(*εὐχαριστῶ*, "내가 감사하노라")가 사용되었다. 비록 디모데의 이름이 바울의 문안 인사 가운데 언급이 되어 있기는 하지만, 바울만이 본동사의 주어다. 이 점은 사도의 감사에 디모데가 연결되어 있는 골로새서의 감사와 대조된다(골 1:3; 그러나 롬 1:8; 고전 1:3; 빌 1:3에서 바울 한 사람만을 가리키고 있는 단수형을 보라; 참조. 엡 1; 15, 16; 딤전 1:12; 딤후 1:3). 하나님에 대한 감사가 이 편지를 쓰기 시작할 때 바울의 마음속에서 가장 중요한 자리를 차지하고 있었다. 그는 빌레몬을 칭찬하고 있지는 않고 "내 하나님께"(*τῷ θεῷ μου* – 토 데오 무) 찬양의 말을 하고 있다. 바울에게 이것은 신들이 할 수 있는 어떤 일들에 대한 모호하거나 되는 대로 하는 말이 아니다. 그가 감사를 드리고 있는 것은 참되신 한 분 하나님에 대한 것이며 그분과의 인격적 관계에 대한 의식을 강조하면서 "내"(*μου* – 무)라는 대명사를 덧붙인다. 이 문구에 대한 단 한 가지 예외가 기도 혹은 기도문 가운데서 바울에 의하여 사용되었으며(롬 1:8; 아마도 고전 1:4; 빌 1:3, 4:19; 몬 4절; 고후 12:21은 기도 문맥으로 되어 있지 않다), 그는 이를 시편 기자의 시문들에서 이끌어 온 것으로 보인다(LXX 시 3:8; 5:3; 7:2, 4, 7; 12:4; 17:3; 21:2 등; Lohse, 192를 보라). 하더(Harder, *Paulus*, 67, 68)는 바울 당시 이방 세계에서는 한 사람의 편지 속에서 신들에 대한 수많은 이름과 별칭들을 열거하는 것이 관례였다고 말한다. 이러한 주장은 불확실과 회의주의로부터 나온 것이다. 그러나 바울은 시편 기자처럼 비교적 소수의 별칭들을 사용하는 데 그치고 있는데, 때때로 유대인들까지도 자기들의 하나님에 대하여 수다한 호칭들을 나열하여 덧붙인다: 2 Macc 1:23-29). 빌레몬의 신앙 생활로 인하여 감사를 받은 분은 예수 그리스도를 통하여 바울에게 "아버지"로 알려지신 시편 기자의 그 하나님이시다.

"항상"(*πάντοτε* – 판토테)이 본동사에 붙어 있지만 끊임없는 감사를 지칭하는 것은 아니다(골 1:3을 보라). 그 대신 이것은 뒤따라오는 문구 "기도할 때에 너를 말함은"(*μνείαν σου ποιούμενος ἐπὶ τῶν προσευχῶν μου* – 므네이안 수 포이우메노스 에피톤 프로슈콘 무)을 통하여 수식되고 설명되고 있다. 바울이 감사했다고 진술할 때 이것은 자신이 정규적으로 기도하는 시간에 빌레몬을 잊지 않았다는 사실을 의미한다 – 다른 형태의 기도가 포함되어 있는 것은 틀림없지만, 이 기도 내용은 간구의 기도 가운데 자리잡고 있었다.

5 "네 사랑…이 있음을 들음이니"(*ἀκούων σου τὴν ἀγάπην*… – 아쿠온 수 텐 아가펜…). 바울이 사용하고 있는 두 번째 분사절은 이러한 하나님에 대한 감사의 근거 혹은 기초를 제공하는 원인을 나타내는 구절이다. 그는 빌레몬의 행실에 관한 좋은 소식을 들었고, 이러한 소식이 그로 하여금 하나님에게 감사하게 했다(C. Spicq, *Agape in the New Testament* Vol. 2 Tr M. A. McNamara 그리고 M. H. Richter[St. Louis: Herder, 1965] 303에서는 이 분사형 아쿠 온〈*ἀκούων*, "들음이니"〉이 계속성과 지속성을 표현하고 있다고 말한다: "이것은 사도 바울이 한 소식통이 아닌 여러 사람으로부터 혹은 정기적인 보고를 통하여 빌레몬에 관한 최근의 소식을 받았다는 사실을 의미한다." 이 동사 아쿠오〈*ἀκούω*, "듣다"〉의 용법은 빌레몬이 Dibelius-Greeven, 103에서 말하고 Knox, *Philemon*, 45에서 주장하는 바와 같이 바울이 모르는 사람이었다는 사실을 의미하지 않는다). 빌레몬이 그리스도인의 신앙 안에서 견고히 서 있다는 정보는 아마도 에바브라(골 1:7, 8; 4:12)를 통하여, 그리고 어쩌면 오네시모를 통하여 왔을 것이다.

사도는 빌레몬의 "사랑"(*ἀγάπη* – 아가페)과 "믿음"(*πίστις* – 피스티스)에 관해서 들었다. 그러나 이러한 단어들을 어떻게 해석해야 하는가? 그리고 이러한 그리스도인의 두 개의 은혜가 내포하고 있는 대상은 무엇인가? 주석가들은 나누어져서 다음과 같은 노선을 따라 답변들을 제공하고 있다.

(1) 피스티스(*πίστις*)가 "신실함" 혹은 "믿음직함"(참조. 요삼 5절)을 의미하는 것으로 취급되어 "사랑"과 "신실함"은 둘 다 주 예수님과 하나님의 백성 모두를 향한 것이라는 것이다. 따라서 NEB는 다음과 같이 번역한다. "이는 내가 주 예수와 하나님의 백성 모두를 향한 너의 사랑과 믿음을 들음이니"(또한 Schlatter, 312, Vincent, 178, and Bruce, *Paul*, 393를 보라).

(2) 몇몇 사람은 "사랑"과 "믿음"을 한편으로는 주님에 대하여, 다른 한편으로는 하나님의 백성들을 향하여 나타낸 태도인 친밀한 관계로(그리하여 "신실" 혹은 "경건"으로 번역한다) 취급한다(Dibelius-Greeven, 103, Kramer, *Christ*, 47; 참조. Spicq, *Agape* 2, 303, 304과 Carson, 105, 106를 K. Sullivan, "Epignosis in the Epistles of St. Paul," *Studiorum Paulinorum Congressus Internationalis Catholicus*. Vol. 2

[Rome: Pontifical Biblical Institute, 1963] 409가 따르고 있다). 이 해석의 옹호자들은 주 예수의 사랑은 믿음과 긴밀하게 연결되어 있는데, 왜냐하면 사랑이 자라나는 것은 믿음으로부터이고 믿음에 의하여 사랑이 공급받기 때문이라고 지적한다. 또한 형제들에게 보여진 사랑은 믿음의 상황 가운데서의 사랑이다. 전치사 프로스(*πρός*, "에게")에서 에이스(*εἰς*, "에게")로의 전환은 관계에서의 차이를 강조하기 위한 것이다: 한편으로는 주님을 대상으로 하고, 다른 한편으로는 같은 관계로서의 동료 신자들을 대상으로 한다(그러나 이러한 입장을 주장하는 사람들은 그러한 의미 차이에 관해서 전반적인 일치를 보이고 있지 않으며, 우리의 판단에는 이러한 변화를 단순히 스타일의 변경으로 여기는 것이 더 나을 것으로 보인다).

(3) 세 번째 해석은 5절을 하나의 교차 평행절 즉 a b b a의 형태로 보고, 빌레몬의 사랑이 하나님의 모든 백성을 향한 것으로 그리고 그의 믿음이 주 예수를 향한 것으로 보는 것이다(여러 문법학자들 가운데서도 BDF, para. 477[2], and Robertson, *Grammar*, 1200이 이러한 입장을 선호한다; Lightfoot, 332, 333, Lohmeyer, 177, 그리고 외관상으로 Moule, 141, Friedrich, 192, Müller, 176, Lohse, 193, 그리고 Stuhlmacher, 32, 33와 같은 주석가들이 이러한 노선을 따른다. 참조. Stauffer, *TDNT* 1, 50, Greeven, *Gebet*, 177, Buhmann, *TDNT* 6, 212, 그리고 J. Jeremias, Chiasmus in den Paulusbriefen, *ZNW* 49[1958] 146). 이 구절을 이러한 방식으로 취급하는 데는 충분한 이유가 있다. 첫째, 교차 평행법이 신약성경에서 통상적인 방법이다(Jeremias, *ZNW* 49[1958] 146에서는 이 구절 가운데 셈어적인 영향이 들어 있다고 본다. 참조. 시 1:6). 둘째, 여기서 사도가 감사하고 있는 은혜들의 통상적인 순서가 바뀌어져 있다. 바울은 주로 "믿음"을 "사랑" 앞에 둔다. 이러한 역순은 이 편지를 쓰게 했던 상황 면에서 설명될 수 있다(비록 몇 개의 사본이 피스티스〈*πίστις*, "믿음"〉를 아가페〈*ἀγάπη*, "사랑"〉 앞에 두고 있는 사실을 입증하고 있기는 하지만〈D 69 1739 pesh.〉, 이러한 초창기 서기관들의 변형은 일관성에 관심을 두고 이루어졌다. 참조. Lohmeyer, 177). 기록 당시에 사도의 관심은 빌레몬의 사랑에 맞추어져 있었다. 이 단어(즉 *ἀγάπη*, 아가페)는 7절과 9절에서 다시 나타나고, 오네시모와 관련된 바울의 요청은 그 그리스도인의 사랑의 기초를 이룬다. 바울은 그것들이 그에게 일어난 순서에 따라 자기의 사상을 진술하고 있다. 빌레몬의 사랑을 언급하고 나서 그는 그의 신앙을 말한다. 이것은 사랑의 범위와 포괄성에 대한 어떤 사람의 사상을 지시하는 믿음의 영역, 말하자면 과거에 하나님의 백성 모두에게 나타났던 영역으로 이끌어 간다(헨 에케이스〈*ἣν ἔχεις*, "네가 가진 바"〉는 믿음

이 주 예수 안에 있는 사람을 통해서 나타난다는 사실을 강조한다). 마지막으로, 이러한 해석은 골로새 그리스도인들에게 보내는 편지의 서론적 감사 내용과 일치한다. "이는 그리스도 예수 안에 너희의 믿음과 모든 성도에 대한 사랑을 들음이요" (1:4). 순서의 차이는 암시된 노선으로 인하여 적절하게 설명될 수 있으며, 반면에 전치사들의 전환 즉 프로스(*πρός*)에서 에이스(*εἰς*: 이 두 단어 모두 "…에게로"를 의미한다)로의 전환은 스타일상의 차이로 볼 수 있다(참조. Moule, *Idiom Book*, 68, Turner, *Syntax*, 256, 그리고 Lohse, 193).

6 바울은 감사 다음에 곧바로 간구로 넘어간다. 즉 빌레몬의 너그러움에 관한 중재로 넘어간다. 이 구절이 간구 기도의 정형동사를 가지고 있지는 않을지라도 중재의 내용을 진술하고 있는 호포스-절(호포스〈*ὅπως*, "that"〉는 엡 1:17; 빌 1:9; 골 1:9〈20절을 보라〉; 살후 1:11에 있는 바울의 중재의 내용을 명기하고 있는 문장을 시작하는 히나〈*ἵνα*, "that"〉와 스타일상으로 동일한 단어다; 참조. 살전 3:10에 있는 에이스 토〈*εἰς τό*, "that"〉)은 므네이안 수 포이우메노스(*μνείαν σου ποιούμενος*)에 종속되어 있는데, 그 의미는 "내가 너를 기억할 때"와 같은 일반적인 어떤 것이 아니라 "내가 너를 언급할 때" 즉 "내가 너를 위하여 중재 기도를 할 때"이다(이 문구 및 이것의 구문론적 동일 문구 프로슈코메노이〈*προσευχόμενοι*, "기도하는", 골 1:3〉와 데에신 포이우메노스〈*δεήσιν ποιούμενος*, "간구하는", 빌 1:4〉는 각기 중재 기도가 언급되어 있는 감사 단락, 즉 감사에 대해서만 말하는 단락이 아니라 슈베르트〈Schubert〉가 말하는 type Ia와 혼합된 형태들 가운데 나타난다. 예를 들어, 고전 1:4-9; 살후 2:13, 14: 구조상 그리고 해석상의 검토에 관해서는 그의 *Form*, 12, 54, 55, Wiles, *Prayers*, 218-25, and O'Brien, *Introductory Thanksgivings*, 7, 8, 54, 55를 보라. 로제는 이러한 중대한 구조상의 요점을 파악하지 못하고 6절이 "내가 기억할 때"〈*μνείαν ποιούμενος* – 므네이안 포이우메노스〉에 종속되지 않는다는 잘못된 주장을 했다. 193). 그러나 이 시간을 나타내는 분사절은 그 자체가 본동사 유카리스토(*εὐχαριστῶ*, "내가 감사하노라")에 종속된다. 문법적으로 그리고 논리적으로 중재 기도는 감사 기도로부터 나온다(그래서 Wiles, *Prayers*, 218에서는 다음과 같이 해석한다: "이 편지에 있는 중재 기도 기록 내용은 통상적인 감사 단계 내에서보다는 구문론을 통하여 또한 내용을 통하여 보다 긴밀하게 엮여 있다"). 이는 마치 바울이 그를 위한 중재 기도 없이는 자기 친구 빌레몬의 사랑과 믿음으로 인하여 감사를 드릴 수 없었던 것과 같다.

그러나 6절의 정확한 의미는 결정하기가 어렵다(보다 최근의 논의에 관해서는

G. Panikulam, *Koinoμnia* in the New Testament. *A Dynamic Expression of Christian Life*[AnBib 85 Rome: Biblical Institute, 1979] 86-90를 보라). 이것은 이 간략한 중재 기도 가운데 여러 가지 해석상의 문제들이 있기 때문이다. 첫째로, 헤 코이노니아 테스 피스테오스 수(*ἡ κοινωνία τῆς πίστεώς σου*)의 의미가 무엇인가? 다음은 지금까지 주장되어 온 것들이다. (a) "너의 믿음으로부터 나오는 친절한 사랑의 행실들"(Lightfoot, 333에서는 코이노니아〈*κοινωνία*〉가 특별히 "기부", "자선행위"를 가리키는 것으로 취급한다), (b) "너의 믿음의 (다른 사람들과의) 교제"(Vincent, 179), (c) "믿음에 의하여 창출된 다른 그리스도인들과의 너의 친교"(Lohmeyer, 178에서는 "믿음의"〈*πίστεως* - 피스테오스〉를 기원의 소유격으로 생각한다. 참조. E. W. Koch, "A Cameo of Koinonia. The Letter to Philemon," *Int* 17[1963] 184), (d) "믿음에 의한 (그리스도와의) 교제" - 즉 그리스도와의 신앙의 교제(Dibelius-Greeven, 103, H. Seesemann, *Der Begriff KOINΩNIA im Neuen Testament*[BZNW 14 Giessen: Töpelmann, 1933] 79-83, Hauck, *TDNT* 3, 805, Lohse, 193, 194, Stuhlmacher, 33, Jang, *Philemonbrief*, 27, 28, and Gayer, *Stellung*, 249), (e) "네가 참예하는 믿음", 즉 믿음 안에서 갖는 너의 몫, (f) "너의 믿음 안에서 다른 그리스도인들의 참여"(J. Y. Campbell, *Three New Testament Studies*[Leiden: Brill, 1965] 18). 둘째로, 에이스 크리스톤(*εἰς Χριστόν*, 직역하면 "그리스도에게")을 어떻게 이해해야 하는가? 셋째로, 그것이 에네르게스(*ἐνεργής*, "효력 있는")와 연결되어야 하는가, 판토스 아가두(*παντὸς ἀγαθοῦ*, "모든 선한 일")와 연결되어야 하는가? 아니면 엔 에피그노세이(*ἐν ἐπιγνώσει*, "지식으로")와 연결되어야 하는가? 마지막으로, 엔 에피그노세이(*ἐν ἐπιγνώσει*, "지식으로")는 어떻게 해석되어야 하는가? 그리고 문제의 지식을 누가 얻는가 - 즉 빌레몬 자신인가, 아니면 그의 "믿음의 교제"를 보고 유익을 얻는 사람들인가?

모울(Moule, 142, 143)은 이 구절의 난점들 가운데 몇 가지를 검토한 다음에 그것들을 해결하려고 시도하고 해학적 수법으로 다음과 같이 결론지었다. "더 온전한 에피그노시스(*ἐπίγνωσις*, "지식")가 그리스도인 해석가들에게 주어지지 않는다면, 그 지식이 주어질 때까지 이 문제들에 대한 답변은 모호한 상태로 남겨 두어야 할 것이다"(여러 난점들로 인하여 A. R. George, *Communion with God in the New Testament*[London: Epworth, 1953] 183에서는 어떤 대안도 제안하지 않았다). 그러므로 다음의 주장들은 잠정적인 것들이다: 코이노니아(*κοινωνία*)는 단순한 자선행위가 아니라, 비록 이러한 내용이 포함되어 있는 것이 분명하지만, "너그러움" 혹은 "관대함"을 가리키는 보다 광범위한 능동적 의미로 이해된다(우리의 판단에는 빌 1:15에 있는 코이노니아⟨κοινωνία⟩도 같은 사실을 의미한다고 생각된다. 필자의 *Introductory Thanksgivings*, 23-25에 있는 논의를 보라. Wiles, *Prayers*, 223에서는 코이노니아⟨κοινωνία, "너그러움"⟩가 17절의 상업 용어를 미리 예상하고 있다는 점을 덧붙인다. 아래의 298, 299쪽을 보라). 테스 피스테오스(τῆς πιστεως)는 친절이 우러나오는 원천을 암시하는 기원의 소유격으로 취급된다: "네 믿음(즉 주 예수에 대한 믿음)으로부터 나오는 네 너그러움이…기도하노라." 피스티스(πίστις, "믿음")는 5절에서와 같은 의미를 가지고 있지만, 6절에 있는 문구는 믿음이나 그 내성에 대해 강조하기보다는 믿음의 실제적인 표현에 대해 강조한다. 이러한 입장에 따르면, 에네르게스(ἐνεργής)는 "능동적인"보다는 "효과적인"으로 이해되어야 할 텐데, 그 이유는 5절과 7절에 있는 바울의 진술에 따르면 빌레몬의 너그러운 마음이 이미 능동적이었기 때문이다. 사도의 중재 기도 요구 내용은 빌레몬의 너그러움(다른 사람들의 너그러움이 아니라)이 그를 효과적으로(말하자면 바울은 빌레몬의 너그러움이 특별히 오네시모의 경우에 효과적인 것이 되기를 원한 것이다. 바울의 요청의 성격에 관해서는 17절 "주석"을 보라) 그리스도 안에서 그에게 속한 모든 것들에 대한(에네르게스 게네타이⟨ἐνεργὴς γένηται, 직역하면 "효과적이 되기를"⟩는 엔 에피그노세이 판토스 아가두⟨ἐν ἐνπιγνώσει παντὸς ἀγαθοῦ, 직역하면 "모든 선한 일에 대한 지식 안에서"⟩와 함께 취급되어야 한다) 보다 깊은 이해(ἐν επιγνώσει – 엔 에피그노세이: 엔⟨ἐν, "안에"⟩은 무엇인가가 일어나는 영역을 가리킨다. 참조. 고후 1:6; 골 1:29; Vincent, 180를 보라)로 인도할 수 있기를 바라는 것이다. 판 아가돈(πᾶν ἀγαθόν, "모든 선한 일")은 그리스도인인 빌레몬에게 속하는 "모든 축복"을 가리켜 말한 것이다(Lohmeyer, 179에서는 이 표현이 자주 하나님의 뜻에 대한 호칭으로 사용된다고 주장했다: 롬 2:10; 5:7; 7:13, 19; 9:11; 12:2, 9, 21; 13:3; 14:16; 15:2; 갈 6:10; 살전 5:15에서 바울이 이같이 사용함. 그는 한 유대인에게 있어서 율법의 기능과 여기에 나타나 있는 그리스도인에게 있어서 믿음의 위치가 평행이 된다는 사실을 주장했다. 둘 다 믿는 자 속에서 "능동적으로" 역사하여 하나님의 뜻⟨πᾶν ἀγαθόν – 판 아가돈⟩을 발견하고 그 뜻을 행하게 된다. 그러나 로마여⟨Lomeyer⟩의 참고구절들이 모두 하나님의 뜻을 가리키는지는 의심스럽다. 또한 그의 주장은 의심스러운 "그리스도께"⟨εἰς Χριστόν – 에이스 크리스톤⟩에 대한 특별한 해석에 지나치게 의존한다. Moule, 143를 보라). 이 문맥 가운데서 에피그노시스(ἐπιγνωσις, "알게 하다")는 이해와 경험에 대한 개념을 모두 가지고 있다. 사도의 기도는 단순히 빌레몬이 자기에게 속한 보화들을 이해하거나 깨닫는 것만이 아니라 그것들을 체험하는 것도 포함한다. 이 하나의 헬라어 단어를 번역하기 위하여 두 개의 영어 단어를 사용할 필요가 있으며, 그러므로 우리는 이것을 "이해와 체험"으로 번역한다(Bruce의 다음과 같은 번역을 참조하라: "모든 축복에 대한 체험과 인식", *Paul*, 393).

사도가 말하고 있는 이러한 그리스도인의 축복들은 빌레몬에게만 속해 있는 것이 아니다. 그것들은 "그리스도 안에"(εἰς Χριστόν – 에이스 크리스톤) 연합되어 있는 모든 사람의 것이며, 바울 사도 자신도 여기에 포함된다. 이 문구의 의미에 관해서는 상당한 견해 차이가 있다. 로마여(Lohmeyer, 179), 비케르트(Wickert, *ZNW* 52[1961] 230) 그리고 술(Suhl, *Kairos* 15[1973] 271)은 이것을 이 구절 안에 포함되어 있는 종말론적 요점으로 취급했는데, 비케르트와 술은 이것이 특별히 최후의 심판장으로서 그리스도를 가리키는 것으로 주장한다. 모울(Moule, 142, 143)과 같은 다른 사람들은 이 문구가 "우리를 그리스도와 (더 가까운) 관계로 이끄는"을 의미하는 것이라고 생각하고, 반면에 라이트푸트는 이 표현을 에네르게스 게네타이…(ἐνεργὴς γένηται…)라는 주된 진술과 연결되어야 한다고 생각하고 전체 문장을 다음과 같이 바꾸어 번역한다: "네가 그리스도를 바라보고 힘쓰면서, 하나님이 우리에게 수여하신 모든 좋은 것에 대한 완전한 지식을 달성하도록", 332, 334). 로제는 이 문구를 "그리스도의 영광을 위하여"로 번역한다. 그 목적은 "결론적으로 믿음의 모든 능동적인 일 – 하나님께서 우리에게 부여하신 선에 대한 지식에 따라 행동하는 믿음 – 이 그리스도의 영광을 위한 것이어야 한다"(194, 195; 참조. Vincent, 181에서는 이 표현을 "그리스도의 영광으로", 즉 그분을 위한 진보를 의미하는 것으로 생각한다).

우리의 주장에 따르면 에이스 크리스톤(εἰς Χριστόν, "그리스도께")이라는 문구는 연합을 가리키며, 엔 크리스토(ἐν Χριστῷ, "그리도 안에서": 이것은 예수의 인격이 언급되어 있는 5절에서는 퀴리온 예순〈Κύριον Ἰησοῦν, "주 예수"〉이 사용되고, 반면에 6절에서 언급된 연합은 에이스 크리스톤〈εἰς Χριστόν, "그리스도께"〉이 사용되었는데, 이는 Kramer, *Christ*, 140에서 번역하는 방식이다. 또한 참조. Percy, *Probleme*, 125)와 거의 같은 의미다. 왜 바울이 이러한 표현을 사용했는지 이해할 수 있는데, 그 이유는 6절의 호포스(ὅπως, "that") 문장에서 그가 이미 문제가 되어 있는 문구를 기록하기 전에 엔(ἐν, "안에")이라는 전치사를 두 번이나 사용했기 때문이다. 엔 헤민(ἐν ἡμῖν, "우리 안에", "우리 가운데") 다음에 곧 뒤따라오는 엔 크리스토(ἐν Χριστῷ, "그리스도 안에")라는 발음이 껄끄러웠을 것이다. 그래서 동일한 문구인 에이스 크리스톤(εἰς Χριστόν, "그리스도 안에〈께〉")이 선택된 것이다. 그러므로 바울의 중재 기도는 다음과 같이 바꾸어 번역될 수 있다. "내가 믿음으로부터 나오는 너의 너그러움이 너를 그리스도의 몸 안에 있는 동료 지체들인 우리에게 속해 있는 모든 축복에 대한 보다 깊은 이해와 체험으로 효과적으로 인도하기를 기도하노라."

7 사도는 이제 하나님께 드려지는 자신의 중재 기도를 드리지 않고, 직접적인 대화 형식을 사용하여(ἀδελφέ – 아델페, "형제여") 자기가 어떻게 기쁘게 되고 위로받게 되었는지를 빌레몬에게 말하고 있다. 빌레몬이 다른 성도들에게 보여 준 사랑을 다시 한 번 언급하고 있는 이 구절은 감사 단락으로부터 이 편지의 주요 목적 – 이 목적은 바울이 8절에서 진술하고 있음 – 으로 가는 부드럽고도 효과적인 전환점이다. 이 단순한 전환점에서 편지의 감사 부분과 본론 부분에서 언급된 내용으로부터 나온 중요한 개념들이 언급(혹은 예상)되고 있는데, 예를 들어 "사랑"(5, 9절), "위로"(참조. 9, 10절), "마음"(12, 20절), "성도들"(5절), "평안함을 얻음"(20절), "형제"(20절)다.

"내가 너의 사랑으로 많은 기쁨과 위로를 얻었노라"(*χαρὰν γὰρ πολλὴν ἔσχον καὶ παράκλησίν ἐπὶ τῇ ἀγάπῃ σου* – 카란 가르 폴렌 에스콘 카이 파라클레신 에피 테 아가페 수). "이는"(*γάρ* – 가르)은 그가 골로새 그리스도인들에게 구체적으로 나타내 주었던 빌레몬의 사랑을 다시 언급하고 있는 바와 같이(참조. 5절) 바울의 감사의 근거(4, 5절)를 제공해 준다. 사도는 예전에 그들을 만난 적이 없었음에도 불구하고(참조. 골 2:2) 자신을 이들 형제 신자들과 동일시하고 있는데, 이는 그가 그들에게 주어진 "기쁨과 위로"가 자신에게도 주어졌다고 말하고 있기 때문이다[롬 12:9-13; 고후 11:29; Caird, 220; 빌레몬의 사랑의 행위들은 바울에게 기쁨과 위로의(여격을 가진 에피〈*ἐπί*〉는 "때문에", "…로부터"를 의미한다. BAG, 287를 보라) 풍부한 원천이다. 참조. Lohse, 195]. 그는 다루기 어려운 회중을 상대하여 목회상의 걱정거리가 쌓인 상황 속에서 자신이 경험했던 바, 이와 유사한 기쁨(고후 7:4)과 위로(7:7)의 감정을 가지고 고린도 교인들에게 편지를 기록하여 보낸 바 있다(사도로서의 그의 사역과 결탁된 카라〈*χαρά*, "기쁨"〉에 관해서는 Conzelmann, *TDNT* 9, 369, 370를 보라. 파라클레시스〈*παράκλησις*, "위로"〉에 관해서는 Schmitz, *TDNT* 5, 793-99를 보라).

"형제여, 성도들의 마음이 너로 말미암아 평안함을 얻었으니"(*ὅτι τὰ σπλάγχνα*

τῶν ἁγίων ἀναπέπαυται διὰ σοῦ, ἀδελφέ – 호티 타 스플랑크나 톤 하기온 아나페파우타이 디아 수, 아델페). 이 문장은 "너의 사랑으로"라는 표현을 보다 구체적으로 밝히거나 설명해 준다(*ὅτι* – 호티, "왜냐하면": Abbott, 181, von Soden, 74). 몇몇 주석가들(예를 들어, Ernst, 131)은 여기서 바울이 자신의 요구를 하기 위한 예상으로서 전반적인 빌레몬의 행실의 두드러진 표시들을 마음에 떠올리고 있다고 생각한다. 그러나 다른 사람들은 빌레몬을 두드러지게 만들어 주었던 몇 가지 특별한 친절의 예를 염두에 두고 있다고 생각한다. 그러므로 캐어드(Caird, 220)는 "평안함을 얻었다"(*ἀναπέπαυται* – 아나페파우타이)의 완료형이 "어떤 계속적인 친절을 가리키기보다는 어떤 돋보이는 자선의 행위를 가리키는" 것으로 보인다고 말한다(또한 Lohse, 195와 Scott, 105에서는 이러한 경우는 주후 60년 지진의 때의 경우였을 것이라고 상상한다). 그러나 비록 이 진술이 빌레몬이 회중에게 도움을 주었던 특별한 행위에 대해서 바울이 알았던 사실을 암시할 수 있을지라도, 우리가 확인할 수는 없다(완료 시제는 믿는 자들이 평안함을 얻었던 빌레몬의 규칙적인 행동 혹은 두드러진 경우의 지속적으로 나타난 결과를 나타낼 수도 있다). 그 어느 경우든 그는 빌레몬의 사랑의 행실들을 상세히 설명하지 않는다. 그는 단순히 그 결과들을 말하고 있을 뿐이다: "성도들의 마음이 너로 말미암아 평안함을 얻었으니." 자주 "경건", "동정" 혹은 "친절한 자비"를 지칭하는 타 스플랑크나(*τὰ σπλάγχνα*)란 표현은 다른 사람들을 향한 애정으로서(이것은 골 3:12에 들어 있는 의미임, 198, 199를 보라) 빌레몬서에서 세 번 나타나며(12, 20절을 보라) "내적인 감정", "자아 자체"를 의미함에 틀림없다(Moule, 144). 이것은 "가장 깊은 차원의 인격 전체를 지칭한다. 그것은…바울이 직접적으로 그리고 개별적으로 말하고 있을 때만 나타나는 매우 강하고도 인상적인 단어이며…(이것은)…정서적 생활의 깊이에서 위로와 사랑을 통한 평안(refreshment)을 경험한 전인에 대해서 사용된다"(Köster, *TDNT* 7, 555). 그리고 이 짧은 편지 가운데 이 단어의 잦은 출현은 이 문제에 대한 사도의 깊은 관심을 보여 준다. 빌레몬이 다른 그리스도인들의 마음을 평안케 했으므로, 사도는 "내 심복"(*τὰ ἐμὰ σπλὰγχνα* – 타 에마 스플랑크나)으로 묘사된 오네시모와 관련된 자신의 요청을 빌레몬이 거절하지 않을 것이라고 믿고 있다. 그래서 그는 빌레몬에게 다음과 같이 격려하고 있다. "내 마음이 그리스도 안에서 평안하게 하라"(*ἀνάπαυσόν μου τὰ σπλάγχνα ἐν Χριστῷ* – 아나파우손 무 타 스플랑크나 엔 크리스토, 20절). 아나파우오(*ἀναπαύω*, "쉬게 하다", "〈어떤 사람에게〉 안식을 주다", "새로운 활력을 주다": 고후 7:13에서 디도의 마음이 안심을 얻은 데

대해서 수동형으로 사용됨; BAG, 58, 59, Bauernfeind, *TDNT* 1, 350, 그리고 Hensel and Brown, *NIDNTT* 3, 254-58를 보라)가 다음과 같이 사용되었다. (a) 한 사람이 휴식을 취함에 대해서, 주로 육신적인 의미로 사용됨(막 14:41; 마 26:45; 고대 아테네 헬라어 산문체에서 군사들의 휴식에 대한 거의 전문적인 표현이었다). 또한 (b) 혼란케 된 사람을 잠잠케 함에 대해서 혹은 즐거움, 안식 또는 보상을 줌으로써 새로운 활력을 줌에 대해서(고전 16:18; 몬 7, 20절). 이것은 그리스도인의 사랑, 친교 혹은 활동, 또는 이들에 관한 소식을 통하여 일어날 수 있다(Hensel and Brown, *NIDNTT* 3, 256를 보라). 비록 이 단어가 자주 일시적인 경감에 대해서 말하는 것이기는 하지만(Lightfoot, 334가 절대적으로 그렇게 주장하지만 Vincent가 수정한 내용, 181를 보라), 수고하는 자들에 대해 그리스도께서 약속하신 쉼은 일시적인 것이 아니며(마 11:28, 29), 이 단어는 복을 받은 죽은 자의 안식에 대해서도 사용되었다(계 14:13).

해설

빌레몬서가 바울의 모든 서신들 가운데 가장 간략한 편지이기는 하지만, 그는 자기의 글을 읽는 독자의 사랑과 믿음에 대해서 하나님께 감사드린다는 말을 기록함으로써 자신이 기록해 온 통상적인 방식으로 편지를 쓰기 시작한다. 이 단락은 감사에 대한 통상적인 형식과는 약간 다르게 표현하고 있다. 4절부터 7절은 이 편지가 일차적으로 관심을 두고 있는 특별한 문제, 말하자면 오네시모를 위한 요청을 위한 길을 준비하기 위하여 고안되었다. 다음에 이어지는 말을 예상케 하는 이 단락의 전반적인 강조점, 즉 그 어조가 특별한 용어들은 이 편지의 핵심적인 문제를 위해 준비시켜 주는 기능을 하고 있다.

하나님을 향한 감사는 바울이 이 단락을 시작하면서 그의 마음속에 있는 가장 중요한 요소다. 그는 모든 하나님의 백성들에게 능동적으로 보여 준 빌레몬의 사랑에 관한 기쁜 소식을 들었는데, 이 사랑은 주 예수에 대한 믿음으로부터 나온 것이었다. 바울의 감사는 곧바로 그의 간구로 이끌어 간다. 즉 빌레몬의 너그러움과 관련된 중재 간구다. 그 간구 내용은 그의 친구의 관대함이 그리스도 안에서 그에게 속해 있는 모든 축복들에 대해 보다 깊은 깨달음으로 효과적으로 이끌어 가는 것이었다. 이러한 그리스도인의 축복들은 빌레몬에게만 속해 있는 것이 아니었다. 그것들은 바울 자신을 포함하여 "그리스도에게" 연합된 모든 사람들을 위한 것이었다.

7절에서 그는 하나님에게 드리는 중재 기도를 더 이상 하지 않고 빌레몬이 왜 자신을 기쁘게 하고 평안케 했는지에 대해 말하면서 그에게 직접 말하는 형식을 취하고 있다. 빌레몬의 사랑은 골로새 그리스도인들에게 구체적으로 나타났고, 또한 바울은 이 동료 신자들과 자신을 동일시하고 있는데(그들 중에 몇몇 사람은 그가 전에 만나 본 적이 없는 사람들이었다. 참조. 골 2:2), 이는 그가 그들에게 주어진 "기쁨과 평안"이 자기에게도 주어졌다고 말하고 있기 때문이다.

3. 오네시모를 위한 간청(8-20절)

참고문헌

Bjerkelund, C. J. *Parakalô*, 118-24. **Bruce, F. F.** *Paul*, 393-406. **Gayer, R.** *Stellung*, 223-66. **Goodenough, E. R.** *HTR* 22(1929) 181-83. **Greeven, H.** *TLZ* 79(1954) 373-78. **Knox, J.** *Philemon*. **Merk, O.** *Handeln*, 225-29. **Schütz, J. H.** *Paul*, 221-24. **Schweizer, E.** "Zum Sklavenproblem im Neuen Testament." *EvT* 32(1972) 502-506. **Suhl, A.** *Kairos* 15(1973) 272-74. **Westermann, W. L.** *The Slave Systems of Greek and Roman Antiquity*. Philadelphia: American Philosophical Society, 1955, 102-109. **Wickert, U.** *ZNW* 52(1961) 230-38. **Zmijewski, J.** *BibLeb* 15(1974) 277-94.

본 문

8 이러므로 내가 그리스도 안에서 많은 담력을 가지고 네게 마땅한 일로 명할 수 있으나	**8** Therefore, although I am bold enough in Christ to command you to do what is fitting,
9 사랑을 인하여 도리어 간구하노니 나이 많은 나 바울은 지금 또 예수 그리스도를 위하여 갇힌 자 되어	**9** yet for love's sake I prefer to appeal to you. Although I am none other than Paul, an ambassador of Christ Jesus and now also his prisoner,
10 갇힌 중에서 낳은 아들 오네시모를 위하여 네게 간구하노라	**10** I appeal to you for my child Onesimus, whom I begot while in prison,
11 저가 전에는 네게 무익하였으나 이제는 나와 네게 유익하므로	**11** Previously he was useless to you, but now he has become useful both to you and to me.
12 네게 저를 돌려 보내노니 저는 내 심복이라	**12** I am sending him[a] — who is my very heart — back to you.
13 저를 내게 머물러 두어 내 복음을 위하여 갇힌 중에서 네 대신 나를 섬기게 하고자 하나	**13** Indeed I would have liked to keep him with me so that he could take your place in helping me during my imprisonment for the gospel.
14 다만 네 승낙이 없이는 내가 아무 것도 하기를 원치 아니하노니 이는 너의 선한 일이 억지같이 되지 아니하고 자의로 되게 하려 함이로라	**14** But I would not do anything without your consent, so that any favor you do will be spontaneous and not forced.
15 저가 잠시 떠나게 된 것은 이를 인하여 저를 영원히 두게 함이니	**15** Perhaps for this reason he was separated from you for a little while so that you might have him back forever,

16 이 후로는 종과 같이 아니하고 종에서 뛰어나 곧 사랑 받는 형제로 둘 자라 내게 특별히 그러하거든 하물며 육신과 주 안에서 상관된 네게랴

17 그러므로 네가 나를 동무로 알진대 저를 영접하기를 내게 하듯하고

18 저가 만일 네게 불의를 하였거나 네게 진 것이 있거든 이것을 내게로 회계하라

19 나 바울이 친필로 쓰노니 내가 갚으려니와 너는 이 외에 네 자신으로 내게 빚진 것을 내가 말하지 아니 하노라

20 오 형제여! 나로 주 안에서 너를 인하여 기쁨을 얻게 하고 내 마음이 그리스도 안에서 평안하

16 no longer as a slave, but as one who is much more than a slave, as a beloved brother, especially to me, but how much more to you, both in the flesh and in the Lord.

17 So then, if you consider me your partner, welcome him as you would me.

18 If he has wronged you or owes you anything, charge that to my account.

19 I Paul am writing this with my own hand. I will pay it—not to mention that you owe me your very self besides.

20 Yes, brother, I do wish that I may have some benefit from you in the Lord: refresh my heart

원문주해

a. 본 구절의 일반적인 의미는 명확하지만, 필사본 전승은 일관된 독법을 가지고 있지 않다. a[*] A 33의 본문은 다른 독법의 기원을 가장 잘 설명해 준다. 프로슬라부(*προσλαβοῦ*, "받다", 17절)는 구문을 부드럽게 하기 위하여 필사자들에 의하여 도입되었고, 또한 쉬(*συ*, "너")를 첨가하기도 했다. Metzger, *Textual Commentary*, 655, 656, 그리고 Lohse, 201를 보라. 불필요한 단어 아우톤(*αὐτόν*, "그에게")에 관해서는 아래를 보라.

양식/구조/배경

8절의 초두에 있는 문구 디오…(*διό*…, "그러므로…")로써 바울은 빌레몬서의 본론 부분인 오네시모를 위한 중재를 시작하고 있으며, 이것이 8절부터 20절에 이르는 세심하게 구조화된 단락이다. 바울은 그리스도인의 사랑과 믿음이라는 면에서 빌레몬을 소개하고 그의 도망친 종 오네시모를 위한 중재를 하고 있다. 그는 자신의 말에 세심하게 힘을 실어 주면서 본 서신의 본론 부분을 구성하고, 그리하여 본 서신의 수신자는 점점 실질적인 요청을 받는 방향으로 이끌려 간다(Lohse, 197, 198).

첫째로, 바울은 자신의 처지에 대해서 간략한 설명을 한다(8-12절). 첫 문장은 접속사 디오(*διό*, "그러므로")와 양보를 나타내는 분사절 폴렌 엔 크리스토 파레시

안 에콘 에피타쎄인 소이…(*πολλὴν ἐν Χριστῷ παρρησίαν ἔχων ἐπιτάσσειν σοι* …, "내가 그리스도 안에서 많은 담력을 가지고…네게 명할 수 있으나")로 시작된다. 바로 뒤에 나오는 분사절 디아 텐 아가펜 말론 파라칼로(*διὰ τὴν ἀγάπην μᾶλλον παρακαλῶ*, "사랑을 인하여 도리어 간구하노니")는 앞의 반의접속사(*μᾶλλον* – 말론, "그러나", "오히려")와 대립관계에 있다. 주절에 종속되어 있는 두 번째 분사절 토이우토스 온(*τοιοῦτος ὤν*, 이것은 "비록 내가…사람이지만"으로 번역될 수 있다)은 주어 바울(*Παῦλος* – 파울로스)을 말하고 있으며, 그는 자신을 지금 한 사람의 "예수 그리스도를 위하여 갇힌 자"(*δέσμιος Χριστοῦ Ιησοῦ* – 데스미오스 크리스투 예수)가 되어 있는 "사신"(*πρεσβύτης* – 프레스뷔테스)으로 설명한다. 바울의 요청 뒤에는 사신이요 그리스도 예수의 종인 한 사람이 서 있다. 10절에서 같은 정형동사인 파라칼로(*παρακαλῶ*, "내가 간구하노라")가 바울이 이 편지를 받는 수신자에게(*σε* – 세, "너에게") 자신의 요청을 하면서 반복되어 나타난다. 도망친 한 종의 이름을 언급하기에 앞서 그는 그 종을 자신이 갇힌 중에 낳은 아들이라고 말하고 있으며(10절), 그가 자신에게 얼마나 친절하며 사랑받는 자인지를 강조한다. 바울은 앞에서(9절) 이와 대조되는 진술로 자신을 묘사했던 바와 같이, 이 곳 11절에서도 역시 언어유희를 하면서 오네시모에 관해서 대조적인 묘사를 하고 있다. "무익했으나…유익하므로"(*ἄχρηστον…εὔχρηστον* – 아크레스톤…유크레스톤; "저가 전에는 네게 무익했으나 이제는 나와 네게 유익하므로"(*τόν ποτέ σοι ἄχρηστον νυνὶ δὲ⟨καὶ⟩ σοὶ καὶ ἐμοὶ εὔχρηστον*, 톤 포테 소이 아크레스톤 뉘니 데⟨카이⟩ 소이 카이 에모이 유크레스톤). 여격 대명사들(소이⟨*σοί*, "너에게"⟩, 소이⟨*σοί*, "너에게"⟩, 에모이⟨*ἐμοί*, "나에게"⟩)을 통하여 바울은 한편으로 오네시모와 빌레몬 간의 개인적인 관계를 강조하면서, 다른 한편으로 오네시모와 자신의 관계를 강조한다. 12절은 관계절 "내가 돌려보내는 저"(*ὃν ἀνέπεμψά σοι* – 혼 아네펨프사 소이)를 담고 있으며, 반면에 그 문구에 덧붙여진 명사절 "저는 내 심복이라"(*αὐτόν, τουτ᾽ ἔστιν τὰ ἐμὰ σπλάγχνα* – 아우톤, 투트 에스틴 타 에마스플랑크나)는 바울과 그 도망친 종 사이의 친밀한 관계 – 오히려 동일시하고 있음 – 를 말하고 있다.

두 번째 단락(13, 14절)에서 바울은 오네시모가 도피처를 찾아서 자기에게 왔던 때를 되돌아보고 있다. 13절은 관계대명사 혼(*ὅν*, "그는"; 오네시모를 가리킴)으로 시작하고, 하나의 바람(*ἐβουλόμην* – 에불로멘, "하고자 하나")을 표현하는 정형동사를 포함하고 있으며, 여기에 하나의 부정사(*κατέχειν* – 카테케인, "머물게 하다")가 덧붙여져 있다. 목적을 나타내는 히나(*ἵνα*)-절은 앞 구절에 종속된다. 14절에서는 문장 구조가 비록 반의적이기는 하지만 평행을 이루고 있다: 문장을 시작하고 있는 "다만 네 승낙 없이는"(*χωρὶς δὲ τῆς σῆς γνώμης* – 코리스 데 테스 세스 그노메스)은 앞에 있는 내용과 대조를 이루고 있다. 또다시 바람을 나타내고 있는 정형동사가 사용되었으며(*ἠθέλησα* – 에델레사, "내가 원했다", 미완료형이 아니라 부정과거형이다. 참조. *ἐβουλόμην* – 에불로멘, "하고자 했다"), 여기에 하나의 부정사가 붙어 있다(*ποιῆσαι* – 포이에사이, "하기를"). 14절 역시 앞 문장에 종속되는 목적을 나타내는 히나(*ἵνα*)-절로 마치고 있으며, 이러한 목적을 나타내는 문장 가운데 날카로운 대조가 나타나 있다: "억지같이 되지 아니하고 자의로 되게 하려 함이로라"(*μὴ ὡς κατὰ ἀνάγκην ἀλλὰ κατὰ ἑκούσιον* – 메 호스 카타 아낭켄… 알라 카타 헤쿠시온).

15절과 16절(Zmijewski, *BibLeb* 15[1974] 289에서는 이 구절을 하나의 단위로 간주한다)은 바울이 오네시모를 붙들어 두지 않은 또 다른 이유를 말하면서 "이는"(*γάρ* – 가르)을 통하여 앞의 내용과 연결된다. 이 문장은 주절의 "잠시"(*πρὸς ὥραν* – 프로스 호란)와 종속된 히나(*ἵνα*)-절의 "영원히"(*αἰώνιον* – 아이오니온) 사이에 날카로운 대조를 이루고 있는데, 이러한 대조는 이 구절들에 있는 두 개의 동사 코리조(*χωρίζω*, "떠나")와 아페코(*ἀπέχω*, "〈다시〉 두게") 간의 대조와 일치한다. 하나님의 활동이 수동형 에코리스데(*ἐχωρίσθη*, "저가 떠나게 된 것") 가운데 암시되어 있으며, 따라서 뒤따라오는 히나(*ἵνα*)-절은 하나님의 의도를 나타낸다. 16절은 앞의 아우톤(*αὐτόν*, "저", 즉 오네시모)과 연결키시고 있는 하나의 긴 첨가절을 담고 있는데, 마지막 동사 아페케스(*ἀπέχῃς*, "〈다시〉 두게")의 목적어이며, 여기서는 오네시모가 묘사된다. 처음으로 그가 종이라는 사실이 진술된다. 그러나 즉시 그 반대 신분으로 말하고 있다. 즉 그는 종 이상의 인물이라는 것이다(*οὐκέτι ὡς δοῦλον ἀλλὰ ὑπὲρ δοῦλον* – 우케티 호스 둘론 알라 휘페르 둘론, "종과 같이 아니하고 종에서 뛰어나"). 이 "뛰어나"가 의미하는 내용이 뒤따라오는 그리스도인의 의미를 그에게 제공하고 있는 동격 문구 가운데 표현되어 있다. 즉 그가 "사랑받는 형제"(*ἀδελφὸν ἀγαπητόν* – 아델폰 아가페톤)라는 것이며, 그러한 표현이 빌레몬 자신에게도 같은 방식으로 언급되고 있다. 본 절의 하반절은 이러한 순서 가운데 빌레몬을 앞에 두려 하고 있으며, 최상급의 표현인 말리스타(*μάλιστα*, "특별히"; 여기서는 비교의 의미인 "특별히"이다)는 포소 데 말론(*πόσῳ δὲ μᾶλλον*, "하물며"; 직역하면 "얼마나 훨씬 더")에 의하여 한층 강조되어 있다. 그러므로 이중 비교가 나타나 있는 것이다. 오네시모는 최상의 의미에서 바울에게 사랑을 받는 형제였다. 그러나 빌레몬에게는 더욱 하나의 종으로서 그리고 "주 안에서" 그에게 결탁된 사람으로서 사랑받는 형제가 될 것이다(15절과 16절의 구조에 관해서는 특별히 Zmijewski, *BibLeb* 15[1974] 289, 290를 보라).

17-20절은 편지 본론의 결론이다. 조심스럽게 예비적인 말을 한 다음 바울은 처음으로 빌레몬에게 자신의 요청의 내용을 말하고 있다. "저를 영접하기를 내게 하듯 하고"(*προσλαβοῦ αὐτὸν ὡς ἐμέ* – 프로슬라부 아우톤 호스 에메). 17절의 "그러므로"(*οὖν* – 운)는 편지의 주제로 되돌아가고 있음을 암시한다. 첫 번째 문장(17절)은 도입 상황절 "네가 나를 동무로 알진대"(*εἰ οὖν με ἔχεις κοινωνόν* – 에이 운 메 에케이스 코이노논)를 포함하고 있으며, 그 다음으로 명령형으로 된 동사를 가지고 있는 주절 "저를 영접하기를 내게 하듯 하고"(*προσλαβοῦ αὐτὸν ὡς ἐμέ* – 프로슬라부 아우톤 호스 에메)가 뒤따라온다. 18절은 정확하게 평행이 되어 있다: 이 구절도 도입 상황절 "저가 만일 네게 불의를 했거나 네게 진 것이 있거든"(*εἰ δέ τι ἠδίκησέν σε ἢ ὀφείλει* – 에이 데 티 에디케센 세 에 오페일레이)으로 시작되고, 그 다음에 하나의 명령형 동사를 가진 주절 "이것을 내게로 회계하라"(*τοῦτο ἐμοὶ ἐλλόγα* – 투토 에모이 엘로가)가 나온다. 19절의 첫 문장 "나 바울이 친필로 쓰노니"(*ἐγὼ Παῦλος ἔγραφα τῇ ἐμῇ χειρί, ἐγὼ ἀποτίσω* – 에고 파울로스 에그라파 테 에메 케이리, 에고 아포티소)는 서명을 한 약식 차용증서, 곧 사도가 오네시모가 입힌 어떤 손실을 벌충하기 위하여 떠맡은 것으로서 하나의 괄호 문구다. 19b절은 18절의 사상을 취하여 그리고 생략 구문 "내가 (네게) 말하지 아니하노라"(*ἵνα μὴ λέγω σοι* – 히나 메 레고 소이)를 통하여 수신자 빌레몬이 바울 자신에게 빚진 것을 상기시켜 준다. 이 문장은 세심하게 선택된 것이다: "(이외에) 내게 빚진 것을"(*προσοφείλεις* – 프로소페일레이스)은 "네게 진 것이 (있거든)"(*ὀφείλει* – 오페일레이, 18절)과 일치하고, 한편으로 1인칭과 2인칭 대명사들의 흥미로운 상호작용이 들어 있다(18절, *σε*··· *ἐμοί* – 세···에모이, "네게···내게"; 19절, *ἐγώ* ···*σοι*···*σεαυτόν μοι* – 에고···소이···세아우톤 모이, "내가···네게···네 자신으로 내게"). 두 개의 문장 20a와 20b절로 이루어진 긴 단락의 마지막 구절은 앞에서 언급한 주제들을 반영하고 있다: "형제여"(*ἀδελφέ* – 아델페), "마음이 평안하게 하라"(*ἀνάπαυσον*··· *τὰ σπλάγχνα* – 아나파우손···타 스플랑크나). 편지를 보내는 자와 받는 자, 곧 바울과 빌레몬 간의 개인적인 관계가 편지의 본론의 시작 부분에서 전면에 나와 있었는데 또다시 여기에 드러나 있다. 사도가 자신의 심령의 바람을 이룰 수 있기를 진지하게 바라는 내용을 말하고 있는 두 문장은 평행을 이루고

있는 엔 문구들로 마감하고 있다: "주 안에서"(ἐν κυρίῳ – 엔 퀴리오) 그리고 "그리스도 안에서"(ἐν Χριστῷ – 엔 크리스토).

주석

도입 구절인 감사 구절의 결론부에서 바울은 빌레몬에게 보내는 자신의 편지의 본론 부분(8-20절), 곧 오네시모를 위한 중재를 시작하고 있다. 세심하게 구성되어 있는 단락 가운데서(앞 단락을 보라) 바울은 빌레몬에 대한 자신의 실질적인 요청으로 나아가고 있다.

8 본 서신의 본론 부분은 불변화사 "그러므로"로 시작하고 있는데(διό – 디오: BAG, 198를 보라. 여러 사람들이 앞부분과의 연결이 특별히 강하지 않다고 생각한다(Lohmeyer, 183, Sanders, *JBL* 81[1962] 355, Lohse, 198, Suhl, *Kairos* 15[1973] 272, Stuhlmacher, 36, Gayer, *Stellung*, 250에서 그렇게 주장함. 그러나 언어적 그리고 구조적 이음매들이 상당히 많은 반면〈앞 단락을 보라〉, 바울의 요청의 근거인 9절에 있는 "사랑"에 대한 언급이 5절에 언급된 바울의 감사의 근거와 묶여 있다). 이는 양보절을 통하여(Moule, 144과 그의 *Idiom Book*, 102에서 이렇게 말함. 참조. Turner, *Syntax*, 157) 이례적으로 주장하고 있는 바와 같다: "이로 인하여(이러므로) 내가 그리스도 안에서 많은 담력을 가지고 네게 마땅한 일로 명할 수 있으나(8절), 사랑을 인하여 도리어 간구하노니…"(9절)(διό, πολλὴν ἐν Χριστῷ παρρησίαν ἔχων ἐπιτάσσειν σοι τὸ ἀνῆκον… – 디오, 폴렌 엔 크리스토 파레시안 에콘 에피타쎄인 소이 토 아네콘…). 글자 그대로 번역하면 "모든 말"을 의미하는 파레시아(παρρησία)라는 단어는 본래 정치 분야에서 자신의 의견을 자유롭게 말할 수 있는 헬라 도시-국가의 모든 특권을 가지고 있는 시민의 권리를 나타내기 위하여 사용되었다. 이것은 후대에 아첨꾼들의 가장된 찬사에 반대하여 참된 친구 관계의 특징을 나타내는 말로 발전되었다(W. C. van Unnik, "The Christian's Freedom of Speech in the New Testament," *BJRL* 44[1962] 466-88를 보라. 참조. BAG, 630, 631, Schlier, *TDNT* 5, 871 86, 또한 Hahn, in *NIDNTT* 2, 734-37). 그 어떤 명사나 또한 그와 어근이 같은 동사 파레시아조마이(παρρησιάζομαι, "자유롭게, 공개적으로, 두려움이 없이 말하다")도 LXX에 자주 나타나지 않지만(van Unnik, *BJRL* 44[1962] 472에서는 이 단어-그룹이 "난외의 특징"이라고 설명한다(자세한 사항에 관해서는 Schlier, *TDNT* 5, 875-79, Hahn, *NIDNTT* 2, 735, 736를 보라), 우리가

신약성경으로 돌아가면 그 실례가 상당히 증가한 사실을 보게 된다(명사는 31회 나타나고, 동사는 9회 나타나는데, 바울 서신에서 명사는 고후 3:12; 7:4; 엡 3:12; 6:19; 빌 1:20; 골 2:15, 딤전 3:13, 몬 8절, 그리고 동사는 엡 6:20; 살전 2:2에 나타난다). 단 하나의 영어 단어를 가지고 이러한 단어가 출현하는 곳에서 일관성 있게 성공적으로 번역하지는 못한다(예를 들어, NEB는 다양하게 번역을 하고 있다: "명백하게", "담대한", "담대함", "공공연히", "공개적으로", "확신", 반면에 van Unnik은 이 문구를 "연설의 자유"로 본다). 바울 서신에서 이 단어는 인간들을 향한 자신의 숨김없음과 솔직함(고후 3:12; 7:4; 엡 6:20; 살전 2:2; 딤전 3:13; 몬 8절; 참조. BAG, 630, Schlier, *TDNT* 5, 883, Lohse, 198), 하나님을 향한 자신의 숨김없음에 근거하는 정직을 지칭할 수 있다(고후 3:12; 엡 3:12; 빌 1:20). 사도행전은 재삼재사 반복하여 베드로, 바울 그리고 다른 사람들이 어떻게 유대인이나 이방인 앞에 담대히 서서 하나님의 일을 선포했는지를 기록하고 있다(참조. 명사에 관해서는 2:29; 4:13, 29, 31; 28:31 그리고 9:27, 28;13:46; 14:3; 18:26; 19:8; 26:26). 놀라움(4:13), 분리(14:3, 4) 그리고 박해(9:27)를 불러일으켰던 이러한 담대함은 반복하여 추구하는 성령의 열매(4:29-31)였다. 때때로 바울 서신에서 파레시아(*παρρησία*)는 "솔직함"을 나타낼 수 있다. 고린도후서 7:4에서 NEB의 번역 "내가 온전히 솔직하게 너희에게 말하노라"(*πολλή μοι παρρησία πρὸς ὑμᾶς* – 폴레 모이 파레시아 프로스 휘마스)는 그 의미를 정확하게 드러내고 있다. 바울과 고린도 교인들 사이에 존재했던 부자연스러운 관계 속에서 바울은 아주 솔직하게 그들에게 말할 자유를 가지고 고린도 교인들에게 그들의 마음을 닫지 말 것을 권하고 있다(van Unnik, *BJRL* 44[1962] 473, 474). 이와 관련하여 파레시아(*παρρησία*)는 다른 사람들과의 관계가 "사랑의 의미"에서 "솔직함"으로 특징지어진다는 사실을 암시할 수 있다. 이것이 바울 사도가 빌레몬서 8절에서 의미하는 바로 그것이다. 그것이 곧 "그리스도 안에서"(*ἐν Χριστῷ* – 엔 크리스토), 즉 그들의 그리스도인의 관계로 인하여 가진 큰 담대함 혹은 솔직함이다("많은"〈*πολλή* – 폴렌〉은 바울이 어떻게 그렇게 많은 자유를 누리고 있는지를 암시한다). 틀림없이 바울은 그들의 개인적 친분(전체 단락에서 1인칭과 2인칭 단수들의 균형을 통하여 헬라어 본문 가운데서 이끌어 낸 점)을 염두에 두었을 것인데, 이것은 아마도 빌레몬이 회심할 때 바울이 하나님이 사용하시는 도구로서의 역할을 했던 그 당시에 시작되었을 것이다(19절). 앞 구절들에서 명확하게 언급된 그리스도인으로서 빌레몬의 좋은 인품은 바울이 공공연하게 그리고 애정을 가지고 말할 수 있었다는 것을 의미했고, 반면에

이 편지의 수신자가 그 가운데 한 사람이었던 이방인의 사도로서 그의 책임은 그로 하여금 그리스도 안에서 담대히 말하게 만들었다.

많은 주석가들은 여기 나오는 파레시아(*παρρησία*, "담대함", "솔직")가 실질적으로 엑수시아(*ἐξουσία*, "권위", Schlier, *TDNT* 5, 883의 내용은 많은 사람들이 인정하면서 인용하는 내용으로서 다음과 같이 말한다: "우리는 엑수시아〈*ἐξουσία*〉와 매우 같은 의미인 파레시아〈*παρρησία*〉의 한 예를 가지고 있다"; 참조. 다른 사람들 중에서는 Lohse, 198, 또한 Ernst, 133, Merk, *Handeln*, 225를 보라)와 동일하다고 제안한다. 그러나 그러한 동일시는 옳지 않다. 권위의 어조는 파레시아(*παρρησία*) 안에서가 아니라 에피타쎄인(*ἐπιτάσσειν*) 가운데서 맞아떨어진다. 분명한 것은 에피타쏘(*ἐπιτάσσω*, "지시", "명령"; BAG, 302; 이 단어 그룹에 관해서는 Delling, *TDNT* 8, 27-48를 보라)가 하나의 강력한 단어라는 것이다. 비록 이것은 바울 서신의 다른 곳에서는 출현하지 않을지라도 어근이 같은 명사는 나타난다: 에피타게(*ἐπιταγή*, "명령", "지시")는 일곱 번 나타나며(롬 16:26; 고전 7:6, 25; 고후 8:8; 딤전 1:1; 딛 1:3; 2:15), 이것이 보다 높은 지위에 있는 자로부터 내려오는 권위 있는 명령을 의미한다는 사실이 문맥으로부터 드러난다(롬 16:26은 영원하신 하나님의 "명령"〈*ἐπιταγή* – 에피타게〉을 언급한다). 에피타쏘(*ἐπιτάσσω*, "명령하다")는 신약성경에서 귀신들에 대한 예수님의 권위 있는 명령들에서 발견되고(막 1:27; 9:25 등), 또한 헤롯의 명령(막 6:27) 그리고 아나니아(행 23:2)의 명령에서 발견된다. LXX에서처럼 이 단어는 이의를 제기할 수 없는 종교적 혹은 정치적 권위에 대한 복종에 연루되는 상황에 제한되어 있다(Lohmeyer, 183; Schütz, *Paul*, 222; 참조. Delling, *TDNT* 8, 36, 37).

토 아네콘(*τὸ ἀνῆκον*)은 "마땅한 일"을 의미하며(위의 골 3:18 "주석"을 보라), 바울이 빌레몬에게 글을 쓰고 있는 일과 관련이 있다. 그것은 "일반적으로 타당한 도덕적 명령을 의미하지 않고"(Lohse, 198에서 이를 정확하게 말한다. Schlier, *TDNT* 1, 360에서는 이에 반대하는데, 그는 "거의 법적으로 의무적인 것"을 가리킨다는 것이며, 또한 Schütz, *Paul*, 222에서는 이 단어가 "의무를 지고 있는 정치적 혹은 종교적 구속력이 있는 권위를 암시한다"고 말한다), 그리스도인으로서 오네시모와 관련된 상황 가운데서 해야 할 빌레몬에게 알맞은 일을 의미한다. 이 시점에서 바울은 의무의 내용을 말하지 않고, 다만 그가 단순히 그 일에 관해서 하나의 명령을 했을 수도 있다고 암시해 준다.

9 바울은 자기 말로 맹종을 강요하려는 의도가 없다. 오히려 그는 자신의 요청

을 다른 근거 위에서 말하고 있다. "사랑을 인하여 도리어 간구하노니"(*διὰ τὴν ἀγάπην μᾶλλον παρακαλῶ* – 디아 텐 아가펜 말론 파라칼로). 바울 당시 헬라어 세계에서 풍부한 의미를 가지고 있었고 "권면하다"라는 의미를 함축하고 있었던 파라칼로(*παρακαλῶ*)란 동사(골 2:2의 "주석"을 보라. 그리고 BAG, 617에 있는 번역의 범위를 보라)는 여기서 요청 혹은 간청의 어조를 느끼게 한다(이것은 분명히 "도리어"〈*μᾶλλον* – 말론〉에 의하여 "명령하다"〈*ἐπιτάσσω* – 에피타쏘〉와는 구별된다. 참조. Schmitz, *TDNT* 5, 795, 그리고 Bjerkelund, *Parakalô*, 188; "바울이 요청하고 있는 때에라도 사실 그는 명령하고 있다"는 하인즈의 주장〈Hainz, *Ekklesia*, 204〉은 8절의 양보절을 가지고 있는 헬라어 대구 문장 구조 및 9절의 "도리어"〈*μᾶλλον* – 말론〉와 상충되며, 또한 권위에 대한 하인즈 자신의 견해에 관해서 바울 자신의 견해보다 더 많은 것을 우리에게 말하고 있다). 비예르클런드(Bjerkelund, *Parakalô*, 119)는 왕이 요청할 수 있는 것와 같이 바울도 여기서 명령하기보다는 간청하는 방향을 선택하고 있다고 말한다. 그는 빌레몬이 자유롭게 동의해 주기를 원하고 있다(14절).

"사랑을 인하여"(*διὰ τὴν ἀγάπην* – 디아 텐 아가펜)는 말하자면 서로간의 대우와 관계에서 그리스도인을 지배하고 있는 하나의 원리로서의 사랑을 의미하는 것으로 취급되어 왔으며, 이것이 바울의 호소의 근거로 여겨졌다(Wickert, *ZNW* 52 [1961] 236에서는 "통상적인 사랑은 요청을 들어주도록 강요한다"고 말하고 있는데, 이를 Lohse, 199에서 인용했다. 달리 선택할 수 있는 주장은 이 사랑을 자기 믿음의 아들 오네시모를 향한 것이든 아니면 빌레몬을 향한 것이든 바울의 사랑으로 이해하는 것이다). 그러나 "사랑"(*ἀγάπη* – 아가페)이라는 단어가 앞의 단락(5, 7절)에서 성도들에게 구체적으로 보여 준 빌레몬의 사랑을 나타내기 위하여 이미 두 번 사용되었으며, 그래서 여기 9절에 나오는 표현을 해석하는 가장 자연스러운 방법은 이와 같은 노선을 따라 정관사 "그"(디아 텐 아가펜〈*διὰ τὴν ἀγάπην*, "사랑을 인하여"〉 안에 있는 텐〈*τήν*, "그"〉)를 앞에서 언급된 사랑으로 이해하는 것이다. (이러한 앞의 두 경우 이외의 의미로 이 단어를 해석하는 강력한 문맥상의 이유들이 있을 것이며, 우리가 보기에는 문맥이 개념상 그러한 변화를 필요로 하지 않는 것처럼 여겨진다. 사실은 그 정반대다). 그가 명령하기보다 간청할 수 있는 것은 엄밀히 말해서 바울이 과거에 행했던 빌레몬의 친절과 너그러움에 대해 알고 있기 때문이며, 이번에는 오네시모와 관련하여 다시 한 번 보여지는 빌레몬의 사랑을 내다보고 있다(위의 6절에 대한 우리의 해석은 이러한 해석과 동일하다. 이 편지가 편지의 본론에 있는 주제들을 예상케 해주는 도입부의 감사 단락과 함께 세심하게 구성되어 있다는 사실은 이미 살펴본 바 있다: 아가페〈*ἀγάπη*, 사랑〉는 우리가 취급해야 할 첫 번째 주제다. O'Brien, *Introductory Thanksgivings*, 51, 또한 Dibelius-Greeven, 104를 보라. "7절에 언급된 빌레몬의 사랑을 믿으면서," Friedrich, 191, Knox, *Philemon*, 19, Zmijewski, *BibLeb* 15[1974] 278, Gayer, *Stellung*, 251).

"나이 많은 나 바울은 지금 또 예수 그리스도를 위하여 갇힌 자 되어"(*τοιοῦτος ὢν ὡς Παῦλος πρεσβύτης, νυνὶ δὲ καὶ δέσμιος Χριστοῦ Ἰησοῦ* – 토이우토스 혼 호스 파울로스 프레스뷔테스, 뉘니 데 카이 데스미오스 크리스투 예수). 본 문장의 두 번째 부분에서(분사절 토이우토스 혼〈*τοιοῦτος ὢν*, "내가…사람이므로 혹은 일지라도"〉은 주절에 종속되어 있다) 바울은 자신을 호소하는 사람으로 말하고 있다(주로 강조를 위해서나 혹은 특별한 효과를 위해서 사용하는 동격의 표현은 9, 10, 11, 12, 16, 19절에 나타난다. 또한 9, 14, 16, 17절에서 호스〈*ὡς*, "처럼, 같이"〉의 출현을 보라 – 여기서 이 불변화사는 문맥 가운데서 언급된 "한 사람, 물건 혹은 행동 등의 성질을 소개한다." BAG, 898, 참조. Lohse, 199, 그리고 이것이 토이우토스〈*τοιοῦτος*〉를 뒤따라올 때 이것은 "…와 같은 나의 성격으로"〈in my character as〉와 동일하다. BAG, 821): 첫째로, 그는 자신의 이름, 즉 "바울"을 언급한다(*Παῦλος* – 파울로스, 고후 10:1; 갈 5:2; 엡 3:1; 골 1:23; 살전 2:18). 빌레몬에 대한 요청은 그와 잘 알고 있는 사람, 즉 바울로부터 나온 것이다. 둘째로, 그는 자신을 프레스뷔테스(*πρεσβύτης*)라고 부르고 있는데, 몇몇 사람은 이것을 그의 나이를 말하는 것으로 취급해 왔고 "나이 많은 사람"으로 번역했다(BAG, 700에서는 한 사람이 통과하는 삶의 단계들을 논의한다. Bornkamn, *TDNT* 6, 683, Lohse, 199, Stuhlmacher, 37, 38, 그리고 von Soden, 75, Vincent, 184, Dibelius-Greeven, 104, 105, Friedrich, 193과 같은 초창기 주석가들의 글을 보라). 결국 빌레몬의 사랑에 호소하는 것으로 충분할 것이라고 생각하는 바울은 이것을 자신의 나이와 투옥, 그리고 자신이 오네시모에게 영적 아버지라는 사실로써 보강한다. 그러나 프레스뷔테스(*πρεσβύτης*)라는 단어는 "사신", "대사"에 대해서도 사용되었다(2 Macc 11:34; 대하 32:31[B]; 1 Macc 14:22; 15:17[a], Bornkamm, *TDNT* 6, 683에서는 이 참고구절들에 대해서 이렇게 주장한다. 엄밀히 말해서 "대사"에 대한 헬라어는 프레스뷰테스〈*πρεσβευτής*〉였으나, Lightfoot, 336, 337와 Lohmeyer, 185에서는 상당 기간 동안 프레스뷔테스〈*πρεσβύτης*〉가 이 두 경우 모두에 대해서 사용되었다고 주장했다. 어느 쪽으로 번역하든 가능하며, 따라서 본문의 문맥을 보고 결정해야 한다). 만일 "대사"라는 번역이 받아들여진다면, 이 단어는 바울에게 부여된 권위를 가리켰을 것이며, 따라서 그가 그리스도의 대사로서 말하고 있다는 사실을 강조했을 것이다(참조. 고후 5:20; 엡 6:20, "이 일을 위하여 내가 쇠사슬에 매인 사신〈*πρεσβεῦω* – 프레스뷰오〉이 된 것은"). 이러한 입장에서 볼 때 불변화사(*ὤν*, 혼)는 양보를 나타내고 8절의 양보절과 평행을 이룬다. 그렇다면 이것은 다음과 같이 번역될 수 있다: "비록 그리스도 예수의 대사요 지금 또 그의 포로가 된 나 바울은"(참조. Moule, 144: 여기서 프레스뷔테스〈*πρεσβύτης*〉를 프레스뷰테스〈*πρεσβευτής*, "대사"〉의 의미로 이해하는 다른 사람들은 Haupt, 201, 202, Robertson, *Grammar*, 201, T Preiss, *Life in Christ*. Tr H. Knight SBT 13[London: SCM, 1954] 37, 38, Kümmel, *Introduction*, 349, Schmauch, *Beiheft*, 96, Wickert, *ZNW* 52[1961] 235, Suhl, *Kairos* 15[1973] 272, Martin, *NCB*, 163, Ernst, 133, 134, Caird, 221, Bruce, *Paul*, 393, Gayer, *Stellung*, 251, Ollrog, *Paulus*, 102이다).

마지막으로 바울은 "예수 그리스도를 위하여 갇힌 자"(*δέσμιος Χριστοῦ Ἰησοῦ* – 데스미오스 크리스투 예수, 1절의 "주석"을 보라)인데, 이것은 자기의 소명에 신실한 사람으로서 바로 지금 그리스도의 고난에 동참하고 있다는 것이다(뉘니〈*νυνί*〉는 뉜〈*νῦν*〉보다 더 강력한 부사이며, 바울의 투옥이 그가 이 편지를 기록할 바로 그 당시에 시작되었다는 사실을 암시할 수 있다: 위의 서론을 보라). 그러므로 빌레몬은 그의 말을 주의 깊게 들을 것이다.

10 "갇힌 중에서 낳은 아들 오네시모를 위하여 네게 간구하노라"(*παρακαλῶ σε περὶ τοῦ ἐμοῦ τέκνου, ὃν ἐγέννησα ἐν τοῖς δέσμοις Ὀνήσιμον* – 파라칼로 세 페리 투 에무 테크누, 혼 에겐네사 엔 토이스 데스미오스 오네시몬). "내가 간구하노라"는 동사는 바울이 자기 요청을 언급하면서 반복되며(*παρακαλῶ* – 파라칼로), 그러므로 이것이 그가 이 편지를 기록한 목적이다. 빌레몬이 이 말을 들은 사람이며("네게"〈*σε* – 세〉는 동사의 직접 목적어다), 바울의 요청은 자신을 위한 것이 아니고 그가 감옥에 갇혔을 때 그의 사역을 통하여 회심한 사람이요 그가 깊이 사랑한 오네시모를 위한 것이었다. 여기에 나오는 헬라어 전치사 페리(*περί*)는 "…에 관해서", "…와 관련하여"라기보다는 "…를 위하여"(고전 16:12; 고후 12:8; 살후 2:1을 보라)를 의미한다(Knox, *Philemon*, 20에서 주장한 바와 같이; 비판에 관해서는 Greeven, *TLZ* 79[1954] 373-78, 특히 374, Bjerkelund, *Parakalô*, 120, 121, Lohse, 199, 그리고 Suhl, *Kairos* 15[1973] 272를 보라). 바울은 자신에 관해서 요청하기보다 오네시모를 위하여 요청하고 있다. 이 문장은 조심스럽게 구성되어 있는

데, 그 이유는 오네시모의 이름이 끝에 나오기 때문이다. 이것은 아마도 자기 종이 도망한 이래 빌레몬이 그에 대해서 들은 첫 번째 소식이었을 것이며, 빌레몬이 그 종의 이름을 듣고 부정적 반응을 하리라고 생각되었을 수 있다. 그래서 바울은 섬세한 재치로 먼저 오네시모가 바울이 투옥되어 있는 동안 회심하여 그리스도인이 되었다는 중요한 사실을 말하고 있는 것이다.

오네시모를 자기가 낳은 아들(*περὶ τοῦ ἐμοῦ τέκνου ὃν ἐγέννησα* – 페리 투 에무 테크누 혼 에겐네사)로 묘사하면서, 바울은 자신이 다른 곳에서 사용했고 또한 궁극적으로 구약성경으로부터 유래한 것으로서 유대주의에 그 동등한 표현을 가지고 있었던 영적 부모 이미지를 사용하고 있었다. 그래서 그는 자신을 모든 그리스도인 공동체, 곧 자신이 "복음으로 말미암아 그리스도 예수 안에서" 낳은 골로새 교인들의 아버지로 부르고 있으며(고전 4:15; 참조. 갈 4:19), 반면에 디모데(고전 4:17; 딤후 1:2)와 디도(딛 1:4)를 자기 아들로 말하고 있다(*τέκνον* – 테크노, 참조. Rengstorf, *TDNT* 1, 668, Schrenk, *TDNT* 5, 1005). 베드로전서 1:3에서는 하나님 자신이 그리스도인을 낳으신 분으로 말하고 있으며(참조. 벧전 2:2), 야고보서 1:8에서는 그리스도인을 낳는 분으로 말하고 있다. 주인과 제자들과 관련하여 "아버지"와 "아들"이라는 단어들은 열왕기하 2:12과 같은 초창기에 나타나며(엘리야, 엘리사에 대하여 각각), 예수님 당시에는 랍비들이 자기 제자들에게 "내 아들"이라고 부르는 것이 통례였다. 거기에는 낳는다는 개념이 전혀 들어 있지 않으나, 바벨론 탈무드에는 그러한 개념이 나타난다: "한 사람이 다른 사람의 아들에게 토라를 가르칠 때, 성서는 마치 그가 그를 낳은 것으로 취급한다"(bSanh. 99b; 좀더 자세한 랍비들의 실례에 관해서는 Str-B 3, 340, 341를 참조하라. 또한 Büchsel, *TDNT* 1, 665, 666를 보라). 게다가 다른 사람에게 자신이 가진 믿음을 갖게 하는 유대인은(그리고 그것은 하나님 자신의 창조적 사역과 비교되는 큰 규모의 성취였다), 랍비들에 따르면 모든 유대인 남자들에게 최고의 명령으로 지워져 있는 생육하고 번성하라는 지시를 이상적 방법으로 만족시키는 것으로 믿어졌다(Rengstorf, *TDNT* 1, 666, 667를 보라). 신비 종교에서는 비록 이 용어가 다소 유사하기는 하지만(비법 전수자는 새로운 입회자의 아버지로 여겨졌다. 참조. Dibelius-Greeven, 105) 이 개념은 달랐다. 낳고 그의 부친이 되는 바울의 행위는 "복을 통해서"였다(고전 4:15).

오네시모(헬라어 오네시몬 톤 포테…〈*Ὀνήσιμον τόν ποτέ*…〉는 투 에무 테크누〈*τοῦ ἐμοῦ τέκνου*, "내 아들"〉와 일치하는 소유격이 아니라 직접목적격이며, 이것은 관계절 혼 에겐네사…〈*ο'ν ἐγέννησα*…, "내가 낳은 그"〉로의 견인으로 인한

것일 수도 있다: Moule, 145, Lohse, 200에서 그같이 말함. Knox, *Philemon*, 21에서는 "오네시모"란 그에게 그 그리스도인 이름이 처음으로 주어졌다는 사실을 의미하는 것으로 취급한다)가 바울이 투옥되어 있는 동안(투옥은 좌절하게 만든 시기였음에 분명하다) 회심했다는 사실은 바울로 하여금 오네시모에게 특별한 애정을 느끼게 했을 것이다. 더 세밀한 점을 주시해야 할 필요가 있다: 만일 오네시모가 바울의 아들이라면, 이는 그가 빌레몬의 형제라는 뜻이 된다. 바울은 잠시 후에 이를 명확하게 밝히겠지만, 여기서도 그 암시가 분명하게 드러난다.

11 오네시모에 관한 여러 가지 자세한 진술이 덧붙여져 있다(11절). 첫째로, 에크레스톤/유크레스톤(*ἄχρηστον/εὔχρηστον*, "무익한/유익한")이라는 단어들의 언어유희를 통하여 오네시모의 이전(*ποτέ* – 토테) 상태와 그리스도 안에서 지금(*νυνὶ δέ* – 뉘니 데) 상태 사이에 날카로운 대조가 이루어져 있다. 즉 "저가 전에는 네게 무익했으나 이제는 나와 네게 유익하므로"[*τόν ποτέ σοι ἄχρηστον νυνὶ δὲ* ⟨*καὶ*⟩ *σοὶ καὶ ἐμοὶ εὔχρηστον* – 톤 토테 소이 아크레스톤 뉘니 데 (카이) 소이 카이 에모이 유크레스톤; 이 문장에는 두 개의 대조가 나타난다: "전에는…이제는"(*ποτέ*…*νυνὶ δέ*, 토테…뉘니 데) 그리고 "무익…유익"(*ἄχρηστον*… *εὔχρηστον*, 아크레스톤…유크레스톤), 뿐만 아니라 평행적 표현 (카이) 소이 카이 에모이(⟨*καὶ*⟩ *σοὶ καὶ ἐμοί*, "나와 네게")]. 주석가들은 "무익/유익" 대조의 언어유희에 대한 수많은 성경 밖의 실례들에 주의를 기울여 왔다(Plato, *Republic* 411A, 랍비 전승 가운데서⟨*Midr Exod* 43, see Str-B 3, 668⟩, 뿐만 아니라 Shepherd of Hermas: *Vis.* 3.6.7, "네가 부유했을 때, 너는 무익했다⟨*ἄχρηστος* – 아크레스토스⟩. 그러나 지금 너는 유익하다⟨*εὔχρηστος* – 유크레스토스⟩…하나님에게 유익이 되어라"; 또한 *Mand* 5. 6. 6: "오랜 고난…은 주님에게 유익하다…못된 기질은…무익하다"; 더 자세한 사항에 관해서는 Lohse, 200를 보라). 아크레스토스(*ἄχρηστος*, "무익", "쓸모없음", BAG, 128, 이것은 신약성경에서 여기에만 나타남)는 도망한 사실과 회심 이전 시기의 오네시모를 가리켜 말한 것이다. 분명히 그는 도망하기 이전이라 할지라도 무익했다. 그는 브루기아인 노예였고, 그러한 "그의 계급과 국적에 대한 통상적인 판단은 자기 자신의 행실을 통하여 확실시되었는데"(Lightfoot, 310), 그 이유는 브루기아인 노예들은 믿을 수 없고 불성실한 것으로 소문이 나 있었기 때문이다. 그러나 하나의 큰 변화가 일어났으며, 바울은 이것을 "전에는-이제는"(*ποτέ-νυνὶ* – 토테-뉘니)이라는 말로 묘사하고 있다. 이러한 묘사는 그가 앞에서 사용했던 것이다(골 1:21, 22을 보라; 또한 2:13을 보라). 이러한 강력한 변화

는 오네시모의 주님이신 그리스도에게로의 회심을 통하여 일어났으며, 그는 이제 유크레스토스(*εὔχρηστος*, "유익한", BAG, 329를 보라. 또한 딤후 2:21; 4:11을 보라. 묘사된 신학적 대조에 관해서는 Tachau, *Einst*, 87, 88, Gayer, *Stellung*, 252를 보라)로 묘사될 수 있다. 이러한 묘사는 "유익한", "유용한"을 의미하는 오네시모의 이름에 아주 잘 들어맞는다(BAG, 570). 바울은 이러한 극적인 변화의 증거를 가지고 있는 사람이고(*ἐμοί* – 에모이, "나에게"), 또한 오네시모가 골로새로 돌아왔을 때 자신의 회심에 대해서 스스로 입증해 줄 것이라고 확신하고 있다("너에게"〈*σοί* – 소이〉가 이례적으로 "그리고 나에게"〈*καὶ ἐμοί* – 카이 에모이〉보다 앞서 있다. Lightfoot, 338; 아마도 이러한 단어-순서는 빌레몬이 오네시모가 다른 사람이 되었다고 스스로 만족해 할 것이라는 사실을 강조하고 있다. 참조. Lohse, 201).

12 오네시모를 빌레몬에게 돌려보낸다는 말을 하면서 바울은 본 서신 본론 부분의 첫 번째 단락을 결론짓는다: "네게 저를 돌려보내노니 저는 내 심복이라"(*ὅν ἀνέπεμφά σοι, αὐτόν, τοῦτ’ ἔστιν τὰ ἐμὰ σπλάγχνα* – 혼 아네펨파 소이, 아우톤, 투트 에스틴 타 에마 스플랑크나). 아나펨포(*ἀναπέμπω*)란 동사는 "돌려보내다", "돌아가다"란 의미를 가지고 있으며(BAG, 59), 이것이 일반적으로 이해되어져 온 방식이다. 그러나 녹스(Knox, *Philemon*, 25)는 이 동사에 전문적인 법적 의미를 부여하면서, 바울이 아킵보의 관심과 결정을 바라면서 빌레몬에게 "오네시모의 일을 언급하기를" 바라고 있다고 주장한다. 바울이 빌레몬의 동의를 구하고 있는 문제는 오네시모가 골로새에 머물러 있느냐, 아니면 자유를 얻어 바울 곁에 있을 것이냐는 오네시모의 미래에 관한 것이다(13절). 그러나 여기서 이 동사는 "돌려보낸다"는 의미를 가지고 있는 것으로 보이며(참조. 눅 23:15), 이 서신상의 부정과거형(여기서 저자는 자신을 수신자가 자기의 편지를 읽을 시점에 놓고 있다. 행 23:30; 빌 2:28; 골 4:8을 보라. 대부분의 주석가들이 그렇게 말하며, 또한 Robertson, *Grammar*, 846, BDF, 항목. 334, Turner, *Syntax*, 73를 보라)이 영어에서는 현재 시제인 "내가 돌려보내고 있다"로 번역되어야 할 것이다. 관계대명사 혼(*ὅν*, "그"〈whom〉) 뒤에 나오는 아우톤(*αὐτόν*, "그를")은 불필요한 잡다한 표현으로 보이며 히브리 구문과 유사하다(히브리 구문에서 어미 변화를 하지 않는 관계사는 직접 인칭대명사로 한정된다: 성경 헬라어는 가끔 이러한 방법을 따른다. 예를 들어, 막 7:25; Moule, 145를 보라). 아우톤(*αὐτόν*, "그를")이 계속되는 문장 앞에서 관계대명사를 또다시 취하고 있지만, 이것이 거의 확실하다. 그래서 모울은 다음과 같이 바꾸어 말한다. "내가 그를 보내고 있다…그리고 내가 그에게 말할(내가 보내고 있

는) 때 바로 나 자신이 말하는 것이다."

이 기간 동안 로마 제국의 동쪽에서는 한 가정에서 도피처를 구하려 했던 도망친 종들은 주인과의 화해가 이루어졌거나 혹은 종을 시장에 내놓아 팔려서 결정된 가격을 주인에게 지불할 때까지 그 가정의 주인에 의하여 일시적으로 보호를 받아야 했다(Goodenough, *HTR* 22[1929] 181-83에서는 이러한 취지로 아덴의 법에 눈길을 돌렸다. 이러한 규정은 톨레미 왕조 하의 애굽에 남아 있었고 주후 3세기 초 울피안〈Ulpian〉의 법에 영향을 주었던 바와 같이 로마 제국 시대까지 잘 보존되었다). 관련된 신명기법은 다음과 같이 되어 있다. "종이 그 주인을 피하여 네게로 도망하거든 너는 그 주인에게로 돌리지 말고 그가 너의 성읍 중에서 기뻐하는 곳을 택하는 대로 너와 함께 네 가운데 거하게 하고 그를 압제하지 말지니라"(신 23:15, 16). 비록 이 법은 바울에게 하나님의 권위를 가져다 주었을지라도, 브루스가 다음과 같이 말한 바와 같다(Bruce, 400). "그는 빌레몬의 동의 없이 그것을 시행하지 않았을 것이며, 빌레몬이 자기 자신의 자유의지를 가진 한 사람의 그리스도인으로서 행동하기를 더 좋아한다"(브루스의 전체적인 논의, 즉 Bruce, *Paul*, 400를 보라).

그러므로 그는 이러한 편지를 써서 오네시모를 돌려보낸다(여러 주변국들 가운데 로마 율법의 위치에 관한 보다 자세한 논의에 대해서는 Stuhlmacher, 23를 보고 좀더 자세한 문서에 관해서는 27, 28쪽을 보라). 그러나 그렇게 하면서 마치 그는 자기 자신이 돌아가고 있는 것처럼 말한다: 타 에마 스플랑크나(*τὰ ἐμὰ σπλάγχνα*)는 "내 마음"을 의미하지만 "나 자신"으로 번역될 수 있다. 쾨스터(Köster, *TDNT* 7, 555)는 다음과 같이 해석한다. "그것은 마치 바울이 사랑을 경험하기를 요구하면서 그 도망친 종 안에서 빌레몬에게 온 것과 같다"(또한 17절을 보라. 거기서 사도는 다음과 같이 기록하고 있다. "저를 영접하기를 내게 하듯 하고"; 오네시모는 그에게 매우 사랑하는 사람이었다). 이 단어 스플랑크나(*σπλάγχνα*, "마음", 7, 12, 20절)의 잦은 사용은 바울이 얼마나 개인적으로 이 문제에 연루되어 있는지를 보여준다.

13 그는 이제 자신이 이 편지를 기록하기 전의 일과 오네시모를 돌려보낸 일을 간략하게 기록하고 있다. "저를 내게 머물러 두어 내 복음을 위하여 갇힌 중에서 네 대신 나를 섬기게 하고자 하나"(*ὃν ἐγὼ ἐβουλόμην πρὸς ἐμαυτὸν κατέχειν ἵνα ὑπὲρ σοῦμοι διακονῇ*… – 혼 에고 에불로멘 프로스 에마우톤 카테케인 히나 휘페르 수 모이 디아코네…). 동사 에불로멘(*ἐβουλόμην*, "하고자 하나")은 바울의 바람 혹은 개인적인 희망을 표현하고 있다. 그것은 하나의 획득할 수 있는 바람을

말하고 있으나, 다음 구절이 이와 날카롭게 대조하여 말하고 있는 바와 같이 바울이 그 현실보다 앞서 나아가고 있음을 드러내 준다: 나는 "원했지만, 그렇게 하지 않는다. 혹은 그것을 하지 않았다"(BDF, 항목 359[2]; Lohse, 201에서 이를 인용함. Stuhlmacher, 40를 보라. 바람에 대한 두 동사 에불로멘〈*ἐβουλόμην*〉과 에델레사〈*ἠθέλησα*〉는 그 의미가 아니라 시제에 있어서 대조되고 있다: 미완료형으로서 에불로멘〈*ἐβουλόμην*〉은 바울이 잠시 느꼈던 하나의 바람을 묘사하고, 반면에 부정과거 에델레사〈*ἠθέλησα*〉는 그의 실질적인 결정을 가리킨다. 참조. Burton, *Syntax*, 15, 그리고 에불로멘〈*ἐβουλόμην*〉과 유사한 용법에 관해서는 행 25:22을 보라. 또한 갈 4:20; 롬 9:3을 보라. 이에 반대하여 Robertson, *Grammar*, 886, 919에서는 이것이 이 미완료형의 예의 바른 혹은 정중한 용법이라고 생각하고 다음과 같이 번역했다. "내가 단지 바라는 점이었다"). 카테코(*κατέχω*; 에코〈*ἔχω*, "가지다"〉의 더 강조적인 형태임)는 성경 밖의 헬라어에서 다양한 의미를 가졌으며(참조. Hanse, *TDNT* 2, 829, 그리고 BAG, 422, 423를 보라. 이것은 헌신자가 신의 강요에 의하여 신전에 남아 있도록 강요당했던 헬라 시대 제의 가운데 하나의 전문 용어로 나타났다), LXX과 신약성경 모두에 있는 두드러진 용법은 "굳게 붙잡다"이다(눅 8:15; 고전 11:2; 15:2; 살전 5:21; 히 3:6, 14; 10:23 등을 보라). 여기서 이 단어는 "보유하다" 혹은 "간직하다"라는 특별한 의미를 가지고 있다(프로스 에마우톤〈*πρὸς ἐμαυτόν*〉은 "나와 함께"를 의미한다. 이러한 의미에 관해서는 또한 눅 4:42을 보라. 15절에서 어근이 같은 아페코〈*ἀπέχω*, "충분히 받다", "지키다"〉가 나타난다). 오네시모는 바울을 충실히 섬겼고, 또한 그가 빌레몬의 비어 있는 자리를 대신 채워 주는 것이 바울의 바람이었다. 휘페르 수(*ὑπὲρ σοῦ*, "네 대신", 보다 정확하게 번역하자면 "네 대리자로", Deissmann, *Light from the Ancient* East, 335, Riesenfeld, *TDNT* 8, 513, Lohse, 202, Stuhlmacher, 40)는 하나의 미묘한 재치인데, 그 이유는 바울은 빌레몬이 자기를 위하여 이렇게 섬기기를 바랐을 것이고, 그것이 가능했을 것이라고 상상하고 있기 때문이다(이 섬김의 정확한 성격에 관해서는 약간의 차이가 있다: 이 단어 디아코네오〈*διακονέω*〉는 영어의 동사 "섬기다"와 같은 일반적인 단어이며, 다양한 방법으로 이해될 수 있는 반면에, 이것은 아마도 감옥에서의 천한 혹은 품위 없는 일을 지칭하지 않고〈Bratcher and Nida, 126에서 이렇게 바르게 주장함〉, 특별히 복음의 섬김에 있어서의 "도움"을 의미한다 – 이 문장에서 "복음"〈*εὐαλλέλιον* – 유앙겔리온〉이 사용된 점을 유의하라〈참조. 행 13:5; 24:23; 빌 2:25, 30〉; Lohmeyer, 173, 191, Gayer, *Stelling*, 241를 보라. 그리고 특히 Ollrog,

Paulus, 101-103. Stuhlmacher, 40를 보라. Stuhlmacher, 40에서는 바울이 여기서 바깥 세상과의 정규적인 접촉의 유지를 포함하는 구체적인 도움을 의미한다고 주장한다). 동시에 이 문구는 오네시모가 빌레몬의 단순한 대리인 이상의 인물이라는 것이며, 만일 그렇다면 주인과 종의 관계가 잠시 동안 사라진다(Vincent, 186). 또한 바울의 상황들이 "내 복음을 위하여 갇힌 중에서"(*ἐν τοῖς δεσμοῖς τοῦ εὐαγγελίου* – 엔 토이스 데스모이스 투 유앙겔리우), 말하자면 그의 갇힘이 복음을 위한 것(BAG, 176, Moule, 146; 참조. 1절의 데스미오스 크리스투 예수〈*δέσμιος Χριστοῦ Ἰησοῦ*〉는 그리스도 예수에게 속해 있는 자라는 의미와 함께 "그리스도 예수를 위하여 갇힌 자"를 의미할 수 있다. Friedrich, *TDNT* 2, 733)이라는 사실, 혹은 그의 투옥이 복음 전파의 결과였기 때문이므로 그 복음이 그의 투옥의 원인이라는 사실을 기억해야 할 것이다(Vincent, 187; 참조. Lightfoot, 339에서는 이 소유격을 기원〈起源〉의 소유격으로 취급한다). 아마도 이 두 가지 의미가 모두 포함되었을 것이며, 이러한 선택 사항들 가운데 하나를 선택할 필요가 없을 것으로 보인다.

14 그러나 바울이 얼마나 오네시모를 곁에 두기를 바랐든지 그는 빌레몬의 동의 없이는 아무것도 할 수 없을 것이다. 즉 그의 동의 없이 그렇게 한다는 것은 최소한 그리스도인의 교제에 금이 가게 하는 것이다. 그는 빌레몬의 결정에 위압을 주거나 간섭하는 어떤 방식으로 행동하려고 압력을 가하는 일을 거절한다: "다만 네 승낙이 없이는 내가 아무것도 하기를 원치 아니하노니"(*χωρὶς δὲ τῆς σῆς γνώμης οὐδὲν ἠθέλησα ποιῆσαι* – 코리스 데 테스 세스 그노메스 우덴 에델레사 포이에사이). "의견"(고전 7:25, 40; 고후 8:10; 참조. Ecclus 6:23; 2 Macc 14:20; 4 Macc 9:27)을 의미하거나 "결정"(행 20:3; 계 17:17; 참조. 파피루스들 가운데 있는 실례들: POxy 54, 12; PFay 20, 4)을 의미하는 단어 그노메(*γνώμη*)는 여기서 "사전의 지식" 혹은 "동의"의 의미를 가지고 있다(BAG, 163, Bultmann, *TDNT* 1, 717; 전치사 코리스(*χωρίς*, "…으로부터 떠나서")가 아뉴(*ἄνευ*, "…이 없이") 대신 사용되었는데, 이 단어는 신약성경에서 단 세 번 나온다: 마 10:29; 벧전 3:1; 4:9). 동사 에델레사(*ἠθέλησα*)의 부정과거 시제에 관해서는 위의 13절을 보라.

바울의 의도는 "이는 너의 선한 일이 억지같이 되지 아니하고 자의로 되게 하려 함이로라"(*ἵνα μὴ ὡς κατὰ ἀνάγκην τὸ ἀγαθόν σου ᾖ ἀλλὰ κατὰ ἑκούσιον* – 히나 메 호스 카타 아낭켄 토 아가돈 수 에 알라 카타 헤쿠시온)는 것이다. 그의 최우선적인 관심은 빌레몬이 어떻게 행동할 것인지에 대해서 스스로 결정할 자유를 가져야 한다는 것이다(Schweizer, *EvT* 32[1972] 505). 빌레몬의 결정에 위압을 주거나 간섭하는 지극히 자그마한 기미까지도 없어야 한다는 것이다(호스⟨*ὡς*, "같이"⟩는 강압에 의하여 이루어지는 모습까지도 가지지 않으리라는 것을 의미한다. Lightfoot, 340, von Soden, 76, Lohse, 202). "억지같이 되지 아니하고 자의로 되게 하려 함이로라"(*μὴ ὡς κατὰ ἀνάγκην – ἀλλὰ κατὰ ἑκούσιον* – 메 호스 카타 아낭켄 – 알라 카타 헤쿠시온)는 파피루스 가운데서 자주 발견되는 통상적인 표현이다(참조. Lohmeyer, 188, Lohse, 202; 또한 같은 대조에 관해서는 벧전 5:2을 보라). 첫 번째 문구(아낭케⟨*ἀνάγκη*, "필요성", "강제"⟩는 바울 서신에서 롬 13:5; 고전 7:26, 37; 9:16; 고후 6:4; 9:7; 12:10; 살전 3:7에 나타난다)는 강제로 어떤 방식대로 행동하도록 누군가에게 가해지는 외적인 압력 혹은 세력을 가리킨다(Bratcher and Nida, 126). 반면에 두 번째 문구는 자유롭게 행한 결정을 가리킨다(헤쿠시오스⟨*ἑκούσιος*, "기꺼이…하는", "자원하여"⟩는 바울 서신에서 오직 여기에만 나타난다. 참조. 민 15:3, "자원제"⟨*καθ᾽ ἑκούσιον*⟩에 대하여, 그리고 히 10:26을 보라: BAG, 243, Hauck, *TDNT* 2, 470를 보라). "너의 선한 일"(*τὸ ἀγαθόν σου* – 토 아가돈 수, 여기서는 중성 단수가 특별히 한정된 일이나 행동에 대해서 개별적 의미로 사용되었다. BDF, 항목. 263[1], 또한 Turner, *Syntax*, 13를 보라)은 "모든 축복"(*παντὸς ἀγαθοῦ* – 판토스 아가두)과 관련하여 6절에 있는 빌레몬을 위한 바울의 중재 기도의 어투와 유사하다. 이 시점까지 이 선한 행실의 성격에 관해서 아무것도 말해지지 않았다(Ernst, 135).

15 사도는 오네시모를 붙들어 두지 않으려는 결정을 하게 된 또 다른 이유를 제시하는데("왜냐하면"⟨*γάρ* – 가르⟩은 "내가 결정했다"⟨*ἠθέλησα* – 에델레사⟩의 더 자세한 동기를 설명하고 있다: Lightfoot, 340, Vincent, 188; 참조. Zmijewski, *BibLeb* 15[1974] 289; Knox, *Philemon*, 22-24에서는 이 문장이 앞 절과의 긴밀한 관계를 내포하고 있다는 사실에 동의하지만 그 관계를 다르게 설명한다. 아래를 보라), 그것은 그가 하나님의 감추어진 목적에 반대로 행동했을 수도 있었다는 것이다. "저가 잠시 떠나게 된 것은 이를 인하여 저를 영원히 두게 함이니"(*τάχα γὰρ διὰ τοῦτο ἐχωρίσθη πρὸς ὥραν ἵνα αἰώνιον αὐτὸν ἀπέχῃς* – 타카 가르 디아 투토 에코리스데 프로스 호란 히나 아이오니온 아우톤 아페케스). 이 문장 속에서 주절의 "잠시"(*πρὸς ὥραν* – 프로스 호란)와 히나(*ἵνα*)-문장의 "영원히"(*αἰώνιον* – 아이오니온)는 날카롭게 대조되고 있다. 이 대조는 그 일치점을 발견하게 되는데(참조. Zmijewski, *BibLeb* 15[1974] 289) 두 개의 동사 코리조(*χωρίζω*, "떠나다")와 아페코(*ἀπέχω*, "되돌리다") 가운데서 발견된다. 수동태 "그가 떠나게 된 것"(*ἐ-*

$\chi\omega\rho\grave{\iota}\sigma\theta\eta$ – 에코리스데)은 하나님의 감추어진 비밀(히브리어로 특히 묵시문서 가운데서 소위 "신적 수동형"은 행해진 일에 대한 인간 책임으로서 하나님의 감추어진 행동을 의미하기 위하여 사용되었다. 대부분의 주석가들은 이 행을 취급하고 있다. 예를 들어, 참조. Lohse, 202, Suhl, *Kairos* 15[1973] 274, Martin, *NCB*, 166, Ernst, 135, Caird, 222)이 이 사건의 배후에 있을 수도 있음을 나타내고 있다. 그러나 바울은 그가 하나님의 계획을 알고 있다고 생각하지 않고 있으므로 부사인 타카($\tau\acute{\alpha}\chi\alpha$, "아마도", "혹시", "십중팔구는", BAG, 806; 이것은 주로 안⟨$\breve{\alpha}\nu$⟩ 및 기원법과 함께 나타나지만, 이 단어가 나타나는 두 개의 신약성경 구절 롬 5:7과 본문에서 직설법이 안⟨$\breve{\alpha}\nu$⟩이란 단어 없이 사용되었다: BDF, 항목, 385[1]; Wisd 13:6; *Poxy*40, 7; PhiloAetM 54; Josephus, *Ant* 6, 33; 18, 277를 보라)와 함께 하나님의 목적에 관한 이러한 암시를 조심성 있게 전면에 내놓고 있다. 어투는 빌레몬의 관심이 그가 입었을 수도 있는 개인의 잘못으로부터 이러한 잘못된 일을 선으로 바꾸시는 하나님의 섭리로 돌려지면서 조심스럽게 선택되었다(형들에게 자신을 알리면서 다음과 같이 말했던 요셉에 대한 크리소스톰의 비교 내용을 유의하라: "나는 당신들의 아우 요셉이니 당신들이 애굽에 판 자라 당신들이 나를 이 곳에 팔았으므로 근심하지 마소서 한탄하지 마소서 하나님이 생명을 구원하시려고 나를 당신들 앞서 보내셨나이다…그런즉 나를 이리로 보낸 자는 당신들이 아니요 하나님이시라 하나님이 나로 바로의 아비를 삼으시며 그 온 집의 주를 삼으시며 애굽 온 땅의 치리자를 삼으셨나이다"). 프로스 호란($\pi\rho\grave{o}\varsigma$ $\breve{\omega}\rho\alpha\nu$)은 "잠시", "잠깐 동안"을 의미한다(호라⟨$\breve{\omega}\rho\alpha$, "시간"⟩는 "짧은 시간 동안"을 나타내기 위하여 사용되었다: 같은 문구가 요 5:35; 고후 7:8; 갈 2:5에 나타난다. 또한 살전 2:17; 계 17:12; 18:10, 17, 19을 보라. BAG, 896). 이러한 표현은 불확정적이며 그 떠남의 기간이 여기에 구체적으로 밝혀져 있지는 않을지라도 "그것은 지속적인 결과와 비교하여 '한 시간'에 지나지 않았다"(Vincent, 188).

만일 실제로 감추어진 하나님의 목적이 이러한 사건의 배후에 놓여 있다면 하나님의 의도("이를 인하여"⟨$\delta\iota\grave{\alpha}$ $\tau o\hat{\upsilon}\tau o$ – 디아 투토⟩가 뒤따라오고, 그러므로 오네시모가 떠나는 목적을 기록하고 있는 히나⟨$\H{\iota}\nu\alpha$⟩-문장을 통하여 설명된다. Stauffer, *TDNT* 3, 329, 그리고 Zmijewski, *BibLeb* 15[1974] 289에서는 히나⟨$\H{\iota}\nu\alpha$⟩를 하나의 신학적 히나⟨$\H{\iota}\nu\alpha$⟩로 간주한다. 고후 13:10; 딤전 1:16에서 "이를 인하여"⟨$\delta\iota\grave{\alpha}$ $\tau o\hat{\upsilon}$-τo – 디아 투토⟩가 나오고 그 다음에 히나⟨$\H{\iota}\nu\alpha$, "that"⟩가 나오는 점을 유의하고, 또한 BAG, 597 under 2bβ를 보라)는 빌레몬이 영구히 지속될 새로운 관계 속에서

그를 다시 받아들여야 한다는 사실이었다. 아이오니온(αἰώνιον)과 관련되어 있는 아페케스(ἀπέχῃς)의 의미에 대해서는 약간의 견해 차이가 있다. 동사 아페코(ἀπέχω)는 "(하나의 총액)을 충분히 받고 (그에 대한 영수증을 주다)"를 의미하는 상업적 전문 용어로서 능동태로 사용되었는데, 이것은 다른 상업적인 용어들과 개념들이 나타나는 문맥인 빌립보서 4:18("내게는 모든 것이 있고〈ἀπέχω δὲ πάντα – 아페코 데 판타〉 또 풍부한지라")에서 나타나는 개념이다(J. Gnilka, *Der Philipperbrief*[HTKNT 10/3; Frieburg: Herder, 1968] 179; 파피리에서 나온 더 자세한 실례들에 관해서는 Deissmann, *Light from the Ancient East*, 110-12, BAG, 84, 85를 보라). 상업적 용어가 이 편지의 다른 곳에서 빌레몬에 대해 사용되었으며(17-19절 해석을 보라), 녹스(Knox, *Philemon*, 22-24)는 이 전체 문구를 "그에 대한 너의 주장을 영원히 네가 자유롭게 포기하도록"으로 번역한다. 이 동사의 이러한 충분한 상업적 의미가 강요되어야 할지는 확실하지 않으며, 통상적인 번역 "네가 그를 다시 받아들일 수 있도록"이 더 나은 것처럼 보인다. 그러나 아이오니온(αἰώνιον)은 어떻게 번역되어야 하는가? 모울(Moule, 156)은 이 문맥 가운데서 자원하여 종이 된 사람의 규례가 "종신토록 종"이 되는 이스라엘 사람을 규정하고 있는 출애굽기 21:7(참조. 신 15:17)에서처럼(LXX은 히브리어 레올람〈λεολαμ〉을 에이스 톤 아이오나〈εἰς τὸν αἰῶνα〉로 표현하고 있다) "오래도록", "종신토록"를 의미하는 것으로 보인다고 주장한다. 더 나아가서 모울은 이 단어가 여기서 "영원한"과 같은 – 때때로 아이오니오스(αἰώνιος)가 이러한 개념을 가지고 있기는 하지만 – 보다 깊은 의미를 가지고 있는 것으로 생각하지 말아야 한다(특별한 증거 없이)고 주장한다. 그리스도인들과 같은 보다 깊은 관계는 다음 구절에 기록되어 있다고 주장되었다(참조. Sasse, *TDNT* 1, 209, Merk, *Handeln*, 226, 227). 그러나 우리의 판단으로 볼 때, 바울은 이미 15절에서 이러한 주인과 종의 새로운 관계, 즉 그리스도 안에서의 영원한 관계를 말하고 있다. 오네시모를 영구히 돌려보낸다는 것은 그를 단순히 하나의 종으로서 돌려보낸다는 것이 아니라 그를 그리스도인 형제로서 영구히 얻는다는 것을 의미한다(Gayer, *Stellung*, 243에서는 아이오니온〈αἰώνιον〉이 이 문맥에서 무한한 기간 동안 하나의 종인 오네시모의 법적 신분에 관하여 말하고 있는 것으로 이해될 수 없다고 주장한다. 종으로서 그의 법적인 신분은 전혀 염두에 두고 있지 않다. 참조. Dibelius-Greeven, 107, Sevenster, *Paul*, 189, H. Ridderbos, *Paul. An Outline of His Theology*. Tr J. R. DeWitt[Grand Rapids, MI: Eerdmans, 1975] 318). 그러한 해석은 그 다음에 그가 자기 주인으로부터 물리적으로 바울을 섬기도록 되돌려 보냄을 받는 데서 도피할 수 있다는 개념과 상충되지 않는다(Caird, 222에 반대하여 21절의 "주석"을 보라).

16 빌레몬이 영구히 돌려받게 되는 사람은 "사랑하는 형제"다. "이후로는 종과 같이 아니하고 종에서 뛰어나 곧 사랑받는 형제로 둘 자라"(*οὐκέτι ὡς δοῦλον ἀλλὰ ὑπὲρ δοῦλον, ἀδελφὸν ἀγαπητόν* – 우케티 호스 둘론 알라 휘페르 둘론, 아델폰 아가페톤). 이 구절은 문법적으로 앞 절의 아우톤(*αὐτόν*, "그를")과 동격으로 되어 있는 길다란 첨가 내용을 담고 있으며, 이 문장에서 오네시모가 묘사되어 있다. 처음으로 "종"(*δοῦλος* – 둘로스)이란 단어가 오네시모와 관련하여 사용되었다. 그러나 즉시 하나의 대조를 통하여 수정되었다. 즉 그는 자기 주인에게 하나의 종 이상의 큰 인물이라는 것이다. 또다시 바울이 자신의 글을 조심스럽게 선택하여 기록했다는 사실이 나타난다: "이후로는 종과 같이 아니하고"(*οὐκέτι ὡς δοῦλον* – 우케티 호스 둘론)는 빌레몬이 오네시모를 종이 아니라 한 사람의 자유인으로 되돌려 받아야 한다는 사실, 혹은 오네시모가 돌아오면 빌레몬이 즉시 그를 자유케 해주어야 한다는 사실을 진술하고 있지 않다(이에 반대하여 Jang, *Philemonbrief*, 15에서는 바울이 빌레몬으로 하여금 오네시모에게 자유를 주기를 기다리고 있다고 주장한다). 그보다 "…로"(*ὡς* – 호스, "처럼")는 객관적인 형식에 대해 의문을 제기하지 않고, 관계에 대한 주관적인 평가를 표현한 것이다(von Soden, 76; 그는 "그러므로 고전 7:20-24에 있는 사상의 방침을 넘어서지 않았다"고 덧붙인다. Lohse, 203, Gayer, *Stellung*, 236, 그리고 다른 사람들이 이를 인용함. 바울은 오네시모를 묘사하기를 원했고, 따라서 도망한 종이 자유를 얻어야 한다는 사실을 암시하기를 원했다면, 그는 "하나의 종으로"〈*ὡς δοῦλον* – 호스 둘론〉보다는 단순히 "한 종"〈*δοῦλον* – 둘론〉으로 기록했을 것이다. 참조. Lightfoot, 340, 341, Vincent, 188, 189, Lohmeyer, 189, 그리고 Bratcher and Nida, 127, 128에서는 RSV 번역을 비평함). 다시 말해서 오네시모가 종으로 머물러 있었든 그렇지 않든, 그는 더 이상 그를 하나님의 종으로 보지 않았다. 오네시모 안에서 하나의 변화, 즉 사실 같은 노예 독립이 일어났다(Lightfoot, 341에서는 같은 의미를 가지고 있는 메케티〈*μηκέτι*〉가 아닌 부정형 우케티〈*οὐκέτι*, "더 이상 아니"〉는 빌레몬의 가능성 있는 입장이 아닌 오네시모의 실질적인 상태를 묘사하고 있다는 또 다른 점을 덧붙인다: "빌레몬이 그것을 인정하기로 하든 그렇지 않든 '종과 같지 아니하고'는 절대적 사실이다"). 그보다(알라〈*ἀλλά*〉는 여기서 반대를 나타낸다) 오네시모는 종에서 뛰어난 사람이며(직접 목적어를 가진 전치사 휘페르〈*ὑπέρ*〉는 원래 "너머"를 의미하는 공간적 의미

를 가지고 있는데, 이것이 "지나친", "위에", "…이상의"를 나타내는 전환된 의미로 사용되었다: 고전 4:6; 10:13; 고후 1:8; 8:3; 12:6, Riesenfeld, *TDNT* 8, 515, BDF, 항목, 230, 또한, BAG, 838, 839), 이 "뛰어나"가 의미하는 내용이 그 다음 문장에 표현되었다. 즉 그는 "사랑받는 형제"다(아델폰 아가페톤〈*ἀδελφὸν ἀγαπητόν*〉은 휘페르 둘론〈*ὑπὲρ δοῦλον*, "종에서 뛰어나"〉에 대한 보족어적 동격이다. von Soden, 77, Vincent, 189, Zmijewski, *BibLeb* 15[1974] 289).

당시의 대중 철학, 특히 스토아주의는 이미 모든 인간의 동등 사상을 인정해 왔다. 그래서 예를 들어 세네카는 루실리우스(Lucilius)에게 보낸 그 유명한 48번째 편지에서 장황한 글로 종들을 어떻게 취급하고 명령해야 하는지를 이야기하고 있다. "네가 자신의 종이라고 부르는 너와 같은 종족 출신인 그가 같은 하늘을 보고 웃으며, 너 자신과 같이 숨을 쉬며 살고 죽는다는 사실을 진심으로 기억하라"(*Epist* 47.10; 참조. 44.1, "모든 인간들은 그들의 근원으로 거슬러 올라가면 신들로부터 나왔다. Pliny, *Epist* 9.21.24; Sevenster, *Paul*, 185-92를 보라). 그러나 바울은 이방 저술가들이 말한 바와 같이 그들이 같은 종족 출신이라거나 혹은 삶에서 죽음까지 같은 삶의 길을 따른다고 호소하지 않고, 그들이 공통적으로 같은 주님에게 속해 있다고 호소한다(바울은 또한 입회한 종은 더 이상 종으로 여겨지지 않고 그의 이전의 주인처럼 자유인으로 살았다고 생각한 신비 종파와는 다르다. 참조. 세속 철학, 신비 종교, 구약성경과 유대교에서 형제와 같은 종에 대한 논문에 관해서는 Gayer, *Stellung*, 237-40의 글을 보라. 그는 우리가 이 곳 바울 서신에서 발견한 것과 같이 깊은 인격적 차원 같은 새로운 관계에서 하나의 종을 형제로 포함시켰던 종교적 교제가 고대 세계에서는 없었다고 본다).

"(사랑받는) 형제"로 말해지고 있는 오네시모는 정확하게 빌레몬과 같은 방식으로 소개되고 있다(7, 20절: *ἀδελφέ* – 아델페, "형제"). 그 역시 그리스도의 몸에 연합되었고, 그 결과로 존속하고 있던 구조들 내에서 주인과 종의 관계는 같은 주님에게 속해 있다는 사실에 비추어 조정되어야 한다(S. Schulz, *Gott ist kein Sklavenhalter. Die Geschichte einer verspäteten Revolution*, 1972, 183). 두 사람 간의 관계는 깊어졌고, "주인"과 "종"이라는 용어들은 바울이 이 구절의 마지막 문장에서 빌레몬에게 그 몇 가지 결과를 제시하고자 한 바와 같이 초월되었다. "내게 특별히 그러하거든 하물며 육신과 주 안에서 상관된 네게랴"(*μάλιστα ἐμοί, πόσῳ δὲ μᾶλλον σοὶ καὶ ἐν σαρκὶ καὶ ἐν κυρίῳ* – 말리스타 에모이, 포소 데 말론 소이 카이 엔 사르키 카이 엔 퀴리오). 바울의 말들은 한층 고조된 비교를 내포하고 있다:

문장 형식에 있어서 잡다한 표현인 말리스타(*μάλιστα*)는 여기서 "특별히"라는 의미를 가진 문어체로 사용되었다(또한 행 20:38; 딤전 4:10; 5:17; 딤후 4:13; 딛 1:10, BAG, 488, 489, BDF, para. 60, Vincent, 189, Moule, 148, Lohse, 203, and Stuhlmacher, 42를 보라, Lightfoot, 341는 이와 반대됨). 그렇다면 이 비교는 뒤따라오는 "하물며…네게랴"(*πόσῳ μᾶλλον* – 포소 말론)에 의해 강조된다. 만일 오네시모가 바울에게 있어서 가장 고상한 의미에서 사랑받는 형제라면, 그는 빌레몬에게는 이중적인 의미에서 그러하다: 카이 엔 사르키 카이 엔 퀴리오(*καὶ ἐν σαρκὶ καὶ ἐν κυρίῳ*)는 말하자면 빌레몬과의 자연적인 인간관계(그의 종으로서)와 이보다 더욱 "주 인에서"(*ἐν κυρίῳ* – 엔 퀴리오) 그와 하나로 묶여진 관계다. 참조. Zmijewski, *BibLeb* 15(1974) 290. 빌레몬서 16절은 사르크스(*σάρξ*, "육신")와 퀴리오스(*κύριος*, "주")가 카이(*καί*, "그리고")에 의해서 함께 연결된 유일한 구절이다(Lohmeyer, 189에서 이렇게 주장했는데, 후대의 주석가들에 의해서 인용되었다). 여기서 사르크스(*σάρξ*)는 "주님의 나라에서 종과 주인이 함께 신자들이라는 사실에 관계없이 순전히 인간관계 집단을 나타낸다…이것은 혈족 간의 관계가 아닌 사회적 관계다"(Schweizer, *TDNT* 7, 127; 참조. Dibelius-Greeven, 106에서는 "한 인간으로서 그리고 그리스도인으로서"로 말하고 있는데, Preiss, *Life*, 40에서는 이에 반대한다). 슈바이저는 "두 영역이 서로간에 배타적이지 않다는 것은 아주 분명하다. 그러나 사르크스(*σάρξ*)의 영역은 결정적인 것이 아니다"라고 올바르게 덧붙인다. 오네시모와 빌레몬의 세상에서의 관계는 이제 "주 안에서"(*ἐν κυρίῳ* – 엔 퀴리오) 연합에 의하여 결정된다.

이 편지에서 바울이 실질적으로 그러한 종의 문제나 혹은 특별한 종의 경우의 해결을 다루고 있지 않다는 사실은 분명하다. 이 구절에서 최소한 그는 형제 사랑의 문제를 다루고 있다. 비록 오네시모의 세상에서의 자유가 긍정적인 가치를 지니고 있을 수 있으나, 결국은 그가 자유인이든 종이든 신자인 그에게는 궁극적인 의미를 가지고 있지 않다(고전 7:21-24; 이에 관해서는 S. S. Bartchy, *ΜΑΛΛΟΝ ΧΠΗΣΑΙ. First-Century Slavery and the Interpretation of 1 Corinthians 7:21* [SBLDS 11; Missoula, MT: Scholar s Press, 1971] 그리고 Gayer, *Stellung*, 172-222를 보라).

17 바울은 10절에서 빌레몬에 대해 오네시모를 위하여 요청한다는 사실을 언급한 바 있다. 이 곳에 와서야 그는 실제로 그 내용을 말하고 있으며(Friedrich, 194, Suhl, *Kairos* 15[1973] 274, Stuhlmacher, 49, Gayer, *Stellung*, 234) 본 편지의 실질

적인 내용을 말한다(von Soden, 77과 Ernst, 136에서 이같이 올바르게 말한다). 조심스럽게 설명을 한 다음에야 바울은 자신의 특별한 요청의 성격을 암시하고 있다(BDF, 항목, 451[1]에 따르면, "삽입구적 설명 다음에 운⟨οὖν, '그러므로'⟩은 본 주제로 돌아감을 의미한다." 말하자면 이 접속사가 요약적인 내용이라는 것이다. 또한 Lohse, 203를 보라): "그러므로 네가 나를 동무로 알진대 저를 영접하기를 내게 하듯 하고"(*εἰ οὖν με ἔξεις κοινωνόν, προσλαβοῦ αὐτὸν ὡς ἐμέ* – 에이 운 메 에케이스 코이노논, 프로슬라부 아우톤 호스 에메). 그는 자신의 요청을 자신과 빌레몬 사이에 존재하는 긴밀한 관계에 근거하고 있는데, 이 관계가 코이오노스(*κοινωνός*)란 단어로 묘사되어 있다. 이 단어(BAG, 439, 440에 의하면 "친구", "동료", "동업자"의 의미임)는 공동의 이익을 나누어 가진 혹은 같은 수고에 종사한 사람들(복수로)에 대해서 사용되었다(Lohse, 203; Lightfoot, 341에서는 코이노노이⟨*κοινωνοί*⟩가 "공통적인 관심, 공통적인 감정, 공통적인 일"을 가진 사람들이라고 말한다). 비록 코이노노스(*κοινωνός*)가 "사업상의 동료"(참조. 눅 5:10)를 지칭할 수 있지만, 이것은 여기서 사업상의 계약에 대해서 사용되지 않았다(Campbell, *Studies*, 10에서는 "이 전체 구절에서 바울은 반 농담을 하지 않고 빌레몬과 자기 사이의 영적 관계에 대해 기록하면서 사업상의 용어를 매우 효과적으로 사용하고 있다"고 올바르게 관찰하고 있다. 그러나 이것은 코이노노스⟨*κοινωνός*⟩가 눅 5:10에서처럼 전문적 용어인 "사업상의 동료"로 사용되고 있다는 것을 의미하지 않는다: Ollrog, *Paulus*, 77의 비평을 보라). 뿐만 아니라 바울은 특별히 친구관계를 언급하고 있지 않다. 그보다는 빌레몬의 코이노니아(*κοινωνία*)와 그의 코이노니아가 그들이 함께 불림을 받은 하나님의 아들 우리 주 예수 그리스도와 함께한 친교라는 것이다(고전 1:9). 이 관계는 공통된 활동에서 그들을 함께 묶어 주었고, 그래서 이 문맥 가운데서 코이노노스(*κοινωνός*)는 "동역자"의 의미가 부가되었다고 할 수 있다(코이노노스⟨*κοινωνός*⟩와 쉬네르고스⟨*συνεργός*, "동역자"⟩가 디도와 관련하여 연결되어 있는 고후 8:23을 보라).

바울은 오네시모를 위해서 중재만 하지 않는다. 그는 자신을 그와 동일시하기까지 한다: "저를 영접하기를 내게 하듯 하고(*ὡς ἐμέ* – 호스 에메)". 이 마지막 표현은, 그가 오네시모를 돌려보내는 것이 자기 자신이 되돌아가는 것과 동일하다(*τὰ ἐμὰ σπλάγχνα* – 타 에마 스플랑크나, 직역하면 "나의 마음")고 하는 12절의 진술과 일치한다. 짧고도 간결한(Lohmeyer, 189) 바울의 요청은 최소한 오네시모가 바울 자신이 대우받는 것처럼 동료 그리스도인으로 대우받아야 한다는 사실을 의미한다(M. McDermott, "The Biblical Doctrine of *KOINΩNIA*," BZ 19[1975] 228, 229). 게다가 만일 "동역자"의 의미를 가지고 있는 위의 코이노노스(*κοινωνός*)에 관한 주장이 옳다면, 여기에 나오는 바울의 표현은 오네시모가 한 사람의 그리스도인으로서 그리고 바울의 동료로서 다시 받아들여지기를 원하고 있다는 사실을 의미한다(프로슬람바노〈*προσλαμβάνω*〉는 통례적으로 코이노논〈*κοινωνόν*〉과 함께 사용되어 "친구로 취급하다"를 의미한다. LSJ, 1518, 1519를 보라. 참조. MM, 549, Knox, *Philemon*, 24).

18 형식적으로 앞의 것과 동일한 문장에서(위를 보라) 사도는 빌레몬이 오네시모를 친절하게 받아들이는 데 장애가 되는 것들을 차단한다. 그리하여 그는 종이 도망함으로 입은 재정적인 면에 관해서 말하고 있는데, 그 이유는 그가 "어떤 배상 요구"로 인하여 빌레몬과 오네시모 간의 화해가 붕괴되기를 원하고 있지 않기 때문이다(H. Gülzow; Stuhlmacher, 49에서 이를 인용함): "저가 만일 네게 불의를 했거나 네게 진 것이 있거든"(*εἰ δὲ τι ἠδίκησέν ἢ ὀφείλει* – 에이 데 티 에디케센 에 오페일레이)은 도입 상황절이며 다음과 같이 취급되어 왔다. (a) 형식상으로만 하나의 가정이고 오네시모의 실질적인 범죄를 묘사하고 있는 문장이라는 것. 그래서 Caird, 222, 223에서는 다음과 같이 해석한다. "바울은 오네시모가 자기 주인에게 잘못을 저질렀고 그에게 상당량의 돈을 빚지고 있다는 사실을 매우 잘 알고 있다. 그는 친히 최소한 로마로 가는 충분한 여비를 도와주어야 했다." 그러나 이러한 결론은 하나의 추론에 지나지 않는다(이 해석은 다양한 등급의 확신과 더불어 주장되어 왔다: Bratcher and Nida, 129에서는 "그것은 거의 분명하다". 그러나 나중에 그들은 수정한다. Lightfoot, 341에서는 오네시모가 "아마도 빌레몬의 것을 도적질했을 것이다"고 말했다. 반면에 Vincent, 190에서는 오네시모가 "주인의 것을 도적질하고 있었을 것이다"라고 말한다. Stuhlmacher, 49에서는 이중적인 표현 "불의를 했다"〈*ἠδίκησεν* – 에디케센〉와 "빚을 지다"〈*ὀφείλει* – 오펠레이〉가 오네시모가 도망함으로써 자기 주인에게 불의를 저질렀을 뿐 아니라 그의 돈 얼마를 도적질을 했다는 사실을 암시한다고 설명한다. 참조. Dibelius-Greeven, 106, Scott, 98, and Friedrich, 193). (b) 이 문장은 상황절이며 또한 단순히 골로새로 오랫동안 돌아오지 않았거나(Bruce, *Paul*, 400에서 "그의 주인이 어떤 임무를 수행하도록 하기 위하여 바울에게 보냈고 오네시모가 지나치게 오래 떠나 있었는가?"라고 질문한 것이 옳을 수 있다) 혹은 그의 도망이 그가 했어야 하는 일의 가치만큼 그의 주인에게 빚을 지게 했다는 사실을 의미했다는 사실을 암시한다(Martin, *NCB*, 167; Gayer, *Stel-*

lung, 230에서는 바울이 오네시모가 실제로 그의 주인에게 불의를 저질렀다는 사실을 분명하게 드러내기를 원했다면 당연히 상황절보다는 호〈*ὅ*, "무엇이든지"〉를 사용했을 수 있었다고 생각한다. 또한 Lohmeyer, 190, Lohse, 204, Suhl, *Kairos*, 15 [1973] 269를 보라).

어느 편이든, 빌레몬은 오네시모의 도망(그의 부재)으로 말미암아 나타난 큰 손해를 사도의 회계장부에 달아놓으라는 요구를 받는다. "이것을 내게로 회계하라" (*τοῦτο ἐμοὶ ἐλλόγα* – 투토 에모이 엘로가). 엘로게오(*ἐλλογέω*; 이례적인 형태 엘로가〈*ἐλλόγα*〉에 관해서는 BDF, para. 90, BAG, 252를 보라)는 파피리가 보여 주는 바와 같이 "어떤 사람의 회계장부에 짐을 지우다"를 의미하는 상업적 전문 용어였다(*PStrassb* 1.32.10: "이런 식으로 그가 그와의 계산을 청산할 수 있도록"〈*ἐνλογηθῇ* – 엔로게데〉; 또 다른 실례들에 관해서는 Preisker, *TDNT* 2, 516, 517, BAG, 252, 또한 Lohse, 204를 보라. 신약성경에서는 다른 경우만 있다. 즉 롬 5:13). 자기 자식을 위하는 아버지처럼(참조. 10절) 바울은 자기가 손해들에 대해서 배상해 줄 준비가 되어 있다고 말하고 있다.

19 "나 바울이 친필로 쓰노니 내가 갚으려니와"(*ἐγὼ Παῦλος ἔγραψα τῇ ἐμῇ χειρί, ἐγὼ ἀποτίσω* – 에고 파울로스 에그라프사 테 에메 케이리, 에고 아포티소). 이 19a절의 문장은 바울이 손해를 배상하기 위하여 떠맡는(신약성경에서 이 곳에만 나타나는 아포티노〈*ἀποτίνω*〉는 파피리 가운데서 자주 발견되는 단어로서〈참조. POxy 2.275.27〉 "배상하다", "손해를 지불하다"를 의미하는 법적 전문용어다. BAG, 101를 보라. 참조. Deissmann, *Light from the Ancient East*, 332에서는 이것이 아포도소〈*ἀποδώσω*, "내가 돌려줄 것이다"〉보다 훨씬 더 강력하다고 말한다) 자신의 법적 약속 어음 혹은 약식 차용 증서(자기 이름의 소개와 함께〈9절을 보라〉 이중적인 강조를 하는 "나"〈*ἐγώ*, 에고〉는 공식적이고도 구속력 있는 서명의 성격을 나타낸다: Lightfoot, 342, 그리고 Zmijewski, *BibLeb* 15[1974] 291를 보라)를 삽입하는 것과 같은 하나의 괄호 문구다(Lohse, 204, Zmijewski, *BibLeb* 15[1974] 290, 291, Gayer, *Stellung*, 256). 바울이 이러한 글을 친필로 기록하고 있다는 언급(에그라프사〈*ἔγραψα*〉은 서신체 부정과거형이다: 12절의 "주석"을 보라). 라이트푸트, 롤러(Roller) 그리고 다른 사람들에 의하여 그가 편지 전체를 직접 작성하고 기록했다는 사실을 암시하는 것으로 취급되었다(Lightfoot, 342, Roller, *Formular*, 592, 그리고 Müller, 188; 참조. 롬 16:22; 고전 16:21; 갈 6:11; 살후 3:17). 디벨리우스-흐리벤은 반대되는 결론을 이끌어냈는데, 편지의 다른 부분이 구술을 통하여 기록되었

다는 것이다(106, 107: Scott, 112, note Friedrich, 195, Bratcher and Nida, 130: "여기서 바울은 철필을 취하여 손수 이 글을 기록하고 있다." 참조. G. J. Bahr, "The Subscriptions in the Pauline Letters," *JBL* 87[1968] 27-41에서는 서명이 법적 기능을 했다고 주장한다. 즉 그 서명들은 저자의 친필로 그 서류를 요약하면서 세부 사항에 이르기까지 자기 것으로 묶어 주었다). 그러나 이러한 표현을 가지고 바울이 이 편지를 작성한 방식을 확실하게 결정할 수는 없다. Vincent, 190, Lohse, 204를 보라. 그리고 Doty, *Letters*, 41에서는 헬라 공문서에서 문서 기록자는 그 문서의 내용과 세부 사항들을 잘 알고 있다는 사실을 보여 주는 자신의 친필로써 문서의 개요를 덧붙일 수 있었다고 덧붙여 말한다. 그는 그러한 상황이 19절에 있는 바울의 이러한 설명에 암시되어 있다고 생각한다.

괄호 문구 다음에 문장의 나머지 부분은 18절의 사상을 다시 취급하고 있다. "너는 이외에 네 자신으로 내게 빚진 것을 내가 말하지 아니하노라"(*ἵνα μὴ λέγω σοι ὅτι καὶ σεαυτόν μοι προσοφείλεις* – 히나 메 레고 소이 호티 카이 세아우톤 모이 프로소페일레이스). 첫 문구(*ἵνα μὴ λέγω* – 히나 메 레고: 직설법과 함께 비정상적인 메〈*μή*, "아니"〉라는 단어를 유의하라)에서 일종의 생략적 문장이 사용되었는데, "여기서 저자는 미묘하게 자기가 말하려고 하는 어떤 것을 말하기를 거절한다" (Vincent, 190; 참조. BDF, 항목. 495[1], 그리고 고후 9:4을 보라). 만일 논의가 그 빚에 집중되어야 한다면, 바울은 사도에게 빚진 사람이 바로 다름아닌 빌레몬이라고 당사자에게 상기시켜 주고 있다(상호 의무가 지워져 있었다. 참조. 롬 15:26, 27, 그리고 Stuhlmacher의 논문, 50를 보라). 단어들이 주의 깊게 선택되었다 – "(이외에) 내게 빚진 것"(*προσοφείλεις* – 프로소페일레이스, 참조. PHib 63.14, "〈그 외에〉 네가 내게 빚진 것", 그리고 BAG, 717에서는 전치사 프로스〈*προς-*〉에 어떤 특별한 의미를 발견하기가 어렵고, 그래서 그것을 단순동사 "어떤 것을 빚지다"로부터 구별짓기 어렵다고 주장한다)은 분명히 앞 구절에 있는 "저가 진 것이 있거든)"(*ὀφείλει* – 오페일레이)과 일치하는 반면에, 거기에는 1인칭과 2인칭 사이에 대명사의 흥미로운 상호 작용이 있다(18절, "저가 만일 네게 불의를 했거나 네게 진 것이 있거든 이것을 내게로 회계하라"; 19절, "내가 갚으려니와 너는 이 외에 네 자신으로 내게 빚진 것을 내가 말하지 아니하노라") – 즉 바울이 암시해 주는 바와 같이 그를 통하여 빌레몬이 회심했다(빌레몬의 회심은 바울이 자기 동료들, 특히 에바브라를 골로새를 포함하여 리쿠스 계곡 지역으로 보냈을 때 그의 사역의 간접적 영향으로 이루어졌다: 그러나 이 표현은 바울이 개인적으로 그리고 직접적으로 빌레몬의 회심에 영향을 주었다는 사실을 암시하는 것보다 더 강력한 것처럼 보인다. 빌레몬은 리쿠스 계곡 밖에서 바울을 만났을 수 있다〈참조. 골 2:2〉. 아마도 그러한 만남은 에베소 방문에서 일어났을 것이다). 그러므로 그는 바울에게 자신의 영적 생명을 빚졌고, 그것은 오네시모가 입히고 바울이 갚아야 할 이 빚보다 훨씬 더 큰 것이었다. 메시지는 분명하다. 빌레몬은 오네시모가 회심했을 때 동일한 하나님의 은혜와 긍휼을 체험했다는 사실을 이해할 것이다. 그러므로 그는 오네시모를 그리스도 안에서 형제로 받아들여야 하며, 분노할 만한 충분한 근거가 있을지라도 그에게 분노하지 말아야 할 것이다(Lohse, 205).

20 본 서신의 주요 단락은 바울이 자기의 요청을 강화시키면서 종결된다. 그는 다시 한 번 그리스도인 형제로 소개하고 그가 주 안에서 그로 말미암아 큰 기쁨을 얻을 수 있기를 바란다: "오 형제여! 나로 주 안에서 너를 인하여 기쁨을 얻게 하고 내 마음이 그리스도 안에서 평안하게 하라"(*ναὶ, ἀδελφέ, ἐγώ σου ὀναίμην ἐν κυρίῳ. ἀνάπαυσόν μου τὰ σπλάγχνα ἐν Χριστῷ* – 나이, 아델페, 에고 수 오나이멘 엔 퀴리오. 아나파우손 무 타 스플랑크나 엔 크리스토). 확인, 동의 혹은 강조를 의미할 수도 있는 불변화사 나이(*ναί*, "그래", "진실로", "분명히"; BAG, 532, 533)는 여기서 바울의 요청을 강화시켜 준다(빌 4:3, "또 참으로 〈내가〉…네게 구하노니"〈*ναὶ ἐρωτῶ καὶ σέ* – 나이 에로토 카이 세〉, 또한 참조. 마 11:26; 눅 10:21; 11:51; 12:5). 17절의 요청 이외에 다른 새로운 요청을 하지 않는다. 바울은 단순히 빌레몬이 자기 마음의 소원을 이루어 주기를 바라고 있다. 또다시 애정어린 호칭인 "형제"(*ἀδελφέ* – 아델페, 참조. 17절)가 사용되었다. 라이트푸트(Lightfoot, 342)가 적절하게 설명한다. "이것은 한 형제를 위하여 다른 형제에게 하는 어떤 형제의 탄원이다"(16절을 보라. 거기서 사도는 오네시모를 "사랑받는 형제"로 부른 바 있다. 그리고 Friedrich, 195를 보라). 이 바람은 바울이 단지 여기서만 이것을 사용하고 있을지라도 당시 용법 가운데서 자주 사용되었던 공식적 표현이다(기원을 나타내는 "내가 기쁨, 유익, 은혜를 입기를", "내가 즐겁도록"〈기쁨의 원천인 물건 혹은 인간의 소유격을 가진〉을 의미하는 1인칭 부정과거로 되어 있는 동사 오니네미〈*ὀνίνημι*〉가 자주 나타난다: Ignatius, Eph 2:2; *Mag* 2; 12:1; Rom 5:2; *Pol* 1:1; 6:2; 더 자세한 실례들에 관해서는 BAG, 570를 보라. 신약성경에서 이러한 언급과는 별도로 언제나 3인칭 단수로 나타나는 기원태〈참조. Burton, *Syntax*, 79, Moulton, *Prolegomena*, 195, Robertson, *Grammar*, 939〉는 달성할 수 있는 소원을 나타내기 위하여 사용된다: BDF, 항목들 65[2], 384). 비록 이 표현이 오네시모의

이름에 대한 언어유희를 계속하고 있다고 생각되어 왔지만, 이것은 다른 곳에서 자주 나타나는 표현이라는 사실에 비추어 볼 때 의심스러운 주장이다(BDF, 항목 488 [1b]의 진술을 보라; 참조. Lohse, 205, Martin, *NCB*, 167, Gayer, *Stellung*, 242). 사도의 진정한 바람은 오네시모의 미래에 관한 것이다. 그러나 바울은 긴밀하게 그리고 인격적으로 그와 동일시되고 있다: 강조적 의미를 가진 에고(*ἐγώ*, "나")는 오네시모의 일과 바울 자신을 결합시켜서 바울이 빌레몬의 행동을 통하여 유익을 얻을 것이며(참조. Lightfoot, 342, Lohmeyer, 191) 또한 "주 안에서"(*ἐν κυρίῳ* – 엔 퀴리오) 유익을 얻을 것이라는 것이다. "주 안에서"라는 문구는 빌레몬이 "그리스도인의 방식으로", 다시 말해서 바울의 요청을 시행함으로써 그에게 유익을 주는 것을 가리키는 것으로 이해되어 왔다(Martin, *NCB*, 167). 다시 말해서 오네시모를 복음을 섬기도록 자유를 허락함으로써 참으로 "주 안에서" 유익이 있을 것이라고 생각되었다(Lohmeyer, 191; 참조. Knox, *Philemon*, 25, 그리고 아래 21절의 "주석"을 보라).

자신의 도입 감사 단락의 결론부에서 바울은 "성도들의 마음이 평안함을 얻게 되었던"(*τὰ σπλάγχνα τῶν ἁγίων ἀναπέπαυται*, 타 스플랑크나 톤 하기온 아나페파우타이, 7절) 빌레몬의 사랑의 행동을 언급한 바 있다. 지금 본 서신의 본론 부분의 마지막 문장에서 그는 이 사랑하는 형제가 이번에는 17절의 명확한 소원을 시행함으로써, 그리하여 바울 자신 대신에 오네시모를 받아들임으로써 또다시 바울의 마음을 사랑 가운데서 행하고 "마음을 평안하게"("내 마음"〈*μου τὰ σπλάγχνα* – 무 타 스플랑크나〉에 있는 "나의"〈*μου* – 무〉의 강조적 위치를 유의하라) 할 것이라는 사실을 예상하여 빌레몬에 대한 자신의 요청을 그와 유사한 말로 표현하고 있다("그리스도 안에서"〈*ἐν Χριστῷ* – 엔 크리스토〉는 여기서 "주 안에서"〈*ἐν κυρίῳ* – 엔 퀴리오〉의 문체의 변형이다. 참조. Moule, *Origin*, 59; 바울을 평안하게 하는 빌레몬의 행동은 "그리스도 안에" 있는 한 형제를 위하여 그 결과가 나타난 그리스도인의 행동이 될 것이다).

해설

바울이 조심스럽게 자신의 말에 무게를 실은 세심하게 구성된 단락(8-20절) 속에서 그는 빌레몬의 도망친 종 오네시모를 위한 요청을 하고 있다. 그는 자신의 상황에 대한 간략한 묘사와 함께 시작하여(8-12절), 자신이 그리스도 안에서 오네시모에 관한 상황 속에서 하나의 그리스도인으로서 자신을 위하여 적절한 일을 행하도록 빌레몬에게 명령할 담대함 혹은 솔직함을 가지고 있었음에도 불구하고 자기 말로 응락을 강요하는 일을 거절한다. 그보다 그는 자신의 호소를 다른 근거, 즉 빌레몬의 사랑에 근거하고 있다. 그것은 엄밀하게 말해서 그가 간청할 수 있는 과거에 있었던 빌레몬의 친절과 너그러움을 알고 있기 때문이며, 이제 또다시 보여지는 빌레몬의 사랑을 바라보고 있는데, 이번에는 오네시모와 관련된 것이다. 이 요청의 배후에는 그리스도 예수의 대사요 종인 그 사람이 서 있으며, 그의 호소는 그가 감옥에 있는 동안 그의 사역을 통하여 회심한 그의 아들 오네시모를 위하여 이루어졌다. 그는 자기 심복인 오네시모를 돌려보내고 있다고 말함으로써 그가 자기에게 얼마나 친밀한 사람인지를 암시해 주고 있다. 브루기아인 종으로서 – 그리고 그들은 믿을 수 없고 불성실한 자들로 평판이 나 있었다 – 그는 이전에 빌레몬에게 무익한 사람이었다. 그러나 하나의 커다란 변화가 일어났고, 바울은 이것을 "전에는-이제는"이라는 대조를 통하여 묘사하고 있다. 이러한 강력한 변화는 오네시모가 주님이신 그리스도께 회심함으로써 그 결과가 나타났으며, 이제 그는 유익한 사람으로 불릴 수 있게 되었다. 이러한 표현은 그의 이름에 아주 잘 들어맞는데, 그 이유는 오네시모가 "유익한", "유용한"을 의미하기 때문이다. 바울은 친절하게 오네시모를 자기와 함께 머물러 있게 하여 그로 하여금 복음을 전하는 일에서, 특히 그 일을 위해서 감옥에 갇혀 있었을 때 빌레몬을 대신하여 그를 돕도록 하기를 원했을 것이다. 그러나 그런 방법으로 행동하는 것은 자신과 빌레몬 사이에 있었던 그리스도인의 교제에 금이 가게 하는 것은 제쳐두고 바울 자신에게 불법적인 일이었을 것이다. 어쨌든 그는 빌레몬의 동의 없이는 아무것도 할 수 없었고, 빌레몬의 결정에 억압이나 간섭하는 방식으로 행동할 수 없었다. 더 나아가서 바울이 오네시모를 붙들어 두었다면, 그는 하나님의 감추어진 목적에 반대로 행동했을 수도 있다: "저(오네시모)가 잠시 떠나게 된 것은 이를 인하여 저를 영원히 두게 함이니." 바울은 정중하게 이러한 제안을 하고 있는데, 그 이유는 그가 하나님의 계획을 잘 알고 있는 것으로 생각하고 있지 않기 때문이다. 동시에 세심하게 선택된 그의 용어는 이러한 불의한 일들을 선으로 만드신(창 45:4-8) 하나님의 섭리에 손해를 입혔을 수도 있는 개인적인 잘못으로부터 빌레몬의 눈길을 돌리고자 의도된 것이다.

마지막으로, 바울은 자신의 요청의 구체적인 내용을 말하고 있다: "저를 영접하기를 내게 하듯 하라"(17절). 그는 방금 전에 오네시모를 하나의 "종"으로 언급하기는 했으나 곧 대조를 통하여 이것을 수정하고 있다: 그는 주인에게 종에서 뛰어나 한 사람의 사랑받는 종이 될 것이다. 그리고 정확하게 이러한 포용력 안에서 바울은 빌레몬에게 오네시모를 받아들이기를 원하고 있다. 그는 오네시모가 한 사람의 자유를 얻은 사람으로 받아들여지기를 요구하거나 빌레몬에게 오네시모가 돌아갔을 때 그 즉시 그를 자유롭게 해야 한다고 요구하고 있지 않다. 형제로 말함으로써 오네시모는 빌레몬과 정확하게 같은 방식으로 소개되었다(참조. 7, 20절). 즉 그 역시 그리스도의 몸에 참여했다는 것이다. 그러므로 이 두 사람 간의 관계는 깊어져서 어떤 의미에서 "주인"과 "종"이라는 단어들을 초월하여, 그들의 행위는 그들이 같은 주님에게 속해 있다는 사실에 비추어 시행되어야 했다. 오네시모의 세상에서의 자유는 긍정적인 가치를 가질 수 있지만, 결국 그것은 그가 종인가 자유인인가에 대해서는 그리스도인인 그에게는 궁극적인 의미를 갖지 않는다. 끝으로 문제가 되는 것은 하나님의 부르심을 받아들이고 그분을 따르는 것이다(참조. 고전 7:21-24).

빌레몬이 오네시모를 친절하게 받아들이는 일에 장애물이 되는 것들을 막기 위하여 바울은 오네시모가 도망함으로써(혹은 그가 부재함으로써) 나타난 커다란 손해를 자기에게 회계하라고 권한다. "나와 계산하라"는 사도의 약속어음과 같은 말이며, 그는 여기에 자기의 셔명을 한다. 그가 언급하고 있지는 않지만, 빌레몬 자신이 바울의 선교 사역을 통하여 회심했으므로 빌레몬은 사도에게 자기의 영적인 생명을 빚졌고, 그것은 오네시모가 입힌 빚보다 훨씬 더 컸으며, 이에 대해서 바울에게 갚아야 할 책임이 있을 것이다. 메시지는 분명하다. 빌레몬은 자기가 회심했을 때 받은 하나님의 은혜와 긍휼을 오네시모가 동일하게 체험했다는 사실을 이해할 것이다. 그러므로 그는 그를 그리스도 안에서 형제로 받아들여야 할 것이며, 그가 분노할 만한 근거가 충분히 있을지라도 그에 대해서 분노해서는 안 되었다. 바울은 자신의 요청을 강화함으로써 그리고 빌레몬이 그리스도 안에서 자기 마음을 평안케 하기를 원한다는 바람을 표현하면서 편지의 본론 부분을 마친다.

4. 마지막 부탁과 인사(21-25절)

참고문헌

Dory, W. G. *Letters*, 12, 36-42. **Funk, R. W.** "The Apostolic *Parousia*: Form and Significance." *Christian History and Interpretation. Studies Presented to John Knox*, ed. W. R. Farmer and others. Cambridge: University Press, 1967, 249-68. **Hainz, J.** *Ekklesia*, 206-209. **Mullins, T. Y.** "Visit Talk in New Testament Letters." *CBQ* 35 (1973) 350-58. **Wiles, G. P.** *Prayers*, 281-84.

본 문

21 나는 네가 순종함을 확신하므로 네게 썼노니 네가 나의 말보다 더 행할 줄을 아노라
22 오직 너는 나를 위하여 처소를 예비하라 너희 기도로 내가 너희에게 나아가게 하여 주시기를 바라노라
23 그리스도 예수 안에서 나와 함께 갇힌 자 에바브라와
24 또한 나의 동역자 마가, 아리스다고, 데마, 누가가 문안하느니라
25 우리 주 예수 그리스도의 은혜가 너희 심령과 함께 할지어다

21 Confident of your obedience, I write to you, knowing that you will do even more than I say.
22 At the same time, prepare a guest room for me, for I hope that I will be restored to you in answer to your prayers.
23 Epaphras, my fellow-prisoner in Christ Jesus, sends you greetings.
24 As also do Mark, Aristarchus, Demas and Luke, my co-workers.
25 The grace of the[a] Lord Jesus Christ be with your spirit.[b]

원문주해

a. Textus Receptus는 퀴리우(*κυρίου*, "주님") 뒤에 헤몬(*ἡμῶν*, "우리의")을 덧붙인다: A C D K 614 it vg 등. 만일 이 대명사가 원래 존재했다면, 그것이 a P 33 81 그리고 다른 사본들 가운데 누락되어 있는 것을 설명하기 어렵다. 다른 한편, 서기관들은 이러한 종류의 확대를 도입하는 경향이 있다. 더 짧은 독법이 더 신빙성이 있다(Metzger, *Textual Commentary*, 658를 보라).

b. 여러 필사본들(a C D^{c}), 역본들 그리고 교부들은 예배 의식 용어 "아멘"(*ἀμήν*)을 덧붙이고 있지만, 알렉산드리아와 서방 본문 형태들(A D* 048 33 81 1881)의 많은 대표적 사본들은 이러한 경향을 거부했다.

양식/구조/배경

바울은 빌레몬에게 보내는 자신의 편지를 몇 개의 간략한 문장들로 결론을 내리고 있다. 21절과 22절에서 그는 빌레몬이 분명히 옳은 일을 행할 것이라는 자신의 확신을 분명히 전달하고, 이어서 그를 방문할 계획을 하고 있음을 말한다. 바울은 빌레몬과 그의 가족의 중재 기도로 자신이 자유를 얻어 골로새로 여행할 수 있는 응답이 있기를 바라고 있다. 그리고 간단한 인사 목록(23, 24절)과 축원(25절)으로 편지를 마친다.

주석

21 자신의 마지막 말과 인사와 함께 바울은 빌레몬에게 보내는 편지를 마친다. 그는 앞에서 언급한 문제를 되돌아보고 자신이 그에게 글을 쓰고 있는 바와 같이 빌레몬이 순종할 것을 확신을 가지고 말한다(*πεποιθὼς τῇ ὑπακοῇ σου ἔγραψά σοι* – 페포이도스 테 휘파코에 수 에그라프사 소이). "기꺼움" 혹은 "자원함"(참조. Dibelius-Greenven, 106의 "Bereitwilligkeit"; Wickert, *ZNW* 52[1961] 233에서는 이러한 번역에 반대하고 이 단어의 통상적인 의미인 "순종"을 찬성하여 주장했다. 어근이 같은 휘파쿠오〈*ὑπακούω*, "순종하다"〉와 관련해서는 BAG, 837를 참고하고 골 3:20을 보라)보다는 "순종"을 의미하는 단어 휘파코에(*ὑπακοή*)는 여기서 다소 이례적인 것으로 보인다. 바울은 빌레몬에게 명령하는 사도적 권위를 사용하는 것을 분명히 거절하고, 그 대신 자신의 호소를 사랑에 기초하고 있다(위의 8, 9절의 "주석"을 보라). 게다가 "순종"(*ὑπακοή* – 휘파코에)이라는 단어는 하나님에 대한 인간들의 순종(롬 6:16) 혹은 복음에 나타난 그분의 뜻에 대한 순종(롬 15:18; 16:19)과 함께 그분이 선택하신 사자들 곧 사도와 그의 사절들에 대한 순종(고후 7:15; 10:6)을 의미하는 강력한 단어다. 휘파코에(*ὑπακοή*, "순종")는 하나님에 대한(롬 5:10) 그리스도의 순종(히 5:8)에 대해서 사용되었고, 또한 바울이 모든 사상들을 사로잡기를 원하고 있는(고후 10:5) 그리스도에 대한 복종에 대해서 사용되었다. 그러므로 이러한 권위를 나타내는 단어 "순종"이 나타난 것은 바울이 빌레몬에게 자기의 요청을 언급하거나 그에게 호소를 할 때(9절) 그가 단순히 수사학적 스타일로 말하고 있었으며, 그의 사도적 권위가 사실상 이러한 말 속에서 시행되고 있었다는 사실을 시사하는가? 스툴마허(Stuhlmacher, 52)는 이 문제를 분명하게 파악했으므로 소수의 다른 주석가들과 함께 이러한 노선을 따라서 문제를 제시했다

(Dibelius-Greeven, 106에서는 휘파코에⟨*ὑπακοή*⟩를 "자원함", "기꺼움"으로 번역하면서 이 딜레마를 해결하려고 했다). 다른 사람들은 순종에 대해서 "이 편지를 받는 자가 사도의 말에 순응할 수 있는 유일하게 어울리는 반응"인 것으로 말한다(Lohse, 206; 참조. Wickert, *ZNW* 52[1961] 233, Hainz, *Ekklesia*, 206, 207). 바울의 요청이 사도의 말이고, 그래서 빌레몬이 순종해야 할 의무가 있기 때문이다. 그러나 이 진술을 이러한 노선을 따라 해석하는 것은 8절과 9절의 분명한 말을 공공연히 반대하는 것이며, 바울의 논법에 관한 적극적 비판은 이 딜레마를 해결하지 못한다(참조. Hainz, *Ekklesia*, 208).

바울은 이미 그의 이해와 너그러움을 기대하면서 빌레몬을 위하여 중재 기도를 했던 자신의 서론에서 이것을 분명히 밝혔는데(6절을 보라), 이러한 바울이 분명하게 바라고 있는 너그러움이 오네시모의 경우에 그 결과로 나타날 것이다. 그러한 중재 기도는 바울의 다른 도입 단락에 있는 동일한 기도 내용처럼(빌 1:9-11; 골 1:9, 10; 살전 3:11-13; 살후 1:11, 12) 하나님의 뜻에 대한 깊은 이해와 사랑 속에서 그 뜻의 이행을 위한 기도다. 여기서 저자는 빌레몬이 그 하나님의 뜻에 순종할 것을 확신하고 있다. 그는 그러한 목적으로 기도해 왔고, 또한 빌레몬이 성도들의 마음을 평안하게 해 왔던 것처럼 그의 계속적인 너그러움 속에서 그렇게 구체적으로 드러난 바 과거의 빌레몬의 순종에 대한 분명한 증거가 있었다(7절; 참조. Stuhlmacher, 52, 53).

빌레몬이 하나님의 뜻에 순종하는 사람인 것처럼 바울은 "네가 나의 말보다 더 행할 줄을 아노라"(*εἰδὼς ὅτι καὶ ὑπὲρ ἃ λέγω ποιήσεις* - 에이도스 호티 카이 휘페르 하 레고 포이에세이스)고 말한다. 이 문장은 기대감을 부추기는 말이다. 그는 빌레몬이 오네시모를 마치 바울 자신처럼 받아들이기를 원한다(17절). 그러나 그가 그렇게 재치 있게 말하지 않고 있는 "더"는 무엇인가? 프라이쓰(Preiss, *Life*, 36)는 오네시모가 한 가정의 종으로 복귀되도록 하기 위해서가 아니라 복음을 섬기도록 빌레몬에 의하여 가정으로 다시 받아들여질 것이라고 생각한다. 라이트푸트(Lightfoot, 343)는 노예일 가능성을 주장하면서 다음과 같이 해석한다: "…이 개념은 그 말이 입으로 전달되지는 않았으나 그의 생각들 가운데 나타나 있을 것으로 생각된다." 그러나 디벨리우스-흐리벤의 설명(Dibelius-Greeven, 107)이 옳은 것으로 보인다. "그 문제의 법적인 면이 전혀 고려되고 있지 않다." 다시 말해서 문제는 단순히 오네시모의 법적인 석방이 아니다. 바울은 이미 자신이 오네시모를 붙들어 두어서 그가 복음 안에서 자신을 도울 수 있도록 하기를 원했다고 말한 바 있다(13절의 해석을 보라). 우리가 그 내용들을 읽어 본 바와 같이, 이것이 "더"를 복음을 섬기도록 하기 위하여 오네시모가 자기에게 돌아오는 바울의 바람으로 해석하는 것이 최선인 것으로 보인다(Lohmeyer, 191, Knox, *Philemon*, 24-26, Harrison, *ATR* 32 [1950] 276-80; Wiles, *Prayers*, 216, 221, Bruce, *Paul*, 406; 반대 입장에 관해서는 Wickert, *ZNW* 52[1961] 230-38, Lohse 206를 보라).

22 저자는 그 다음으로 자신이 직접 빌레몬을 방문하기를 바라고 있다는 사실을 말한다. 그래서 그는 빌레몬에게 자기를 위하여 방을 준비해 달라고 요구한다. 이러한 언급을 함으로써 그는 자신이 직접 일이 어떻게 진행되어 가는지를 볼 수 있게 될 것이므로 오네시모를 위한 자신의 중재에 대해서 어느 정도 강조를 하고 있다(참조. Lohse, 206, 207). 자신의 미래에 "거기 있을 것"이라는 이러한 언급은 최근에 있었던 자세한 서신 연구의 주제가 되어 왔다. 서신의 끝부분에 있는 "여행담"이라 불리는 이러한 기사는 예의 바른 의견이 아니라 헬라-로마 세계에 있었던 서신 형식으로부터 알려진 것으로, 의도적으로 표현된 관례라는 사실이 주장되어 왔다(Doty, *Letters*, 12, 36, 37, Martin, *NCB*, 169). 펑크(Funk, *History*, 249-68)는 이 여행담을 어느 정도 자세하게 검토하고(몬 21, 22절 이외에도 특히 롬 15:14-33; 고전 4:14-21; 빌 2:19-24; 살전 2:17-3:13) 이것을 바울이 자기의 사도적 권위와 권세의 위엄을 독자들에게 알려 주려는 "사도적 파루시아"(apostolic parousia)의 한 요소로 이해한다. 그러나 멀린즈(Mullins, *CBQ* 35[1973] 350-58)는 확신 있게 주장하기를, 바울이 가까운 장래에 방문하리라는 이러한 언급은 하나의 고정된 형식이라기보다는 그의 편지의 결론부에 있는 하나의 주제를 나타내는 것이라고 말한다.

"오직 너는 나를 위하여 처소를 예비하라"(*ἅμα δὲ καὶ ἑτοίμαζέ μοι ξενίαν* – 하마 데 카이 헤토이마제 모이 크세니안). 부사 "오직"(*ἅμα* – 하마, "동시에")에 관해서는 골로새서 4:3을 보라. 여기서 이것이 바로 앞선 단어에 붙어 있어서 다음과 같은 의미를 가지고 있다: "오네시모와 관련된 너의 친절한 행동과 동시에." 크세니아(*ξενία*)는 주로 손님에게 제공된 "환대" 혹은 "대접"을 의미하지만, 여기서 이 단어는 손님이 투숙하는 장소 곧 "객실"을 가리킨다(행 28:23; *Ps-Clem Hom* 12:2; BAG, 547를 보라. 그리고 헬라어와 그에 해당하는 라틴어에 관해서는 Lightfoot의 논의, 343를 보라).

이러한 요구의 근거(*γάρ* – 가르)는 바울이 "너희 기도로 내가 너희에게 나아가게 하여 주시기를 바라는" 것이다(*ἐλπίζω γὰρ ὅτι διὰ τῶν προσευχῶν ὑμῶν χαρισθήσομαι ὑμῖν* – 엘피조 가르 호티 디아 톤 프로슈콘 휘몬 카리스데소마이 휘민).

빌립보서 1:19의 진지한 요청에서처럼 여기서도 저자는 직접적으로 그들의 중재 기도를 요구하고 있지 않으며(프로슈케〈*προσευχή*〉는 "다른 사람들을 위한 간구" 즉 "중재 기도"를 지칭한다), 임기응변식으로 빌레몬과 그의 가족(3절 이후 처음으로 복수형인 "너희"〈*ὑμῶν* – 휘몬〉가 사용되었다. 복수형으로의 전환은 가족의 다른 사람들이 그 편지의 내용을 알고 있다는 사실을 의미하지 않는다)이 자기와 자신이 투옥된 것을 위하여 계속하여 기도하고 있다는 것을 당연한 일로 여기고 있다. 이 문장은 더 나아가서 빌레몬의 가족이 바울의 출옥에 관심을 두고 있는 개인적인 평안에 관해서만이 아니라 그가 부름받고 위임받은 중요한 선교 사역에 관해서도 관심을 두고 있다는 사실을 암시한다(Wiles, *Prayers*, 281-83를 보라).

"나아가게 하여 주기를 바라노라"(*ἐλπίζω…χαρισθήσομαι ὑμῖν* – 엘피조…카리스데소마이 휘민, 직역하면 "나는 바라노라…내가 너희에게 허락되기를"). 만약 동사 엘피조(*ἐλπίζω*)가 정상적인 신약성경 가운데서 확고한 소망 혹은 기대감의 의미로 사용되고 있다면, 바울은 자신이 곧 출옥할 것이라는 확신을 말하고 있으며(여러 주석가들이 이런 식으로 해석한다. 그러나 Wiles, *Prayers*, 282에서는 "이 경우 역시〈빌 1:19, 20에서처럼〉 그는 자기의 투옥의 결과를 확신하지 못하고 있다: 그는 그들의 기도를 통하여 그들에게 나아가기를 바라고 있다"고 말한다). 어떻게 그리고 언제 이러한 일이 일어날지 모른다. 그러한 결정은 바울을 은혜로 그 공동체에 되돌려 보내 주실 하나님의 손에 전적으로 달려 있다[이 헬라어는 의미심장한 것이다: 동사 카리스데소마이(*χαρισθήσομαι*)는 바울의 출옥을 보장하실 수 있는 분이 하나님뿐이심을 암시하는 수동태로 되어 있다 – 그것이 그가 중재 기도를 받아야 하는 이유다 – 한편, 이 단어의 기본적인 의미 "거저 그리고 은혜롭게 하나의 은혜로 주다"(골 2:13을 보라. 그리고 Test Joseph 1:6에 있는 평행구 "내가 감옥에 있었다. 그리고 주께서 회복시켜 주셨다〈*ἐχαρίτωσε* – 에카리토세〉", Lohse, 206이 이를 인용함)는 하나님의 행동의 은혜로운 성격에 관심을 집중시키고 있다]. 자기의 출옥에 대한 바람은 자기 자신을 위한 것이 아니라 골로새에 있는 그리스도인들의 유익을 위한 것이다(이것이 복수형 헤민〈*ὑμῖν*, "너희를 위하여"〉의 의미다).

23 이 편지의 마지막 두 구절에서 사도는 자기의 동역자들로부터 빌레몬에게 보내는 문안 인사(*ἀσπάζεται* – 아스파제타이: 골 4:10을 보라)를 보낸다. 이름들의 목록은 이들 모두 골로새서 4:10-14에 나오는데, "나와 함께 갇힌 자"(*συναιχμάλωτός μου ἐν Χριστῷ Ἰησοῦ* – 쉬나이크말로토스 무 엔 크리스토 예수)로 묘사되어 있는 에바브라로부터 시작된다. 골로새서 4:10에서 아리스다고는 바울의 "나와

함께 갇힌"(*συναιχμάλωτος* – 쉬나이크말로토스) 사람으로 불린다. 이 단어는 그리스도에게 사로잡히고 또한 동역자의 의미를 나타내는 상징적 의미로 사용될 수 있지만, 이 두 곳에서 이 단어는 사도와 함께 감옥에 있는 동료에 대한 묘사로 이해하는 것이 가장 바람직하다(Lohse, 207, Martin, *NCB*, 169, Stuhlmacher, 55, Ollrog, *Paulus*, 76). 여기서 만일 바울이 단순하게 에바브라를 자기의 "동역자"로 부르기를 원했다면 쉬네르고스(*συνεργός*, 24절)란 단어가 적절했을 것이다. 23절과 24절에 이 두 단어가 출현하는 것은 그들이 특별하다는 사실을 암시한다. 골로새 교회 설립자 에바브라(골 4:12, 13의 "주석"을 보라)는 바울과 함께 투옥되어 있다(1절을 보라). 그가 가장 먼저 언급되었는데, 그 이유는 그가 골로새 사람이었고(골 4:12) 또한 골로새의 복음 전도자로서 빌레몬에게 잘 알려져 있었음에 틀림없기 때문이다.

앞의 문구에 있는 마지막 두 단어 "그리스도 예수 안에서"(*ἐν Χριστῷ Ἰησοῦς* – 엔 크리스토 예수스)는 컴마로 분리되어야 하고, 그리하여 후자인 "예수"가 골로새서 4:11에 언급된 "유스도라 하는 예수"의 이름이 되어야 한다고 주장되어 왔다(E. Amling, "Eine Konjektur im Philemonbrief," *ZNW* 10[1909] 261, 262). 이러한 입장에 따르면, 골로새서 4:10-14에 언급된 이름들의 목록이 빌레몬서 23, 24절에 있는 이 목록과 일치한다는 것이다. "그리스도 안에서, 예수" 대신에 "그리스도 예수 안에서"로 읽는다면, 이것은 이 문구가 나타나는 편지 속에서 유일한 것인 반면에, 바울은 다른 곳에서 "그리스도 안에서"(8, 20절), "주 안에서"(16, 20절)를 사용하고 있다. 그러나 특히 1, 9절에서 바울이 "그리스도 예수를 위하여"라고 기록하고 있는 이 짧은 편지(335단어로 구성되어 있음)의 증거에 너무나 많은 것을 세우려는 것은 위험하다(Martin, *NCB*, 169; Stuhlmacher, 55에서는 필사본의 증거에 반대하여 예수스〈*Ἰησοῦς*, "예수"〉의 마지막 글자 시그마〈*ς*〉의 삭제를 생각하는 것은 합당하지도 않고 그럴 것 같지도 않다고 올바르게 주장한다. 이에 반하여 Zahn의 주장이 Lohse, 207와 Ollrog, *Paulus*, 49에 의하여 인용되고 있다).

24 마가, 아리스다고, 데마와 누가가 바울의 동역자로서 문안 인사를 보낸다(골 4:10, 14을 보라). 골로새서 4장에 있는 보다 완전한 목록과는 대조적으로, 언급된 사람들에 관해서 아무런 세부 사항들이 덧붙여 있지 않다. 그러나 그들은 "동역자들"로 묘사되어 있는데(*συνεργοί* – 쉬네르고이, 골 4:11, 몬 1절을 보라) 이 단어가 이미 빌레몬 자신에게 사용된 바 있다. 문안 인사를 보내는 자들과 받는 자가 모두 하나님에게 위임받아 그리스도를 전파하는 일에 종사하고 있다. 그들은 특히

이방인들에게 복음을 전파하는 일에 합세하여 바울과 함께 수고했다(참조. Ollrog, *Paulus*, 63-72; 바울과 그의 동료들이라는 주제에 관해서는 272, 273를 보라).

25 바울의 편지 끝부분에 들어 있는 규칙적이고도 일관된 요소였던 마지막 축원에 관해서는 골로새서 4:18의 "주석"을 보라. 골로새서에서처럼 이 곳 마지막 축원에서도 서론적 문안 인사를 취한다(3절). 바울은 빌레몬과 그의 가족 공동체(복수형 휘몬〈*ὑμῶν*, "너희의"〉은 여기서 3절의 휘민〈*ὑμῖν*, "너희에게"〉과 일치한다)가 보다 충만하게 "주 예수 그리스도의(혹은 '우리의,' 위의 304쪽을 보라) 은혜"를 이해할 수 있기를 바란다. 동시에 이 축원은 그리스도의 은혜가 그의 가정 교회와 함께 머물러 있을 것임을 암시하는 확신의 기록이라는 인상을 심어 준다. 단순한 "너희와 함께"(*μεθ᾽ ὑμῶν* – 메드 휘몬)가 아닌, 갈라디아서 6:18과 빌립보서 4:23에서처럼 보다 완전한 표현인 "너희 심령"(*μετὰ τοῦ πνεύματος ὑμῶν* – 메타 투 프뉴마토스 휘몬)이 나타나 있다. "심령"(*πνεῦμα* – 프뉴마)은 인류학적인 의미로 나타나 있고, 그래서 이 문구와 보다 짧은 표현인 "너희와 함께" 사이에는 의미상의 차이가 없다(Schweizer, *TDNT* 6, 435).

해설

바울은 빌레몬에게 보내는 자신의 편지를 마지막 말과 문안 인사로 끝맺고 있다. 그는 이미 자기의 사랑하는 친구를 위하여 그 이해와 너그러움과 관련하여 중재 기도를 했는데(6절), 그가 믿고 있는 너그러움이 오네시모를 향하여 나타날 것이다. 그러한 중재 기도는 사실상 하나님의 뜻에 대한 깊은 이해와 사랑의 행위를 위한 것이다. 바울은 이제 빌레몬이 하나님의 뜻에 순종하여 자기가 요청했던 것보다 더 할 것이라는 확신을 표하고 있는데, 이것은 바울 자신에게도 사랑받는 형제인 오네시모를 받아들이는 것이었다. 이 "더"가 무엇인지를 저자가 말하고 있지는 않지만, 바울이 오네시모가 복음을 수종 들기 위하여 자기에게로 돌아오기를 바라고 있음을 표현하고 있을 가능성이 크다. 바울은 친히 빌레몬을 방문하기를 바라고 있고, 만일 이러한 일이 일어난다면 이 가정 교회의 기도에 대한 하나님의 은혜로우신 응답 때문일 것이다. 이러한 희망적 발언은 일이 어떻게 되어 가는지에 대해서 친히 알아보도록 만들어 줌과 동시에 바울의 오네시모를 위한 중재에 어떤 강조를 더해 준다.

사도는 빌레몬에게 자기의 다섯 명의 동역자들로부터 문안 인사를 보내고 그리스도의 은혜가 이 가정 교회의 구성원들에게 머물러 있기를 바라는 축원으로 끝맺는다.

참고서적

A. 본문, 주석들, 참고서적들

(주석들은 저자들과 페이지만을 언급하면서 인용되었음)

Abbott, T. K. *The Epistles to the Ephesians and to the Colossians.* ICC. Edinburgh: Clark, 1897.

Aland, K., Black, M., Martini, C. M., Metzger, B. M. and Wikgren, A. ed. *The Greek New Testament.* 3rd ed. New York: United Bible Societies, 1975.

Bauer, W. *A Greek-English Lexicon of the New Testament and Other Early Christian Literature.* Tr. and ed. from 5th German ed. Arndt, W. F. and Gingrich, F. W. 2nd ed. revised and augmented by F. W. Gingrich and Danker, F. W. Chicago: University Press, 1979.

Beare, F. W. *The Epistle to the Colossians. IB* 11. New York and Nashville: Abingdon, 1955.

Bengel, J. A. *New Testament Word Studies.* Vol. 2. Tr. Lewis, C. T. and Vincent, M. R. Grand Rapids, MI: Kregel, 1971.

Benoit, P. *Les Epîtres de Saint Paul aux Philippiens, aux Colossiens, à Philémon, aux Ephésiens.* La Sainte Bible. Paris: Editions du Cerf, 1949.

Blass, F. and Debrunner, A. *A Greek Grammar of the New Testament and Other Early Christian Literature.* Tr. and rev. from the 9th-10th German edition by Funk, R. W. Chicago: University Press, 1961.

Bratcher, R. G. and Nida, E. A. *A Translator's Handbook on Paul's Letters to the Colossians and to Philemon.* Stuttgart: United Bible Societies, 1977.

Brown, C. ed. *The New International Dictionary of New Testament Theology.* 3 vols. Exeter: Paternoster, 1975-78. American edition Grand Rapids, MI: Zondervan, 1975-78.

Bruce, F. F. in Simpson, E. K., and Bruce, F. F. *Commentary on the Epistles to the Ephesians and the Colossians.* NICNT. Grand Rapids, MI: Eerdmans, 1957.

Burton, E. de W. *Syntax of the Moods and Tenses in New Testament Greek.* 3rd ed. Edinburgh: Clark, 1898.

Caird, G. B. *Paul's Letters from Prison(Ephesians, Philippians, Colossians, Philemon) in the Revised Standard Version.* London and New York: Oxford University Press, 1976.

Carson, H. M. *Colossians and Philemon.* TNTC. London: Tyndale, 1960.

Conzelmann, H. *Die kleineren Briefe des Apostels Paulus. Der Brief an die Kolosser.* NTD 8. 10th ed. Göttingen: Vandenhoeck & Ruprecht, 1965.

Dibelius, M. *An die Kolosser, Epheser an Philemon.* HNT 12. 3rd ed. rev. by Greeven, H. Tübingen: Mohr, 1953.

Ernst, J. *Die Briefe an die Philipper, an Philemon, an die Kolosser, an die Epheser.* RNT. Regensburg: Pustet, 1974.

Field, F. *Notes on the Translation of the New Testament.* Cambridge: University Press, 1899.
Friedrich, G. *Die kleineren Briefe des Apostels Paulus. Der Brief an Philemon.* NTD 8. 10th ed. Göttingen: Vandenhoeck & Ruprecht, 1965.
Haupt, E. *Die Gefangenschaftsbriefe.* MeyerK 8-9. 8th ed. Vandenhoeck & Ruprecht, 1902.
Kittel, G. and Friedrich, G. eds. *Theologncal Dictionary of the New Testament.* 10 vols. Tr. Bromiley, G. W. Grand Rapids, MI: Eerdmans, 1964-76.
Lightfoot, J. B. *Saint Paul's Epistles to the Colossians and to Philemon.* 9th ed. London: Macmillan, 1890.
Lohmeyer, E. *Die Briefe an die Philipper, Kolosser und an Philemon.* MeyerK 9. 13th ed. Göttingen: Vandenhoeck & Ruprecht, 1964.
Lohse, E. *Colossians and Philemon.* Tr. Poehlmann, W. R., and Karris, R. J. from 14th German ed. Hermeneia. Philadelphia: Fortress, 1971.
Martin, R. P. *Colossians: The Church's Lord and the Christian's Liberty.* Exeter: Paternoster, 1972. (reprint) Palm Springs, CA: R. N. Haynes Publ. Co. 1982.
______. *Colossians and Philemon.* NCB. 3rd ed. London: Oliphants, 1981. Grand Rapids, MI: Eerdmans.
Masson, C. *L'Epître aux Colossiens.* CNT 10. Paris: Delachaux et Niestlé, 1950.
Metzger, B. M. *A Textual Commentary on the Greek New Testament.* London and New York: United Bible Societies, 1971.
Meyer, H. A. W. *Critical and Exegetical Handbook to the Epistles to the Philippians and Colossians.* Tr. Dickson, W. P. New York: Funk and Wagnalls, 1875.
Moule, C. F. D. *An Idiom Book of New Testament Greek.* Cambridge: University Press, 1953.
______. *The Epistles of Paul the Apostle to the Colossians and to Philemon.* Cambridge: University Press, 1962.
Moulton, J. H. *A Grammar of New Testament Greek.* Vol. 1. *Prolegomena.* 3rd ed. Edinburgh: Clark, 1908.
Moulton, J. H. and Howard, W. F. *A Grammar of New Testament Greek.* Vol. 2. *Accidence and Word-Formation.* Edinburgh: Clark, 1929.
Moulton, J. H. and Milligan, G. *The Vocabulary of the Greek Testament.* London: Hodder, 1930.
Müller, J. J. *The Epistles of Paul to the Philippians and to Philemon.* NICNT. Grand Rapids, MI: Eerdmans, 1955.
Nestle, E. and Aland, K. *Novum Testamentum Graece.* 26th ed. Aland, K., Black, M., Martini, C. M., Metzger, B. M., Wikgren, A. Stuttgart: Deutsche Bibelstiftung, 1979.
Radford, L. B. *The Epistle to the Colossians and the Epistle to Philemon.* WC. London: Methuen, 1931.
Robertson, A. T. *A Grammar of the Greek New Testament in the Light of Historical Research.* 4th ed. Nashville: Broadman, 1923.
Schlatter, A. *Der Brief an Philemon: Erläuterungen zum Neuen Testament* 2, Stuttgart: Calwer Verlag, 1909, 861-66.
Schmauch, W. *Beiheft* to Lohmeyer, E. *Die Briefe an die Philipper, Kolosser und an Philemon.*

MeyerK 9. 13th ed. Göttingen: Vandenhoeck & Ruprecht, 1964.

Schweizer, E. *Der Brief an die Kolosser.* EKKNT. Zurich: Benziger, 1976.

Scott, E. F. *The Epistles of Paul to the Colossians, to Philemon and to the Ephesians.* MNTC. London: Hodder, 1930.

Stuhlmacher, P. *Der Brief an Philemon.* EKKNT. Zürich: Bensiger, 1975.

Thrall, M. E. *Greek Particles in the New Testament. Linguistic and Exegetical Studies.* NTTS 3. Leiden: Brill, 1962.

Turner, N. *Syntax* of J. H. Moulton, *A Grammar of New Testament Greek.* Vol. 3. Edinburgh: Clark, 1963.

Vincent, M. R. *The Epistles to the Philippians and to Philemon.* ICC. Edinburgh: Clark, 1897.

von Soden, H. *Die Briefe an die Kolosser, Epheser, Philemon; die Pastoralbriefe.* Hand-Commentar zum Neuen Testament 3,1. 2nd ed. Leipzig: 1893.

Williams, A. L. *The Epistles of Paul the Apostle to the Colossians and to Philemon.* The Cambridge Greek Testament for Schools and Colleges. Cambridge: University Press, 1907.

Zerwick, M. *Biblical Greek.* Tr. Smith, J. Rome: Pontifical Biblical Institute, 1963.

B. 골로새서와 관련된 연구서들, 논문들

Agnew, F. "On the Origin of the Term *Apostolos.*" *CBQ* 38(1976) 49-53.

Aletti, J. N. *Colossiens, 1, 15-20. Genre et exégèse du texte Fonction de la thématique sapientelle.* AnBib 91. Rome: Biblical Institute. 1981.

Anderson, C. P. "Who Wrote 'the Epistle from Laodicea'?" *JBL* 85(1966) 436-40.

Asting, R. *Die Verkündigung des Wortes im Urchristentum.* Stuttgart: Kohlhammer, 1939.

Austgen, R. J. *Natural Motivation in the Pauline Epistles.* 2nd ed. Notre Dame: University Press, 1969.

Bacchiocchi, S. *From Sabbath to Sunday. A Historical Investigation of the Rise of Sunday Observance in Early Christianity.* Rome: Pontifical Gregorian University, 1977.

Bammel, E. "Versuch zu Col 1:15-20." *ZNW* 52(1961) 88-95.

Bandstra, A. J. "Did the Colossian Errorists Need a Mediator?" *New Dimensions in New Testament Study,* ed. Longenecker, R. N. and Tenney, M. C. Grand Rapids, MI: Zondervan, 1974, 329-43.

______. *The Law and the Elements of the World. An Exegetical Study in Aspects of Paul's Teaching.* Kampen: Kok, 1964. American edition, Grand Rapids, MI: Eerdmans.

Banks, R. J. *Paul's Idea of Community. The Early House Churches in Their Historical Setting.* Grand Rapids, MI: Eerdmans, 1980.

Barrett, C. K. *From First Adam to Last. A Study in Pauline Theology.* New York: Scribner's, 1962.

Barth, M. *Ephesians. Translation and Commentary on Chapters 1-6.* AB 34, 34A. Garden City, NY: Doubleday, 1974.

Bauckham, R. J. "Colossians 1:24 Again: The Apocalyptic Motif." *EvQ* 47(1975) 168-70.

Baumert, N. *Täglich sterben und auferstehen. Der Literalsinn von 2 Kor 4,12-5,10.* SANT 84. Munich: Kösel, 1973.

Beasley-Murray, G. R. *Baptism in the New Testament.* London: Macmillan, 1962.

______. "The Second Chapter of Colossians." *RevExp* 70(1973) 469-79.

Bedale, S. "The Meaning of *κεφαλή* in the Pauline Epistles." *JTS* 5(1954) 211-15.

Benoit, P. "Corps, tête et plérôme dans les épîtres de la captivité." *RB* 63(1956) 5-44.

______. "L'hymne christologique de Col 1, 15-20. Jugement critique sur l'état des recherches." *Christianity, Judaism and Other Greco-Roman Cults. Studies for Morton Smith at Sixty,* ed. Neusner, J. Part One. New Testament. SJLA 12. Leiden: Brill, 1975, 226-63.

______. "Qumran and the New Testament." *Paul and Qumran. Studies in New Testament Exegesis,* ed. Murphy-O'Connor, J. London: Chapman, 1968, 1-30.

Berger, K. "Apostelbrief und apostolische Rede/Zum Formular frühchristlicher Briefe." *ZNW* 65(1974) 190-231.

______. "Die sogenannten 'Sätze heiligen Rechts' im Neuen Testament. Ihre Funktion und ihr Sitz im Leben." *TZ* 28(1972) 305-330.

Best, E. *A Historical Study of the Exegesis of Col 2, 14.* Rome: unpublished thesis, 1956.

______. *One Body in Christ. A Study in the Relationship of the Church to Christ in the Epistles of the Apostle Paul.* London: SPCK, 1955.

Betz, O. "*Felsenmann und Felsengemeinde(Eine Parallele zu Mt. 16:17-19 in den Qumranpsalmen)*." *ZNW* 48(1957) 49-77.

Beyer, K. *Semitische Syntax ira Neuen Testament.* SUNT 1. Göttingen: Vandenhoeck und Ruprecht, 1962.

Bieder, W. *Die Berufung im Neuen Testament.* ATANT 38. Zürich: Zwingli, 1961.

Biser, E. "Die Idee des Friedens nach den paulinischen Gefangenschaftsbriefen." *GuL* 27(1954) 165-70.

Bjerkelund, C. J. *Parakalô. Form, Funktion und Sinn der parakalô-Sätze in den paulinischen Briefe.* Bibliotheca Theologica Norwegica 1. Oslo: Universitetsforlaget, 1967.

Black, M. *The Scrolls and Christian Origins.* New York: Scribner's, 1961.

Blanchette, O. A. "Does the Cheirographon of Col 2:14 Represent Christ himself?" *CBQ* 23(1961) 306-312.

Blinzler, J. "Lexikalisches zu dem Terminus ra *τὰ στοιχεῖν τοῦ κόσμου* bei Paulus." *Studiorum Paulinorum Congressus lnternationalis Catholicus.* 2 vols. Rome: Pontifical Biblical Institute, 1963, 2. 429-43.

Bornkamm, G. "Baptism and New Life in Paul. Romans 6." *Early Christian Experience.* Tr. Hammer, P. L. London: SCM, 1969, 71-86. American edition, New York: Harper and Row, 1969.

______. "Die Hoffnung im Kolosserbrief. Zugleich ein Beitrag zur Frage der Echtheit des Briefes." *Studien zum Neuen Testament und zur Patristik. Erich Klostermann zum 90. Geburtstag dargebracht.* TU 77. Berlin: Akademie, 1961, 56-64. Reprinted in *Geschichte und Glaube 2. Gesammelte Aufsätze.* Vol. 4. BEvT 53. Munich: Kaiser, 1971, 206-213.

______. *Studien zu Antike und Urchristentum. Gesammelte Aufsätze.* Vol. 2. BEvT 28.

Munich: Kaiser, 1959.

______. "The Heresy of Colossians." *Conflict at Colossae*, ed. Francis, F. O. and Meeks, W. A. 2nd ed. SBLSBS 4. Missoula, MT: Scholar's Press, 1975, 123-45. Originally published as "Die Häresie des Kolosserbriefs." *TLZ* 73(1948) 11-20.

Bouttier, M. "*Complexio Oppositorum*: sur les Formules de 1 Cor. xii. 13; Gal. iii. 26-8; Col. iii. 10, 11." *NTS* 23(1976-77) 1-19.

______. "Remarques sur la conscience apostolique de St. Paul." *OIKONOMIA. Heilsgeschichte als Thema der Theologie*, ed. Christ, F. Hamburg-Bergstedt: Reich, 1967, 100-108.

Bowen, C. R. "Are Paul's prison letters from Ephesus?" *AJT* 24(1920) 112-35, 277-87.

______. "The Original Form of Paul's Letter to the Colossians." *JBL* 43(1924) 177-206.

Bowers, W. P. "A Note on Colossians 1:27a." *Current Issues in Biblical and Patristic Interpretation. Studies in Honor of Merrill C. Tenney Presented by His Former Students*, ed. Hawthorne, G. F. Grand Rapids, MI: Eerdmans, 1975, 110-14.

Bradley, J. "The Religious Life-Setting of the Epistle to the Colossians." *StBibT* 2(1972) 17-36.

Brown, R. E. *The Semitic Background of the Term "Mystery" in the New Testament*. FBBS 21. Philadelphia: Fortress, 1968.

Bruce, F. F. *Paul. Apostle of the Free Spirit*. Exeter: Paternoster, 1977. American edition, *Paul. Apostle of the Heart Set Free*. Grand Rapids, MI: Eerdmans, 1977.

______. *Tradition Old and New*. Exeter: Paternoster, 1970. American edition Grand Rapids, MI: Zondervan, 1970.

Bujard, W. *Stilanalytische Untersuchungen zum Kolosserbrief als Beitrag zur Methodik von Sprachvergleichen*. SUNT 11. Göttingen: Vandenhoeck & Ruprecht, 1973.

Bultmann, R. *Theology of the New Testament*. Vol. 1. Tr. K. Grobel, London: SCM, 1952. American edition NY: Scribner's, 1952.

Burger, C. *Schöpfung und Versöhnung. Studien zum liturgischen Gut im Kolosser- und Epheserbrief*. WMANT 46. Neukirchen: Neukirchener, 1975.

Burney, C. F. "Christ as the APXH of Creation." *JTS* 27(1926) 160-77.

Caragounis, C. C. *The Ephesian* ***Mysterion***. *Meaning and Content*. ConB, New Testament Series 8. Lund: Gleerup, 1977.

Carr, W. "Two Notes on Colossians." *JTS* 24(1973) 492-500.

Cerfaux, L. *Christ in the Theology of St. Paul*. Tr. G. Webb and A. Walker. New York: Herder, 1959.

______. *The Church in the Theology of St. Paul*. Tr. G. Webb and A. Walker. New York: Herder, 1959.

Chadwick, H. "St. Paul and Philo of Alexandriaú" *BJRL* 48(1965-66) 286-307.

Champion, L. G. *Benedictions and Doxologies in the Epistles of Paul*. Oxford: published privately, 1934.

Clark, K. W. "The Meaning of ἐνεργέω and κατεργέω in the New Testament." *JBL* 54(1935) 93-101.

Crouch, J. *The Origin and Intention of the Colossian Haustafel*. FRLANT 109. Göttingen: Vandenhoeck & Ruprecht, 1972.

Cullmann, O. *Early Chrutian Worship.* Tr. Todd, A. Stewart and Torrance, J. B. SBT 10. London: SCM, 1953.

______. *The Christology of the New Testament.* Tr. Guthrie, S. C. and Hall, C. A. M. 2nd ed. London: SCM, 1963. 1st American edition Philadelphia: Westminster, 1959.

______. "The Tradition." *The Early Church*, ed. Higgins, A. J. B. London: SCM, 1956, 59-99.

da Castel, T. "*Συναιχμάλωτος*: Compagno di Prigionia o Conquistato Assieme?" *Studiorum Paulinorum Congressus Internationalis Catholicus.* 2 vols. Rome: Pontifical Biblical Institute, 1963, 2. 417-28.

Dahl, N. A. "Anamnesis. Mémoire et Commémoration dans le Christianisme primitif." *ST* 1(1948) 69-95.

______. "Form-Critical Observations on Early Christian Preaching." *Jesus in the Memory of the Early Church.* Minneapolis: Augsburg, 1976, 30-36.

Daniélou, J. "La Session à la droite du Père." *Studia Evangelica*, ed. Aland, K. and others. TU 73. Berlin: Akademie, 1959, 689-98.

Daube, D. "Participle and Imperative in 1 Peter." In Selwyn, E. G. *The First Epistle of St Peter.* London: Macmillan, 1947, 467-88.

Davies, W. D. *Paul and Rabbinic Judaism. Some Rabbinic Elements in Pauline Theology.* 2nd ed. London: SPCK, 1955. 4th American edition. Philadelphia: Fortress, 1980.

______. "Paul and the Dead Sea Scrolls: Flesh and Spirit." *The Scrolls and the New Testament*, ed. Stendahl, K. New York: Harper, 1957, 157-82.

______. *The Gospel and the Land.* Berkeley: University of California Press, 1974.

Deichgräber, R. *Gotteshymnus und Christushymnus in der frühen Christenreit. Untersuchungen zu Form, Sprache und Stil der frühchristlichen Hymnen.* SUNT 5. Göttingen: Vandenhoeck & Ruprecht, 1967.

Deissmann, A. *Bible Studies.* Tr. Grieve, A. Edinburgh: Clark, 1901.

______. *Light from the Ancient East.* Tr. Strachan, L. R. M. New York: Doran, 1927. Reprinted Grand Rapids, MI: Baker, 1927.

______. *Paul. A Study in Social and Religious History.* Tr. Wilson, W. E. 2nd ed. London: Hodder, 1926.

Delling, G. "Merkmale der Kirche nach den Neuen Testament." *NTS* 13(1966-67) 297-316.

______. "Partizipiale Gottesprädikationen in den Briefen des Neuen Testaments." *ST* 17(1963) 1-59.

______. *Worship in the New Testament.* Tr. Scott, P. London: Darton, Longman & Todd, 1962.

Dibelius, M. "The Isis Initiation in Apuleius and Related Initiatory Rites." *Conflict at Colossae*, ed. Francis, F. O. and Meeks, W. A. 2nd ed. SBLSBS 4. Missoula, MT: Scholar's Press, 1975, 61-121. Originally published as *Die Isisweihe bei Apuleius und verwandte Initiations-Riten.* SHAW. Ph. 8/4. Heidelberg: Winter, 1917.

Dodd, C. H. *New Testament Studies.* Manchester: University Press, 1953.

______. *The Bible and the Greeks.* London: Hodder, 1935.

______. *The Epistle of Paul to the Romans.* London: Hodder, 1932.

Doty, W. G. *Letters in Primitive Christianity.* Guides to Biblical Scholarship, NT Series. Philadelphia: Fortress, 1973.

Du Plessis, P. J. *ΤΕΛΕΙΟΣ. The Idea of Perfection in the New Testament.* Kampen: Kok, 1959.

Dumbrell, W. J. *The Meaning and Use of Ekklesia in the New Testament with Special Reference to its Old Testament Background.* University of London: Unpublished M.Th. thesis, 1966.

Duncan, G. S. *St. Paul's Ephesian Ministry. A Reconstruction with Special Reference to the Ephesian Origin of the Imprisonment Epistles.* London: Hodder, 1929.

Dunn, J. D. G. *Baptism in the Holy Spirit.* London: SCM, 1970. American edition SBT 15 2nd Ser. Naperville, IL: Allenson, 1970.

______. *Jesus and the Spirit. A Study of the Religious and Charismatic Experience of Jesus and the First Christians as Reflected in the New Testament.* Philadelphia: Westminster, 1975.

Dupont, J. *Gnosis. La connaissance religieuse dans les épîtres de saint Paul.* Paris: Gabalda, 1949.

______. *ΣΥΝ ΧΡΙΣΤΩΙ. L'union avec le Christ suivant saint Paul.* Paris: Desclée de Brouwer, 1952.

Durham, J. I. "*Šālôm* and the Presence of God." *Proclamation and Presence. Old Testament Essays in honour of Gwynne Henton Davies*, ed. Durham, J. I. and Porter, J. R. London: SCM, 1970, 272-93. American edition Richmond, VA: John Knox.

Easton, B. S. "New Testament Ethical Lists." *JBL* 51(1932) 1-12.

Egan, R. B. "Lexical Evidence on Two Pauline Passages." *NovT* 19(1977) 34-62.

Eitrem, S. "*ΕΜΒΑΤΕΥΩ*. Note sure Col 2, 18." *ST* 2(1948) 90-94.

Ellis, E. E. "Paul and his Co-Workers." *NTS* 17(1970-71) 437-52. Reprinted in *Prophecy and Hermeneutic in Early Christianity. New Testament Essays.* WUNT 18. Tübingen: Mohr, 1978, 3-22.

______. "'Spiritual' Gifts in the Pauline Community." *NTS* 20(1974) 128-44. Reprinted in *Prophecy*, 23-44.

______. "The Circumcision Party and the Early Christian Mission." *Prophecy*, 116-28. (Published in an earlier form as "'Those of the Circumcision' and the early Christian Mission." *SE* 4 [1968]: 390-99).

______. *The Gospel of Luke.* NCB. London: Nelson, 1966.

Ernst, J. *Pleroma und Pleroma Christi. Geschichte und Deutung eines Begriffs der paulinischen Antilegomena.* BU 5. Regensburg: Pustet, 1970.

Feuillet, A. *Le Christ sagesse de Dieu d'après les épîtres pauliniennes.* Paris: Gabalda, 1966.

Foerster, W. "Die Irrlehrer des Kolosserbriefes." *Studia Biblica et Semitica. Prof. Th. C Vriezen dedicata.* Wageningen: Veenman & Zonen, 1966, 71-80.

Francis, F. O. "Humility and Angelic Worship in Col 2:18." *Conflict at Colossae*, ed. Francis, F. O. and Meeks, W. A. 2nd ed. SBLSBS 4. Missoula, MT: Scholar's Press, 1975, 163-95. Originally published in *ST* 16(1963) 109-134.

______. "The Background of *ΕΜΒΑΤΕΥΕΙΝ*(Col 2:18) in Legal Papyri and Oracle

Inscriptions." ibid. 197-207.

Fridrichsen, A. "Charité et perfection. Observation sur Col 3, 14." *SO* 19(1939) 41-45.

______. "*ΘΕΛΩΝ* Col 2:18." *ZNW* 21(1922) 135-37.

Friedrich, G. "Lohmeyers These über das paulinische Briefpräskript kritisch beleuchtet." *ZNW* 46(1955) 272-74 and *TLZ* 81(1956) 343-46.

Gabathuler, H. J. *Jesus Christus. Haupt der Kirche - Haupt der Welt. Der Christushymnus Colosser 1, 15-20 in der theologischen Forschung der letzten 130 Jahre.* ATANT 45. Zurich: Zwingli, 1965.

Gärtner, B. *The Temple and the Community in Qumran and the New Testament.* SNTSMS 1. Cambridge: University Press, 1965.

Gaffin, R. B. *The Centrality of the Resurrection. A Study in Paul's Soteriology.* Grand Rapids, MI: Baker, 1978.

Gamble, Jr., H. *The Textual History of the Letter to the Romans.* SD 42. Grand Rapids, MI: Eerdmans, 1977.

Gibbs, J. G. *Creation and Redemption. A Study in Pauline Theology.* NovTSup 26. Leiden: Brill, 1971.

Gnilka, J. *Der Philipperbrief.* HTKNT 10/3. Freiburg: Herder, 1968.

Goppelt, L. "Jesus und die 'Haustafel' - Tradition." *Orienterung an Jesus. Zur Theologie der Synoptiker. Für Josef Scrmid,* ed. Hoffmann, P. with Brox, N. and Pesch, W. Freiburg: Herder, 1973, 93-106.

Gourges, M. *A la droite de Dieu.* Paris: Gabalda, 1978.

Grabner-Haider, A. *Paraklese und Eschatologie bei Paulus. Mensch und Welt im Anspruch der Zukunft Gottes.* NTAbh, NS 4. Münster: Aschendorff, 1968.

Grässer, E. "Kol 3, 1-4 als Beispiel einer Interpretation secundum homines recipientes." *ZTK* 64(1967) 139-68.

Greeven, H. *Gebet und Eschatologie im Neuen Testament.* Gütersloh: Bertelsmann, 1931.

______. "Zu den Aussagen des Neuen Testaments über die Ehe." *ZEE* 1(1957) 109-125.

Gundry, R. H. *SŌMA in Biblical Theology with Emphasis on Pauline Anthropology.* SNTSMS 29. Cambridge: University Press, 1976.

Gunther, J. J. *Paul: Messenger and Exile. A Study in the Chronology of His Life and Letters.* Valley Forge: Judson, 1972.

______. *St. Paul's Opponents and Their Background. A Study of Apocalyptic and Jewish Sectarian Teachings.* NovTSup 35. Leiden: Brill, 1973.

Guthrie, D. *New Testament Introduction. The Pauline Epistles.* London: Tyndale, 1961.

Hahn, F. "Der Apostolat im Urchristentum. Seine Eigenart und seine Voraussetzungen." *KD* 20(1974) 54-77.

______. *Mission in the New Testament.* Tr. Clarke, F. London: SCM, 1965. American edition SBT 47; Naperville, Il: Allenson, 1965.

Hall, B. G. "Colossians II. 23." *ExpTim* 36(1924-25) 285.

Halter, H. *Taufe und Ethos. Paulinische Kriterien für das Proprium christliche Moral.* Freiburg: Herder, 1977.

Hamerton-Kelly, R. G. *Pre-Existence, Wisdom and the Son of Man.* SNTSMS 21. Cambridge: University Press, 1973.

Hamman, A. *La Prière. I. Le Nouveau Testament.* Tournai: Desclée, 1959.

Hanson, A. T. *Studies in Paul's Technique and Theology.* London: SPCK, 1974.

Hanssler, B. "Zu Satzkonstruktion und Aussage in Kol 2, 23." *Wort Gottes in der Zeit. Festschrift für Karl Hermann Schelkle zum 65. Geburtstag,* ed. Feld, H. and Nolte, J. Düsseldorf: Patmos, 1973, 143-48.

Harder, G. *Paulus und das Geber.* NTF 1S, 10. Gütersloh: Bertelsmann, 1936.

Harnack, A. von. "*Κόπος(Κοπιâν, Οἱ Κοπιῶντες)* im frühchristlichen Sprachgebrauch." *ZNW* 27(1928) 1-10.

Harrison, P. N. "Onesimus and Philemon." *ATR* 32(1950) 268-94.

Harrisville, R. A. "The Concept of Newness in the New Testament." *JBL* 74(1955) 69-79.

Hay, D. M. *Glory at the Right Hand. Psalm 110 in Early Christianity.* SBLMS 18. Nashville: Abingdon, 1973.

Hegermann, H. *Die Vorstellung vom Schöpfungsmittler im hellenistischen Judentum und Urchristentum.* TU 82. Berlin: Akademie, 1961.

Hengel, M. *Judaism and Hellenism. Studies in their Encounter in Palestine during the Early Hellenistic Period.* 2 vols. Tr. Bowden, J. Philadelphia: Fortress, 1974.

Hester, J. D. *Paul's Concept of Inheritance. A Contribution to the Understanding of Heilsgeschichte.* Edinburgh: Oliver & Boyd, 1968.

Hill, D. *Greek Words and Hebrew Meanings. Studies in the Semantics of Soteriological Terms.* SNTSMS 5. Cambridge: University Press, 1967.

Hinson, E. G. "The Christian Household in Colossians 3:18-4:1." *RevExp* 70(1973) 495-506.

Hollenbach, B. "Col ii.23: Which Things lead to the Fulfilment of the Flesh." *NTS* 25(1978-79) 254-61.

Hooker, M. D. "Philippians 2:6-11." *Jesus und Paulus. Festschrift für Werner Georg Kümmel zum 70. Geburtstag.* 2nd ed., ed. Ellis, E. E. and Grässer, E. Göttingen: Vandenhoeck & Ruprecht, 1978, 151-64.

______. "Were there False Teachers in Colossae?" *Christ and Spirit in the New Testament. Studies in honour of Charles Francis Digby Moule,* ed. Lindars, B. and Smalley, S.S. Cambridge: University Press, 1973, 315-31.

Hunter, A. M. *Paul and his Predecessors.* 2nd ed. London: SCM, 1961. American edition. Philadelphia: Westminster.

Hurley, J. B. *Man and Woman in Biblical Perspective. A study in role relationships and authority.* Leicester: Inter-Varsity, 1981.

Jensen, J. "Does *porneia* mean Fornication? A Critique of Bruce Malina." *NovT* 20(1978) 161-84.

Jervell, J. *Imago Dei. Gen 1, 26f im Spätjudentum, in der Gnosis und in den paulinischen Briefen.* FRLANT 76. Göttingen: Vandenhoeck & Ruprecht, 1960.

Jewett, P. K. *Man as Male and Female: A Study in Sexual Relationships from a Theological Point of View.* Grand Rapids, MI: Eerdmans, 1975.

Jewett, R. "The Form and Function of the Homiletic Benediction." *ATR* 51(1969) 18-34.

Johnson, S. E. "Unsolved Questions about Early Christianity in Anatolia." *Studies in New Testament and Early Christian Literature. Essays in Honor of Allen P. Wikgren*, ed. Aune, D. E. NovTSup 33. Leiden: Brill, 1972, 181-93.

Kähler, E. *Die Frau in den paulinischen Briefen*. Zurich/Frankfurt: Gotthelf, 1960.

______. "Zur 'Unterordnung' der Frau im Neuen Testament." *ZEE*(1959) 1-13.

Käsemann, E. "A Primitive Christian Baptismal Liturgy." *Essays on New Testament Themes*. Tr. Montague, W. J. London: SCM, 1964, 149-68. American edition. SBT 41. Naperville, II: Allenson, 1964.

Käsemann, E. "Sentences of Holy Law in the New Testament." *New Testament Questions of Today*. Tr. Montague, W. J. London: SCM, 1969, 66-81.

______. "Worship in Everyday Life: a note on Romans 12." *New Testament Questions of Today*. Tr. Montague, W. J. London: SCM, 1969, 188-95.

Kamlah, E. *Die Form der katalogischen Paränese im Neuen Testament*. WUNT 7. Tübingen: Mohr, 1964.

______. "Ὑποτάσσεσθαι in den neutestamentlichen Haustafeln." *Verborum Veritas. Festschrift für Gustav Stählin zum 70. Geburtstag*, ed. Bocher, O. and Haacker, K. Wuppertal: Brockhaus, 1970, 237-43.

______. "Wie beurteilt Paulus sein Leiden? Ein Beitrag zur Untersuchung seiner Denkstruktur." *ZNW* 54(1963) 217-32.

Karlson, G. "Formelhaftes in den Paulusbriefen." *Eranos* 54(1956) 138-41.

Kasting, H. *Die Anfänge der urchristlichen Mission. Eine historische Untersuchung*. BEvT 55. Munich: Kaiser, 1969.

Kehl, N. *Der Christushymnus im Kolosserbrief. Eine motivgeschichtliche Untersuchung zu Kol 1, 12-20*. SBM I Stuttgart: Katholisches Bibelwerk, 1967.

______. "Erniedrigung und Erhöhung in Qumran und Kolossä." *ZKT* 91(1969) 364-94.

Kerkhoff, R. *Das unablässige Gebet. Beiträge zur Lehre vom immerwährenden Beten im Neuen Testament*. Munich: Zink, 1954.

Kim, S. *An Exposition of Paul's Gospel in the Light of the Damascus Christophany. An Investigation into the Origin of Paul's Gospel*. University of Manchester: Unpublished Ph.D. thesis, 1977[now published as *The Origin of Paul's Gospel*. WUNT, 2 Reihe 4. Tübingen: Mohr, 1981].

Kirk, J. A. "Apostleship since Rengstorf: Towards a Synthesis." *NTS* 21(1974-75) 249-44.

Knight, III, G. W. *The New Testament Teaching on the Role Relationship of Men and Women*. Grand Rapids, MI: Baker, 1977.

Knox, W. L. *St Paul and the Church of the Gentiles*. Cambridge: University Press, 1939.

Kramer, W. *Christ, Lord, Son of God*. Tr. B. Hardy. SBT 50. London: SCM, 1966.

Kremer, J. *Was an den Leiden Christi noch mangelt. Eine interpretationsgeschichtliche und exegetische Untersuchung zu Kol. 1, 24b*. BBB 12. Bonn: Hanstein, 1956.

Kümmel, W. G. *Introduction to the New Testament*. Tr. Kee, H. C. 2nd ed. London: SCM, 1975. 17th American edition, Nashville, TN: Abingdon, 1975.

______. *The New Testament. The History of the Invesitgation of its Problems.* Tr. Gilmour, S. McLean, and Kee, H. C. London: SCM, 1972. American edition Nashville, TN: Abingdon, 1972.

Kuhn, H.-W. *Enderwartung und gegenwärtiges Heil. Untersuchungen zu den Gemeindeliedern von Qumran.* SUNT 4. Göttingen: Vandenhoeck & Ruprecht, 1966.

Ladd, G. E. "Paul's Friends in Colossians 4:7-16." *RevExp* 70(1973) 507-514.

Lähnemann, J. *Der Kolosserbrief. Komposition, Situation und Argumentation.* SNT 3. Gütersloh: Mohn, 1971.

Larsson, E. *Christus als Vorbild. Eine Untersuchung zu den paulinischen Tauf- und Eikontexten.* ASNU 23. Uppsala: Gleerup, 1962.

Leaney, A. R. C. "Colossians ii. 21-23. (The use of *πρός*)." *ExpTim* 64(1952-53) 92.

Lightfoot, J. B. *The Epistle of Paul to the Galatians.* 2nd American reprint edition. Grand Rapids, MI: Zondervan, 1957.

Lillie, W. "The Pauline House-tables." *ExpTim* 86(1974-75) 179-83.

Lincoln, A. T. "A Re-Examination of 'The Heavenlies' in Ephesians." *NTS* 19(1972-73) 468-83.

______. *The Heavenly Dimension. Studies in the Role of Heaven in Paul's Thought with Special Reference to His Eschatology.* University of Cambridge: Unpublished Ph.D. thesis, 1977[now published as *Paradise Now and Not Yet: Studies in the Role of the Heavenly Dimension in Paul's Thought with Special Reference to Eschatology.* SNTSMS 41. Cambridge: University Press, 1981].

Loader, W. R. G. "Christ at the right hand - Ps. cx.1 in the New Testament." *NTS* 24(1977-78) 199-217.

Lövestam, E. *Spiritual Wakefulness in the New Testament.* LUÅ 55/3. Lund: Gleerup, 1963.

Lohmeyer, E. "Probleme paulinischer Theologie. I. Briefliche Grussüberschriften." *ZNW* 26(1927) 158-73.

Lohse, E. "Christologie und Ethik im Kolosserbrief." *Apophoreta. Festschrift für Ernst Haenchen*, ed. Eltester, W., and Kettler, F. H. BZNW 30. Berlin: Töpelmann, 1964, 157-68. Reprinted in *Die Einheit des Neuen Testaments. Exegetische Studien zur Theologie des Neuen Testaments.* 2nd ed. Göttingen: Vandenhoeck & Ruprecht, 1973, 249-61.

______. "Christusherrschaft und Kirche im Kolosserbrief." *NTS* 11(1964-65) 203-216.

______. "Die Mitarbeiter des Apostels Paulus im Kolosserbrief." *Verborum Veritas. Festschrift für Gustav Stählin*, ed. Bocher, O. and Haacker, K. Wuppertal: Brockhaus, 1970, 189-94.

______. "Ein hymnisches Bekenntnis in Kolosser 2, 13c-15" *Mélanges Bibliques en hommage au R. P. Béda Rigaux*, ed. Descamps, A. and Halleux, A. de. Gembloux: Duculot, 1970, 427-35. Reprinted in *Einheit*, 276-84.

______. "Paränese und Kerygma im 1. Petrusbrief." *ZNW* 45(1954) 68-89.

Lührmann, D. *Das Offenbarungsverständnis bei Paulus und in paulinischen Gemeinden.* WMANT 16. Neukirchener-Vluyn: Neukirchener, 1965.

Lyonnet, S. "L'hymne christologique de l'Epître aux Colossiens et la fête juive du Nouvel An." *RSR* 48(1960) 92-100.

______. "Paul's Adversaries in Colossae." *Conflict at Colossae*, ed. Francis, F. O. and Meeks,

W. A. 2nd ed. SBLSBS 4. Missoula, MT: Scholars Press, 1975, 147-61. Originally published as "L'étude du milieu littéraire et l'exégèse de Nouveau Testament: 4. Les adversaires de Paul à Colosses." *Bib* 37(1956) 27-38; cf. also his article "L'Epître aux Colossiens(Col 2:18) et les mystères d'Apollon Clarien." *Bib* 43(1962) 417-35.

McCown, W. "The Hymnic Structure of Colossians 1:15-20." *EvQ* 51(1979) 156-62.

McDonald, J. I. H. ***Kerygma** and **Didache**. The articulation and structure of the earliest Christian message.* SNTSMS 37. Cambridge: University Press, 1980.

Macgregor, G. H. C. "The Concept of the Wrath of God in the New Testament." *NTS* 7(1960-61) 101-109.

McKelvey, R. J. *The New Temple. The Church in the New Testament.* OTM 3. Oxford: University Press, 1969.

Magie, D. *Roman Rule in Asia Minor.* 2 vols. Princeton: University Press, 1950.

Malina, B. "Does *Porneia* mean Fornication?" *NovT* 14(1972) 10-17.

Marchel, W. *Abba, Père! La prière du Christ et des chrétiens.* 2nd ed. AnBib 19A. Rome: Pontifical Biblical Institute, 1971.

Marshall, I. H. "New Wine in Old Wine Skins: V. The Biblical Use of the Word 'Ekklēsia'." *ExpTim* 84(1972-73) 359-64.

______. "Palestinian and Hellenistic Christianity: Some Critical Comments." *NTS* 19(1972-73) 271-87.

______. "The Christ-Hymn in Philippians 2:5-11." *TB* 19(1968) 104-127.

Marshall, L. H. *The Challenge of New Testament Ethics.* London: Macmillan, 1947.

Martin, R. P. "An Early Christian Hymn(Col. 1:15-20)." *EvQ* 36(1964) 195-205.

______. "Approaches to New Testament Exegesis." *New Testament Interpretation. Essays on Principles and Methods,* ed. Marshall, I. H. Exeter: Paternoster, 1977. 220-51. American edition Grand Rapids, MI: Eerdmans, 1977.

______. "Aspects of Worship in the New Testament Church." *Vox Evangelica* 2(1963) 6-32.

______. *Carmen Christi. Philippians ii. 5-11 in Recent Interpretation in the Setting of Early Christian Worship.* SNTSMS 4. Cambridge: University Press, 1967.

______. "Reconciliation and Forgiveness in Colossians." *Reconciliation and Hope. New Testament Essays on Atonement and Eschatology presented to L. L. Morris on his 60th Birthday,* ed. R. Banks. Exeter: Paternoster, 1974, 104-124. American edition, Grand Rapids, MI: Eerdmans, 1974.

______. *The Family and the Fellowship. New Testament Images of the Church.* Exeter: Paternoster, 1979.

______. "Virtue." *NIDNTT* 3, 928-32.

______. *Reconciliation: A Study of Paul's Theology.* London: Marshall, Morgan and Scott. Atlanta, GA: John Knox, 1981.

Marxsen, W. *Introduction to the New Testament. An Approach to its Problems.* Tr. Buswell, G. Oxford: Blackwell's, 1968, 177-86. American edition, Philadelphia: Fortress, 1968.

Megas, G. "Das *χειρόγραφον* Adams. Ein Beitrag zu Kol 2:13-15." *ZNW* 27(1928) 305-320.

Merk, O. *Handeln aus Glauben. Die Motivierungen der paulinischen Ethik.* Marburger

Theologische Studien 5. Marburg: Elwert, 1968.
Merklein, H. *Das kirchliche Amt nach dem Epheserbrief.* SANT 33. Munich: Kösel, 1973.
Metzger, B. M. *The Text of the New Testament. Its Transmission, Corruption and Restoration.* 2nd ed. New York/London: Oxford University Press, 1968.
Meyer, H. A. W. *Critical and Exegetical Handbook to the Epistle to the Ephesians.* Tr. Evans, M. J. and Dickson, W. P. New York: Funk & Wagnalls, 1884.
Michaelis, W. *Versöhnung des Alls. Die frohe Botschaft von der Gnade Gottes.* Bern: Siloah, 1950.
Michl, J. "Die 'Versöhnung'(Kol 1, 20)." *TQ* 128(1948) 442-62.
Mitton, C. L. *The Epistle to the Ephesians. Its Authorship, Origin and Purpose.* Oxford: University Press, 1951.
Montague, G. T. *Growth in Christ. A Study in Saint Paul's Theology of Progress.* Fribourg, Switz: Regina Mundi, 1961.
Morris, L. *The Apostolic Preaching of the Cross.* 3rd ed. London: Tyndale, 1965.
Moule, C. F. D. "Death 'to Sin,' 'to Law,' and 'to the World': a Note on certain Datives." *Mélanges Bibliques en hommage au R. P. Béda Rigaux*, ed. Descamps, A. and de Halleux, A. Gembloux: Duculot, 1970, 367-75.
______. "Further Reflexions on Philippians 2:5-11." *Apostolic History and the Gospel. Biblical and Historical Essays Presented to F. F. Bruce*, ed. Gasque, W. W. and Martin, R. P. Exeter: Paternoster, 1970, 264-76. American edition Grand Rapids, MI: Eerdmans, 1970.
______. "'The New Life' in Colossians 3:1-17." *RevExp* 70(1973) 481-93.
______. *The Origin of Christology.* Cambridge: University Press, 1977.
Münderlein, G. "Die Erwählung durch das Pleroma. Bemerkungen zu Kol. i.19." *NTS* 8(1961-62) 264-76.
Mullins, T. Y. "Benediction as a NT Form." *AUSS* 15(1977) 59-64.
______. "Disclosure. A Literary Form in the New Testament." *NovT* 7(1964) 44-50.
Munck, J. *Paul and the Salvation of Mankind*, Tr. Clarke, F. London: SCM, 1959. American edition Richmond, VA: 1959.
Munn, G. L. "Introduction to Colossians." *SWJT* 16(1973) 9-21.
Mussner, F. *Christus, das All und die Kirche. Studien zur Theologie des Epheserbriefes.* TTS 5. Trier: Paulinus, 1955.
Nauck, W. "Das *οὖν*-paräneticum." *ZNW* 49(1958) 134, 135.
______. "Salt as a Metaphor in Instructions for Discipleship." *ST* 6(1952) 165-78.
Nock, A. D. "The Vocabulary of the New Testament." *JBL* 52(1933) 131-39.
Norden, E. *Agnostos Theos. Untersuchungen zur Formengeschichte religiöser Rede.* 4th ed. Darmstadt: Wissenschaftliche Buchgesellschaft, 1956.
O'Brien, P. T. "Col. 1:20 and the Reconciliation of All Things." *RTR* 33(1974) 45-53.
______. *Introductory Thanksgivings in the Letters of Paul.* NovTSup 49. Leiden: Brill, 1977.
______. "Thanksgiving and the Gospel in Paul." *NTS* 21(1974-75) 144-55.
______. "Thanksgiving within the Structure of Pauline Theology." *Pauline Studies in Honour of Professor F. F. Bruce*, ed. Hagner, D. A. and Harris, M. J. Grand Rapids, MI:

Eerdmans, 1980, 50-66.

Ogg, G. *The Chronology of the Life of Paul.* London: Epworth, 1968. American edition, *The Odyssey of Paul.* Old Tappan, NJ: Revell.

Ollrog, W. H. *Paulus und seine Mitarbeiter. Untersuchungen zu Theorie und Praxis der paulinischen Mission.* WMANT 50. Neukirchen-Vluyn: Neukirchener, 1979.

O'Neill, J. C. "The Source of the Christology in Colossians." *NTS* 26(1979-80) 87-100.

Overfield, P. D. "Pleroma: A Study in Content and Context." *NTS* 25(1978-79) 384-96.

Percy, E. *Die Probleme der Kolosser- und Epheserbriefe.* SHVL 39. Lund: Gleerup, 1946.

Pfitzner, V. C. *Paul and the Agon Motif.* NovTSup 16. Leiden: Brill, 1967.

Pöhlmann, W. "Die hymnischen All-Prädikationen in Kol 1:15-20." *ZNW* 64(1973) 53-74.

Polhill, J. B. "The Relationship Between Ephesians and Colossians." *RevExp* 70(1973) 439-50.

Pope, R. M. "Studies in Pauline Vocabulary Of Redeeming the Time." *ExpTim* 22(1910-11) 522-54.

Ramsay, W. M. *The Cities and Bishoprics of Phrygia.* Vol. 1. Oxford: University Press, 1895.

Reicke, B. "Caesarea, Rome and the Captivity Epistles." *Apostolic History and the Gospel. Biblical and Historical Essays presented to F. F. Bruce on his 60th Birthday*, ed. Gasque, W. W. and Martin, R. P. Exeter: Paternoster, 1970, 277-86. American edition, Grand Rapids, MI: Eerdmans, 1970.

______. "The Historical Setting of Colossians." *RevExp* 70(1973) 429-38.

______. "Zum sprachlichen Verständnis vom Kol 2, 23." *ST* 6(1952) 39-53.

Reitzenstein, R. *Hellenistic Mystery-Religions. Their Basic Ideas and Signficance.* Tr. Steely, J. E. Pittsburg: Pickwick, 1978.

Rengstorf, K. H. "Die neutestamentliche Mahnungen an die Frau, sich dem Manne unterzuordnen." *Verbum Dei manet in Aeternum. Festschrift für O. Schmitz*, ed. Foerster, W. Witten: Luther, 1953, 131-45.

Reumann, J. "OIKONOMIA - Terms in Paul in Comparison with Lucan *Heilsgeschichte.*" *NTS* 13(1966-67) 147-67.

Robinson, D. W. B. "Who Were the Saints?" *RTR*(1963) 45-53.

Robinson, J. A. *St Paul's Epistle to the Ephesians.* 2nd ed. London: Macmillan, 1909. American edition Grand Rapids, MI: Kregel, 1979.

Robinson, J. A. T. *The Body. A Study in Pauline Theology.* SBT 5. London: SCM, 1952.

Robinson, J. M. "A Formal Analysis of Colossians 1:15-20." *JBL* 76(1957) 270-87.

Roels, E. D. *God's Mission. The Epistle to the Ephesians in Mission Perspective.* Franeker: Wever, 1962.

Roller, O. *Das Formular der paulinischen Briefe. Ein Beitrag zur Lehre vom antiken Briefe.* BWANT 4S, 6. Stuttgart: Kohlhammer, 1933.

Rutherford, J. "St. Paul's Epistle to the Laodiceans." *ExpTim* 19(1907-08) 311-14.

Sampley, J. P. *"And the Two Shall Become One Flesh." A Study of Traditions in Ephesians 5:21-33.* SNTSMS 16. Cambridge: University Press, 1971.

Sanders, J. T. *The New Testament Christological Hymns. Their Historical Religious Background.* SNTSMS 15. Cambridge: University Press, 1971.

______. "The Transition from Opening Epistolary Thanksgiving to Body in the Letters of the Pauline Corpus." *JBL* 81(1962) 348-62.

Satake, A. "Apostolat und Gnade bei Paulus." *NTS* 15(1968-69) 96-107.

Schenk, W. *Der Segen im Neuen Testament. Eine begriffsanalytische Studie.* ThA 25. Berlin: Evangelische Verlagsanstalt. 1967.

Schenke, H. M. "Der Widerstreit gnostischer und kirchlicher Christologie im Spiegel des Kolosserbriefes." *ZTK* 61(1964) 391-403.

Schille, G. *Frühchristliche Hymnen.* 2nd ed. Berlin: Evangelische Verlagsanstalt, 1965.

Schlier, H. *Principalities and Powers in the New Testament.* Questiones Disputatae 3. Freiburg: Herder, 1961.

Schnackenburg, R. *Baptism in the Thought of St. Paul. A Study in Pauline Theology.* Tr. Beasley-Murray, G. R. New York: Herder, 1964.

______. "Christus, Geist und Gemeinde(Eph. 4:1-16)." *Christ and Spirit in the New Testament. Studies in honour of Charles Francis Digby Moule,* ed. Lindars, B. and Smalley, S. S. Cambridge: University Press, 1973, 297-313.

______. "Der Neue Mensch - Mitte christlichen Weltverständnisses." *Schriften zum Neuen Testament. Exegese in Fortschritt und Wandel.* Munich: Kösel, 1971, 392-413.

______. "Die Aufnahme des Christushymnus durch den Verfasser des Kolosserbriefes." EKKNT Vorarbeiten 1. Neukirchen/Zürich: Neukirchener/Benziger, 1969, 33-50.

Schrage, W. *Die konkreten Einzelgebote in der paulinschen Paränese.* Gütersloh: Mohn, 1961.

______. "'Ekklesia' und 'Synagoge.' Zum Ursprung des urchristlichen Kirchenbegriffs." *ZTK* 60(1963) 178-202.

______. "Zur Ethik der neutestamentlichen Haustafeln." *NTS* 21(1974-75) 1-22.

Schroeder, D. "Lists, Ethical." *IDBSup,* 546, 547.

Schubert, P. *Form and Function of the Pauline Thanksgivings.* BZNW 20. Berlin: Töpelmann, 1939.

Schütz, J. H. *Paul and the Anatomy of Apostolic Authority.* SNTSMS 26. Cambridge: University Press, 1975.

Schweizer, E. "Christianity of the Circumcised and Judaism of the Uncircumcised. The Background of Matthew and Colossians." *Jews, Greeks and Christians. Religious Cultures in Late Antiquity. Essays in Honor of William David Davies,* ed. Hamerton-Kelly, R. and Scroggs, R. Leiden: Brill, 1976, 245-60.

______. "Die 'Elemente der Welt' Gal 4, 3.9; Kol 2, 8.20." *Verborum Veritas. Festschrift für Gustav Stählin zum 70. Geburtstag,* ed. Bocher, O. and Haacker, K. Wuppertal: Brockhaus, 1970, 245-59. Reprinted in *Beiträge zur Theologie des Neuen Testaments. Neutestamentliche Aufsätze(1955-1970).* Zurich: Zwingli, 1970, 147-63.

______. "Die Kirche als Leib Christi in den paulinischen Antilegomena." *TLZ* 86(1961) 241-56. Reprinted in *Neotestamentica: Deutsche und englische Aufsätze, 1951-1963.* Zurich: Zwingli, 1963, 293-316.

______. "Die Sünde in den Gliedern." *Abraham Unser Vater. Juden und Christen im Gespräch über die Bibel. Festschrift für Otto Michel zum 60. Geburtstag,* ed. Betz, O., Hengel, M.

and Schmidt, P. AGSU 5. Leiden: Brill, 1963, 437-39.

______. "Die Weltlichkeit des Neuen Testamentes: die Haustafeln." *Beiträge zur alttestamentlichen Theologie, Festschrift für Walther Zimmerli zum 70. Geburtstag*, ed. Donner, H., Hanhart, R. and Smend, R. Göttingen: Vandenhoeck & Ruprecht, 1977, 397-413.

______. "Gottesgerechtigkeit und Lasterkataloge bei Paulus(inkl. Kol und Eph)." *Rechtfertigung. Festschrift für Ernst Käsemann zum 70. Geburtstag*, ed. Friedrich,J., Pöhlmann, W. and Stuhlmacher, P. Göttingen: Vandenhoeck & Ruprecht, 1976, 461-77.

______. "Kolosser 1, 15-20." EKKNT Vorarbeiten 1. Neukirchen/Zurich: Neukirchener/Benziger, 1969, 7-31. Reprinted in *Beiträge zur Theologie des Neuen Testaments. Neutestamentliche Aufsätze(1955-1970)*. Zurich: Zwingli, 1970, 113-45.

______. "Traditional ethical patterns in the Pauline and post-Pauline letters and their development(lists of vices and house-tables)." *Text and Interpretation. Studies in the New Testament presented to Matthew Black*, ed. Best, E. and Wilson, R. McL. Cambridge: University Press, 1979, 195-209.

______. "Zur neueren Forschung am Kolosserbrief(seit 1970)." *ThBer* 5(1976) 163-91.

______. "Versöhnung des Alls. Kol 1, 20." *Jesus Christus in Historie und Theologie. Neutestamentliche Festschrift für Hans Conzelmann zum 60. Geburtstag*, ed. Strecker, G. Tübingen: Mohr, 1975, 487-501.

Scott, C. A. A. *Christianity according to St Paul*. Cambridge: University Press, 1927.

Scott, R. B. Y. "Wisdom in Creation: the *Āmôn* of Proverbs viii. 30." *VT*(1960) 213-23.

Seeberg, A. Der Katechismus der Urchristenheit. Leipzig: A. Deichertschen, 1903. Reprinted as TBü 26. Munich: Kaiser, 1966.

Sevenster, J. N. *Paul and Seneca*. NovTSup 4. Leiden: Brill, 1961.

Simon, M. "The Apostolic Decree and its Setting in the Ancient Church." *BJRL* 52(1969-70) 437-60.

______. "The *religionsgeschichtliche Schule*, fifty years later." *RelS* 11(1975) 135-44.

Smith, W. S. *Musical Aspects of the New Testament*. Amsterdam: Have, 1962.

Stanley, D. M. *Christ's Resurrection in Pauline Soteriology*. AnBib 13. Rome: Pontifical Biblical Institute, 1961.

Steinmetz, F. J. *Protologische Heils-Zuversicht. Die Strukturen des soteriologischen und christologischen Denkens im Kolosser-und Epheserbrief*. FTS 2. Frankfurt: Knecht, 1969.

Styler, G. M. "The Basis of Obligation in Paul's Christology and Ethics." *Christ and Spirit in the New Testament. In Honour of Charles Francis Digby Moule*, ed. Lindars, B. and Smalley, S. S. Cambridge: University Press, 1973, 175-87.

Synge, F. C. *St. Paul's Epistle to the Ephesians. A Theological Commentary*. London: SPCK, 1941.

Tachau, P. *"Einst" und "Jetzt" im Neuen Testament. Beobachtungen zu einem urchristlichen Predigtschema in der neutestamentlichen Briefliteratur und zu seiner Vorgeschichte*. FRLANT 105. Göttingen: Vandenhoeck & Ruprecht, 1972.

Tannehill, R. C. *Dying and Rising with Christ. A Study in Pauline Theology*. BZNW 32. Berlin:

Töpelmann, 1967.

Thüsing, W. *Per Christum in Deum. Studien zum Verhältnis von Christozentrik und Theozentrik in den paulinischen Hauptbriefen.* 2nd ed. NTAbh NS, 1. Münster: Aschendorff, 1969.

Trench, R. C. *Synonyms of the New Testament.* Grand Rapids: Eerdmans, 1969 = 1880.

Trudinger, L. P. "A Further Brief Note on Colossians 1:24." *EvQ* 45(1973) 36-38.

van der Horst, P. W. "Observations on a Pauline Expression." *NTS* 19(1972-73) 181-87.

van Roon, A. *The Authenticity of Ephesians.* NovTSup 39. Tr. Prescod-Jokel, S. Leiden: Brill, 1974.

van Unnik, W. C. "Die Rücksicht auf die Reaktion der Nicht-Christen als Motiv in der altchristlichen Paränese." *Judentum, Urchristentum, Kirche. Festschrift für Joachim Jeremias*, ed. Eltester, W. BZNW 26. Berlin: Töpelmann, 1964, 221-34.

Vawter, B. "The Colossians Hymn and the Principle of Redaction." *CBQ* 33(1971) 62-81.

Vögtle, A. *Das Neue Testament und die Zukunft des Kosmos.* Düsseldorf: Patmos, 1970.

______. *Die Tugend- und Lasterkataloge im Neuen Testament, exegetisch, religions- und formgeschichtlich untersucht.* NTAbh 16. Münster: Aschendorff, 1936.

Walter, N. "Die 'Handschrift in Satzungen' Kol 2:14." *ZNW* 70(1979) 115-18.

Wambacq, B. N. "'per eum reconciliare...quae in caelis sunt' Col 1, 20." *RB* 55(1948) 35-42.

Wegenast, K. *Das Verständnis der Tradition bei Paulus und in den Deuteropaulinen.* WMANT 8. Neukirchen-Vluyn: Neukirchener, 1962.

Weidinger, K. *Die Haustafeln: Ein Stück urchristlicher Paränese.* UNT. Leipzig: J. C. Hinrichs, 1928.

Weiss, H. "The Law in the Epistle to the Colossians." *CBQ* 34(1972) 294-314.

Wengst, K. *Christologische Formeln und Lieder des Urchristentums.* 2nd ed. SNT 7. Gütersloh: Mohn, 1972.

White, J. L. *The Form and Function of the Body of the Greek Letter: A Study of the Letter-Body in the Non-Literary Papyri and in Paul the Apostle.* SBLDS 2. Missoula, MT: Scholars Press, 1972.

Wibbing, S. *Die Tugend- und Lasterkataloge im Neuen Testament und ihre Traditionsgeschichte unter besonderer Berücksichtigung der Qumran texte.* BZNW 25. Berlin: Töpelmann, 1959.

Wiederkehr, D. *Die Theologie der Berufung in den Paulusbriefen.* Studia Friburgensia, NS 36. Freiburg, Schweiz: Universitätsverlag, 1963.

Wiles, G. P. *Paul's Intercessory Prayers: The Significance of the Intercessory Prayer Passages in the Letters of St. Paul.* SNTSMS 24. Cambridge: University Press, 1974.

Williams, A. L. "The Cult of Angels at Colossae." *JTS* 10(1909) 413-38.

Williamson Jr., L. "Led in Triumph. Paul's Use of Thriambeuō." *Int* 22(1968) 317-32.

Williamson, R. *Philo and the Epistle to the Hebrews.* ALGHJ 4. Leiden: Brill, 1970.

Wilson, R. McL. *Gnosis and the New Testament.* Philadelphia: Fortress, 1968.

Windisch, H. *Paulus und Christus. Ein biblisch-religionsgeschichtlicher Vergleich.* Leipzig: Heinrich, 1934.

Witt, R. E. *Isis in the Graeco-Roman World.* London: Thames & Hudson, 1971.

Wolter, M. *Rechtfertigung und zukünftiges Heil. Untersuchungen zu Röm 5, 1-11.* BZNW 43. Berlin: Walter de Gruyter, 1978.

Wulf, F. "'Suchet, was droben ist, wo Christus ist, sitzend zur Rechten Gottes!'(Kol 3, 1)." *GuL* 41(1968) 161-64.

Yamauchi, E. M. "Sectarian Parallels. Qumran and Colossae." *BSac* 121(1964) 141-52.

Yates, R. "A Note on Colossians 1:24." *EvQ* 42(1970) 88-92.

Zeilinger, F. *Der Erstgeborene der Schöfung. Untersuchungen zur Formalstruktur und Theologie des Kolosserbriefes.* Vienna: Herder, 1974.

______. "Die Träger der apostolischen Tradition im Kolosserbrief." *Jesus in der Verkündigung der Kirche*, ed. Fuchs, A. Freistadt: Plöchl, 1976, 175-90.

C. 빌레몬서와 관련된 연구서들, 논문들

Amling, E. "Eine Konjektur im Philemonbrief". *ZNW* 10(1909) 261, 262.

Bahr, G. J. "The Subscriptions in the Pauline Letters." *JBL* 87(1968) 27-41.

Bartchy, S. S. *ΜΑΛΛΟΝ ΧΠΗΣΑΙ. First-Century Slavery and the Interpretation of 1 Corinthians 7:21.* SBLDS 11. Missoula, MT: Scholars Press, 1971.

Campbell, J. Y. *Three New Testament Studies.* Leiden: Brill, 1965.

Funk, R. W. "The Apostolic *Parousia*: Form and Significance." *Christian History and Interpretation. Studies Presented to John Knox*, ed. Farmer, W. R. and others. Cambridge: University Press, 1967, 249-68.

Gayer, R. *Die Stellung des Sklaven in den paulinischen Gemeinden und bei Paulus. Zugleich ein sozialgeschichtlich vergleichender Beitrag zur Wertung des Sklaven in der Antike.* Bern: Lang, 1976.

George, A. R. *Communion with God in the New Testament.* London: Epworth, 1953.

Goodenough, E. R. "Paul and Onesimus." *HTR* 22(1929) 181-83.

Greeven, H. "Prüfung der Thesen von J. Knox zum Philemonbrief." *TLZ* 79(1954) 373-78.

Hainz, J. *Ekklesia. Strukturen paulinischer Gemeinde-Theologie und Gemeinde-Ordnung.* BU 9. Regensburg: Pustet, 1972.

Jang, L. K. *Der Philemonbrief im Zusammenhang mit dem theologischen Denken des Apostels Paulus.* Bonn: unpublished thesis, 1964.

Jeremias, J. "Chiasmus in den Paulusbriefen." *ZNW* 49(1958) 145-56.

Knox, J. *Philemon among the Letters of Paul.* 2nd ed. London: Collins, 1960.

Koch, E. W. "A Cameo of Koinonia. The Letter to Philemon." *Int* 17(1963) 183-87.

McDermott, M. "The Biblical Doctrine of *ΚΟΙΝΩΝΙΑ*." *BZ* 19(1975) 64-77, 219-33.

Mullins, T. Y. "Visit Talk in New Testament Letters." *CBQ* 35(1973) 350-58.

Panikulam, G. *Koinōnia in the New Testament. A Dynamic Expression of Christian Life.* AnBib 85. Rome: Biblical Institute, 1979.

Preiss, T. *Life in Christ.* SBT 13. Tr. Knight, H. London: SCM, 1954.

Ridderbos, H. *Paul. An Outline of His Theology.* Tr. DeWitt, J. R. Grand Rapids, MI:

Eerdmans, 1975.

Schulz, S. *Gott ist kein Sklavenhalter. Die Geschichte einer verspäteten Revolution.* 1972.

Schweizer, E. "Zum Sklavenproblem im Neuen Testament." *EvTh* 32(1972) 502-506.

Seesemann, H. *Der Begriff KOINΩNIA im Neuen Testament.* BZNW 14. Giessen: Töpelmann, 1933.

Spicq, C. *Agape in the New Testament.* Vol. 2. Tr. McNamara, M. A. and Richter, M. H. St. Louis: Herder, 1965.

Suhl, A. "Der Philemonbrief als Beispiel paulinischer Paränese". *Kairos* 15(1973) 267-79.

Sullivan, K. "Epignosis in the Epistles of St. Paul." *Studiorum Paulinorum Congressus Internationalis Catholicus.* Vol. 2. Rome: Pontifical Biblical Institute, 1963, 405-416.

van Unnik, W. C. "The Christian's Freedom of Speech in the New Testament." *BJRL* 44(1962) 466-88.

Wendland, P. *Die urchristlichen Literaturformen.* 3rd ed. Tübingen: Mohr, 1912.

Westermann, W. L. *The Slave Systems of Greek and Roman Antiquity.* Philadelphia: American Philosophical Society, 1955.

Wickert, U. "Der Philemonbrief - Privatbrief oder apostolisches Schreiben?" *ZNW* 52(1961) 230-38.

Zmijewksi, J. "Beobachtungen zur Struktur des Philemonbriefes." *BibLeb* 15(1974) 273-96.

골로새서 · 빌레몬서

- 2016년 11월 10일 초판 2쇄 발행
- 지은이 : 피터 T. 오브라이언
- 옮긴이 : 정일오
- 펴낸이 : 박영호
- 펴낸곳 : 도서출판 솔로몬
- 등록번호 : 제16-24호
- 등록일 : 1990년 7월 31일
- 주소 : 서울시 동작구 사당 3동 207-3 신주빌딩 1층
- 전화 : 599-1482　　팩스 : 592-2104
- 직영서점 : 596-5225

ISBN 978-89-8255-405-6
ISBN 978-89-8255-267-0(세트)